陶行知（1891—1946）

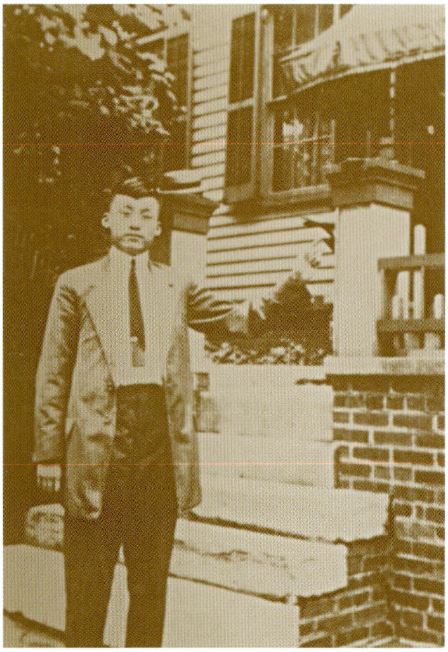

陶行知在美国伊利诺伊大学留影

留美归国执教于南京时留影

1916年哥伦比亚大学师范学院中国学生会（后发展为中国教育研究会）成员合影。第二排中间是孟禄教授；孟禄背后是陶行知；第四排左二是蒋梦麟，右三为凌冰；前排席地而坐者左一为胡适，右二为孙科。

1919年5月，杜威（前排右一）应邀来华讲学时与史量才（前排左一）、陶行知（后排右二）、胡适（后排左一）、蒋梦麟（后排左二）等参观上海申报馆时合影。

1922年7月，中华教育改进社第一届董事部常委合影。中排右为陶行知，左为蔡元培；前排右一为黄炎培，中为朱其慧；后排右一为张伯苓，右二为李建勋。

陶行知在 1934 年 4 月 4 日山海工学团举行小先生总动员会授旗典礼上讲话。左一为陶行知，右一为张健。

1937 年秋陶行知在墨西哥演讲

1936 年 10 月 30 日陶行知在英国伦敦马克思墓前留影

谨以此书

纪念陶行知先生诞辰 125 周年暨逝世 70 周年

陶行知大传

——一位文化巨人的四个世界

上 卷

周洪宇 著

人民教育出版社

图书在版编目（CIP）数据

陶行知大传：一位文化巨人的四个世界 / 周洪宇著. —北京：人民教育出版社，2016.1（2022.3 重印）

ISBN 978-7-107-23993-9

Ⅰ. ①陶… Ⅱ. ①周… Ⅲ. ①陶行知（1891—1946）—传记 Ⅳ. ①K825.46

中国版本图书馆 CIP 数据核字（2016）第 021628 号

陶行知大传：一位文化巨人的四个世界

出版发行 人民教育出版社
（北京市海淀区中关村南大街 17 号院 1 号楼 邮编：100081）
网 址 http://www.pep.com.cn
经 销 全国新华书店
印 刷 山东临沂新华印刷物流集团有限责任公司
版 次 2016 年 1 月第 1 版
印 次 2022 年 3 月第 4 次印刷
开 本 787 毫米×1092 毫米 1/16
印 张 44.5
插 页 4
字 数 626 千字
印 数 4 001～7 000 册
定 价 108.00 元

目 录

第二章　陶行知的生活世界（下）　103

绪论

陶行知，既是中国近现代伟大的人民教育家，又是20世纪中国综合性文化巨人。他不仅是在近现代中西文化冲突与融合中成长起来的教育大师，而且是中西交流的文化使者。他以高度的历史使命感和社会责任感，胸怀振兴中华的理想，立足本土，放眼世界，学贯中西，求真务实，创获甚巨，成为不世之伟人，永远激励与启迪着后起的一代代中国人。

陶行知一生的活动和事迹大致可以划分为生活世界、精神世界、创造世界、接受世界四大部分，笔者称之为陶行知的“四个世界”。从这四个方面去考察陶行知在中国近现代史上的实践与贡献，探讨这位伟人的日常生活、精神追求、实践创造、历史作用和影响，追慕其人、其言、其行，不仅可以进一步拓宽陶行知研究的视域，而且有助于人们效法先贤，更好地建设中国特色的社会主义现代化事业，实现中华民族的伟大复兴。

一、文化巨人的“四个世界”

文化是人类社会历史实践过程中以一定的方式所创造的全部成果，是一个内涵广博、意蕴丰富的范畴。从系统论角度来看，文化可视为一个包括诸多子系统的大系统，其基本构成为物质文化、制度文化、精神文化三大子系统。这三大子系统下面还有更小的子系统，各自又包含着诸多复杂的要素及其功能。其中精神文化子系统包括：（1）人们的各种文化设施和文化活动，如教育、科学、哲学、历史、语言、文字、医疗、卫生、体育、宗教和文学、艺术等；（2）人们在一定的社会条件下满足生活需要的方式——生活方式，包括劳动生活方式、消费生活方式、闲暇生活方式和家庭生活方式等；（3）人们的价值观念、思维方式和心理状态等。文化具有多重功能：满足功能、认识功能、改造功能、组织功能、整合功能、教化功能、选择功能、向心功能等。① 而文化又分广义与狭义两种，由以上三大子系统构成的就是广义的文化，狭义的文化则仅指精神文化这一子系统。根据研究目的的不同，可以将文化学研究划分为理论文化学和应用文化学。在文化学研究中，侧重于对文化系统整体进行理论研究的，称之为宏观文化学，而侧重于研究具体文化现象的，称之为微观文化学。宏观文化学主要探究人类社会各个时期的文化子系统之间的相互关系，以期掌握文化发展的一般规律，包括文化学基本理论、文化思想史、文化学史等；微观文化学主要研究社会文化生活的具体、微观领域，主要有政治文化学、经济文化学、教育文化学、艺术文化学、宗教文化学等。文化系统的存在是以结构为前提和形式的，而文化系统的结构具有层次性，可分为表层结构、中层结构和深层结构三类。其中物质文化子系统属于前者，制度文化子系统属于中者，精神文化子系统可归入后者。同时，文化研究还分为共时性研究和历时性研究。其中历时性研究就是从文化的发展过程对其进行动态的分析，把握其运动规律。

文化与教育犹如孪生兄弟，相互依存，相互制约，相互促进。文化的传承与进步离不开教育的作用，教育的变革与发展也有赖于文化的支撑。文化与教育总是在不断适应与耦合中实现共生共荣的目标，因为一个社会的文化扩散于社会的各个领域，渗透于人们生活的方方面面，明显地制约着教育方式与教育内容的选定和教育目标的实现；同时，特定的教育理念与教育方式，又能有效地保证文化的传承与创新。从文化的角度来看，文化对教育的影响与制约作用主要表现为以下两方面。一是文化直接影响着教育思想的生成、教育内容的选择和

---

① 周洪宇等：《关于文化学研究的几个问题》，载人大复印报刊资料《文化研究》1988年第1期。

教育方法的采用。不同文化背景下生长起来的教育家，自然而然地会产生不同的教育思想和办学主张。具有不同文化传统的民族，在选定教育内容和使用教育方法时就会出现不同的风格和特征。二是作为文化内核的价值观念会直接或间接地影响到教育者和受教育者对教育目的、价值、功能、作用、内涵、方式、效果等的看法，一个时期人们的教育价值取向很大程度上受到文化因素的影响与制约。反过来，从教育的角度来看，教育对文化的影响与促进功能体现在以下两方面。一是教育具有保存与传承文化传统的功能。文化之所以能够得以保存与传递，很大程度上依赖于教育的横向传播和纵向传递，在此过程中教育成为文化的重要载体。二是教育对文化具有整理、选择、积淀、创新的功能。教育者对文化的传承不是照搬、抄袭，而是有选择地进行讲授和传承，并且在传授中对零散的文化内容进行整理，使之系统化、规范化。有时教育者会带领受教育者对文化进行创造性研究，从而实现对文化的再生与创新。

陶行知作为中国近现代伟大的人民教育家，他首先是教育领域中教育家的杰出代表，由于其受过不同文化背景下的各种教育，因而不同时期不同民族的文化直接影响到他的教育思想的形成；同时，他在从事教育研究和实践中，凭借自己睿智的眼光和判断力，对各种文化进行了批判吸收。可以说，陶行知既是在不同文化的冲突和交融中成长起来的教育家，又充当了东西文化交流与融通的使者。其教育思想的形成离不开东西方文化的影响，也正是在多元的文化交融中其教育思想不断发展；随着其教育思想的成熟和丰富，他又对不同文化作出认真审视与评判，在冲突的文化中进行抉择和汲取，完成教育家传承和创新文化的任务。他在教育实践中时刻都不忘自己所肩负的文化创新使命，在从事教育主业的同时，注重在语言文字、大众艺术、大众戏剧、现代科学、新闻出版等方面进行文化创造。可以说，陶行知是20世纪中国综合性文化巨人。因此，从文化视角研究陶行知不仅十分必要，而且至关重要。

陶行知在广义文化的诸多方面均为中国乃至世界作出了巨大贡献，不只是在教育方面创立了生活教育学说，开展平民教育、乡村教育、普及教育、国难教育、战时教育、全面教育、民主教育等实践活动，为中国新教育的发展奠定了坚实的基础。同时，他在语言文字、文学创作、大众艺术、科学普及、新闻出版等诸多方面，均作出了突出的贡献，为繁荣中国近现代文化事业打下了牢固根基。正是因为他在文化的众多领域均有深度涉猎，而且贡献卓著，成为多个领域具有影响力的核心人物，因此，称之为“文化巨人”。文化巨人的历史作用就在于能够站在时代文化发展的前沿，屹立于文化思潮的浪尖峰顶，领文化之风骚，开时代之新风。陶行知正是这样一位在诸多方面能够独领风骚的文化巨人。

文化巨人的成长，与其生活世界、精神世界、创造世界、接受世界（或曰“影响世界”）息息相关。

第一，生活世界可为文化巨人的成长提供坚实基石与文化沃土。生活世界是文化巨人成长的必要环境，对文化巨人的童年成长产生基础性的影响作用。生活世界主要包括时代背景、文化传统、区域特色、家庭背景、社会环境、求学经历、师友群体、生活境遇、爱情婚姻、工作经历、人生转折、社会活动等方面。文化巨人就是在这样的生活世界中，逐步具备和拥有了超人的能力，作出了非凡的贡献，成就了某个时期独领风骚的独特角色。

美国人格心理学家 D. G. 温特（D. G. Winter）认为，一个人的文化人格的形成，受其所处的微观社会环境的影响。所谓微观社会环境，是指影响人格形成和发展的微观人际环境。① 这种微观社会环境，主要由家庭、同伴、教育、活动等组成，其中家庭对人格的影响是持续的、终生的。家庭对人格生成的影响，不仅来自以血缘为纽带的先辈、父辈与晚辈之间的传承与影响，而且来自以家庭经济、文化为核心的生活境遇的影响，这种影响在儿童时期尤其关键。② 美国心

---

① D. G. Winter. *Personality: Analysis and Interpretation of Lives*. New York: McGraw-Hill. 1996, p. 529.

② 郭永玉著：《人格心理学——人性及其差异的研究》，中国社会科学出版社 2005 年版，第 181—183 页。

理学、人类学家A. 卡尔迪纳（A. Kardiner）也认为，人是文化的创造者，而人格是文化的产物。① 在一个人通过活动而和环境相互作用的过程中，人的活动动机逐渐系统化、概括化以后，这个人对现实的态度逐渐得以巩固，并使相应的行为方式习惯化、系统化、定型化。陶行知之所以能形成爱国奉献、大公无私、艰苦奋斗、踏实求真、开拓创新的文化人格，是与其家族的传统影响、儿时的家庭境遇、少年的生活环境、所受的各种教育以及早期的社会活动息息相关的。正如马克思所说："人创造环境，同样，环境也创造人。"② 为此，特对影响陶行知文化人格形成的家世渊源、祖先的艰苦迁徙、父辈的坎坷经历、童年的生活境遇、徽商的创业传统和徽州的文化环境等进行探究，试图从中找出对陶行知伟大文化人格形成产生影响的重要因子。

第二，精神世界可为文化巨人的成长提供心理铺垫和精神动力。思想体系的完善是文化巨人的形成的精神动力，通过青少年时期的知识学习与文化积累，以及外界环境的影响，逐步形成了自己的精神世界，即较为稳定的政治观点、哲学理念、教育思想、处世原则、认知态度、价值取向、人格精神等。这个丰富的精神世界，既是文化巨人形成的界标，又是指导其进行创造实践活动的指南。一方面，因为文化巨人在文化、教育、政治、哲学等领域形成了自己独到的见解，这些风格独特的思想正是构成一位文化巨人的核心与精髓；另一方面，文化巨人除了在思想文化方面有独到见解外，高尚的人格魅力也不可少。所谓人格，就是较为稳固的对现实的态度和习惯化了的行为方式所表现出的人的性格特征。社会上的人有不同的人格，诸如勤劳奋斗型、开拓创新型、积极进取型、谦逊大方型、热情奉献型，也有懒惰安逸型、墨守成规型、消极懈怠型、浮华自大型、自私自利型等，而

---

① A. Kardiner. *The Psychological Frontiers of Society*. New York: Columbia University Press. 1945, p. 46.

② 《德意志意识形态》，《马克思恩格斯选集》第1卷，人民出版社1995年版，第92页。

文化巨人的人格魅力往往体现为吃苦耐劳、开拓进取、勤于思考、乐于奉献等。这种人格精神，也是文化巨人的精神世界的重要组成部分。

第三，创造世界是文化巨人形成的重要标志和核心。一个人之所以能够成为文化巨人，关键的标志就在于其能够创造性地在文化教育领域作出贡献，通过自己在文化理论与实践中的创造性成就来构筑创造世界。文化巨人的创造世界，是一个内容宽泛的概念，既包括文化教育、语言文学、新闻出版方面的创造成就，也包括科学、艺术、哲学等方面的创造成就。创造世界之所以冠名以创造，就在于它是前所未有的成就；文化巨人之所以称之为巨人，就是因其做出了常人做不出的成绩。

创造是文化巨人的核心所在，没有创造就难以体现超人的“巨”之所在。比如，陶行知之所以成为文化巨人，就是因为他在文化的众多领域均有创造性成就。第一，在批判与借鉴美国杜威的实用主义教育理论的基础上，创造性地提出了生活教育学说。这不仅有力地推动了当时我国的教育改革和发展，而且成为新中国重要的教育思想资源，对当代中国的教育改革和发展仍有积极的影响作用。第二，亲自创办南京晓庄师范、山海工学团、重庆育才学校、重庆社会大学，取得了令人瞩目的成绩，开创了中国教育的新局面。第三，在语言文字改革的理论与实践方面作了有益且成功的尝试，为中国语言文字改革作出了贡献。第四，创作了大量大众喜闻乐见的诗歌，开拓了一代诗风。第五，在戏剧、音乐和美术方面提出了独到的见解，为繁荣中国近现代艺术事业作出了突出贡献。第六，倡导开展“科学下嫁”运动，为中国科学教育事业的发展奠定了坚实的基础。第七，创办各种教育期刊，积极宣传新教育与生活教育理论，开创了中国现代教育报刊事业发展的新局面。总之，创造世界也是其成为文化巨人的主要标志。

第四，接受世界的大小关系到文化巨人的知名度与影响力。需要强调说明，此处所谓文化巨人的接受世界，不是指文化巨人作为主体接受外在客观事物，而是作为客体被外界所接受，特指社会各界对文化巨人的了解与接受。接受世界的主体是古今中外的广大读者与民众，接受世界的客体是文化巨人自己创作的成果、后人对其所发表的研究的成果及后人对他的广泛宣传。接受世界的载体是多元的，包括书籍、报刊、广播、电影、电视、软件等。接受世界的大小，关系到一位文化巨人的知名度和影响力。如果文化巨人的接受世界涉及范围广，影响时间持久，那就说明他对社会作出的贡献大，知名度高，影响力大。陶行知的接受世界，不仅纵贯历史近百年，影响近现代和当代中国历史，而且横跨世界各地，欧美、日韩及我国港台地区均有广泛研究。可见，陶行知的确是20世纪中国综合性的文化巨人。正如日本著名学者斋藤秋男所说："陶行知不仅是属于中国的，也是属于全世界的！"①

二、陶行知的"四个世界"

作为文化巨人，陶行知身上无疑也有上述四个世界存在，而从生活世界、精神世界、创造世界和接受世界四个视角来研究和透视陶行知，可以展示一个生动鲜活的有血有肉的陶行知的形象，避免将陶行知作为一个刻板的雕像式的历史人物去研究与描述。

陶行知的第一个世界——"生活世界"，主要研究特殊的历史时代和社会环境对陶行知文化性格形成的影响，探讨陶行知从旸村蒙馆启蒙、崇一学堂求学以及金陵大学深造到赴美先后在伊利诺伊大学、哥伦比亚大学留学的求学经历，挖掘影响陶行知文化性格和人格精神形成的包括江浙教育界前辈群体、留美师友群体及进步学生群体等，探究他的爱情、婚姻、家庭生活情况以及他一生的四次抉择与四次推却，梳理他一生所从事的自南京高师从教开始到主持中华教育改进社及中华平民教育促进总会、发起乡村教育同志会、创办中国普及教育助成会、成立国难教育社及生活教育社等一系列的教育实践生涯。此外，还对陶行知参加辛亥革命地方起义、领导南京五四运动、响应"八一宣言"发表声明、担任国民外交使节争取国际援助、反内战争

① ［日］斋藤秋男：《陶行知是属于全世界的》，载《行知研究》1984年9月号。

取和平民主等政治活动进行轮廓性的勾勒。

陶行知的第二个世界——“精神世界”，主要研究陶行知的政治理念、哲学观点、文化思想、教育学说和人格精神。其中政治理念与哲学观点是其文化教育观的思想基础，也是其实施教育实践的理论支撑。就政治理念而言，他起初是欧美式的自由主义者、旧民主主义者，后来发展为激进的民主主义者，① 最后发展为具有社会主义倾向的新民主主义者；从哲学观点来看，起初他信奉王阳明的知行观，后来接受了美国的实用主义思想，最后成为唯物辩证法的接受者；在教育观方面，开始主张民族主义教育思想，之后接受了杜威的实用主义教育思想，最后融合中西提出了自己的教育思想。陶行知在艰辛的求学、不懈的追求中形成了一种特殊的模范人格：爱满天下的博大胸襟、乐于奉献的伟大情操、炽烈真诚的教育激情、不屈不挠的刚毅品质、求真务实的思想作风、开拓求新的创造精神。这些优秀品质，既成为他一生执着地追求振兴中华民族文化教育事业的动力与保障，又成为激励与鞭策一代又一代青年人去沿着他所指引的路径去寻求中国教育改革与发展的出路。研究陶行知的精神世界，要将陶行知的内心与思想视为一个发展的过程，将其置身于中西文化发展历程之中，运用动态的眼光来分析与思考陶行知思想与学说的形成过程、在不同时期对现代中国文化教育所付出的努力以及作出的贡献。不能将历史人物的精神世界看成是一个静态的画面，而应将陶行知视为一个生动鲜活的著名历史人物，将他的内心世界与思想转变看成一个长期流动与发展的动态过程。只有运用这种动态的研究法，才能将历史写活，才能避免将历史人物偶像化。这是新世纪史学研究的一个新趋势，也是新时代对史学研究所提出的新要求。

陶行知的第三个世界——“创造世界”，主要涉及他在教育理论与实践、文艺创作、科学普及、新闻出版、图书馆建设等方面的创造性成就与贡献。陶行知一贯倡导创造，为了推动中国形成创造之风，

① 钱俊瑞：《一代巨人陶先生》，载《纪念陶行知先生文选》，江苏省教育学会1981年编印，第13页。

他还专门写了《创造宣言》，提出："处处是创造之地，天天是创造之时，人人是创造之人。"① 不管在什么地方，从事什么工作，每个人都有机会去创造，都应当去创造。"只要有一滴汗，一滴血，一滴热情，便是创造之神所爱住的行宫，就能开创造之花，结创造之果，繁殖创造之森林。"②在他的心目中创造是永恒的主题，因此，他率先垂范，无论干哪项工作，他都全身心地投入到该项事业之中，并以巨大的热情去创造，直至开拓出一片新天地，创造出一个新领域。在教育方面，为了真正实现中国教育大众化，陶行知先后开展了七大教育运动：平民教育运动、乡村教育运动、普及教育运动、国难教育运动、战时教育运动、全面教育运动、民主教育运动；创造性地在中国兴办了南京晓庄师范学校、上海山海工学团、重庆育才学校、重庆社会大学等新式学校，打破了中国传统的教育模式，开辟了中国近现代教育实践的新局面；创造性地提出了生活教育学说，主张"生活即教育"、"社会即学校"、"教学做合一"，不仅为中国近现代新教育运动的兴起与发展提供了理论指南，而且为当今中国特色社会主义教育体系的构建提供了新的借鉴与启示。在文艺创作方面，陶行知创立了风格独特的"陶派诗"，开拓了中国近现代诗歌创作的一代新风；创作新型教育小说《古庙敲钟录》，开创了中国近现代教育小说之先河；利用杂文，讽世喻理，启人警世，幽默诙谐，入木三分，大有教育界鲁迅的风格；创作一批有影响的散文代表作，成为近现代教育家中少有的散文家；创作大众歌曲与戏剧，为中国音乐与话剧的发展添砖加瓦，成为中国近现代文艺大众化的骁将；提倡新文字与大众文，不愧为中国近现代语言文字改革的先驱。在科学普及方面，力倡科学实验与科学调查，使科学的研究方法得以推广；创办自然学园、儿童科学通讯学校，编写《儿童科学丛书》，培养科普骨干，开展"科学下嫁"运动，开拓了中国科学普及教育的新局面，成为中国近现代科学教育的先驱与典范。在新闻出版方面，为了推动中国新教育运动的发展，先后

---

①② 《创造宣言》，载华中师范学院教育科学研究所主编：《陶行知全集》第3卷，湖南教育出版社1985年版，第484、486页。

主编《新教育》、《新教育评论》；为了促进乡村教育运动的开展，创办了《乡教丛讯》、《乡村教师》；为了扩大生活教育运动的影响，在不同时期分别主办《生活教育》、《大众教育》、《战时教育》、《民主教育》；出任《申报》总管理处顾问，明确办报风格与特色；还创立大孚出版公司，出版进步书籍。在发动新图书馆运动方面，倡导成立了图书馆教育委员会，指导各地图书馆建设；促成中华图书馆协会成立，推动了新图书馆运动；筹设教育图书馆，促进了教育改革；提倡流通图书馆，普及了文化教育。这些在中国的科技文化教育界均属于创造性的业绩，每一项都是对该领域的开拓性贡献。这些新成就集中起来，便汇聚成了陶行知的创造世界。

陶行知的第四个世界——“接受世界”，主要是国内外人们的接受世界研究，即后人对陶行知教育思想、文化思想、政治思想、哲学思想以及教育实践活动的接受与探究。重点涵盖国内与国外 20 世纪 20 年代至 21 世纪陶行知研究的曲折历程，尽管出现过因政治干扰而贬低陶行知及其教育思想的历史地位与作用的现象，但随着时间的推移，一时的尘埃总会被历史的波涛冲刷掉的。陶行知的接受世界的范围正不断扩大，层次日益加深。陶行知一生的著述颇丰，国内外对其研究的成果更加丰硕，本书收录了这些著述具体情况以及整个 20 世纪的陶行知研究文献概览，旨在全方位地展示世界范围内对陶行知的接受情况，从中亦可看出陶行知在中国乃至全球所产生的广泛影响。

陶行知的四个世界，相互关联，相互促进，环环相扣，形成一个完整的体系，旨在将陶行知还原为一个有血有肉的活生生的历史人物，来立体分析与全面体认伟大教育家的生成机制、观念演化、教育创新及后期影响。“生活世界”是“精神世界”形成的沃土，“精神世界”是“创造世界”勃兴的指南，“创造世界”是“接受世界”生成的动因。陶行知的四个世界犹如一座宝塔，形成一个逐级上升的阶梯。

三、从个人的世界看时代——人物研究的新视角

在以往八十多年的陶行知研究中，研究者们主要是从政治和教育的角度来考察陶行知其人其说的。从这两个角度去分析陶行知其人其说当然是必要的，但又是很不够的。说它是必要的，是因为这两者确实是陶行知一生活动的主要领域，缺少这两个角度的考察，陶行知一生活动的主要方面就无法反映出来。说它是很不够的，是因为从这两个角度去认识陶行知，存在着很大的局限性，很难使人整个把握陶行知其人其说的全部历史内涵。只有从文化的角度，把陶行知作为近现代中国的一位文化巨人来认识，并以与其相关的四个世界为对象进行研究，才有可能真实地从生活、思想、实践及影响等角度去展现陶行知的全貌。

在本书中，笔者尝试从文化及其相关的四个世界的角度来研究陶行知，即从中国文化的深厚背景中，从世界文化发展的总潮流、总趋势中，从中西文化大冲突、大融合中，考察陶行知的生活世界；从政治理念、哲学观点、文化思想、教育学说、人格精神着手，弄清这些方面对陶行知其人其说的影响，探讨陶行知其人其说的文化心理内涵，提示其本质特征、精神内涵及其对中国近现代文化教育的深刻影响；通过探究其在大众教育、文学艺术、科学教育、新闻出版、图书情报等领域的创造性成绩与贡献，展示陶行知的创造世界，从中亦可看出他所生活的时代所赋予文化巨人乃至所有进步知识分子的历史使命；通过梳理、回溯社会各界特别是学术界对陶行知的宣传与研究成果，反映了一个时代文化巨人在海内外的知名度和影响力，也可看出那个时代需要或推崇什么样的文化巨匠与教育大家。这种研究视角的转换，或许会给陶行知研究带来新的气息，焕发陶行知研究的生机和活力。

从个人世界看时代，是人物研究的新视角。这种研究视角和方法有以下几方面的特点。

第一，从个人的世界看时代有利于生动地再现一个时代的思想风格与文化特质。因为一个时代的文化取向和共有特征，往往是由独领时代风骚的文化巨人或文化群体的思想观念、行为方式、创新成就、

言论著述、后期影响等方面的因素来决定并构成的。研究文化巨人的四个世界，可以反映出一个时代的政治背景、文化氛围、教育传统、生活习俗、精神风貌等特征，也可以看出流行于一个时代的思想潮流、文化时尚和教育走向，从而展现一个时代的特征与走向。

第二，从个人的世界研究历史人物有利于全方位展现历史人物的思想境界和精神风貌。因为以往研究历史上文化教育人物的思想与实践，采用的传统方法，或者是以生平为线索去梳理其一生的实践活动，或者是以思想观念为对象去叙述其言论与学说。这样的研究，固然可以反映其一生的生平事迹和思想观点，但是这种研究方法是刻板的机械式的描述，缺乏全方位生动再现一个历史人物的各个活动领域、各个思维境界、各个创新空间和影响畛域。从个人世界研究文化教育人物，可以生动鲜活地展示一个有血有肉有思想的文化历史巨人，而不是将历史人物作为没有生命的雕塑和偶像来研究，因为那样研究使历史人物失去了灵气和活力，使历史人物远离了人类的现实世界，因而可能将历史人物高悬于现实世界之上。而从个人世界的各个方面去研究与再现历史人物成长、求学、思想、实践、创新、影响等，有利于将历史人物复活，并利于将历史人物回归人间。

第三，从个人的世界研究人物顺应了历史研究综合化趋势，实现了对文化巨人的综合化研究和多元化探讨。20 世纪 50 年代以来，历史研究视野大大开阔，实现了研究中心多元化，研究形式多样化，研究范围扩大化，研究层次复杂化，研究方法综合化。受其影响，当今教育史学也正朝着多元化、综合化、理论化、大众化方向发展。法国学者安多旺·莱昂指出："历史学家通常不仅关心再现真正发生的事件，而且也关注方法的重新创造。"① 教育史研究也同样要注重研究方法的创新，要想实现对陶行知与中国现代文化的"原生态"研究，就必须注意采用新的理论与方法去研究。采用这种研究视角与方法，有利于从整体的角度，对陶行知及其思想与实践作综合性研究，从而

① ［法］安多旺·莱昂著，樊慧英、张斌贤译：《当代教育史》，光明日报出版社 1989 年版，第 49 页。

使陶行知研究朝着综合化、多元化方向发展。

笔者在研究过程中，注意坚持马克思主义的历史主义方法论。马克思主义的历史主义方法论是在广泛吸收和批判各种历史主义的基础上形成的。历史主义（historismus），原是萌生于18世纪而兴盛于19世纪欧洲的一种史学思潮。历史主义认为，人性和理性的形成都离不开特定的时空和具体历史环境，它关注事物生成的历史连续性，并将其作为个体，注重阐释其特殊价值。① 其基本观点是历史的行程遵循着一定的法则和规律，与历史相对应的历史观也必然要受到这些法则与规律的限定或制约，② 因而历史研究的根本目的就是为了发现与探寻历史发展进程中潜在的法则与规律。运用历史主义理论进行研究的目的，就是从历史的联系和变化发展中考察对象的原则和方法。以詹巴蒂斯塔·维柯（Giambattista Vico，1668—1744）为代表的意大利"新科学"历史主义流派，于18世纪已初现端倪。维柯强调："一切民族在时间上都要经历过这种理想的永恒历史，从兴起、发展、成熟以至衰败和灭亡。"而且提出了历史发展具有规律性，他力图建立"一种理想的永恒的历史"。③ 这些观点得到了马克思的高度评价，盛赞维柯的史学思想中"有不少天才的闪光"④。维柯的贡献在于：把人类历史看成是一个有规律发展的过程，历史的进程是社会文化的各个方面相互联系、相互作用的有机进程。但是维柯的历史主义与马克思主义历史主义相比的最大不足就是只看到了历史文化的统一性而看不到其多样性。以查理·路易·德·塞孔达·孟德斯鸠（Charles Louis de Secondat Montesquieu，1689—1755）、让·雅克·卢梭（Jean Jacques Rousseau，1712—1778）、让·安托尼·孔多塞（Jean

---

① 张广智主编：《西方史学史》，复旦大学出版社2003年版，第229页。

② 何兆武、陈启能主编：《当代西方史学理论》，上海社会科学出版社2003年版，第227页。

③ ［意］詹巴蒂斯塔·维柯著，朱光潜译：《新科学》，"维柯自传"，人民文学出版社1986年版，第615页。

④ 《马克思致斐迪南·拉萨尔》，载《马克思恩格斯全集》第30卷，人民出版社1974年版，第618页。

Condorcet，1743—1794）为代表的启蒙历史主义，强调历史发展总是遵循着一定的规律和法则，注重气候、土壤、疆域等自然环境对历史发展的影响；认为历史总是沿着由低级到高级的演变趋势进行发展的，最终的目标是走向完善。这些观点与马克思主义历史主义理论相比，可贵之处就在于认识到历史是一个不断向前发展的过程，对历史的解释可以借鉴自然科学的理论与方法。其缺陷在于片面夸大地理环境对历史发展的作用。以伊曼努尔·康德（Immanuel Kant，1724—1804）、约翰·戈特弗里特·赫尔德（Johann Gottfried Herder，1744—1803）为代表的从启蒙到浪漫的德国历史主义认为，历史发展存在着时间序列，而且人的活动总是要受到因果规律的制约，承认历史是一个“有规律的进程”①；每个种族成员的心理特征都具有共同性，但不同种族之间存在不同的理性和差别。此外，19 世纪的德国史学家萨维尼和艾希霍恩也认为，历史发展的每个阶段都有自己的特色，而且之间还存在着连续性。而利奥波德·冯·兰克（Leopold von Ranke，1795—1886）却将历史主义转到了史料历史主义的领域，强调真正负责任的研究就是利用原始档案和文献等史料，来“说明事情的真实情况”②。伊格尔斯提出，“史料是时代、国家、历史和文化中的一部分”③，其优点是将历史建立在扎实的史料基础之上，但也存在着缺乏解释性和理论性的弊端。

马克思主义的历史主义与其他历史主义流派不同，它广泛地吸收了众多历史主义流派的观点，并在批判地继承的基础上将之作了进一步理论提升，“有由它的先驱传给它而它便由此出发的特定的思想材料作为前提”④。比如维特提出的历史发展具有规律性，德罗伊森强

---

① ［德］伊曼努尔·康德：《从世界主义的观点看普遍史的思想》，转引自韩震著：《西方历史哲学导论》，山东人民出版社 1992 年版，第 155 页。

② ［英］古奇著，耿淡如译：《十九世纪历史学与历史学家》上册，商务印书馆 1989 年版，第 178 页。

③ ［德］伊格尔斯：《历史主义》，载张京媛主编：《新历史主义与文学批评》，北京大学出版社 1993 年版，第 286 页。

④ 《马克思恩格斯选集》第 4 卷，人民出版社 1995 年版，第 703—704 页。

调的人是具有历史性与时代性的，赫尔德提出的各种族成员心理特征都具有共同性，狄尔泰强调的只有从人的内心理解、重新体验历史才能获得历史认识的客观性等，这些思想观点都对马克思主义的历史主义产生了影响。这些历史主义流派有其各自的合理性，但是在总体上不如马克思主义的历史主义。因此，笔者在研究陶行知与中国近现代文化关系的过程中，坚持以马克思主义的历史主义为基本理论指导。

马克思主义的历史主义方法论，是研究陶行知的指导思想和根本方法。这一方法论的基本要求是以事实为依据，具体问题作具体分析；全面综合地研究陶行知的四个世界，不仅从时代背景、生活环境、求学经历、人际环境等方面去探究对陶行知成长与发展产生重大影响的生活世界，而且研究与挖掘陶行知之所以成为文化巨人的精神世界和在文化教育实践方面的创造世界，并探讨对陶行知的知名度与影响力产生重大影响的接受世界。同时，将陶行知放在动态发展过程中进行观察和研究，不能仅从一个侧面和横断面来研究和下结论；判断他的思想与观点的正确与否，主要以实践为检验的唯一标准。概括而言，研究陶行知四个世界的方法论主要包括历史的观点、全面的观点、发展的观点和实践的观点。在具体的研究过程中，笔者主要采用以下三种研究方法。

1. 历史分析法

该方法的基本要求是：强调人物历史活动的时代性、客观性、发展性和实践性。（1）时代性。研究陶行知的四个世界，要特别关注时代对陶行知的文化教育观形成的重大影响，特别关注中西文化交融的特殊时代对陶行知人格精神与思想体系形成的影响，特别关注陶行知的创造世界对中国现代文化教育发展走向所产生的重大影响。通过关注时代性，来展示特殊时代造就出的时代所需要的文化巨人，而作为特殊时代产儿的陶行知又为时代的发展和进步作出了历史性的贡献，保证了那个时代的文化教育朝着进步的、积极的、健康的方向发展。（2）客观性。要确保对历史人物研究的客观性，就必须运用全面的观点、动态的观点和联系的观点。所谓全面的观点，就是在研究陶行知时，要从与其息息相关的生活世界、精神世界、创造世界和接受世界入手，力求全面、准确地研究陶行知作为文化巨人的成长过程、思想创新与实践贡献。并且要采用联系的观点去看待陶行知，将其置于与之曾相关联的同时代人中进行研究，比如与他的祖辈、前辈、老师相联系，与他的同学、同事、战友相联系，与他的学生、子女、晚辈相联系。(3) 发展性。也称为动态性，即将陶行知的一生作为一个动态的发展过程。仅以精神世界中的政治理念而言，他起初是欧美式的自由主义者、旧民主主义者，后来发展为激进的民主主义者，① 最后发展为具有社会主义倾向的新民主主义者；从哲学观点来看，起初他只是信奉王阳明的知行观，后来接受了美国的实用主义思想，最后成为唯物辩证法的接受者；从教育学说来讲，开始主张民族主义教育，之后接受了杜威的实用主义教育，最后融合中西提出了自己的教育思想。(4) 实践性。在历史人物评价时，要特别关注他的实践活动对社会与历史的影响，判断的标准是三个有利于：看他的行为是有利于社会发展，还是阻碍社会进步；是有利于文化发展，还是限制了文化的进步；是有利于人民的利益，还是有碍于人民的利益。评价陶行知对中国近现代文化教育的贡献，就要以此三条作为根本标准。正是因为陶行知提出生活教育理论，开展了普及教育实践，推动了中国新教育的发展；正是因为他倡导大众语文、创作大众文学，倡导弘扬大众艺术、普及科学教育、推动新闻出版事业发展，为近现代文化事业奠定了坚实的基础，直接促进了新中国文化事业的发展。据此我们可以说，陶行知是 20 世纪中国综合性的文化巨人。

2. 心理分析法

主要运用心理学中的人格塑造理论和人格类型理论来分析陶行知的人格精神的形成及构成。“心理历史学就是用精神分析理论和历史学相结合的方法来研究个人和群体的生活。”② 心理史学是历史学与

---

① 钱俊瑞：《一代巨人陶先生》，载《纪念陶行知先生文选》，江苏省教育学会 1981 年编印，第 13 页。

② [美] 埃里克森：《新同一性的范围》，转引自张广智、张广勇著：《现代西方史学》，复旦大学出版社 1996 年版，第 288 页。

心理学相融合而产生的一门新学科，借助心理学的理论和方法，来探究人类过去的行为动因；运用心理分析法，去审视历史人物在特定历史时期的内心世界和思想情感，以把握历史人物的心理活动和思想动机。比如，陶行知的生活世界，试图就其从小生活的时代背景、家庭条件、社会环境、求学活动以及师友群体等方面，探究对少年时代陶行知的心理产生了哪些重大的影响，将其视为陶行知一生个性心理和文化人格的最早积淀。正是由于贫穷、俭朴的少年生活，才锻炼了陶行知早熟老成、坚韧处世的品格，初铸了他以外圆内方为特色的处世风格。陶行知自幼家境贫寒、饱经沧桑，深知农家疾苦，少年就成为家中的半个劳动力，每天随祖母织麻，跟母亲种菜，随父亲砍柴，一直生活在贫民社会环境中，对劳苦大众无比挚爱，对有钱有势者则极为鄙视，自幼便形成了亲民、爱民、为民、救民的思想。陶行知由于早年受儒家思想的熏陶，因而养成了仁爱宽厚、睿智明达、甘于清贫、淡泊名利的人格精神；由于他受到了中国古代思想家墨子人格的影响，所以形成了坚毅拼搏、严肃认真、吃苦耐劳、乐于创造的人格精神；由于他早年接受了儒家仁爱思想和西方基督教文化的洗礼，因此在内心铸就了平等博爱、爱满天下、爱人如己、乐善好施的人格精神。通过这种人格心理分析法，可以深入探究陶行知的内心世界和人格特征的内生机制，从而生动鲜活地再现其思想与实践的生成动因，深刻体认陶行知既具有儒家亲仁、墨家兼爱、耶稣的博爱，又融东西方价值观、文化观于一炉，是一位古今中外文化融通荟萃的综合体。正因如此，他才能够成为中国近现代闻名于世的人民教育家和中国20世纪综合性的文化巨人。

3. 接受分析法

接受理论是20世纪60年代由德国学者汉斯·罗伯特·姚斯（Hans Robert Jauss）在康斯坦茨提出的，不久沃尔夫冈·伊塞尔（Wolfgang Iser）也提出同样的理论，这样以此二人形成的康斯坦茨学派便成为接受理论的渊薮。接受理论（reception theory）的诞生，标志着文化研究从以作者活动为中心转向了以读者（接受）活动为中心。① 正如美国学者 R. C. 霍拉勃所指出的："从马克思主义者到传统批评家，从古典学者、中世纪学者到现代专家，每一种方法论……无不响应了接受理论提出的挑战。"② 第一，接受理论认为，一位文化人物所创造的文本在未经读者接受的情况下，只是包含着某种意义的信息，它本身并没有美学价值。这正如一粒包孕在砂石中的金子，如果没有人发现它，它永远沉睡在黑暗中，就显示不出金子的价值。只有被人发现并将之加工成装饰品，才能体现出它的价值。陶行知的文化教育思想及论著正是经过了无数读者的广泛阅读与接受，才能不断体现出其日益扩大的价值。第二，接受理论认为，接受活动不仅是一种理解活动，而更重要的是一种创造活动和运用活动。由于后人对陶行知思想及著述接受并加以创新性研究，不断作出新的阐释，乃至将之运用到文化教育实践当中，陶行知的文化教育思想与实践才会变得影响越来越大，富有新的生命力。第三，接受理论把读者看成是文化巨人的思想与著述的价值得以生发的第一因素，是文化活动的主体。接受理论把研究重点转移到接受者及其后人的研究活动上，具体包括从文化名人→著述→接受者的动力学过程，这就从根本上改变了传统史学的研究视野。笔者采用接受分析法，将陶行知的读者活动作为其接受世界来研究，以期真实、直观地反映陶行知在一定时期、一定领域、一定范围的知名度与影响力，同时，将陶行知放入文化历史长河的接受链条中进行动态体认，这样就可以在历史文化发展中看到一个富有时代性的鲜活的文化巨人。

本书通过采用以上方法着力真实展示陶行知的四个世界：由大时代、小环境、求学经历、交往群体、家庭环境等构成的生活世界，来考察对陶行知成长产生的影响；由政治理念、哲学观点、文化思想、教育学说、人格精神构成的精神世界，来展示陶行知的思想体系；由

---

① 吴刚著：《接受认识论引论》，北京大学出版社 1996 年版，第 108 页。

② ［德］H. R. 姚斯、［美］R. C. 霍拉勃著，周宁、金元浦译：《接受美学与接受理论》，辽宁人民出版社 1987 年版，第 282 页。

办学实践、文艺创作、科学教育、新闻出版、图书馆建设等构成的创造世界，来体现陶行知的创造成就；由不同历史时期国内外对陶行知的研究现状及成果、陶行知的著述及论文和著作目录构成的接受世界，来把握陶行知所产生的影响。笔者力求将本书写成一部有深度的学术专著，同时也是一部有新意的人物评传。

第一章 陶行知的生活世界（上）

在人类文明发展史上，某些时期常常以其猝然而至的一连串巨大事变而成为历史的重要转折点。对于世界各民族特别是中华民族来说，20世纪正是这样一个不寻常的时期。在这个世纪里，中华民族经历了她有史以来最痛苦然而也是最伟大的变革：专制独裁的君主政体让位于人民民主的共和政体，自给自足的小农经济转变为以大工业生产为基础的商品经济，古老的传统文化受到了现代西方文化的强有力挑战。在一次次历史性的大地震之后，现代文明的宏伟大厦终于在旧世界的废墟上逐步建造起来。

这是一个需要巨人而又产生巨人的时代。陶行知便是诞生在这一伟大时代的颇具代表性的文化巨人。他在半个多世纪的战斗生涯中不断追求真理，追求进步，为谋求中华民族的彻底解放，为追求人民大众的自由幸福，为发展近现代中国的教育和文化，英勇奋斗，开拓创造，为祖国和人民作出了不朽贡献，在中国近现代史（尤其是近现代文化教育史）上占有极为重要的地位。早在六十多年前陶行知刚刚辞别人世时，人们就对他的光辉一生给予了高度评价，称他是“伟大的人民教育家”（毛泽东），“万世师表”（宋庆龄），“反洋化教育、反传统教育的旗手”（林伯渠），“中国新教育——人民教育的奠基人”（钱俊瑞），“三个有独创性的伟人——一个政治家、一个教育家和一个文学家”（胡乔木），与鲁迅、邹韬奋同为“我国近三十年文化战线上最有创造力，最有成绩，因而在人民中影响最大的三个人”（张仲实），“中国近百年来伟大的思想家”（千家驹），“新中国思想界的圣人”（陈家康），“开创时代的哲人”（郭沫若）。历史是最公正的裁判，它已经证明并且还将继续证明：陶行知正是这样一位无愧于时代、无愧于民族的20世纪中国综合性的文化巨人。

第一节　时代与环境

陶行知是20世纪中西文化冲突与交融的产儿。诞生于19世纪末的陶行知，其所处的时代，正是古老的中国与新兴的西方在军事冲突、外交纠纷、经济竞争之外，代表着两种不同社会制度、历史传统的人类两雄的中西文化体系也在相互冲突与交融的时代。中西文化的冲突与交融，给生活在这个时代的人们的身上留下了深深的印记。如果对五四时代的杰出人物作些文化背景上的考察，不难发现他们每一个人都是典型的文化复合体——中西文化冲突与交融的产儿，既饱经了传统文化的熏陶，又接受了西方文化的洗礼，旧学问与新知识兼备，传统性与现代性并存。在某种意义上，陶行知正好为我们提供了一个中西文化冲突与交融的“人”的范本。

一、大时代

从时代条件来看，近代中国经历了千古以来最创痛也是最壮观的历史变革，在一次次的历史性震撼中，中国固有的文化秩序已无法维系，西方文化以不可阻挡之势潮涌般地冲刷着这块古老的大地。正是在这种东西方文化的激烈冲突与碰撞中，一批历史文化名人脱颖而出，犹如星空一颗颗闪亮的明星，格外耀眼。陶行知就是文化星座中最为耀眼夺目的明星之一，他的诞生是特定时代的产物。近代以来，面对东西方不同的文化，中国知识分子曾表现出不同的态度：有东方文明优越论者，有西方文化先进论者，也有东西文化调和论者，等等。如果说清末的顽固派对西方文化的深闭固拒是由于他们对资本主义文明的无知，如果说五四前的守旧派对西方文化的抵制是由于他们对资本主义文明知之甚少，那么，20世纪20年代初的西方文明论者，却几乎都是对西方资本主义社会的种种弊端了解相当清楚的人。如果说以前的封建顽固派和文化守旧派在东西文化问题的论战中基本上处于守势的话，那么，这时的东方文明论却差不多都以一种进攻的姿态，对宣扬西方文化的人们发起咄咄逼人的攻击。因为通过第一次世界大战和十月革命，资本主义的内在矛盾像火山爆发一样，一发不可收拾。此时的中国人，特别是中国的知识分子，对资本主义的认识也发生了相当深刻的变化。资本主义世界已陷入全面危机，而社会主义则为人类带来新的曙光。这样，“资本主义文明破产了”的观念便普遍深入中国人的心中。正是在这种时代背景下，陶行知作为接受过西方文化的知识分子，却能够挣脱西方文化的束缚，站在振兴民族文化的高度，大声疾呼焕发民族文化的生机与活力，如倡导推广国画、使用大众文字、发展民族艺术等；同时，他也倡导借鉴西方的先进文化来充实中华民族文化，如大力传播科学、发展话剧事业等。这些均是对中国近现代文化所作出的杰出贡献。

20 世纪上半叶是中国社会发展的一个重要的转型期。这一期间，传统的政治秩序和权威崩溃之后，新的政治秩序和权威一时尚未建立起来。南北对峙，军阀割据，忙于争夺，无暇他顾，意识形态的控制相对放松。西学纷至沓来，异彩纷呈，思潮迭起，学派林立，形成了春秋战国时期之后又一个“百花齐放，百家争鸣”的高潮。但是，新文化的孕育生长并非一帆风顺。五四前夜，伴随着封建势力政治上复辟活动的卷土重来，文化上也掀起一股尊孔复古逆流。封建与反封建、复辟与反复辟的斗争空前尖锐激烈。先进的知识分子们开始认识到思想文化领域里的斗争是和政治斗争紧密相关的，他们试图从思想文化的高度去寻求救国救民的出路，于是积极开展文化启蒙运动，与文化保守主义者展开文化大论战，探寻中国文化发展的方向与道路。1915 年兴起的新文化运动，高举“民主”与“科学”两面大旗，吹响了向陈旧老朽的封建主义思想堡垒进攻的战斗号角。“民主”与“科学”的提出，反映了中国政治经济发展的要求和人民的迫切需要，遂成为五四时期文化思想战线上的两面旗帜，召唤着人们投身于反对封建主义旧文化旧思想的伟大斗争。高擎“民主”的大旗，新文化运动的倡导者们宣传民主思想，反对封建专制；高擎“科学”的大旗，新文化运动倡导者们宣传科学思想，反对封建迷信和愚昧、盲从。再加上这一时期西方各种新的思潮陆续传入中国，中西文化正在激烈地冲突与碰撞，中国文化向何处去？这成为众多有责任心的中国知识分子所关心与思考的问题。陶行知就是在这个特殊的历史时期，将旧学与新学融于一体，在吸纳与借鉴中西文化精粹的基础上形成了自己的思想体系，在重建中国新文化的过程中，应时代之需要脱颖而出的一代巨人。

二、新环境

20 世纪上半叶之所以能够产生像陶行知这样的文化巨人，是当时特定时代条件、社会背景和个人因素共同作用的结果。时代与社会环境造就了人才，人才又能通过自己的创造性成就来回报时代与社会。正如法国史学家丹纳（H. A. Taine，1828—1893）所讲：艺术家与艺术品的“产生取决于时代精神和周围风俗”①。那么，文化巨人与文化成就的产生同样要受到其所处的时代和环境的影响。中西文化交融的特殊时代造就了陶行知这样的文化巨人，而陶行知也没有辜负社会与时代的期望，在文化教育的众多领域进行了开拓与创建，为时代与社会作出了突出贡献。

文化是人类创造的，人类又受文化的制约与影响。人与文化是一对矛盾的统一体。从某种意义上说，任何个人或群体都无法选择自己所生存的自然生态环境和社会文化环境。当一个婴儿呱呱落地的时候，甚至还在他的母腹中的时候，他就被一种文化所选择、所规范。他所生活的地理空间，以及与地理空间密切联系的生产方式、生活方式，既存的社会文化系统，都在有形或无形中制约、影响着他的成长。

陶行知原名陶文濬，字世昌，1891 年 10 月 18 日（此处暂从众说）出生于安徽省歙县西乡黄潭源村的一个贫寒家庭。陶母热爱劳动、艰苦朴素的精神，对陶行知一生影响很大。陶行知自幼便饱经世故沧桑，深知农家疾苦。十一二岁时，他就成为家中的半个劳动力。他平日接

① ［法］丹纳著，傅雷译：《艺术哲学》，人民文学出版社 1983 年版，第 63 页。

触的大多是贫民，一直生活在贫民社会环境中，对劳苦大众无比挚爱，对有钱有势者则极为鄙视，自幼便形成了亲民、爱民、为民、救民的思想。这些思想，成为贯穿他一生道路与事业的主线，推动着他奋力开拓“中国性、平民性”的以人民为本位的文化思想路线。

陶行知的故乡歙县，旧属徽州府，徽州人以善于经商闻名全国，徽州人特别能够吃苦耐劳，富于开拓创业精神。陶行知自幼便深受这种精神的感染，萌生了艰苦奋斗、开拓进取的意识。① 徽州商人为了在激烈的商业竞争中始终立于不败之地，他们十分注重自身文化素养的提高。因此，徽州人非常重视发展教育事业，兴建各级各类学校。至清朝康熙年间，社学发展到 512 所。② 徽商拥有的雄厚经济实力与徽州甚为发达的教育事业，使徽州地区的文化学术在明清时期出现了空前繁荣的景象，地域性哲学、经学、医学、绘画、戏剧、建筑、雕刻、盆景等专业性文化得到了长足发展，相继衍化为自成一体、具有鲜明地方特色的派别。新安理学、徽派朴学、新安医学、新安画派、徽班徽调、徽派建筑、徽派雕刻、徽派篆刻、徽派盆景等，无不享有盛名，著称全国。徽派朴学代表了清代学术的最高成就，其学风集中体现了清代学术尚实、笃实的特点。诞生在这种文化地理背景中的陶行知，自然要受到地域文化的影响。其实事求是、大胆怀疑、敢于批判的精神，无疑是徽派朴学基本治学精神的继承与弘扬。

青少年时期的陶行知

儿童少年时期的生活环境对陶行知的影响固然重大，但置身于新环境下的青年陶行知深受新的思想与理论的影响。十月革命后，作为

① 1923 年春，陶行知曾在《游牛首山》这首诗的题注中，对“绩溪牛”的精神予以称赞：“吾乡称绩溪人为绩溪牛，人以为侮辱，我以为是尊敬，因为牛是农家之友，没有牛，我们那里来的饭吃呀！”纵观陶行知的一生，他不正是这样一头“绩溪牛”或“徽骆驼”吗？

② 《徽州府习》。

无产阶级的宇宙观和社会革命论的马克思主义传入中国，使灾难深重的中国人民从中看到了中华民族获得解放的新希望。中国的先进分子在欢呼十月革命的同时，也很快地接受和传播了马克思主义，由效法西方资产阶级革命，转而效法俄国十月社会主义革命，从向西方资产阶级“文明”寻找出路，转向研究和宣传马克思主义。列宁曾指出，先进的中国人在辛亥革命以来群众革命情绪高涨的影响下，“从欧美吸收了解放思想，但在欧美，提到日程上的问题已经是摆脱资产阶级而求得解放，即实行社会主义的问题。因此必然产生中国民主派对社会主义的同情，产生他们的主观社会主义”①。五四期间，随着五四爱国运动的爆发，新文化运动的深入发展，马克思主义开始在中国得到了广泛的传播。

在这个新的历史环境中，陶行知开始接触和介绍社会主义。1919年3月，他在《新教育》杂志第1卷第2期上发表《普鲁士教育之基本改革》一文，向中国教育界、思想界介绍马克思和社会主义。1921年，在他担任《新教育》杂志编辑和主干（主编）时，该杂志还载文介绍了十月革命胜利后俄国的政治、军事、教育、宗教等各方面的情况，并刊登过列宁的照片。1922年，他与中国共产党领袖李大钊也有过一些来往。诚然，以上言行虽然没有超出民主主义的思想范畴，却反映了陶行知对社会主义的向往。他很希望从社会主义学说中汲取一些有利于改造中国社会和文化教育的思想营养。因此，他这时虽然信奉实用主义学说，但并不反对马克思主义和社会主义学说，倒是对社会主义持一种同情和理解的态度，这就为他20世纪30年代接受社会主义，在中国共产党的指导下，积极投身于反帝反封建的革命斗争，奠定了思想基础。

20世纪30年代初，尖锐复杂的阶级斗争和严重的民族危机，促使在改造中国社会和文化教育的实践过程中一次次碰壁的陶行知去寻求更有力的理论武器。现实生活告诉他，民主主义并不是科学的世界

---

① 《中国的民主主义和民粹主义》，载《列宁选集》第2卷，人民出版社1995年版，第293页。

观和方法论，并不能从根本上解决中国的问题，唯有社会主义才是引导中国人民从黑暗走向光明的伟大火炬。从此，他逐步走出了民主主义思想体系，开始了对社会主义的系统学习和研究。陶行知曾经认为，中国农村之所以贫弱，一个重要原因是由于孩子生得太多，土地一分再分的结果，所以一再劝人节育，提倡少生、好生、贵生、厚生、共生的“五生主义”。1932 年 7 月，他在《中华教育界》发表《中华民族之出路与中国教育之出路》一文，详尽地阐发了这一主张。同年 12 月，北京大学教授尚仲衣以“子钵”的笔名在天津出版的《大公报》上发表文章，批评他的这一主张。此后，陶行知为了弄清这个问题，趁尚仲衣赴沪之机，特为召集留沪文化教育界朋友开了一次座谈会，讨论中国近代社会性质和革命任务。最后，大家统一了看法，明确认识到，中国是一个半殖民地半封建的国家，中国之所以贫穷落后，是由于外有帝国主义侵略，内有封建地主、买办阶级勾结帝国主义剥削、压迫老百姓的结果。所以，文化教育界只有和人民站在一起，共同反对帝国主义和封建主义，中华民族和中国人民才有出路，中国的文化教育才有出路。经过这场争辩，陶行知在思想上感触很深，遂下决心系统学习社会主义学说，并以此作为自己斗争实践的理论指导。1933 年春节，陶行知借同乡友人程霖生的寓所（当时陶行知住处），请共产党方面的朋友讲解社会主义。他与严竟成、戴伯韬、王洞若等人一起听讲、讨论，系统学习了马克思、列宁的著作。3 月 4 日，不顾国民党反动派的法西斯统治，他与蔡元培、叶恭绰、李公朴、陈望道等人共同发起马克思逝世五十周年纪念会，充分表现了追求真理的大无畏气概。

陶行知对马克思非常景仰。他在出国访问期间，曾三次去伦敦海格特公墓瞻仰马克思墓。1936 年 10 月 30 日，他与全国学联代表陆璀首次瞻仰马克思墓，在墓前摄影留念，并写下《马克思墓》一诗，称赞马克思“光明照万世，宏论醒天下。‘二四七四八’，小坟葬伟大”①，

① 《马克思墓》，载华中师范学院教育科学研究所主编：《陶行知全集》第 4 卷，湖南教育出版社 1985 年版，第 414 页。“二四七四八”是马克思墓号数。

流露出他对马克思的无比敬仰之情。1938 年 2 月，他与吴玉章在出席伦敦世界反侵略大会期间，一起去拜谒了马克思墓。他们惊叹这一旷世伟人之墓，竟这样平凡，“这象征着生要和大众打成一片，死也要和大众打成一片，才是真正的伟大”。1938 年 6 月回国途径伦敦时，他再次瞻仰了马克思墓。三次拜谒马克思墓，充分表达了他对马克思和社会主义的崇敬。

为了能直接阅读马列原著，陶行知在 50 岁后，又开始学习俄文。当时的苏联是世界上第一个社会主义国家，出版了大量马列著作，对社会主义作了系统而广泛的宣传。陶行知早年留学美国，精通英文，以后又担任“国民外交使节”，为宣传中国人民抗日救国主张，游历了欧美等 26 个国家，学会了几门外语。但他感到这还不够，要学习马列著作，真正掌握社会主义，非学会俄文不可。在学习中，他的时间抓得很紧，学习态度非常认真，遇有不懂之处，就向他人请教。在陶行知钻研社会主义的过程中，中国共产党人给予了他直接的帮助和影响。中共中央宣传部文化工作委员会（简称“文委”）成员田汉很早就开始做他的工作。田汉曾派左翼戏剧家联盟（简称“剧联”）的田源到工学团工作，并介绍陶行知阅读英文版的马克思的《资本论》，陶行知有时坐在汽车上也孜孜不倦地读这本书。1934 年，钱俊瑞到上海参加中国左翼文化界总同盟（简称“文总”）领导工作后，也一直在做陶行知的工作。此外，在陶行知创办的教育社团工作的共产党人（其中不少人是他的弟子）也对他做了大量的工作。左翼教育工作者联盟（简称“教联”）、中国青年反帝大同盟（简称“中青”）等组织的共产党员刘季平、丁华、徐明清、王洞若、林一心、张劲夫等人，都先后在他身边工作，给予他很大的帮助和影响。

由于其本人的刻苦学习和他人的帮助影响，陶行知逐步弄清了社会主义的基本原理。1934 年 1 月，陶行知在《生活教育》杂志上发表《行知行》一文，正式宣布放弃他使用了 23 年之久的名字“陶知行”，改为“陶行知”，表示他接受辩证唯物主义思想。从“知行”到“行知”，反映了陶行知哲学思想的飞跃，标志着他的世界观的根本转变。1943 年，他在《创造年献诗》中写道：“行以求知知更行，不知直认为不知。遍览已知求未知，以知与人己愈知。以为武断靠不住，存在从来决意识。解剖内体寻条理，追踪外缘找联系。贯通证据悬断语，屡试屡验验还试。矛盾相生复相克，数量满盈能变质。相推而进正反合，顺沿发展觅定律。”① 这说明陶行知此时已完全接受并能娴熟地运用辩证唯物主义，为他迅速成长为具有社会主义倾向的新民主主义者奠定了思想基础，同时也给他中西结合创造新文化的伟大实践提供了正确的世界观和方法论。20 世纪 30 年代以后，陶行知就是在社会主义理论指导下，从事中国近现代文化诸多领域的开拓和创造，成为 20 世纪中国富有代表性的综合性文化巨人。

从接受传统文化的熏陶始，中经西方文化的洗礼，到归宗马克思主义，这一番曲折深刻的人生经历，使陶行知融中西文化于一体，新旧杂糅，相辅相成，既有着强烈的民族意识，又具有恢宏的世界眼光；既时时追踪着时代潮流，又处处从中国现实和国情出发，成为近代以来最民族化又最世界化、最有传统性又最有现代性的中国人之一。从他的身上，我们不难窥见在 20 世纪中西文化冲突与交融下近现代中国知识分子所走过的人生旅程及其所经历的文化心路。

第二节　求学经历

从小家境贫寒的陶行知走过了一条曲折的求学路径，也正是这条不平凡的求学道路，铸就他坚定踏实地走上了为中国教育普及而不懈努力的人生道路。旸村蒙馆的发蒙，为其日后接受中国传统文化奠定了坚实基础；崇一学堂求知与金陵大学问学，为其出国深造创造了良好条件；美国伊利诺伊大学和哥伦比亚大学这两所名校的深造，则为其创造生活教育理论和开展普及教育运动提供了理论铺垫。

① 《创造年献诗》，载华中师范学院教育科学研究所主编：《陶行知全集》第 4 卷，湖南教育出版社 1985 年版，第 586 页。

一、旸村蒙馆

陶行知自幼聪慧，资质优异，而且是家中唯一的男孩，陶父将家庭的希望都寄托到他的身上，再加其父陶位朝有一定的文化基础，期望通过教育儿子成才来改变家庭的贫困命运，经常利用闲余时间对陶行知进行识字教育，让其临摹字形。

早期的智力开发，使得陶行知比一般的孩子聪明，而且勤劳务实，礼貌待人，这就引起了旸村塾师方庶咸秀才的注意。于是在1897年，六岁的陶行知便通过行束脩之礼入方秀才私塾开蒙。此后的陶父继续利用业余时间，在家对陶行知进行习字教育，并使他接受简单的儒学知识。陶行知的记忆力特别强，三刻钟内就能背诵《左传》43行。

8岁时，陶父重返休宁万安任册书，陶行知也随父到万安，入吴尔宽的私塾受教。① 陶行知在这里接受了较为系统的经学教育，他天资聪颖，刻苦钻研，反应灵敏，深得外祖母、塾师、学友的喜爱。在此他五年一直苦读中国传统儒学经典，奠定了坚实的旧学基础。

陶行知早年就读的万安私塾

1903年，12岁的陶行知又得到了秀才程朗斋对四书的解读指导。后来，他还不辞艰辛，翻山越岭，奔波十几里来到航埠头曹家经馆，向贡生王藻请教。他经常站立门外候教，甚至不顾大雪纷飞，王藻曾赞扬他有一种“程门立雪”

① 朱泽甫编著：《陶行知年谱》，安徽教育出版社1985年版，第3页。

的古人之风。① 这种求学的诚意深深打动了王先生，他对陶行知进行谆谆教诲，陶行知也从王藻那里得到了对五经的指点与教诲。

这样，陶行知通过传统的家庭教育和四处求学的双重途径，受到了良好的传统文化教育，为其日后成为聚中国传统美德与高尚气节于一身，兼具儒家的亲仁、墨家的兼爱、佛家的慈悲和基督教的博爱品质的文化巨人与教育大家打下了深厚的文化根基。

二、崇一学堂

1906 年，陶行知进入隶属于基督教内地会的徽州府崇一私立中学堂学习，开始接触西方近代科学文化知识，经受西方文化的洗礼。

陶行知早年就读的崇一学堂旧址

陶行知跨入崇一学堂，这并非历史的偶然，实与当时的时代环境、他的家庭以及他本人际遇均有密切关系。② 鸦片战争以后的中国，西方列强在军事侵略、经济掠夺的同时，逐步加强了文化渗透。他们以强大的武力作后盾，迫使清政府签订了一系列不平等条约，并向西方传

① 据《宋史·杨时传》载，北宋杨时就教于程颐，“至是又见程颐于洛，时盖年四十矣。一日见颐，颐偶瞑坐，时与游酢侍立不去。颐既觉，则门外雪深一尺矣”。借喻尊师重道。

② 周洪宇：《近代知识分子与教会教育——一项以陶行知为观照基点的历史透视》，载章开沅、林蔚主编：《中西文化与教会大学》，湖北教育出版社 1991 年版。

教士敞开了国门，允许西方传教士在各省租买田地，开设教堂，传播基督教。从此，西方传教士蜂拥而入，很快便深入到中国的穷乡僻壤。当时在安徽地区活动的教会组织，主要有内地会、来复会、浸信会、北长者会、信义会、圣公会等。其中，内地会的势力最大。内地会是英、美等国基督教新教对中国派遣传教士的差会组织，由英国人戴汝生于1865年创立，总会设在伦敦。所派传教士来自各个不同的宗派，以英国、美国、加拿大、澳大利亚和新西兰人为主，亦有少数德国、奥地利、瑞士和北欧人。来安徽的传教士首先为密多士（Wr. Meadows）和卫良（Wr. Williamson）两人。经过一番惨淡经营，他们终于1869年在安庆奠定了传教事业的基础。此后几年中，内地会是安徽唯一的教会组织。在1869—1885年先后创立差会总堂四处：安庆（1869）、宁国（1874）、池州（1874）和歙县（1875）。①歙县崇一学堂就是他们于1900年为传播基督教义和西方文化科学知识、扩大教会影响而创办的。校长由歙县内地会教堂的英籍牧师吉布斯（C. W. Gibbs）兼任，此人汉名唐进贤。

陶行知13岁时，一度重返休宁万安工作的父亲陶位朝被解除册书一职，再次回家务农。他也随父离开万安回到歙县。当时教堂通事（翻译）章觉甫与陶位朝是朋友，看见老友落魄潦倒，全家生活困难，便介绍陶行知的母亲到歙县内地会教堂当帮佣，除炊事外，兼做勤杂工。小小年纪的陶行知，颇懂体贴父母。常随父母挑瓜挑柴进城出售。卖完菜、柴后，总是去教堂帮助母亲做一些洗菜、挑水等杂活。崇一学堂校长唐进贤，爱好中国经史文学，见陶行知举止大方，手脚麻利，又喜其聪明好学，遂嘱陶母送他入学，并免收学费。于是，在15岁这一年，陶行知进了崇一学堂这所教会学校求学。②

入崇一学堂学习，是决定陶行知一生命运的关键性的一步。崇一学堂为他从旧式知识分子转变为现代文化人架设了第一块跳板。崇一

---

① 王鹤鸣著：《安徽近代经济探讨》，中国展望出版社1987年版，第230—231页。

② 朱泽甫编著：《陶行知年谱》，安徽教育出版社1985年版，第5页。

学堂学制三年，开设的课程有德行、修身、经学、国文、英文、中西历史、算学、代数、格致、地理、音乐、体操等 12 门，唐进贤一人兼授英文等 7 门。① 这些课程的设置，体现了教会学校把基督教文化同儒家思想中有利于教会的东西结合起来的意图，表明教会教育是一种中西混合式的教育。当时的同学有姚文采、江粹青、程家庚、章文美、章文启、汪邦镐、朱家治、汪嵩祝、洪范五、程祖贻、汪邦荣、汪邦钊、汪孔祁、汪邦钧等 18 人。他与姚文采、洪范五同住在一间寝室，经常进行背书比赛，陶行知以惊人的记忆力总是夺得冠军。

在崇一学堂，陶行知珍惜时间，发奋攻读，如饥似渴地学习西方文化科学知识，学业上突飞猛进，并滋生了爱国意识。尽管在此所接受到的西方文化还极为有限（崇一虽名为中学堂，实际程度似仅与高小相齐）②，但无论如何，它毕竟给幼小的陶行知打开了一扇眺望新世界的窗口。从这扇窗口，他看到了发达的西方，看到了四书五经、子曰诗云所无法告诉他的新世界。他的视野也从一个小小的歙县扩大到全中国甚至全世界，一股强烈的历史使命感由此而开始萌发，他用毛笔在宿舍的墙壁上题写了两行座右铭："我是一个中国人，要为中国作出一些贡献来"，并朝夕以此自勉。正是以崇一学堂为起点，他开始了对救国救民真理的艰难探索。

三、金陵大学

在崇一学堂学习两年后，因唐进贤临时有事返回英国，学校便关了门。当时，陶行知目睹旧中国贫穷落后，科学医疗很不发达，庸医误人，自己的姐姐幼时因病夭折，遂在好友章文美等人的影响下，像早期的孙中山、鲁迅和郭沫若那样，一度萌生了行医济世、医学救国的念头，为此，他于 1909 年春投考了杭州的一所教会学校——广济

---

① 根据"安徽省徽州府崇一私立中学堂毕业文凭"。

② 关于崇一学堂性质与程度的评估，参见董宝良、喻本伐、周洪宇：《陶行知生平求是》，载《教育史研究》1995 年第 2 期。

医学堂。由于该校对于非基督徒学生在课程学习等方面有歧视性规定，他只呆了三天便愤而退学。①

离开杭州后，陶行知一度流落苏州。不久他又回家专攻了一段时间英语。1909 年秋，巧遇办完事后回到中国的唐进贤，经其介绍，考入南京美国教会美以美会办的汇文书院。1910 年春，汇文书院与基督会和长老会合办的宏育书院合并为金陵大学堂，他直接升入金大学习。金大初创时，仅设文科及若干数理学程。文科分预科、本科两部。预科二年，本科三年。因他此前已有汇文的半年成绩，故预科只读了一年半，便于 1911 年升入文科本科。至 1914 年夏完成学业，他在金大一共生活和学习了五年。如果说跨入崇一是他在人生道路上迈出的关键性的第一步，那么求学金陵无疑迈出了更为坚实有力的一步。

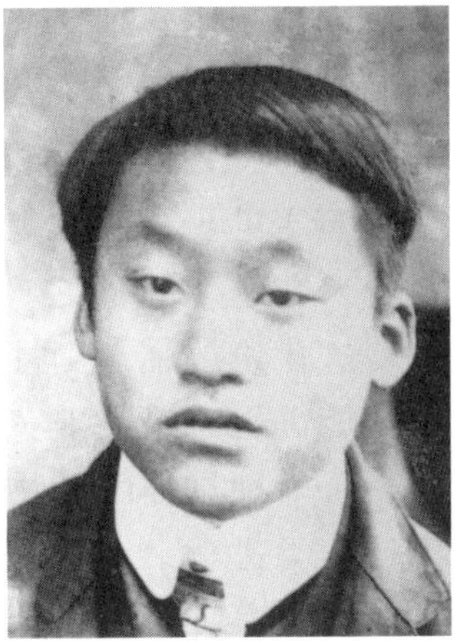
求学于金陵大学时期的陶行知

金陵求学的这五年，正是民族、民主革命浪潮汹涌澎湃之时。陶行知一面勤奋学习，一面踊跃投身于辛亥革命的洪流之中。他曾发起组织大学运动会，以门票收入充作“爱国捐”，帮助黄兴领导的南京留守机关解决财政困难，并倡设金大学报《金陵光》中文报，任中文主笔，撰文宣传民主共和思想。

在此期间，陶行知在学习上非常勤奋。他不但各门专业课程成绩优异，为全校师生所瞩目，而且还利用课余时间，广泛涉猎了近代西方各种哲学、社会政治学说和大量的中国古代文化典籍，西方的达尔文、赫胥黎、斯宾塞、林肯等人，与中国的孔子、孟子、墨子、庄子、荀子、朱熹、王阳明、王畿等人的著作和学说，均在其博览之列，而近人严复、梁启超、孙中山等人的思想尤为他所熟悉。其中，他对严复介绍的进化论、西方资产阶级民约论和孙中山所宣传的资产

① Tao Wen Tsing：To J. E. Russell，February，16，1916.

阶级民主共和思想，以及明代王阳明的“知行合一”学说，所下苦功更非常人所及。这一番中西文化交融并摄的功夫，使其哲学思想和政治思想迅速迈入新境，极大地改变了他的世界观和人生观。

此时，陶行知通过阅读严复译述的《天演论》，开始接触并信奉达尔文的进化论。他认为，人类社会一切现象，都是“天演”（即进化）的结果。没有“天演”，就没有一切。他在为《金陵光》中文报创刊所写的发刊词《〈金陵光〉出版之宣言》中指出：“《金陵光》随学生天演之进步自然发生。”① 又在毕业论文《共和精义》里说：“共和者，人文进化必然之产物也。使宇宙万物无进化，则共和可以无现；使进化论放诸邦国社会而不准，则共和犹可以无现，无如进化非人力所能御也。进化非人力所能御，即共和非人力所能避。”② 他认为，小至一种具体的刊物，大至一种影响深广的政治学说和体制，无一不是人类进化之结果。他还认为，物竞天择是人类社会进化的公理，适者生存，不适者灭亡。“处此物竞之世界，与器间有竞争，与物诱有竞争，即下至饮食起居之细，亦莫不含有竞争之义。于是筹备竞争也，宜任劳；实行竞争也，宜耐苦。竞争而不能胜，则难生矣！”③ 与此同时，陶行知在对清末民初社会现实冷静观察和思考的基础上，通过对近代中西各种社会政治思想的广采博纳和抉择改铸，初步形成了资产阶级共和主义的政治思想。

在自由平等观上，他把共和主义的根本精神概括为“自由”、“平等”、“民胞”（即博爱）三大信条。依据近代西方学者的某些观点，他对“自由”、“平等”、“民胞”作了新的阐释。在他看来，自由可分为法律之内的和道德之内的两种。它们可视为“负面的自由”与“真自由”。前者“人民久已不惜蹈汤赴火以争之，其成绩已大有可观。

---

① 《〈金陵光〉出版之宣言》，载华中师范学院教育科学研究所主编：《陶行知全集》第1卷，湖南教育出版社1984年版，第3页。

② 《共和精义》，载华中师范学院教育科学研究所主编：《陶行知全集》第1卷，第52页。

③ 《因循篇》，载华中师范学院教育科学研究所主编：《陶行知全集》第1卷，第13页。

然人民脱离强暴之羁绊，未必即能自由也”。为什么？“盖天下之至不可超脱者，有自奴焉！故真自由贵自克。天下之至不可侵越者，有他人焉！故真自由贵自制。天下之至不可忽略者，有公福焉！故真自由贵个人鞠躬尽瘁，以谋社会之进化。”显而易见，其“真自由”的含义是自克、自制、个人鞠躬尽瘁以谋社会进化。关于平等，他指出：“天之生人，智愚、贤不肖不齐，实为无可諱之事实。平等主义亦不截长补短，以强其齐。在政治上、生计上、教育上，立平等之机会，俾各人得以自然发展其能力而为群用。”他所主张的，不是天赋的平等，而是机会的平等。值得注意的是，他把“民胞”（博爱）视为比“自由”、“平等”更为重要的东西，只有“民胞之义昌，而后有共同目的、共同责任、共同义务；而后贵贱可除，平等可现；而后苛暴可蠲，自由可出。苛无民胞主义以植共和之基，则希望共和，犹之水中捞月耳！”民胞实为“共和之大本”，这反映出他对“民胞”的极端重视，并成为他日后提出的“爱满天下”主张的滥觞。

在对个人与社会的看法上，他认为，共和主义“重视个人之价值”，“唤醒个人之责任”，“予个人以平等机会”，人虽贵贱贫富不同，但价值则一，都是“社会邦国之主人翁也”，都“对于社会有天职之当尽耳”，“俱予以自由发展智仁勇之机会，俾得各尽其能”。他明确指出：“共和主义，视人民为社会之主权。群之良窳，惟民是视。民苟愚劣，社会绝对不能兴盛。社会欲求兴盛，必负改良个人之责。”所以，共和主义“以博爱为社会组织之大本，而以兄弟视其分子”，“个人为社会而生，社会为个人而立，实共和主义之两元也”，表明了他试图以社会为基点，将个人与社会两方面协调起来，不致有所偏废。

在政治观上，他赞同美国总统林肯著名的“三民”原则：“政府者，人民之政府。人民自治以谋人民之福利”，称之为“实共和政治之圭臬焉”，并进一步将其具体化为三点内容：其一，“共和政治图谋国民全体之福利”，给予人民以言论、著述、集会的自由。对于人民的各种建议，“择良而要者施行之”。其二，“共和政治重视共和目的、共同责任”。所以，“共和政治不特有透达既往目的之能力，且有发生将来目的为进步之母”。其三，“共和政治能得最良之领袖”。共和主义承认人民为主权，不是主张无首领，而是主张好首领。“共和首领由民举，必其人能亲民，新民，恤民，然后民乃推戴之。即有大奸巨滑，以媚民手段，占窃神器，然朝违民意，夕可弹劾也。”

在实施共和主义的途径上，他反对“不问国情”，照抄西方模式，主张根据中国的具体国情，确定实施共和主义的途径。他把中国的具体国情归纳为四点：“国民程度不足”，出现“伪领袖”，“党祸”丛生，存在“多数之横暴”的可能。有鉴于此，他提出四条实施途径：发展教育，便利交通，依靠人文进化，维持一定秩序。尤其难得的是，他此时已对教育的社会功能有了深刻认识。“人民贫，非教育莫与富之；人民愚，非教育莫与智之；党见，非教育不除；精忠，非教育不出。教育良，则伪领袖不期消而消，真领袖不期出而出。而多数之横暴，亦消于无形。况自由平等，恃民胞而立，恃正名而明。同心同德，必养成于教育；真义微言，必昌大于教育。”因此，“教育实建设共和最要之手续，舍教育则共和之险不可避，共和之国不可建，即建亦必终归于劣败”。① 可以说，陶行知后来献身于教育事业，就是以此时对教育功能的深刻认识为思想基础的。

哲学上开始信从王阳明“知行合一”理论，是陶行知在金大求学期间思想方面的又一重要收获。

进入金大不久，陶行知在该校 F. G. 亨克（F. G. Henke）教授的悉心指导下，开始研究起明代大哲学家、教育家王阳明的学说。王阳明的学说产生于 16 世纪初叶，作为理学内部与朱熹学说相对立的异军，曾在中国思想文化领域里占据中心位置达百余年时间，并对后世产生了深远影响。王学体系可以用“致良知”三字来概括，主要包括三大理论：“心即理”论、“知行合一”论和“万物一体”论。王阳明认为，天理存在于人们的心中，心中的天理就是良知，这种良知乃先天具有的是非之心、恻隐之心。格物就是正心，是一种去恶为善的修

① 前述引文未特别注明出处者，均见《共和精义》，载华中师范学院教育科学研究所主编：《陶行知全集》第 1 卷，湖南教育出版社 1984 年版，第 43—53 页。

心功夫。致知是放心中固有的良知，并把这种良知推及各种事物上，使各种事物各得其理。与这种主观唯心主义的认识方法相适应，王阳明在知行关系上提出了“知行合一”论。他主张知是致心中固有之知，行是行心中固有之知，知与行在心学的基础上合而为一。王阳明指出：“知是行的主意，行是知的功夫，知是行之始，行是知之成。”① “知行功夫本不可离，只为后世学者分作两截用功，失却知行本体，故有合一并进之说。”② “知行合一”论的实质在于把知、行结合起来，不离行以求知。王阳明希望通过倡导“知行合一”，注重道德践履，纠正只知不行或只行不知两种知行脱节的弊端，力促人们实现真正的道德完成，以拯救明代中叶日益衰败的封建社会危机。

王阳明的学说，注重知行统一，重视道德践履，颂扬百折不回、进取奋击的坚强意志，强调“心力”，突出自我，具有反教条、反权威的积极意义。它适应了社会转折时期人们高扬主体意识，实现自我解放，蔑视正统权威，砥砺战斗意志，完善个体人格，统一理论实践的需要，往往成为后世人们冲破思想束缚、解放思想、发展个性的有力武器。19 世纪末 20 世纪初，王学受到了新一代思想家们的普遍重视。从康有为、梁启超等改良派到宋教仁、陈天华等革命党人，直至后来的毛泽东、郭沫若等，都极为推崇王学，视之为个人道德修持的工具和改造中国社会的利器。

王阳明的学说对于金大求学时期的青年陶行知产生了很大的吸引力。陶行知从完善个体人格与寻求救国之道的双重需要出发，认真学习和研究王阳明的学说，并为之倾倒，信仰“知行合一”的理论。为此，1911 年，他将自己的原名“文濬”改为“知行”。1934 年，再改为“行知”，直至 1946 年病逝。尽管他 1927 年以后不再赞同王阳明“知先行后”的主张，提出“行是知之始，知是行之成”的理论，但知行问题始终是他关心和努力解决的问题，在他一生的道路与事业中占有极为重要的位置。

---

① 王阳明：《传习录》上。

② 王阳明：《答顾东桥书》。

金大求学经历对于陶行知的影响，除了体现在其哲学观点和政治思想方面，还体现在其知识结构、价值观念、思维方式、个性心理特征、行为模式和人格风范等方面。凡是与陶行知直接接触过、交谈过或阅读过他的作品的人都会发现他学识渊博，涵养丰厚，具有学贯中西的大家风范。而这首先是在新式学校开其肇端的。陶行知幼年从父亲以及别的教师那里接受中国式的启蒙教育，饱经中国传统文化的熏染，特别是深受尊奉理学、注重经世的徽州文化的影响，因而其知识结构具有中国传统文化的厚实根底。进入崇一学堂之后，他又接受了近代新式教育，学习西方文化科学知识，由四书五经、子曰诗云一变而为声光化电、科学民主。尤其是在金陵大学这所中西文化汇聚一炉的教会大学里，他有意识地改造和重建自己的知识结构，既刻苦钻研生理学、心理学、医学和数学等自然科学，又努力学习文学、哲学、政治学等社会科学，既广泛涉猎近代西方各种哲学、社会政治学说和严复、梁启超、孙中山等先进中国人的论著，又遍览中国古代文化典籍，出入于经史子集之中，尤其是对王学的探讨不遗余力，颇有心得。上下数千年，纵横数万里，这种初始的飞越时间与空间的心灵历程，显示出陶行知一生的知识取向——横向采纳与纵向汲取齐头并进，两不偏废。如果说崇一学堂阶段中西文化在他那里还只是一种“无意识的交融”，那么金大时期就是一种“有意识的融会”了。

经过这番中西文化“有意识的融会”，陶行知的知识结构呈示出鲜明的开放、综合的宏观走向；尽管中国传统文化已成为这个知识结构的重要构成部分，但由于陶行知已跨入了新的时代，进入了世界文化的大系统，获得了一种现代开放意识，因此它不再局限于过去与传统，而是面向世界和时代展露出开放、综合的知识取向。

正是这一在新式学校初步形成的开放的知识结构，不仅使陶行知后来在进一步采撷中外文化的精华时更为容易，而且也使他日后在创造性构建其思想学说时全然没有左支右绌、捉襟见肘的感觉。像这样中西文化交融并摄而形成的渊博知识，在曾经就读于教会学校的民主革命先行者孙中山身上，也同样表现得特别明显。在南华医校时，孙中山不仅博览西方自然科学和社会科学方面的书籍，还特地请了一位老师教授中国经史，对中国传统文化下了不少功夫。或许，博采中西文化之所长，熔为一炉，而自成体系，这正是孙中山、陶行知一类伟大人物的共性，也是他们成功的契机吧！如果说知识结构的重建还只是陶行知主体意识结构表层的变化，那么价值观念和思维方式的更新就属于其深层的变化。随着知识结构的重建而来的西方文化参照体系的形成，广泛的世界性视野的拓展，陶行知的价值观念和思维方式也相应地发生了实质性的蜕变。

在未入新式学校之前，作为徽州乡村的一名接受传统教育的好学少年，陶行知当时的人生理想只能是传统的“修身齐家治国平天下”。是时代和社会改变了他的命运，也是新式教育促成了他的价值观念的转变。他开始由尊崇君王到服膺民主共和，由重群体轻个体到协调两者关系，由伦理道德至上到主张义利统一。他强烈抨击不合理的封建血统论和世袭制，“君主嗣统，只问血胤，鲜问才德”，王权世袭，等级森严，主张一切权力归于人民。他高扬个人的价值、个体的独立人格和个性的解放，并努力协调社会与个人的关系，认为它们“实共和主义之两元也”。他还公开宣布：“奉天命为归宿，而不敢止于独善”，表示传统的“独善其身”、“慎独”等个人修养方式业已过时，处于大变革时代的每个中国人，都有“尽天职之价值”和“担负进化之大任”，仅仅满足于“独善其身”是不行的，还必须“为全群谋福利进化”。① 当然，我们不能说此时陶行知已与传统的价值观念彻底决裂，思想观念（尤其是价值观念）的转变是一个长期的过程，绝非一朝一夕之事，但无论如何，他此时毕竟开始走出传统价值观念的思想樊篱。

与此同时，他的思维方式也在悄悄地发生着某种变革，开始从中国传统的偏于直觉顿悟和模糊笼统、忽视实际观察和科学实验、轻视分析和逻辑论证的思维方式，转换为注重逻辑理智、观察实验和严密推理的现代思维方式。思维方式的更新往往与自然科学的学习和实践

---

① 《共和精义》，载华中师范学院教育科学研究所主编：《陶行知全集》第 1 卷，湖南教育出版社 1984 年版，第 46—48 页。

有密切关系。在进入新式学校以前，陶行知没有接触过近代自然科学。就读崇一学堂后，他对数学产生了浓厚的兴趣。在做习题时，同学们一般都是演算老师布置的习题，别人用一种方法来解答、证明一道习题，他却喜欢从不同的角度来证明，用几种方法来解答，然后从中比较，找出最佳方法。求学金陵大学后，他对数学的兴趣更浓，经常帮助同学解决数学难题，深得师生赞誉，大学时代奠定了他坚实的数学根底，训练了他缜密的逻辑思维能力。这对他一生事业裨益匪浅。在日后的治学、工作中，他每每佐以数学方法，收事半功倍之效。他的论文和演说的成功，也与他具有很强的逻辑思维能力分不开。① 还值得一提的是，在金大期间，他有一段时间热衷于生理科学的实验，曾受美国艾奥瓦大学西少耳教授观点的启发，发明了一种观察视神经上的血管影的方法，并专门撰写了一篇研究报告《视神经上血管影之观察法》，发表在《金陵光》学报上。根据他的研究，此法不用烛光，不用暗室。试验者熟睡透光室中，醒时向空中微开一目，倒见眼前有一网形檀色物——视神经的血管影。这一方法他每天早晨醒来时曾试验多次，并请同学数人也试验多次，皆屡试不爽。这种亲自从事过科学实验的经历，使他具备了注重观察实验的科学态度和实事求是的思想方法，不仅为他后来接受杜威的实验主义教育学说完成了必要的思想铺垫，而且也导致他后来从事教育救国事业时，始终坚持先试验后推广的原则，反对空谈，强调实干。

这一时期，陶行知的个性心理特征随着其社会生活条件、教育条件的改变以及生活经验的积累，逐渐衍化定型。他开始形成一种宏伟的气魄，胸怀祖国，放眼世界，把中国的前途与世界的未来联系起来考虑。以开放的文化心态对待中西文化，既不妄自尊大，盲目排外，又不妄自菲薄，醉心西化，呈现出明显的外倾开放、豁达包容的心理特征，他的历史使命感和时代紧迫感也得到新的升华。如果说崇一学堂时期还只有一种朦胧地为祖国作贡献的意识，那么在金大这种朦胧意识就升华为一种自觉的理念。他清醒地意识到："即欲在世界求一生

① 许宗元著：《陶行知》，人民出版社 1988 年版，第 8 页。

存，犹当夙兴夜寐，不容稍事蹉跎。苟仍委靡不振，习于因循，则保守已无余地，大局何堪设想？”① 为此，他大声疾呼：“由感立志，由志生奋，由奋而捍国，而御侮，戮力同心，使中华放大光明于世界。”② 为了追求救国真理，完善个体人格，他努力与自己身上的“伪我”作斗争：时时解剖自己，处处克己求真，培养顽强的意志力。他反复告诫自己“欲载岳岳千仞之气概，必先具谡谡松风之德操；欲运落落雪鹤之精神，必先养皑皑冰雪之心志”③，并认为能否去伪存真，做一个道德高尚、以民族利益为己任的人，关键“是在及早努力，百折不回，在心中建立真主宰”。应该看到，定型于此时的上述个性心理特征，是陶行知主体意识结构中最富有个性色彩的因素，也是他日后从事救国大业、成为一位杰出的民主战士和伟大的人民教育家的重要主观条件。

伴随着上述主体意识结构诸因素的嬗变，此时陶行知的行为模式也发生了某种转换。在金大期间，受民主革命风潮的影响，他发起组织各种爱国演说会、展览会、运动会，举办爱国捐，积极参加各种社会活动。特别是当他听到武昌起义的消息后，便按捺不住激动的心情，赶回故乡参加地方开明绅士余德民领导的屯溪阳湖余家庄起义，亲自投身于反清武装斗争，担任县议会的秘书，直至次年春才返校继续学习。这种积极进取、刚毅勇猛、投身武装斗争的行为模式，已与传统士大夫温和保守、消极退让、明哲保身的行为模式有天壤之别。这也意味着在金陵大学求学期间，陶行知从观念意识到行为模式，都发生了根本性的转变。

值得注意的是，这一时期，陶行知在各种主客观因素的影响和推动下，为了加强自己的道德修养，完善个体人格，他在借助于王学的同时，又对充满道德说教气息的基督教义产生了极大的兴趣。“入大

① 《因循篇》，载华中师范学院教育科学研究所主编：《陶行知全集》第 1 卷，湖南教育出版社 1984 年版，第 12 页。

② 《〈金陵光〉出版之宣言》，载华中师范学院教育科学研究所主编：《陶行知全集》第 1 卷，第 3 页。

③ 《为考试事敬告全国学子》，载华中师范学院教育科学研究所主编：《陶行知全集》第 1 卷，第 21 页。

学后，暇时辄取《新约》展阅之，冀得半言片语以益于身心而涤其伪习”①，把基督教义作为道德修养、完善人格的利器。不仅如此，基于救国救民的需要，他还注目于基督教义中朴素的人道主义因素，并于1913年成为一个基督徒。

信仰基督教是陶行知早年在自己人生信仰方面所作出的重要选择。这一选择，深刻地影响到陶行知的人格风范的塑制，以及他日后事业的发展。尽管他后来放弃了基督教信仰转而接受更为先进的社会政治学说，但这种影响的痕迹始终或隐或显地体现在他的身上。事实上，他后来所奉行的“爱满天下”的主张及其伟大的牺牲精神，就与基督教的博爱主张和耶稣舍己为人的救世精神有着某种思想渊源。

需要说明的是，陶行知虽然一度信奉基督教义，但他并未成为一个狂热偏执的基督徒。他对基督教有自己的认识，而且从一开始就是按照自己的理解和需要来接受基督教义的，从未盲目信仰过。他对基督教义既有接纳，又有排拒，接纳中有排拒，排拒中有接纳，这种鲜

陶行知金陵大学毕业时与师友合影（后排左三为陶行知）

① 《伪君子篇》，载华中师范学院教育科学研究所主编：《陶行知全集》第1卷，湖南教育出版社1984年版，第27页。

明的主体意识和清醒的理性精神，使得基督教信仰对他的影响积极的方面远远大于消极的方面。陶行知之所以被人民所长久崇敬，原因之一是他具有伟大的人格风范，而这一人格风范的塑造又显然离不开基督教信仰所起的作用。①

1914 年 6 月，陶行知以优异的学习成绩毕业于金陵大学。因 1911 年金大已在美国纽约州立教育局和纽约大学注册获得认可，故金大的毕业生可同时接受纽约大学的文凭和学位，并能直接赴美深造。由于陶行知一贯品学兼优，素为金大美籍校长包文（Bowen）器重，因此，包文积极鼓励和支持他赴美深造。在师友和父母的帮助下，1914 年秋，陶行知终于启程赴美留学。

四、伊利诺伊大学

抵美后，陶行知先入伊利诺伊大学攻读政治学硕士学位。按照陶行知原来的设想，他是打算直接到哥伦比亚大学师范学院学习教育的。早在金大时期，他就对教育的社会功能有了明确认识，认识到“教育实建设共和最要之手续，舍教育则共和之险不可避，共和之国不可建，即建亦必终归于劣败”，萌生了从事教育事业的念头。而当时的哥伦比亚大学师范学院是美国进步主义教育运动的大本营，聚集了一大批以改革传统教育为职志的新教育理论家，如杜威（John Dewey）、克伯屈（William H. Kilpatrick）、孟禄（Paul Monroe）等人，他们中的某些人（特别是实用主义大师杜威）的教育主张，民国初年就通过蔡元培等人介绍，为中国教育界所知晓。② 能进哥大师范学院学习本是陶行知的初衷。但因该校的学费高昂，陶行知的经济条件负担不起，只得进了专为学习政治学专业的外国学生免除学费并提供奖学金的伊利诺伊大学。③

---

① 周洪宇：《陶行知与基督教》，载《安徽史学》1991 年第 4 期。

② 参见蔡元培《对于教育方针之意见》、《一九〇〇年以来教育之进步》和《新教育与旧教育之歧点》等文，见高平叔编：《蔡元培教育文选》，人民教育出版社 1980 年版。

③ ［日］牧野笃：《关于陶行知在美国留学期间学习与生活的若干考察》，载周洪宇编：《陶行知研究在海外》，人民教育出版社 1991 年版，第 150—155 页。

虽然陶行知在伊利诺伊大学研修政治学专业，但他研习教育的渴望一直没有泯灭。他在着重学习美国的外交、贸易和欧洲的政治等课程时，还专门选修了一门教育行政学。教这门课的是杜威的信徒、哥伦比亚大学哲学博士洛特斯·德尔塔·科夫曼（Lotus Delta Coffman）教授。① 科夫曼向陶行知介绍了杜威实用主义教育哲学的基本原理，这对陶行知产生了特别强烈的影响。恰好在1915年夏天，陶行知参加了在威斯康星州日内瓦湖畔召开的基督教青年会夏季会议，他受到了与会者发言的极大鼓舞，正式决定以毕生精力从事教育工作，并计划一旦从伊利诺伊大学研究生毕业，就转入哥伦比亚大学师范学院深造。基于这种考虑，他在1915年夏学期，便选修了全部四门教育课程［单位、尺度和标准（教育评价基础）、教育研究法、中学课程和教育心理学讨论］。陶行知在伊利诺伊大学学习期间的学习课程见下表：②

陶行知获伊利诺伊大学政治学硕士学位

① ［美］林伯特·O. 布朗：《中国教育中的美国进步主义：陶行知个案》，载［加］许美德等著，朱维铮等译：《中外比较教育史》，上海人民出版社1990年版，第191页。

② ［日］牧野笃：《关于陶行知在美国留学期间学习与生活的若干考察》，载周洪宇编：《陶行知研究在海外》，人民教育出版社1991年版，第150页。

学 年	课程名称
1914—1915	
第一学期	政治学和公法讨论
	城市行政学
	国家论
	教育行政学
第二学期	政治学和公法讨论
	欧洲大陆的政治
	美国的外交
	美国对外贸易和殖民地贸易
1915 年夏	单位、尺度和标准（教育评价基础）
	教育研究法
	中学课程
	教育心理学讨论

1915 年秋，陶行知以优异成绩毕业，并获得了伊利诺伊大学的政治学硕士学位。之后，他便转入了梦寐以求的哥伦比亚大学师范学院主攻教育专业。

五、哥伦比亚大学

陶行知从伊利诺伊大学毕业后，正巧取得了“庚子赔款”的留学生派遣制度“半费生”资格。有了维持继续深造的起码的经费，他便于该年 9 月下旬转入哥伦比亚大学师范学院，攻读教育行政学博士学位课程。

根据校方的安排，斯特雷耶（G. D. Strayer）教授担任陶行知的论文指导教师。斯特雷耶教授是美国著名的教育行政学专家，美国教育行政学会会长，学问渊博，也是郭秉文、蒋梦麟的博士论文指导教师。杜威的专长是教育哲学，他虽然不是陶行知的论文指导教师，但陶行知选修了他亲自讲授的“学校与社会”这门课程。相较之下，他在教育哲学思想上对陶行知的影响远大于斯特雷耶。

杜威的教育哲学是实用主义教育哲学。这种教育哲学以其经验论

哥伦比亚大学校园

的实用主义哲学观为基础，强调变迁、行动和实用，主张“教育即生长”、“教育即生活”、“教育即经验的改造和改组”、“学校即社会”、“以儿童为中心”和“从做中学”，要求教育应当与社会有广泛的联系，要反映社会对教育的要求，教育要密切联系社会生活实际；还主张教育要适应儿童身心发展的特点和规律，要着重培养学生适应生活的能力，要注意培养学生的主动精神和发展学生的个性。尽管这种教育哲学由于杜威本人在政治、哲学等方面的阶级制约性和历史局限性，存在着不少错误的、自相矛盾的东西，但从总体上看，它适应了 19 世纪末 20 世纪初急剧变化的社会现实的需要，对于改革美国当时形式主义占统治地位的旧教育，建立现代民主、科学的新教育，是有积极意义的。

陶行知求学哥伦比亚大学期间，正是杜威实用主义教育理论成熟和影响逐渐达到高峰之时。在此前后，杜威的主要教育论著《我的教育信条》、《学校与社会》、《儿童与课程》、《明日之学校》和《民主主义与教育》等，均已经相继出版。而最集中最系统地阐述杜威教育思想的《民主主义与教育》，正好就发表于陶行知就读该校时的 1916

年。杜威对旧教育的抨击和对新教育的设想，他的批判精神、试验精神和创造精神，对于早就不满中国旧教育、亟欲建立一种新教育以维护和发展共和体制的陶行知来说，无疑有极大的吸引力。加之杜威教育学说的理论基础（达尔文的进化论、民主共和的政治主张和注重行动的哲学观）与陶行知在金陵大学期间就已形成的政治思想和哲学观点（达尔文的进化论、林肯的民主共和主张与王阳明“知行合一”的哲学观）在内容与形式上都有相通或相似之处，这些因素都使陶行知一跨入哥伦比亚大学师范学院的大门，就很快沉浸到杜威实用主义教育理论中去了。这一点可以从下面所附陶行知当时在该校学习的课程内容及任课教师的思想倾向看得很清楚。

学　年	课程名称	任课教师
1915—1916	学校与社会（伦理学及教育问题）	杜　威
第一学期	教育史	孟　禄
	实习：美国的公共教育行政	斯特雷耶
	教育哲学	克伯屈
	财政学	塞索库曼
	进步社会的发展	斯列丁
第二学期	教育史	孟　禄
	实习：美国的公共教育行政	斯特雷耶
	教育哲学	克伯屈
	财政学	塞索库曼
	教育社会学实习：中学原理	斯列丁
1916—1917	实习：教育社会学	斯列丁
第一学期	各国学校制度的社会基础	康德尔
第二学期	实习：教育社会学	斯列丁
	各国学校制度的社会基础	康德尔①

以上课程有浓厚的杜威实用主义教育理论的色彩。在这些任课教

①　［日］牧野笃：《关于陶行知在美国留学期间学习与生活的若干考察》，载周洪宇编：《陶行知研究在海外》，人民教育出版社 1991 年版，第 150—155 页。

师中，杜威本人自不必说，讲授“教育哲学”的克伯屈教授是杜威的学生和最得力的助手，讲授“教育史”、“教育行政学”、“教育社会学”和“各国学校制度的社会基础”的孟禄教授、斯特雷耶教授、斯列丁教授和康德尔教授等人，都是与杜威私交甚好、思想上不同程度受杜威实用主义教育理论影响的著名教育家。陶行知正是在这样一批实用主义教育理论大师或具有进步主义教育倾向的著名教育家们的直接教诲下，接受了杜威实用主义教育学说。

信奉杜威实用主义教育学说，这对陶行知日后的人生道路与事业产生了深刻影响。20 世纪 20 年代前后，陶行知对传统教育的批判，就是以杜威实用主义教育学说为理论武器的。他的独树一帜的生活教育学说，也与杜威实用主义教育学说有着某种思想上的联系。当然，陶行知对于杜威实用主义教育学说，也如同他早年对待其他西方文化（如达尔文的进化论、林肯的民主共和思想和基督教的宗教学说）一样，都不是盲从盲信，照搬照抄，而是按照自己的理解和需要来接受、来传播，进而根据中国的具体国情，在充分总结自己长期教育实践宝贵经验的基础上，加以扬弃和发展，形成一种与之有本质区别、为中国人民反帝反封建斗争服务的新型教育理论。

需要说明的是，留美期间陶行知对于西方文化的接受，并不限于人们常说的杜威实用主义教育学说，也不限于前文所列陶行知在伊大、哥大两校所学的有关课程的内容。事实上，他对现代西方的诸多哲学、社会政治学说，尤其是当时在西方流行的各派教育新思潮，均有广泛的涉猎与钻研。这一点在陶行知回国不久发表的一系列文章中体现得特别明显。1917 年秋，陶行知自美归国后，针对国内教育界因循守旧、不思革新的现状，连续发表《试验主义之教育方法》、《教育研究法》、《智育大纲》、《教学合一》、《试验主义与新教育》等文章，大力介绍和宣传欧美教育新思潮、新学说，提倡以科学的试验方法来改造中国旧教育。在这些文章中，他提到十余位著名人物及其学说，如培根（Francis Bacon）、笛卡儿（Rene Descartes）等人的哲学观点，詹姆斯（William James）、桑代克（E. L. Thorndike）、华莱士（P. Wallace）等人的心理学见解，约翰·费斯克（John Fiske）、华莱士（A. Wallace）等人的动物学理论，弗兰西斯·高尔顿（Francis Galton）的遗传学思想，裴斯泰洛齐（Pestalozzi）、福禄培尔（Frobel）、赫尔巴特（Herbart）等人的教育试验，沃特的葛雷学校，爱莉（Ally）、沙力方夫人（Mrs. Sullifan）等人的盲童教育实践，等等。杜威及其教育学说，此时只是作为众多人物及其学说之一而被加以介绍。

这些事实表明，陶行知在留美期间接受西方文化时，从来就没有局限于某人某派学说，而是从改造中国社会和文化教育的需要出发，以海纳百川、吞吐众家的博大胸襟和恢宏气度，博采诸家外来学说之长，融会贯通地形成自己的知识结构和思想体系。

第三节　三大交往群体

正如马克思所说："人的本质不是单个人所固有的抽象物，在其现实性上，它是一切社会关系的总和。"① 陶行知也不例外，在他的人生历程中，始终是生活于一定的社会关系当中。在不同的阶段，他总会形成不同的交际圈，每个圈都是由与其构成联系的特定个体组成的，这个交际圈里成员集体亦可称之为群体。纵观陶行知的一生，对其形成生活教育理论与开展各种教育实践产生重大影响的，主要有三大交往群体：江浙教育前辈群体、哥伦比亚大学师友群体、进步学生群体。这三个群体对陶行知的人生定位、价值取向、理论创新与实践追求产生了关键性的影响。

一、前辈群体

唐宋之前，中国的文化教育中心在北方（主要在黄河流域的河南、陕西、山西、山东等），而从两宋开始，随着中国经济重心的南移，文化教育中心也移向了江浙一带。据《宋元学案》统计，北宋共

① 《关于费尔巴哈的提纲》，载《马克思恩格斯选集》第 1 卷，人民出版社 1995 年版，第 56 页。

有学者603人，其中浙江就有142人，居全国第一，首次超过了北方人才大省河南（有101人）。到了明清时期，江浙明显成为中国人才输出地。据统计，清代共有进士27 014人，其中江苏与浙江两省共有5 781人，占全国进士总数的21.4%，在全国各地遥遥领先。① 进士中不乏衙门官员，俗语道："无绍不成衙。"而仅就以文化教育为生的学者而言，也是江浙人在全国占据了绝对的优势。清代全国共有重要学者951人，而江浙两省就拥有545人，占全国总数的57.3%。②

如果将对陶行知的成长和教育思想的形成产生过影响的近现代江浙教育家汇总起来称之为江浙教育前辈群体的话，那么，这个群体成员主要有：张謇（江苏南通人，1853—1926）、蔡元培（浙江绍兴人，1868—1940）、袁希涛（江苏宝山人，1866—1930）、黄炎培（江苏川沙③人，1878—1965）、郭秉文④（江苏江浦人，1880—1969）等。这些教育家前辈之所以对陶行知产生重要影响，一方面是由于他在出国前在江浙接受了数年的教育，对江浙教育界名人心存仰慕之心；另一方面由于他主要在江浙地区接受教育，因而深受江浙教育家前辈群体的熏陶与影响。其中对陶行知影响最大的是蔡元培、黄炎培、张謇、郭秉文四位。因郭秉文是双重身份，他既是哥伦比亚大学师友群体的成员，又是江浙教育前辈群体成员，笔者将其放在下一部分介绍。现就其他三位教育家与陶行知交往及其影响作简略说明。

（一）蔡元培与陶行知：感召与激励

蔡元培与陶行知是中国近现代教育史上两位最著名的教育家，一

---

① 《明清进士题名碑录索引》，引自吴宣德著：《中国区域教育发展概论》，湖北教育出版社2003年版，第107页。

② 萧一山著：《清代通史》第5册，中华书局1986年版，附表"清代学者著述表"。

③ 川沙今属上海市。

④ 郭秉文既可以视为哥伦比亚大学师友群体成员，也可以作为江浙教育前辈群体成员。因为他是江苏人，且年长陶行知11岁，按照通常十年为一代人的说法，郭秉文也可以算作陶行知的前辈。

位是立足于正规学校教育来实现中国教育现代化的教育巨匠，一位是着眼于民间教育普及、推动中国教育公平的教育大师，均是彪炳千秋、举世闻名的大教育家。他们的共同之处在于将毕生的精力投入到振兴中华民族教育大业上来。蔡元培比陶行知年长 23 岁，当陶行知就读金陵大学时，蔡元培已经成为闻名遐迩的教育家。在陶行知心目中，蔡元培是中国教育改革的成功典范，尤其是改革北大的成功经验成为他在南京高师进行教育改革和管理晓庄师范学校的示范与样板。就蔡元培对陶行知的影响而言，一方面，这位出生于江浙的大教育家，着实在青年陶行知的内心中是一个崇拜与效仿的楷模；另一方面，蔡元培对陶行知有过不少帮助，他们二人交往甚多。

蔡元培

当陶行知于 1917 年回国担任南京高师教务主任时，蔡元培任北京大学校长并取得了一系列的改革成就，陶行知借鉴蔡元培的一些改革经验，如学生自治、男女同校等，打破了以往传统的高校管理模式，使南高师成为继北大之后中国现代第二所运用新教育理念办学的公办高等院校。

1921 年，蔡元培与陶行知等人共同发起成立了人称“教改司令部”的中华教育改进社，陶行知起草了《中华教育改进社简章》，并任主任干事。蔡元培与陶行知为了开展中华教育改进社的工作，不仅一直保持着密切的联系，而且相互支持。1922 年 7 月中华教育改进社第一届年会在山东济南召开，大会选举蔡元培为董事长，当陶行知与王伯秋共同提出《创办青岛大学案》时，蔡元培很感兴趣，让陶行知在会上解释提案理由，陶行知指出：“山东为我国文化发源之地，在学术上占重要之位置。自‘山东问题’发生，青岛尤为全球视线所集。……为发展我国固有文化计，为沟通东西文化计，尤不能不设立永久高等学术机关，以谋改进，而扬国光。”① 于是，在蔡元培的支持下，该提案得以通过。大会期间，蔡元培与陶行知还一起提出《国立大学与省立大学分别设立案》，成为指导当时中国高校设置的指导性文件。

1927年，蔡元培任国民政府大学院院长，当陶行知申请创立晓庄师范学校时，蔡元培给予大力支持，并亲自担任晓庄师范学校董事长。陶行知效仿蔡元培办北大时所提出的“兼容并包，思想自由”的办学理念，在晓庄师范学校提出“自由园地”。他对晓庄师生讲：蔡元培办北大是“兼容并包”，晓庄学校则是“自由园地”。② 他学习蔡元培的管理经验，不管是什么党派，也不管是哪里的人，只要有专业特长，热爱乡村教育事业，晓庄学校都来者不拒。1927年10月2日，作为晓庄师范学校董事长的蔡元培与陈鹤琴、张宗麟等人一同来晓庄学校参观，陶行知组织师生召开欢迎会，蔡元培在会上作了热情洋溢的讲话：

> 今天承陶校长及诸同学欢迎，感激得很。中国农民占全国国民总数的最多数，所以，要想改良一切制度，都应当从农民的头上做起。诸位在此都抱有大志，研究乡村教育，意义非常重大，这是我所非常赞同的。……
>
> 在路上看到木牌上写的你们的信条有一条是“教法学法做法合一”。很抱歉，这个重要原则我就没有做到。我挂了个董事长的空牌子，却没有和你们共同生活，就没有教学做合一。不过，我相信教学做合一是极其自然的真理。……我们小的时候，说话、跑路和做其他事情，看见父母说话、跑路、做事，就在跟着做的当中，自然而然地受到同化而学会了，这些都寓有教学做合一的原理在里边。③

---

① 《创办青岛大学案》，载华中师范学院教育科学研究所主编：《陶行知全集》第1卷，湖南教育出版社1984年版，第255页。

② 辛元、谢放编：《陶行知与晓庄师范》，江苏教育出版社1986年版，第69页。

③ 蔡元培：《在晓庄师范学校演说词》，载高平叔编：《蔡元培全集》第5卷，中华书局1984年版，第154—156页。

蔡元培参观晓庄师范学校后，对学校给予了很高评价。正当蔡元培兴致高、情绪好时，陶行知特请他用毛笔书写《我们的信条》中关于乡村师范教育的18条。蔡元培欣然提笔用楷书题写了共计260余字的教育信条18条。陶行知将其装裱后挂在晓庄师范学校的犁宫墙壁上。蔡元培到晓庄师范参观并题写教育信条，一方面体现出他对陶行知兴办乡村师范教育的理论与实践的认可与信任，另一方面也反映出他们二人交情之深、关系之密。1928年4月，晓庄师范学校为纪念成立一周年召开联村运动会，蔡元培与吴稚晖、杨杏佛等人一起来参会，使晓庄师范师生与农民很受鼓舞。其间，蔡元培曾两次拨款给晓庄师范，为陶行知办学解了燃眉之急。因此，陶行知于1929年在晓庄师范致谢赞助人会上讲道："拨给公债实现本校乡村计划为本校今后开一新纪元的是中华民国大学院蔡孑民院长。"①

20世纪30年代，面对国民党的白色恐怖政策，蔡元培与陶行知、李公朴、陈望道等一百多人，于1933年3月14日在上海举行纪念马克思逝世50周年大会，蔡元培发表了演讲，表达了对马克思的敬意，严厉抨击了国民党的文化专制主义。

（二）黄炎培与陶行知：帮助与支持

黄炎培是江浙教育家群体中的重要一员，毕生致力于发展职业教育，成为中国近现代教育史上最重要的职业教育理论家与活动家。他比陶行知年长13岁，当陶行知还在当学生时，他已是江苏省教育司司长。1914年6月，陶行知以优异的成绩完成了在金陵大学的学业，在校方为陶行知等毕业生举行的毕业典礼上，黄炎培以江苏省教育会副会长的名义应邀出席。由于陶行知学习成绩突出，以全校总评第一的好成绩引起了黄炎培的关注，他亲自为陶行知颁发了毕业证书。从此，他们二人相识，并成为终身相互关照与支持的忘年之交。

1915年黄炎培赴美国考察职业教育，他到哥伦比亚大学师范学院找到了陶行知，在陶行知等人的帮助与介绍下他结识了著名教育家

---

① 《对于乡村教育及本校赞助人之总致谢》，载华中师范学院教育科学研究所主编：《陶行知全集》第2卷，湖南教育出版社1985年版，第135页。

杜威，并考察了美国一些地方的职业教育。可以说，黄炎培在美国期间，陶行知给予了全力帮助，使得他在美国的考察能顺利进行。当时，正值陶行知撰写毕业论文《中国教育哲学与新教育》遇到资料缺乏之际，由于他所写的论文是中国教育哲学，需要在中国查阅大量的资料，而他身处遥远的美国，无法回国找资料，正好这时黄炎培结束了对美国的考察准备回国，于是陶行知就顺便托黄炎培回国后为其搜集资料。这样，进一步密切了二人的关系。回国后，黄炎培四处为陶行知查找论文资料。1916 年 12 月 5 日，他在给陶行知寄资料时写信提到："国内青年，学成无用，中学毕业生就业者仅十之一，此为国内最急要之问题。解决方法，一在提倡职业教育；一在使普通教育方法之教材和训练方针，皆能切合于实用。"①

陶行知得到黄炎培的赐教，将倡导普通教育与职业教育要切合于实用，作为解决中国国内教育脱离实际、所学非所用问题的重要途径，从此培养起对职业教育的兴趣。1917 年 5 月 6 日，中华职业教育社在上海创立，黄炎培任办事部主任，大力倡导发展职业教育。同年，回国在南高师任教的陶行知便加入了中华职业教育社。黄炎培创办了《教育与职业》杂志，陶行知被聘为评论员和特邀撰稿人。陶行知非常支持黄炎培关于职业教育的主张，于 1918 年 1 月在中华职业教育社社刊《教育与职业》第 1 卷第 3 期上发表了《生利主义之职业教育》一文。他在该文中首次提出"生活教育"，并将生活教育与职业教育结合起来，强调"职业教育既以养成生利人物为其主要之目的，则其直接教授职业之师资，自必以能生利之人为限"，应当培养"生利主义之职业学生"。他从职业教育的师资、设备、课程、学生等方面作了专门论述，主张通过加强生利主义的职业教育，来达到"国无游民，民无废才，群需可济，个性可舒"的目的。② 这反映出当时陶行知不仅与黄炎培相互帮助，私交甚密，而且二人的教育观点一

---

① 许汉三编：《黄炎培年谱》，文史资料出版社 1985 年版，第 35 页。

② 《生利主义之职业教育》，载华中师范学院教育科学研究所主编：《陶行知全集》第 1 卷，湖南教育出版社 1984 年版，第 78—86 页。

致，相互支持，朝着振兴中华民族教育的共同目标而努力。

陶行知与黄炎培等人同游南京明孝陵

两人除了共同探讨职业教育问题外，还共同致力于平民教育运动。1923 年 5 月，陶行知、黄炎培、朱其慧、晏阳初等人发起成立了中华平民教育促进总会。他们分头行动，共同推动中国的平民教育进程。陶行知通过编写《平民千字课》、创办平民读书处、开办平民教育学校等方式，来开拓平民教育的新局面，而黄炎培也曾规划在山西试办乡村职业教育，以促进地方平民教育的发展。

在抗战时期，为了促进中国的民主建设，团结一致，共同抗日，1940 年 12 月，各民主党派及社团的领导人黄炎培（中华职业教育社）、梁漱溟（乡村建设派）、张君劢（国社党）、左舜生（青年党）等在重庆集会，决定将原来的统一建国同志会改组成为中国民主政团同盟。1941 年 3 月 19 日，中国民主政团同盟在重庆召开大会，会议通过了《中国民主政团同盟政纲》，推选黄炎培为中央常务委员会主席。同年 10 月，中国民主政团同盟向中外正式宣告它的成立。1942 年，以陶行知等为领袖的救国联合会加入，中国民主政团同盟遂成为集合“三党三派”的民主党派，后更名为“中国民主同盟”。1945 年

9 月 1 日，民盟成立重庆市支部，陶行知被推选为支部委员兼宣传部长。1945 年 10 月 1—12 日，中国民主同盟在重庆召开临时全国代表大会。会议产生了第一届中央委员会，增选陶行知等 33 人为中央委员，选出由陶行知等 18 人组成的中央常委会，还决定推举陶行知为民盟中央教育委员会主任委员，负责发展民主教育事业。1946 年 7 月 25 日，陶行知突然病逝，黄炎培闻此噩耗，极为悲痛。黄炎培与沈钧儒等人组织上海各界人士为陶行知开追悼大会，他还与沈钧儒、马叙伦、茅盾、陈鹤琴等人陪祭。12 月 4 日，黄炎培又与沈钧儒、翦伯赞等人护送灵柩到晓庄公葬。

（三）张謇与陶行知：榜样与示范

张謇是中国近现代著名的实业家和教育家。他重视师范，关注普教，有教育救国的思想，陶行知的教育理念大多与之不谋而合，受其很多启示；他躬身实践、勤俭建校、贴近民众的办学经验，深深打动了陶行知的内心，成为激励其潜心办学的动力与楷模。因此，陶行知在 1946 年 6 月 14 日，与将要回到解放区的柳湜①告别时，首先谈到对其影响颇深的张謇。他说："我告诉你，到农村去的方法我是学得谁的。你说的到农村去有三关，我都经验过。其中第二关，就是和农民生活习惯打成一片，我是学得张謇的。……他对我的生活，影响不浅。我搞生活教育，他就是我第一个先生。"② 第一次公开讲出对他

① 柳湜（1903—1968），湖南长沙人。他于 1921 年在毛泽东创办的湖南自修大学附设补习学校教书。1928 年加入中国共产党。旋即赴上海，由党派往安徽省委秘书处工作。由于叛徒告密而被捕入狱长达六年，他始终未暴露身份。1934 年获释后即前往上海从事地下工作。他以上海《申报》读书指导部主任的公开身份积极宣传抗日救国。之后，他先后在香港、汉口、重庆从事报刊的编辑工作。他与文化界进步人士沈钧儒、李公朴、史良、陶行知等广泛交往，积极开展抗日民族统一战线工作，参与救国会的建立，声援"一二·九"运动及抗议"七君子"被捕等重大活动。1940 年冬离开重庆前往延安，任陕甘宁边区参议员、边区政府委员、教育厅厅长等职务。新中国成立后，任教育部社会教育司司长、人民教育出版社副社长、中央教育科学研究所所长、国务院科学规划委员会委员、教育部副部长等职。

② 《与柳湜的谈话》，载华中师范学院教育科学研究所主编：《陶行知全集》第 3 卷，湖南教育出版社 1985 年版，第 609 页。

创立生活教育理论与兴办晓庄师范的实践影响最早最深的教育家是张謇，这也是他多年来心里的秘密，他讲出这一秘密后一个多月就离开了人世，可见张謇对其影响之深，在其心目中分量之重。

张謇是中国近现代教育史上倡导实业救国的实业家，又是热心兴学的教育家。他是江苏南通人，是近现代江浙教育家群体中出道最早的社会名流，他一生涉猎实业、政治、教育等诸多领域。既是发展实业、兴办教育的实干家，又是参与各种社会交际的活动家。他曾饱受旧式教育，中状元，任翰林，但不满清政府腐朽统治，放弃仕途，从事实业，开办教育，成为中国近现代开明绅士与社会名流。他的“父实业，母教育”的主张和实践具有深刻的历史意义，他一生创办了20多个企业、370多所学校，为我国近现代民族工业的兴起，为教育事业的发展作出了宝贵的贡献。他倡导“教育与实业迭相为用”，他在发展实业的同时，在家乡南通开办各类学校。1902年创办了我国第一所民办师范学校——通州师范学校，1905年创建了我国第一座民办博物苑，1907年创办了农业学校和女子师范学校，1909年倡建通海五属公立中学，1912年创办了医学专门学校和纺织专门学校。后来，农、医、纺三所学校合并成为南通学院。后来又兴办了各种中初级职业学校、短期讲习班和特殊教育事业，如商业学校、银行专修科、测绘专修科、工商补习学校、镀镍传习所、蚕桑讲习所、女工传习所、伶工学社、盲哑学校等，使南通形成了一个以近代农工商科学技术为中心，包括初等、中等、高等教育在内的学校教育和社会教育体系。

张謇对陶行知的影响，主要表现在以下几方面。第一，名扬四海、享誉学界的张謇在青少年时期的陶行知心中留下了深刻印象。张謇于1905年出任江苏学务总会会长，大力发展江苏的新式教育，使江苏的新式教育走在全国的前列。由于他的办学成绩突出，经常见诸报端，影响日益扩大，遂于1911年应邀出任中央教育会会长。1912年中华民国南京临时政府成立，任实业总长。当时正在江苏南京金陵大学读书的陶行知，身在江苏，耳闻目睹张謇的办学事迹，不由得对张謇产生了仰慕之心，这为他日后从事教育工作，并以张謇为榜样创办学校、发展教育奠定了基础。第二，张謇关注普及教育、重视师范教育，对陶行知产生了一定影响。张謇认为，要想振兴国家，就必须将实业与教育并重。而发展教育的重点在于普及教育，要实现普及教育的目标，就必须兴办学校，而“立学校须从小学始，尤须先从师范始”①。在他看来，小学是教育之基，而师范是小学之母。因此，要普及教育，就要先发展师范教育。基于这样的认识，他于 1902 年就在家乡南通创办了中国教育史上第一所师范学校，成为中国近现代师范教育之父。之后，又创办了一系列的师范学校和传习所。后来，陶行知也提出类似的师范教育思想，强调师范教育乃“国家托命”之所在，“师范教育可以兴邦，也可以促国之亡”，全面论述了师范教育的任务和作用，提出“教育界要什么人才就该培养什么人才”，强调师范生要热爱师范教育，懂得教育规律，具有丰富的专业知识以及为人师表的高尚品德。值得注意的是，陶行知还是我国乡村师范的最早提倡者和创建者。他曾明确主张以乡村师范作为改造乡村生活的中心，以乡村教师作为乡村生活的灵魂，以乡村自治作为改造乡村的组织保证。第三，张謇开办南通师范学校的经验和做法，成为陶行知创办晓庄师范学校的直接参照。陶行知与张謇的直接交往是在 20 世纪 20 年代他在东南大学任教期间，1921 年 3 月，教育部拟批准东南大学董事会成立，张謇就是十大校董之一。张謇经常到东南大学议事，陶行知作为本校教授也应邀出席，因此他们之间有过直接的交往。特别是他对张謇创办南通师范学校的经验一直心存敬仰。正是在东南大学教育系工作之时，受张謇的影响，他便产生了办一所乡村师范学校的想法。从选择校址、聘请教师、办学思路等方面，陶行知都竭力学习张謇。晓庄师范学校与南通师范学校都是乡村师范学校，既然是建立在乡村，为乡村培养师资的师范，就应当学会与农民打交道。因此，当陶

张謇

① 张謇：《师范学校·开校演说》，见《张季子九录·教育录》。

行知在开办晓庄师范之前向张謇请教，张謇便告诉他首先要学会与农民打成一片。正如陶行知所讲述的那样：

> ……和农民生活习惯打成一片，我是学得张謇的。
>
> 他曾告诉我，要替农民做事，第一就得和农民打成一片，不然，农民就怕你，什么真心话也不同你说。他建设南通的初期，自己就常在农民家中来来去去，吃农民一样的东西，说一样的话。农民并不怕他，他也的确懂得农民的生活不少。①

正是受了张謇的教诲后，陶行知才领悟到了在乡村办学的真谛。于是他按照张謇办南通师范的做法深入农民之中，亲自参加建校劳动，与学生、农民同吃同住，甚至与农民的耕牛睡在一起。同时，他也要求晓庄师范的师生都应学着与农民相处。在他的影响与带动下，晓庄的学生都养成了良好的习惯。正如梁漱溟参观晓庄后所说：

> 开办时，无屋可住，在山下立起三五个帐幕，几个人对着帐幕升起旗子来，就举行开学的典礼。后来人渐多，才分投到附近农家去住，现在因为校舍不够，还有住在农家的。他的用意在使学生能和农人一般吃苦，并且深知农民的问题，所以他们的生活都很平民化，穿短衣服，光着脚，如同农夫一般的。……农民也和他们很亲密。②

梁漱溟高度评价这种办学理念培养出的人才一定有能力、有合作精神。陶行知的生活教育理论，也正是在张謇的启发和自己的办学实践中逐步形成与完善的。

二、师友群体

哥伦比亚大学是世界一流的著名高等学府，该校师范学院是20世纪上半叶全世界的教育研究中心，这里名师荟萃，群星璀璨，人才

---

① 《与柳湜的谈话》，载华中师范学院教育科学研究所主编：《陶行知全集》第3卷，湖南教育出版社1985年版，第609页。

② 梁漱溟：《参观南京晓庄学校所见》，载北京陶行知教育思想研究会编：《陶行知研究》，湖南教育出版社1987年版，第98—99页。

济济。陶行知在该校攻读博士学位的两年时间里，结识了不少世界著名的学术大师，亲自聆听了他们富有个人创见的学术讲授，正是他们的理论点拨与思想启迪，为陶行知创造新的教育理论奠定了坚实的基础。同时，他在该校也结识了一批中国留学生，这些人归国后成为中国近现代著名的教育家，有不少人与陶行知长期并肩作战，共同推动了中国文化教育事业的发展。这个哥伦比亚大学师友群体，对陶行知的一生产生了很大影响。

（一）哥伦比亚大学师范学院教师群体

哥伦比亚大学师范学院成立于1888年，原系工业教育协会设立的一所师资培训学校，1898年并入哥伦比亚大学。该院是研究性学院，主要以培养研究生为主。该校师资力量雄厚，聚集了一批世界一流的名师，如美国进步教育运动的先驱杜威、著名教育史学家孟禄、设计教学法的发明者克伯屈、教育行政管理专家斯特雷耶、教育社会学家斯列丁（D. Snedden）、教育心理学的奠基人桑代克以及比较教育家麦克默里（Charles McMurry）和康德尔（I. L. Kandel）等。这些教育家大都倡导进步主义教育，因此，哥大师范学院被誉为进步主义教育的摇篮。1915年9月至1917年7月，陶行知在美国哥伦比亚大学师范学院攻读博士学位。他在哥伦比亚大学两年内先后修了杜威主讲的“学校与社会”、孟禄主讲的“教育史”、克伯屈主讲的“教育哲学”、斯特雷耶讲授的“美国的公共教育行政”、斯列丁讲授的“教育社会学实习”和“进步社会的发展”、康德尔主讲的“各国学校制度的社会基础”等课程。① 陶行知就读哥伦比亚大学期间，这些老师为陶行知系统讲授了教育专业课程，给予陶行知以睿智的点拨和方法的启迪，为其日后畅游教育学科的知识海洋作好了充分的准备。

1. 斯特雷耶与陶行知

指导陶行知博士学位论文《中国教育哲学与新教育》的导师是斯

① ［日］牧野笃：《关于陶行知在美国留学期间学习与生活的若干考察》，载周洪宇编：《陶行知研究在海外》，人民教育出版社1991年版，第150—155页。

特雷耶教授。陶行知的专业研究方向是教育行政学，他正是在斯特雷耶教授的指导下“研究美国公共教育行政问题，并要把普及国民教育的思想应用到中国教育的发展中”①。1916 年 2 月 16 日他为了申请利文斯顿奖学金，在给师范学院院长迪安·罗素（J. E. Russel）的信中写道：

陶行知与斯特雷耶合影

> 在此谨向您及利文斯顿捐助人保证，在斯特雷耶教授及其他系科教职员的教导下，再经两年的学习，我将回国与其他教育工作者一起，为我国人民建立一个有效的公共教育体制，以追随美国人的脚步，建设一个真正的民主政体，以达到正义与自由的理想境界。②

从信中可以看出，在陶行知博士教育阶段，斯特雷耶教授对他的影响是比较大的，因为斯特雷耶教授是他所修教育行政专业的直接导师，而且为他开设了两个学期的专业课——美国公共教育管理，为他研究教育行政管理奠定了坚实的基础，而且还亲自指导了他的博士学位论文。

2. 杜威与陶行知

对陶行知思想影响最大的是杜威博士。因为杜威是世界知名的教育大师，在陶行知就读伊利诺伊大学政治学专业期间就对杜威有所了解。从该校毕业后，陶行知之所以到哥伦比亚大学师范学院深

---

① ［日］阿部洋：《哥伦比亚留学时代的陶行知》，载周洪宇等主编：《陶行知与中外文化教育》，人民教育出版社 1999 年版，第 270 页。

② 陶行知：《给罗素院长的信》，载周洪宇等主编：《陶行知与中外文化教育》，第 267 页。

杜威

造，在很大程度上是冲着杜威而来的。首先，杜威倡导的“教育即生活”、“学校即社会”、“做中学”、“以儿童为中心”等实用主义教育思想，对陶行知的影响很大，可以说杜威的教育观是诱发陶行知生活教育学说的源头。其次，杜威积极投身教育民主管理实践对陶行知在南京高师的改革产生了较大影响。比如，1915 年杜威与朋友积极创立了美国大学教授联合会，1916 年又成立纽约教师联合会。在杜威的影响下，陶行知后来回国后，积极投身于中国各种教育社团组织的实践活动之中。再次，杜威的实用主义哲学思想对陶行知的影响也很大。杜威倡导的经验自然主义、实验科学方法论、多元历史观等给陶行知留下了深刻印象。在杜威心目中最好的学生就是胡适和陶行知。

正因为陶行知与杜威在哥伦比亚大学建立了亲密的师生情谊，因此，1919 年，当他与胡适等人得知杜威到日本讲学后，便特邀杜威来华讲学。正是在陶行知等人的精心安排下，杜威在华停留了两年多，先后走遍大江南北，大力宣扬了他的实用主义教育学说，使他的思想与学说在中国产生了巨大影响。而且在讲学的大部分时间，陶行知都在场亲自当翻译或作点评。

3. 孟禄与陶行知

对陶行知日常学习和生活帮助最多的是曾任世界教育联合会会长的孟禄教授。

1915—1917 年，孟禄担任哥大师范学院教育部部长。由于他是陶行知就读哥大期间具体教学与行政事务的管理者，再加上他还亲自为陶行知讲授过两个学期的教育史专业课，因此，陶行知与孟禄平时接触比较多，孟禄对陶行知的帮助也比较大。正如日本学者阿部洋所说：“在师范学院学习期间，使陶行知得到公私两个方面最好照顾的是孟禄教授。”①

孟禄曾于1913年访问过中国，对中国教育表现出极度的关心，在促进中美文化教育交流方面起到了桥梁作用。他热心于对中国留学生的指导，再加上陶行知为人正直、品学兼优，这也深深地打动了孟禄。他不仅给陶行知等留学生传授教育史专业知识，而且还给予陶行知生活方面的关怀。1915年陶行知的父亲去世，其长子陶宏出生。当时，正在美求学的陶行知，除须自费完成学业外，还要承担国内家中生活所必需的开支，“经济状况窘迫至极”②。尽管按照国内有关留学规定，在进入哥伦比亚大学师范学院不久，他获得了部分“庚款奖学金”，但是，因纽约的生活费用昂贵，这笔钱真是微不足道，他已到了“囊中所有远不足以应付深造”③的地步，而自己又如此渴望能够继续完成学业。正当陶行知因生活困难、入不敷出时，1916年初他向孟禄教授求助，孟禄及时给予关心与帮助，亲自出面帮助陶行知申请美国利文斯顿奖学金。在孟禄的指导下，他给担任师院院长的罗素写了申请信。由于有孟禄教授的相助，陶行知很顺利地拿到了利文斯顿奖学金，为其顺利完成学业提供了经济方面的保障。

1917年6月，陶行知在致力于毕业论文写作的过程中，遇到了资料不足的困难，由于他撰写的论文题目是《中国教育哲学与新教育》，必须回国查阅中国教育的第一手资料方可完成。在这种情况下，孟禄再次出面帮助陶行知，他为陶行知想了一个两全齐美的办法，即推荐其完成博士候选人资格考试，这样可赢得更多的时间来完成论文。1917年7月26日，孟禄给当时的博士学位评议委员会主席、政治哲学专业科学部部长伍德布里奇（Frederick J. E. Woodbridge）博士写一推荐信：

我建议为陶文濬先生安排考试日期，这是一种特殊情况。陶

---

①［日］阿部洋：《哥伦比亚留学时代的陶行知》，载周洪宇等主编：《陶行知与中外文化教育》，人民教育出版社1999年版，第271页。

②③ 周洪宇译：《我的生活经历和今后打算——致罗素的信》，载董宝良主编：《陶行知教育论著选》，人民教育出版社1991年版，第9页。

先生已满足在籍期间的事项，论文题目也得到认可，现在正致力于论文的完成。但是，这篇论文只有当他回国后，进行有关资料的收集和选择方能完成。然而，他觉得他不可能从中国再回来了。他今后要从事与政府有关的教育事业。因此，我建议特别委员会马上举行考试，论文一经完成，即可委托特别委员会评审。建议考试日期最好定为 8 月 2 日。①

孟禄建议伍德布里奇博士为陶行知单独举行博士候选人资格考试，然后可以特批他回国边工作边写论文，等论文完成寄回美国就可授予博士学位。从此可以看出，孟禄与陶行知在哥伦比亚大学的交往是不平凡的，他们之间建立了深厚的师生友情。

1921 年孟禄来华考察，陶行知陪同并任翻译

陶行知回国后一直希望邀请孟禄来华指导教育改革。

1921 年夏他与范源濂、蔡元培、张伯苓等人商议邀请孟禄来华讲学，同年 9 月 5 日孟禄应邀到达上海，陶行知与黄炎培、郭秉文前去码头迎接。之后，他与王文培、凌冰等先后陪同孟禄到南京、苏

① ［日］阿部洋：《哥伦比亚留学时代的陶行知》，载周洪宇等主编：《陶行知与中外文化教育》，人民教育出版社 1999 年版，第 271 页。

州、香港、广州、福州、杭州、北京、天津、保定、石家庄、太原、开封、奉天、济南、曲阜等 9 省 18 市进行教育调查和学术讲演。1922 年 1 月 7 日，孟禄离沪回国时，陶行知与黄炎培、郭秉文等到上海码头送别，并将孟禄在华的教育调查与交流记录编成《孟禄的中国教育讨论》一书，赠送给孟禄博士。陶行知对此次活动的评价是："此次博士来华，以科学的目光调查教育，以谋教育之改进，实为我国教育开一新纪元。"①

4. 克伯屈与陶行知

教学上对陶行知影响最大的是克伯屈博士。

克伯屈是杜威的得意门生，是设计教学法的创造者，也是哥伦比亚大学最受欢迎的教授之一。他为陶行知等学生讲授了两个学期的教育哲学课。克伯屈采用的是设计教学法，正如陈鹤琴回忆的那样："这种教法是兴奋剂，个个学生都愿意绞脑回肠去研究问题，检讨问题，辩论问题。在他的教室里，二三百个学生没有一个会打盹，没有一个会偷看小说，没有一个不竖起耳朵，提起精神去参加辩论贡献意见呢！"他那"独出心裁而能刺激思想的方法"，② 颇具吸引力，经常出现数百名学生竞相选修他的课程，他讲课时常常是座无虚席，听过他讲课的同学都评价很高。

克伯屈

陶行知对克伯屈的设计教学法也十分敬佩，他在回国进行教育实践的过程中，有不少教学方法是从克伯屈的教学法中受到启示，可以找到克伯屈教学法的影子。陶行知在哥伦比亚大学与克伯屈结下了浓

① 《在孟禄与中国教育界同人饯别会上的讲话》，载华中师范学院教育科学研究所主编：《陶行知全集》第 1 卷，湖南教育出版社 1984 年版，第 173 页。

② 陈鹤琴：《我的半生》，载北京市教育科学研究所编：《陈鹤琴全集》第 6 卷，江苏教育出版社 1992 年版，第 591—593 页。

厚的师生情谊，因此，克伯屈于1929年10月中旬访华期间，特地专程到陶行知创办的晓庄学校参观，当他看到晓庄学校“依照实际生活的方法来实现生活的教育”，对之予以高度评价：

> 这学校是我这几年天天所想到而急要看的一个学校，今天到这里，是非常快乐的事情！……我现在无论到什么地方，都要宣传在中国的晓庄有一个试验学校，把这里的理想和设施，宣传出去，使全世界的人知道！①

克伯屈还认为晓庄学校不仅“理论相当完美，付诸实践也很不错”②。可以看出，陶行知与克伯屈交往密切，友谊深厚。1946年陶行知病逝后，克伯屈积极筹划在美国召开陶行知纪念会，中美双方的代表集中讨论此事，讨论的目的有两个：一方面，欲使更多的美国人知道陶行知；另一方面，想号召国际社会为陶行知所创办的学校捐款，以便保证其继续发展下去。还成立了筹备委员会，杜威担任主席，克伯屈、罗格和推士三人担任副主席，共同商讨于10月10日召开纪念陶行知及捐款会议。

5. 桑代克与陶行知

知名教育心理学家桑代克尽管没有为陶行知授过课，但陶行知对桑代克一直心怀仰慕之情，从他回国后不久所撰写的文章中多次提到桑代克即可看出他对这位心理学大师的敬意。1918年，陶行知在《试验主义之教育方法》一文中，所列举的世界著名教育家时，提到“忒耳诺泰刻（Thorndike）之集成教育心理也，

桑代克

① ［美］克伯屈：《我对晓庄之感想》，载北京陶行知教育思想研究会编：《陶行知研究》，湖南教育出版社1987年版，第449—451页。

② ［美］克伯屈：《克伯屈日记》（1929年10月25日），现存哥伦比亚大学师范学院图书馆特藏室。

亦以试验”①。将其列入世界实验主义教育家的行列，为教育科学化作出了突出贡献。同年 10 月，他又在《在南京高师教育研究会上的演讲》中提到：“桑戴克（Thorndike）欲求父母于子女才能之关系，则以孪生弟兄五十姓而试之，以算数、文法之课窥其尽同，则孪生者之巧拙常等，可以知遗传之故矣。”② 可见，桑代克也是对陶行知影响较大的哥伦比亚大学教师群体中的重要一员。

（二）哥伦比亚大学师范学院校友群体

哥伦比亚大学师范学院是世界上研究教育的最有影响力的学府，因名师众多，学科齐全，资料丰富，氛围良好，而吸引了无数世界各地学子来此深造。从 1909 年庚款留学以来，中国赴美留学的人数逐年递增，最多时一年就达 300 多人。据陈鹤琴讲，1912 年到 1949 年

陶行知与哥伦比亚大学同学孙科（左二）等合影

① 《试验主义之教育方法》，载华中师范学院教育科学研究所主编：《陶行知全集》第 1 卷，湖南教育出版社 1984 年版，第 60 页。“忒耳诺泰刻”现通译为“桑代克”。

② 《在南京高师教育研究会上的演讲》，载华中师范学院教育科学研究所主编：《陶行知全集》第 1 卷，第 75 页。“桑戴克”现通译为“桑代克”。

间，从哥伦比亚大学毕业归国的中国留学生就有上万人。①

陶行知从伊利诺伊大学政治学专业毕业后，1915年秋季转入哥伦比亚大学师范学院改学教育专业，到1917年6月毕业。在这两年时间内，他结识了一大批中国同学，这些同学后来分布于中国社会各界，成为他一生中重要的校友群体。哥伦比亚大学校友群体成员主要包括：从康奈尔大学转入哥伦比亚大学哲学系学哲学的同龄同乡好友胡适（1891—1962），早于他毕业且第一个获哥伦比亚大学师范学院博士学位的同专业师兄郭秉文（1880—1969），与他同年同船出国、先入霍普金斯大学后入哥伦比亚大学师范学院攻读硕士学位的陈鹤琴（1892—1982），1917年在哥伦比亚大学师范学院获教育学博士学位的蒋梦麟（1886—1964），与陶行知同年赴美先入威斯康星大学后在哥伦比亚大学师范学院攻读教育学博士学位、回国后又在南京高师成为同事的郑晓沧（1892—1979），在华盛顿大学获硕士学位后又转入哥伦比亚大学师范学院的朱经农（1887—1951），从加利福尼亚大学毕业迟他一年转入哥大主修政治与经济专业的同龄同学孙科（1891—1973），先后在哥伦比亚大学师范学院教育行政专业获学士、硕士、博士学位的李建勋（1884—1976），晚于他入哥伦比亚大学研究院先后获硕士、博士学位的朱君毅（1892—1963），晚他一年入哥伦比亚大学师范学院教育专业并获硕士学位的汪懋祖（1891—1949），1917年入哥伦比亚大学师范学院学习并获硕士学位的张士一（1886—1969），与陶行知同期留学哥伦比亚大学并获教育学博士学位的凌冰（1891—1993），留学哥伦比亚大学师范学院并获教育心理学博士学位的庄泽宣（1895—1976），与他同期留学哥伦比亚大学师范学院并先后获教育学硕士、博士学位的张彭春（1892—1957），获哥伦比亚大学师范学院教育学博士学位的刘廷芳（1891—1947），1920年获哥伦比亚大学教育心理学硕士学位的张耀翔（1893—1964），1917年赴哥伦比亚大学师范学院进修与考察的张伯苓（1876—1951），1913—

① 陈鹤琴：《在江苏省第一届人民代表大会第二次会议上的发言》，载《文汇报》1955年2月28日。

1914 年在哥伦比亚大学师范学院考察的俞子夷（1886—1970），先后在哥伦比亚大学师范学院攻读硕士、博士学位的廖世承（1892—1970），1918 年在哥伦比亚大学师范学院攻读教育哲学的邓萃英（1885—1972），哥伦比亚大学师范学院教育学博士毕业的傅葆琛（1893—1984），1918 年赴哥伦比亚大学师范学院专攻教育学的张默君（1884—1965）等。

1. 胡适与陶行知：同籍同龄同学

在哥伦比亚大学师范学院校友群体中，早年与陶行知交往最密的要数胡适。陶行知与胡适，两人都是安徽人，陶行知是歙县人，胡适是绩溪人，两县均隶属徽州，两人的家乡相距不过几十里路；两人又是同龄，均出生于 1891 年下半年，陶行知生于同年 10 月 18 日，而胡适生于 12 月 17 日，仅相差两个月；两人都是先接受中国传统文化的熏陶，之后又到美国留学接受西方文化的洗礼。

陶行知与胡适的关系，可以分阶段来看，1927 年以前二人交往正常，同大于异。

第一，同学哥大，友情深长。胡适于 1906 年入中国公学学习，1910 年 7 月考取公派赴美留学生，9 月入康奈尔大学学农学，因对农学不感兴趣，故于 1912 年春转入文学院，1914 年 6 月毕业获学士学位，之后入该校研究生院。由于他对康奈尔大学哲学系占主导地位的新唯心主义的反感以及对杜威实用主义的信服，遂于 1915 年 9 月入哥伦比亚大学哲学系师从杜威攻读哲学博士学位。而陶行知也是 1915 年 9 月从伊利诺伊大学转入哥伦比亚大学师范学院改学教育行政学，二人同时进入哥伦比亚大学，成为既在哥大哲学系又在哥大师范学院任教的杜威的学生，又是老乡、同龄人，所以一见如故，很快便成为最要好的朋友。再加上他们二人均对杜威怀有崇拜之心，胡适有幸成为杜威的得意门生，陶行知尽管不是杜威直接指导博士论文的学生，但也受过不少杜威的学术熏陶。他们二人可以说是一师二徒，同门学友。他们经常一同去找杜威，1916 年 6 月 16 日他们一同请教杜威时，陶行知还为胡适和杜威拍摄合影留念，当天胡适在日记中写道：“此影为陶文濬所摄”，杜威乃“今日美洲第一哲学家”，“胡（天濬）陶（陶行知）二君及余皆受学焉”。① 在同年 7 月 5 日的《胡适留学日记》中收有陶行知与张彭春（张伯苓之弟）的合影，他还在日记中评价道：陶行知与张彭春“皆为今日留学界不可多得之人才”②。从中可以看出，胡适在哥伦比亚大学期间与陶行知的交往甚密。回国以后，他们的关系起初也很好。

陶行知（右一）与胡适（左二）等哥伦比亚大学同学合影

第二，南北呼应，配合默契。1919 年 5 月至 1921 年 7 月，他们二人同时陪同杜威在中国各地讲学，并轮流当翻译，他们还利用《晨报》将在北京的七大演讲中的前五种汇集成《杜威五大演讲》出版，还通过上海泰东图书公司出版《杜威三大演讲》，表现出同为实用主义思想信奉者的合作态度，配合默契，关系良好。1919 年 9 月 25 日胡适撰文《大学开女禁的问题》，倡导开启女禁，建议北京大学招收女生。在胡适的呼吁下，北京大学于 1920 年 2 月开始招收女生，实行男女同校。同年 12 月 7 日，陶行知在南京高师校务会议上提出《规定女子旁听办法案》，1920 年 4 月他再次提出招收女生案。在陶

①② 《胡适留学日记》第 4 册，商务印书馆 1947 年版，第 935、939 页。

行知的努力下，南京高师于当年秋季开始招收女子旁听生和正式生，实行男女同校。这样，南高师与北大成为中国公立大学中最早实行男女同校的高校（此前不久教会大学和私立大学中广州岭南大学和上海大同学院已经招收了女生），为女子与男子接受同等教育开通了绿色通道。可以说，实行男女同校是陶行知与胡适等通力合作的结果。

第三，倡导西学，融会中西。陶行知和胡适的经历都可以说是中国近现代文化演变的一个时代缩影，他们二人既受到传统文化的熏陶和习染，从内心深处对中国传统文化心存依恋之情；又受过西方现代文化的导引和洗礼，从理智角度来看主张抛开传统，倡导向西方学习。他们两人均采取汇合中西、调和新旧的文化观，一方面，作为中国人有“恨铁不成钢”的心态，在比较中西文化教育的基础上，在国人面前对中国传统文化进行体无完肤的批判；另一方面，作为饱受西方文化教育的留学人员，亲身感受到西方科学文化的先进，但在洋人面前又因强烈民族自尊心的驱动而褒扬民族传统文化的可贵之处。总体来讲，二人倾向于向西方学习。

胡适起初极力主张中西文化的调和与融通，将“现代西方文化的精华与中国文化的精华联结起来”。在对待外来文化的态度上，他也反对不分青红皂白地将西方文化全盘搬来中国。他说：“不顾实际问题而囫囵吞枣地把整个有偏见的外国主义搬来中国，实在是一种智慧上的懒惰。”① 在对待传统文化的问题上，他一方面为引进西方文化扫清障碍而大力批判传统文化的弊端与不足，另一方面又倡导保留传统文化的精华部分，亲自带头进行整理国故。陶行知也倡导中西融通，新旧并重，既要学习与借鉴西方进步的思想文化，又要继承中国文化的优良传统。也就是说，倡导向西方学习先进的文化，但不能“为了学习新的，就抛弃了一切旧的”②；主张承袭传统文化中有价值

① 葛懋春等编辑：《胡适哲学思想资料选》下册，华东师范大学出版社 1981 年版，第 210 页。

② 《民国十三年中国教育状况》，载华中师范学院教育科学研究所主编：《陶行知全集》第 1 卷，湖南教育出版社 1984 年版，第 511 页。

的东西，更要反对一味仿古、“以古进今”的文化观。他说：“有的人见古人怎样解决，我们也怎样解决，这种解决是不对的，是没进步的。因为古时现象不是与今日现象一样。所以以古进今的办法往往是错的。”① 他认为对“本国以前的经验，如有适用的，就保存他；如不适用，就除掉他。去与取，只问适不适，不问新和旧”②。传承与汲取已有文化中合理部分，判断的标准为是否适用，采用的态度应当是客观的，“以科学方法，揭国粹之真相”③。因此，陶行知对胡适进行的整理国故予以认可。他说：“整理国故如同清理银行帐目一样，是有他的位置。”④ 说明他们二人在对待西方文化的态度上亦有相似之处。

第四，交往频繁，相互支持。20 世纪 20 年代初，胡适提出“好政府主义”，内涵包括：一是“好政府是一种有政府主义，是反无政府主义的”；二是“好政府主义的基本观念是一种政治的工具主义”，即将政府看作一种人造的工具，旨在实现政治是社会用来谋最大多数的最大福利工具的目的，提出改革中国政治的最低限度就是建立一个“好政府”。⑤ 当时陶行知非常赞同胡适的这一政治主张，并加入到鼓动“好政府主义”的行列。胡适在 1922 年 5 月 11 日的日记中写道：他“打电话与守常（李大钊）商议，定明日在蔡先生家会议，邀请几个好人加入。知行（陶行知）首先赞成，并担保王伯秋、王宠惠亦可加入”。并且在第二天的聚会讨论中，陶行知表示赞成胡适的政治主张，“他们都赞成了，都列名做提议人”。⑥ 这个由当时的知识精英组

① 《教育与科学方法》，载华中师范学院教育科学研究所主编：《陶行知全集》第 1 卷，湖南教育出版社 1984 年版，第 291 页。

② 《我们对于新学制草案应持之态度》，载华中师范学院教育科学研究所主编：《陶行知全集》第 1 卷，第 191 页。

③ 《民国十三年中国教育状况》，载华中师范学院教育科学研究所主编：《陶行知全集》第 1 卷，第 528 页。

④ 《“伪知识”阶级》，载华中师范学院教育科学研究所主编：《陶行知全集》第 2 卷，湖南教育出版社 1985 年版，第 89 页。

⑤⑥ 中国社会科学院近代史研究所中华民国史研究室编：《胡适的日记》上册，中华书局 1985 年版，第 175、352—353 页。

成的政治改良团体，正式提出了带有自由主义色彩的改良主张。尽管陶行知没有参加后来组成的“好政府”内阁，但是从陶行知支持这种主张和活动，足以说明在 1927 年以前陶行知的政治文化观与胡适的分歧并不大，他们两人的观点有不少是相同的，他也赞同并支持胡适的一些政治观和文化观。这里暂且不去评价胡适关于“好政府主义”主张是否合理和价值如何，笔者仅就这件事来说明陶行知曾支持过胡适的政治主张。

2. 陈鹤琴与陶行知：同伴同学同事

陶行知与陈鹤琴是终生好友，他们二人几乎是同龄人，陈鹤琴比陶行知小一岁；他们有着相似的求学经历，在出国之前都在国内的教会大学读书，陶行知就读于南京金陵大学，陈鹤琴就读于上海圣约翰大学；他们还是 1914 年 8 月同乘“中国号”游船从上海启程到美国留学的同伴，只是陶行知入伊利诺伊大学学政治，陈鹤琴入霍普金斯大学学文学；他们先后隔一年都进入哥伦比亚大学师范学院学习教育专业，共同聆听了杜威、孟禄、克伯屈、桑代克等教授的教诲；两人归国后，均在南京高等师范学校和东南大学教育系任教授。

五四运动前后，陶行知任南京高师教务主任、教授时，陈鹤琴任教育系教授，主讲教育学、心理学、儿童心理学。他们二人经常在一起相互切磋，共同商讨振兴祖国教育事业的大计。二人经常在《新教育》上发表新教育主张、倡导教育改革、主张教育实验等文章，共同推动新教育运动的发展。20 世纪 20 年代初，为了推广白话文，陶行知与陈鹤琴邀请北京大学的胡适来南京高师讲白话文法。之后，为了推动平民教育运动，提倡白话语体文，陈鹤琴花了三年时间编写了《语体文应用字汇》，一方面促进了语体文的推广，另一方面为陶行知和朱经农编写平民教育教材奠定了良好的基础。陶行知和朱经农正是在陈鹤琴《字汇》的基础上，选择了一千多个字，编成了《平民千字课》，成为当时推动平民教育运动开展的基本教材，从而在全国掀起了平民教育运动高潮。

作为同学同事，陶行知与陈鹤琴二人总是相互支持，相互帮助。陈鹤琴开展幼稚教育理论研究与实践活动中，陶行知给予了有力的援助。1925年陈鹤琴完成《家庭教育》一书，交由商务印书馆出版前，请陶行知为该书写了序言，陶行知认为该书是“近今中国出版教育专著中最有价值之著作”，“愿与天下父母共读之”。1926年陶行知以中华教育改进社的名义先后两次致函江苏省省长陈陶遗，建议在南京燕子矶创立试验乡村幼稚园，争取到了省政府的支持，于是1927年11月11日中国第一个乡村幼稚园在南京郊外燕子矶宣告成立，陈鹤琴与张宗麟为负责人。为了推动中国幼稚教育事业的发展，陈鹤琴又于1927年发起成立中国幼稚教育研究会，陶行知积极支持，成为发起者之一，每月召开例会，重点研究中国幼稚教育问题及对策。

同时，在陶行知创办晓庄师范学校的过程中，陈鹤琴也给予了全力关注与大力支持。晓庄学校成立前，贴出的招生广告内容，陈鹤琴于20年后还记得一清二楚。他回忆说：“陶先生的试验乡村师范学校招生广告中，末了有这样一行：‘学费免，膳宿杂费详见简章。小名士，书呆子，文凭迷，最好不要来！’”① 1927年3月15日，举行开

陶行知（前排左一）赴美途中与陈鹤琴（后排右一）等同学合影

① 陈鹤琴：《近百年来的大教育家》，载《纪念陶行知先生文选》，江苏省教育学会1981年编印，第100页。

学典礼时，陈鹤琴专程从南京赶来祝贺，他看到陶行知在十分简陋的条件下办学，陶行知艰苦办学的精神感动得他几乎落泪。1946 年陈鹤琴在悼念陶行知的文章中写道：

> 我还记得，晓庄开学的那一刻情形，几百个学生，几千个乡下男女老百姓在一个空旷的黄泥地上进行开学典礼，陶先生指着蔚蓝的青天作为学校的天花板，踏着金黄色的泥土作为学校的地板，向着同学老百姓报告筹备经过、办学宗旨、教学方式、将来计划，我听了几乎被感动得流下泪来。陶先生坚苦卓绝的精神，创造力的伟大，思想的前进，确是空前未有的。①

正是陶行知的这种不畏艰辛的创业精神，时刻激励着陈鹤琴积极献身中国的幼儿教育事业，成为中国近现代著名的学前教育家。

陶、陈二人始终保持着密切交往，1940 年陈鹤琴为了逃避汉奸的暗杀，来到重庆，到育才学校找到陶行知，二人相见分外亲切，促膝谈心，怀旧话新。在陶行知的陪同下，陈鹤琴参观了育才学校的校园、设施、教学与管理等。他又一次被陶行知在艰苦环境下振兴民族教育的精神所打动。不久，他便在江西创立省立实验幼稚师范学校，像陶行知那样亲自参加建校劳动，并且边劳动边唱着陶行知创作的《锄头舞歌》，激励师生。1946 年 5 月，陶行知主持的生活教育社成立上海分社，推选陈鹤琴为理事长，办起了生活教育社社员进修班。7 月 25 日，陶行知因患脑溢血逝世，当天下午陈鹤琴从《联合晚报》上看到陶行知去世的噩耗，放声大哭。在陈鹤琴和史良的努力下，在上海幼师召开追悼大会筹备会议，陈鹤琴与上海幼师师生做了大量的准备工作。10 月 27 日，有七千人参加的陶行知追悼大会召开，陈鹤琴担任大会执行主席，并致悼词。12 月 4 日，陈又与沈钧儒、翦伯赞等人护送陶行知灵柩到晓庄。在公葬时，陈鹤琴含泪宣读祭文。他说："行知先生的死，不仅全国教育工作者在哭，全国人民在哭，就是全世界的人民，也都为这巨星的殒落而挥泪!"之后，为了将陶行

① 陈鹤琴：《近百年来的大教育家》，载《纪念陶行知先生文选》，江苏省教育学会 1981 年编印，第 100 页。

知创办的育才学校办下去，陈鹤琴还出任育才学校顾问委员会主席，努力完成“陶行知先生未竟的事业”①。

3. 郭秉文与陶行知：校友、同门、上司

郭秉文比陶行知年长 11 岁，1908 年就赴美国留学，1911 年在乌斯特大学获理学学士学位，同年入哥伦比亚大学师范学院主修教育学。就在陶行知赴美国的当年，郭秉文已获哥大哲学博士学位（教育学），成为中国近现代第一位哲学博士学位获得者。留学期间任中国留美学生联合会会长，并兼任会刊主编。1915 年应南京高等师范学校校长江谦的邀请，担任该校教务主任。

1917 年 9 月，陶行知从美国归来，郭秉文邀请他来南京高师担任教育学专任教员兼教务助理。1918 年 3 月，江谦因病离职疗养，省公署任命郭秉文为代理校长。5 月，南高师成立教育专修科，郭秉文聘陶行知为主任教员，并兼代理教务主任，陶行知先后主讲过教育学、教育哲学、教育行政、教育统计、师范学校与小学组织及行政、中等教育、学务表册、比较教育等课程。1919 年 9 月，郭秉文被正式任命为南高师校长，陶行知则被聘为教务主任。陶行知上任后，积极配合郭秉文进行教育教学改革，先后实行学生自治、男女同校、改教授法为教学法等。特别是在开女禁问题上，陶行知与郭秉文携手并肩、共同努力，终于在南京公办高校中率先实行男女同校。1920 年 4 月 7 日，南高师决定自 1920 年暑期正式招收女生。考虑到这一举措可能遇到的阻力，为造声势，郭秉文与蔡元培、蒋梦麟和胡适等人商定，南北一致行动，共同开放“女禁”。实行男女同校的消息传出，朝野哗然，流言四起，就连思想比较开明的张謇和南高师老校长

郭秉文

① 陈鹤琴：《近百年来的大教育家》，载《纪念陶行知先生文选》，江苏省教育学会 1981 年编印，第 101 页。

江谦也明确表示反对。针对这一情况，郭秉文和陶行知多方解释，做通了南高师教师的工作，招收女生的入学考试终于如期进行。高等教育中“女禁”的打破，推进了教育的民主化，揭开了中国高等教育史上新的一页。

陶行知与郭秉文密切配合，共同成为邀请杜威来华访问的倡导者和发起人。1919 年 2 月，陶行知得知杜威在日本讲学的消息后，便马上去找准备到美国考察的南高师校长郭秉文，他们商定由郭秉文去美国途经日本时，面见杜威并当面邀请他来华讲学。当陶行知与胡适联系时，胡适已发出了邀请函，于是陶行知和郭秉文决定南北联合搞好杜威来华讲学接待一事。3 月份郭秉文赴日本面见杜威，并亲自邀请他来华讲学，杜威欣然答应。他在给胡适的回信中提到：

> 郭秉文博士同陶履恭教授前日来看我，他们问我能否在中国住一年，做演讲的事。这个意思很动听，只要两边大学的方面商量妥帖了，我也愿意做。我觉得几个月的旅行实在看不出什么道理。要是能加上一年功夫，也许我能有点观察了。①

不久，陶行知也接到了郭秉文从日本寄来的信，信中讲到他已面见杜威，并亲自发出邀请，杜威很高兴地答应来中国讲学，不仅同意按照沿上海、南京、长江流域到北京等地的线路，而且还主动提出要在中国一直活动到 1920 年底。郭秉文还答应到哥伦比亚大学后与校方请示杜威来华长时间讲学事宜。同时，郭秉文因出国而将接待杜威来华之事委托于陶行知，陶行知经与胡适、蒋梦麟等人协商，最后由自己、北京大学胡适和江苏教育会蒋梦麟三人分别代表三个单位，组成接待组。蔡元培专门致函哥伦比亚大学校长巴特勒敦请杜威来华讲学，哥大同意蔡元培的请求。于是，杜威从 1919 年 4 月 30 日抵达上海，到 1921 年 7 月 11 日离华返美，在中国讲学时间长达 2 年 2 个月零 12 天。此次活动可以说是陶行知与郭秉文及其他哥伦比亚大学校友通力合作的结果。

1921 年夏，陶行知又与郭秉文等人商讨接待孟禄来华考察的工

---

① 元青著：《杜威与中国》，人民出版社 2001 年版，第 55 页。

作，议定以实际教育调查社的名义邀请孟禄来华考察四个月。9月5日，孟禄到达上海码头，陶行知、郭秉文和黄炎培前去迎接，次日与孟禄座谈教育问题。他们二人陪同孟禄先后在上海、南京、苏州、香港、广州、福州、杭州、北京、天津、太原、东北等地进行讲学、考察与访问。1922年1月7日，孟禄离沪回国时，郭秉文与陶行知等人又去码头送行。1921年9月，教育部批准郭秉文为东南大学校长，陶行知任教育科主任。南京高师范学校之各本科仍由南京高等师范学校继续办理。南高师自1921年起不再招生，俟其学生全部毕业后即并入东南大学。1921年，陶行知担任《新教育》的编辑、主干（主编）。当时《新教育》杂志的编委会成员大都是哥伦比亚大学毕业的教育界名流，陶行知与郭秉文、蒋梦麟、张伯苓、胡适、汪懋祖、郑晓沧、朱经农、刘廷芳、凌冰、张士一、张耀翔、吴卓生、王文培、李建勋等哥大校友共同组成编辑队伍。1923年，陶行知为了全身心投入到中华教育改进社的工作，向郭秉文提出辞去东南大学教育系主任之职，郭秉文从爱惜人才的角度出发一再挽留，陶行知先后打了四五次报告才获准。从1917年陶行知到南高师工作，与郭秉文开始合作，到1923年离开南京到北京，在这六年当中他们精诚合作，配合默契，结下了深厚的情谊。

三、学生群体

陶行知的进步学生群体是在不同时期的办学实践中逐步形成的，主要包括：他任教东南大学时的学生张宗麟、王越、金海观等，晓庄师范时的学生刘季平、张劲夫、方与严、戴伯韬、操震球、程今吾、王洞若、孙铭勋、董纯才、汪达之、马侣贤、徐明清、石俊、叶刚、谢风韶、高缨等，工学团时的学生张健、方明、杨应彬、许翰如等，育才学校时的学生李鹏、张昌、胡晓风、田大畏、李治元、陈尧楷、徐永培、徐相应等，社会大学时的学生陈作仪、韦德富、任士学、汪文风等。①

---

① 周毅、金成林编著：《创造奇葩：陶行知的弟子们》，四川教育出版社2001年版。

（一）李鹏与陶行知

原国务院总理、全国人大常委会委员长李鹏，曾为育才学校自然组学生。他于 1939—1941 年初在育才学校读书，时名李远芃。他在育才学校学习期间，得到了陶行知的亲自教诲，陶行知吃苦耐劳、勤俭节约的生活习惯，爱生如子、诲人不倦的师长风范给他留下了深刻印象。李鹏在 1946 年 8 月撰文纪念陶行知时讲道："忆及先生生平为人民服务的事迹，特别是在一九三九年的育才学校，我亲受先生教诲，他那艰苦朴实的作风，对待青年慈祥的爱抚，使我难以忘却。"他还回忆了在育才读书期间学校的教学、管理情况："校中学生的管理是发扬自治作风，实行民主集中制，提倡互助友好精神。"① 他对陶行知的生活教育理念记忆犹新，特别是对陶行知创作的《人生两个宝》记得很熟："人生两个宝，双手与大脑。用脑不用手，快要被打倒。用手不用脑，饭也吃不饱。手脑都会用，才算是开天辟地的大好佬②。"直到他离开育才学校数年后，还对育才学校的生活记得非常清楚。他记得 1940 年国民党当局加紧破坏育才学校，迫使一些名师离开学校，陶行知让他们育才学生自力更生，"种地生产，解决学校困难"③，这说明当时李鹏在育才学校读书时，陶行知对他的影响是很大的。因此之故，当 1946 年陶行知逝世后，李鹏深表悲痛。"我看到先生逝世的消息，心中很难过。……我们誓继承先生未竟的遗志，为中国的独立和平民主的事业而奋斗。"④

（二）张劲夫与陶行知

原国务委员兼国家经委主任、中共中央顾问委员会常委的张劲夫（1914—2015），安徽肥东人。由于家庭贫困，无法在私立国文补习学校读书，于是在邓西亭老师的推荐下，于 1930 年 5 月入陶行知创办的南京晓庄学校，可没多久，国民党当局就查封了晓庄学校，张劲夫

① 远芃（李鹏）：《陶行知先生与育才学校》，载《晋察冀日报》1946 年 8 月 15 日第 4 版。

② 陶行知题词中原为"老"，二者同义，现多用"佬"。

③ 《行知研究》1991 年第 3 期。

④ 《中国陶行知研究会会讯》，1992 年 9 月 30 日，第 2 页。

与大部分学生一样被驱逐出学校，入太平门蚕桑试验场去半工半读学习蚕桑。30年代初，他写信给在上海的陶行知，表达了自己想去上海工学团的愿望。经陶行知的同意，张劲夫于1932年冬到工学团工作，后来参与编辑《生活教育》杂志。“九一八”事变后积极参加抗日救亡宣传活动，1935年以后他担任工学团团长。因他在晓庄学校时就开始与地下党员接触，深受共产党员的影响，于是在1933年向党组织递交了入党申请书，1935年12月加入中国共产党。

1936年陶行知发起成立国难教育社，让他担任总干事，此时他也是上海国难教育社中共总党团委员、中共战地服务团特别支部委员。1937年“八一三”事件后，他带领山海工学团部分师生及农友组成上海战地服务团，并亲任团长。10月领导上海战地服务团在卢汉的云南部队开展抗日救国宣传教育工作。上海沦陷后率战地服务团转入市郊打游击，不久调到中共江苏省委军委机关工作。新中国成立后，历任中共浙江省委常委兼浙江省人民政府财政经济委员会主任、华东军政委员会财政经济委员会副主任、国务院地方工业部副部长、中国科学院副院长、国家科学技术委员会副主任等职。1975年后，历任国务院财政部部长，中共安徽省委第一书记、安徽省省长，并兼任安徽省军区第一政治委员。1982年起担任中华人民共和国国务院国务委员兼国家经济委员会主任，是中共第八届候补中央委员，第十一、十二届中央委员，第三、四届全国政协常委，在中共十三大上被选为中央顾问委员会常委。

（三）刘季平与陶行知

先后任国家教育部代部长、常务副部长、北京图书馆（现国家图书馆）馆长、文化部顾问的刘季平（1908—1987），原名刘焕宗，江苏如皋人。1927年2月，在江苏如皋师范学校加入中国共产党，因领导学生闹学潮而被校方开除。1928年春，他慕名来到南京晓庄师范学校求学。陶行知的踏实俭朴、关心民众、无私奉献精神与共产党人的全心全意为人民服务宗旨有很多地方是相似的，因此，共产党人在此广泛开展活动，1928年底刘季平被党组织任命为晓庄师范第一党支部书记，同时又被学校选为保卫本校与附近乡村免受土匪侵扰的晓庄联村自卫团的副团长。1929 年，陶行知推荐他到北平慈幼院任研究部主任。他按照陶行知的办学理念，提倡学生自己管理自己，对儿童实行六大解放，遭到传统势力的压制与排斥。

1928 年秋，晓庄师范建立联村自卫团，陶行知任团长，刘季平（左一）任副团长，由冯玉祥派人帮助训练，保护附近农民免受土匪骚扰。

1930 年，他回到晓庄师范学校，被党组织任命为中共南京市委宣传部部长。当年 4 月，刘季平与继任党支部书记石俊为声援南京下关英商和记洋行蛋厂工人罢工，组织了上万学生、市民参加示威游行，蒋介石以此为借口派兵查封晓庄学校。因遭国民党当局追捕，脱险后去金陵大学，参与发动红五月全市斗争遭逮捕。在苏州狱中参加狱中斗争，被转入镇江侦缉队关押。1931 年初，与同狱难友锉断脚镣越狱。1932 年回上海后，在党的左翼文化总同盟的领导下筹建“上海教育者联盟”，出版《教育新闻》。6 月，再次被捕。他设法托人带信告知陶行知：当天下午两点钟法庭就要开庭审理，只有律师出庭辩护才有可能摆脱绝境，而雇律师要交付 500 元大洋。陶行知在开庭前 4 小时得知消息后，便马上停止了正在举行的自然学园的会议，四处筹集资金，终于在开庭前将大洋如数交到了律师手上。正是在陶行知和律师的帮助下，原拟判得更重的刘季平仅被判了 5 年。

1933 年，因在狱中发动犯人反对狱方残酷迫害，刘季平被押送山东烟台监狱。他在狱中攻读《资本论》、《中共六大文献》等，并撰写文章，设法送至上海陶行知手里，陶行知将其发表于《生活教育》杂志。1937 年 8 月，获释回沪，参加国难教育社的活动，同时与戴伯韬等共同编辑《抗战教育》。之后，到桂林参加生活教育社，并担任常务理事，编辑《生活教育通讯》。1941 年至苏中根据地任行署文教处长兼管行政学院、二专署专员等职。以陶行知的生活教育理论为指导，积极开展教育实践活动。新中国成立后，历任上海市人民政府秘书长、副市长、市委常委，山东省委书记处书记，安徽省委书记处书记，教育部代部长、常务副部长，北京图书馆馆长，文化部顾问等职。1984 年 10 月，任中国陶行知研究会首届会长，是新时期陶行知教育思想研究与实践的积极支持者与推动者。

（四）董纯才与陶行知

原教育部党组书记、常务副部长董纯才（1905—1990），是陶行知创办南京晓庄师范学校时的学生，20 世纪 30 年代他又追随陶行知参加“科学下嫁”运动，是陶行知早年的得意门生之一。

1927 年春，董纯才的父亲失业，家境困难，经济拮据。正当他徘徊在上学与失学的十字路口时，恰逢陶行知在南京创办晓庄师范学校，董纯才迫不及待地阅读完陶行知起草的晓庄师范学校的招生材料后，便当机立断到晓庄去。1928 年 2 月，他正式入学，成为晓庄师范学校的第三批学生。入学后给他的第一印象是：

> 崭新的环境，崭新的生活。在洁白的雪下，晓庄师范安静而别致，全部房屋都是茅草屋顶，土红色干打垒的墙，大玻璃窗。屋前是宽敞的走廊，全是民族风格的建筑。这都是陶行知先生带领学生们自己动手建造的。①

董纯才本来就是抱着改造乡村、教育救国的理想来晓庄求学的，再加上陶行知这种朴实的工作作风和晓庄师范整洁的校容校貌给他留下了深刻印象，他马上就喜欢上了这所与众不同的学校。

董纯才在来晓庄前就曾先后就读于南方大学、国民大学、光华大

① 王有盛：《董纯才》，载《中国现代教育家传》编委会编：《中国现代教育家传》第 1 卷，云南民族出版社 1985 年版，第 359 页。

学，因此他成为晓庄学校学生中仅有的三名大学生之一。入学的当天晚上，他目睹了陶行知甘于吃苦的精神。他让学生们睡在床上，他自己却睡在铺有稻草的地铺上，这让董纯才深受感动。在学校的日常教学和管理中，没有系统的课堂教学，教务、会计、庶务、扫地、放哨等均由师生自己来干，陶行知也亲自参加各项劳动。陶行知的模范行动，深深打动了董纯才的心。此时在他的心田里，已播下了勤劳朴实、热情为民的种子。

陶行知让董纯才筹备生物研究室，在董纯才与秉志老师的辛勤努力下，他们建起了由两间陈列室组成的生物研究室，他们和其他学生一道东奔西走、北上南下，几乎将长江中下游一带以及沿海一些地方的生物标本都采集齐全了。他们还在晓庄饲养了蛇、兔等动物。正是在晓庄的生物实验经历，为他在 20 世纪 30 年代撰写大量科普读物奠定了良好的基础。

1930 年晓庄学校被查封后，董纯才与生物组的同学带着显微镜等实验仪器回到了武汉。1931 年春，陶行知从日本流亡回国隐居上海后，便写信给董纯才，约他到上海参加“科学下嫁”运动。董纯才马上来到上海，加盟陶行知创办的“自然学园”。他参加编写了《儿童科学丛书》中的 23 册，近 3 万字。之后，他又编写了一系列科普读物：《游泳的动物》、《爬行的动物》、《攀缘的动物》、《行走的动物》、《动物大观》等。还翻译了苏联的科普作品，如《人和山》、《不夜天》、《几点钟》等，共 20 多万字。

1937 年，抗战爆发后，陶行知发起了国难教育运动，董纯才为了寻求抗日救国的新曙光，于 10 月奔赴革命圣地延安，从此走上了革命的道路。

（五）戴伯韬与陶行知

曾任中央教育部党组成员，人民教育出版社第一副社长兼总编辑，中央教育科学研究所筹备组组长、所长的戴伯韬（1907—1981），是陶行知晓庄师范学校的学生，跟随陶行知从事教育救国、科学救国事业前后二十多年。

戴伯韬是陶行知创办的晓庄师范学校学生中仅有的三名大学生之

一。他在入晓庄师范以前，曾就读于江苏省立商业专科学校。他不喜欢从事商业工作。1926年当他从《乡教丛讯》上得知陶行知在南京创办晓庄师范学校后，便决定报名。当他见到闻名中外的教育家陶行知时，受到了陶行知的鼓励，于是在1927年3月离开江苏商业专科学校，来到南京晓庄师范学校，参加了由陶行知亲任主考的别开生面的入学考试。陶行知先是让他们报名入学的学生各自选一个题目进行演讲，之后就是让他们穿着草鞋去开垦荒地。经过一番艰苦劳动后，陶行知批准戴伯韬入学，成为晓庄师范学校的第一批学生。在校期间，当北伐军进入南京后，陶行知让戴伯韬等人组成了救护队，迎接国民革命军。之后，戴伯韬与其他同学在乡村发动和组织农民协会，开展打击封建地主和土豪劣绅的斗争。第二年秋，他从晓庄学校毕业，开始了乡村教育实践活动。1930年国民党当局在查封晓庄学校时，戴伯韬与同学们一道开展护校运动。晓庄学校解散后，他被迫流浪于上海、浙江等地。

1931年陶行知从日本归国后，开展“科学下嫁”运动，特邀戴伯韬来上海，创办了“自然学园”，对儿童进行科学普及教育。他还协助陶行知创办了儿童科学通讯学校，编写了《儿童科学丛书》，还与董纯才一起编写小学自然科学课本，后来又编写农民科普读物。1934年陶行知创办《生活教育》杂志，并指派戴伯韬负责编辑工作。其间他在该刊上发表了60多篇儿童科普作品。1936年，陶行知在上海成立国难教育社，让戴伯韬担任理事，具体负责《生活教育》杂志的编辑工作。抗战爆发后，陶行知又创刊《战时教育》，又让戴伯韬担任编辑。1937年9月，戴伯韬和刘季平等同学从上海转到武汉，10月该刊正式出刊，受到了武汉教育界的欢迎与好评。由于他表现出色，当年年底正式加入了中国共产党。

1938年9月，戴伯韬按照党组织的安排，从武汉来到重庆，他又将《战时教育》编辑部带到了重庆。1939年5月，他和王洞若、陆维特等协助陶行知筹备育才学校。7月，育才学校正式开学，陶行知任命戴伯韬为副校长。但由于国民党的反对未能任职，他只好开展中共地下党活动。后来他奔赴苏北解放区开展革命教育工作。

作为陶行知的学生，戴伯韬在思想上、工作上对陶行知的帮助都很大。他既是陶行知在教育理论上的学生，又是陶行知事业上的得力助手，同时对陶行知的政治思想也有积极影响。

（六）方明与陶行知

曾任中国教育工会主席、党组书记、中国陶行知研究会会长的方明（1917—2008），是陶行知创办的山海工学团学员，陶行知生活教育学说的尊崇者、宣传者和实践推动者。

1934年夏，方明从《申报》上刊载的陶行知创立的中国普及教育助成会招聘工读生广告后，便辞去苏州钱庄的工作，只身一人来到上海，成为中国普及教育助成会的一名工读生。陶行知让方明等十名工读生在工学团充当小先生到农村进行普及教育，陶行知经常带给方明一些《生活教育》等进步刊物。当陶行知发现街头卖报的报童不识字时，就专门指派方明去教那些不识字的报童，于是方明和另一位小先生将报童组织起来成立了"卖报儿童工学团"。方明每天在街头教这些穷孩子识字，使用的课本是陶行知编写的《平民千字课》。当时《良友》画报还专门刊载了一幅照片：在街头的一个墙角，二十几个孩子围坐在方明的周围，大的十几岁，小的似乎只有六七岁。方明蹲在地上，正在给工学团的孩子们放留声机。照片下面的说明写着："教育专家陶行知创办的流浪儿童工学团，这位进步的知识分子正实施国难教育工作。"① 1936年1月，陶行知在上海创立国难教育社，方明参加了该组织，并将流浪街头的儿童召集到借来的一间房子里，进行识字教育和国难教育。1937年抗战爆发后，他加入了中国共产党。后来一直从事教育工会工作。1985年中国陶行知研究会成立后，他先后任秘书长、副会长、会长，为宣传和实践陶行知的生活教育理论竭尽了全力。他还关心教师权益，倡设教师节，提出制定《教师法》，得到了教育界广大教师的好评。

① 唐旬：《方明》，载《中国现代教育家传》编委会编：《中国现代教育家传》第7卷，湖南教育出版社1988年版，第257—258页。

（七）张健与陶行知

张健（1919—2011）是张劲夫的弟弟，原山海工学团小先生、中共地下党员。新中国成立后曾任教育部党组成员、中央教育科学研究所所长。他在《党在白区教育的一个据点》一文中写道："由于中国革命形势的发展和陶行知先生本人的思想进步，山海工学团已经成为上海地下党领导的一个新民主主义教育的据点。许多革命的学者、知识分子到过山海工学团讲学。"上海地下党领导的两个进步组织，左翼教育工作者联盟（简称"教联"）和中国青年反帝大同盟（简称"中青"）就设在山海工学团内。"教联"的主要成员有徐明清、王洞若、张敬仁、张劲夫、王东放等人。"中青"的主要成员有毛远耀、林一心、宋任远、钟民、方明、张健、戴季康等人。这些人大都是中共地下党员，也是山海工学团的主要"工师"。1935 年后，山海工学团还正式成立了地下党团组织。第一任党团书记是王东放，组织委员林一心，宣传委员张健。晨更工学团的陈企霞、袁超俊、柴川若、王东放、赵璋五人，因从事地下革命活动而遭国民党逮捕，晨更工学团也因此被封闭。陶行知对山海工学团的革命活动，尽力予以保护，国民党当局曾几次派人进山海工学团搜捕，都被陶行知顶了回去。

这个进步学生群体，在一定程度上对陶行知一生的思想转变产生了重大影响，同时陶行知爱国奉献、心系民众、踏实敬业、吃苦耐劳的优秀品质给他的学生们也留下了深刻印象，时刻激励与鞭策着这个群体的每一位成员，将人民的利益视为最崇高的利益，将民族解放大业作为毕生的追求。他们之中的大部分人终生奋斗在文化教育战线，这是与陶行知的直接教育、熏陶与影响分不开的。

第四节　爱情、婚姻与家庭

陶行知之所以能够成为一位人民教育家和文化伟人，其原因是多方面的，除了时代召唤、求学机遇、个人努力之外，还有一个重要因素，就是他的爱情、婚姻与家庭给予了他巨大的动力。20 世纪二三十年代，陶行知之所以能够全身心地去开展平民教育与乡村教育运动，主要得益于他的母亲曹翠仂、妹妹陶文渼、妻子汪纯宜全力操持家务，为其解除后顾之忧，从而保证了他将全部精力投入到振兴中华民族的教育事业上来。30 年代，他之所以能够以巨大的热情投身于兴办育才学校，创立生活教育社、国难教育社，开展战时教育、国难教育和民主教育，就是从与吴树琴的爱情与婚姻中得到了巨大的精神动力。可以说，爱情、婚姻与家庭，是陶行知事业成功的重要保障。

一、大家庭

陶行知的家庭是个大家庭，除他之外，家庭成员先后包括：父亲陶位朝、母亲曹翠仂、姐姐陶宝珠（幼殇）、妹妹陶美珠（又名文渼）、前妻汪纯宜、长子陶宏（乳名桃红）、次子陶晓光（乳名小桃）、三子陶刚（乳名三桃）、四子陶城（乳名蜜桃）、续妻吴树琴。

父亲陶位朝，以字行，名长生，号笑山（筱山），1867 年生于安徽歙县，1915 年 1 月病逝于南京。陶位朝为人厚道，古文功底较好。后来，他回乡务农，过起了清贫的生活。由于陶位朝经历曲折，生活艰难，因此他将希望寄托到陶行知身上，对童年陶行知的学习非常重视，亲自在家教儿子读书识字。陶行知 15 岁时，他又送其入本县的教会学校崇一学堂，为儿子接受西方教育乃至后来出国留学奠定了较好的基础。陶位朝望子成龙，将儿子的前途放在自己心目中的第一位。据陶城回忆：

> 祖父为了大力支持爸爸在美学习，他把吸大烟的恶习都彻底戒掉。对于一个吸鸦片者来说，没有良好的戒烟措施，自己来行戒毒，这是需要多么大的毅力，要忍受多么大的痛苦。但为了儿子能成才，为国效力，他还是作出了多么大的牺牲才把烟瘾坚决戒掉。慈祖父这种伟大的牺牲精神，为爸爸的前途和伟业着想，确实值得缅怀发扬光大。①

① 陶城：《真善美的爱——陶行知一家》，载周洪宇等主编：《陶行知与中外文化教育》，人民教育出版社 1999 年版，第 226 页。

此外，陶行知毕生所保持的那种吃苦耐劳、平实俭朴、敬业奉献的作风，在很大程度上也是受其父亲影响的。

母亲曹翠仂，安徽绩溪人，生于1866年1月20日，因脑溢血卒于1933年11月26日。她是一位“勤劳、善良、朴实、忠厚、爽朗，富有好学求真精神的劳动妇女”①。在陶行知儿时的记忆中，他母亲除种田务农、操持家务外，还替人缝补浆洗做佣人。陶母艰苦朴素，治家节俭，家中丈夫、儿子，后来又有孙子的理发，全由她一人包办，数十年如一日。她这种热爱劳动、艰苦朴素的精神，对陶行知一生影响很大。陶行知把母亲使过的剃刀视为最可纪念的传家宝。母亲逝世后，他曾作诗一首：“这把刀！曾剃三代头。细数省下钱，换得两担油。”② 十一二岁时，他就每天随祖母一起绩麻，跟母亲一起种菜，随父亲一起砍柴、卖柴和卖菜。后来，在他忙于中华教育改进社和创办晓庄师范期间，陶母与陶妹全力支撑着全家的事务，尽量不让陶行知为家事分心，作出了无私奉献。1927年1月20日（农历1926年腊月十七日），陶行知在母亲过60周岁生日那天，从南京专门给在北京的母亲写了封信《送给国家的寿面——致母亲》：“儿从母亲寿辰立志，决定要在这一年当中，于中国教育上做一件不可磨灭的事业，为吾母庆祝，并慰父亲在天之灵。儿起初只想创办一个乡村幼稚园，现在越想越多，把中国全国乡村教育运动一齐都要立他一个基础。儿现在全副的心力都用在乡村教育上，要叫祖宗及母亲传给儿的精神，都在这件事上放出伟大的光来。儿自立此志以后，一年之中，务求不虚度一日；一日之中，务求不虚度一时：要叫这一年的生活，完全的献给国家，作为我父母送给国家的寿面，使国家与我父母都是一样的长生不老。”③ 陶行知忙于中国的教育事业，连为母亲祝寿的时间都

① 陶城：《真善美的爱——陶行知一家》，载周洪宇等主编：《陶行知与中外文化教育》，人民教育出版社1997年版，第228页。

② 《吾母所遗剃刀》，载华中师范学院教育科学研究所主编：《陶行知全集》第4卷，湖南教育出版社1985年版，第216页。

③ 《送给国家的寿面——致母亲》，载华中师范学院教育科学研究所主编：《陶行知全集》第5卷，湖南教育出版社1985年版，第155—156页。

难以抽出，只能通过发奋工作来报答母亲的恩情。正如陶城所说："可以说没有祖母，就没有我们兄弟四人的一切。"特别是1930年后，国民党当局通缉陶行知，陶母带陶妻汪纯宜和四个孙子逃到远离五柳村的山上居住，那段艰苦的日子全靠陶母一人支撑着。陶母在全力照顾全家的同时，还在晚年抓紧时间学习，在孙子们的帮助下，她努力识字，正是在这种家庭教育场景的启发下，陶行知提出了"小先生制"这一伟大的教育理论。因此，在母亲入殓时，陶行知痛哭道："母亲、文渼妹、纯宜妻，你们实在是三位最伟大的女性，实在是被我拖累垮的啊！"①

陶行知有一姐一妹：陶宝珠和陶文渼（又名美珠）。姐宝珠出生年月没有记载，幼亡。妹文渼生于1895年，病逝于1929年6月6日。她与陶行知在崇一学堂和金陵大学的同学张枝一结婚，但丈夫早逝，一直无子女，因此，陶行知就将二儿陶晓光和小儿陶城过房给了陶文渼做她的儿子。她是一个有文化、有见识的女子，一直非常支持陶行知开展乡村教育运动。她还亲自办起了晓庄农暇妇女工学处，为广大的农村妇女提供读书与学习的机会。她给陶家立下了汗马功劳，因此，陶宏说：

> 在歌颂我父亲伟大的造就时，在哀悼他那种为大众谋幸福真正是鞠躬尽瘁、死而后已的精神时，千万可别忘了三个无名英雄：第一个就是我的姑母，第二个就是我的祖母，第三个就是我的母亲。在七年内，她们为了父亲的事业而相继牺牲倒下。父亲是为事业拖死的，她们都是为父亲的事业拖死的。她们的精神同样是伟大的，不朽的。②

长子陶宏，1915年生于南京，1975年因心肌梗死在北京去世。陶宏与陶行知，既是父子关系，又是朋友与同事关系。陶宏参加了陶

---

① 陶城：《真善美的爱——陶行知一家》，载周洪宇等主编：《陶行知与中外文化教育》，人民教育出版社1999年版，第228—229页。

② 陶宏：《我和我的父亲》，载江苏省陶行知教育思想研究会编：《纪念陶行知》，湖南教育出版社1984年版，第211页。

行知在国内的大部分教育活动，并且对陶行知教育理论与实践有直接的帮助与影响。比如，1923 年陶行知在平民教育运动中所推广的“连环教学法”，就是从陶宏教弟弟陶晓光识字中受到的启发，这一史实可以从陶行知于当年 10 月 8 日给儿子的信中得以证实：“桃红、小桃：你两个人很有功劳。我看见你们两个人，哥哥教弟弟读《千字课》，就发现了一个好法子，叫做连环教学法。这个法子是用家里识字的人教不识字的人：我教你，你教他，他又教他。一家当中，先生教师母，师母教小姐，小姐教老妈子，每人化不了多少工夫就可以使全家读书明理了。”①

陶行知与长子陶宏和次子陶晓光合影

陶行知非常喜欢儿子们，他经常与他们通信。1925 年陶行知收到陶宏和陶晓光的来信后，于 1 月 18 日回信说：“你们两个人真正好，你们写给我的信都收到了。多谢得很。因为南京打仗，信在南京搁下了，到前天才收到。……孟禄夫人前天从美国到上海，送了两盒玩的东西给你们。大盒是送桃红的，小盒是送小桃的。大盒难玩些。小桃大些的时候，大桃可以借给他玩玩。你们每人都要写一封信谢谢孟禄夫人，收到了就写，要写你们心里的话。写好了寄来，我给你们翻成英语，一齐寄到斐利滨去给她。”② 1 月 30 日，他又给陶宏、陶晓光写了题为《三花脸的白话诗》的信：“你说你公道，他说他公道。公道

① 《连环教学法之发现——致陶宏、陶晓光》，载华中师范学院教育科学研究所主编：《陶行知全集》第 5 卷，湖南教育出版社 1985 年版，第 35 页。

② 《孟禄夫人送玩具——致陶宏、陶晓光》，载华中师范学院教育科学研究所主编：《陶行知全集》第 5 卷，第 112 页。“斐利滨”现译“菲律宾”。

不公道，自有天知道。”①

他一直注重教育自己的几个儿子，1927 年春，他在忙于筹建晓庄学校的时候，也不忘给家人写信教育儿子。2 月 11 日，他在信中写道：“桃红、小桃在家，自己的事要自己干。衣服要学洗，破了要学缝。烧菜弄饭都要学。还要扫地抹桌。有益的事都要做。”② 3 月 17 日，他给陶宏和陶晓光两人写信：“我很希望你和小桃多学做事。我的主张是：有书读的要做事，有事做的要读书。……我要你们做有知识、有实力、有责任心的国民，不要你们做书呆子。”③

1927 年 3 月，陶行知创办了晓庄师范学校，长年累月在外奔波，很少有时间能回家与全家老小团聚，但这丝毫不影响他对孩子们的感情，他利用一切机会表达父爱，家人寄来照片，他总是爱不释手，抽空就看；儿子寄来自作的贺卡，尽管上面又涂又画，但他认为这是最好的礼物；每到一地开展教育活动，他都要写信给家人报平安，汇报近况，这既是对家人最好的慰藉，也是表达思家之情的重要方式。

1928 年，陶宏随全家迁来南京，入晓庄学校学习，发挥创造力，制订了“十九年度（1930 年度）陶宏计划”。20 世纪 30 年代初，陶宏协助父亲开展“科学下嫁”运动，他还参与编写了《儿童科学丛书》和《天文学活页指导丛书》。1939 年，陶行知在重庆兴办育才学校，陶宏也来到重庆，在中国科学社生物研究所工作，参与筹建育才学校自然组，并负责自制实验仪器。因此，陶行知于 1942 年在给二儿子陶晓光的信中写道：“现在自然组全靠陶宏一人力量维持，假使他走，对学校对小孩子都是一个大损失。”④ 后来，他被聘到四川大

---

① 《三花脸的白话诗——致陶宏、陶晓光》，载华中师范学院教育科学研究所主编：《陶行知全集》第 5 卷，湖南教育出版社 1985 年版，第 113 页。

② 《下乡拜年——和牛大哥同铺——致母亲、汪纯宜等》，载华中师范学院教育科学研究所主编：《陶行知全集》第 5 卷，第 165 页。

③ 《晓庄开学勉励桃红——致陶宏》，载华中师范学院教育科学研究所主编：《陶行知全集》第 5 卷，第 174 页。

④ 《动员一切朋友，解决南洋接济断绝的困难——致陶晓光》，载华中师范学院教育科学研究所主编：《陶行知全集》第 5 卷，第 744 页。

学理学院任教后，还经常写信指导育才学校的孩子。在育才学校最困难的时候，他亲自为育才学校募捐到 18 000 元寄给了陶行知，帮助育才学校渡过了难关。陶行知去世后，他调到了北京大学理学院化学系任教，后在中国科学院感光化学研究所工作，成为中国感光化学学科的奠基人与开创者之一。

次子陶晓光，生于 1918 年 7 月 5 日，1993 年 7 月 6 日在北京病逝。1923 年他在家中教奶奶学习《平民千字课》，成为陶行知后来所倡导的“小先生制”的雏形，“成为中国第一个小先生”①。据陶晓光回忆：

> 当时我祖母已 57 岁，她受父亲的影响，发了一个宏愿，要读完 4 本平民千字课。那时我才 6 岁，刚读完第一册，父亲就让我当“小先生”，教祖母读书。我和祖母一面玩一面读。读到 16 天时，父亲依据十六课以前的生字写了一封信，从张家口寄

陶母读书图和陶行知为这张照片所题的诗

① 陶城：《真善美的爱——陶行知一家》，载周洪宇等主编：《陶行知与中外文化教育》，人民教育出版社 1999 年版，第 239 页。

给祖母，她居然能一字不差地读了出来。我这个“小先生”的实验给了父亲很深的印象和启发，1934 年他正式提出推广“小先生制”。不久，就在全国 23 个省市取得了显著的成效。①

20 世纪 30 年代初，他协助父亲开展“科学下嫁”运动，与表叔曹子云一同自行组装了手提式直流无线电收音机数十台，还带着发电机与放映机到农村为农民放电影。他第一次在上海利用无线电台对民众进行科学普及教育。抗战期间，他先后参加桂林的生活教育社，担任了育才学校驻印度的代表，负责为育才学校募集资金，还在加尔各答为育才学校绘画组举办了绘画木刻展览会，以此来募集办学经费，为陶行知解了燃眉之急。他还为育才学校音乐组购置了一批音乐器材。陶行知去世后，陶晓光辞去中国航空公司无线电工程师的工作，又回到育才学校，将父亲的未竟事业接着完成。20 世纪 80 年代以后，他任中国人民解放军师级干部，是无线电专家。

三子陶刚，1919 年 11 月 22 日出生，1983 年病逝于上海。从小先天不足，身体瘦小而虚弱，② 先后跟随陶行知在晓庄学校、山海工学团学习。抗战爆发后，先在徽州日报社当报童，后来甘愿务农种田，先后在桂林临桂教养院农场、重庆育才学校农场工作。陶行知去世后，他一直在上海育才学校和行知中学工作。

四子陶城，1924 年 12 月 13 日生于北京，2011 年 2 月 28 日病逝于哈尔滨。抗战期间，他在上海积极宣传抗日，与其他青年创办了《抗日每日战报》，在上海街头向市民报道中国部队的战况，还参加了上海童子军。1938 年随父亲到桂林，参加储材学校少年抗日宣传队，张贴抗日宣传画，教小伙伴们画宣传画，讲抗日故事，教唱抗日歌曲。抗战胜利后，他先后在重庆九龙坡交通大学及上海交通大学学习。新中国成立后，成为哈尔滨工业大学力学教授。

---

①　陶晓光：《回忆父亲给我的教育》，载江苏省陶行知教育思想研究会编：《纪念陶行知》，湖南教育出版社 1984 年版，第 357 页。

②　陶城：《真善美的爱——陶行知一家》，载周洪宇等主编：《陶行知与中外文化教育》，人民教育出版社 1999 年版，第 242 页。

二、爱情与婚姻

陶行知一生经历两次爱情和婚姻，第一次是与汪纯宜的婚姻，二人育有四子：长子陶宏（乳名桃红）、次子陶晓光（乳名小桃）、三子陶刚（乳名三桃）、四子陶城（乳名蜜桃）。第二次是与吴树琴的婚姻。

（一）平淡而和谐的第一次婚姻

陶行知的第一次婚姻是与汪纯宜的婚姻。1914 年 6 月陶行知从金陵大学毕业后不久，就与其妹妹陶文渼的同学汪纯宜结婚。汪纯宜生于安徽省休宁县，生年不详。3 岁就丧父母，后来遵照长辈的意图按旧式婚姻与陶行知结婚。汪纯宜为人忠厚纯朴，温和慈善，沉默寡言。① 陶行知结婚后，便将全家迁至南京。不久，他便踏上了赴美留学的轮船。当他在伊利诺伊大学攻读政治学硕士学位时，长子桃红（即陶宏）于 1915 年 4 月在南京出生，给全家带来了许多欢乐。1917 年秋，陶行知从美国哥伦比亚大学毕业归国，应南京高师之聘任教育学教员，这时他才得以和妻子、家人团聚。1918 年 7 月 5 日，次子小桃（即陶晓光）出生。1919 年 11 月，三子三桃（即陶刚）也在南京出生。

陶行知与妻子汪纯宜（右）、妹妹陶文渼（左）合影

1923 年 2 月，陶行知担任中华教育改进社主任干事，为了全力以赴做好中华教育改进社的工作，在经南京高师校方同意的情况下，夏季他将全家迁往北京。9 月 27 日，他在杭州开展平民教育不能回家过中秋，专门写信给母亲和妻子汪纯宜。10 月 8 日，他从南京给在北京的陶宏、陶晓光写信说：“你两个人

① 陶城：《真善美的爱——陶行知一家》，载周洪宇等主编：《陶行知与中外文化教育》，人民教育出版社 1999 年版，第 231 页。

很有功劳。我看见你们两个人，哥哥教弟弟读《千字课》，就发现了一个好法子，叫做连环教学法。这个法子是用家里识字的人教不识字的人：我教你，你教他，他又教他。……我在南京试验这个法子很有效验，特为写这封信来感谢你两个人。我在南京平安快乐。”① 不管走在哪里，陶行知都心系家庭，总要写信给家中的妻儿老小，汇报自己的情况，关心妻子的身体与生活，关注孩子们的学习与成长。10月17日，他又写信给母亲和妻子汪纯宜，一方面介绍自己在上海、南京、安徽等地开展平民教育的情况；另一方面劝母亲抽空读《千字课》，多识字。② 1924年10月29日，当他收到妻子汪纯宜祝贺他生日的来信后，从南京给远在北京的妻子回信说：“我实在是不对，连自己最宝贵的生日都忘记了。多谢大家给我做生日，我欢喜的很。可惜这日子我不能在家里和大家一同快乐。”③ 11月4日，他收到妻子让他在天冷时加棉衣的信函后，回信说：“这几天天气稍冷，我请陈妈把我的绸夹袍拿去，找了一个裁缝给我翻了一件棉袍，穿在身上非常暖和。陈妈的算计真好，共总只化了一元三角钱，连棉花一起在内，真是便宜的很。我在外面自己能照应自己，请可放心。我饿了就吃，倦了就睡，事做完了就玩玩，很自然，很快乐。”④

1924年12月13日，四子陶城出生，乳名叫蜜桃。12月18日，当陶行知在上海收到在北京的两个儿子陶宏和陶晓光来信后，他在给两个儿子的回信中写道：“你们的信收到了，影戏想必好看得很。阿姑的信也收到了。恭喜你们又得了一个小弟弟。你们可以给他一个名

① 《连环教学法之发现——致陶宏、陶晓光》，载华中师范学院教育科学研究所主编：《陶行知全集》第5卷，湖南教育出版社1985年版，第35页。

② 《劝慈母读〈千字课〉——致母亲、汪纯宜等》，载华中师范学院教育科学研究所主编：《陶行知全集》第5卷，第46—47页。

③ 《四个小孩两人分——致母亲、汪纯宜等》，载华中师范学院教育科学研究所主编：《陶行知全集》第5卷，第108页。

④ 《我的生活——致母亲、汪纯宜等》，载华中师范学院教育科学研究所主编：《陶行知全集》第5卷，第109页。

字。……请你们代我向老太太、妈妈、阿姑恭喜恭喜。衣服都收到了。”① 1927年1月31日，陶行知在春节来临之际，因忙于筹备晓庄师范学校，所以不能回家过年，便给妻子写了一封信：“年年难过年年过。今年已可安安稳稳过年了，请可放心。……家人的照片，都已收到。见照片如见人，固然不错，但我见了照片，更要念着人了。昨夜回宁，现正积极筹备试验乡村师范。”②

陶行知与汪纯宜相处十分和睦，1927年晓庄女子学校成立后，他反复劝导汪纯宜入学读书。他在12月3日给汪纯宜的信中写道：“纯妻：皮袍已收到，质地甚佳，袍面亦特别可爱，新年穿此，在乡间可以大出风头了。一月一日系晓庄学校落成纪念日，将有大热闹。深望您及全家均在此同乐。幼稚园已开学，收了徒弟三人，跟着幼稚园教师学做先生，此法非常有效。时局稍静，您是可以享优先权来此学习的。”③

1928年，为了支持陶行知在晓庄开展乡村教育运动，汪纯宜带着婆婆、小姑还有四个儿子，从北京搬到了晓庄农村。1930年国民党当局要查封晓庄学校，陶行知匆忙出逃，这使本来就因误食安眠药而精神错乱的汪纯宜，又一次遭到了沉痛打击，于是她产生了自杀的念头，投入夫子庙的一条臭水河欲自尽，幸好遇一义士救起。④

1933年11月，陶行知母亲病故，使得陶家更是雪上加霜。陶妻的病进一步加重，陶行知让其二子陶晓光带其母亲与四弟，住进了设在观音寺内的儿童科学通讯学校。后因陶行知投身于国难教育运动，无暇顾及，他便让陶晓光将汪纯宜送进了天主教办的上海普慈疗养

① 《用小桃的笔法写信——致陶宏、陶晓光》，载华中师范学院教育科学研究所主编：《陶行知全集》第5卷，湖南教育出版社1985年版，第110—111页。

② 《过年信——致汪纯宜、陶文渼》，载华中师范学院教育科学研究所主编：《陶行知全集》第5卷，第159页。

③ 《幼稚园艺友——致汪纯宜》，载华中师范学院教育科学研究所主编：《陶行知全集》第5卷，第199页。

④ 陶城：《真善美的爱——陶行知一家》，载周洪宇等主编：《陶行知与中外文化教育》，人民教育出版社1999年版，第232页。

院。该院对精神病患者根本没有采取相应的治疗措施，结果汪纯宜于1936年4月23日病逝。

（二）浪漫而温暖的第二次爱情与婚姻

陶行知的第二次婚姻是与吴树琴的婚姻。陶行知与吴树琴相识是从1935年7月23日开始的。吴树琴是安徽休宁县人，距陶行知老家仅有百余里。她原是安徽省隆阜第四女子中学学生，1935年7月为了反对父母包办婚姻与另一女生离家出走，经姚文采的介绍与陶行知相识，陶行知将她们介绍到上海中法大学药学专修科学习，从此他们开始书信往来。经过一段时间的交往，吴树琴对陶行知产生了爱情。第二年春，回到老家的吴树琴开始给陶行知写信表达自己对他的好感。自20世纪30年代初，陶行知的家庭出现了很大变故，母亲去世，他妻子汪纯宜因受刺激而精神错乱又成天住在精神病院治疗。可以说，很长一段时间，他得不到家庭的温暖。当陶行知收到吴树琴表达爱意的书信，说自己在梦里常常看到陶行知，他非常激动与欣慰，犹如久旱逢甘霖，便接纳了这个女子的爱。他在1936年3月15日给吴树琴的信中讲到：

> 在最近的一封信里，你说到梦里常常看见我，我是多么高兴啊！你写这封信，谅想是用尽气力，拼命的要把心中话写出来，我佩服你的勇敢。老实告诉你，我做了你的梦里人，那是比做南面王还荣幸。我愿意永远在你的梦里安慰你。你不知道吧？我也时常在梦中看见你。不过我是没有你勇敢，从来没有给你说过。现在可以给你知道，你是我梦里最欢迎的人了。……你几个月才给我一封信，叫我想念来信如同三天没有吃奶的小孩。……亲爱的冰小姐！我得到了你的一封信，好像是得到了一种神秘的力量，又好像千军万马来到我的面前，听我的指挥。我的精神顿加十倍，能做十倍的事并且做得十倍的好。①

陶行知在与吴树琴的通信中，称吴树琴为“冰小姐”、“冰冰”、

① 《梦中的情景是人生的天国——致吴树琴》，载华中师范大学科学研究所主编：《陶行知全集》第8卷，湖南教育出版社1992年版，第776—777页。

“冰妹”等，自称“水”。通过这种称呼，可以看出陶行知对这种迟到的爱情，开始时还是心存顾虑的，因为这毕竟是第二次爱情，而且在吴树琴表达爱意时，汪纯宜尚在医院治疗之中，因而他与吴树琴的爱情并不像年轻人那样表现得热烈，体现出一种理性的爱。从中也可看出，陶行知与吴树琴的爱情是和谐的，因为冰的融化便是水，水的凝结就是冰。此外，也反映出在这场爱情中陶行知后来是主动的，他想通过水来融化冰，从而使爱情升华。

在 1936 年 7 月至 1938 年 8 月的两年多在欧美进行国民外交期间，陶行知始终保持与吴树琴的通信往来，每到一处都要给吴树琴写信并寄一些风景照片。1937 年 6 月 15 日，他在给吴树琴的信《人生遇逆境的秘诀》中写道：

> 人生遇逆境只有一个秘诀：把忧愁忘掉。吃饭、睡觉、工作、游玩，忘掉，包括奋斗，你若记得这五点，你可以活到一百岁。因此，你得把气忘掉，把闷忘掉，把敌人忘掉，把爱人忘掉，把自己忘掉。什么都可以忘掉，只是不可以把写信忘掉。现在把通信处寄给你。……短短信，常常寄，好吗?①

陶行知在异国他乡只能通过书信来与吴树琴交流感情，他将读吴树琴的来信作为他工作之余唯一的精神享受，他盼望吴树琴的来信几乎到了望眼欲穿的地步。他在 1937 年 4 月 29 日给吴树琴的信中表达了这种心情：

> 你的三月十三的信，我是在两星期前收到的。这封信来后，好像是很久很久没有接到你的信了。但是仔细象〔想〕了一下，应该是再过两个星期才能接到你的信。何以呢？你大概是每月平均给我一封信。照我现在的心理看来，这好比是每天吃一餐饭，是觉得不能满足。②

① 《人生遇逆境的秘诀——致吴树琴》，载华中师范大学科学研究所主编：《陶行知全集》第 8 卷，湖南教育出版社 1992 年版，第 787 页。

② 《不要听信谣言——致吴树琴》，载华中师范学院教育科学研究所主编：《陶行知全集》第 5 卷，湖南教育出版社 1985 年版，第 309 页。

后来，他与吴树琴的通信频率明显加快，有时一月写两三封信，现将 1937 年 6 月至 8 月陶行知给吴树琴的写信时间列举如下：

书信题目	把实习情况告诉我	人生遇逆境的秘诀	诗一首，请教正	在墨西哥要留到九月底	明天到旧金山去，为自由而战	国外行程安排	加入红十字会
写信时间	1937.6.12	1937.6.15	1937.6.25	1937.7.17	1937.8.1	1937.8.11	1937.8.22
与上封信间隔时间		3 天	10 天	22 天	15 天	10 天	11 天

资料来源：参照华中师范学院教育科学研究所主编：《陶行知全集》第 5 卷，湖南教育出版社 1985 年版，第 312—320 页；华中师范大学教育科学研究所主编：《陶行知全集》第 8 卷，湖南教育出版社 1992 年版，第 787 页。书信题目均为编者所加。

由上表可见，从 1937 年 6 月 12 日到 8 月 22 日共 72 天，陶行知就给吴树琴写了 7 封信，平均十天左右写一封，说明尽管陶行知在国外，二人相距数万里之遥，但大海都难以隔开他们炽热的爱恋之情。

1938 年 8 月底，陶行知圆满完成了对 26 个国家的出访，回到香港。他在准备回国之前，就于 5 月 23 日从华盛顿写信约吴树琴 8 月底来香港。7 月 16 日，他又在巴黎写信，告诉吴树琴："可以坐大船三等舱，一直到香港。八月底以前到。不要坐小船，行走慢而会害海病。东西不必多带。衣服和药、书应当带，余寄存在人家。"① 还为她找好了到香港的联系人。可以说，安排周到，关怀备至，同时也可反映出他欲见吴树琴的迫切心情。8 月 5 日，他到新加坡后又写信劝吴树琴："作一次最大的努力来看我。倘若这次不能相见，以后是很困难了。"顺便寄去他为纪念他们二人相识三周年所作的诗：

巴黎无雨也留客，独有今宵不可留。抬头仿佛江湾月，屈指惊人已三秋。

横贯欧陆我去也，一任铁塔与云浮。只是数月无音问，重逢

① 《已托吴涵真帮助你——致吴树琴》，载华中师范大学教育科学研究所主编：《陶行知全集》第 8 卷，湖南教育出版社 1992 年版，第 797 页。

何日令人忧。①

大概是出于年轻女子的羞涩的缘故吧，吴树琴一直没答应去香港，因此陶行知回到香港后，未能见到自己的恋人，心情十分难过。他在 9 月 7 日给吴树琴的信中写道：读了近日的来信，“简直是把我从喜马拉雅山推到玛利亚那的海底去了。晚上睡不着，一半是因为热，一半是念你。通盘算起来，觉得你还是待我好的地方多，待我不好的地方少。但是问你生日，你是始终不告诉我，相片也不给我一张，这次又不来，实在是令人难过。可你一定有你的困难，我是要原谅你。我很希望你能安排一下，和我在一个地方做事，可以朝夕相见，那我就很感激你了”②。之后，9 月 13 日吴树琴告诉了她的生日，这使陶行知深受鼓舞。陶行知看信后心情一下好转，9 月 22 日马上回信中说：“你的九月十三夜的信是给了我一个安慰。”之后的两个月中，陶行知又连续写了几封信催吴树琴来香港，还说：“倘若你一定不能到香港来看我，那只好我来上海看你。”③

在陶行知的反复邀请下，吴树琴终于在 1939 年 1 月 9 日写信给陶行知，同意与她的一位取道香港去福州的同学一同去香港。陶行知兴奋至极，他在 1 月 12 日的回信中写道：

> 今天接读一月九日来信，知道你将和琴姊来港，这是新年中最好的福音。……我是数着钟点等待你的来临啊。亲爱的冰妹啊！你要知道，叫我多等一天，便是叫我身上减少一磅肉。我有的是肉，减少一二十磅也不要紧，所可虑的，是我精神上有些受不住。若了解这一点，我相信你会插着翅膀立刻飞到我这里来。现在一切都照着你们 21 日来港计划准备。我亲自要去接你们。

① 《送给冰冰的诗——致吴树琴》，载华中师范学院教育科学研究所主编：《陶行知全集》第 5 卷，湖南教育出版社 1985 年版，第 347 页。

② 《希望和你共事——致吴树琴》，载华中师范大学教育科学研究所主编：《陶行知全集》第 8 卷，湖南教育出版社 1992 年版，第 798 页。

③ 《望你给我来信——致吴树琴》，载华中师范大学教育科学研究所主编：《陶行知全集》第 8 卷，第 804 页。

快乐的日子快到了吧！①

1939 年陶行知与妻子吴树琴在重庆合影

1939 年 1 月 21 日，吴树琴来到香港与渴望已久的陶行知相见，犹如牛郎织女相会。吴树琴的到来，给陶行知吃了一颗定心丸。从此，陶行知更加专心于自己的工作。同时，他也下决心再不让吴树琴离开他，于是不久就以女婿的名义给吴树琴的母亲写了一封信，委婉地告诉丈母娘他想让吴树琴留在他身边。之后，陶行知就将这位准夫人带到了重庆，开始筹建育才学校。9 月份陶行知正式向吴树琴提出结婚。其间她家人不断来信反对。经过吴树琴的努力劝说，家人终于在 12 月 10 日来信同意他们结合。于是他们二人于 1939 年 12 月底，在重庆古圣寺举行了结婚典礼。陶行知在高兴之余，赋诗一首《结婚歌》：

天也欢喜，地也欢喜，人也欢喜，欢喜你遇到了我，我遇到了你，当时是你心里有了一个我，我心里有了一个你，从今后是朝朝暮暮在一起，地久天长同心比翼，相敬相爱相扶持。

育才学校音乐组的学生还给这首诗谱了曲，绘画组学生绘制了各种吉祥的图案贴在新房门上，育才学校师生及附近的农民参加了婚礼。结婚后，吴树琴便投身到帮助陶行知兴办教育的活动中来。她利用自己学医的专业优势，与中国科学社合作，在民间秘方的基础上研制出治疗疟疾的药丸，经万人试用后效果很好。后来，她又到北温泉新药厂工作。他们夫妻每两周相聚一次，在这种聚少离多的日子里，

① 《数着钟点等待你的来临——致吴树琴》，载华中师范大学教育科学研究所主编：《陶行知全集》第 8 卷，湖南教育出版社 1992 年版，第 814 页。

陶行知通过写信与吴树琴交流感情，表达思念之情。二人相敬如宾，恩爱有加。1942 年 11 月，陶行知生日来临之前，吴树琴来信作了安排，陶行知在回信中讲：“多谢你为我的生日这样关心，那是我母亲去世后，就没有受过这样的恩宠了。”① 1944 年陶行知在生日前后，对夫人许下了愿：等抗战胜利后，他要带妻子“携手同游全世界名山大川，同访……手创世界和平的人们、思想家、发明家、诗人、美术家，尤其是各国的大众”②。1946 年 7 月 25 日陶行知突然病逝，吴树琴悲痛欲绝。

陶行知的第一次婚姻是理智、冷静与生活型的，可以说是亲情多于爱情；而第二次婚姻是炽热、浪漫与爱情型的，陶行知从这次婚姻中真正得到了爱情，也有裨其事业的发展。

---

① 《多谢你为我的生日这样关心——致吴树琴》，载华中师范大学教育科学研究所主编：《陶行知全集》第 8 卷，湖南教育出版社 1992 年版，第 862 页。

② 《谈谈未来的美梦——致吴树琴》，载华中师范大学教育科学研究所主编：《陶行知全集》第 8 卷，第 900 页。

第二章　陶行知的生活世界（下）

第一节　人生选择

陶行知一生经历了四次抉择和四次推却。

一、四次抉择

陶行知的人生志向并非生而即定，而是因时而生，依势而更。管窥其求学历程，便可从中得到印证。

陶行知的人生志向，大体经历了如下四次阶段性的变更。

（一）医学救国

当时，陶行知目睹旧中国贫穷落后，科学医疗很不发达，庸医误人，自己的姐姐因病夭折，遂在好友章文美等人的影响下，像早期的孙中山、鲁迅和郭沫若那样，开始确立自己的人生志向为行医，救死扶伤，一度萌生了行医济世、医学救国的念头。为此，他 17 岁毕业于徽州崇一学堂之后，于 1909 年春投考杭州的一所教会学校——广济医学堂。促使他发愿学医的直接动因是其姐的幼殇及家乡缺医少药的现状。此时的他将满腔报国之志化作拯救世人肉体苦痛的良医的人生志向。由于该校对于非基督徒学生在课程学习等方面有歧视性规定，他只呆了三天便愤而退学。①

① Tao Wen Tsing：To J. E. Russell，February，16，1916.

（二）文学救国

陶行知因受到歧视而愤然退学回乡后，在家苦学了一段时间英语，又于1909年考入汇文书院与基督会和长老会合办的宏育书院合并成立的金陵大学堂。金大初创时，仅设文科及若干数理学程。文科分预科、本科两部。预科二年，本科三年。因他此前已有汇文的半年成绩，故预科只读了一年半，便于1911年升入文科本科。至1914年夏完成学业，他在金大生活和学习了五年。

陶行知在金陵大学期间，对文学特别感兴趣，他担任了我国最早的大学学报之一《金陵光》的编辑。在他的建议下，该刊于1913年的第4卷第1期开始增设中文报。从1914年的第5卷第5期开始，陶行知担任主笔。1913年至1914年，他在《金陵光》上发表文章多达18篇，大都以“陶文濬”、“陶知行”署名，文章的内容广泛，涉及政治、社会、教育、医学等多个方面，大多切中时弊，令人深思。尤其是《金陵光》中文报1913年第4卷第1期上发表的《〈金陵光〉出版之宣言》，文笔流畅，思想深邃，涉猎广博，论述精到，从刊名内涵、办刊宗旨、刊物性质、刊物功能等方面向读者作了解读。陶行知从担任《金陵光》中文版主笔发表《〈金陵光〉出版之宣言》，到毕业时发表论文《共和精义》，共在该刊发表文章12篇。陶行知担任主笔期间，“中文版《金陵光》为金大带来了一股春风”①。这是陶行知实现文学救国的尝试。

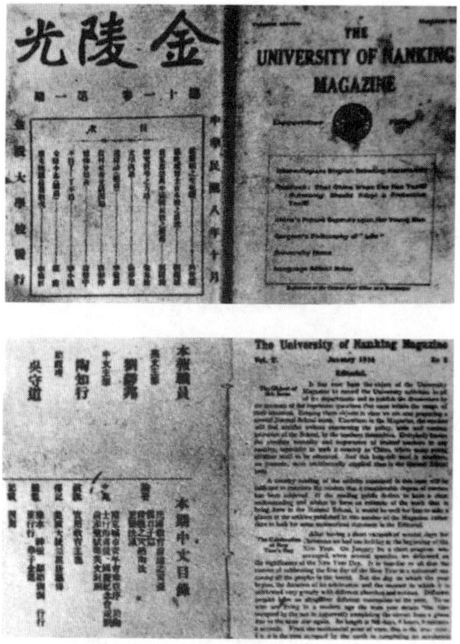

《金陵光》杂志封面和目录

① 许宗元著：《陶行知》，人民出版社1988年版，第18页。

（三）政治救国

1911 年 10 月 10 日武昌起义爆发后，全国各地纷纷响应，江苏全省掀起革命的浪潮。为了避免战争影响到师生的正常教学，金陵大学决定停课放假，让学生各自回家。陶行知与安徽籍的同学一同回到家乡，投身到这场革命的洪流之中。陶行知、余德民、汪章瑞、程则裴等参与在屯溪阳湖余家庄的起义，清县知事先期出走，休宁富户地主代表汪觉生等拥夏慎大取得县政权。陶行知还亲任县议会的秘书。干了半年后，又返校继续完成学业。正是在民主革命思想的影响下，陶行知的思想进步很快，他开始关心政治和国内形势，参与组织学生团体，积极投身社会实践，通过演讲和募捐等活动来支持民主革命。1912 年 5 月，为了帮助革命党人黄兴领导的南京留守机构解决财政困难，陶行知亲赴苏州的东吴大学，发动该校学生到南京联合召开运动会，把售出的门票费充当"国民捐"。① 这说明当时陶行知已经具有了较高的政治素养和追求民主的炽热情怀。为了给新型民主共和国家的建立提供理论依据，他在金陵大学期间就钻研了民主共和理论。他撰写的大学毕业论文是《共和精义》。在孙中山三民主义学说的指导下，他认为："自由、平等、民胞，共和之三大信条也。共和之精神在是，共和之根本在是。"在他看来，共和对个人与社会均具有重要意义："重视个人之价值"，"唤醒个人之责任"，"予个人以平等机会"；"共和政治图谋国民全体之福利"，"重视共和目的、共同责任"，"能得最良之领袖"，还论述了共和与教育、共和与文化、共和与交通、共和与秩序等关系。②

正是基于政治救国理想的驱动，他于 1914 年 6 月以优异的学习成绩从金陵大学毕业后，直接赴美国伊利诺伊大学深造。这是他胸怀政治理想的结果，他一心想通过学习政治专业，通过以后进行政治变

① 《陶行知年表》，载华中师范学院教育科学研究所主编：《陶行知全集》第 1 卷，湖南教育出版社 1984 年版，第 673 页。

② 《共和精义》，载华中师范学院教育科学研究所主编：《陶行知全集》第 1 卷，第 43—53 页。

革来挽救民族命运。陶行知在伊利诺伊大学研修政治学专业时，他着重学习美国的外交、贸易和欧洲的政治等课程。陶行知在伊利诺伊大学期间学习的课程有：政治学和公法讨论、城市行政学、国家论、教育行政学、政治学和公法讨论、欧洲大陆的政治、美国的外交、美国对外贸易和殖民地贸易等。1915 年秋，陶行知获得了伊利诺伊大学的政治学硕士学位。这时他正巧取得了“庚子赔款”的留学生派遣制度“半费生”资格，有了继续深造的起码的经费，便于这年 9 月下旬转入哥伦比亚大学师范学院，攻读教育行政学博士学位课程。

（四）教育救国

陶行知留学美国后，深感美国的繁荣与富强，深受进步教育运动的熏陶和影响，深切认识到教育改造社会的作用及力量，便开始萌发“教育救国”的思想。他在 1915 年获得伊利诺伊大学政治学硕士学位之后，毅然选择美国的教育重镇——哥伦比亚大学师范学院作为他获取“更高级学位（博士）”的理想之所。入读该校后，他曾明确地表露了这种教育救国的志向：“我的毕业志愿是，通过教育而非武力来创建一个民主国家……我坚信，没有真正的公共教育就不可能有真正的共和国。”因此，“我回国后将与其他教育工作者合作，为我国人民建立一套有效的公共教育体制”，“我要使全中国人都受到教育”。这便奠定了他留美归国后的人生志向。陶行知一旦立下平生志，就“壮志未酬誓不休”。纵观他的人生之旅，就其学术水平、自身条件、管理才能、个人际遇来看，无论从政或经商，他都有可能取得辉煌成就，高官厚禄，衣食无忧。但他不为名利所引诱，不为权势所左右，而是埋头走自己的“正道”——“为中国教育寻觅曙光，探获生路”，“不做政客教育家”，终生甘为孺子牛。

二、四次推却

1. 坚辞大学教授之教职

陶行知是民国初期的留学生，毕业于美国著名大学，完全有条件在大学终生从教。然而这位留洋多年的大学教授，身居教育高层的知名人物，毅然决然地放弃了每月五百大洋的优裕生活，脱下西装革履，穿上草鞋布衣，离开都市，走进乡村，投身平民教育和乡村教育，把“整个的心献给我们三万万四千万的农民”。“这是何等的魄力，教育界有这种魄力的人，不愧受我们崇拜!”

2. 婉拒大学校长之高职

陶行知在大学当过教授、教务主任、教育科（相当于今日的学院）主任和教育系主任等职。凭自身条件，当个大学校长理所当然。事实上，1924 年年底，北京政府教育部就聘请他担任武昌高等师范学校（武汉大学前身）校长这一高职，但他婉言辞谢了。1928 年他的母校金陵大学又有聘他为校长之美意，他又婉转推辞，依然坚守着自己的教育阵地，甘于清贫，乐为人梯。

3. 推辞教育厅厅长之官职

陶行知学教育出身，且富管理才能，担任教育厅厅长之官职，定能胜任。事实上，他的行政才能早已为当政者所闻。1927 年，冯玉祥将军就诚聘他任河南省教育厅厅长之官职，但他推却不就。时任安徽省主席的李宗仁邀请他回安徽做教育厅厅长，也被他推辞。试想一般读书之人逢此机运，莫不趋之若鹜，而陶行知则不为所动，一笑了之，“这又是何等的魄力!”

4. 辞谢总干事之要职

以陶行知的条件和才干，向右转而亲近现实政权，官居要职，不仅可能而且可以实现。1938 年 10 月，他赴亚、非、欧、美宣传抗日归来，即受到蒋介石的召见并出席蒋夫人宋美龄为他主持的接风宴，还与蒋夫人进行了长达两个多小时的“深谈”。宋美龄再三要求他留下担任三青团总干事之要职。这对“政客教育家”来说无疑是绝大喜事，然而陶行知却不趋炎附势，他用极其真诚坦率而又巧妙的方式予以辞谢，依然以“回国三愿”作为自己归国后事业的寄托和最大志愿!

透过陶行知人生志向的四次抉择和人生际遇的四次推却，我们可以看出陶行知“为中国做出一番大事业来”的人生志向是何等高远，献身教育的意志是何等坚定！这正是陶行知作为“一流的教育家”不同于其他教育家的感人之处，这也正是陶行知作为“人民教育家”的本色所在。

第二节　教育生涯

陶行知的一生是献身教育的一生，是勤于实践的一生，是求索创新的一生。教育是与陶行知相伴终生的事业，是他毕生的追求。正如文学家郑振铎所评价的那样：“行知先生是一位敢说敢做的大教育家，他是以教育为终身事业的。前期的晓庄，后期的育才，都给予中国以极大的影响。”① 陶行知倡导、主持、组织、发动和参与的各个教育团体和各种教育活动，连贯起来恰好是一部中国现代教育活动史。

一、主持南京高师、东南大学教育科，提倡高等教育革新

1917 年 9 月，刚从哥伦比亚大学师范学院毕业的陶行知，在南京高等师范学校教务主任郭秉文的邀请下，任该校任教育学教员兼教务助理，先后讲授教育学、教育行政学、教育统计等课程。1918 年 5 月学校成立教育专修科，提升他为主任教员兼代理教务主任。1919 年 9 月，教务主任、哥大校友郭秉文被提拔为校长，陶行知也随之出任教务主任。他上任以后，大刀阔斧地进行了一系列的进行教学与管理改革。

第一，改“教授法”为“教学法”。以往中国学校教育存在很多弊端，如“先生只管教，学生只管受教，好像是学的事体，都被教的事体打消掉了”②，而且先生都“以被称教授为荣，他的方法叫做教授法，他好像是拿知识来赈济人的”③。陶行知认为，教师的责任不光在教书，而是在教学，应当将重点放在教学生学，“教的法子必须

---

① 郑振铎：《敢说敢做的大教育家》，载《纪念陶行知先生文选》，江苏省教育学会 1991 年编印，第 57 页。

② 《教学合一》，载华中师范学院教育科学研究所主编：《陶行知全集》第 1 卷，湖南教育出版社 1984 年版，第 87 页。

③ 陶行知：《在晓庄学校寅会上的演讲》，载《乡教丛讯》，1928 年 1 月 15 日。

根据于学的法子”，“先生不但要拿他教的法子和学生学的法子联络，并须和他自己的学问联络起来”。① 当时南京高师的一些思想比较保守的教师反对陶行知的这一改革，尽管未能通过，但后来在其他学校接受陶行知的这一改革主张后，南京高师也推行了这一制度。

第二，学生管理中实行学生自治制度。为了培养学生的自我管理意识和自治能力，陶行知极力倡导学生成立各种社团组织，通过开展活动来进行自治管理。最初他与其他学校的领导共同发起成立了南京学术讲演会，以活跃学术研究氛围。之后，在他的支持和鼓励下，南京高师学生成立了不少研究团体。他还担任“工读协助研究委员会”、“改良考试委员会”等学生社团主任和“学生自治委员会”、“暑假学校委员会”、“女生研究委员会”委员等职。通过这些社团活动，来培养学生的自治能力和管理能力，从而增强学生在社会上的适应能力与交际能力。为了让更多的了解他的学生自治主张，他还特意撰文《学生自治问题之研究》，于 1919 年 10 月发表于《新教育》上。此文介绍了学生自治的内涵、学生自治的需要、学生自治的好处、学生自治的范围、学生自治与学校的关系等相关内容，成为指导当时南京高师乃至全国高校学生自治的指导性文章。

第三，力倡实行男女同校。1919 年 12 月 7 日，陶行知就向校务会议提交了《规定女子旁听办法案》，“本校各科功课，有宜于女子旁听者，可否通融办理，容其旁听，遂其向学之志愿”，“本校各班有余额时，除本校职教员、学生、毕业生旁听外，得酌收女子旁听生”，“女子旁听生必具中等学校毕业之程度”。② 北京大学招收于 1920 年 2 月，由代理教务长胡适提议开始招收女生，开创了中国公立高校男女同校的先河。1920 年 4 月，陶行知在校务会议上明确提出当年秋季开始招收女生。南京高师接受了陶行知的建议，于当年秋季开始招收

---

① 《教学合一》，华中师范学院教育科学研究所主编：载《陶行知全集》第 1 卷，湖南教育出版社 1984 年版，第 88—89 页。

② 《规定女子旁听办法案》，载华中师范学院教育科学研究所主编：《陶行知全集》第 1 卷，第 143 页。

女子旁听生和正式生，实行男女同校。这样，南京高师与北大成为中国公立学校最早实行男女同校的高校，为女子与男子接受同等教育打开了绿色通道。

第四，运用科学手段进行教务管理。陶行知担任教务主任后，在编制课程表时发现以往的方法较为陈旧，不够科学。教师、课程和教室、实验室不能协调运用，常常出现教室和实验室不能充分利用，教师与学生又因没上课场所而怨声载道的情况。针对这种情况，陶行知将统计学原理运用到了教务管理工作中。首先他将全校所有课程、班级、教师、学生、教室、实验室均开列出来，然后通过统计学理论去编排所有课程表，结果大大提高了实验室和教室的利用率，一改过去教师、教室和课程不统筹、不协调的局面，从而提高了全校的教学质量和管理水平。

20 世纪 20 年代北京大学与南京高师是中国高等教育改革的两面旗帜，南北呼应，带动全国，一度成为中国高教改革的领头雁，而南京高师的成功改革与陶行知的努力是分不开的。譬如“教学法”的提出、男女同校的实施、学生自治的倡导等，均成为中国现代高等教育改革的冲锋号角。

二、主持中华教育改进社，推动全国教育改革

中华教育改进社成立于 1921 年 12 月 23 日，是由实际教育调查社、新教育共进社、新教育编辑社三个团体合并组建而成的。在该社成立之前，陶行知就起草简章，并直接负责筹备事宜。之所以要成立中华教育改进社，主要是为了打破“门户之见、派别之分”，达到“牺牲己见，力谋合作”的目的。① 中华教育改进社董事会由蔡元培、熊希龄、张伯苓、汪兆铭、黄炎培、郭秉文、李建勋、袁希涛、范源濂九人组成。1922 年 2 月，在上海召开董事会，范源濂被推为董事长，陶行知担任主任干事。主任干事的主要职责为：拟订活动计划，

---

① 《四年前的这一周》，载华中师范学院教育科学研究所主编：《陶行知全集》第 1 卷，湖南教育出版社 1984 年版，第 597 页。

进行预算决算，任免职员雇员，执行董事会决议以及其他事务。入社社员分两类，一是集体社员，为各级各类学校及教育学术团体、教育行政机关；一类是个人社员，为个人研究学术或办理教育有成绩者。社内设有学术部、事务部和专门委员会。其中学术部又下设调查、研究、编译、推广四科；事务部下设会计、文牍、庶务三科；还设有32个专门委员会，如教育行政、高等、中等、初等、幼稚、义务、乡村、师范、职业、理化、数学、生物、国语、英语、历史、地理、美育、音乐、心理测验、教育测验委员会等。

中华教育改进社的总部设在北京，起初陶行知一边处理社内事务，一边兼东南大学（此时南京高师已并入东南大学）教育科主任和教授之职，每月奔波于北京与南京之间一次，他感到力不从心，二职难以兼顾，因此，经多次申请并最终得到校方同意，他于1923年7月辞去东南大学教育科主任之职，但仍兼该校教育系教授。此后，他便迁到北京，全身心负责中华教育改进社事务。

中华教育改进社以调查教育实况、研究教育学术、力谋教育改进为宗旨。陶行知任主任干事期间，着重做了以下四方面的工作。第一，广泛开展教育调查。从1922年到1925年，陶行知主持开展了一系列的教育调查，如全国教育统计调查，对北京、南京、无锡、济南等地的教育调查，对小学教育的专题调研，对中国图书馆的调查等，并编出了《中国之教育统计》，为中国现代教育决策提供了重要的依据，也为后来研究中国现代教育创造了第一手资料。第二，深入开展教育研究。陶行知聘请一批中外教育家开展对中国教育现状的研究，并要求各个专业学术委员会开展相应学科的研究。对学制问题、教育经费问题、师范教育、普及教育、女子教育、平民教育、乡村教育、科学教育等一系列问题进行了研究，极大地丰富了中国的教育理论。第三，编译教育书刊。陶行知主持《新教育》、《新教育评论》杂志，并聘请四十多名中外专家担任编辑。他还与其他机构合办了《中等教育季刊》、《初等教育季刊》等，发表了大量教育研究方面的文章。同时，他主持下的中华教育改进社还编辑出版了《平民丛书》、《中华教育改进社丛书》等。第四，从事教育推广工作。中华教育改进社大力开展平民教育、乡村教育、科学教育、女子教育和职业教育等推广工作，促进了中国教育的发展。陶行知是上述四项活动的总设计师和总协调者。

在陶行知的亲自主持下，中华教育改进社每年举办一次年会。1922 年 7 月 3—8 日，中华教育改进社在济南召开第一次年会，出席人数为 366 人，共收到提案 119 件。“我们可以说这些议决案，是现代中国教育界思潮信仰的缩影。”① 主要议案有推广女子教育案、推行平民教育案、创办青岛大学案等。1923 年 8 月 20—25 日，第二次年会在北京召开，出席人数为 570 人，共收到提案 120 件。会议重要议题有修订社章和年会规程、参加世界教育会议、推进义务教育与科学教育等，陶行知还在会上作了“平民教育”的讲演。1924 年 7 月 3—9 日，第三次年会在南京召开，出席人数为 600 人，共收到提案 127 件。会议重要议题有收回教育权、促进蒙古教育、推进平民教育等，陶行知还在会上举办了全国教育展览会。1925 年 8 月 17—25 日，在太原召开第四次年会，出席人数为 700 人，共收到提案 78 件。会议重要议题有建议将教育写入宪法、抵抗日英文化教育侵略、组织国家教育政策委员会等，陶行知在会上作了《中国教育政策之商榷》的讲演。

中华教育改进社的活动对中国近现代教育的发展具有重要作用。当时就有人称赞中华教育改进社“对于中国教育之改进，功绩甚大”②。而中华教育改进社的出色成就是与陶行知的直接努力分不开的。就教育调查而言，每次均是在陶行知的精心设计与周密安排之下开展的，而且他还亲自参加调查，在收到数据之后他都要作认真分析，从而得出对中国各类教育的分析结论。杨贤江曾评价说：“这种调查是教育用科学研究的初步，最足以供给实际教育的参考，可以认

---

① 《中华教育改进社第一届年会报告叙》，载华中师范学院教育科学研究所主编：《陶行知全集》第 1 卷，湖南教育出版社 1984 年版，第 265 页。

② 教育部中国教育年鉴编审委员会编：《第一次中国教育年鉴》，开明书店 1934 年版，第 163 页。

为是我国教育实际改进的先声。”① 就召开年会而言，选择会址、决定会期、编制预算、征集议案、办理食宿、编辑会讯、安排程序、接待宾客、接洽游览、分组讨论等，这一系列的具体事宜均离不开陶行知的奔波与努力。可以说，中华教育改进社的活动走向与工作重心，均是由陶行知来规定与把握的。

三、组织中华平民教育促进总会，推行平民教育运动

五四新文化运动以来，平民教育运动日益被提上中国教育的议事日程，陆续有教育家呼吁开展平民教育运动。1919 年邓中夏在北京大学发起平民运动讲演团，1920 年毛泽东在湖南组织平民夜校，当杜威来华讲学之后，陶行知在南京高师成立平民识字班、平民夜校。1922 年 7 月在济南召开的中华教育改进会第一次年会上，平民教育作为一个重要议案被列入议题。之后，平民教育问题一直成为萦绕在陶行知脑际的一个重要问题。在对平民教育进行广泛调查的基础上，他努力寻求解决中国平民教育的出路。经过认真思考，他认为，必须成立一个全国性的平民教育领导机构，以有利于在全国范围内有组织、有计划地推行平民教育。于是，1923 年 5 月，陶行知经与熊希龄夫人朱其慧、黄炎培、朱经农、胡适、袁希涛等人协商，共同发起成立中华平民教育促进会筹备会，作为中华教育改进社的下设分会，朱其慧任筹备主任，陶行知任筹备干事，具体负责北京和南京的筹备事宜。筹备会推举陶行知和朱经农共同编辑平民教育读本。6 月 20 日，南京平民教育促进会成立，发表宣言，筹集资金，创办平民学校，还议定筹备中华平民教育促进总会。之后，陶行知在南京创办了 3 所平民教育试验学校，在北京创办了 4 所试验学校。

1923 年 8 月 20—25 日，中华教育改进社在北京清华学校召开第二次年会，陶行知在会上作了题为《平民教育》的演讲，号召动员全社会力量来全力实施平民教育。在陶行知的组织、宣传和发动下，借助中华教育改进社的力量，于 26 日下午举行中华平民教育促进总会

①《教育杂志》第 14 卷第 8 期，1922 年 8 月。

成立大会，600多名代表分别代表19个省区参加了会议。大会讨论了组织大纲，选出了董事会，各省区出2名董事，接着又选出执行董事9人，最后推选朱其慧为董事长，陶行知为董事会执行书记兼安徽省董事。平教会附设在改进社之下，为改进社事业的一部分。会议决定由陶行知、晏阳初、姚金绅三人共同草拟《中华平民教育促进总会简章》。陶行知一向对平民教育非常重视，他在为中华平民教育促进总会制定的规划中，提出了三条合理化建议：一是聘请专家，对平民教育各种问题进行分工研究；二是开展平民教育的各种试验，包括开办各类平民学校，培养骨干分赴各省区；三是本会与各地各界通力合作，大力开展平民教育运动。同时他还为平教会规定了以下五项基本的活动内容。第一，开展研究。即进行平民学校组织、教学、训育、管理等方面的研究，教材教具研究，乡村平民教育研究，少数民族教育研究，华侨平民教育研究等。第二，进行试验。在各省区开展平民教育试验，先从北京、南京、广州等地试办。第三，编辑出版。编写平民教育课本、习字帖、教师指南、平民应用字典等，主办平民周报、平民教育画报，出版《平民丛书》。第四，推行平民教育运动。放映平民教育活动电影，发行平民教育招生传单，开办平民图书馆，开展讲演会等各种宣传形式。第五，筹集资金。①

平教总会成立后，为了扩大宣传力度，陶行知等人起草的《中华平民教育促进会宣言》于1923年9月在《新教育》上发表。《宣言》强调："中国人有百分之八十不识字，即三万万二千万人。这些不识字的人里面，至少有一万万是十二至二十五岁的青少年。为使这一万万人在极短的时间里，受一点相当的教育……希望他们在百忙中每天能抽一点钟工夫来受四个月的平民教育。"② 开展平民教育最为关键的问题是编写平民教材。为此，他身体力行，率先承担起了编写平民教育课本的重任。他与朱经农共同研究平民教育课本的编写，他定下

① 《中华平民教育促进会总会之进行方针与计划》，载华中师范学院教育科学研究所主编：《陶行知全集》第3卷，湖南教育出版社1985年版，第668—670页。

② 《中华平民教育促进会宣言》，载《新教育》第7卷第1期。

编写的宗旨是："1. 培养人生与共和国国民必不可少之精神态度；2. 训练处理家常信札、帐目和别的应用文件的能力；3. 培养继续读书看报领受优良教育之志愿和基本能力。"① 经过认真研究，他与朱经农在参考陈鹤琴所编《字汇》的基础上，编成了《平民千字课》四册。课本通俗易懂，图文并茂，融思想性、知识性与教育性于一体，是当时开展平民教育运动的最佳教材。经过一段时间的试教后，这套课本于1923年11月由上海商务印书馆正式出版。初版很快销售一空，月余后再版30万部。② 陶行知将所得的稿费全部用于平民教育事业。到1924年年底，能读懂《平民千字课》的平民已有50多万人，这极大地推动了全国平民教育运动的开展。同时，从1923年秋至1924年春，他东奔西走，风尘仆仆，足迹踏遍大半个中国，先后到南京、安庆、南昌、武汉、襄樊、沙市、宜昌、芜湖、北京、张家口、内蒙古、开封、上海等地进行讲演，宣传平民教育，并倡导各地兴办平民读书处。正是在他的辛勤奔波和努力下，全国各地开展了形式多样的平民教育运动，这些平民教育运动对提高广大民众的文化素质起到了积极的促进作用。

四、发起乡村教育同志会，推行乡村教育运动

陶行知在开展平民教育的过程中深深感到，乡村平民不仅缺乏文化知识，而且缺乏谋生知识。要解决乡村平民的问题，必须进行乡村改造运动。这样，乡村教育就被提到了议事日程。他将乡村教育列为1925年8月在太原召开的中华教育改进社第四次年会的主题之一。他在报告中强调中华教育改进社今后的工作重点是："一为科学教育；二为乡村教育。"③ 在他心目中乡村教育早该被作为中国教育的首要

---

① 《〈平民千字课〉编辑大意》，载华中师范学院教育科学研究所主编：《陶行知全集》第1卷，湖南教育出版社1984年版，第361页。

② 《请看〈三字经〉之流行——致朱经农》，载华中师范学院教育科学研究所主编：《陶行知全集》第5卷，湖南教育出版社1985年版，第65页。

③ 《中华教育改进社第四届年会社务报告》，载华中师范学院教育科学研究所主编：《陶行知全集》第1卷，第549页。

任务，他早在20世纪20年代初就曾讲过："乡村教育不发达，可说已达极点。我国人民，乡村占百分之八十五，城市占百分之十五。就是有六千万人居城，三万万四千万人居乡。然而乡村的学校只有百分之十。"① 他对这种不均衡深为感慨，因此关注乡村教育，提出了"到乡村去"的口号。

从1926年开始，陶行知就积极筹划建立乡村试验学校，他于年初在中华教育改进社内成立了乡村教育研究部，专门聘请赵叔愚等人为专职研究人员，研究乡村教育的发展之路，以便促进乡村教育的发展。1926年11月21日，他又在上海召开了乡村教师研究会第一次会议，在会上作了《我们的信条》演讲，倡议："我们从事乡村教育的同志，要把他们整个的心献给我们三万万四千万的农民。我们要向着农民'烧心香'。我们心里要充满那农民的甘苦。"② 同年12月3日，他在《新教育评论》上发表了《中华教育改进社改造全国乡村教育宣言书》，指出："本社的乡村教育政策是要乡村学校做改造乡村生活的中心，乡村教师做改造乡村生活的灵魂。"凸显了乡村教育的重要地位，同时还提出了乡村师范学校的办学宗旨为"造就有农夫身手、科学头脑、改造社会精神的教师"。这样的教师，才能胜任乡村教育的重任。乡村教育的目标是："为我们三万万四千万农民服务。我们已经下了决心，要筹募一百万元基金，征集一百万位同志，提倡一百万所学校，改造一百万个乡村。"③ 这些均为成立乡村教育同志会奠定了良好的基础。

---

① 《师范教育之新趋势》，载华中师范学院教育科学研究所主编：《陶行知全集》第1卷，湖南教育出版社1984年版，第167页。

② 《我们的信条》，载华中师范学院教育科学研究所主编：《陶行知全集》第1卷，第651页。

③ 《中华教育改进社改造全国乡村教育宣言书》，载华中师范学院教育科学研究所主编：《陶行知全集》第1卷，第646页。

1926年12月25日①，乡村教育研究会第二次会议在南京召开。陶行知邀请了乡村学校的教师代表参加会议，会议的中心议题就是发起并成立“乡村教育同志会”。陶行知在会上宣读了由他和赵叔愚共同起草的《中华教育改进社乡村教育同志会简章》，与会代表讨论后通过了这一简章。《简章》明确提出“以群策群力、共谋中国乡村教育之改造为宗旨”；会员资格为“实际在乡村学校服务者”，“学术实力足以研究或提倡乡村教育者”，“初中以上各级学校末二年学生预备毕业后从事乡村教育者”；会议正式确定以陶行知撰写的《我们的信条》为会员的行动纲领和指南；会员分三类：第一类会员的职责是依据《我们的信条》“进行本职本校本村之改造”，第二类会员的职责是“切实提倡研究乡村教育”，第三类会员的职责是“切实作服务乡村之准备”。② 会议决定创办《乡教丛讯》，作为乡村教育同志会的会刊，以扩大乡村教育的影响。乡村教育同志会设委员长一人，文牍一人，会计一人，庶务一人，编辑四人，执行委员九人。承担会务的处理工作。执行委员从会员中选举产生，任期为三年。每年改选三人，连选的连任。第一次执行委员任期一年、二年、三年各三人。执行委员会每月举行一次，遇到重要问题临时开会讨论。执行委员的主要职责是：“联合全国同志，力谋乡村教育之改造”，“编辑《乡村教育丛讯》以沟通各地乡村教育同志之声气”，“调制全会同志一览以资本会存查”，“答复会员质疑问难”等。每位会员每年应交纳会费大洋四角，《乡教丛讯》每期将邮寄给每位会员一份。

1927年1月1日，陶行知主编的乡村教育同志会刊《乡教丛讯》

① 以往所有关于陶行知的传记都笼统地将乡村教育研究会第二次会议的开会时间写为“12月中下旬”，未能找到其召开的确切时间。笔者在认真查阅《陶行知全集》所有文稿后，发现在第5卷《新使命——致丁兆麟》的信件中有这样的记载：“开原小学全体教员五人，拟于本月（1926年12月）廿三日来宁参观，嘱将本星期日之联合研究会改在二十五日举行。”由此可见，乡村教育研究会第二次会议的准确召开时间是1926年12月25日，而乡村教育同志会正是在此次会议上正式成立的。

② 《中华教育改进社乡村教育同志会简章》，载华中师范学院教育科学研究所主编：《陶行知全集》第3卷，湖南教育出版社1985年版，第677—678页。

正式创刊。该刊为半月刊，第一年出 24 期，每月 1 日和 16 日出刊。仅半年时间，乡村教育同志会会员就发展到上千人。该刊发表了一系列指导乡村教育的文章，如《中华教育改进社辅导乡村小学办法》、《中华教育改进社拟订全国乡村学校大比赛办法》、《中华教育改进社特约乡村学校办法》、《中华教育改进社试验乡村师范学校组织大纲》等。

陶行知发起成立的乡村教育同志会及创办的《乡教丛讯》，为后来创办晓庄乡村师范学校作好了组织、思想和舆论准备，可以说，它拉开了陶行知发动和领导的中国乡村教育的序幕。

五、创办中国普及教育助成会，发动普及教育运动

中国普及教育助成会成立于 1933 年 9 月 18 日。陶行知创立这个群众团体是为了达到在中国普及教育的目的，该团体以“工以养生，学以明生，团以保生”为宗旨，力求将工学团的经验推广到全国各地。会址设在上海威海卫路的“中社”。他拟定普及教育助成会简章及普及教育助成会组织大纲，提出“采取最经济、最迅速、最能持久、最能令人进步之方法，力谋普及大众与儿童向上生活所需要之教育，以助成中华民国与大同世界之创造”①。普及教育助成会的会务主要有调查生活教育需要、拟制教育方案、补助中心试验、编辑新创材料，培养专门人才、辅导普及工作，共六项。会员分三种。一是永久会员。凡提倡普及生活教育，一次交纳一千元以上会费者均可以成为永久会员。二是提倡会员。赞成助成会宗旨，热心普及生活教育，并年交纳会费一百元以上者，均可以入会。三是工作会员。凡赞成助成会宗旨，实际参加普及生活教育实践，并年缴纳会费一元以上者，可以入会。

中国普及教育助成会还成立了董事会。董事会由执行董事、省区董事、当然董事三类组成。董事会的职责有：制定会议章程、任免干

---

① 《普及教育助成会简章》，载华中师范学院教育科学研究所主编：《陶行知全集》第 3 卷，湖南教育出版社 1985 年版，第 737 页。

事长、核定计划、预算决算、职员任免、筹集经费、吸纳会员等。董事任期为三年，设有董事长、书记、司库。普及教育助成会的具体事务由干事长负责，为了工作便利还设立五个部：总务部、调查部、试验部、辅导部、编辑部。普及助成会每年召开一次会员大会，每月召开一次董事会。经费来源主要有会费、纪念金、特别捐、补助费、投资利息等多种形式。

中国普及教育助成会成立后，便开展各种普及教育活动。于1934年开始招聘十余名工读生，充当小先生，并在上海江湾、沪西、浦东、杨树浦等地设立工人夜校、识字班，成立了余日章小学、余日章第二小学，还成立了报童工学团、流浪儿童工学团等。普及教育助成会还制作普及教育车，并在各地推广，收到了良好效果。

中国普及教育助成会为陶行知后来实施工学团运动提供了组织保障和思想保障，它起到了有效的宣传、发动和推广作用。

六、成立国难教育社和生活教育社，开展战时教育运动

“九一八”事变后，日本帝国主义加紧对华侵略，中华民族处于危难之际，“一二·九”运动掀起了全国的抗日救国热潮。为了配合抗日宣传，陶行知发起成立了国难教育社，他和张劲夫、王洞若起草了《发起组织国难教育社缘起》。1936年2月23日国难教育社正式在上海成立，参加成立大会的有社会各界人士，不仅有教师、学生、工人、农民、店员、商人，还有科学家、艺术家、律师、记者、宗教界人士、出版界人士、文艺界人士等，会上陶行知被选为国难教育社理事长，张劲夫为总干事。陶行知在会上发表了宣言：

> 我们除了反抗敌人的侵略，没有法子可以获得民族解放；我们除了流血，不会获得民族自由。
>
> 国难教育，是民族解放斗争中最重要的工作，这决不是少数人能够担负起来的。
>
> 国难教育社是我们行动的指导机关，是我们行动的设计机

关，我们不但要积极地拥护它，并且要诚意接受它的指导，执行它的设计。同时我们不要忘记：只有有组织的力量，才是真的战斗的力量，只有集体的行动，才是真的战斗的行动。①

宣言还大声疾呼："警钟响了！危机迫在眼前了！从今日起，我们应该总动员，奋勇地执行国难教育的工作，坚决地担负起国难教育的工作，争取中华民族的解放和自由。"②

陶行知与王洞若、张劲夫、丁华等人共同起草了《国难教育社简章》，规定了该社的宗旨是："谋推进大众文化，实施国难教育，以启发中国大众争取中华民族之自由平等，保卫中华民国领土与主权之完整。"③ 国难教育社总社设在上海，全国各地均设立分社，总社下设总务、组织、指导、编辑、宣传五个部。国难教育社领导各地分社主要开展如下工作：开办大众学校、读书会、时事研究会；开办新文字补习班；开办国难教育讲习班；举办军事、防毒救护、运用交通工具等常识技术讲习班；举办国难演讲、旅行演讲；组织巡回电影开映团、巡回演讲团、巡回唱歌团、巡回戏剧团、弄堂流通图书馆、马路流通图书馆、乡村流通图书馆；出版大众社会小丛书、大众自然小丛书、大众剧本、大众诗歌、大众小说、大众唱本、大众说书、大众连环画；出版大众国难读本、各级学校国难补充教材；调查各地国难教育之设施，及敌人文化侵略之实况；指导分社及社员团；介绍前进书报。④

此后，陶行知就投身到了国难教育、战时教育运动之中，将他的生活教育运动推向了一个新的阶段。"七七"事变后，日本帝国主义加紧侵略，许多城市相继沦陷。在这国难当头的危急时刻，陶行知为了进一步推进国难教育、战时教育和全面教育，于 1938 年 12 月 15

---

①② 《国难教育社成立宣言》，载华中师范学院教育科学研究所主编：《陶行知全集》第 3 卷，湖南教育出版社 1985 年版，第 754—755、755 页。

③ 《国难教育社简章》，载华中师范学院教育科学研究所主编：《陶行知全集》第 3 卷，第 757 页。

④ 《国难教育社工作大纲》，载华中师范学院教育科学研究所主编：《陶行知全集》第 3 卷，第 760 页。

日在广西桂林召集两千多人的群众集会，正式成立了生活教育社。陶行知亲自主持成立大会，并发表讲话。他在会上号召生活教育社的同志承担四种任务：一是力求自己长进，把自己的团体变成抗战建国的真正力量；二是影响整个教育界共同进步；三是普及抗战建国的生活教育运动；四是普及反侵略的生活教育运动。他号召大家："凡是有群众的地方，都是进行教育的地方。"① 白崇禧、郭沫若、邱昌渭等人出席了成立大会，并在会上讲话。大会选举陶行知为生活教育社理事长，理事会由陶行知、李任仁、邵力子、黄炎培、汪达之、刘季平、戴伯韬、吴新稼、沈钧儒、顾颉刚、雷宾南、杨东莼、田汉、王洞若、尚仲衣、周月宾、陆璀、张劲夫、方与严、林砺儒、徐特立、俞庆棠、孙铭勋等组成，生活教育社的成员中有不少是我党地下工作者。理事会每三个月举行一次，理事会下设总务、组织、编辑、服务、调查设计等四个部和一个专门委员会。分别由刘季平、戴伯韬、王洞若、杨东莼担任各部的常务干事。监事会负责考核理事会、常务干事会的工作，检查社员言论与不端正行动，审查本社经济出纳事项等。不久，戴伯韬负责的四川分社、潘一尘负责的浙江分社、张劲夫发起的安徽分社、张宗麟发起的上海分社、吴涵真负责的香港分社、徐谷荪负责的西北分社、曾木已负责的鄂西分社、楼南高负责的山西分社、戴自俺负责的贵州分社、刘琼负责的福州分社、台和中负责的甘肃分社等相继成立，② 正式社员有 2 400 多人。生活教育社成为拥有广泛群众基础的教育团体。

生活教育社是一个民间教育团体，"是一个教育界的大家庭。它是教育思想者的团体，又是教育运动者之团体，又是教育工作者之团体，又是培养教师的团体，又是一般人学习生活和知能的团体，又是一个共同生活体"③。生活教育社成立后，开展的主要活动有：编辑

---

① 魏华龄：《生活教育社桂林纪事》，载北京陶行知教育思想研究会编：《陶行知研究》，湖南教育出版社 1987 年版，第 282 页。

② 童富勇、胡国枢编著：《陶行知传》，教育科学出版社 1991 年版，第 389 页。

③ 《告生活教育社同志书》，载华中师范学院教育科学研究所主编：《陶行知全集》第 3 卷，湖南教育出版社 1985 年版，第 342 页。

《战时教育》和《生活教育通讯》，进行桂林岩洞教育，成立儿童工学团，开展成人教育和儿童教育，创办特殊教育机构等。其中一项重要活动就是推行山洞教育。因为桂林有上百个岩溶洞，当地民众将之作为天然的防空洞，陶行知就利用这些山洞来进行教学。他动员了上万名知识分子来当教师，规定一个山洞为一所学校，推行普及教育。还通过实行“小先生制”，来进行战时教育。并以在桂林的新安旅行团和孩子剧团为依托，组织两个团的孩子为伤员和难民服务。

1939年春，生活教育社相继邀请了徐特立作了中国农民运动和解放区教育工作问题报告，范长江作了国内外形势报告，叶剑英作了《积小胜为大胜》的演讲，受到了群众的热烈欢迎。同年4月，创办了《工作与学习》杂志，由刘季平任主编。6月，《西南儿童》正式创刊，由陆静山任主编。该刊是针对中国儿童而创办的，办刊的宗旨为：全中国的小朋友团结起来，互相通讯、互相学习、互相帮助。打倒日本鬼子，创造新中国；打倒法西斯，创造新世界。刊物设有国内新闻、战时常识、儿童创作、儿童通讯、儿童言论、儿童歌曲、国画故事、儿童文学等栏目。1943年8月25日，该刊被国民党当局查封。同时，生活教育社还在桂林七星岩设立岩洞教育民众书报阅览处，为广大民众提供阅读服务。还先后举办过“中国儿童运动问题”座谈会，时事讨论会，“战时教育之总检讨”、“宪政运动与国民教育”问题研讨会等活动。陶行知领导的生活教育社，以生活教育理论作指导，大力倡导实行岩洞教育和“小先生制”，实实在在地推动了战时教育和全面教育的发展。正如当时《解放日报》社论所评价的那样：“生活教育社所提倡的生活教育与小先生制，是实际的，同时又是革命的。因为它是实际的、与生活打成一片的。”① 延安新教育学会也高度评价陶行知创办的生活教育社及其生活教育理论：“这不仅是对摧毁中国传统教育起了很大的革命作用，同时也是为中国新教育树立

① 《生活教育社十五周年》，载《解放日报》1942年3月15日。

了一块基石。”①

1939 年 4 月 15 日，生活教育社重庆办事处成立，陶行知制订了活动计划：成立晓庄研究所，研究难民教育、华侨教育、伤兵教育等实际问题，筹备成立育才学校，成立重庆夏令共学会等。1940 年 3 月 15 日，生活教育社召开生活教育运动 13 周年纪念会，陶行知在会上发表了《生活教育运动十三周年纪念告同志书》，总结了 1938 年至 1940 年初生活教育社所开展的主要工作，包括成立晓庄研究所、创办育才学校、新安旅行团的伤兵难民教育、各省的战时教育情况等。1940 年 6 月，生活教育社社员魏东明和戴伯韬成立了生活教育社延安分社。延安分社在边区政府的领导下，开展了一系列生活教育运动。

七、主持民盟中央教育委员会，推动民主教育运动

民盟是中国民主同盟的简称，其前身是中国民主政团同盟，于 1941 年 3 月 19 日在重庆秘密成立，是由黄炎培、梁漱溟、章伯钧、左舜生、张君劢等人发起成立的。“皖南事变”后，国共合作遭到破坏，抗日民族统一战线面临危机。一些主张抗日的民主人士，迫切希望两党能够联合起来，团结抗日，争取最后的胜利，以实现中华民族的解放。在这种背景下，以统一建国同志会为基础，中华职业教育社、乡村建设协会、中国青年党、国家社会党、中华民族解放行动委员会的成员及其他人士，联合成立了中国民主政团同盟，公推黄炎培为中央委员会主席。1941 年 10 月 10 日，在香港的民盟机关报《光明报》发表《中国民主政团同盟成立宣言》和《中国民主政团同盟对时局主张纲领》。1942 年，沈钧儒、陶行知等为领袖的救国联合会加入，中国民主政团同盟遂成为集合“三党三派”的民主党派。中国民主政团同盟最初的政治主张是“贯彻抗日主张，实践民主精神，加强国内团结”。1944 年 9 月 19 日，中国民主政团同盟在重庆召开全国

① 《延安新教育学会致函陶行知先生庆祝生活教育社十五周年》，载《解放日报》1942 年 3 月 15 日。

代表会议，将名称改为“中国民主同盟”。10 月发表《对抗战最后阶段的政治主张》，响应中国共产党提出的建立民主联合政府的号召。1945 年 9 月 1 日，民盟在重庆市设立支部，陶行知被推选为支部委员兼宣传部长。

1945 年 10 月 1—12 日，中国民主同盟在重庆召开临时全国代表大会（第一次全国代表大会），大会通过了《政治报告》、《临时全国代表大会宣言》、《中国民主同盟纲领》、《中国民主同盟组织规程》。会议产生了第一届中央委员会，增选陶行知等 33 人为中央委员，还选出由陶行知等 18 人组成的中央常委会，推举陶行知为民盟中央教育委员会主任委员，负责发展民主教育事业。

陶行知担任民盟教育委员会主任委员之后，因为抗战已胜利，根据形势的需要，于 1945 年 11 月 1 日他将《战时教育》更名为《民主教育》。他在创刊号上发表《民主教育》一文，首先对“民主教育”作了含义上的界定：“民主教育是教人做主人，做自己的主人，做国家的主人，做世界的主人。……民主教育是民有、民治、民享之教育。说得通俗些：民主教育是人民的教育，人民办的教育，为人民自己的幸福而办的教育。”① 民主教育的核心是围绕人民的利益，为人民办教育，教人民争取民主权利，实施民主的教育理念。陶行知还阐释了“民主教育”的具体内涵：教育为公以达到天下为公；教人民肃清法西斯细菌，以实现真正的民主；启发觉悟性，教人民进行自觉的学习；培养创造力，以实现创造的民主和民主的创造；各尽所能，各学所需，各教所知，使大家各得其所；在民主的生活中学习民主，在争取民主的生活中学习争取民主；尽量采用简笔汉字、拉丁字母，双管齐下，以减少识字困难；充分运用无线电及其他近代交通工具，以缩短距离，使边远地方之人民小孩，可以加速地享受教育；民主教育应该是整个生活的教育，应该工以养生，学以明生，团以保生；承认

① 《民主教育》，载华中师范学院教育科学研究所主编：《陶行知全集》第 3 卷，湖南教育出版社 1985 年版，第 569 页。

中国是从农业文明开始过渡到工业文明，经济上极端贫穷。① 他后来又撰文《民主教育之普及》，强调："民主教育一方面是教人争取民主，一方面是教人发展民主。……民主教育的任务是配合整个国家之创造计划，教人依着民主的原则，发挥各人及集体的创造力，以为全民造幸福。"②

为了进一步落实民主教育理念，深入开展民主教育实践活动，陶行知与李公朴于 1946 年 1 月 15 日创办社会大学，目的是实现民主教育。陶行知担任校长，他在《社会大学运动》中讲道：社会大学之道"在明民德，在亲民，在止于人民之幸福"③。也就是说，社会大学之道，要明白人民的大德，要亲近老百姓，要为人民谋幸福。社会大学分为夜大学、函授大学、新闻大学、旅行大学、广播大学等五部分，全校分经济、文学、新闻、教育、民间艺术五系，办学宗旨是"为人民服务"④。学校管理采用民主自治的制度，每四个月为一个学期，每天四节课，每年三个学期，两年零八个月即可毕业。创办社会大学是由民主人士创办的学校，是追求民主的大学，是实行民主管理的大学，是教育人民的大学。创办社会大学，是陶行知实施民主教育的重要实践活动。

第三节　政治活动

正如沈钧儒所说："陶行知是一个彻底的爱国者和一个彻底实行

① 《民主教育》，载华中师范学院教育科学研究所主编：《陶行知全集》第 3 卷，湖南教育出版社 1985 年版，第 569—570 页。

② 《民主教育之普及》，载华中师范学院教育科学研究所主编：《陶行知全集》第 3 卷，第 571 页。

③ 《社会大学运动》，载华中师范学院教育科学研究所主编：《陶行知全集》第 3 卷，第 586 页。

④ 《社会大学的创办》，载华中师范学院教育科学研究所主编：《陶行知全集》第 3 卷，第 590 页。

的救国者。"① 为了挽救中华民族的命运，陶行知始终以极大的政治热情，积极参与中国近现代史上历次拯救中国命运的政治活动，为祖国的前途和人民的解放而奔走呼号，不遗余力，为推动中华民族的解放事业作出了卓越贡献。

一、参加辛亥革命地方起义

1911 年秋，陶行知升入金陵大学文学系学习。1911 年 10 月 10 日，武昌起义爆发，全国各地纷纷响应，江苏全省掀起革命的浪潮。在武昌起义后的二十多天时间，苏州、镇江、无锡等地宣告光复，南京成为孤城一座，岌岌可危。夺取南京，对于革命军来说，意义非凡，不仅可以有效遏制清兵对武昌的反扑，还可以形成长江沿线与武汉遥相呼应的两个革命重镇。当时，驻守南京的清兵分为新军九镇和旧军江防营两部分，前者是倾向革命的部队，他们受到武昌新军起义的感召，革命热情高潮，并于 11 月 7 日举起了义旗，向南京发动进攻，结果因弹药缺乏而失利。同盟会上海支部立即通电全国，要求调集各省兵力来增援，顿时，光复的各省均派兵力火速增援南京，大战在即。

此时，金陵大学为了避免战争影响到师生的正常教学，决定停课放假，让学生各自回家。陶行知与安徽籍的同学一同回到家乡，投身到这场革命的洪流之中。据陶行知的同乡朋友程管侯后来回忆说："1911 年……辛亥，参加余德民、陶行知、汪章瑞、程则裴等在屯溪阳湖余家庄起义，清县知事先期出走，休宁富户地主代表汪觉生等拥夏慎大取得县政权。"② 他自己也曾于 1916 年在为申请利文斯顿奖学金致哥伦比亚大学师范学院罗素院长的信中写道："我考入金陵大学，令人高兴的是，在金大对于基督徒学生和非基督徒学生均一视同仁。

① 沈钧儒：《一切着眼于救国》，载《纪念陶行知先生文选》，江苏省教育学会 1981 年编印，第 33 页。

② 叶椿遐、殷松年、汪麦浪、徐耀斌：《陶行知参加辛亥革命地方起义初证》，载《徽州实验区》1988 年第 1 期。

三年后，第一次革命爆发了，我回徽州，任县议会的秘书。干了半年后，又返校继续完成学业。”① 正是在民主革命思想的影响下，陶行知的思想进步很快，他开始关心政治和国内形势，参与组织学生团体，积极投身社会实践，通过演讲和募捐等活动来支持民主革命。

1912 年 5 月，为了帮助解决革命党人黄兴领导的南京留守机构的财政困难，陶行知亲赴苏州的东吴大学，发动该校学生到南京联合召开运动会，售出的门票收入用作“国民捐”。② 这说明当时陶行知已经具有了较高的政治素养和追求民主的炽热情怀。为了给新型民主共和国家的建立提供理论依据，他在金陵大学期间就钻研于民主共和理论，他撰写的大学毕业论文是《共和精义》。在欧美民主共和理论和孙中山三民主义学说的指导下，他认为：“自由、平等、民胞，共和之三大信条也。共和之精神在是，共和之根本在是。”在他看来，共和对个人与社会均具有重要意义：“重视个人之价值”，“唤醒个人之责任”，“予个人以平等机会”；“共和政治图谋国民全体之福利”，“重视共和目的、共同责任”，“能得最良之领袖”，还论述了共和与教育、共和与文化、共和与交通、共和与秩序等关系。③

二、领导南京五四爱国运动

1919 年 5 月 4 日，北京爆发五四爱国学生运动。这一消息传到南京后，南京高师的学生立即通过游行和散发传单等方式来响应。5 月 9 日，南京各界 6 000 多人聚集在小营演武厅召开国耻纪念大会。陶行知、刘伯明、钟叔进等人发表演说，阐明国耻历史，表达誓雪国耻的决心，痛斥卖国贼和日本帝国主义，呼吁拒绝在巴黎和约上签字，取消“二十一条”。陶行知在演讲中讲道：

---

① 《我的简历及志向》，载华中师范大学教育科学研究所主编：《陶行知全集》第 8 卷，湖南教育出版社 1992 年版，第 727 页。

② 《陶行知年表》，载华中师范学院教育科学研究所主编：《陶行知全集》第 1 卷，湖南教育出版社 1984 年版，第 673 页。

③ 《共和精义》，载华中师范学院教育科学研究所主编：《陶行知全集》第 1 卷，第 43—53 页。

> 今日为国耻纪念，吾人视之应哭。然哭亦徒然无益于事，惟愿国人对于此种国耻纪念应有如何之决心，以希达到消除此种国耻之日，庶乎可尽人民为国之目的。否则，徒然有此国耻纪念，以表示其意思而无消除之望，又何心有此纪念?！然希冀消除此耻，其应当进行事件有六，吾人当勉为之：（一）必求达到归还青岛之目的；（二）不承认卖国贼所订各种密约；（三）保全我最高级之北京大学；（四）释放我代表真正民意之学生；（五）扩张教育，增进人民智识；（六）振兴实业，重持全国金融。希望国人勿贪财色名利而自堕其人格，要有真正之决心继续进行，终必达到消除此九日国耻之目的。①

听了演说后，有的学生当场咬破手指，沥血疾书“还我山东”四个大字。会后，举行游行示威活动，并散发大量传单。第二天，陶行知等人前去英美领事馆，表明了中国人民反对巴黎和约，要求归还青岛的立场。5 月 13 日，南京 20 多所中等以上学校各选 4 人参加南京学界联合会成立大会。大会以“提倡服务社会，发挥爱国精神”为宗旨，通过了大会章程，选举陶行知为会长。南京学界联合会成立后，便开始组织学生散发传单，开展露天演讲，社会影响很大，以至下关扛驳转运公司拒绝装卸日货，南京总商会坚决抵制日货。② 5 月 20 日，政府当局和校方阻止学生继续进行反帝爱国运动，身为南京高师教务主任的陶行知，不畏惧政府的压力，不听校方的劝阻，仍以学界联合会会长的名义，继续组织学生开展爱国学生运动。由于当时南京高师校长郭秉文在美国考察，学校事务由陶行知与学监主任陈容共同主持，陶行知坚决支持学生运动，而陈容却阻挠学生参加游行和罢课，与陶行知争执，羞愤辞职。南京各校学生因陈容的顽固立场而脱离学界联合会，独立组成学生联合会。6 月 2 日，南京学生联合会成立，陶行知被聘为顾问。11 月 7 日，在全国各界联合会筹备会的推

① 《南京国耻纪念会演说大旨》，载华中师范大学教育科学研究所主编：《陶行知全集》第 8 卷，湖南教育出版社 1992 年版，第 65 页。

② 朱泽甫编著：《陶行知年谱》，安徽教育出版社 1985 年版，第 20 页。

动下，由南京学生联合会发起的南京各界联合会筹备会成立，陶行知以欧美同学会代表的身份被选为会长。12 月 8 日，南京社会各界上万人集会抗议福州惨案，陶行知又被推为大会副主席，复被公推代表教育界与另一商界代表向苏省军民两长请愿，抗议日军枪杀福州学生的暴行。1921 年 6 月 2 日，安徽学界又发起了一场反对军阀独裁、争取教育经费独立的运动，遭到军阀镇压，伤 50 余人，有 2 名中学生死亡，造成震惊全国的“六二惨案”。当时陶行知正在安庆讲学，他不顾军阀的枪林弹雨，挺身而出，撰写文章肯定学生的正义行为，并帮助学生转学。在他的帮助下，有不少学生转到了南京上学。

三、支持晓庄师生反帝爱国运动

1927 年 3 月 15 日，新型的晓庄师范诞生于北伐战争的炮火声中，学校成立伊始，师生就组建了红十字救护队，并在多处设立妇孺收容所，特别是燕子矶小学设立的妇孺收容所，收集了 200 多名难民，他们遵照陶行知“严格训练”、“认真救人”① 的要求，起到了救护在战争中受伤的士兵和民众的作用。3 月 24 日，北伐军进入南京城，晓庄师范的师生与市民一道上街欢迎北伐军。正当全市人民沉浸在北伐军取得胜利的喜悦之际，聚集于长江口的英、美、日、法、意等帝国主义国家的舰队借口“保护侨民”，疯狂炮轰南京，打死打伤中国士兵和居民两千多人，制造了震惊中外的“南京惨案”。中国人民没有被帝国主义的血腥屠杀所吓倒，陶行知领导下的晓庄师范学生参加了江苏省学生联合会和全国学生联合会，他们纷纷上街宣传革命道理，在街头巷尾人员聚集的地方进行讲演，散发传单，控诉帝国主义的反动罪行，揭露军阀的卖国行径。他们还协助附近的农民成立农民协会，开展反对土豪劣绅的斗争。晓庄师范的学生还配合北伐军调查土豪缪子欣收购粮食接济军阀的通敌行为，扣留了停泊在燕子矶江边资敌的两条运粮草船只，并将这些通敌的土豪抓起来，在群众大会

① 《十三位门徒——致母亲、汪纯宜等》，载华中师范学院教育科学研究所主编：《陶行知全集》第 5 卷，湖南教育出版社 1985 年版，第 173 页。

上公审，学生们给他们戴上高帽，游街示众，学生们沿途高呼“打倒土豪劣绅”、“打倒列强”、“打倒军阀”等革命口号。① 在晓庄师生的带动下，南京北郊的农民运动也轰轰烈烈地开展了起来，有力地打击了封建主义与帝国主义的嚣张气焰，弘扬了革命人民的正气。这些充分说明陶行知是始终站在人民立场上的，他不仅毕生追求人民的教育事业，而且一直支持进步的民族解放事业。因此，他创办和领导的晓庄师范学校，不仅是乡村师范教育的典范，也是爱国民主教育的楷模。

四、响应“八一宣言”，发表“共同声明”

当日本帝国主义占领东北，进一步加紧侵华步伐，华北告急之时，中国共产党参加了 1935 年 7 月在莫斯科召开的共产国际第七次代表大会。大会号召建立国际反法西斯同盟，要求国共合作，共同抗日，建立抗日民族统一战线。1935 年 8 月 1 日，中国共产党驻共产国际代表团以中国共产党中央委员会的名义，发表了《为抗日救国告全体同胞书》（又称“八一宣言”）。宣言呼吁和号召各党派、各界同胞、各军队停止内战，以便集中一切国力去为抗日救国的神圣事业而奋斗；组织全中国统一的国防政府和全中国统一的抗日联军；实行全体同胞总动员，以战胜日本帝国主义。② 这一宣言，在国内产生了很大影响，受到广大人民的普遍欢迎。11 月 28 日，中华苏维埃中央政府和中国工农红军革命委员会发表了《抗日救国宣言》，提出了具体的抗日救国十大纲领。在中国共产党的领导下，12 月 9 日，北平五六千大中学生举行了反日救国示威游行，高呼着“打倒日本帝国主义”、“停止内战，一致抗日”等口号，遭到反动军警的镇压。这就是“一二·九”爱国学生运动。毛泽东又于 12 月 27 日在陕北召开的党的活动分子会议上作了《论反对日本帝国主义的策略》重要讲话，号

① 戴伯韬著：《陶行知的生平及其学说》，香港新中国书局 1949 年版，第 11 页。

② 王桧林主编：《中国现代史》上册，北京师范大学出版社 1985 年版，第 405 页。

召放手大胆地团结一切可以团结的力量，尤其是那些有影响的社会知名人士，建立最广泛的抗日民族统一战线。

正是在中国共产党倡导建立的抗日救国统一战线的正确指引下，陶行知等一批进步知识分子进一步密切了与共产党的关系，积极走上了抗日救国的道路，并呼吁全国人民团结起来一致对外。为此，1935年12月12日，陶行知与沈钧儒、马相伯、邹韬奋、章乃器、李公朴、周建人、郑振铎等280多名文化教育界著名人士，联合发表了《上海文化界救国会宣言》（又称“共同声明”）。陶行知是这一共同声明的主要发起和组织者。沈钧儒回忆说：“陶先生是当时奔走呼号极其努力的一人。”① 宣言积极响应中国共产党的号召，提出“停止内战，一致抗日，维护领土主权完整”② 等抗日救国主张。宣言高度评价“一二·九”学生运动，倡议全国人民早日奋起，争取民族解放，保卫中华民族的主权与领土完整；要求立即出兵讨伐冀东及东北叛变组织，严惩一切卖国贼，集中全国人力、物力、兵力抵抗日本帝国主义的侵略；还倡导保障人民结社、集会、言论、出版等自由。该联合声明的发表，引起了全社会的关注，具有很大反响。12月27日，上海文化界人士成立了上海文化界救国会，陶行知当选为执行委员兼教育委员会主任，具体负责主持与发动教育界的救亡运动。会后，又发表了《上海文化界救国会第二次宣言》，再次呼吁建立全国文化救亡统一战线，反对文化统治，停止内战，坚决抗日。后来不久，陶行知又于1936年2月初写了《战斗》一文，痛斥当时国民党政权的不抵抗政策，批判那些政府官员：“明哲保身！听天由命！等待五十年！三天亡中国！不抵抗主义！”③ 指出：“中华民族已到存亡关头，凡是受麻醉而不战斗，或迷恋在私斗里的人，都要被历史的巨浪所淘汰，留下真正的斗士用他们的热汗和鲜血把新的历史一页一页

① 沈钧儒口述，方与严整理：《一切着眼于救国》，载江苏省陶行知教育思想研究会编：《纪念陶行知》，湖南教育出版社1984年版，第149页。

② 《上海文化界救国会宣言》，载《生活教育》第2卷第22期，1935年12月。

③ 《战斗》，载华中师范学院教育科学研究所主编：《陶行知全集》第3卷，湖南教育出版社1985年版，第12页。

的写成。”他大声疾呼：“要大众组织起来担负救国的责任，才是真正的救国。……用我们的汗和血继续的写这部伟大而光荣的新历史。”①

五、从事国民外交，争取抗战外援

1936年7月11日，陶行知应邀参加在英国伦敦召开的国际新教育第七次代表大会。会议的中心议题是“一个新教育者如何用教育的工具去改变现实，创造新世界向前发展的条件”，应邀参会的代表来自五十多个国家。会后，陶行知以各界救国会国民外交使节的身份，出访英国、瑞士、比利时、法国、德国、意大利、土耳其、美国等，考察这些国家的文化教育状况，大力宣传中国的抗日救国主张，争取各国对中国人民抗战的支持和援助。7月10日，从香港启程，14日到达新加坡，应邀作了题为《新中国与新教育》的报告。26日离开新加坡到达马来西亚和印度，了解了当地人民的生活疾苦，他在印度时赋诗《印度的高利贷》：“没得吃，要借债；没得穿，要借债；嫁女儿，要借债；印度农人一身都是债。”② 表现出对国外贫苦大众的同情心。8月7日，到达伦敦参加第七届新教育会议，陶行知和留美同学张彭春参加了会议，陶行知在会上作了《中国救亡运动与小先生普及大众教育运动实践情况的报告》，受到与会代表的关注，各国代表对陶行知所介绍的“小先生制”、“教学做合一”、“工学团”等理论与实践表示关注，特别是印度、加拿大、墨西哥等国的代表尤为感兴趣，代表们打算回去也照样试试。③

1936年8月31日，陶行知又应邀与全国学联代表出席了在瑞士日内瓦召开的有35个国家参加的世界青年和平大会，在会议期间他通过各种努力，取得了美国、英国、苏联、西班牙等国青年领袖在中国青年抗日意见书上签名的支持，让世界各国青年了解中国的抗战，

---

① 《战斗》，载华中师范学院教育科学研究所主编：《陶行知全集》第3卷，湖南教育出版社1985年版，第14页。

② 《印度高利贷》，载华中师范学院教育科学研究所主编：《陶行知全集》第4卷，湖南教育出版社1985年版，第393页。

③ 戴伯韬著：《陶行知的生平及其学说》，香港新中国书局1949年版，第98页。

陶行知（左三）出席世界和平大会期间与巴黎学生自治会代表合影

支持中国的正义战争。9月2日，他又赶赴比利时首都布鲁塞尔参加另一个国际性会议——世界和平大会。出席此次会议的还有钱俊瑞、陈友松、陈铭枢、胡秋原等人，陶行知被大会选举为主席团成员。大会结束时，他又被选为世界和平大会中国执行委员，并代表中国代表团起草了《致国际和平会议主席书》：

为使国际和平会议在远东更有效的发展，以及使这个运动在远东与西方有密切的联系，我们参与比京会议的中国代表诚恳的请求国际和平大会的常务会议尽速派遣代表到中国去，以资常务委员会与中国委员会有以联系。

我们深信大会此举对世界和平与正义的运动大有裨益，而为中国人民所欢迎。①

大会接受了陶行知等人递交的建议书。年底，在宋庆龄的主持下在上海召开了远东反侵略大会，旨在赢得国际友人对中国抗日战争的

① 《出访二十六国日志》，载华中师范学院教育科学研究所主编：《陶行知全集》第3卷，湖南教育出版社1985年版，第170—171页。

支持。

1936年9月20日，陶行知又出席了在法国巴黎召开的全欧华侨抗日救国大会，参会的有来自英国、法国、德国、瑞士、荷兰等国的代表共四百多人，其他国家的侨胞纷纷来函祝贺，陶行知在会上发表了《〈团结御侮的几个基本条件与最低要求〉之再度说明》的演讲，他演讲所突出的主题是，团结御侮是中华民族当前神圣的任务，还即席吟诗《中华民族大团结》，倡导“停止内战”，反对“包办救国”，主张“大众一起联起来，才能创造新中国”，“救国第一是抵抗，抵抗就须大家干”，“作战和团结的中心是打倒日本帝国主义”。① 10月30日，他与陆璀在离英赴美之前，去伦敦市郊瞻仰马克思墓，敬献花圈，摄影留念，还赋诗《瞻仰马克思墓》。这是他三次瞻仰马克思墓的首次②，充分体现出他对马克思的敬仰与推崇。

1936年11月9日，他从英国抵达美国纽约，从此开始了在美国的国民外交和抗战宣传。他首先来到母校——哥伦比亚大学，先后拜访了克伯屈、杜威、孟禄、中国人民美国之友协会、女青年会国际研究所、世界电讯社、红十字男职员俱乐部、国际扶轮社、美国作家协会、波特兰图书馆协会及外国教士会。他想通过广泛接触一些友人和团体，一方面了解美国各界对中国抗战的态度，另一方面有针对性地开展抗日救国宣传，以便争得国际援助。经过陶行知的努力，越来越多的美国人对中国抗战的态度，由漠视到关注再到帮助。1937年8月27日至9月25日，陶行知在墨西哥进行抗日救国宣传，受到墨西哥总统的接见。他希望各国停止向法西斯国家出售军火，不许法西斯国家使用各国的港口，“请以与共同的敌人作战为我们友谊的开始”③。结束对墨西哥的访问后，于9月底又回到美国，在港口码头

① 《〈团结御侮的几个基本条件与最低要求〉之再度说明》，载《救国日报》1936年10月5日。

② 1938年2月，陶行知与吴玉章一起第二次瞻仰；1938年6月，他又与留美学生李信慧一起第三次瞻仰马克思墓。

③ 《出访二十六国日志》，载华中师范学院教育科学研究所主编：《陶行知全集》第3卷，湖南教育出版社1985年版，第179页。

工人中进行抗日宣传活动，倡导禁止为日本人搬运军需物资。11 月 17 日，他与留美学生共同成立了中华经济研究社，专门研究美日经济关系，并向美国人民宣传抗日救国主张。11 月 19 日，他在加拿大国会及维多利亚剧院集会上，他作了《和平与民主》的演讲，呼吁民主国家团结起来，共同反对侵略者。1938 年春再度赴欧洲各国，先后到英国、爱尔兰、荷兰、法国、比利时等国，在侨胞中广泛地进行了抗日爱国宣传讲演。之后，他再次去美国和加拿大，进行宣传和募捐活动。1938 年 8 月 30 日，陶行知结束了两年一个月的海外抗日宣传活动，回到香港。在这两年当中，陶行知先后访问了 26 个国家。

正因为陶行知每到一个国家都要利用各种场合，通过广泛外交，不辞艰辛，尽可能与社会各个阶层的人士接触，并巧妙利用各种集会去进行演说，大力宣传中国抗日救国的形势和需求，使得欧美各国人民对中国的抗战情况有了深入了解和理解，并且争取到这些国家人民和团体的可贵支持与帮助。可以说，陶行知的国民外交，有力支援了国内的抗日救国运动，为促进中国的民族解放事业作出了不可磨灭的贡献。

六、反内战、反独裁，争取和平民主

郑振铎曾讲过：陶行知“是一位不屈不挠的民主斗士，许多年来为民主运动而争斗着，从来没有放松过一下，休息过一刻”①。的确，陶行知为了中国的民主进步事业作了不懈的努力，尤其是抗战胜利后，面对国民党政权发动内战，实行一党专政、独裁统治，他挺身而出，努力争取和平民主。1945 年，蒋介石撕毁“双十协定”后，激起了全国各界人士的极大愤慨。当年 11 月，陶行知与沈钧儒等民主人士共同发起成立“反内战联合会”，他在成立大会上还朗诵了自己的诗歌《立刻停止内战》：“哥哥放了一枪，弟弟回敬一弹……立刻停止放枪，双方各回原防；听候主人查明，万事和平商量。谁再放第一

---

① 郑振铎：《敢说敢做的大教育家》，载《纪念陶行知先生文选》，江苏省教育学会 1981 年编印，第 57 页。

枪，便是内战罪犯。还要实行民主，团结才有保障。”① 这首诗反映了他和大众期望和平与民主的心声。

1945年12月1日，昆明大中学校师生进行反内战运动，国民党政权派军队镇压师生，西南联大等校的四名师生惨遭杀害，制造了轰动全国的“一二·一”惨案。12月7日，陶行知为死难者作了悼诗《昆明因反内战被杀于再先生及荀极中潘琰李鲁连同学千古》：

是谁杀中国人？是中国自己的“好汉”。
是那儿来的枪？是从友邦来的枪。
是那儿来的子弹？是从同盟国来的子弹。
让我们的同胞知道，一齐起来制止这悲惨的内战。②

以此谴责国民党政权意欲发动内战、践踏民主的反动行为。12月9日，重庆各界进步人士举行“陪都公祭‘一二·一’死难烈士大会”。在育才办事处的晨会上，他慷慨激昂地向师生讲话，控诉国民党反动派的罪行。他讲道：“今天是陪都公祭‘一二·一’昆明死难烈士的日子！我要去参加祭礼。我已于昨日晚把我的破布烂棉花的诗稿整理好……我是可以交代了，无顾虑地去参加祭礼了。参加是危险的，但有正义感、爱国热忱的人都应该去参加。我是校长，不能强迫大家去，希望大家慎重考虑后决定。”③ 会后，他马上写好了祭文、挽诗，便临危不惧、视死如归地走向了公祭会场。在他的带动下，育才办事处的师生都紧跟他去参加公祭大会。同时，他还给妻子吴树琴写好了遗书：

我现在拿着昨晚编好的诗歌全集，去交给冯亦代先生出版，然后再到长安寺去祭昆明反内战被害烈士，也许我们不能再见面。这样的去，是不会痛苦，望你不要悲伤。你有决心，有虚

① 《立刻停止内战》，载华中师范学院教育科学研究所主编：《陶行知全集》第4卷，湖南教育出版社1985年版，第665—666页。

② 《昆明因反内战被杀于再先生及荀极中潘琰李鲁连同学千古》，载华中师范学院教育科学研究所主编：《陶行知全集》第4卷，第675—676页。

③ 吴树琴：《尽瘁民主事业直到最后一息》，载安徽省陶行知教育思想研究会编：《陶行知一生》，湖南教育出版社1984年版，第19页。

> 心，有热心，望你参加普及教育运动，完成四万万五千万人之启蒙大事，以奠定天下为公之基础，再给我一个报告。再见。①

1946 年 1 月政协开会期间，陶行知和李公朴在沧白堂举行讲座，宣传民主与和平主张。2 月 1 日，国民党特务公然向讲台扔石头，打伤讲演者和听众多人。陶行知组织育才学校和社会大学的师生保护中共代表王若飞和其他民主人士。2 月 10 日，陪都重庆社会各界人士数万人，在较场口召开庆祝政协会议成功大会，反动军警、特务殴打李公朴、郭沫若、马寅初及群众 60 多人，制造了震动中外的“较场口血案”。当时，陶行知是大会主席团成员，他率育才学校和社会大学学生参加会议，特务反诬陶行知带领学生捣乱会场秩序。法院传讯陶行知，他不屈不挠，聘请史良为育才学校法律顾问，向法院提起“追诉”，进行了有力的反驳。之后，尽管反动派更加嚣张，但陶行知毫不顾及恐吓和危险，一如既往地领导育才学校和社会大学师生继续为和平和民主作不懈的努力。

正是因为他坚定地反内战、反独裁，倡导和平与民主，因而被列入国民党政权打击的“黑名单”，成为他自誉的“黑榜探花”。正如郭沫若在纪念陶行知时所讲：

> 我和他最后一次的见面是二十三日的晚上，他和好些朋友在我寓里谈了很久的话。八点过，我们又同赴一位朋友的邀请，在十点钟左右我们便分手了。他那时丝毫也没有呈现出什么异状，在分手时我还半开玩笑地请求他保重身体：“你是黑榜状元，应该留意呢”，我这样对他说。“不是状元是探花，是黑榜探花。你也准定榜上有名的”，他也半开玩笑地这样回答了我。现在想起来，这“黑榜探花”倒成了事实了，他恰巧是李公朴、闻一多遇刺以来为民主而死的第三名。迟李公朴十五天，迟闻一多十一

---

① 《视死如归——致吴树琴》，载华中师范学院教育科学研究所主编：《陶行知全集》第 5 卷，湖南教育出版社 1985 年版，第 936 页。

天，而都在这七月里面。真真是多事的七月，可诅咒的七月！①

从郭沫若的回忆中，可以看出陶行知的病逝，也与他为争取和平与民主而遭到反动势力的打击、恐吓而长期以来处于精神高度紧张状态有关，再加上为了民主运动而不辞辛苦、奔走操劳而积劳成疾，终于病情恶化，不幸逝世。可以说，陶行知将普及教育与争取民主作为一生追求的主要目标，正是追求民主使他的人生更加绚丽多彩，使他的教育生涯更具魅力。因此，与他共事多年的史良为他所写的挽联：

教育与民主不可分离，遍栽桃李万千，遗志克承，先生无恨；

专制与法西斯成一气，纵有妖魔一二，和平争取，我辈有人。②

---

① 郭沫若：《痛失人师》，载《纪念陶行知先生文选》，江苏省教育学会1981年编印，第55页。

② 《新华日报》1946年8月4日。

第三章　陶行知的精神世界（上）

陶行知的精神世界，主要由其政治理念、哲学观点、文化思想、教育学说和人格精神构成。其中政治理念与哲学观点，构成其文化教育观的思想基础，也是其实施教育实践的理论支撑；文化思想与教育学说，是在其政治理念与哲学观点指导下，在实践中总结与体验并借鉴与融合中西文化教育观而形成的，并成为其精神世界的主体内容之一。同时，陶行知在艰辛的求学、不懈的追求中形成了一种特殊的模范人格：爱满天下的博大胸襟、乐于奉献的伟大情操、炽烈真诚的教育激情、不屈不挠的刚毅品质、求真务实的思想作风、开拓求新的创造精神。这些优秀品质，既成为他一生执着地追求振兴中华民族文化教育事业的动力与保障，又激励与鞭策了一代又一代青年人去沿着他所指引的路径、踏着他的脚印去寻求中国教育改革与发展的出路。

第一节　政治理念

陶行知不仅是伟大的教育家，而且是杰出的政治家。他的政治思想是其精神世界的重要构成部分，因为政治与教育有着密切的关系，只有在良好的政治环境中，才能办出好的教育。因此，陶行知作为教育家必然要关心政治，并且在社会活动与政治实践中形成了自己的政治理念。

一、政治理念的渊源

陶行知的政治思想，是他在从事改造中国社会和文化教育的伟大实践过程中，充分吸收古今中外各种有益的民主思想而形成的。早年，为了寻求救国救民之道，他通过广泛涉猎近代西方各种哲学、社会政治学说和中国古代典籍，接受了近代西方资产阶级的民约论和天赋人权说、林肯的“民治、民有、民享”的共和民主观念、孙中山的三民主义理论，并从中国传统文化中继承了儒家的“民贵君轻”、“民为邦本”思想，墨家的“兼爱”思想，初步形成了以近代西方民主共和思想为主体成分和核心内容的政治思想。五四以后，特别是20世纪30年代以后，通过社会实践的磨炼，并在中国共产党人的帮助、影响下，他对中国民族民主革命的对象问题，以及无产阶级及其政党在中国革命中的地位与作用，都有了明确认识，赞同和支持中国共产党的政治主张，并大力发扬中国传统文化中的重民精神，主张“民为贵”、“人民第一”、“一切为人民”、“天下为公”、“文化为公”，形成了具有社会主义倾向的新民主主义政治思想，成为新民主主义者的杰出代表。

第一，中国传统文化的影响。从中国传统文化中继承了儒家的“民贵君轻”、“民为邦本”思想，墨家的“兼爱”思想，初步形成了以近代西方民主共和思想为主体成分和核心内容的政治思想，从而形成了亲民、爱民、为民、救民等民本思想。这些政治思想成为贯穿他一生道路与事业的主线，推动着他奋力开拓“中国性、平民性”、以人民为本位的文化教育思想路线。

第二，西方进化论的影响。在金陵大学求学的五年，正是民族、民主革命浪潮汹涌澎湃之时。在此期间，陶行知广泛涉猎了近代西方各种哲学、社会政治学说，西方的达尔文、赫胥黎、斯宾塞、林肯等人的著作和学说，均在其博览之列，而近人严复、梁启超、孙中山等人的思想尤为其所熟悉。其中，他对严复介绍的进化论、西方资产阶级民约论和孙中山所宣传的资产阶级民主共和思想所下苦功更非常人所及。此时，陶行知通过阅读严复译述的《天演论》，开始接触并信奉达尔文的进化论。他认为，人类社会一切现象，都是“天演”（即进化）的结果。没有“天演”，就没有一切。他在为《金陵光》中文报创刊所写的发刊词《〈金陵光〉出版之宣言》中指出：“《金陵光》

随学生天演之进步自然发生。”① 又在毕业论文《共和精义》里说，“共和者，人文进化必然之产物也。使宇宙万物无进化，则共和可以无现；使进化论放诸邦国社会而不准，则共和犹可以无现，无如进化非人力所能御也。进化非人力所能御，即共和非人力所能避。”② 小至一种具体的刊物，大至一种影响深广的政治学说和体制，无一不是人类进化之结果。

第三，孙中山自由平等思想的影响。陶行知自由平等的政治理念受到孙中山自由平等思想的深刻影响，他在 1927 年写的《平等与自由》一文中多次提到孙中山的平等与自由思想的精华所在，强调：“中山先生解释平等意义，有很大的贡献。他说，世界上有真平等、假平等、不平等。”③ 孙中山以人们的立足点来划分这三个概念的，提出“大家的立脚点平等，才是真平等”。他还吸收了孙中山着眼于国家利益的自由观。他说：“按中山先生的意思，说到自由，是要求国家之自由。”他在吸收孙中山思想的基础上，提出：“现在我们要救中国，亟当抑制个人之自由，切不能火上加油的提倡一盘散沙的自由了。”④ 他还从栽山芋的方法中悟出人生“出头处要自由”的道理，进而提出：“国家能否得到出头的自由，那就非靠民众之努力与奋斗不可了！”⑤

第四，林肯共和民主观念的影响。他赞同美国总统林肯著名的“三民”原则——“政府者，人民之政府，人民自治以谋人民之福利”，称之为“实共和政治之圭臬焉”，并进一步将其具体化为三点内容。其一，“共和政治图谋国民全体之福利”，给予人民以言论、著述、集会的自由。对于人民的各种建议，“择良而要者施行之”。其二，“共和政治重视共和目的、共同责任”。所以，“共和政治不特有

① 《〈金陵光〉出版之宣言》，载华中师范学院教育科学研究所主编：《陶行知全集》第 1 卷，湖南教育出版社 1984 年版，第 3 页。

② 《共和精义》，载华中师范学院教育科学研究所主编：《陶行知全集》第 1 卷，第 52 页。

③④⑤ 《平等与自由》，载华中师范学院教育科学研究所主编：《陶行知全集》第 2 卷，湖南教育出版社 1985 年版，第 22、23、24 页。

透达既往目的之能力，且有发生将来目的为进步之母”。其三，“共和政治能得最良之领袖”。共和主义承认人民为主权，不是主张无首领，而是主张好首领。“共和首领由民举，必其人能亲民，新民，恤民，然后民乃推戴之。即有大奸巨滑，以媚民手段，占窃神器，然朝违民意，夕可弹劾也。”①

第五，社会主义的影响。五四期间，随着五四爱国运动的爆发，新文化运动的深入发展，社会主义开始在中国得到广泛的传播。在这个巨大的时代潮流的推动下，陶行知开始接触和介绍社会主义。1919年3月，他在《新教育》杂志第1卷第2期上发表《普鲁士教育之基本改革》一文，向中国教育界、思想界介绍马克思和社会主义。1921年，在他担任《新教育》杂志编辑和主干（主编）时，还载文介绍了十月革命胜利后俄国的政治、军事、教育、宗教等各方面的情况，并刊登过列宁的照片。1922年，他与中国共产党领袖李大钊也有过一些来往。诚然，以上言行虽然没有超出民主主义的思想范畴，但说明了陶行知对社会主义的向往。他很希望从社会主义中汲取一些有利于改造中国社会和文化教育的思想营养。20世纪30年代初，尖锐复杂的阶级斗争和严重的民族危机，促使在改造中国社会和文化教育的实践过程中一次次碰壁的陶行知去寻求更有力的理论武器。现实生活告诉他，西方民主主义并不是科学的世界观和方法论，并不能从根本上解决中国的问题，唯有社会主义才是引导中国人民从黑暗走向光明的伟大火炬。从此，他逐步走出了民主主义思想体系，开始了对社会主义的系统学习和研究。

二、政治理念的演变

陶行知是热爱祖国、热爱人民、力倡民主的中国近现代知识分子的杰出代表。他毕生致力于平民教育事业，为人民教育事业作出了伟大的贡献。“九一八”事变后，他的政治立场日渐鲜明，政治理念日

---

① 《共和精义》，载华中师范学院教育科学研究所主编：《陶行知全集》第1卷，湖南教育出版社1984年版，第47—48页。

趋成熟。

第一，爱国主义思想的逐步生成与强化。

陶行知早在读书时期即具有鲜明的爱国思想。在美留学期间，他先学政治学专业，后来感到学政治都是为了做官，毅然改学教育，希望通过教育唤醒民众救中国，回国后立即着手改造旧教育。五四运动之后，进步的知识分子纷纷到民间去，走与工农相结合的道路，陶行知也积极地投入了群众爱国斗争的行列，尤其是他的欧美之行，为祖国作出了杰出贡献。“九一八”事变后，民族危机加深，陶行知坚决拥护中国共产党的抗日民族统一战线政策，自觉地把教育与爱国的民族解放斗争结合起来。

陶行知（后排左一）出席巴黎全欧华侨抗日救国联合会会议时与钱俊瑞（后排右二）、陆璀（前排中）合影

1936 年，他和沈钧儒、邹韬奋、马相伯发起组织救国会，积极投身于抗日救亡运动。由于他抗日救国无私无畏，成为救国会的群众领袖之一，并受全救会（即全国各界救国联合会）的委托，以国民外交使节的身份，到世界各国宣传抗日，动员海外侨胞支援祖国抗日救亡运动，并争取国际友人的同情和赞助，把抗日救国联合战线的种子撒遍世界各地。陶行知在海外奔走了 25 万余公里，历时 2 年 1 个月，足迹遍及 26 个国家。陶行知在欧洲利用一切可能的机会大力宣传抗日救国。他和钱俊瑞、陆璀三人代表中国人民参加了在比利时召开的世界和平大会和世界青年大会，他以中国代表团主席的身份向 4 900 余名代表，报告了日本破坏和平和我国的民众反抗侵略的救国运动，博得了代表的赞助和同情。大会结束时，他被推选为中国执行委员。他在巴黎举行的中国学生会和华侨抗日救国会的欢迎会上，痛陈日本

侵华罪行，提出只有坚决抗日才能救中国，只有抗日才能不做亡国奴，驳斥“还要等五十年再抵抗”的妥协投降政策。他竭力宣传建立全欧华侨抗日救国总机关，各国华侨纷纷响应。他又和王海镜、胡秋原等发表告海外侨胞书，号召全欧华侨不分党派、不问信仰，在抗日救国目标之下，团结一致抵抗日本侵略，英国、法国、德国、瑞士、荷兰等国侨胞代表及各地来宾四百余人聚集巴黎举行了全欧华侨抗日救国大会，旅居比利时、苏格兰、意大利、土耳其各国侨胞也都纷纷函电，表示对大会的拥护和祝贺。他的活动把海外侨胞救国运动推向高潮。

到美国，在他的推动下，许多城市成立了抗日救国会，宣传游行，开展义卖捐献活动，推销救国公债。美国三大埠的华侨捐献和买救国公债都有几百万元之多。1937 年秋成立了“旅美华侨统一捐献救国总会”。有些华侨领袖之间过去不团结，在救国活动中变成了兄弟和朋友，纽约华侨也在万人游行中联合起来。陶行知一方面自己做联络争取国际友人工作，同时动员华侨交外国朋友，用美国人去影响美国人。几百个爱国华侨和陶行知一起演讲，和美国人交朋友，向各界各阶层做工作，抵制日货运动形成了巨流。他还亲自和华侨一道去做码头工人的工作，说服他们不要搬运军事物资到日本去，于是在美国，一方面是大批日货卖不掉，另一方面码头上一堆一堆的军事物资运不出去。

陶行知曾四次去加拿大。其中 1938 年 4 月在华侨集中的温哥华市举行的加拿大医疗界援华大会上，陶行知发表了激动人心的演说。他在感激加拿大人民对中国人民的支援后，特别提到国内在敌后开展的游击战，民兵、老百姓和正规军一样英勇善战，宣传中国人民的抗日决心。

陶行知出国期间卓有成效的外交活动，在广大华侨和国际友人中争取了众多的支援，为祖国赢得了荣誉。正如曾和他共同战斗过的同志钱俊瑞在悼念他的文章中说：“他是国家之宝，我们祖国有了他，是我们极大的光荣。在世界范围内，他为我们祖国添上万丈光芒。”他在出国期间，不仅宣传抗日救国，争取国际援助，同时也热情支持被压迫民族抗击侵略者的斗争。他到红海口，了解到埃塞俄比亚人分三路进攻意大利侵略军，立即写诗致敬，并祝愿不愿做奴隶的人们和被压迫民族联合起来，努力打倒帝国主义。他在西亚和非洲目睹犹太和阿拉伯两个民族互相残杀，他立刻劝告他们，被压迫民族联合起来，抵抗共同的敌人。

第二，亲民、爱民、为民、救民思想的形成。

陶行知出身于安徽贫苦家庭，自幼饱尝艰辛，从他切身的感受中，对灾难深重的旧中国广大劳苦人民有深刻的了解和同情，这是他热爱人民的阶级根源和社会根源。他怀着满腔热情写了不少反映工农大众疾苦并为他们鸣不平的诗篇。在《一幕悲剧》里，他把一个饥寒交迫的妇女忍痛将亲生儿子送给路人的生离死别的情景描绘了出来，读来令人深感悲痛。他在海轮上看到在机舱里工作的工人，被煤火烤得如同煤炭一样，内心感慨万分，写下了《人与煤炭》一诗，表露他对压迫中国工人的三座大山的无比愤恨。1923 年他在一封家信中说："我本来是一个中国平民，无奈十几年的学校生活渐渐地把我向外国的贵族方向转移，学校生活对于我的修养固有不可磨灭的益处，但是这种外国的贵族的风尚却是很大的缺点，好在我的中国性、平民性是很丰富的，经过一番觉悟，我就像黄河决了堤，向那中国的平民的路上奔流回来了。"他回国以后，目睹灾难深重的祖国人民处于水深火热之中，工农大众被摒弃于校门之外，于是决心放弃大学教授的优越生活条件，到平民中去，倡导并推动平民教育到乡间去的运动。1927 年初，他毅然脱掉西装革履，穿上布衣草鞋，睡地铺，住牛栏，在南京郊外荒野里办起了晓庄师范，决心打破旧的传统教育，把教育送给农民。他以为农民服务为乐事，是中国教育界第一个真正深刻认识和高度重视农民问题的人。抗日战争胜利后，陶行知在中国共产党的领导下，奋不顾身地投入到反独裁、争民主，反内战、争和平的革命斗争中。他比以往更公开地强调反对由"少数资产阶级作主，为少数人服务"的"旧民主"，大声疾呼要提倡"人民大众作主，为人民大众服务"的"新民主"。

陶行知一生热爱人民，全心全意为人民服务的目的是什么？就是要人民做国家的主人，为人民谋幸福。他说：民主教育是“教人民做主人，做自己的主人，做国家的主人，做世界的主人”。为了全心全意谋求人民大众的解放，他不仅创立和推行了“生活教育”学说，还为人民大众创作了大量的诗歌，被称为大众诗人。他的诗歌是当时白话诗中最能表达人民大众正义呼声的诗歌，郭沫若同志曾把《行知诗歌集》称为“人民经”。陶行知积极提倡“为老百姓绘画”。他提出：“到老百姓队伍里去画，跟老百姓学画，教老百姓画画。”他要求“画出老百姓的好恶悲欢，作息奋斗，平凡伟大”，使“乡村美化，都市美化，中国美化，世界美化”。其根本的目的是什么？陶行知自己说：“将老百姓的智慧和创造力启发，创造老百姓愿有的新天下。”从上可见陶行知从同情平民、同情农民、同情工人和广大劳苦大众，逐渐进步到热爱人民并努力做到全心全意为人民服务，其重要的因素就是他在实际生活和斗争中树立了“人民大众作主”的“新民主”的思想。陶行知热爱人民全心全意为人民服务的光辉业绩，正是一个杰出的政治家高贵品质的具体表现。

第三，从民主主义者到具有社会主义倾向的新民主主义者。

热爱祖国、热爱人民，是陶行知日后逐步成为新民主主义者的两大基石。然而陶行知并非一开始就是新民主主义者，他和当年的许多新民主主义者一样，也有一个不断进步和不断发展的过程。

辛亥革命兴起，他接受民主革命思想并积极宣传。在金陵大学读书期间，他组织爱国演说会，举办“爱国捐”，宣传爱国思想。他在出国留学期间，时刻不忘祖国。他精通英语、德语、法语，但他从不用外语和本国人交流。因此，他留学美国时，被人称为百分之百的中国人。回国后，他任南京高等师范学校教务主任，被推为南京学术界联合会会长。五四爱国运动兴起，他动员南京高师及全市学生开展反帝爱国运动。他刚从国外回来时，信奉美国总统林肯的“民有、民治、民享”的旧民主主义思想。他认为中国落后就在于文化教育落后，平民不识字，于是满腔热情地投入到平民教育活动中。在教育实践中，他感到占中国人口百分之八十的农民受不到教育，是国家贫穷落后的重要原因，于是下决心办乡村教育。这时，他在政治上非常崇拜孙中山，主张唤起农民革命。这种思想充分反映在《锄头舞歌》词中，他说："天生了孙公做救星呀！唤醒锄头来革命呀！"后来，他亲眼看见晓庄师生支持南京和记洋行工人罢工的正义斗争受到蒋介石的血腥镇压，学校被关闭，自己被通缉，铁的事实给了他深刻的教育。1931年"九一八"事变后，日本帝国主义侵略军步步入侵，国民党政权推行"攘外必先安内"的反动政策，中国共产党却领导全国人民掀起了抗日救亡运动，陶行知便积极投入救亡运动。在陶行知思想发展变化的过程中，有两个明显特点。一是从为农民服务发展到为劳苦大众服务。他在上海创办工学团，得到中国共产党的支持和帮助，并和左翼人士亲密合作，拒绝对日妥协投降和积极反共的国民党人进入工学团。这时，他在工厂区办工人夜校，宣传抗日救亡，逐步认识到工人阶级的力量，写下了"光棍的锄头不中用，联合机器来革命"的歌词。二是政治上跟着中国共产党走，把生活教育与民族解放斗争结合起来。陶行知有救国救民的抱负，但如何才能救国救民？他想用创办乡村师范来救国救民，可是，蒋介石封闭了他办的晓庄师范学校。由此他认识到，中国人民要自由解放，不从根本上推翻反动派的统治，单靠教育来实现是不可能的。同时他认识到，中国共产党集中了中华民族的优秀儿女，为祖国人民的解放前仆后继，确实是中国人民的希望。在共产党员同事和学生的影响和帮助下，他开始学习社会主义理论，看田汉介绍给他的英文本《资本论》，思想上受到不少启发。"一二·九"运动后，抗日高潮兴起，在张劲夫、王洞若等同志的帮助下，他认识到当时中华民族的生活就是救亡图存。从此他在政治上跟着中国共产党走，成为党的亲密战友，旗帜鲜明地提出要为工农劳苦大众求解放办教育，并自觉地把生活教育与民族民主革命斗争结合起来，成为当时上海救国会和国难教育社的领袖，山海工学团也成为上海地下党领导下的一个新民主主义教育据点。

陶行知由于思想不断进步，逐渐认识到中国要独立富强，必须打倒帝国主义，打倒国民党反动派。他和鲁迅一样，一般不在文章中引用马、恩、列、斯著作中的语句，但文章的精神实质和当时中共的方针路线大体上是一致的。在白区党组织遭到破坏的日子里，陶行知和宋庆龄、何香凝、鲁迅、沈钧儒、邹韬奋等新民主主义者，在上海积极宣传共产党的主张。

1939 年 7 月，陶行知在重庆创办育才学校。这所学校得到以周恩来为代表的中共中央南方局的关怀和支持。学校里有中共的地下支部，学校负责人和教师很多是共产党员，成为国民党统治区里一所延安式的革命学校。育才学校后来培养了一批又一批人才送到革命根据地或游击区去工作。陶行知在重庆与李公朴、史良等创办的社会大学，也是在中共地下党组织和民主人士的支持下办起来的。周恩来、董必武、邓颖超、吴玉章和中共中央南方局对陶行知也十分关怀，陶行知和南方局的负责人也经常来往，不顾特务的监视，还常找周恩来、董必武谈心。他读了《新民主主义论》后，曾高兴地说："中国有救了！"他强调："近人毛泽东先生的新民主主义"是"实现真正民主的路线"，呼吁"创造一个自由独立进步的新中国"。这时的陶行知已摆脱了"民有、民治、民享"的旧民主主义思想，拥护以社会主义为指导思想的新民主主义。他为几位奔赴解放区的同事送行时说："你们到了光明区，加紧努力，我只要还有一丝留在重庆的可能，我都要在这里奋斗！"

陶行知热爱祖国，热爱人民，在救国救民的道路上不断前进。到 20 世纪 30 年代中期，他终于坚定地跟着中国共产党走，反帝、反封建、反官僚资本主义，以生命为代价，为中国人民教育事业和新民主主义革命事业作出了巨大的贡献。

然而，在"左"的思想影响下，这位"党外布尔什维克"曾受到过不适当的批判。1951 年批判电影《武训传》时，竟把集资办学的陶行知和武训等同批判（对武训兴学现已作了重新评价）；批判梁漱溟的乡村建设理论和批判杜威的实用主义时，也牵连到陶行知，给他扣上了"改良主义"的帽子。因此，很长时间再没有人敢提到陶行知，更无人去研究他的教育学说。至今还有些不明真相的人，脑子里还残留着他那被歪曲的形象。实践是检验真理的标准，从他的历史实践我们可以清楚地看到，陶行知办教育不是想维护反动统治，恰恰相反，他自始至终反对传统教育，更反对蒋介石的反动统治，他既不接受国民党反动派的高官厚禄的引诱，又不怕蒋介石的屠刀威胁，办育才学校那么困难，他也不去乞求国民党反动派的经费补贴。蒋介石反共反人民，屠杀爱国民主人士，陶行知却坚定地追随共产党的路线，站在民主斗争的前列。至于陶行知开始想以教育救国，从旧民主主义者到具有社会主义倾向的新民主主义者，这是不少革命者所走过的道路，也是人们追求进步的正常发展规律，给陶行知戴上“改良主义”帽子是无根据的。我们研究陶行知，首先要清除“左”的影响，还其本来面目，在政治上实事求是地给以正确的评价。

三、政治理念的内涵

陶行知政治理念的核心是民主，可以说他的政治理念正是围绕民主这一主线而展开的。他认为，民主是“中国之起命仙丹”、“政治的盘尼西林”、“精神的维他命”，“民主能叫四万万五千万老百姓团结成一个巨人”，民主能“给我们新的力量，来创造一个自由独立进步的新中国和一个富足平等幸福的新世界”。① 具体内容主要包括以下几个方面。

（一）共和思想

陶行知在就读金陵大学期间，他的政治理念集中表述为对共和理想的追求。反映这一理念的代表作是他的大学毕业论文《共和精义》，在该文中陶行知对共和思想作了具体的论述。

第一，论述了“共和”的信条。他认为，共和之信条主要有三：“自由、平等、民胞”②。所谓“自由”，就是按照社会需要去自己支配自己的行为，从而朝着有利于社会发展和维护他人利益的方向发展。“法律之内有自由，道德之内有自由。”③ 也就是说，自由应受法律的约束和道德的规范，他认为违反法律和侵犯道德的自由是负面的

① 《民主》，载华中师范学院教育科学研究所主编：《陶行知全集》第 3 卷，湖南教育出版社 1985 年版，第 567—568 页。

② ③ 《共和精义》，载华中师范学院教育科学研究所主编：《陶行知全集》第 1 卷，湖南教育出版社 1984 年版，第 44 页。

自由。“盖天下之至不可超脱者，有自奴焉！故真自由贵自克。天下之至不可侵越者，有他人焉！故真自由贵自制。天下之至不可忽略者，有公福焉！故真自由贵个人鞠躬尽瘁，以谋社会之进化。”关于“平等”，他指出：“天之生人，智愚、贤不肖不齐，实为无可韪之事实。平等主义亦不截长补短，以强其齐。在政治上、生计上、教育上，立平等之机会，俾各人得以自然发展其能力而为群用。”他所主张的，不是天赋的平等，而是机会的平等。所谓“民胞”在陶行知看来即是“博爱”，他认为只有“博爱心生，国人以兄弟相视”，自由平等才能真正得以实现，国民才有共同的目的、责任和义务，“苟无民胞主义以植共和之基，则希望共和，犹之水中捞月耳”。因此，他视“民胞”为“共和之大本”，所谓“共和之大本则在民胞焉”。① 陶行知早期追求的共和理想是受到西方资产阶级民主与自由思想影响的结果。

第二，涵盖了“共和”的内容。陶行知认为，共和的内容主要包括以下三个方面。首先，共和主义强调国民在社会发展中的重要作用。他论述了三个要点，一是“共和主义重视个人之价值”。尽管个人有“智愚强弱之不同”、“成败利钝之不同”，但在服务社会的价值方面是没有差异的。二是“共和主义唤醒个人之责任”。突出了每个国民要有“天下兴亡，匹夫有责”的责任感，“群策群力，群运群智，群负群责，以求群之进化福利”。三是“共和主义予个人以平等机会”。强调消除阶级差别，消除贵贱贫富之分，给予每个人自由发挥自己才能的机会，使“各尽其能，为全群谋福利进化”。其次，共和主义强调个人价值与社会价值的统一。陶行知认为，共和主义要求“个人为社会而生，社会为个人而立”。共和主义将人民视为社会主体，因为社会要想兴旺发达，“必负改良个人之责”。即社会发展的前提是首先要有健全的国民，“民苟愚劣”，社会兴盛将会成为空谈。因此，陶行知重视社会赋予个人的责任，强调“济弱扶倾”。只有如此，

---

① 《共和精义》，载华中师范学院教育科学研究所主编：《陶行知全集》第 1 卷，湖南教育出版社 1984 年版，第 44—45 页。

社会才会“日趋于进化”。再次，共和主义强调建立民主政府。陶行知认为，“政府者，人民之政府。”民主政府是民主政治的重要保障，只有建立民主的政府，才能保证人民自治，进而为人民谋福利。他吸收了林肯提出的“民有、民治、民享”思想。陶行知称道共和政治的三大优点，一是“共和政治图谋国民全体之福利”。共和政治能够给予人民以言论、著述、集会之自由，可以集各界人士的意志以上达；同时，政府又能“择良而要者施行之”。这样上下渠道畅通，就可达到上下通达，令行禁止的目的。二是“共和政治重视共和目的、共同责任”。陶行知指出，专制政体导致“有理想而无实习理想之机会，则理想不得达”。在这样的社会中，贤达对于社会改良虽有理论创见，但难以付诸实施。而在共和政体下，“苟有良策，人民共持其目的，共负其责任”。这样就可提高行政效率，推动社会进化。三是“共和政治能得最良之领袖”。在陶行知看来，领袖在治理国家中起着至关重要的作用。“正当领袖”当由国民选举产生，这样可以保证其做到“亲民，新民，恤民”，同时也可得到人民的拥戴。①

（二）自由意识

陶行知的自由意识是其政治理念的核心内容之一，不过他的自由观是在不断演变的，他对自由的论述是一个动态的过程。他从就读金陵大学期间就开始关注自由意识，当时他将自由纳入到其共和信条当中，认为自由应当是在法律与道德许可范围内的自由，“逾越法律，侵犯道德，此自由之贼”。还强调“自由有正负”，“非依法律，不得侵及人民之生命财产，此负面之自由也”。他当时更多强调的是“克己自制”式的自由，“真自由贵个人鞠躬尽瘁，以谋社会之进化”。②到 1927 年他在谈到自由时，对孙中山提出的自由观念进行了评述。他认为，孙中山强调的自由的重心在国家的自由，并对孙中山过分强调国家与团体自由的观点不太赞赏，尤其是对他提出的“革命成功以后个人可以不要自由”观点持怀疑态度。他以树木生长为例，来说明

①② 《共和精义》，载华中师范学院教育科学研究所主编：《陶行知全集》第 1 卷，湖南教育出版社 1984 年版，第 46—48、44—45 页。

革命成功后应当重视个人的自由。他说：

> 革命成功以后个人可以不要自由这句话，我很怀疑。因此我常想着什么地方要自由，什么地方不要自由。我又想到种山芋时所得的感想。我问邵德馨先生山芋如何栽法？他告诉我说："底下可以安根，上面可以出头，山芋乃可活。"因此，我忽然悟到人生"出头处要自由"。如树木有长五尺长的，一丈长的，十丈长的；树的出头处是要自由的。如果我们现在只许树可以长五尺，不许他长一丈与十丈，那世界上不是无成材了吗？因此我们要使他尽他的力量自由长上去。……如果你把一丈的压到五尺，因为他受了过分的压制，也是要死的。①

他认为自由既包括国家的自由，又包括个人的自由。即使革命成功后，仍应重视个人的自由，不能人为地压制个人的自由。

（三）民主观念

20世纪30年代以前，陶行知的民主观念深受西方资产阶级共和观念的影响；30年代以后，陶行知逐渐放弃对欧美式民主的追求，而形成具有社会主义倾向的新民主主义政治观。"九一八"事变之后，中华民族陷入了深重的危机之中。陶行知指出："现在中国第一件大事是保障中华民国领土主权之完整，与争取中华民族劳苦大众之自由平等。"他将挽救民族危亡、实现国家独立作为当时的头等大事，同时强调抗战是中国"唯一的出路"，只有抵抗才能最终"浮出来一个伟大的自由平等的中华民国"。② 然而，国民党政府奉行"攘外必先安内"的不抵抗政策。陶行知针对国民党政权的"攘外必先安内"、"救国必先救党"，提出了"安内必先御外，救党必先救国"的主张。全面抗战爆发后，陶行知指出，人民的力量对于抗战具有重要意义，

---

① 《平等与自由》，载华中师范学院教育科学研究所主编：《陶行知全集》第2卷，湖南教育出版社1985年版，第23页。

② 《告生活教育社同志书——为生活教育运动十二周年纪念而作》，载华中师范学院教育科学研究所主编：《陶行知全集》第3卷，湖南教育出版社1985年版，第334页。

“从民主中表现出来的力量，不是封建专制的日本所能克服的”。① 他还强调，抗战“若能注重民主”，则“至少能够动员三万万五千万人”，抗战就一定能够取得最后胜利。陶行知的认识与共产党人观念大致趋于一致，认为人民民主是“人民大众作主，为人民大众服务”的民主，而国民党当局实行专制统治，不断制造反革命事件。陶行知坚决地站在人民的一边，特别是抗战胜利后，陶行知对民主又有了新的认识。他说：“民主的意义还是在发展，因为它的内容还是在发展。”② 他将民主从政治民主扩展到经济民主、文化民主、社会民主、国际民主。他认为，“毛泽东先生写的《新民主主义》，和中国民主同盟临时全国代表大会所通过的纲领，都系实现真正民主的路线。”为此，他对民主作了如下精辟的论述：

民主是中国之起命仙丹。民主能叫四万万五千万老百姓团结成一个巨人。民主能给我们和平，永远消除内战之危机。民主好比是政治的盘尼西林，肃清一切中国病。民主又好比是精神的维

1946 年 6 月 23 日陶行知在上海北站欢送人民代表赴南京请愿的大会上作演讲

① 《全面抗战与全面教育》，载华中师范学院教育科学研究所主编：《陶行知全集》第 3 卷，湖南教育出版社 1985 年版，第 321 页。

② 《民主》，载华中师范学院教育科学研究所主编：《陶行知全集》第 3 卷，第 567 页。

他命，给我们新的力量，来创造一个自由独立进步的新中国和一个富足平等幸福的新世界。民主第一，人民万岁！①

为了实现他所论及的真正民主，1945 年 11 月他先后参加了重庆各界人士举行的反内战大会，并发表了讲话。他在讲话中呼吁民众起来制止内战，争取和平民主。同年 12 月，他又参加了重庆各界追悼昆明“一二·一”死难烈士大会，并撰写祭文高度评价学生们为争取民主而勇于牺牲的革命精神。1946 年 6 月，“下关惨案”事发后，陶行知作为上海和平运动领导者，就下关事件向外国记者澄清是非，并斥责“反动的力量是逐渐将三民主义变为法西斯的组织”②。同年 7 月中旬，李公朴、闻一多在昆明被国民党特务暗杀后，陶行知怒斥道：国民党政权专横霸道已经二十多年了，他们拥有全国的军队和警察，然而他们还要像蛇蝎一样地向上爬，去杀害那些进步的手无寸铁的评论者的生命。他致函育才学校全体师生时讲道：“死了一位民主战士，就感召培养一万个民主新战士来替补；死了一百位民主战士，就感召培养一百万位民主新战士来替补。”他认为，“只要我们肯为民主死，真民主就会来到，而中华民族也一定可以活到万万年。”③

可见，陶行知的民主观念经历了一个自由民主主义者向激进民主主义者转变，再由激进民主主义者向新民主主义者转变的过程。④ 陶行知民主观念的转变，可以说是他从亲自参与的政治实践中不断提高政治思想觉悟的前提下实现的。亲身的经历使陶行知逐步认识到，国民党政权的专制统治将会断送中国的民主前程，而只有共产党领导的革命运动才能真正引导中国走上民主之路，因而他坚定地追随中国共

---

① 《民主》，载华中师范学院教育科学研究所主编：《陶行知全集》第 3 卷，湖南教育出版社 1985 年版，第 567—568 页。

② 《就“下关事件”等问题和外国记者的谈话》，载华中师范学院教育科学研究所主编：《陶行知全集》第 3 卷，第 616 页。

③ 吴树琴等：《一个英勇的民主战士》，载四川省纪念陶行知先生诞生九十周年大会筹备组编：《陶行知纪念文集》，四川人民出版社 1982 年版，第 90—91 页。

④ 胡晓风：《论陶行知思想转变的三个阶段》，载《安徽教育学院学报（社会科学版）》1987 年第 3 期。

产党，成为一名具有社会主义倾向的新民主主义者，被中共誉为“党外布尔什维克”。

第二节　哲学观点

陶行知的精神世界丰富多彩，异彩纷呈，不仅涉及文化观念与教育思想，而且涵盖政治理念和哲学观点。其中他深受中西文化影响的哲学观点，是其构建文化教育思想的重要理论基础，是指导其从事办学实践活动的行动指南，也是指导其进行人生抉择的重要向导。

一、哲学观点的来源

陶行知的哲学观点是根植于中国传统文化的深厚沃土，在吸收与借鉴西方现代文化的基础上形成的。就其来源而言，主要受中国传统文化和美国实用主义哲学的影响。

（1）中国传统知行观是陶行知哲学观的第一大来源。我国古代思想家对知行关系大都作过精辟的论述，而且强调行的重要性，从孔子、墨子、荀子到王夫之、颜元都提出行先知后、知行并重的思想。特别是对墨子的思想继承的比较多，正如陶行知所讲：“《墨辩》提出三种知识：一是亲知，二是闻知，三是说知。亲知是亲身得来的，就是从‘行’中得来的。闻知是从旁人那儿得来的，或由师友口传，或由书本传达，都可以归为这一类。说知是推想出来的知识。……我们拿‘行是知之始’来说明知识之来源，并不是否认闻知和说知，乃是承认亲知为一切知识之根本。闻知与说知必须安根于亲知里面方能发生效力。”① 说明墨子的“亲知”、“闻知”、“说知”给陶行知的印象很深，尤其是王阳明的知行观对陶行知哲学观的形成产生至关重要的影响。1910 年在金陵大学上学期间，由于深受王阳明知行观的影响，他将自己的名字改为“陶知行”。1934 年他在《行知行》中讲道：

① 《行是知之始》，载华中师范学院教育科学研究所主编：《陶行知全集》第 2 卷，湖南教育出版社 1985 年版，第 152—153 页。

“在二十三年前，我开始研究王学，信仰知行合一的道理，故取名‘知行’。”① 到30年代，他将王阳明的知行观进行了创造性的改造。他说：

> 阳明先生说：“知是行之始，行是知之成。”我以为不对。应该是：“行是知之始，知是行之成。”②

为此，他于1934年7月将自己的名字改为“行知”，以体现其哲学观的变化。不论是讲“知行”，还是讲“行知”，都可以看出其深受中国传统文化影响的事实。另外，他对孙中山先生哲学观的分析及对国民“知易行难”心理习惯的剖析，也可反映出陶行知哲学观受到中国传统行知观的深刻影响。

（2）杜威实用主义哲学思想是陶行知哲学观的第二大来源。陶行知赴美留学后，接受了杜威的实用主义思想，但他在吸纳西方哲学观的过程中始终立足于中国传统文化，并将其作为自己的文化根系，只是在此基础上去有鉴别地吸收。因此他说：“我们必须有从自己经验里发生出来的知识作根，然后别人的相类的经验才能接得上去。倘使自己对于某事毫无经验，我们绝不能了解或运用别人关于此事之经验。”③ 陶行知在哲学观方面吸取杜威的思想主要有强调“做”与“行”的重要性，注重理论同实际的联系；注重科学实验，以科学方法办教育。他在自己已经形成的知行观的基础上，对杜威实用主义哲学思想作了创造性的吸收，从而形成其兼容中西的富有特色的哲学观。

二、哲学观点的形成与演变

陶行知哲学观点的核心是认识论，其哲学观点的形成过程是一个

---

① 《行知行》，载华中师范学院教育科学研究所主编：《陶行知全集》第2卷，湖南教育出版社1985年版，第687页。

② 《行是知之始》，载华中师范学院教育科学研究所主编：《陶行知全集》第2卷，第152页。

③ 《答朱端琰之问》，载江苏省陶行知教育思想研究会编：《陶行知文集》，江苏人民出版社1981年版，第226—227页。

由实践到认识再到实践，这是一个不断提高的过程。形成这一思想的标志是1934年他撰写的《行知行》一文。他形成了这一哲学观点后，便开始重新审视与评判杜威的实用主义哲学观点。他认为，杜威倡导的“行动”既缺乏知识来源，乂缺少理论指导，“好比是一个单级的电路，通不出电流”①。他意识到杜威的哲学观点存在不足之处，同时也说明他在哲学观点方面已趋成熟，形成了具有自身特色的哲学理论。而且他对实践有了更新的认识，他说：“其实，实验就是一种有目的、有计划、有组织、有步骤、有创意的把戏。把戏或实验都是一种行动。”比如电的知识是从电的行动中得出来的一样，“它的进程是‘行知行’，而不是‘知行知’”。② 鉴于以上认识，他又将“行知行”作为自己的笔名，以体现自己哲学观点的又一次重大转变。

第四阶段是初步吸纳辩证唯物主义的哲学观。陶行知在抗战期间广泛与中国共产党人接触，他经常向周恩来、董必武等人请教理论问题，深受马克思主义哲学思想的影响，自己也研读毛泽东著作，结合自己的思想实际去体会与感悟马克思主义哲学思想，因而实现了由一个朴素的唯物主义者“变成了已经基本上具有辩证唯物主义观点的党外布尔什维克”③。他在认识论上有了新的提高，说：“人类与个人最初都由行动而获得真知，故以行动始，以思考终，再以有思考之行动始，以更高一级融会贯通之思考终，再由此而跃入真理之高峰。”④ 因此，周恩来在陶行知逝世后评价说：“十年来，陶先生一直跟着毛泽东同志为代表的党的正确路线走，是一个无保留追随党的党外布尔

① 《思想的母亲》，载华中师范学院教育科学研究所主编：《陶行知全集》第2卷，湖南教育出版社1985年版，第404页。

② 《行知行》，载华中师范学院教育科学研究所主编：《陶行知全集》第2卷，第687页。

③ 董宝良：《简析陶行知认识论的发展阶段》，载《华中师范大学学报（哲学社会科学版）》1989年第2期。

④ 《育才二周岁前夜》，载华中师范学院教育科学研究所主编：《陶行知全集》第3卷，湖南教育出版社1985年版，第440页。

陶行知教育观的核心内容，也是其哲学观的鲜明特点。可以说，陶行知的哲学是人民的哲学，他的教育哲学、政治哲学、科学哲学均是立足于人民观点，服务于人民大众，终生“深入人民，与人民打成一片，同患难，共呼吸，理解人民的思想与情绪，学习劳动人民宝贵的优秀气质”①。人民性是陶行知哲学观点的又一大特点。

第三，勇于开拓的创造性。陶行知学说的创造性不仅体现在教育观方面，而且也反映在哲学观方面，创造性是其思想体系的一大特点。他的创造精神与他的人民意识有关，他着眼于通过培养创造力，解放头脑，解放双手，从而实现人民当家做主的终极目的。他提倡“创造新自己，创造新中国，创造新世界”②。他的《创造宣言》一文表达了自己的创造观点，他在继承中国传统哲学观与吸收杜威的实用主义哲学观的过程中，创造性地进行了改造，将某些观点与说法“翻了半个筋斗”，体现了他在继承的基础上的创造性。同时，他在践行自己的哲学观点的过程中，创造性地开展了一系列的教育实践活动，如实施平民教育、乡村教育、战时教育、国难教育、民主教育等。创造性是陶行知哲学观的第三大特点。

第三节　文化思想

文化思想是陶行知四个世界之一的精神世界的重要内容，因为陶行知不仅是中国近现代伟大的人民教育家，而且是20世纪中国综合性的文化巨人。陶行知关于文化建设方面的思想，为丰富其精神世界起到了重要的支撑作用提供了丰厚的沃土。

一、文化思想的渊源及演变

在如何对待中西文化的问题上，陶行知不仅是从理论上阐明了自

---

① 罗克汀：《陶行知的哲学思想》，载北京陶行知教育思想研究会编：《陶行知研究》，湖南教育出版社1986年版，第291页。

② 《社会大学运动》，载江苏省陶行知教育思想研究会等编：《陶行知文集》，江苏人民出版社1981年版，第805页。

己的主张，而且也体现在其思想学说和文化实践中。关于陶行知的思想来源，他本人曾在与柳湜的谈话中有所论及，他说："我的生活教育的思想，大半都是从资产阶级、大地主以及老百姓中的启发而来的。自然，我的思想，不是抄他们的，他们有的只启发我想到某一面。有的我把它反过来，就变成了真理。有的是不能想出的，是要群众动手才能看到。动手最重要，这个东西创造出一切。"① 这段话非常清楚地说明，他的思想学说（特别是他的生活教育学说）是以实践为根据、通过总结实践的经验而来的，同时又是博取兼收、融合中西文化的结果。

陶行知的政治思想，是他在从事改造中国社会和文化教育的伟大实践过程中，充分吸收古今中外各种有益的民主思想的产物。早年，为了寻求救国救民之道，他通过广泛地涉猎近代西方各种哲学、社会政治学说和中国古代典籍，接受了近代西方资产阶级的民约论和天赋人权说，林肯的"民治、民有、民享"的共和民主观念，孙中山的三民主义理论，并从中国传统文化中继承了儒家的"民贵君轻"、"民为邦本"思想，墨家的"兼爱"思想，初步形成了以近代西方民主共和思想为主体成分和核心内容的政治思想。五四以后，特别是 20 世纪 30 年代以后，通过社会实践的磨炼，并在中国共产党人的帮助、影响下，他对中国民族民主革命的对象问题，以及无产阶级及其政党在中国革命中的地位与作用，都有了明确认识，赞同和支持中国共产党的政治主张，并大力发扬中国传统文化中的重民精神，主张"民为贵"、"人民第一"、"一切为人民"、"天下为公"、"文化为公"，形成了具有社会主义倾向的新民主主义政治思想。

在哲学思想上，陶行知最先接受的是王阳明的哲学理论（特别是他的"知行合一"学说）。他把王学作为个人道德修持的工具和改造中国社会的利器，从王学中认识到真知必然具有实际效果，而知与行、理论与实践则是一致的。他还取"知行"为笔名，以示对传统知

① 《与柳湜的谈话》，华中师范学院教育科学研究所主编：《陶行知全集》第 3 卷，湖南教育出版社 1985 年版，第 609 页。

行观的继承与弘扬。王阳明的“知行合一”说或为其思想上的“期待视野”①。他在留美期间，又接受了注重行动的杜威实用主义学说，从杜威那里获得了真理进化的学说，以及人类一切形式的活动都是解决问题的工具的观念。他把王阳明的“知行合一”说与杜威的实用主义行动哲学结合在一起，形成一个注重行动与思想一致的哲学观，这是他在哲学上糅合中西文化所作的最初尝试。五四新文化运动中，他就用这种中西合璧的哲学思想来指导自己改革中国社会和文化教育的实践，批判传统的旧教育体制和理论，宣传西方的新教育理论与方法。

20 世纪 20 年代中叶，随着文化教育实践的深入开展，他受流行于当时思想界的墨学思潮的影响，对墨翟的知识论产生了浓厚兴趣，并从中吸取了思想养分。墨子强调感性认识是知识的基础。“天下之所以察知有与无之道者，必以众之耳目之实，知有与亡为仪者也。请惑闻之见之，则必以为有；莫闻莫见，则必以为无。”② 陶行知说：“《墨辩》分知识为闻、说、亲三种。……闻知是别人传授进来的，说知是自己推想出来的，亲知是自己经验出来的。依教学做合一的理论说来：亲知是一切知识的基础。没有亲知做基础，闻知和说知皆为不可能。”③ 他由此进一步推导出“闻知与说知必须安根于亲知里面方能发生效力”的唯物主义的结论，这为他后来接受并形成辩证唯物主义哲学观打开了一条通道。

20 世纪 30 年代，经过一次次现实生活中的碰壁，陶行知愈来愈看出王阳明“知行合一”说和杜威实用主义学说的致命弱点，因而从认识论、方法论上对两者加以分析批判，并公开申明：“‘即知即行’是王阳明的格言，和我现在所奉行的‘即行即知’、‘行是知之始’是

① 所谓“期待视野”，是当代德国美学家姚斯接受理论的中心概念。它指阅读一部作品（称之为“本文”）时读者的阅读经验所构成的思维定向或先在结构。此处借指陶在接受杜威实用主义学说之前，已完成了必要的思想理论准备。

② 《墨子·明鬼下》。

③ 《谈教学做合一——致朱端琰》，载华中师范学院教育科学研究所主编：《陶行知全集》第 5 卷，湖南教育出版社 1985 年版，第 207 页。

不同的。'行是知之始'和'即行即知'是一方面说明人类与个人的知识的起源，一方面叫行动取得主导的地位。行动产生理论，行动发展理论。行动所产生发展的理论还是为着要指导行动。"① 同时，又郑重指出，杜威的"思想五步法"所叙述的过程"好比是一个单极的电路，通不出电流。他没有提及那思想的母亲。这位母亲便是行动"②。从此，他就在哲学的根本问题上与王阳明、杜威分了手，并以辩证唯物主义的哲学观作为其教育学说的认识论基础。扬弃王阳明与杜威的哲学观点，并力图将墨子的知识论与辩证唯物主义哲学观结合在一起，形成一个新的中西合璧的哲学思想体系，这是他在哲学上糅合中西文化所作的又一次尝试。虽然这两次尝试因时代和个人的种种局限，还存在这样或那样的不足，但都是极有意义的，反映出近代中国先进知识分子博取兼收、融合中西的不懈努力与追求。

陶行知的主要职业是教育，他是中国近现代杰出的教育家和教育思想家。在他的教育思想方面，博取兼收、融合中西的特点体现得最为鲜明。就拿他的教育思想的核心内容"生活即教育"、"社会即学校"、"教学做合一"三大主张来说，明显可以看出是从杜威"教育即生活"、"学校即社会"、"从做中学"的教育信条蜕变发展而来的。杜威的教育思想是杜威根据19世纪末20世纪初美国急剧变化的社会现实的迫切需要而提出来的，对于改革美国当时形式主义占统治地位的旧教育，建立更加充满活力的现代民主、科学的新教育，曾经起过积极作用。但是，它毕竟是19世纪末20世纪初美国那个特定时代和社会的产物，是在美国文化土壤上形成和发展的。陶行知所置身的时代和社会，所面临和待解决的问题，都与之截然不同。因此，陶行知根据中国的国情，将"教育即生活"、"学校即社会"和"从做中学"批判地改造成"生活即教育"、"社会即学校"和"教学做合一"。陶行

① 《答复庶谦先生》，载华中师范学院教育科学研究所主编：《陶行知全集》第3卷，湖南教育出版社1985年版，第105—106页。

② 《思想的母亲》，载华中师范学院教育科学研究所主编：《陶行知全集》第2卷，湖南教育出版社1985年版，第404页。

知对此曾有明确说明：“‘教育即生活’这句话，是从杜威（John Dewey）先生那里来的，我们在过去是常常用他，但是，从来没有问过这里边有什么用意。现在，我把他翻了半个筋斗，改为‘生活即教育’。……与‘教育即生活’有联带关系的就是‘学校即社会’。‘学校即社会’也就是跟着‘教育即生活’而来的，现在我也把他翻了半个筋头，变成‘社会即学校’。”① 这很清楚地表明他的思想与杜威的关系，是一个从学习接受到改造扬弃的过程。他选择了杜威，从杜威那里接受了启迪，又根据中国的实际和自己的实践改造了杜威。从“教育即生活”到“生活即教育”，并不只是文字上的翻新，这里面包含了陶行知整个政治思想、哲学思想的根本性转变，这是他随着对中国社会了解的加深，人生观、世界观产生跃进在教育观上的反映。

在教育思想的其他方面，情况也大体如此。比如，他从儒家“民为贵，社稷次之，君为轻”的思想中得到启示，将它改造成“人民第一”的洋溢时代气息的现代民主观，并以此作为一条贯穿其社会实践（尤其是教育实践）的红线，他从孟子和王阳明两人“善养浩然之气”、“善致良知”以“立真去伪”的思想实践中受到教益，提出教育的目的就是“教人求真”、“学做真人”。他借鉴中国古代教育一贯注重觉悟的优秀传统，提出生活教育的首要任务即为“促进自觉性之启发”，并把《大学》中的“大学之道，在明明德，在亲民，在止于至善”一句话重新表述为“我们的大学之道，在明民德，在亲民，在止于人民之幸福”。他把注重群体利益的传统与现代社会生活集体精神相结合，提出“集体主义的自我教育”的重要教育原则。他接受王阳明关于尊重儿童个性发展的教育思想，把王阳明“令教童子，必使其趋向鼓舞，中心喜悦”以达到“自然日长月化”的论述译成现代语言：“我们培植儿童的时候，若拘束太过，则儿童形容枯槁；如果让

① 《生活即教育》，载华中师范学院教育科学研究所主编：《陶行知全集》第2卷，湖南教育出版社1985年版，第180—182页。

他跑，让他跳，让他玩耍，他就能长得活泼有精神。”① 他还对王阳明主观唯心主义的“知行合一”论加以科学改造，提出符合辩证唯物主义观点的“实践第一”的观点，等等。

他不仅积极地改造扬弃中国传统文化，而且善于把中西文化的思想精华巧妙地糅合在一起，进行对比分析，互作阐发，使新思潮、新理论、新方法能够得到广泛的承认和推广。比如，他称赞中国古代哲学家荀子最懂得试验精神。“荀子曰：‘大天而思之，孰与物畜而制之！从天而颂之，孰与制天命而用之！望时而待之，孰与应时而使之！因物而多之，孰与骋能而化之！思物而物之，孰与理物而勿失之也！’此数语，可谓中试验精神之窍要矣。”② 这样的介绍暗合和满足了人们圣人崇拜与“古已有之”的社会心理，为西方实验主义思潮在华的广为传播铺平了道路。又如，他在介绍西方的启发式教学论时，将它与中国古代孔子的启发式教学论作一对比分析，并运用杜威的实验主义教学论对之作了新的阐发。“孔子说‘不愤不启，不悱不发’，我更要进一步说，使他不得不愤，使他不得不悱。杜威先生也说，教学生的法子，先要使他发生疑问；查出他疑难的地方，使他想种种方法，去解决这个问题；从这些方法之中，选出顶有成效的法子，去试试看对不对。如其不对，就换法子；如其对了，再去研究一下。照这方法来解释同类的问题和一切的问题。”③ 这种对比分析，既发掘了中国古代教学论的思想精华，又宣传了西方的启发式教学论。

综上所述，陶行知从改造中国社会和文化教育的需要出发，始终坚持民族主体精神，以海纳百川、吞吐众家的博大胸襟和恢宏气度，熔中西文化思想精华于一炉，熔铸成具有鲜明的时代性和民族性的现代文化思想学说，是近现代中国先进知识分子融合中西文化的杰出

---

① 《学生自治问题之研究》，载华中师范学院教育科学研究所主编：《陶行知全集》第 1 卷，湖南教育出版社 1984 年版，第 136 页。

② 《试验主义之教育方法》，载华中师范学院教育科学研究所主编：《陶行知全集》第 1 卷，第 59 页。

③ 《新教育》，载华中师范学院教育科学研究所主编：《陶行知全集》第 1 卷，第 125 页。

典范。

二、文化思想的形成及特质

19 世纪中叶以来，中西文化一直处在冲突之中。就文化本体而言，由于时代的差异，一者表现为农业文明，一者表现为工业文明。在这种本源性的冲突面前，近代以来的每一个中国人尤其是知识分子，都面临着一个不可回避的文化选择。陶行知的一生，正好处在中西文化冲突的转折点上。孩提时代，他饱受了中国传统文化的熏陶。青少年时代进入教会学校学习后，他逐渐接触到中西文化冲突的社会现实。从此，他开始有选择地学习中西文化，以寻找救国救民之道。他向西方学习最先获得的思想武器是达尔文的进化论学说。他运用“物竞天择，适者生存”的进化论观念对中西文化的冲突作了初步评析。与此同时，他又努力钻研王阳明的“知行合一”学说，还改原名“文濬”为“知行”，以示对传统知识观的继承和弘扬。大学毕业后，赴美留学深造，接受了杜威的实用主义学说。在五四新文化运动中，他运用实用主义方法论，批判传统的旧教育体制和理论，介绍西方的新教育理论与方法，主张有选择地吸取和更新外来文化，反对不问国情、“仪型他国”的倾向。五四时期，社会主义在中国得到了广泛传播。接触社会主义，使陶行知考察中西文化问题有了科学的方法论。20 世纪 30 年代，他开始运用唯物史观论述文化问题，进一步提出在创造的基础上对中外优秀的文化加以继承和发展，并把这一主张贯彻于其全部文化实践和理论之中。他是近代以来中国先进知识分子对文化冲突作出明智选择的典范。

鸦片战争以后，资本主义列强以武力打开了封建中国紧闭的国门，西方文化便以枪炮为前导，挟侵略而俱来。从此，呈现在中国人面前的，便是以欧洲资本主义时代文化为主体的西方文化和与中国封建社会相适应的传统文化。这两种文化形态有何异同，孰优孰劣，其发展趋向又是什么等问题，牵动了一代代有识之士的心，因为它关系到国家的前途与民族的命运。到了五四时期，随着第一次世界大战和十月革命以后国内外形势的变化，文化论战也达到了高潮，形成了东方文化派、西化派和唯物史观派三大阵营，几成鼎足之势。在这场文化论争中，陶行知站在教育岗位上，就有关问题发表了自己的看法，阐明了他的中西文化观。

梁漱溟、张君劢等人是东方文化派的头面人物。他们认识不清第一次世界大战的本质原因，加上他们对中国传统文化的依恋，认为第一次世界大战的爆发，是“西学的破产”、西方文明的破产，幻想用东方文化来拯救西方文化。在梁漱溟看来，文化“不过是那一民族生活的样法”，而“生活就是没尽的意欲（will）——此所谓‘意欲’与叔本华所谓‘意欲’略相近——和那不断的满足与不满足罢了”。① 由于意欲的可能满足状况不同，便出现了不同的三种生活样法，西方文化“是以意欲向前要求为其根本精神的”②，“中国文化是以意欲自为调和持中为其根本精神的”，“印度文化是以意欲反身向后要求为其根本精神的”。③ 他认为，西方生产虽然发达，但因生产的发展带来了两极分化与道德的沦丧，“这样一来就致人类文化要有一根本变革：由第一路向改变为第二路向，亦即由西洋态度改变为中国态度”④。“质而言之，世界未来文化就是中国文化的复兴。”⑤ 与梁漱溟的观点一样，张君劢也认为西方文化的成就是在解决人与自然的关系问题上，中国文化的成就则是在解决人与人之间的关系问题上。张君劢更明确地说：“自孔孟以至宋元明之理学家，侧重内生活修养，其结果为精神文明。三百年之欧洲，侧重以人支配自然界，故其结果为物质文明。”⑥ 他们由此认为，中国文明在根本上高于西方文明，中国缺少的是物质文明，所以西方的物质文明是应当仿效的，但在精神文明方面，中国则远远胜过西方，对于中国的精神文明，应特别去保存和发扬。这种全盘否定西方文化、全盘肯定中国传统封建文化的思潮，无疑是对新文化运动的全面反动。

面对东方文化派的挑战，以胡适为代表的西化派和以瞿秋白为代

---

①②③④⑤ 梁漱溟著：《东西文化及其哲学》，上海商务印书馆 1922 年版，第 24、24、55、166、199 页。

⑥ 张君劢：《人生观》，载《清华周刊》第 272 期。

表的唯物史观派都作出了有力的反击。胡适敏锐地指出了东方文化派把各民族的文化分为物质的与精神的两种类型的谬误所在，他说："文明（civilization）是一个民族应付他的环境的总成绩"，而"文化（culture）是一种文明所形成的生活的方式"。他又说："凡一种文明的造成，必有两个因子：一是物质的（material），包括种种自然界的势力与质料；一是精神的（spiritual），包括一个民族的聪明才智，感情和理想。凡文明是人的心思智力运用自然界的质与力的作品，没有一种文明单是精神的，也没有一种文明单是物质的。"既然如此，把文化分为物质的与精神的两截，进而来区分东西文化高低的说法，就站不住脚了。瞿秋白赞同胡适的论点，指出："东西文化的差异，其实不过是时间上的"，"是时间上的迟速，而非性质上的差别"。他运用历史唯物主义的基本原理，对这一论点作了新的论证。他对"文化"作广义的解释，"所谓'文化'（culture）是人类之一切'所作'"，包括生产力、经济关系、社会政治组织以及社会心理和各种思想系统四个方面。其中，生产力是决定其他三项因素的发展的最终动力，文化的特性即根源于生产力发展的水平。中西文化由于生产力"发展程度不同，故有差异的结果"。他的结论是："西方文化，现已经资本主义而至帝国主义，而东方文化还停滞于宗法社会及封建制度之间。"① 未来的人类文化，不同于封建宗法文化和资本主义科学文化，是一种新型的"社会主义的文明"。作为西化派和唯物史观派的同道，陶行知也撰文对东方文化派的观点予以反驳。他从胡适、瞿秋白等人的文化思想中汲取了有益成分，并结合自己文化实践的亲身体会，明确阐述了自己的中西文化观。他指出："现在有一班人，开口就说，西方的物质文明比东方好，东方的精神文明比西方高。这句话初听似乎有理，我实在是百索不得其解。"因为"精神文明与物质文明是合而为一的"，不存在单一的物质文明或单一的精神文明。举例说，由于电话机的发明，第一次飞渡大西洋的飞行家林白从德国柏林

① 《现代文明的问题与社会主义》，载瞿秋白著：《瞿秋白选集》，人民出版社1985年版，第24页。

通电话到美国和他的老母说话，这既“是精神交通破天荒的成功，也是物质文明破天荒的成功”，① 这就有力反驳了东方文化派把文化分为互不相关的物质与精神两截的谬论。

值得注意的是，陶行知在论战中提出了一个重要观点，即认为生产工具在文化中占有特别重要的地位。他说：“人的生活，必须有相当的工具，才能表现出来。工具充分，才有充分的表现；工具优美，才有优美的表现；工具伟大，才有伟大的表现。”他指出：“人的特别本领就是不专靠自己的身体为工具。人能发明非身体的工具，制造非身体的工具，应用非身体的工具。文明人与野蛮人的最大分别就是文明人能把这些非身体的工具发明得格外多，制造得格外精巧，运用得格外普遍。”他还指出：工具是物质文明与精神文明合而为一的“媒介”。“精神与物质接触必定要靠着工具。工具愈巧则精神愈能向着物质发挥。工具能达到什么地方即精神能达到什么地方。”例如，“有了望远镜，人的精神就能到火星里去游览；有了显微镜，人的精神就能认识那叫人生痨病的不是痨病鬼乃是痨病虫”。②

陶行知的这一见解对于探讨人类文化本质的同一性具有重要意义。确实，人类文化起源于生产工具的发明、制造和运用。人类文化最根本的基础就是生产工具。看到了生产工具作为人类文化的基础这一点，就找到了人类文化同一性的根据。这是非常重要的，东方文化派的根本谬误就是不承认人类文化本质的同一性，把地域上不同的各民族的文化看成是完全不能相通的东西，以此作为他们拒绝西方文化的立足点。应该肯定，陶行知的上述观点尽管还不能说完全正确，但比起东方文化派来说，确实要高明得多，与唯物史观派的观点有相同或相通之处。这就为其理论后来发展到新民主主义文化观架设了一座思想桥梁。20 世纪 30 年代，接受了社会主义的陶行知更加自觉地运用唯物史观来分析人类文化的本质问题。他在《文化解放》一文中，对文化的本质、功用以及文化解放的对象、任务、方法和途径等一系

---

①② 《生活工具主义之教育》，载华中师范学院教育科学研究所主编：《陶行知全集》第 2 卷，湖南教育出版社 1985 年版，第 77、76—77 页。

列问题作了重要论述，进一步发展了他的文化思想。

他认为，人类文化可以作广义和狭义两种解释。从广义上看，“除了大自然之外，凡是人类所创造的一切都是文化了。凡是可以用来生产、战斗、交通、享乐、治理、思想的工具以及这些工具所引起的变化都可以当作文化看待了”。照这样看法，文化是与大自然相对起来的。世界上的一切可以分成两大类，一类是没有加上人工的，叫做自然；另一类是人工所创造的，叫做文化。他指出，这个定义虽然有其涵盖面广的优点，但是在这个广大的定义之下，研究讨论的工作是不易进行的。因此，他主张“从这广大的事物里抽出一部分来，特别叫它为‘文化’”，即所谓“狭义文化”。这部分文化“便是记录思想、传达思想、发展思想、改变思想的符号、工具和行动”。依此而言，在文化里面包含了书籍、报纸、戏剧、电影、学校教育、社会教育、民众运动、高深学术研究等等。值得注意的是，他特别强调指出：“文化所要记录、传达、发展、改变的思想乃是人类生活中心的思想，即是政治经济的思想。文化脱离了政治经济便成了不可思议。”“在本质方面看，文化工作是反映着人类经济政治的思想。”

从这种文化观出发，陶行知引导人们合乎逻辑地推论出下述结论：人类文化的产生和发展是同一的，只是由于近代各民族政治经济发展的不同，才导致中西文化出现巨大差异。而帝国主义的野蛮侵略与封建主义的专制统治又进一步加剧了这种差异。因此，要从根本上解决中西文化冲突，首先必须解决中国社会最紧迫的现实问题，即民族的解放和大众的解放，并且要运用文化工作作为“民族大众解放的斗争的武器”。

为了把文化从“小众”手里解放出来，使整个文化成为大众的文化，让大众更好地运用这一斗争武器实现自身的解放和民族的解放，陶行知大声疾呼要对文化从认识、工具、方法、组织、时间和新文化创造等方面实现解放。所谓“认识上的解放”，即把文化从各种错误歪曲的观念里（如文化无用论、文化万能论、文化静止论等）解放出来，明确文化是政治经济斗争的武器，这个武器的掌握不能靠等待，靠他人的恩赐，而应靠行动，靠人民大众自己的争取。所谓“工具的解放”，即推行大众易写易认的新文字，使大众在短期内就会写信、读书、看报，了解国家大事，提高思想觉悟。所谓“方法的解放”，即废除灌注的教授法，开展相互之自由讨论；打破知识封锁，把白话文解放成大众文；反对教而不做或学而不做，在行动上来推进大众文化。所谓“组织上的解放”，即把文化从“模范监牢”式的旧学校里解放出来，使它跑进大社会里去，提倡“社会即学校”，把茶馆、酒楼、戏院、破庙、茅棚、灶披、晒台，甚至于茅厕，都作为大众的课堂，把整个民族解放运动都当成大众的课程。所谓“时间上的解放”，即将学生从周考、月考、学期考、毕业考、会考等各类考试中解放出来，将大众从繁忙的工作中解放出来。所谓“新文化创造的解放”，即把新文化从文化界“刽子手”剪刀的虎口里解放出来。陶行知明确指出：“大众文化是大众的文化，是大众为自己推动的文化，是大众为自己谋幸福除痛苦而推动的文化。大众文化的解放是要大众运用集体的力量来争取的。它决不是小众可以送来的礼物。并且民族解放、大众解放、文化解放是一个分不开的运动。必得要联起来看，联起来想，联起来干，才会看得清楚，想得透彻，干得成功。”①

陶行知上述关于文化问题的主张，比较科学地界定了文化的概念，正确地阐明了人类文化的本质、物质文明与精神文明的关系，以及文化与政治经济的关系。尤其是他的“文化解放”的思想，充满了浓厚的战斗气息，具有鲜明的时代特色，以其独到的见解令当时的文化思想界耳目一新。

20 世纪 40 年代，陶行知的文化思想随着其文化实践的深入而日趋成熟。这突出体现在他明确提出了“民主的、大众的、科学的、创造的”四大方针。② 中国文化向何处去？中国文化的发展应走什么道路？这是陶行知毕生探索不辍的大问题。早年，他一度有过困惑、彷

① 《文化解放》，载华中师范学院教育科学研究所主编：《陶行知全集》第 3 卷，湖南教育出版社 1985 年版，第 75—80 页。

② 《大众的艺术》，载华中师范学院教育科学研究所主编：《陶行知全集》第 3 卷，第 581 页。

徨，也有过失误、挫折，但始终没有放弃自己的探索和追求。经过长期社会实践的磨炼和对各种新思潮的比较、鉴别，他逐渐认识到，无论是东方文化派的主张，还是西化派的主张，都不符合中国人民真正的愿望，都不是人民大众所需要的文化。因此，他在科学地总结中西文化论争的基础上，提出了“民主的、大众的、科学的、创造的”四大方针。这一文化主张虽然是当时政治形势的产物，虽然主要是就教育而言的，但同时也是陶行知晚期文化思想及他对中国文化发展道路独立思考的产物。它达到了当时人们所能达到的思想高度，在中国近现代思想文化史上无疑是十分杰出的。

众所周知，就在陶行知提出这一文化主张稍前的 1940 年 2 月，毛泽东在他的名作《新民主主义论》（又名《新民主主义的政治与新民主主义的文化》）中提出了“民族的科学的大众的文化”主张。这一文化主张是毛泽东对近百年来文化论争特别是五四以来文化论争的总结及对新民主主义文化的阐述，也显然是党内外马克思主义者和其他先进分子的智慧的结晶。陶、毛两人的文化主张，尽管在文字表述上略有差异（如陶没有毛所提到的“民族的”一条，而毛也没有陶所提到的“民主的”、“创造的”两条），但两人文化主张的精神实质是高度一致的。他们的文化主张互为补充，同时达到了时代的思想高度，在中国近现代思想文化史上均占有重要位置。尤为难得的是，两人的工作岗位和性质虽然大相径庭，但他们通过各自的探索都得出了相同或相近的结论。这说明，不同的人只要从同一立场出发，向着同一方向前进，不断地追求真理、追求进步，终究有一天会殊途同归，他们的思想学说也必然不谋而合、异曲同工。

三、对待中西文化的态度

如何对待中西文化，这是近代以来的一代代思想家、政治家经常面临的一个问题。在这个问题上，陶行知不像当时的东方文化派和西化派，或者固守传统文化、排斥西方文化，或者否定传统文化、全盘西化，而是以批判继承、融合创造的态度对待中西文化，力图对两者进行改造、消化，熔铸成新的统一体。

陶行知对待中西文化的态度是与他对中西文化的基本认识与评价联系在一起的。陶行知青少年时代便在教会学校和国外著名高等学府接受了严格、正规的西方文化熏陶，形成了崭新的价值观念、知识结构和思维方式，具有强烈的历史使命感和时代紧迫感，这使他得以有比同时代大多数人更高远的目光，将中国文化放到整个近现代世界文化的大参照系中判断其价值，从而得当现时中国文化在总体上落后于西方文化的结论："中国有四千余年的历史，二千余年的文化，照理讲来应该站在时代的最前线。"可是，"现在不但不能和欧美各国并驾齐驱，而且还处处跟人不上"。① 从这一基本认识出发，他主张要积极向西方学习，大力引进和介绍西方先进文化，变革中国传统文化，使中国"可以比骋列国，可以雄视寰球"②。与此相关，他提出用新的价值观念重新评判中国传统文化。他反对"沿袭陈法"、"以古进今"的泥古态度，指出："彼泥古之人以仍旧贯为能事。行一事，措一词，必求先例。有例可援，虽害不问；无例可援，虽善不行。然今昔时势不同，问题亦异。问题既异，方法当殊。故适于昔者未必适于今。徒执古人之成规，以解决今之问题，则圆枘方凿，不能相容，何能求其进步也?"③ 又说："有的人见古人怎样解决，我们也怎样解决，这种解决是不对的，是没进步的。因为古时现象不是与今日现象一样。所以以古进今的办法往往是错的。"④ 同时，他也反对"为了学习新的，就抛弃了一切旧的"⑤。就是说，他反对为了学习西方先

① 《目前中国教育的两条路线——教劳心者劳力，教劳力者劳心》，载华中师范学院教育科学研究所主编：《陶行知全集》第 2 卷，湖南教育出版社 1985 年版，第 597 页。

② 《民国三年之希望》，载华中师范学院教育科学研究所主编：《陶行知全集》第 1 卷，湖南教育出版社 1984 年版，第 34 页。

③ 《试验主义与新教育》，载华中师范学院教育科学研究所主编：《陶行知全集》第 1 卷，第 93—94 页。

④ 《教育与科学方法》，载华中师范学院教育科学研究所主编：《陶行知全集》第 1 卷，第 291 页。

⑤ 《民国十三年中国教育状况》，载华中师范学院教育科学研究所主编：《陶行知全集》第 1 卷，第 511 页。

进的东西，而不分青红皂白将本国传统的东西一概抛弃。

他认为对“本国以前的经验，如有适用的，就保存他；如不适用，就除掉他。去与取，只问适不适，不问新和旧”①。不合现实的，虽新不取；可以借鉴的，虽旧不去。他把中国封建儒学斥为“伪知识”，认为它是一种严重脱离实际经验的闭门造车，但又不流于彻底否定，认为“我国先秦诸子如老子、孔子、孟子、庄子、墨子、杨子、荀子等都能凭着自己的经验发表文字，故有独到的议论”②。他不提倡“整理国故”，但也不反对一部分人去整理国故，认为“整理国故如同清理银行帐目一样，是有他的位置的”③。他希望整理国故的先生们经过很缜密的工作之后，能够在被“伪知识”湮没之中理出“真知识”，即传统文化的精华。同时，他也提醒整理者要格外谨慎，千万不可毫无保留地陶醉于其中，以至于不能自拔，成为传统文化的盲目推崇者。这就使他与东方文化派或其他文化折中派划清了思想界限。

对待西方文化，他主张运用批评的态度和创新的观念，有选择地吸取和借鉴。他提倡学习西方，但反对一味抄袭、“仪型他国”，更反对西化派“全盘西化”的主张。在他看来，即使西方好的经验，也未必对我们都有用。他说，西方诸先进国家，久的有几百年，短的也有数十年，其经验可供参考者不少，“而不能采取得益者，亦复很多”，因此，他强调要考虑国情，“应该明辨择善，决不可舍己从人，轻于吸收”。结合中国近代教育发展的历史，他认为在这方面我们已有深刻的教训。我国兴办新式教育以来，“最初仿效泰西，继而学日本，民国四年取法德国，近年特生美国热，都非健全的趋向。学来学去，总是三不像”。④这种从外国照搬来的东西，“不论它们在本国多么富有成效，经这样照搬过来，是不会结出成功之果的”。他提出，对于

① ④ 《我们对于新学制草案应持之态度》，载华中师范学院教育科学研究所主编：《陶行知全集》第 1 卷，湖南教育出版社 1984 年版，第 191、190 页。

② ③ 《“伪知识”阶级》，载华中师范学院教育科学研究所主编：《陶行知全集》第 2 卷，湖南教育出版社 1985 年版，第 88、89 页。

西方的新理论、新方法，应“不再是生搬硬套，而是先存疑，考察，实验，然后才加以选择”。① 陶行知对那些“醉心西化，动辄效颦”的人提出严厉批评，认为他们“不知宜于彼者，未必皆宜于我”。②胡适在香港一次演讲中说，东亚大陆只有香港才能实行强迫教育、普及教育，并举出了三点理由：一是有钱，二是治安好，三是“接近外人，可借镜的地方很多”。陶行知驳斥说，照此说来，中国要普及教育，首先必须“变成香港”，才能“痛痛快快的来干它一个普及教育运动”。他嘲笑胡适：“到那时，不消说得，文学革命的巨子是一变而为英国远东殖民地普及教育之导师了。”③

陶行知明确指出，学习西方先进文化，应有一种“自新、常新、全新”的意识。所谓“自新”意识，即在坚持民族主体性的前提下，主动地吸收西方先进文化，从根本上实行自我改造。所谓“常新”意识，即始终保持对外开放，不间断地学习西方先进文化。否则，“今日新的事，到了明日未必新；明日新的事，到了后日又未必新”。所谓“全新”意识，即不单有外表形式的新，还要有内在精神的新，“这样才算是内外一致，不偏不畸”。④

20 世纪 20 年代以后，他开始运用唯物史观来看待中西文化问题，进一步明确提出必须继承优秀的中西文化，抛弃束缚人们思想的“老八股”和“洋八股”。他指出，反对“老八股”，“不是反对固有的优点”，“我们对于中国固有之美德是竭诚的拥护”；反对“洋八股”，“并不是反对外来的知识”，“我们对于外洋输入的真知识是竭诚的欢

① 《民国十三年中国教育状况》，载华中师范学院教育科学研究所主编：《陶行知全集》第 1 卷，湖南教育出版社 1984 年版，第 510—511 页。

② 《教育研究法》，载华中师范学院教育科学研究所主编：《陶行知全集》第 1 卷，第 66 页。

③ 《胡适的普及教育理论》，载华中师范学院教育科学研究所主编：《陶行知全集》第 2 卷，湖南教育出版社 1985 年版，第 772 页。

④ 《新教育》，载华中师范学院教育科学研究所主编：《陶行知全集》第 1 卷，第 122—123 页。

迎”。[1] 他主张在创造的基础上对中外优秀文化加以融合和发展，提出：在中西文化会合的伟大交流中，“文化是作进一步创造的基础，而不是仅仅创造一次以后便停止不前的东西”[2]。陶行知这种批判继承、融合创造中西文化的观点，无疑是极有价值的创造。

陶行知作为一名民主主义者，他于20世纪30年代接受了唯物史观，运用这一理论来解释人类文化的本质问题。他认为，文化应当分为广义与狭义两种。从广义来讲，除了大自然外，凡是人类所创造的一切都是文化，凡是可以用来生产、战斗、交通、娱乐、治理、思想的工具以及这些工具所引起的变化都可以当作文化。从狭义来看，人们为了表达自己的思想，反映自己的精神生活，特意创作出来的一些物质与非物质的东西就是文化，“特别叫它为‘文化’。这部分便是记录思想、传达思想、发展思想、改变思想的符号、工具和行动”[3]。这是他运用唯物史观作指导来给狭义文化所作的定义。“在本质方面看，文化工作是反映着人类经济政治的思想。”[4]

陶行知为文化所作的界定，较为科学地说明了文化的本体内涵，前者涵盖了文化的宏观层面，泛指人类物质文明与精神文明的总和；后者比较科学地区分了物质文明与精神文明的内涵，较为具体地阐明了文化的内涵。他强调：“文化所要记录、传达、发展、改变的思想乃是人类生活中心的思想，即是政治经济的思想。文化脱离了政治经济便成了不可思议。”[5] 根据这一观点，可以清楚地看出，人类文化的产生与发展是同一的，只是由于近代以来各民族经济政治发展的不平衡，才导致中西文化出现极大的差异，特别是帝国主义的侵略与封建主义的专制统治更加剧了这种差距。因此，陶行知运用历史唯物主义的观点得出结论：要从根本上解决中西文化上的差异与冲突，就必须

---

① 《告生活教育社同志书》，载华中师范学院教育科学研究所主编：《陶行知全集》第3卷，湖南教育出版社1985年版，第338页。

② 《出访二十六国日志》，载华中师范学院教育科学研究所主编：《陶行知全集》第3卷，第183页。

③ ④ ⑤ 《文化解放》，载华中师范学院教育科学研究所主编：《陶行知全集》第3卷，第75、76、77页。

解决中国社会存在的现实问题，促进民族的解放与大众的解放，并运用文化这一工具作为解放民族与大众的武器，真正推动全民族的解放。

陶行知之所以能够较为科学地阐明文化的本体内涵，就是因为他经过痛苦的抉择之后，接受了唯物史观，并且运用这一理论来指导文化理论研究，进而得出了科学的结论。

第四章　陶行知的精神世界（下）

第一节　教育学说

生活教育学说是陶行知在半殖民地半封建社会的特定历史条件下，本着救亡、启蒙的双重目的，在反传统教育和反洋化教育的斗争中，在长期的生活教育实践基础上，从中国的具体国情出发，通过充分借鉴中外各种教育思想的精华和总结自己教育实践的宝贵经验，所创建的独具特色的现代教育理论体系。它是一种反帝反封建，实现民族独立、民主自由和国家富强的特殊的战斗武器，曾在新民主主义革命斗争中发挥了巨大的作用。它还是一种开放发展、能够充分吸收各种信息、充满活力的教育理论体系。近一个世纪以来，特别是近三十多年来，经过不断丰富与发展，这一理论体系日臻成熟和完善，已对并且还将继续对当代中国教育发展产生明显的推动作用。

应该看到，生活教育学说与陶行知思想、生活教育原理，是三个既有联系又有区别的概念。从三者的联系来看，它们都属于理性认识的范围，都是陶行知对客观世界的某种反映，都对其教育实践具有能动的反作用。陶行知思想包括生活教育学说，而生活教育学说又包括生活教育原理，后者均系前者的具体内容和表现形式。而从三者的区别来看，陶行知思想是陶行知各方面思想因素（包括政治思想、哲学思想等）有机结合起来的统一整体，生活教育学说是陶行知生活教育理论诸要素有机结合起来的统一整体，而生活教育原理则是生活教育基本原理诸要素有机结合起来的统一整体。它们所反映的对象的内容不同，陶行知思想所反映的对象的内容是最丰富的，生活教育学说所反映的对象的内容较次之，而生活教育原理所反映的对象的内容最少。它们的外延也有差异，陶行知思想的外延最大，生活教育学说的外延次之，而生活教育原理的外延最小。看不到三者之间的内在联系，固然不对，但忽略了它们之间的差异，则更易误事。总之，把握三者的联系与区别，一方面能够提高我们辩证的理论思维水平，另一方面能使我们比较准确地把握和使用这些概念，有助于我们深入探讨生活教育理论。

生活教育学说是由概念范畴、命题原理和具体主张三个方面的内容构成的（当然，每个方面又包含着极其丰富的具体成分）。生活教育的概念范畴是陶行知对教育这种客观社会现象的最普遍本质的概括。这些概念范畴主要有："生活"（起始范畴）、"教育"、"社会"、"学校"、"教"、"学"、"做"、"合一"、"劳力"、"劳心"、"教人"、"教己"等。它们形成一个与众不同的范畴群。生活教育的命题是回答它的某些范畴所持的观点，是对范畴要素的初步展开，它反映着生活教育理论的基础性论断。而作为其核心命题的原理，则是生活教育理论的基本思想。这些命题主要有"生活即教育"、"社会即学校"、"教学做合一"、"在劳力上劳心"、"以教人者教己"、"即知即传"、"自觉觉人"、"手脑合一"、"行知合一"、"真善美合一"、"知情意合一"、"智仁勇合一"、"政富教合一"等。其中，"生活即教育"、"社会即学校"和"教学做合一"这三个核心命题，理所当然为生活教育的三大基本原理。以上命题共同构成一个颇具特色的原理群。至于生活教育的具体主张，则是对这些命题原理的进一步发挥和展开，其内容更加丰富多样，难以尽举，主要有："教育为公"、"机会均等"（教育目的与对象），"要使学生自动"、"要客观，要科学"、"因材施教"（教学原则与方法），"从丰富中求精华，从生活中求活的教材"、"普及与提高并重"和"要有系统，但也要有弹性"（课程与教材），"虚心、宽容与学生共甘苦，跟民众学习，跟小孩学习"和"肃清形式、先生架子、师生的严格界限"（教师），"单轨出发，多轨同归，换轨便利"（学制），"鼓励人民办学校，鼓励学生自己管自己的事，肃清官僚气的查案，以及资格的作风”（行政管理），“教人做真人”（德育），“诚为智育之本”（智育），“健康第一”（体育），“艺术教学做”（美育），“手脑联盟”（生产劳动教育），“学习为生活，生活为学习，只要活着就要学习”（终生教育），以及在平民教育、乡村教育、幼儿教育、女子教育、民族教育、职业教育、师范教育、高等教育和成人教育等方面的具体论述。而以上各种主张的精髓，是民主第一、全民教育、全面教育和终生教育这四大基本原则。这些生活教育理论的丰富内容，组合为一具体主张群。概括而言，范畴群、原理群和主张群，既相互独立又相互依存，相互渗透又相互制约，一起构成骨骼分明、血肉丰满的生活教育学说体系。

一、生活教育学说的来源

（一）“生活即教育”的来源

马克思主义认为，社会意识是社会存在的反映。要弄清楚某一种思想学说，必须首先从了解产生这种思想学说的社会来源入手。我们以教育与生活关系的演变为线索，对“生活即教育”产生的教育背景略作追溯。

从总体上说，在陶行知以前的教育发展史上，教育经历了一个与人民大众生活由融合到逐渐分离的过程。

在原始社会，教育与生活是融合在一起的。当时，由于劳动工具十分简陋，生产力水平很低，人们的劳动只能维持自身的生存，社会上没有剩余产品，生产资料为氏族公有，没有阶级和剥削，人们共同劳动，共同消费，过着平等的集体生活。当时也不存在脑力劳动与体力劳动的分工，没有文字和书籍，没有专门的教育机构和专职教师。年轻的后代是在生产劳动和社会生活的实践中接受长辈的教育。教育内容和方法非常简单，一般是结合着生产和生活实践，通过成年人的言传身教对儿童个别进行教育。教育对全氏族儿童一律平等，没有阶级性。当然，这时教育与生活的融合还极为初步、简单。

进入奴隶社会以后，教育就与生活分离了。随着生产力的发展，社会上有了剩余产品，出现了脑力劳动与体力劳动的分工，出现了剥削阶级和被剥削阶级，并产生了国家。国家产生以后，统治阶级需要一种专门机构培养其官吏和士。这样，专门的教育机构——学校教育就应运而生了。奴隶社会的教育具有明显的阶级性，只有奴隶主子弟能入学校学习，而劳动人民子弟只能在生产劳动和日常生活中，跟长辈学习一些为人之道和生产劳动的知识与技能。当时，学校教育同劳动人民原始形态的教育是并存的。奴隶主通过学校传播统治阶级思想，让自己的子弟学习统治阶级的意识形态、行为规范、伦理道德、射御戎战等治人之术，把他们培养成国家大大小小的统治者。而劳动人民原始形态的教育，主要是通过家传形式或师徒制传授生产经验和一些粗浅的文化知识，为社会培养劳动力，以维系社会生产的延续和发展。

到了封建社会，教育与生活出现进一步分离。在中国两千多年的封建社会中，只有封建统治阶级的子弟才有条件入校学习，而大多数劳动人民的子弟因交不起“束脩”而被排斥在学校大门之外。劳动人民基本上还是通过父传子、师带徒的形式，在生产劳动和社会生活实践中接受教育。自汉武帝确立“独尊儒术”之后，孔子首创的儒家思想成了占统治地位的正统思想，儒家经典变成了历代学校的教育内容。历代的选士和科举，虽在形式上或重经义，或重诗赋，或用八股取士等有所不同，但在内容上大都限定以儒家经典四书五经为标准。封建统治者通过科举控制了全国的教育，用儒家的封建伦理思想奴役人民，使教育服务于培养忠于封建主的奴才，因而也使学校逐渐成为科举的附庸，导致教育内容日趋形式化、教条化，更加脱离人民大众，脱离生活实际。

1840年鸦片战争以后，由于西方列强的入侵，中国开始由封建社会沦为半殖民地半封建的社会，从而也产生了半殖民地和半封建的文化教育。清末以来，在资产阶级革命派和维新派的推动下，出现了废科举、兴学校的教育改革运动，政府颁布了新学制，翻译了不少外国的教科书，引进了从赫尔巴特到杜威等西方人的教育理论和方法。这些对中国教育从传统向现代过渡都起了某些积极的作用。但由于中国仍处于半殖民地半封建的社会历史条件下，整个国家教育的性质和面貌并没有得到根本的改变。在当时的新式学堂里，声光化电代替了子曰诗云，但读书做官等传统教育思想仍然支配着学校，“老八股”教育和“洋八股”教育合流，教育仍然严重脱离社会生活实际，尤其是脱离人民大众的生活实际。正是在这样一种历史背景下，针对传统教育和洋化教育的弊端，陶行知提出了“生活即教育”的主张。

（二）“社会即学校”的来源

关于“社会即学校”产生的教育来源，实际上在前面分析“生活即教育”产生背景时已涉及了，这里只想再略微说明一下。

如前所述，在原始社会里，由于生产力十分低下，社会上没有剩余产品，生产资料为氏族公有，没有阶级和剥削，也不存在脑力劳动与体力劳动的分工，没有文字和书籍，也没有出现学校这种专门的教育机构。从某种意义上说，这个时候，“社会就是学校”①。

进入奴隶社会以后，随着生产力的发展，社会上有了剩余产品，出现了剥削阶级和被剥削阶级，产生了脑力劳动与体力劳动的分工，并产生了国家。这时，统治阶级需要一种专门机构来培养和造就官吏和士，于是产生了学校。学校从以劳动为目的的教育领域里分离出来，具有独立的存在形态。这在人类文明史和教育史上都是一个划时代的进步。但是，由于阶级的出现，学校教育的对象只是奴隶主和地主阶级的子弟，至于劳动人民子弟则只能在学校大门外“望门兴叹”，仍旧在生产劳动和社会生活的实践中，接受以劳动为中心的教育。而统治阶级的子弟在学校里学习他们的意识形态、行为规范、伦理道德等有关统治劳动人民的“治人之术”。这样，学校不仅对社会上的广大人民群众关上了大门，也与活生生的社会生活隔绝开来，形成社会自社会、学校自学校的局面。

近代以来，在西方文化的冲击下，随着中国传统社会结构的演变，中国传统教育也产生了明显的变化：废科举，兴学校，颁布新学制，引进西方各种先进的教育理论和方法。学校的大门逐渐向社会民

① 《生活即教育》，载华中师范学院教育科学研究所主编：《陶行知全集》第 2 卷，湖南教育出版社 1985 年版，第 183 页。

众开放，学校教育的内容也开始接近社会生活。但是，由于当时中国处在半殖民地半封建的社会历史条件下，学校教育的性质和面貌没有也不可能有真正的改变。“新学办了三十年，依然换汤不换药，卖尽气力，不过把‘老八股’变成‘洋八股’罢了。‘老八股’与民众生活无关，‘洋八股’依然与民众生活无关。”① 仍然是学校自学校，社会自社会，教育严重脱离人民大众的社会生活实际。针对传统教育和洋化教育的弊端，从推广大众教育的目的出发，陶行知在提出“生活即教育”的同时，又提出了“社会即学校”。

（三）“教学做合一”的来源

陶行知认为，传统教育注重机械灌输，呆读死记，重教轻学，脱离实践，重知轻行，手脑两分，层层考试，束缚学生。教学中采取填鸭式教学法（又叫注入式教学法），不顾学生实际情况，一味死灌，教师讲，学生听；教师写，学生抄；教师问，学生答；教师主宰整个教学过程，学生毫无任何主动性和积极性。而且，“先生教而不做，学生学而不做”②，教师为教而教，学生为学而学，教与学都与“做”脱离，轻视行动，手脑分家，“教用脑的人不用手，不教用手的人用脑”，读书的人除劳心以外，不去劳力；除读书以外，不去做工，以致不能生产，而“作工的人除劳力以外，不去劳心，除做工以外，不去读书，以致不能自保其利益，而受他人的横搜直刮”。③ 针对这一问题，陶行知在倡导“生活即教育”、“社会即学校”的同时，又提出了“教学做合一”的主张。

① 《生活工具主义之教育》，载华中师范学院教育科学研究所主编：《陶行知全集》第 2 卷，湖南教育出版社 1985 年版，第 76 页。

② 《乡村工学团试验初步计划说明书》，载华中师范学院教育科学研究所主编：《陶行知全集》第 2 卷，第 594 页。

③ 《目前中国教育的两条路线——教劳心者劳力，教劳力者劳心》，载华中师范学院教育科学研究所主编：《陶行知全集》第 2 卷，第 598 页。

二、生活教育学说的形成与发展

（一）“生活即教育”的形成与发展

陶行知“生活即教育”的理论是在一定的理论背景下提出来的。这个理论背景就是20世纪上半叶杜威“教育即生活”等实用主义教育思想在中国教育界的广泛流行。

“教育即生活”是杜威实用主义教育学说的一个基本原理和主张。这一思想是杜威针对20世纪初叶美国学校教育严重脱离社会生活实际的现状，以及英国教育家、社会学家斯宾塞“教育是将来生活的预备”的主张而提出来的。杜威基于实用主义的经验论，认为“教育就是经验的改造或改组。这种改造或改组，既能增加经验的意义，又能提高后来经验进程的能力”①。他把教育视为从已知经验到未知经验的连续过程，是经验不断增加的过程。经验的获得又总是和社会生活实践分不开的，因而“教育是生活的过程，而不是将来生活的预备”②。由此出发，他进一步提出“学校即社会”、“儿童是中心”和“从做中学”等主张。这些教育主张对于改革美国的传统学校教育，以适应当时处于急剧变化中的美国社会的发展，曾起到一定的积极作用。

20世纪20年代前后，伴随着民主政体的建立，资本主义经济的初步发展，中西文化交流的日益加强，杜威“教育即生活”等实用主义教育思想也逐渐传入中国。民国元年，经蔡元培等人的介绍，实用主义教育思想开始传入中国。③ 五四运动期间，杜威来华讲学，实用主义教育思想成为现代中国传播最广、影响最深的一种西方资产阶级

---

①② 赵祥麟、王承绪编译：《杜威教育论著选》，华东师范大学出版社1981年版，第159、4页。

③ 参见蔡元培1912年4月发表的重要文章《对于教育方针之意见》。该文曾指出：“曰实利主义之教育，以人民生计为普通教育之中坚。其主张最力者，至以普通学术，悉寓于树艺、烹饪、裁缝及金、木、土工之中。……今日美洲之杜威派，则纯持实利主义者也。”后来，蔡元培在1918年5月30日天津青年会的演讲《新教育与旧教育之歧点》和1919年3月15日北京青年会的演讲《贫儿院与贫儿教育的关系》中，又多次对此加以论及。

教育思潮。杜威1919年4月30日到上海，1921年7月11日离北京回国，历时两年又两月余，先后到直隶、山东、山西、湖北、湖南、江苏、江西、浙江、福建、广东等11省讲演，在北京、南京两地作系统演说，在北京高师、南京高师两校讲学。当时报刊大量发表他的讲演，如《新教育》杂志1—3卷各期均宣传杜威的哲学和教育理论，第3期出了“杜威专号”。北京晨报社出版了《杜威五大讲演》，两年内印行达十几次。他在北京高师的讲演已记录编成了《平民主义与教育》，在南京高师的讲演记录，也编成《杜威教育哲学》，于1922年由商务印书馆出版。他的学生胡适、蒋梦麟、陶行知等人以及教育界人士在这期间发表了许多论著宣传实用主义哲学和教育理论。一时间，杜威实用主义教育思想风靡全中国，“教育即生活”等主张也成为中国教育界的口头禅。

不容否认，在封建传统教育思想仍然在中国教育界占有某种支配地位的历史条件下，在生活自生活、教育自教育，两者渺不相关、毫无联系的情况下，杜威的“教育即生活”等实用主义教育思想被引进到中国来，以反对中国传统教育中的形式主义，是具有某种进步意义的，也的确产生了一定的积极作用。但是“教育即生活”等主张毕竟是杜威针对20世纪初美国教育所存在的问题而提出的，是美国社会文化环境的产物，且不论其政治倾向是资产阶级的，哲学基础是非科学的，即使其基本内容多有合理之处，也不能完全适合中国的国情，真正解决中国教育所存在的问题。

基于此因，陶行知经过一番亲身体验之后，终于幡然醒悟，痛下决心，从“教育即生活”的信奉者一变而为批判者，针锋相对地提出了他有名的“生活即教育”主张。他曾讲过：我可以说“教育即生活”是杜威先生的教育理论，也是现代教育思潮的中流。我从民国六年起便陪着这个思潮到中国来。八年的经验告诉我说：“此路不通。”在山穷水尽的时候才悟到“教学做合一”的道理，所以“教学做合一”是实行“教育即生活”碰到了墙壁把头碰痛时所找出来的新路。“教育即生活”的理论至此乃翻了半个筋斗。……没有“教育即生活”的理论在前，决产生不出“教学做合一”的理论。但到了“教学做合一”的理论形成的时候，整个教育便根本改变了方向。这个新方向是“生活即教育”。他还指出：“‘教育即生活’这句话，是从杜威（John Dewey）先生那里来的，我们在过去是常常用他，但是，从来没有问过这里边有什么用意。现在，我把他翻了半个筋斗，改为‘生活即教育’。”① 由此可见，陶行知的“生活即教育”主张是对杜威“教育即生活”主张直接改造的结果，它与“教育即生活”既有某种思想上的联系，也有本质的区别。

综上所述，陶行知的“生活即教育”并非无的放矢，全凭臆想，更非无源之水，无本之木，而是在一定的社会背景（特别是教育背景和理论背景）下产生的。

（二）“社会即学校”的形成及发展

“社会即学校”是陶行知生活教育学说的一个基本原理。它是紧随着“生活即教育”而来的，是“生活即教育”在理论上的自然延伸，指示着“生活即教育”的范围。换句话说，它是“生活即教育”的横向拓展，是陶行知教育学说的领域论（或曰场所论、范围论）。学习和研究陶行知的教育学说，不能不对这一原理有所了解。

如果说，“生活即教育”的理论背景是 20 世纪上半叶杜威“教育即生活”在中国教育界的广泛流行，那么，“社会即学校”的理论背景就是杜威另一个主张“学校即社会”的喧嚣一时。

“学校即社会”是紧随着“教育即生活”而来的。杜威在提出了“教育即生活”后，又提出了“学校即社会”。杜威认为，学校是一个重要的社会机构，这个机构早在有了文字交往之后就出现了，目的是为了世代传递社会遗产，为了有效地进行社会交往。作为一种典型的社会环境，学校担负着特定的培养人才的任务。学校具有三种特殊功能：一是学校能将错综复杂的社会生活简单化，为青少年提供一个简化的环境，使青少年将分成若干部分的复杂文化，逐步地、分阶段地吸收，不至于陷于混乱，无所适从；二是学校能尽量排除现存环境中

① 《生活即教育》，载华中师范学院教育科学研究所主编：《陶行知全集》第 2 卷，湖南教育出版社 1985 年版，第 180 页。

无价值的东西，不让其影响儿童的心理习惯；三是学校为每个人提供了一个不受社会团体限制的社会，为人们创造了一个新的、广阔的学习环境。为了使学校正常发挥功能，他指出，学校应该具有社会生活的全部含义。这一看法与他对教育的理解是一致的，教育既然是一种社会过程，学校便是社会生活的一种形式。学校应办成一个小型的或雏形的社会。社会上的各种机构在学校里都可以模拟，使学生在学校就能接触到丰富的社会生活实践。具体说来，社会上的一切，如公安局啦，卫生局啦，市政厅啦，诸如此类，都可以请到学校里来，使之应有尽有，成为一个小型社会。

杜威抨击与世隔绝的经院式的学校，要求学校富有生活气息，并且对学校的各个方面的性质作了理论上的探索，在当时是相当引人注目的，具有很大的影响，对扭转美国教育的时弊起了一定的积极作用。

五四运动期间，杜威来华讲学，在宣传其“教育即生活”的同时，也宣传了“学校即社会”。“学校即社会”与“教育即生活”一样，一时被中国教育界许多人奉为圭臬，深信不疑。

应该承认，比起学校自学校、社会自社会的情形，“学校即社会”的提出显然是一个进步。它对纠正中国传统学校完全脱离社会生活实际的弊端，确实产生了某些积极作用。然而，杜威的“学校即社会”是有相当的局限性的。其错误的政治倾向和不科学的哲学基础暂且不说，即便是其基本内容，也多有谬误，况且拿到与美国社会文化环境差异颇大的中国，更显得方枘圆凿。

早期的陶行知，在接受和传播杜威“教育即生活”的同时，也接受和传播了“学校即社会”。但是，经过一段时期的实践之后，他发觉不论是“教育即生活”还是“学校即社会”，在中国都行不通，一遇到中国的具体实际，就必然碰壁。现实告诉他，“学校即社会”是不适合中国国情的。于是，他从中国的具体实际出发，又把“学校即社会”翻了半个筋斗，改为“社会即学校”。

由此可见，陶行知的“社会即学校”，是针对传统教育和洋化教育的弊端，从推广大众教育的目的出发，在其教育实践的基础上，直接改造杜威“学校即社会”的结果。

三、生活教育学说的基本范畴和三大命题

“生活即教育”是陶行知教育学说的基本原理之一，在陶行知生活教育学说的整个理论体系中占有中心位置，居于主导性地位，对其他基本原理和具体主张起着一种支配和决定的作用。

（一）生活教育学说的基本范畴

1. “生活”、“教育”范畴

“生活”范畴是陶行知教育学说的基本概念，也是其整个理论体系的逻辑起点。陶行知对“生活”范畴的阐释，与人们对“生活”的一般理解不尽相同。他的“生活”范畴，具有特定的含义。正是以这个含义独特的“生活”范畴为理论基石，陶行知构筑起他的整个教育学说的理论体系。关于“生活”范畴，陶行知在不同时期、不同场合，针对不同问题作过不同解释。从总体上说，其基本含义主要有两点：一是泛指一切生物的生存和发展的活动，即“有生命的东西，在一个环境里生生不已的就是生活”①；二是特指构成社会历史的主体——人类的全部生活实践，即“生活主义包含万状，凡人生一切所需皆属之”②，“所谓‘做’是包涵广泛意味的生活实践的意思”③。它既包括个人生活和社会生活，又包括物质生活和精神生活。而且，社会的物质生活实践始终是其中居于首要地位的因素，决定、制约着其他方面的生活实践。上述两层基本含义不是相互对立、相互排斥的，而是相互补充、相互阐明的。

陶行知的“生活”范畴是从杜威那里借过来的，但与杜威的“生活”范畴在内容实质上有根本区别。杜威的实用主义教育学说也是以

---

① 《生活即教育》，载华中师范学院教育科学研究所主编：《陶行知全集》第 2 卷，湖南教育出版社 1985 年版，第 180 页。

② 《生利主义之职业教育》，载华中师范学院教育科学研究所主编：《陶行知全集》第 1 卷，湖南教育出版社 1984 年版，第 78 页。

③ 《教育生活漫忆》，载华中师范学院教育科学研究所主编：《陶行知全集》第 3 卷，湖南教育出版社 1985 年版，第 623 页。

"生活"范畴作为其整个理论体系的逻辑起点的。他说:"生活就是通过对环境的行动的自我更新过程。""生活的延续就是环境对生物需要的不断的重新适应。"又说:"我们使用'生活'这个词来表示个体的和种族的全部经验。"① 还说:"学校必须呈现现在的生活——即对于儿童说来是真实而生气勃勃的生活。"② 杜威所说的"生活",是一个从生物学中引申出来的范畴,是生物有机体适应环境的"刺激—反应",是个人应对环境、适应现实的行为,而不是以人民大众为主体的、以生产劳动为首要内容的改造社会、征服自然的社会实践。陶行知借用了杜威的"生活"范畴,并赋予其新的含义。他不是一般地谈论生物为生存和发展而进行的活动,而是着重指构成社会历史的主体——人类的生活实践;他不是毫无主次地开出一份包括各种生活内容的清单,而是把制造和使用工具的生产劳动视为生活的首要内容;他不是指个体的、消极适应性的生活,而是指社会的、积极能动的实践。他所说的"生活"包括制造和使用工具的生活,健康的、劳动的、科学的、艺术的和社会的生活,民族解放斗争的生活,争取民主、自由、平等的生活,等等。简言之,如果说,杜威的"生活"实质上是指人们应对和适应眼前资本主义社会的现实生活的各种活动,那么,陶行知的"生活"实质上就是指半殖民地半封建中国人民大众反帝反封建、争取民族独立、民主平等和社会发展的全部社会实践。

当然,陶行知的"生活"范畴本身也有一个发展演进的过程。起初,它的含义还比较笼统和抽象,并不十分明确和具体,尚未与杜威的"生活"范畴完全划清思想界限,后来,随着其教育实践的逐步深入和思想认识的不断提高,它才逐渐明确和具体起来,走出杜威实用主义哲学思想和教育学说的樊篱,日益接近历史唯物主义的"生活"观。

---

① [美]杜威著,王承绪译:《民主主义与教育》,人民教育出版社 1990 年版,第 2—3 页。

② 赵祥麟、王承绪编译:《杜威教育论著选》,华东师范大学出版社 1981 年版,第 4 页。

“教育”范畴是陶行知教育学说中与“生活”范畴具有同等重要地位的又一基本概念，它与“生活”范畴有着密切的联系。谈“生活”必然涉及“教育”，谈“教育”也必然涉及“生活”。没有离开“生活”的“教育”，也没有离开“教育”的“生活”。两者是一而二、二而一的关系。离开了“生活”和“教育”这两个范畴，陶行知教育学说的理论体系就不可能建立起来。因此，我们在弄清了“生活”范畴之后，有必要考察一下“教育”范畴。

与“生活”范畴一样，关于“教育”范畴，陶行知在不同时期、不同场合，针对不同问题时也作过不同解释。大致说来，它有两层意思。第一，教育是培养人的活动。用他的话说，“教育是教人化人”①，“教人做人”②，“使人天天改造，天天进步，天天往好的路上走”③，是“引人向上向前生活”④。第二，教育是“生活的改造”⑤，是“民族解放、大众解放、人类解放之武器”⑥。培养人与改造生活这两种活动又是密不可分、相互推动的。它是一个事物的两个方面。前者是教育的本质，后者是教育的功能。教育的根本作用就是通过培养人来改造生活。如前所述，陶行知所说的“生活”，既包括个人生活，又包括社会生活。所以，教育改造生活实质上是改造社会生活，即改造半殖民地半封建中国的社会生活，以实现民族解放、大众解放和人类解放。

陶行知的“教育”范畴也是从杜威那里借用过来的，却与杜威的“教育”范畴在内容实质上存在本质差异。杜威认为，“教育就是经验

---

①⑤《地方教育与乡村改造》，载华中师范学院教育科学研究所主编：《陶行知全集》第2卷，湖南教育出版社1985年版，第128页。

②《空前之全国教育大会》，载华中师范学院教育科学研究所主编：《陶行知全集》第1卷，湖南教育出版社1984年版，第458页。

③《新教育》，载华中师范学院教育科学研究所主编：《陶行知全集》第1卷，第123页。

④《桂林战时民众教育工作人员须知》，载华中师范学院教育科学研究所主编：《陶行知全集》第3卷，湖南教育出版社1985年版，第299页。

⑥《谈生活教育——致一位朋友》，载华中师范学院教育科学研究所主编：《陶行知全集》第5卷，湖南教育出版社1985年版，第477页。

的改造或改组”①，“教育是生活的过程，而不是将来生活的预备”②，“教育就是不断生长”③（简称“教育即经验的改造”，“教育即生活”，“教育即生长”）。三句话含义相同，互为表里。他提出这样的概念，是针对传统教育的。他认为，传统教育远离生活，不适应美国现实的需要，应该把社会生活的内容当作教育的主要内容。资本主义社会需要什么，学校就教什么。这种教育虽然较传统教育离社会近了一点，注意到社会的实际需要，但并未真正解决好教育与生活的关系，而且它的服务对象不是人民大众，而是在资本主义社会居统治地位的资产阶级。

陶行知成功地改造了杜威的“教育”范畴，使之含有新的内容。他从半殖民地半封建中国的社会现实出发，把培养人与改造社会的生活联系起来，提出“生活即教育”、“教育就是社会改造”。他把人民大众反帝反封建、改造中国的社会生活作为教学的首要内容，把教育看成是社会改造的重要工具，并进一步提出了“教育是民族解放、大众解放、人类解放之武器”。它正确地认识并阐明了教育的本质、功能与服务对象，把教育与生活真正地结合起来，为广大人民群众尤其是其中的工人和农民及其子女服务。他的教育观不仅具有鲜明的阶级倾向，而且充满时代气息，是对传统教育观的一次革命性改造。正如他自己所说：“这种教育观，是把教育从游戏场、陈列室解放出来，输送到战场上去。”④

陶行知对教育的认识是在不断深化的。五四时期，他对教育的看法与杜威的观点没有什么很大差异，肯定杜威“教育是继续经验的改造”的说法。他说：“‘教育’是什么东西？照杜威先生说，教育是继续经验的改造（Continuous reconstruction of experience）。我们个人

---

①③ ［美］杜威著，王承绪译：《民主主义与教育》，人民教育出版社1990年版，第82、57页。

② 赵祥麟、王承绪编译：《杜威教育论著选》，华东师范大学出版社1981年版，第4页。

④ 《谈生活教育——致一位朋友》，载华中师范学院教育科学研究所主编：《陶行知全集》第5卷，湖南教育出版社1985年版，第477页。

受了周围的影响，常常有变化，或是变好，或是变坏。教育的作用，是使人天天改造，天天进步，天天往好的路上走；就是要用新的学理，新的方法，来改造学生的经验。”① 在创办晓庄学校、推行乡村教育时期，他通过自己的教育实践开始认识到杜威“教育”范畴的不足，尝试着从其他角度来重新界定“教育”范畴。比如，他把教育与人类生活实践首要内容的制造工具和使用工具的生产劳动联系起来，提出：“教育是什么？教育是教人发明工具，制造工具，运用工具。”② 又如，他把教育与社会生活的改造联系起来，提出：“教育就是生活的改造。”③ 由于他此时对“生活”范畴的具体内容认识还不十分明确和具体，所以，这时的教育观还残留着一定程度的杜威教育观的痕迹。20 世纪 30 年代以后，随着民族危机的空前加剧和抗日民族运动的蓬勃高涨，他的教育观发生了根本变化，明确认识到：“教育不是玩具，不是装饰品，不是升官发财的媒介。教育是一种武器，是民族、人类解放的武器。”④ 这表明他的教育观已完全摆脱了杜威思想的影响，形成了个人的独特风格。

弄清了陶行知教育学说中“生活”和“教育”范畴的含义和实质，就为我们下面学习和掌握“生活即教育”命题（原理）的含义和实质，打下了初步基础。

2.“社会”、“学校”范畴

“社会”、“学校”范畴与“生活”、“教育”范畴一样，也是陶行知教育学说的基本概念之一。在分析了“生活”、“教育”范畴之后，有必要进一步探讨“社会”、“学校”范畴的含义。

---

① 《新教育》，载华中师范学院教育科学研究所主编：《陶行知全集》第 1 卷，湖南教育出版社 1984 年版，第 123 页。

② 《生活工具主义之教育》，载华中师范学院教育科学研究所主编：《陶行知全集》第 2 卷，湖南教育出版社 1985 年版，第 77 页。

③ 《地方教育与乡村改造》，载华中师范学院教育科学研究所主编：《陶行知全集》第 2 卷，第 128 页。

④ 《告生活教育社同志书》，载华中师范学院教育科学研究所主编：《陶行知全集》第 3 卷，湖南教育出版社 1985 年版，第 338 页。

首先需要说明，陶行知对“社会”范畴没有作过什么专门论述，我们主要是从他对“社会”范畴使用的有关情况来了解这一范畴的基本含义。大致说来，他的“社会”范畴主要有两层意思：一是泛指各种由于种种利益关系而互相联系起来的人群及其组织，二是特指以工农为主体的人民大众及其组织（例如“工学团”、“文化细胞”、“文化网”等等）。

陶行知的“社会”范畴是一个与其“生活”范畴有着内在联系的概念。他的“生活”范畴主要是指人民大众的生活实践，与之相应，他的“社会”范畴也主要是指人民大众的生活组织（场所）。人民大众生活在一定的组织（场所）里，结成一定的社会关系，从事其生活实践。他们在这种组织（场所）里，相互之间发生作用，通过生活与生活的摩擦以及生活的变化和斗争，意识到自己的生活，不断地加以改进，从而共同得到提高。

在某种意义上，陶行知倡导“工学团”、“文化细胞”、“文化网”等，都是其“社会”范畴的具体体现。什么叫做“工学团”？“工学团”是陶行知自创的一个名词。依他的解释：“工是工作，学是科学，团是团体。说得清楚些是，工以养生，学以明生，团以保生。说得更清楚些是，以大众的工作，养活大众的生命；以大众的科学，明了大众的生命；以大众的团体的力量，保护大众的生命。”“工学团是一个小工场，一个小学校，一个小社会。在这里面是包含着生产的意义，长进的意义，平等互助、自卫卫人的意义。它是将工场、学校、社会

陶行知亲自到夏家宅工学团指导工作

打成一片，产生一个富有生活力的新细胞。”他指出：“工学团可大可小，从几个人的家庭、店铺，几十个人的学校、庙宇，几百个人的村庄、监狱，几千人的工厂，几万人的军队，都可造成一个富有意义的工学团。”他还特别说明：“团不是一个机关，不是一个工学的机关。假使它只是一个工学的机关，那便成了一个半工半读的改良学校而不是工学团。团是团体，是力的凝结，力的组织，力的集中，力的共同发挥。”① 人民大众正是生活在这种团体里，团结起来，集中力量，保护自己的利益，抵御敌人的进攻，争取民族民主斗争的胜利。

“文化细胞”是陶行知自创的又一名词。他认为，为了适合大多数人的生活，便利大多数人继续不断地长进，必须创造一种下层文化的组织。这种组织便叫“文化细胞”。他提议：“每一家，每一店铺，每一工厂，每一机关，每一集团组成一个文化细胞。这种细胞里的分子有两种：一是识字的，一是不识字的。我们叫每一个细胞里的识字分子教导不识字分子，说得正确些，我们要叫识字分子取得现代知识精神，连文字一同教给不识字的分子。这样一来，每个文化细胞里的分子都能继续不断的长进。”他还指出：“这种文化细胞在山海工学团范围以内叫做工学队，为工学团最下层之组织单位。俞塘称它为生活教育团，安徽省会称它为普及教育团。有人建议称它为自学团或共学团。”②

在“文化细胞”的基础上，陶行知建议形成一个“文化网”。他说：“文化细胞虽是最下层的组织，但是光棍的细胞是没有多大用处，我们必须把一个个的‘文化细胞’联合起来，结合一个文化网。”“在都市里，每一铺户里的识字者与不识字者组织一个生活教育团，继续不断的共同教学做，便成了一个‘文化细胞’。有了这个‘文化细胞’的组织，这一铺户里的人便可以活到老做到老，教到老学到老。如果

① 《普及什么教育》，载华中师范学院教育科学研究所主编：《陶行知全集》第 2 卷，湖南教育出版社 1985 年版，第 636—637 页。

② 《文化细胞》，载华中师范学院教育科学研究所主编：《陶行知全集》第 2 卷，第 828—829 页。

一条街上之‘文化细胞’都联了起来，成了一街的文化组织，再进一步，一区的街文化组织都联了起来，成了一区的文化组织，以至全市的文化组织，那便是有了文化网的作用了。我们可以称它为街文化网、区文化网、市文化网。乡下的可以称为村文化网、乡文化网等等。”① 不难发现，这种“文化细胞”和“文化网”，既是人民大众的生活组织，又是其文化组织，均为陶行知“社会”范畴的具体化。显然，这与杜威的资产阶级的“社会”范畴是截然不同的。

“学校”与“社会”是同一命题（原理）的两个相关范畴。如同谈“生活”必然涉及“教育”一样，谈“社会”也必然关联到“学校”。

那么，陶行知的“学校”范畴有哪些基本含义呢？概括起来有两层含义：一是指正规的、专门的教育机构，也就是人们通常所理解的学校；二是指人民大众生活的场所，即“整个的社会是生活的场所，亦即教育之场所”②。从他一贯论述的重心来看，显然更为重视后者，这与杜威也是大不相同的。

当然，陶行知的认识有一个发展变化的过程。最初，他的“学校”范畴的含义与杜威没有根本不同。他在 1919 年的一次题为《新教育》的演讲中指出：“要使学校成为一个小共和国，须把社会上一切的事，拣选他主要的，一件件的举行起来。不要使学生在校内是一个人，在校外又是一个人。要使他造成共和国民的根基，须在此练习。对于身体方面、道德方面、政治方面，凡国民所不可不晓得的，都要使他晓得，那学校便成为具体而微的社会了。”③ 尽管在讲演中他已指出学校是小的社会，社会是大的学校，但从所讲的重心来看，此时的重点是放在前面的，是围绕着“学校即社会”来展开立论的。

---

① 《文化网》，载华中师范学院教育科学研究所主编：《陶行知全集》第 2 卷，湖南教育出版社 1985 年版，第 830 页。

② 《生活教育》，载华中师范学院教育科学研究所主编：《陶行知全集》第 2 卷，第 633—634 页。

③ 《新教育》，载华中师范学院教育科学研究所主编：《陶行知全集》第 1 卷，湖南教育出版社 1984 年版，第 126 页。

这里的“社会是大的学校”还不能简单地等同于日后的“社会即学校”，至多只能视为“社会即学校”的萌芽。在平民教育运动中，陶行知通过总结推行杜威的“学校即社会”的教训，开始对传统的和洋化的学校观进行反思，他逐渐认识到，在半殖民地半封建社会的历史条件下，传统的学校教育那一套是无法适应人民大众的社会现实生活的需要的，应该对旧的学校来一个根本的改造。因此，他从推广人民大众教育的目的出发，在充分考虑到人民大众现实处境的基础上，直截了当地提出“社会即学校”，把人民大众的生活场所都当成教育的场所，整个社会就是一所大学校。这就彻底改造了旧的学校观，使其“学校”具有不同于杜威的思想新质。明白了陶行知教育学说中“社会”和“学校”范畴的含义，这就为下面分析“社会即学校”的含义和实质创造了必要前提。

（二）三大命题的内涵

1. “生活即教育”的内涵

概括起来主要包括如下三层意思。

第一，从生活的角度说，“生活含有教育的意义”。陶行知认为：“教育的根本意义是生活之变化。生活无时不变即生活无时不含有教育的意义。因此，我们可以说：‘生活即教育。’”① “生活含有教育的意义”来源于“生活具有教育的作用”。后者原是瑞士资产阶级民主主义教育家裴斯泰洛齐1826年在其论著《天鹅之歌》中最早提出的一条重要的教育原则。后来杜威接受了这条原则，继续加以阐发，肯定“一切沟通（因而也就是一切真正的社会活动）都具有教育性”，“共同生活过程本身也具有教育作用”，② 杜威旨在反对美国当时脱离社会生活的学校教育。陶行知在反对传统教育和洋化教育的过程中，批判地继承了这一教育思想，并根据中国的国情，加以创新和发展，

① 《生活教育》，载华中师范学院教育科学研究所主编：《陶行知全集》第2卷，湖南教育出版社1985年版，第633页。

② ［美］杜威著，王承绪译：《民主主义与教育》，人民教育出版社1990年版，第6—7页。

使之具有新的思想内容。他在给“生活教育”下定义时，始终将“用生活来教育”作为最重要的内涵之一。所谓“用生活来教育”，就是承认生活的教育作用，相信生活含有教育的意义。

生活为什么能起教育的作用？生活又怎样起教育的作用？陶行知认为：“生活与生活一磨擦便立刻起教育的作用。磨擦者与被磨擦者都起了变化，便都受了教育。”① 他用唯物辩证法的观点来分析生活如何起教育的作用，从生活的矛盾斗争中看到了生活的教育作用，认为“受过某种教育的生活与没有受过某种教育的生活，磨擦起来，便发出生活的火花，即教育的火花，发出生活的变化，即教育的变化”②。生活又怎样起教育的作用？陶行知指出：“过什么生活便是受什么教育：过康健的生活便是受康健的教育；过科学的生活便是受科学的教育；过劳动的生活便是受劳动的教育；过艺术的生活便是受艺术的教育；过社会革命的生活便是受社会革命的教育。”③ 又说：“过好的生活，便是受好的教育；过坏的生活，便是受坏的教育；过有目的的生活，便是受有目的的教育；过糊里糊涂的生活，便是受糊里糊涂的教育；过有组织的生活，便是受有组织的教育；过一盘散沙的生活，便是受一盘散沙的教育；过有计划的生活，便是受有计划的教育；过乱七八糟的生活，便是受乱七八糟的教育。”④ 他强调把自己“放在社会的生活里，即社会的磁力线里转动，便能通过教育的电流，射出光，放出热，发出力”⑤。

第二，从教育的角度说，“教育以生活为中心”，通过生活来进行，以求得生活的向前向上与提高。陶行知在研究作为现实世界的教育现象时，是把教育与社会生活实践紧密联系起来进行考察的。他认为，生活与教育是同一过程，教育不能脱离生活，生活也不能脱离教

---

①② 《生活教育之特质》，载华中师范学院教育科学研究所主编：《陶行知全集》第 3 卷，湖南教育出版社 1985 年版，第 25、26 页。

③ 《教学做合一下之教科书》，载华中师范学院教育科学研究所主编：《陶行知全集》第 2 卷，湖南教育出版社 1985 年版，第 288 页。

④⑤ 《生活教育》，载华中师范学院教育科学研究所主编：《陶行知全集》第 2 卷，第 634、635 页。

育。有什么样的生活就应有什么样的教育，教育的内容应根据生活的需要。他猛烈抨击以文字、书本为中心的传统教育和洋化教育，提倡以“生活为中心之教育”。在他看来，文字、书本只是生活的工具，不是生活的本身，教育来源于生活，由生活产生，文字、书本不能喧宾夺主，作为教育的中心内容。他指出传统教育和洋化教育的“文字中心之过在以文字当教育”，把教育等同于读书，“以为文字之外别无教育”，其实错矣。文字、书本只是求知的一种工具，生活中随处是工具，随处都有教育的内容。只有在生活中求得的教育才是活的、有用的教育。他打了一个非常形象的比喻，教育好比是蔬菜，文字好比是纤维，生活好比是维他命。以文字为中心而忽略生活的教科书，好比是有纤维而无维他命之蔬菜，吃了不能滋养体力。

他主张，教育要通过生活来进行，“用生活来教育”。也就是说，“要想受什么教育，便须过什么生活”。如果“过的是少爷生活，虽天天读劳动的书籍，不算是受着劳动教育；过的是迷信生活，虽天天听科学的演讲，不算是受着科学教育；过的是随地吐痰的生活，虽天天写卫生的笔记，不算是受着卫生的教育；过的是开倒车的生活，虽天天谈革命的行动，不算是受着革命的教育。我们要想受什么教育，便须过什么生活”。① 只有使教育与社会生活实践切实结合起来，在生活中进行教育，教育才能产生力量而成为真正的教育。

第三，从生活与教育的关系说，“生活决定教育”，“教育改造生活”。陶行知说：“从生活与教育的关系上说，是生活决定教育。”② 又说：“教育就是生活的改造。”③ 所以，生活决定教育，教育改造生活，两者相互推促，共同前进。

生活决定教育，首先体现为教育的起源、目的、原则、方法都为

---

① 《生活教育》，载华中师范学院教育科学研究所主编：《陶行知全集》第 2 卷，湖南教育出版社 1985 年版，第 634 页。

② 《谈生活教育——致一位朋友》，载华中师范学院教育科学研究所主编：《陶行知全集》第 5 卷，湖南教育出版社 1985 年版，第 477 页。

③ 《地方教育与乡村改造》，载华中师范学院教育科学研究所主编：《陶行知全集》第 2 卷，第 128 页。

生活所决定。教育起源于人类社会生活的需要。人类要生存和发展下去，就需要不断向下一代传授人类生产劳动的经验、技能，传授社会生活的经验。教育就是为了满足人类社会生活的需要而产生的，教育的目的也是为了“生活所必需”。陶行知认为，不能为办教育而办教育，他的教育目的一直是明确的，即为了人民大众的生活需要，为大众求解放，为人民谋幸福。教育的原则、方法更为生活所决定。生活具有教育的意义和作用。教育应以生活为中心，并且通过生活来进行，不能以文字、书本为中心，关在小鸟笼似的学校里读死书、死读书。其次，生活的全面性导致了教育的全面性。他说：“生活教育的要求是：整个的生活要有整个的教育。”① 并说：“民主教育应该是整个生活的教育。他应该要工以养生，学以明生，团以保生。他应该是健康、科学、艺术、劳动与民主织成之和谐的生活，即和谐的教育。”② 还将“整个生活的教育”归结为“全面教育”，即“心、脑、手并用”，学政治、学经济、学文化相结合。健康、科学、劳动、艺

陶行知亲自设计的晓庄师范校旗

① 《晓庄三岁敬告同志书》，载华中师范学院教育科学研究所主编：《陶行知全集》第 2 卷，湖南教育出版社 1985 年版，第 210 页。

② 《民主教育》，载华中师范学院教育科学研究所主编：《陶行知全集》第 3 卷，湖南教育出版社 1985 年版，第 570 页。

术及民主将构成和谐的生活。① 又次，生活决定了教育的场所。“到处是生活，即到处是教育；整个的社会是生活的场所，亦即教育之场所。”② 生活是大众唯一的教育，社会是大众唯一的学校。人民大众当时只能在“社会大学”里学习。再次，生活的变化引起了教育的变化。他说：“教育的根本意义是生活之变化。”③ 生活起了变化，教育也要起变化。生活是不断前进的，教育也要不断前进。教育要随着生活的发展而发展，站在生活的面前，引导人们过“向前向上”的生活。换句话说，就是过反帝反封、民族民主革命的生活。最后，生活的连续性决定了教育的终生性。他说：“天天变动，就是天天受教育，差不多从出世到老，与人生为始终的样子。”④ 又说：“生活教育与生俱来，与生同去。出世便是破蒙，进棺材才算毕业。”⑤ 他指出：“现在这种小学六年、中学六年、大学四年的教育制度，都可以‘短命教育’四字代表之。我们所要干的是整个寿命的教育，不是短命的教育。”⑥ 在他看来，“教育最重要的成就在使众人养成一种继续不断的共同求进的决心。我们要对众人养成的态度是：活到老，做到老，学到老”⑦。“终生教育。培养求知欲。学习为生活，生活为学习。只要活着就要学习。一旦养成学习习惯，个人就能终生进步不断。”⑧

2. “社会即学校”的内涵

陶行知的“社会即学校”，如同其“生活即教育”一样，有着极为丰富的含义。举其要者，大抵有三。

---

①⑧ 《全民教育》，载华中师范学院教育科学研究所主编：《陶行知全集》第 3 卷，湖南教育出版社 1985 年版，第 554 页。

②③⑤ 《生活教育》，载华中师范学院教育科学研究所主编：《陶行知全集》第 2 卷，湖南教育出版社 1985 年版，第 633—634、633、634 页。

④ 《新教育》，载华中师范学院教育科学研究所主编：《陶行知全集》第 1 卷，湖南教育出版社 1984 年版，第 126 页。

⑥ 《普及教育》，载华中师范学院教育科学研究所主编：《陶行知全集》第 2 卷，第 762 页。

⑦ 《中国普及教育方案商讨》，载华中师范学院教育科学研究所主编：《陶行知全集》第 2 卷，第 804 页。

首先，从社会的角度说，“社会含有学校的意味”①。或者说，“以社会为学校”，“把整个的社会或整个的乡村当作学校”。② 这是“社会即学校”的基本含义。陶行知根据他的“生活即教育”，进一步指出：“到处是生活，即到处是教育；整个的社会是生活的场所，亦即教育之场所。因此，我们又可以说：‘社会即学校。’”③

陶行知为什么主张“社会即学校”？这主要是他有鉴于传统教育和洋化教育均不能适应人民大众生活实际的需要，同时又充分考虑到人民大众的现实处境。也就是说，他是从推广大众教育的目的出发而提出这一主张的。

陶行知认为，传统的学校教育最大的弊病是脱离社会生活实际。他对于脱离社会生活实际的学校教育深恶痛绝，说：“没有生活做中心的教育是死教育。没有生活做中心的学校是死学校。没有生活做中心的书本是死书本。在死教育、死学校、死书本里鬼混的人是死人——先生是先死，学生是学死！先死与学死所造成的国是死国，所造成的世界是死世界。”④ 依他之见，无论是“老八股”还是“洋八股”的学校教育，好比鸟笼一样将学生圈套在狭小的范围里与社会生活隔绝，与人民大众的生活实际无关，是仅仅服务于少爷、小姐、政客、书呆子的特殊学校，只有少数“有钱、有闲、有面子的人才能进去的”。为此，他主张拆除学校与社会之间的“高墙”，把学校从“鸟笼里”解放出来，与整个乡村、整个城市、整个国家、整个世界、整个宇宙相联系，与人民大众的生活实际相联系，打破当时少数统治者对学校的垄断，使教育不再成为“少爷的手杖，小姐的钻戒，政客升

① 《创造的教育》，载华中师范学院教育科学研究所主编：《陶行知全集》第 2 卷，湖南教育出版社 1985 年版，第 617 页。

② 《晓庄三岁敬告同志书》，载华中师范学院教育科学研究所主编：《陶行知全集》第 2 卷，第 211 页。

③ 《生活教育》，载华中师范学院教育科学研究所主编：《陶行知全集》第 2 卷，第 633—634 页。

④ 《教学做合一下之教科书》，载华中师范学院教育科学研究所主编：《陶行知全集》第 2 卷，第 289 页。

官的梯子，书呆子的轮回麻醉的乌烟”。他鼓励学校教育之中有志献身于社会改造的“人中人”，要努力去改造恶浊的旧社会，创造美好的新社会，使人民真正过上幸福美好的新生活。

另一方面，从人民大众的现实处境来看，“社会是大众唯一的学校，生活是大众唯一的教育”①。他还说：“课堂是既不许生活进去，又收不下广大的大众，又不许人动一动，又只许人向后退不许人向前进，那么，我们只好承认社会是我们的唯一的学校了。马路、弄堂、乡村、工厂、店铺、监牢、战场，凡是生活的场所，都是我们教育自己的场所。”这样一来，“我们所失掉的是鸟笼，而所得的倒是伟大无比的森林了。为着要过有意义的生活，我们的生活力是必然的冲开校门，冲开村门，冲开城门，冲开国门，冲开无论什么自私自利的人所造的铁门。所以，整个的中华民国和整个世界，才是我们真正的学校咧”。②

基于上述考虑，陶行知积极从事“社会即学校”的实践，在社会上办各种各样方便人民大众及其子弟的学习场所（如他本人先后创办的民众茶园、自然学园、通讯学校、空中学校、工学团、业余学校、旅行团、社会大学等等）。他的基本宗旨，就是为了推广大众教育，使人民大众都能有机会学习现代文化科学知识，学会现代的技能，感觉时代的问题，并以现代的方法发挥其力量，取得反帝反封民族民主革命的胜利。一句话，救亡必须启蒙，启蒙为了救亡。

其次，从学校的角度说，“学校含有社会的意味”③。也就是说，学校要“了解社会的需求”④，与社会生活实际紧密结合起来，为社

① 《生活教育》，载华中师范学院教育科学研究所主编：《陶行知全集》第 2 卷，湖南教育出版社 1985 年版，第 634 页。

② 《生活教育之特质》，载华中师范学院教育科学研究所主编：《陶行知全集》第 3 卷，湖南教育出版社 1985 年版，第 27 页。

③ 《创造的教育》，载华中师范学院教育科学研究所主编：《陶行知全集》第 2 卷，第 617 页。

④ 《教育的新生》，载华中师范学院教育科学研究所主编：《陶行知全集》第 2 卷，第 712 页。

会改造和发展服务。

陶行知对脱离人民大众生活实际的学校多有批评。他在《攻破普及教育之难关》一文中指出："一个乡下先生住在一个破庙里教死书，就好比是一只孤鸦。他无意也无暇与农人交接。他教他的书，对农人的一切是不能过问。他所办的学校是与社会隔离。学校不能运用社会的力量以谋进步，社会也没法吸收学校的力量以图改造，双方都失掉互济的效用。这种孤僻的学校，普及了也没有意思。"他主张对这种学校来一个彻底改造，具体做法之一是："现在假使一切都不改，只把小学生变作小先生，这没有意义的学校便变成一个很有意义的学校，这位孤零零的赘疣的寒酸先生便立刻变成一位村庄中所不可少的有作为的先生了。比方这个学校原来有三十个学生都变成小先生，便好像是三十根电线接到各村去和他们通起电流来。在这些电线上所通的电流有来也有往。一个个小先生可以把各村的问题、困难带来和先生讨论，又可以把学校里从外面得来的知识与力量带去和农人与不能进学校之小孩讨论。有时大家来他一个总集合，在各村的问题上求他一个总解决。例如总动员救旱灾，除蝗虫，打倒土豪劣绅、贪官污吏、帝国主义。"① 如此一来，学校就被彻底改造成一种新型的学校。

当然，陶行知上面说的只是一个改造旧学校的例子，还不能完全反映出他改造旧学校的全部设想。在实际生活中，陶行知对改造旧学校、建设新学校曾提出了许多有益的建议，并做了大量的工作。他一生办了各种类型的新学校，如安徽公学、晓庄学校、湘湖师范、山海工学团、育才学校、社会大学等等。在这些学校中，学校与社会生活建立了密切的联系，并延伸到大自然里，与社会和大自然的"血脉"是"自然流通的"。

陶行知虽然对传统的学校教育颇为不满，但他对学校的社会功能却从未轻视，甚至可以说给予了极大的重视。这与他对教育的本质及功能的认识是一致的。他把学校的社会功能提到很高的层次上来强

① 《攻破普及教育之难关》，载华中师范学院教育科学研究所主编：《陶行知全集》第2卷，湖南教育出版社1985年版，第787—788页。

调。他一直坚信：学校应当是社会改造的中心。“我们深信乡村学校应当做改造乡村生活的中心。”“乡村教师应当做改造乡村生活的灵魂。”① 他还充满信心地向世人宣布：“我们的新使命是要征集一百万个同志，创设一百万个学校，改造一百万个乡村。”并表示：“我们以极诚恳的意思，欢迎全国同胞一齐出来，加入这个运动！赞助他发展，督促他进行，一心一德的来为中国一百万个乡村创造一个新生命，叫中国一个个的乡村，都有充分的新生命，合起来造成中华民国的伟大的新生命。”②从这些不乏理想主义色彩的言辞中，可以窥知他对学校（当然这是指新型的人民大众的学校）的社会功能重视到何等程度！

最后，从社会与学校的关系说，“运用社会的力量，使学校进步，动员学校的力量，帮助社会进步”③。两者互相影响，一道进步。这与陶行知对生活与教育关系的认知是完全相同的，都体现出陶行知教育学说中的辩证法思想。

陶行知认为，传统“学校与社会中间是造了一道高墙。改良者主张半开门，使‘学校社会化’。他们把社会里的东西，拣选几样，缩小一下搬进学校里去，‘学校即社会’就成了一句时髦的格言。这样，一只小鸟笼是扩大而成为兆丰花园里的大鸟笼。但它总归是一只鸟笼，不是鸟世界。生活教育者主张把墙拆去。我们承认‘社会即学校’。这种学校是以青天为顶，大地为底，二十八宿为围墙，人人都是先生都是学生都是同学”。他特别强调：“不运用社会的力量，便是无能的教育；不了解社会的需求，便是盲目的教育。倘使我们认定社会就是一个伟大无比的学校，就会自然而然的去运用社会的力量，以应济社会的需求。”④

---

①② 《再论中国乡村教育之根本改造》，载华中师范学院教育科学研究所主编：《陶行知全集》第 2 卷，湖南教育出版社 1985 年版，第 5、6 页。

③ 《实施民主教育的提纲》，载华中师范学院教育科学研究所主编：《陶行知全集》第 3 集，湖南教育出版社 1985 年版，第 545 页。

④ 《教育的新生》，载华中师范学院教育科学研究所主编：《陶行知全集》第 2 卷，第 711—712 页。

就两者关系而言，“学校不能运用社会的力量以谋进步，社会也没法吸收学校的力量以图改造”，这样一来，“双方都失掉互济的效用”。① 这种学校和社会当然都应改造，只有改造了它们本身，它们才有可能真正地相互推促，共同前进。

那么，怎样才能做到“运用社会的力量，使学校进步，动员学校的力量，帮助社会进步”呢？陶行知也提出了原则性的意见。他指出：“应当有社会即学校的观点，整个社会是学校，学校不过是一课堂……并且对于大的社会，才能有民主的贡献。而学校本身就可以成为民主的温床，培养出人才的幼苗。”②

总之，社会含有学校的意味，学校含有社会的意味；到处是生活，即到处是教育；整个的社会是生活的场所，亦即教育之场所；整个的社会活动，就是教育的范围；运用社会的力量，使学校进步；动员学校的力量，帮助社会进步。这些就是“社会即学校”的基本含义。

3. “教学做合一”的内涵

什么是“教学做合一”？陶行知指出：

> 教学做合一是生活现象之说明，即是教育现象之说明。在生活里，对事说是做，对己之长进说是学，对人之影响说是教。教学做只是一种生活之三方面，而不是三个各不相谋的过程。同时，教学做合一是生活法，也就是教育法。它的涵义是：教的方法根据学的方法，学的方法根据做的方法。事怎样做便怎样学，怎样学便怎样教。教与学都以做为中心。在做上教的是先生，在做上学的是学生。在这个定义下，先生与学生失去了通常的严格的区别，在做上相教相学倒成了人生普遍的现象。③

---

① 《攻破普及教育之难关》，载华中师范学院教育科学研究所主编：《陶行知全集》第2卷，湖南教育出版社1985年版，第788页。

② 《实施民主教育的提纲》，载华中师范学院教育科学研究所主编：《陶行知全集》第3集，湖南教育出版社1985年版，第545页。

③ 《教学做合一下之教科书》，载华中师范学院教育科学研究所主编：《陶行知全集》第2卷，第289页。

既然教与学都以“做”为中心，那么，什么是“做”？陶行知说：

“做”字在晓庄有个特别定义。这定义便是：在劳力上劳心。单纯的劳力，只是蛮干，不能算做；单纯的劳心，只是空想，也不能算做，真正的做只是在劳力上劳心。我们做一件事便要想如何可以把这件事做好，如何运用书本，如何运用别人的经验，如何改造用得着的一切工具，使这件事做得最好。我们还要想到这事和别事的关系，想到这事和别事的相互影响。我们要从具体想到原理，从我相想到共相，从片段想到系统。①

由此可见，“教学做合一”并非只重视实践的技能而忽视理论知识，只强调个人的狭隘经验而轻视间接的经验和系统的知识。它强调的是教育是以社会生活实际的“做”为中心，行动（劳力）和思想（劳心）结合才能取得“真知”。这种主张有助于加强理论与实际的联系，加强教育与生产劳动、社会生活的联系，培养学生手脑并用，消除劳心与劳力的对立，促进人的智力、体力和谐发展。

四、生活教育学说的根本原则

教育改造生活，首先是改造社会生活。而改造社会生活的一个重要内容，就是改造社会政治。陶行知认为：“政治与教育原是不能分离的，二者能同时并进，同时革新，国民革命才有基础和成功的希望。”“教育上的革命”应该配合“政治上的革命”。② 他还认为，“主张生活即教育，就是要用教育的力量，来达民之情，顺民之意”，“生活即教育是要解放人类的”。③ 他在自己的全部教育生涯中始终把教育改造与社会政治生活改造紧密结合在一起，以发挥教育改造社会的巨大作用，并逐步探寻到正确的政治方向，使教育为人民大众服务，

---

① 《谈教学做合一——致朱端琰》，载华中师范学院教育科学研究所主编：《陶行知全集》第 5 卷，湖南教育出版社 1985 年版，第 204 页。

② 《晓庄试验乡村师范学校创校概况》，载华中师范学院教育科学研究所主编：《陶行知全集》第 2 卷，湖南教育出版社 1985 年版，第 17 页。

③ 《生活即教育》，载华中师范学院教育科学研究所主编：《陶行知全集》第 2 卷，第 184 页。

为反帝反封建反官僚资本主义的新民主主义革命斗争服务。20世纪20年代，他创办晓庄学校，积极推行乡村教育运动，以改造社会、改造农村、改变中国贫穷落后的面貌为理想，提出生活教育要以培养学生和农民群众“征服自然改造社会的本领”为总目标，使之具有“康健的体魄”、“农人的身手”、“科学的头脑”、“艺术的兴趣”和“改造社会的精神”。① 到了20世纪30年代，国难当头，民族危机深重，他又提倡国难教育运动，提出：“教育没有独立的生命，它是以民族的生命为生命。唯有以民族的生命为生命的教育，才算是我们的教育。……国难教育的任务，在唤醒大众组织起来救国。”② 并得出“教育是民族解放、大众解放、人类解放之武器”③ 这一著名论断。以后他提倡战时教育、民主教育等运动以及先后创办山海工学团、育才学校、社会大学等教育事业，都是为人民大众民族民主的革命斗争服务，和人民大众民族民主革命斗争的历史发展相结合。生活教育的方向是人民大众反帝反封建的新民主主义教育的方向。

教育改造社会生活的又一方面是促进社会经济的发展。教育必须重视科学传播，面向经济，与工农业生产实际相结合，与生产劳动相结合，使中国从“农业文明过渡到工业文明”，实现“工业化”，“创造富的社会”，为人民大众谋幸福，这是陶行知一以贯之的思想。早在大学时代，他就认识到：“‘共和之要素有二：一曰教育；二曰生计。’然教育苟良，则人民生计必能渐臻满意。”④ 五四时期，他大力提倡“生利主义之职业教育”，主张教育要“养成生利人物”。认为倘如此，则国无游民，民无废才，群需可济，个性可舒。在从事平民教

---

① 《第二年的晓庄》，载华中师范学院教育科学研究所主编：《陶行知全集》第2卷，湖南教育出版社1985年版，第132页。

② 《国难教育方案之特质》，载华中师范学院教育科学研究所主编：《陶行知全集》第3卷，湖南教育出版社1985年版，第19页。

③ 《谈生活教育——致一位朋友》，载华中师范学院教育科学研究所主编：《陶行知全集》第5卷，湖南教育出版社1985年版，第477页。

④ 《共和精义》，载华中师范学院教育科学研究所主编：《陶行知全集》第1卷，湖南教育出版社1984年版，第51页。

育运动时便提出能够识字读书之后“要继续受职业训练”的主张。乡村教育时期他就主张“教育与农业携手”，建设“科学农业”，认为“教育没有农业，便成为空洞的教育”，“农业没有教育，就失了促进的媒介”，提出了农村教育要与现代科学技术结合，促进农业进步的思想。他还倡议“把政治、经济、教育打成一片，做一个政富教合一的小试验”，形成了“政富教合一”的理论。20 世纪 30 年代初，他积极开展“科学下嫁”运动，努力把科学普及到工农大众中去，创办以培养“生产能力”、“科学能力”等能力为主旨的工学团，提倡生产教育和科学教育。抗日战争时期他提出学校不但“是一个学问的组织，而且是一个战斗体”，“一个生产体”。“学习科学，帮助创造科学的新中国。现在的世界是一个科学的世界，整个中国必须受科学的洗礼。”抗战胜利之后，他在从事民主教育运动过程中，仍主张民主教育要为改变贫穷落后的状况创造“富”的社会、富强的中国、人民的幸福而奋斗。他指出：“科学不发达，不能造富，所以应该有科学的生产，科学的劳动。”① 1946 年初，他把生活教育运动的方针概括为“民主的、大众的、科学的、创造的方针”②。

教育改造社会生活还有一个方面，就是把“文化从小众手里解放出来”。陶行知认为，教育的功能是多方面的，既有政治、经济的功能，也有文化的功能；不仅“传递社会的经验”，而且“是社会经验之改造”，③ 具有“引导人产生新价值的力量”④。在半殖民地半封建社会历史条件下的中国，教育的首要任务是把“文化从小众手里解放出来”。他指出：“文化是大众所创造的”，却“被小众所独占”，“现

① 《实施民主教育的提纲》，载华中师范学院教育科学研究所主编：《陶行知全集》第 3 卷，湖南教育出版社 1985 年版，第 543 页。

② 《大众的艺术》，载华中师范学院教育科学研究所主编：《陶行知全集》第 3 卷，第 581 页。

③ 《谈教学做合——致朱端琰》，载华中师范学院教育科学研究所主编：《陶行知全集》第 5 卷，湖南教育出版社 1985 年版，第 206 页。

④ 《教学做合一下之教科书》，载华中师范学院教育科学研究所主编：《陶行知全知》第 2 卷，湖南教育出版社 1985 年版，第 300 页。

在应该将文化从小众手里解放出来。创造文化的大众应该享受创造的结果”。怎样才能把文化从“小众”手里解放出来呢？他指出了以下几种途径：一是“认识上的解放”，即把文化从种种错误歪曲的观念里解放出来；二是“工具的解放”，即提倡使用新文字；三是“方法的解放”，即废除灌注的教授法，代之以“相互之自由讨论”，反对“知识私有”、“知识封锁”，主张“即知即传”，把白话文解放成大众文，提倡教学做合一，“在行动上来推进大众文化”；四是“组织上的解放”，即“把文化从模范监牢里解放出来，使它跑进大社会里去。社会即学校。文化的场所多着哩”；五是“时间的解放”，即“争取时间来推进大众文化”；六是“新文化创造的解放”，即反对文化刽子手对新文化创造的摧残，他认为，取得文化解放的关键，在于“要大众运用集体的力量来争取的”，“决不能由少数知识分子代办”，“大众文化是大众的文化，是大众为自己推动的文化，是大众为自己谋幸福除痛苦而推动的文化”，“民族解放、大众解放、文化解放是一个分不开的运动。必得要联起来看，联起来想，联起来干，才会看得清楚，想得透彻，干得成功”。① 可以说，陶行知一生提出的各种教育主张，推行的各个教育运动，都是为了把文化从小众手里解放出来，让文化的创造者——大众所享用。

教育不仅改造社会生活，也改造个人生活。这两者又是紧密联系在一起的。教育的基本功能是通过培养人来改造社会生活。那么，教育如何培养人以充分发挥其改造社会生活的巨大作用呢？陶行知认为这就必须把培养人与生活实际密切结合起来，引导学生追求“高尚的生活”。他说：“‘生’字的意义，是生活或是生存。学生所学的是人生之道。人生之道，有高尚的，有卑下的；有片面的，有全部的；有永久的，有一时的；有精神的，有形式的。我们所求的学，要他天天

① 《文化解放》，载华中师范学院教育科学研究所主编：《陶行知全集》第 3 卷，湖南教育出版社 1985 年版，第 76—80 页。

加增的，是高尚的生活，完全的生活，精神上的生活，永久继续的生活。”① “教育的作用，是使人天天改造，天天进步，天天往好的路上走。”②

陶行知指出：“在一般的生活里，找出教育的特殊意义，发挥出教育的特殊力量。同时要在特殊的教育里，找出一般的生活联系，展开对一般生活的普遍而深刻的影响。把教育推广到生活所包括的领域，使生活提高到教育所瞄准的水平。”③ 这既是陶行知对生活教育者的殷切期望，又可视为他对生活决定教育、教育改造生活的扼要说明。

总之，生活含有教育的意义，教育应以生活为中心，通过生活来进行，生活决定教育，教育改造生活，这些就是“生活即教育”的基本含义。

五、生活教育学说的具体主张

陶行知在教育理论方面不仅提出了“生活即教育”、“社会即学校”、“教学做合一”三大原理，还在民主教育、科学教育、乡村教育、师范教育、终生教育、创造教育、教育实验等方面提出了许多具体主张。这些具体主张，是他的“生活教育”命题原理的进一步发挥和展开，丰富和完善了他的生活教育理论，使之达到了半殖民地半封建中国教育理论所能达到的最高的理论高度，不仅有力地推动了当时的教育改革和发展，而且成为新中国重要的教育思想资源，对当代中国的教育改革和发展产生了积极的影响和作用。

（一）民主教育思想

在中国历史上，有两位大教育家为世人所推崇、敬仰，被人们誉为“圣人”。一位是古代的孔夫子，另一位就是现代的陶行知。

---

①② 《新教育》，载华中师范学院教育科学研究所主编：《陶行知全集》第1卷，湖南教育出版社1984年版，第126、123页。

③ 《〈战时教育〉半月刊方针——致戴伯韬》，载华中师范学院教育科学研究所主编：《陶行知全集》第5卷，湖南教育出版社1985年版，第472页。

孔子与陶行知的教育思想和实践都极大地影响了中国文化教育的发展，他们的伟大人格也都深深地感染、熏陶着一代代青少年及教育工作者。但陶行知与孔子有一点很不相同，那就是陶行知办教育完全是为了人民大众，而孔子则主要是为了统治阶级。进而言之，这一点也是陶行知与中国历史上绝大多数教育家的不同所在。陶行知是教育家，但他不是一般的教育家，而是人民的教育家。

1. 教育要为人民大众服务

教育掌握在哪些人手中、为哪个阶级服务是一个根本的问题。长期以来，由于国家政权掌握在反动统治阶级手中，教育成了少数统治者及其子女的专用品，而与广大劳动人民无缘。统治阶级通过学校传播本阶级的思想，让自己的子弟学习统治阶级的意识形态、行为规范、伦理道德、射御戎战等“治人之术”，把他们培养成国家大大小小的统治者。广大劳动人民的子弟则被排斥在学校大门之外，只能在生产劳动和日常生活中，通过父传子、师带徒等形式，跟长辈学习一些为人之道和生产劳动的知识与技能。教育严重脱离人民大众，脱离社会生活实际。

近代以来，在西方“民主”、“科学”思想的影响下，一些先进的中国人为改变这种状况曾进行了种种努力，探寻中国教育发展的正确方向。在五四新文化运动中走上历史舞台的陶行知承继了前辈们的未竟事业，继续寻觅中国教育的曙光。他高举起反对传统教育、洋化教育的大旗，在教育领域发动了一场根本性的变革，为创建一种新型的人民教育奋斗了一生，成为中国近现代知识分子在文化教育界的一个杰出代表。

陶行知出身于安徽歙县的一个贫寒家庭，自幼饱经世故沧桑，深知农家疾苦。父母艰苦勤劳的优良品质给幼年陶行知深刻的影响，使他从小就养成了勤劳的习惯和艰苦朴素的生活作风。他生活在半殖民地半封建的旧中国，目睹了中国人民尤其是农民深受帝国主义、封建主义和官僚资本主义的残酷剥削和压迫。他同情劳动人民，热爱劳动人民，恨其所恨，爱其所爱，从小就形成了亲民、爱民、为民、救民的思想。这影响并决定了他一生努力的方向。

为了给中国人民谋解放、谋幸福，陶行知走上了一条为人民办教育的道路。他看见清末以来尽管废科举、兴学堂，但是新学办了几十年，依然换汤不换药，卖尽气力，不过把“老八股”变成“洋八股”罢了。“老八股”与民众的生活无关，“洋八股”依然与民众的生活无关。① 他决心彻底改变这种状况，办一种为人民大众服务、与人民大众实际生活密切相关的新教育，“要使全中国人都受到教育”②。为了实现这个愿望，1917 年他从美国留学回来后，就大力推行教育改革，先后开展了平民教育运动、乡村教育运动、普及教育运动、国难教育运动、战时教育运动、全面教育运动和民主教育运动，创办了安徽公学、晓庄试验乡村师范学校（简称“晓庄师范”或“晓庄学校”）、山海工学团、育才学校和社会大学等新式学校，提出了“生活即教育”、“社会即学校”、“教学做合一”、“在劳力上劳心”、“以教人者教己”等生活教育理论，并发明了“即知即传”、“小先生制”等普及教育的方法，积极推广大众教育，让广大的劳动人民都有受教育的权利和机会。

陶行知在国民党政权统治之下的中国办教育，环境异常险恶，条件十分艰难。他在政治上屡遭打击，经济上缺乏来源，如果没有远大的理想、坚定的意志以及超乎常人的毅力是不行的。他极力反对为虎作伥，蒙蔽人民。他既主张人民的解放，又相信人民的力量、人民的智能，认为人民自己为自己办的教育，才是理想的教育。他尊重人民，相信人民，学习人民，依靠人民来办教育。

为了办人民的教育，他首先与人民打成一片，做到“人民化”。他曾任 20 世纪 20 年代初中国最有名的两所大学之一的南京高等师范学校（今南京大学前身）的教务主任、教育科主任兼教育系主任，做过名牌大学的教授，还一度干过全国性教育团体——中华教育改进社的主任干事和中华教育文化基金董事会执行秘书，有很高的社会地

① 《生活工具主义之教育》，载华中师范学院教育科学研究所主编：《陶行知全集》第 2 卷，湖南教育出版社 1985 年版，第 76 页。

② 陶晓光：《回忆父亲给我的教育》，载《行知研究》1981 年第 3 期。

位，有优裕的生活环境，但他为了办人民的教育，毅然放弃了这一切。他脱下西装革履，穿上布衣草鞋，到贫穷落后的农村去办教育，与“牛大哥”同睡，自找苦吃。他当年在美国留学的同窗孙科、蒋梦麟、胡适、朱经农等人一个个在仕途上飞黄腾达，他却自觉地、心甘情愿地一步步“向下走”。尽管学校越办越低，职衔越来越小，生活越来越差，但他始终不以为然，矢志不渝地走为人民办教育的道路。他没有自己，只有他人；没有家庭，只有社会；没有索取，只有奉献。他是人民的仁者、智者、勇者、圣者。正因如此，所以他“富贵不能淫，贫贱不能移，威武不能屈，美人不能动”。

陶行知为人民的教育事业服务，在政治上坚决站在人民的一边，与帝国主义、封建主义和官僚资本主义作坚决的斗争。辛亥时期，他就参加过故乡人民推翻当地封建政权的武装起义。五四时期，他积极支持学生参加反帝爱国运动。北伐期间，他发动晓庄师范学生积极支持北伐军。“四一二”反革命政变后，他支持学生声援下关和记工厂工人反对英商剥削和反对日本军舰停泊南京的反帝大游行。为此，他所办的晓庄师范被国民党当局查封，他本人也遭通缉，被迫逃亡日本。“九一八”后他的政治立场更为鲜明，抨击国民党政权的卖国投降政策，与沈钧儒、章乃器、邹韬奋等人联名发表团结御侮宣言，响应中国共产党“团结抗日，一致对外”的主张，并受全国各界救国联合会的委托，出访了 26 个国家，为宣传抗日救国主张而开展人民外交。他到伦敦，先后三次拜谒马克思墓。抗战胜利后，他投身到民主革命运动的前列，成为中国共产党的亲密战友。他从自己多年的实际经验中，深切了解中国共产党是中国人民的代表，是为中国人民利益奋斗的中坚，是中华民族的未来希望之所在，所以他不怕诬蔑打击，与中国共产党携手奋斗。

陶行知对大众教育的提倡和实践，开辟了一条人民教育的新路线。他把教育的对象由过去的少数统治者及其子弟转到广大的劳动人民尤其是农民及其子弟，把教育的目的由过去的培养剥削者和统治者转到培养具有生活力和创造力，为民族、为人类谋利益的新人，把教育的重心由少数的大城市转到广大的乡村，把教育的内容、方法等改造得适合人民大众实际生活的需要，把办教育的依靠者由反动统治阶级转到人民大众自身，这就改变了旧教育的性质与格局，给中国数千年的教育带来了一场根本性的变革。这不仅在中国教育史上，就是在世界教育史上，也是史无前例的。

陶行知为中国教育开辟的新路线，是人民的路线，是教人民做主人的路线，是教人民自己起来为自己创造幸福而自己办教育的路线。这条路线仍然是我们今天办教育的路线。在新时期，我国明确提出要"依靠人民办教育，办好教育为人民"，这一主张与陶行知的思想是完全一致的。陶行知早在七十年前就指出，民主教育是"人民的教育，人民办的教育，为人民自己的幸福而办的教育"①。毫无疑问，我们今天办教育的路线正是陶行知路线的继承和发展。可以相信，沿着陶行知当年开辟的这条路线走下去，我国的社会主义教育事业一定会发展得更快更好。

2. 教育要从国情出发

陶行知早年留学美国。1917 年回国后，他满怀改造中国旧教育的热情，积极地宣传和引进杜威的实用主义教育理论，试图用杜威的一套观点和方法来反对封建传统教育，解决中国教育的根本问题。经过八年的试验，他逐渐意识到杜威的那一套并不适合中国的国情，在中国行不通。于是，他幡然醒悟，从此走上了探索中国教育本土化的道路。

中国人口众多，农村人口占绝大部分。当时的文盲有三亿三千多万人，且主要分散在广大的乡村。根据这种国情，陶行知确定以基础教育作为我国教育现代化的重点，并以农村教育作为重点中的重点。20 世纪 20 年代中期以后，陶行知主要从事基础教育工作，认为基础教育不发达，民族振兴就没有希望。在基础教育中，农村教育尤为重要，它是解决中国教育问题的关键。为此，陶行知联合了一批有志于中国教育改造的进步教育工作者，大力推行乡村教育运动，为数亿农

① 《民主教育》，载华中师范学院教育科学研究所主编：《陶行知全集》第 3 卷，湖南教育出版社 1985 年版，第 569 页。

民“烧心香”，提高了广大农民的思想觉悟和文化水平。

陶行知又结合中国的具体实际，确定了办教育的原则和方法。他认为，中国是一个大国，又是一个穷国，人口众多，底子很薄，各地经济发展又极不平衡。这些与西方发达国家的情况都迥然有异。要发展教育事业，如果“拿富国的办法，引到中国来，无异是乡下人吃大菜”①。因此，“我们必须发现穷办法，着重穷办法”②。根据这种认识，他运用穷办法，积极开设各种比较简陋的教育机构，让尽可能多的人民大众得到受教育的机会。

陶行知这种从国情出发，确定教育改革与发展的重点、突破口，以及办教育的原则和方法的思想，值得我们认真地学习和研究。今天，我们要立足于当前我国仍处于社会主义初级阶段这一基本点，坚持一切从中国的国情出发，重点发展基础教育（尤其是农村教育），提倡勤俭办教育的精神，并努力扩大教育经费的来源，走政府、社会团体和个人多方集资办学的路子，并实行多种层次、多种规格、多种形式、多种途径办学，各地区因地制宜地采取适合各自需要的方式方法，来发展各级各类教育事业，以提高中华民族的科学文化水平。

陶行知有着强烈的人民意识和民主精神。他坚决反对教育脱离人民大众，反对教育为少数统治者服务，主张“教育为公”、“文化为公”，③ 坚持教育为人民大众服务的方向。他沿着五四新文化运动的“民主与科学”这一方向继续迈进，回国后即从事平民教育、乡村教育和普及教育等运动，努力使广大人民群众（尤其是占中国人口大多数的农民）获得受教育的机会。他反对封建礼教和理学教育，采取多种形式和途径（如推广国语和新文字等），对民众进行思想启蒙，大力提倡女子教育，争取妇女受教育的权利。

---

① 《普及教育》，载华中师范学院教育科学研究所主编：《陶行知全集》第 2 卷，湖南教育出版社 1985 年版，第 757 页。

② 《民主教育》，载华中师范学院教育科学研究所主编：《陶行知全集》第 3 卷，湖南教育出版社 1985 年版，第 570 页。

③ 《实施民主教育的提纲》，载华中师范学院教育科学研究所主编：《陶行知全集》第 3 卷，第 540 页。

抗战胜利后，他对教育民主化作了进一步探索。他积极提倡民主教育，以实现“人民大众做主，为人民大众服务”的宗旨，并将民主教育的要点和方法归纳为：教育为公以达到天下为公，教育机会必须均等；教人民肃清法西斯细菌；启发觉悟性；培养创造力，以实现创造的民主和民主的创造；各尽所能，各学所需，各教所知，各得其所；在民主的生活中学习民主；尽量采用简笔汉字、拉丁字母；充分运用无线电及其他近代交通工具，使边远地方的人民可以享受教育；民主教育应该是整个生活的教育；承认中国是从农业文明开始过渡到工业文明，经济是极端贫穷，我们必须发现穷办法，着重穷办法，运用穷办法，以办成丰富的教育；等等。

在学校中，陶行知的办学充满了民主精神，他认为“师生共生活，共甘苦，为最好的教育”①。“民主的教师，必须要有：（一）虚心；（二）宽容；（三）与学生共甘苦；（四）跟民众学习；（五）跟小孩子学习……；（六）消极方面：肃清形式、先生架子、师生的严格界限。”② 主张师生平等，重视学生在教学过程中的主体地位，强调儿童个性的发展和创造力的培养，因材施教，教学相长。在学校管理上，他注意发挥教师与学生的作用，提倡“集体自治”，健全集体生活，培养学生参与未来民主政治的基础。在学制系统上，他主张从“单轨出发”，再到“多轨同归”，以后还要“换轨便利”。

陶行知对民主教育的探索，给我们留下了许多宝贵的经验。他在教育的对象、师生关系、教学过程及学校管理上的不少见解和做法，都含有合理因素，应该很好地加以总结和借鉴。

（二）科学教育思想

陶行知高度重视科学教育问题，认为科学教育是与民主教育相辅相成的，两者相互依存，缺一不可。科学教育包括教育的科学化和科

---

① 《我们的信条》，载华中师范学院教育科学研究所主编：《陶行知全集》第 1 卷，湖南教育出版社 1984 年版，第 652 页。

② 《实施民主教育的提纲》，载华中师范学院教育科学研究所主编：《陶行知全集》第 3 卷，湖南教育出版社 1985 年版，第 543 页。

学的教育化两个方面。陶行知很早就对这两个方面有明确的认识，并给予了极大重视。

1. 教育应科学化

在教育的科学化方面，他从美国回来后，即积极从事教育实验，提倡用科学的精神来办教育，反对“沿袭陈法”的传统教育和“仪型外国”的洋化教育。他一方面身体力行，把教育统计学、教育行政学的科学原理和方法运用于日常的教育工作之中，加强教育的科学化管理；另一方面又以中华教育改进社主任干事的身份，发起组织邀请外国专家来华讲学，推行科学教育与测验。在他和胡适、蒋梦麟等人的努力下，美国著名教育家孟禄（哥伦比亚大学教授）、推士（俄亥俄州立大学教授）、麦柯尔（哥伦比亚大学教授）、柏克赫斯特（马萨诸塞州道尔顿中学教师）、克伯屈（哥伦比亚大学教授）等人先后赴华讲学，宣传各自的教育理论与方法。陶行知还于1924年倡议并主编了中华教育改进社丛书，出版了推士的《中国之科学教育》（英文）、《中国教育一瞥录》（随孟禄调查报告）、《中国全国小学概况》（英文）、《中国教育统计概览》、《中国最近教育状况》（英文）等书。从此，西方的教育测验与统计（特别是智力测验）被引进中国，我国教育的科学化在此基础上逐步开展起来。

2. 科学应教育化

在科学的教育化方面，他更是做了大量的具体工作。1925年，他提出“科学教育应从儿童时代下手”①。1932年又指出：“科学要从小教起。我们要造成一个科学的民族。”② 30年代初，他创办“自然学园”和儿童科学通讯学校，编写《儿童科学丛书》，把科学知识送给儿童和工农群众，以后又改为“空中学校”，每周播送科学知识，并与高士其、董纯才、吕镜楼等人一起推广科学普及事业，从事“科

① 《小学理科——致吕镜楼》，载华中师范学院教育科学研究所主编：《陶行知全集》第5卷，湖南教育出版社1985年版，第114页。

② 《关于科学教育——致庄泽宣》，载华中师范学院教育科学研究所主编：《陶行知全集》第5卷，第247页。

学下嫁”运动。他在当时就已明确认识到“从农业文明渡到工业文明最重要的知识技能，无过于自然科学”①。因此，不论形势多么严峻，条件多么困难，他都坚持科学教育。从晓庄师范到上海工学团再到育才学校、社会大学，他始终把科学列为教育内容之一，置于重要的位置。1945 年，他指出：“现在的世界是一个科学的世界。整个中国必须受科学的洗礼，方能适于生存。……时机早已来到，刻不容缓，我们必须培养科学的幼苗，撒播科学的种子，使全中国遍开科学之花，丰收科学之果。”② 1946 年，他在为生活教育制定方针时，特地将“科学的”列为四大方针之一。

陶行知早在八十多年前就清楚地看到科学教育在现代社会生活中的作用，他指出“科学要从小教起，我们要造成一个科学的民族”、“科学教育应从儿童时代入手”，并积极开展教育试验和科学教育，推广科学普及事业，把科学知识传给广大人民群众，尤其是青少年儿童，这些都是非常难得的。

（三）乡村教育思想

陶行知是我国近现代最早重视农村问题和农村教育的中国人之一。20 世纪 20 年代中期，他就开始了对乡村教育的调查和改革试验工作，成为中国改革乡村教育的开拓者。陶行知生活在半殖民地半封建的旧中国，目睹了中国人民尤其是农民深受帝国主义、封建主义和官僚资本主义残酷的经济剥削和政治压迫，而且在文化教育上毫无地位的状况。他深刻地认识到，中国是以农立国的国家，农民占全国人口总量的绝大多数，农民的地位与处境如何决定着民族的兴衰。他在中国教育界最先觉悟到，农民是中国的主体，中国教育的重点在农村。据此，他明确主张，要改造中国社会，必先改造乡村社会，要改造乡村社会，就必须使教育下乡，“用教育的力量，来唤醒老农民，

---

① 《教学做合一下之教科书》，载华中师范学院教育科学研究所主编：《陶行知全集》第 2 卷，湖南教育出版社 1985 年版，第 292 页。

② 《从五周年看五十周年》，载华中师范学院教育科学研究所主编：《陶行知全集》第 3 卷，湖南教育出版社 1985 年版，第 513 页。

培养新农民”。

怎样搞好乡村教育？陶行知提出了著名的“大联合”的思想。他说：“我们要有一个大规模联合，才能希望成功。那应当联合中之最应当联合的，就是教育与农业携手。中国乡村教育之所以没有实效，是因为教育与农业都是各干各的，不相闻问。教育没有农业，便成为空洞的教育，分利的教育，消耗的教育。农业没有教育，就失了促进的媒介。”不仅如此，“教育更须与别的伟大势力携手。教育与银行充分联络，就可推翻重利；教育与科学机关充分联络，就可破除迷信；教育与卫生机关充分联络，就可预防疾病；教育与道路工程机关充分联络，就可改良路政”。① 他深信，只要实现了教育与有关各方的“大联合”，乡村教育就能沿着正确的方向得到迅速发展。

陶行知的乡村教育思想对于我们深化农村教育改革颇有启示意义。我们要进一步提高对农村教育改革重要性和必要性的认识，努力解决农村教育同农村经济发展需要相脱节的问题，要把教育与农业、科学、卫生、交通、银行等部门密切联系起来，用科学技术等方面的伟大力量从根本上改变我国农村贫穷落后的面貌。

（四）师范教育思想

在师范教育方面，陶行知也提出过许多正确的主张。他称“教育是立国的根本”，而师范教育乃“国家托命”之所在，“师范教育可以兴邦，也可以促国之亡”。他比较全面地论述了师范教育的任务和作用，提出“教育界要什么人才就该培养什么人才”，师范教育要为教育界培养教育行政人员，各种指导员，各种学校校长、职员和各种教员，并且从师范教育自身的特点出发，对培养什么样的人和怎样培养都发表了自己的看法，强调师范生要热爱师范教育，懂得教育规律，具有丰富的专业知识以及为人师表的高尚品德。值得注意的是，他还是我国乡村师范的最早提倡者和创建者。他曾明确主张以乡村师范作为改造乡村生活的中心，以乡村教师作为乡村生活的灵魂，以乡村自

① 《中国乡村教育之根本改造》，载华中师范学院教育科学研究所主编：《陶行知全集》第1卷，湖南教育出版社1984年版，第654页。

治作为改造乡村的组织保证。他的乡村师范的理论和实践，对我国20世纪20年代以来的乡村教育和师范教育产生了广泛而深远的影响。

陶行知的师范教育思想有很多内容值得我们参考借鉴。我们要把师范教育的地位和作用提高到一个新的高度来认识，大力发展师范教育。根据社会主义现代化建设的需要，调整师范学校的教学内容和教学方法，更好地体现出师范学校的特点和优点，以培养更多适应现代教育需要的教师。采取有力的措施，加强对农村教师的培训，以提高农村教育质量。各类师范学校，都要特别注意培养师范生忠诚人民教育事业，懂得教育规律，掌握丰富的专业知识和技能，具有为人师表高尚品德的综合素质。此外，还应千方百计地提高人民教师的社会地位和经济待遇，使全社会形成一种尊师重教的良好风气。

（五）终生教育思想

终生教育是陶行知教育学说的一个重要思想。它以生活教育主张为理论基石，是生活教育理论的派生物。按照生活教育理论，教育不仅涉及人类生活的全部领域，也贯穿于人类生活的整个过程。教育应无限地向横向拓展，形成教育的“社会化”，也应无限地向纵向延伸，形成教育的“终生化”。终生教育思想的出现，是陶行知生活教育理论的重大发展和突破，也是他教育学说日臻成熟和完善的明显标志。陶行知的终生教育思想，是中国和世界教育思想宝库中的一份珍贵遗产，值得重点阐发。

1. 终生教育思想的形成与发展

陶行知的终生教育思想，是他在反传统教育和洋化教育的斗争中，为适应近现代中国社会政治、经济、文化发展的需要，通过充分借鉴中外古今教育思想的精华和总结自己教育实践的宝贵经验而提出来的。

1840年以后，随着帝国主义列强侵略的日益加剧，古老的中国由一个独立的封建社会逐渐沦为一个半殖民地半封建社会。民国以后，帝国主义列强，尤其是日本帝国主义，步步紧逼，虎视眈眈，中华民族面临着亡国灭种的空前危机。要救亡图存，就必须广泛地动员千百万民众，提高他们的思想政治觉悟，万众一心，同仇敌忾，共赴国难。而要做到这一点，就应该大力发展教育事业，扩大教育机会，使全中国的每一个老百姓，特别是幼儿和成人，都接受一定的教育，具备起码的文化水平，能够看书读报，了解国事，并且养成终生学习的习惯，与时俱进，这样他们才有可能在反帝反封建的斗争中发挥巨大的力量，去建立一个真正自由、民主、独立、富强的新中国。

然而，近现代中国的教育（不论是传统的还是洋化的），都还不能满足这样的需要。旧教育是一种小众的贵族的教育，而不是人民大众的教育。有钱有权者才能享受教育，无钱无权者则被拒之于门外。广大劳苦群众及其子女，只能在生活中受到教育。同时，它将人生划分为彼此分离、毫不相关的三个阶段，即学龄前、学龄中及学龄后。这实际上将人生抛开了一大半，严重忽略了入学前的学习和离校后再学习的问题。换句话说，即只重学校教育，忽略学前教育和成人教育。这种教育的主要弊端是严重的形式化和划一化，脱离人民群众，脱离社会实际生活，难以适应近现代中国社会政治、经济和文化发展的需要。陶行知的终生教育思想就是在这样一种历史背景下产生的。

陶行知的终生教育思想，是他批判地继承古今中外优秀教育遗产的产物。

一方面，它是对杜威“连续性”的教育观念的直接扬弃。杜威在达尔文“进化论”和詹姆士心理学原则的基础上，提出了教育是一个“连续性过程”的观点。他认为，“教育是经验的继续不断的改组或改造”。① 经验的获得又总是和社会生活实践分不开的，因而“教育是生活的过程，而不是将来生活的预备”②。既然教育是一个过程，那就不会是学校教育之前和之后的中断。陶行知创造性地发展了这一“连续性”的教育观点，将之转化为“终生教育”的思想。这是陶行知对杜威教育学说的继承与超越。

另一方面，它是对中国古代“活到老，学到老”思想的丰富和发

---

①② 赵祥麟、王承绪编译：《杜威教育论著选》，华东师范大学出版社 1981 年版，第 159、4 页。

展。两千年前，荀况在《荀子·法行》中指出："少而不学，长无能也；老而不教，死无思也；有而不施，穷无与也。"欧阳修在《答李诩书》中也认为："学之终身，有不能达者矣，于其所达，行之终身，有不能至者矣。"至于"活到老，学到老"一语，更是中国古代一句流传颇广、妇孺皆知的格言。陶行知立足于现代科学的高度，对之作了一番翻新，进一步形成了其终生教育思想。

更为关键的是，陶行知的终生教育思想是对自己长期教育实践宝贵经验的科学总结。如果把古今中外有关教育思想的精华视为"流"的话，陶行知自己长期的教育实践就是其终生教育思想的"源"，不认识到这一点，就不可能真正认清他的终生教育思想的来源，也不可能真正弄清他的终生教育思想的含义和实质。

终生教育思想是陶行知对自己长期教育实践宝贵经验的科学总结。1917 年，陶行知由美归国后，便致力于人民大众的教育普及事业。其间，他除了积极从事学校教育改革外，还对幼儿教育和成人教育作了许多科学实验和理论探索，得出了不少宝贵经验。在此基础上，他了解并认识到终生教育的重要性与必要性，从而在中国（也可以说是在世界）最早明确楬橥了终生教育的主张，这是他对中华民族乃至整个人类的一大贡献。

陶行知的终生教育思想经历了一个萌芽、形成和发展的过程。

1917 年至 1926 年，是陶行知终生教育思想的萌芽阶段。1918 年，陶行知发表《生利主义之职业教育》，他认为："生活主义包含万状，凡人生一切所需皆属之。其范围之广，实与教育等。"① 这已看到了生活与教育相一致的方面，孕育着"生活即教育"思想的胚胎。这就为其终生教育思想的提出奠定了初步的理论基石。1919 年 7 月，他在一次题为《新教育》的演说中讲道："照杜威先生说，教育是继续经验的改造（Continuous reconstruction of experience）。我们个人受了周围的影响，常常有变化，或是变好，或是变坏。教育的作用，

① 《生利主义之职业教育》，载华中师范学院教育科学研究所主编：《陶行知全集》第 1 卷，湖南教育出版社 1984 年版，第 78 页。

是使人天天改造，天天进步，天天往好的路上走；就是要用新的学理，新的方法，来改造学生的经验。”① 并明确指出：“既然晓得教育是继续经验的改造，那么对于天然界和群界，自然受他的影响；天天变动，就是天天受教育，差不多从出世到老，与人生为始终的样子。”② 显然，此时他已经意识到教育是一个连续性的过程，“差不多从出世到老，与人生为始终”。尽管他此时还深受杜威实用主义教育的影响，但已开始萌发了终生教育的思想，值得注意的是，早在20世纪20年代前后，他就意识到终生教育的思想。

1927年至1935年，陶行知的终生教育思想逐渐得以形成。随着陶行知教育实践的进一步开展，他对传统教育和洋化教育的弊端认识得更加清楚了，开始感觉到杜威的实用主义学说虽然有反封建反传统的积极作用，但仍不能真正适合中国的具体国情和人民大众的现实需要，于是他在1927年创办晓庄师范学校，推行生活教育，并初步形成了生活教育学说。生活教育是生活所原有、生活所营造、生活所必需的教育。它突破了人只是在一定的学龄阶段接受正规学校教育的“一次性教育”的观念。这样，他就在总结自己教育实践宝贵经验和充分借鉴中外古今有关教育思想精华的基础上，初步形成了终生教育思想。1934年2月，他在《生活教育》一文中指出：“生活教育与生俱来，与生同去。出世便是破蒙，进棺材才算毕业。”③ 同年3月，他在《从穷人教育想到穷国教育》一文中又说：“他是活到老，做到老，学到老，教到老，一直到进了棺材才算毕业。”④ 同年12月，他在一次题为《普及教育》的演讲中，批评当时的小学六年、中学六年、大学四年的教育制度实质上是一种“短命教育”，公开表明“我们所要干的是整个寿命的教育，不是短命的教育”，主张活到老，做

---

①② 《新教育》，载华中师范学院教育科学研究所主编：《陶行知全集》第1卷，湖南教育出版社1984年版，第123、126页。

③ 《生活教育》，载华中师范学院教育科学研究所主编：《陶行知全集》第2卷，湖南教育出版社1985年版，第634页。

④ 《从穷人教育想到穷国教育》，载华中师范学院教育科学研究所主编：《陶行知全集》第2卷，第645页。

到老，学到老。① 1935年3月，他在《中国普及教育方案商讨》一文中，进一步提出了“整个寿命现代化”的主张。他说：“整个寿命现代化，不仅是四个月、一年、二年、四年之义务教育。教育最重要的成就在使众人养成一种继续不断的共同求进的决心。我们要对众人养成的态度是：活到老，做到老，学到老。”② 上述言论，已初步揭示出终生教育的本质含义，即教育必须贯彻人生的始终，从出世到进棺材，人人都必须接受教育。不仅如此，陶行知还对教育必须贯彻人生始终的原因作了深刻分析，他指出，一方面由于“学问没有止境”，“社会的进步，都没有止境”，③ 一个人的进步也没有止境；另一方面，又由于人只有“活到老，做到老，学到老”，才能做一个“与时代俱进”的“长久的现代人”，才能“保证川流不息的现代化”。④ 由此可见，早在20世纪二三十年代，陶行知对终生教育思想已作了相当全面而深刻的论述，只不过尚未正式使用“终生教育”这一概念而已。

20世纪40年代，陶行知的终生教育思想得到了丰富发展，并正式使用了“终生教育”的概念。抗日战争爆发后，陶行知进一步认识到，要想使教育更加适合当时救亡斗争的需要，就必须扩大教育的对象，使每个年龄层次的人都能受教育。他认为：“从教育的对象说：不只着重青年教育，而且要顾到老年人和小孩子的教育。”⑤ 这与传统教育体制下只注重青年教育，忽略小孩子和老年人的教育，只注意学校教育，而忽略家庭教育和社会教育，是截然不同的。这既是教育

---

① 《普及教育》，载华中师范学院教育科学研究所主编：《陶行知全集》第2卷，湖南教育出版社1985年版，第762页。

② 《中国普及教育方案商讨》，载华中师范学院教育科学研究所主编：《陶行知全集》第2卷，第804页。

③ 《从穷人教育想到穷国教育》，载华中师范学院教育科学研究所主编：《陶行知全集》第2卷，第645页。

④ 《攻破普及教育之难关》，载华中师范学院教育科学研究所主编：《陶行知全集》第2卷，第782页。

⑤ 《全面抗战与全面教育》，载华中师范学院教育科学研究所主编：《陶行知全集》第3卷，湖南教育出版社1985年版，第328页。

观念的变革，又是政治观念的更新。抗日战争结束后，为争取真正的民主、平等和自由，陶行知积极提倡民主教育，创办多种成人教育机构和中心，特别是社会大学和夜大学等。在这一过程中，他的终生教育思想得到了进一步发展。1945 年 5 月，他发表了著名的《实施民主教育的提纲》，指出："无论老少，也应该受教育。生活教育很早就提出活到老，学到老。"并举例说："生活教育运动中最老的学生为八十三岁之王老太太，她说：'我也快进棺材了，还读什么书？'但经她的孙儿曾孙的鼓舞，她的热情也烧炽起来了。因为她的缘故，她的媳妇也得读书了。"① 同年 9 月，他在《全民教育》一文中首次明确使用了"终生教育"这个概念，将之界定为："培养求知欲。学习为生活，生活为学习。只要活着就要学习。一旦养成学习习惯，个人就能终生进步不断。"② 这是对他过去"终生教育"思想的重新概括和明确表述，不仅表明了陶行知"终生教育"思想日趋成熟，也显示出其生活教育理论的日臻完善。同年 12 月，他还在《民主教育之普及》一文中进一步指出："教人，好学，都是传染的，等到大家都传染了教人、好学的习惯，便教人、好学成了瘾，整个中华民族便成了一个教人、好学的民族，万万年的进步是得到了保证。古人云：学然后知不足。一个感到不足，他便要向高处追，向深处追，是不会有止境了。因此民主教育不但可能做到全面普及，并且可能做到立体的普及。"③ 终生教育的实施，有助于教育从全面普及走向立体普及。这表明包括了终生教育思想在内的陶行知的生活教育理论，实质上是一种现代的"大教育观"。

2. 终生教育思想的内涵

作为生活教育理论的一个派生物，终生教育在总体上是受生活教

---

① 《实施民主教育的提纲》，载华中师范学院教育科学研究所主编：《陶行知全集》第 3 卷，湖南教育出版社 1985 年版，第 541 页。

② 《全民教育》，载华中师范学院教育科学研究所主编：《陶行知全集》第 3 卷，第 554 页。

③ 《民主教育之普及》，载华中师范学院教育科学研究所主编：《陶行知全集》第 3 卷，第 573 页。

育理论支配和制约的。同时，终生教育思想本身又具有相对的独立性，有它独特的含义和思想内容，值得我们深入学习和探讨。

陶行知的终生教育思想包含以下两层基本意思。

第一，教育“与人生为始终”。陶行知从生活教育的观点出发，认为“生活即教育”，生活与教育是同一过程，人生有多久，教育也应有多久，教育“差不多从出世到老，与人生为始终”。他反对传统观点，将人生划分为彼此分离、毫不相关的三个阶段，即学龄前、学龄中和学龄后，认为这必然会导致只重视学校教育，而忽略学前教育和成人教育。他抨击当时的小学六年、中学六年、大学四年的教育制度实质上是一种“短命的教育”，也批评义务教育，“不仅是四个月、一年、二年、四年”的事情。在他看来，教育不是在学校教育结束后就算完事的，它应贯穿于人生的全过程，包括贯穿于人的一生不同阶段的学前、小学、中学以及成人教育等等，应是一种“整个寿命的教育”。他主张不同阶段的教育应从纵的方面相互连接，构成一个完整系列，使人们永远“与时代俱进”。

第二，“家庭、店铺、工厂、机关、寺庙、民团、军队及现有学校做下层之教育场所”。根据生活教育的观点，终生教育应是各种正规教育和非正规教育的总和。陶行知一贯重视家庭教育，认为家庭教育在人的发展中有重要地位。他指出：“婴孩期就必须奠定民主教育的基础。或许，目前处理这问题最好、最经济的办法是通过教父母兄弟姐妹，尤其是通过教母亲、姐妹及女仆来教婴儿。”① 他还要求家庭教育应注意养成新生儿童个性，注意培养儿童的创造力。陶行知也是很重视社会教育。从某种意义上说，他的生活教育理论就是一种广义的社会教育理论。他是根据“社会即学校”的原则，倡导“动员社会上现有的一切可能动员的力量、学校及个人尽力为民众服务。庙宇、茶馆、监狱、兵营、商店、工厂、残废士兵医院、普通学校不上课时空出的教室，都应给识字小组及训练中心使用。八千万受过一段

① 《全民教育》，载华中师范学院教育科学研究所主编：《陶行知全集》第3卷，湖南教育出版社1985年版，第554—555页。

时间再教育的识字成人可作为教师，帮助家人及邻居进步”①。在他看来，这些地方或机构实际上都是一种教育机构和渠道，都有教育意义，对人的发展都有重要影响。因此，他希望把各种正规和非正规的教育机构及渠道，通过横向的连接，构成一个有机的整体，以促进人的全面和谐发展。

概括起来，陶行知的终生教育思想，核心是强调教育的终生化与一体化，即在纵向上，要实现从零岁开始直到老年，包括学前教育、学校教育、成人教育三个层次的一体化；在横向上，要实现家庭教育、学校教育、社会教育三个方面的一体化，以克服现存教育体制的弱点，培养和造就适应社会需要的各种人才，适应近现代中国社会政治、经济、文化发展的需要，保证“川流不息的现代化”。

3. 终生教育的对象、内容与途径

终生教育是从生活教育理论派生出来的一种重要的教育思想，是对生活教育理论的丰富和发展。它在对象、内容与途径等方面，既有与生活教育理论相一致的地方，又有其自身的特质。在对象方面，它既主张“不论宗教信仰、种族、财富及所属阶级有何不同，男孩与女孩机会均等，男子与女子机会均等，成人与儿童机会均等”②，又特别强调成人与儿童的教育问题，主张“无论老少，也应该受教育。生活教育很早就提出活到老，学到老”③。为此，陶行知不仅积极提倡，而且身体力行，这可以从创立乡村幼稚园和社会大学等一系列教育实践中得到证明。与之相适应，在内容方面，特别强调以儿童和成人的生活为教育的中心，主张围绕着儿童和成人的生活来开展教育。“过什么生活便是受什么教育：过康健的生活便是受康健的教育；过科学的生活便是受科学的教育；过劳动的生活便是受劳动的教育；过艺术的生活便是受艺术的教育；过社会革命的生活便是

①② 《全民教育》，载华中师范学院教育科学研究所主编：《陶行知全集》第3卷，湖南教育出版社1985年版，第555、554页。

③ 《实施民主教育的提纲》，载华中师范学院教育科学研究所主编：《陶行知全集》第3卷，第541页。

受社会革命的教育。”① 并着重指出：“我们要用前进的生活来引导落后的生活，要大家一起来过前进的生活，受前进的教育。”② 总之，应以反帝反封民族民主斗争的社会生活为幼儿和成人教育的中心内容。在途径方面，终生教育和生活教育虽然是互相包容的，但终生教育更加强调家庭教育和社会教育，把家庭教育和社会教育看成与学校教育同等重要，它主张对传统教育制度加以彻底改造。他尖锐地批评国民党政府教育部颁布的《实施义务教育暂行办法大纲》，纯粹是指学龄儿童的教育，没有改变成人教育与儿童教育各干各的不能打成一片的弊端。他主张：“根据民主思想从根本上重建学校及学制，使民有、民治、民享的教育在中国蓬勃发展。”③ 他一方面提倡家庭教育和社会教育，另一方面又积极改造学校教育，以求让灵活机动、富有弹性的教育体制代替千篇一律、僵化不变的教育体制。为使更多的幼儿和成人受教育，他还在教育实践中为终生教育提出和创造了一些崭新的教学组织形式与方式，其中主要有幼稚园、中心学校、工学团、旅行团、社会大学以及小先生制、传递先生制、自动进修制等等。这些都丰富和发展了他的生活教育学说。

4. 终生教育思想的评价

陶行知的终生教育思想，萌芽于 20 世纪 20 年代，形成于 30 年代，发展于 40 年代。它的出现，丰富和发展了生活教育学说，对中国近现代教育的改革和发展产生了积极作用，成为世界教育宝库里一颗璀璨夺目的明珠。

（1）陶行知的终生教育思想丰富和发展了生活教育学说。

陶行知终生教育思想的提出，标志着他的生活教育学说日臻成熟。他早期的生活教育学说主要由“生活即教育”、“社会即学校”、

---

① 《教学做合一下之教科书》，载华中师范学院教育科学研究所主编：《陶行知全集》第 2 卷，湖南教育出版社 1985 年版，第 288 页。

② 《生活教育之特质》，载华中师范学院教育科学研究所主编：《陶行知全集》第 3 卷，湖南教育出版社 1985 年版，第 27 页。

③ 《全民教育》，载华中师范学院教育科学研究所主编：《陶行知全集》第 3 卷，第 554 页。

“教学做合一”等基本命题和若干范畴组成。终生教育思想提出后，极大地丰富了生活教育学说的内容。它主张教育是一个终生的过程，“差不多从出世到老，与人生为始终”①，“与生俱来，与生同去。出世便是破蒙，进棺材才算毕业”②。又主张教育应包括各种正规和非正规的教育机构或形式。在重视学校教育的同时，不忽略学前教育和成人教育；在抓好学校教育的同时，又强调家庭教育和社会教育。这就使生活教育学说的“教育”概念，在时间和空间方面有了进一步延伸和扩大，使“生活即教育”、“社会即学校”的思想更为具体和丰富。总之，它是对生活教育学说的重大发展和突破。

（2）陶行知的终生教育思想推动了中国近现代教育的改革和发展。

旧教育只重视学校教育，忽略学前教育和成人教育，忽略家庭教育和社会教育。终生教育思想的提出，对于改变这种局面产生了巨大作用。具体说来，这主要体现在以下几个方面。第一，促进了成人教育的发展。成人教育是陶行知终生教育思想的主要组成部分。从20世纪20年代起，他就重视成人教育，把成人教育视为近现代中国教育改革的突破口之一。他创办暑期学校，推行平民教育和乡村教育，是我国大规模的平民教育运动的首创者和主持人之一，为平民教育运动的开展呕心沥血，殚精竭虑，付出了极大的努力。20世纪40年代，为使广大工农受教育，他积极推行普及教育、国难教育、战时教育和全面教育。特别是在抗日战争胜利以后，为解决广大青年失学问题，他又倡办了社会大学，独创了成人教育新的组织形式，还设想今后的社会大学要更为丰富多样，除了无形的社会大学之外，还应有夜大学、早晨大学、函授大学、新闻大学、旅行大学、电播大学等等。这些主张和设想，不仅促进了近现代中国成人教育的发展，就是在今

① 《新教育》，载华中师范学院教育科学研究所主编：《陶行知全集》第1卷，湖南教育出版社1984年版，第126页。

② 《生活教育》，载华中师范学院教育科学研究所主编：《陶行知全集》第2卷，湖南教育出版社1985年版，第634页。

天仍具有重要的理论价值和现实意义，值得人们高度重视。第二，促进了学前教育的发展。陶行知是我国早期重视幼儿教育的教育家之一。在他的终生教育思想中，幼儿教育占有非常重要的位置。在幼儿教育方面，从事过许多扎扎实实的实践和理论探讨。他把幼儿教育视为基础教育的基础，强调学生儿童的个性，重视培养儿童的创造力，主张对儿童实行“六大解放”（即解放儿童的眼睛、头脑、双手、嘴、空间和时间）。他在儿童教育理论方面的这些重大建树，彻底改造了近现代中国的学前教育，并为我国未来学前教育的发展指明了方向。第三，促进了学校教育的变革。陶行知一贯注重学校教育的改革，集中探讨了学校教育的服务对象，以及学校教育如何与社会生活紧密联系等问题。他主张教育系人民大众生活所原有，所自营，所必需，不能成为少数“小众”的专利品，不论贫富贵贱男女老幼都有受教育的权利和机会，要建立更为灵活机动的新型学校教育体制，使人民大众及其子女能入学受教，强调学校教育的内容要以生活为中心，而不是以文字为中心；主张学校教育的方法和手段要多样化，要使学生自觉自动，学会学习，发展学生的创造力，而不是强迫灌输。他改变了传统的学校观念，提出了一种崭新的现代学校观。所有这些，都对学校教育理论和实践的发展，为当代中国的教育改革提供了重要的理论借鉴。第四，促进了学校教育以外的教育事业的发展。陶行知把终生教育视为一个宏大的战略，它的实现要通过家庭教育、学校教育、社会教育诸方面的协力合作。为此，他在发展学校教育的同时，注重利用一切可以利用的因素，开展各种形式的社会教育。他主张凡有人的地方，就是教育的场所。在他看来，家庭、当铺、茶馆、轮船码头、博物馆、电影院、图书馆，甚至防空洞等等，都可作为教学的课堂。他还主张利用广播、电影、幻灯等现代技术作为教育的手段，使终生教育在中国的每一个角落、每一层面扎下根，并推广开来。他自己是这些主张的身体力行者，走到哪里，就在哪里开展教育，不拘形式，灵活多变。他倡导在学校教育之外，实行各种形式的教育，对我国社会教育的发展产生了积极影响。

（3）陶行知的终生教育思想是世界教育宝库里的一颗明珠。

陶行知是现代终生教育的先驱。他的终生教育思想，不仅在中国教育思想史上，就是在世界教育思想史上，也有其突出的地位。长期以来，人们一般认为法国教育理论家保尔·朗格朗（Paul Lengrand）是现代终生教育的最早倡导者，认为“终生教育”这一概念是在他任联合国教科文组织秘书处成员时，于1965年召开的国际成人教育促进会议上所作题为《论终身教育》的报告里出现的，并认为，“终生教育”的基本思想是在他于1970年出版的《终身教育引论》中首次阐发的。这种看法是不符合历史事实的。正如前所述，陶行知早在20世纪20年代前后就已萌生了“终生教育”的思想，30年代已基本形成，40年代已有初步发展并已明确使用了“终生教育”的概念。他1945年发表的《全民教育》，原是一篇英文论著。在这篇英文论著中，“终生教育”被译为“education for the whole life”，意即“整个人生过程的教育”。这与今天通行的英文词“life long education”（终身教育）实际上就是一回事。陶行知的这篇《全民教育》的英文论著由生活教育社刊行后，曾作为一份宣传材料，向西方有关民间援华组织和人士广为散发，其中一个目的就是希望能得到国际友人支持和赞助。由此可见，早在40年代中期，陶行知的终生教育思想就已开始传播到国外。朗格朗是否看过这篇英文论著，我们不得而知。但可以断定，陶行知对“终生教育”概念的使用和这一思想的阐述，均早于朗格朗二十年左右的时间。如果说到其萌生，那就要早于朗格朗近半个世纪。当然，笔者这样说绝没有丝毫否认朗格朗的历史贡献的意思。事实上，朗格朗首次以专题论著的形式发表《终身教育引论》，系统论述终身教育理论，并利用他后来任联合国教科文组织终身教育科科长的身份，积极从事终身教育的理论指导和教育实践，使终身教育在20世纪的60年代开始成为国际性的教育思潮，这都是值得后人称道的。笔者的目的在于，澄清历史事实，把最早提出、阐述“终生教育”概念和思想的人与最早系统论述“终生教育”概念和思想的人区别开来。如果说陶行知就是第一个提出、阐述“终生教育”观念和思想的人，那么朗格朗就是第一个系统论述“终生教育”并使之开始成为国际性的教育思潮的人。他们都是世界终生教育思想发展史上具有里程碑意义的卓越人物。

当然，正如任何一种伟大的思想在提出之初都不可避免地存在某些不足一样，陶行知的终生教育思想自然也不是完美无缺的。从总体上看，陶行知还只是初步提出、阐述了“终生教育”的概念和思想，许多有价值的观点并没有充分展开，这就使得他的终生教育思想还没有一套比较严密完整的理论。之所以如此，主要是由于近现代中国是一个半殖民地半封建社会，现代的政治、经济、文化还未充分发育生长，历史赋予他那一代教育工作者的使命是以教育作为拯救民族危亡的武器，客观现实不允许他有充分的时间去思考终生教育所有方面的问题。这是时代使然、环境使然，我们不能离开具体的历史条件和环境来对此加以苛求。列宁有句名言：“判断历史的功绩，不是根据历史活动家没有提供现代所要求的东西，而是根据他们比他们的前辈提供了新的东西。”① 我们对待陶行知的终生教育思想，也应采取这种科学态度。

（六）创造教育思想

陶行知在长期的教育实践里非常重视创造教育问题，曾对创造教育作过许多精辟的论述。解放儿童创造力的教育思想是陶行知教育理论中的一个重要组成部分，其基本内容主要为这样三点：（1）应该承认儿童身上蕴藏着创造力；（2）应该从六个方面去解放儿童创造力；（3）应该从三个方面去培养儿童创造力。这些思想集中体现在《创造的儿童教育》、《实施民主教育的提纲》、《民主教育》、《小学教师与民主运动》等文章中。

1．“小孩子有创造力”

陶行知认为，“小孩子有创造力”，是“千千万万祖先，至少经过五十万年与环境适应斗争所获得而传下来之才能之精华”②，又是需要经过后天的精心培养方能充分发展的。作为一个教育工作者，应该

① 《评经济浪漫主义》，载《列宁全集》第2卷，人民出版社1984年版，第154页。

② 《创造的儿童教育》，载江苏省陶行知教育思想研究会等编：《陶行知文集》，江苏人民出版社1981年版，第749页。

培养儿童的创造力，充分发挥儿童的创造力。他以自己亲身经历的两件事情为例，说明儿童身上蕴藏着创造力。一件事情是，陶行知创办的南京晓庄师范停办以后，晓庄的教师和师范生不能回晓庄小学任职，而私塾先生又被小孩子们拒绝，在不得已的情况下，小孩子们自己便组织起来，推举同学做校长、教员，自己教，自己学，自己办，还自称“自动学校”。当陶行知听见这个消息之后，就写了一首诗去祝贺他们：“有个学校真奇怪，大孩自动教小孩。七十二行皆先生，先生不在学如在。”① 他写好后交给几个大学生看，众人都说诗写得很好。于是，他就将诗给自动学校的小孩寄去。第三天，陶行知收到了小孩子们寄来的回信，他们认为这首诗有一个字要更改，还提出一连串的问题：大孩教小孩，难道小孩不能教大孩吗？大孩能够自动，难道小孩不能自动吗？而且大孩教小孩有什么奇怪呢？陶行知看到这封回信，非常高兴，觉得小孩子们的意见是很正确的，便马上把诗句改为“小孩自动教小孩”。他由此而认识到：“黄泥腿的农村小孩改留学生的诗，又是破天荒的证明，证明小孩有创造力。”②另一件事情是，有一次，陶行知在南通推行“小先生制”，写了一篇一分钟的演讲词，文中有一段：“读了书，不教人，甚么人？不是人。”当陶行知讲完后，有个小孩马上说道，陶先生，你的演讲最好把“不是人”改为“木头人”，“木头人”比“不是人”要更好一些。因为“不是人”三个字不具体，桌子不是人，椅子也不是人，而“木头人”是给人们一个具体的印象。从这件事情里，陶行知又一次认识到“小孩子有创造力”。他指出：“我们要真正承认小孩子有创造力，才可以不被成见所蒙蔽。小孩子多少都有其创造的能力。”③

现代生理科学实验的结果表明，陶行知这样一种“小孩子有创造力”的论点，是符合实际情况的，是有充分的科学根据的。近年来，大脑研究和生化研究的一连串突破，使人们不能不承认，人的大脑还有很大一部分的潜力未被利用。从最新的生理研究材料来看，3 岁儿

①②③ 《创造的儿童教育》，载江苏省陶行知教育思想研究会等编：《陶行知文集》，江苏人民出版社 1981 年版，第 750、751、751 页。

童的脑重是 1 011 克，7 岁儿童是 1 280 克，9 岁儿童是 1 350 克，12 岁儿童是 1 400 克，而一般成人脑重也不过平均是 1 400 克。这意味着，仅就脑重而言，一个 12 岁的儿童就已经基本达到一个成人的水平了。儿童脑重的迅速发展也相应地促进了儿童智力的迅速发展。倘以 17 岁时所达到的智力作为 100，那么从出生至 4 岁就取得 50％的智力，4 岁到 8 岁取得另外的 30％的智力，其余的 20％智力在 8 岁至 17 岁时取得，此后便是智力的缓慢发展时期。有的科学家指出，人的大脑估计有 140 亿神经细胞，从 18 岁至 20 岁后逐年减少。人的大脑皮层细胞，每年失去成年初期的 0.8％，60 岁时将失去近 50％。这些生理研究材料说明，人在出生到 17 岁时，都是具有相当的创造力基础的，完全可以从事发明创造工作。

陶行知的论点不仅在理论上得到验证，而且在古今中外的实际生活中也得到了充分的证明。从古代来看，中国如三国时的曹植 7 岁能写诗；初唐的王勃 6 岁善文辞，9 岁读《汉书》；中唐的杜甫 5 岁能诗文，7 岁咏凤凰；晚唐的白居易五六岁可即席赋诗，15 岁写出“离离原上草，一岁一枯荣。野火烧不尽，春风吹又生”的名诗；李贺则在 7 岁就写出《高轩过》的名篇；北宋的晏殊 7 岁开始写文章；明末的夏完淳 5 岁就知五经，9 岁善诗文。外国如高斯 9 岁能解级数求和的问题；利喜比 11 岁热心化学试验；麦克斯韦 14 岁发表数学论文；朗道 14 岁上大学；维纳 4 岁就可自由地阅读书籍，14 岁便大学毕业；莫扎特 4 岁开始作曲，10 岁写歌剧《简单的伪装》，14 岁作《密特里特泰》，17 岁作《卢西奥西利亚》，他在十二三岁时就已使全欧洲震惊；贝多芬和海顿都是 13 岁作曲；舒伯特自幼擅长钢琴、小提琴，18 岁时创作《魔王》；但丁 7 岁就给阿特丽斯作恋诗；席勒 14 岁写史诗《莫泽》，15 岁写《厄拉曼》，18 岁著《群盗》、《雨果的悲剧》；歌德 8 岁时除德语外，还懂得法语、意大利语、拉丁语和希腊语，10 岁开始写剧本；泰戈尔 15 岁开始写剧本；车尔尼雪夫斯基 16 岁学会 7 种外国语言。从当代来看，幼儿便具有相当发达的智力的事例，更是层出不穷，屡见不鲜。据有关材料记载，我国湖南怀化市一个名叫陈轶佳的小孩，1 岁零 10 个月能熟练地认识 800 多汉字，江西南昌市宁铂两岁半能全部背诵毛泽东同志的30余首诗词，六七岁时攻读医书，能看脉象，准确地诊断病情，八九岁学习天文，能用肉眼识别几十个星座。辽宁抚顺市10岁儿童吴大可归纳出“序数推算法”。谢彦波11岁考入中国科技大学少年班，他的理解力、记忆力都很强。外国如美国的小女孩维尼伏雷特，2岁开始记日记，3岁写论说文，4岁用世界语写剧本，5岁时能用8个国家的语言表达思想。日本儿童三轮光范，1岁8个月就能读书、写字，2岁时开始记日记，11岁翻译《詹天佑》并出版。苏联9岁小姑娘伊札木·拜捷米罗娃创作一首钢琴和民族乐协奏曲《山间》，作品受到专业作曲家的推崇，等等。古今中外的这些事例，都说明儿童是有创造力的。

总之，早在20世纪初叶，陶行知就已认识到“小孩子有创造力”，需要教师去精心培养和开发它，这正是他用科学态度办教育，实践出真知的最好证明。

2. 儿童创造力的“六大解放”

陶行知认为，认识到有创造力，就应该进一步将其解放出来；否则，就会使儿童创造力这种巨大智力资源埋没在未经开垦的广袤的沃土里。这不仅是教育工作者的严重失职，也是对民族、对国家宝贵财富的巨大浪费。那么，应该从哪些方面去解放儿童的创造力呢？陶行知提出了“六大解放”的建议。

（1）解放儿童的眼睛。

陶行知认为，传统的封建教育给儿童带上了一副封建的有色眼镜，使他们脱离社会实际生活，“两耳不闻窗外事，一心只读圣贤书”，成为无益于社会的“小书呆子”。所以，他指出，不要让儿童“带上封建的有色眼镜，使眼睛能看事实”①，应该培养儿童对大自然进行观察，对大社会进行分析的能力，在大自然、大社会的怀抱中，陶冶性情，锻炼意志。他译的《打开眼睛看看》一诗里就有这样的诗句：“打开眼睛看，看人怎样干？苏联真伟大，个个是好汉。工人打

① 《实施民主教育的提纲》，载江苏省陶行知教育思想研究会等编：《陶行知文集》，江苏人民出版社1981年版，第784页。

胜仗，浑蛋都滚蛋。自由又平等，大家好吃饭。"① 他将这首译诗献给全国的儿童们，正反映出他对儿童解放眼睛，观察世界，成为改造社会新一代的殷切期望。

（2）解放儿童的头脑。

陶行知认为，儿童的创造力被固有的迷信、成见、曲解、幻想层层裹头布包缠了起来，要发展儿童的创造力，先把儿童的头脑从迷信、成见、曲解、幻想中解放出来。迷信要不得，成见要不得，曲解要不得，幻想要不得，幻想是反对现实的。那么，对于"这种种要不得的包头布"应该如何处理呢？他向人们发出了战斗号召："要把它一块一块撕下来，如同中国女子勇敢的撕下了裹脚布一样。"② "这种种要不得的包头布"就像"女子的裹脚布"，多么生动的比喻！多么深刻的思想！继而，他进一步分析说："自从有了裹脚布，从前中国妇女是被人今天裹、明天裹、今年裹、明年裹，骨髓裹断，肉裹烂，裹成一双三寸金莲。自从有了裹头布，中国的儿童、青年、成人也是被人今天裹、明天裹、今年裹、明年裹，似乎非把个个人都裹成一个三寸金头不可。"③ 人们的头脑被裹成了"三寸金头"，多么可悲的结局！为此，陶行知郑重其事地向人们指出："如果中华民族不想以三寸金头出现于国际舞台，唱三花脸，就要把裹头布一齐解开，使中华民族的创造力可以突围而出。"④ 在这里，陶行知所谈的对象已不仅仅限于儿童，他已推而广之，包括青年、成人乃至整个中华民族了。他将解放头脑、发挥创造力与儿童的未来、与中华民族的未来紧密联系在一起，这反映出他具有开阔的政治视野。尤其值得注意的是，他这种解放头脑的战斗呼唤发出之时，正是中华民族与日本帝国主义侵略者决一死战的最后关头，这便使之在当时具有更为重要的现实性。

（3）解放儿童的双手。

陶行知认为，人类自从腰骨竖起，前脚变成一双可以自由活动的

---

① 陶行知著：《行知诗歌集》，三联书店 1981 年版，第 407 页。

②③④ 《创造的儿童教育》，载江苏省陶行知教育思想研究会等编：《陶行知文集》，江苏人民出版社 1981 年版，第 751 页。

手，进步便一天千里，超越一切动物。自从这个划时代的解放以后，人类乃能创造工具、武器、文字，并用以从事于更高之创造。假使人类把双手束缚起来，就不能执行头脑的命令。我们要在头脑指挥之下用手，使用机器制造，使用武器打仗，使用仪器从事发明。他还一针见血地指出中国传统封建教育的弊病是："中国对于小孩子一直是不许动手，动手要打手心，往往因此摧残了儿童的创造力。"① 要根绝这个弊端，就必须解放儿童的双手。陶行知还以爱迪生的母亲关心爱迪生成长的故事为例，说明长辈们不要轻易否定了儿童的创造力。他说："在爱迪生时代，美国学校的先生也是非常的顽固，因为爱迪生喜欢玩化学药品，不到三个月就把他开除！幸而他有一位贤明的母亲，了解他，把家里的地下室让给他做实验。爱迪生得到了母亲的了解，才一步步的把自己造成发明之王。那时美国小学的先生不免也阻碍学生的创造力的发展。"他呼吁："我们希望保育员或先生跟爱迪生的母亲学，让小孩子有动手的机会。"②应该培养儿童手脑并用，从事生产实践，从事科学研究实验，从事发明创造。他在《手脑相长歌》一诗中写道："人生两个宝，双手与大脑。用脑不用手，快要被打倒。用手不用脑，饭也吃不饱。手脑都会用，才算是开天辟地的大好佬。"③ 应该指出，陶行知"手脑相长"的观点与马克思主义的"人的全面发展"思想是基本相符的。马克思主义认为，自从人类社会出现两大分工后，尤其是脑力劳动和体力劳动的分离和对立，造成了人脑或手的才能的偏废，导致了人的智力和体力的片面发展。而在未来的社会里，教育对于所有已满一定年龄的儿童来说，就是生产劳动同智育和体育的结合，它不仅是提高社会生产的一种方法，而且是造就全面发展的人的唯一方法。尽管陶行知早期还不是一个马克思主义教育家，他的"手脑并用"的观点并不出自马克思主义关于两大分工的

① ② 《创造的儿童教育》，载江苏省陶行知教育思想研究会等编：《陶行知文集》，江苏人民出版社 1981 年版，第 752 页。

③ 《手脑相长歌》，载华中师范学院教育科学研究所主编：《陶行知全集》第 4 卷，湖南教育出版社 1985 年版，第 173 页。

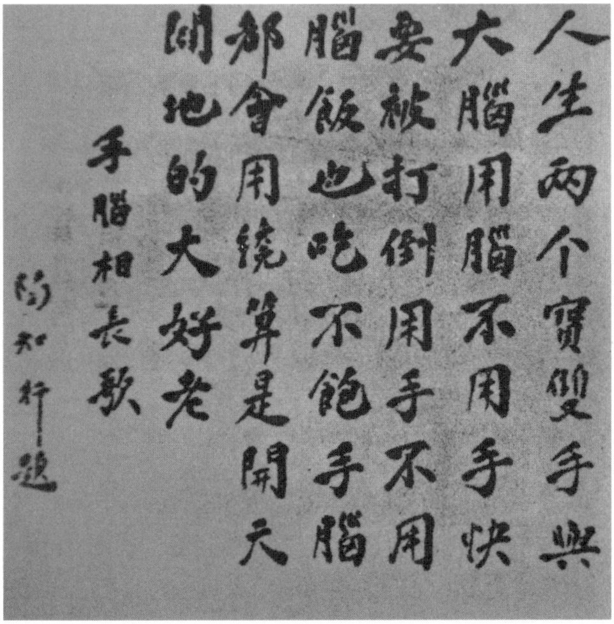

陶行知书《手脑相长歌》

理论，但他的“手脑并用”的观点毕竟已含有马克思主义教育与生产劳动相结合以促进人的全面发展的思想因素。

（4）解放儿童的嘴。

陶行知认为，中国一般习惯是不多说话，儿童没有言论自由。大人说什么，小孩就听什么，就照着做。久而久之，使儿童养成一种盲从陋习。这种情况是不利于儿童成长的。“儿童应当有言论自由，有话直接和先生说，并且高兴心甘情愿和先生说。首先让先生知道儿童们一切的痛苦。”① 小孩子有问题要准许他们问，从问题的解答里，可以增进他们的知识。他指出：“小孩子得到言论自由，特别是问的自由，才能充分发挥他的创造力。”② 他写了一首《每事问》的诗，

① 《实施民主教育的提纲》，载江苏省陶行知教育思想研究会等编：《陶行知文集》，江苏人民出版社 1981 年版，第 784 页。

② 《创造的儿童教育》，载江苏省陶行知教育思想研究会等编：《陶行知文集》，第 753 页。

阐发了这个道理："发明千千万，起点是一问。禽兽不如人，过在不会问。智者问的巧，愚者问的笨。人力胜天工，只在每事问。"① 在这首诗中，他将发明创造的起点，归结于"问"，强调了"问"在一切发明创造中的重要地位，生动而形象地说明了"问"的作用。

（5）解放儿童的空间。

陶行知认为："从前的学校完全是一只鸟笼，改良的学校是放大的鸟笼。要把小孩子从鸟笼中解放出来，放大的鸟笼比鸟笼大些，有一棵树，有假山，有猴子陪着玩，但仍然是个放大的模范鸟笼，不是鸟的家乡，不是鸟的世界。鸟的世界是森林，是海阔天空。现在鸟笼式的学校，培养小孩用的是干腌菜的教科书。我们小孩子的精神营养非常贫乏，这还不如填鸭，填鸭用的还是滋养料，让鸭儿长得肥胖的。"因此，"我们要解放小孩子的空间，让他们去接触大自然中的花草、树木、青山、绿水、日月、星辰以及大社会中之士、农、工、商，三教九流，自由的对宇宙发问，与万物为友，并且向中外古今三百六十行学习"。② 他还进一步指出："创造需要广博的基础。解放了空间，才能搜集丰富的资料，扩大认识的眼界，以发挥其内在之创造力。"③ "空间放大了，才能各学所需；扩大了空间，才能各教所知；扩大了空间，才能各尽所能。"④

（6）解放儿童的时间。

陶行知说："现在一般学校把儿童的时间排得太紧。一个茶杯要有空位方可盛水。现在中学校有月考、学期考、毕业考、会考、升学考，一连考几个学校，有的只好在鬼门关去看榜。连小学的儿童都要受着双重夹攻。日间由先生督课，晚上由家长督课，为的都是准备赶考，拼命赶考，还有多少时间去接受大自然和大社会的宝贵知识呢？赶考和赶路一样。赶路的人把路旁风景赶掉了，把一路应该做的有意

---

① 陶行知著：《行知诗歌集》，三联书店 1981 年版，第 12 页。

②③ 《创造的儿童教育》，载江苏省陶行知教育思想研究会等编：《陶行知文集》，江苏人民出版社 1981 年版，第 753 页。

④ 《实施民主教育的提纲》，载江苏省陶行知教育思想研究会等编：《陶行知文集》，第 784 页。

义的事赶掉了。除非请医生，救人，路是不宜赶的。考试没有这样的重要，更不宜赶，赶考首先赶走了脸上的血色，赶走了健康，赶走了对父母之关怀，赶走了对民族人类的责任，甚至于连抗战之本身责任都赶走了。最要不得的，还是赶考把时间赶跑了。”① 他明确表明了自己对过多考试的态度：“我个人反对过分的考试制度的存在。一般学校把儿童全部时间占据，使儿童失去学习人生的机会，养成无意创造的倾向，到成人时，即有时间，也不知道怎样下手去发挥他的创造力了。”为此，他大声疾呼：“创造的儿童教育，首先要为儿童争取时间之解放。”②

上述从六个方面解放儿童创造力的思想，陶行知曾明确概括为“六大解放”。他对“六大解放”有一个总结性的表述：“解放眼睛，敲碎有色眼镜，教大家看事实。解放头脑，撕掉精神的裹头布，使大家想得通。解放双手，剪去指甲，摔掉无形的手套，使大家可以执行头脑的命令，动手向前开辟。解放嘴，使大家可以享受言论自由，摆龙门阵，谈天，谈心，谈出真理来。解放空间，把人民与小孩从文化鸟笼里解放出来，飞进大自然大社会去寻觅丰富的食粮。解放时间，把人民与小孩从劳碌中解放出来，使大家有点空闲，想想问题，谈谈国事，看看书，干点与老百姓有益的事，还要有空玩玩，才算是有点做人的味道。有了这六大解放，创造力才可以尽量发挥出来。”③ 陶行知的这段文字，以简洁而生动的语言，形象地表述了他的儿童创造力要实行“六大解放”的思想。同时，在某种意义上，抨击了传统教育的弊病，揭露了国民党政权的专制，表明了他的反对独裁、主张民主的政治倾向。

3. 培养儿童创造力的“三个需要”

陶行知认为，在儿童的眼睛、头脑、双手、嘴、空间、时间都解

---

①② 《创造的儿童教育》，载江苏省陶行知教育思想研究会等编：《陶行知文集》，江苏人民出版社 1981 年版，第 753—754、754 页。

③ 《民主教育》，载江苏省陶行知教育思想研究会等编：《陶行知文集》，第 792—793 页。

放出来后，还必须对解放出来的儿童创造力予以适当的培养。怎样才能做到适当的培养呢？这就要注意做到“三个需要”。

（1）“需要充分的营养。”陶行知说：“小孩的体力与心理都需要适当的营养。有了适当营养，才能发生高度的创造力，否则创造力就会被削弱，甚而至于夭折。”① 这一点说的是培养儿童创造力所需要的物质基础。“充分的营养”是培养和发挥高度创造力的基本条件。没有这个基本条件，儿童就不会有强壮的身体、健全的心理，就会使被解放出来的创造力在萌芽之际被扼杀。

（2）“需要建立下层的良好习惯，以解放上层的性能，俾能从事于高级的思虑追求。否则必定要困于日用破碎，而不能够向上飞跃。”②这一点说的是要注意使儿童养成良好的生活、学习习惯，注意训练儿童的思维能力。有了良好的生活、学习习惯，经常地思考问题，儿童的大脑就会越用越活，越用越灵。对于异常复杂的问题，也能进行深入的分析，得出正确的结论。

（3）“需要因材施教。”陶行知以种植松树和牡丹所施肥料不同为例，生动而形象地说明了对于不同教育对象，要有不同的教育方法。“松树和牡丹花所需要的肥料不同，你用松树的肥料培养牡丹，牡丹会瘦死；反之，你用牡丹的肥料培养松树，松树也受不了，会被烧死。”同样道理，“培养儿童的创造力要同园丁一样，首先要认识他们……这样，他们才能欣欣向荣，否则不能免于枯萎”。③这一点说的是培养儿童创造力的正确方法。“因材施教”是中国古代一条著名的教学原则，两千多年前，大教育家孔子在教育实践中，就注意对不同的受教育者提出不同的要求，采取不同的教育方法。宋代的两位著名教育家程颐、朱熹都说过：“孔子教人，各因其材。”“因材施教”一词正来源于此。在这里，陶行知将“因材施教”这条教学原则与培养儿童创造力紧密联系起来，认为“因材施教”的目的不仅仅要使学生学习更好，获得更多的知识，还要使学生产生一定的创造力。这样，

①②③ 《创造的儿童教育》，载江苏省陶行知教育思想研究会等编：《陶行知文集》，江苏人民出版社 1981 年版，第 754 页。

陶行知就给“因材施教”这古老的教学原则注入了新鲜血液，赋予它以新的、更为深刻的思想内容，从而使之更富有生命的活力。应该指出，这是陶行知在中国教育思想史上的一个贡献。

此外，陶行知还强调指出：“创造力最能发挥的条件是民主。”① 他在这里所说的“民主”包含两层意思：一是政治上的民主，二是教育上的民主。前者是后者的基本前提，后者是前者的最终贯彻。对于充分发挥人们的创造力来说，这两种民主都缺一不可，相辅相成。一方面，要实现政治上的民主，就应创造民主的环境，使广大人民群众都有受教育的机会，都有从事科学研究实验的自由，都有从事发明创造的权利。另一方面，教育工作者与受教育者之间一定要有民主的关系。教师在教学过程中要循循善诱、耐心启发、因材施教，切忌动辄对受教育者施以强制和暴力。那样只能培养出唯唯诺诺、墨守成规的庸人，培养不出富有丰富创造力的天才。总而言之，“只有民主才能解放最大多数人的创造力，而且使最大多数人之创造力发挥到最高峰”②。值得注意的是，陶行知疾呼“创造力最能发挥的条件是民主”的口号时，正是1944年底，其时以蒋介石为首的国民党政权一方面消极抗日，另一方面又在其统治区域内压制民主运动，厉行专制统治。陶行知向人们强调指出这一点，不仅在教育上要引起教师的注意，更重要的，它还具有明显的政治意义。与其说是关于教育问题的一种学术见解，毋宁说是对于国民党政权专制独裁的强烈抗议。这正好说明陶行知在其后十年的斗争生涯中，在政治上，“一直跟着毛泽东同志为代表的党的正确路线走”，将其所从事的教育事业与政治斗争密切结合起来，为反对专制独裁，争取民主、自由，普及大众教育，提高全民族的文化水平而英勇斗争、不屈不挠，终于由一个激进的民主主义者成为具有社会主义倾向的新民主主义者。

4. 对陶行知解放儿童创造力教育思想的评价

笔者认为，陶行知的创造教育理论，是有一定的科学根据的，也

---

①② 《创造的儿童教育》，载江苏省陶行知教育思想研究会等编：《陶行知文集》，江苏人民出版社1981年版，第754、755页。

是符合马克思主义教育学原理的。

马克思主义教育学认为，人的遗传素质是有差异的，但遗传素质只提供人们日后发展的物质前提，决定人的发展的更重要的因素，还是后天的环境和教育。陶行知的教育思想与马克思主义教育学原理在不同程度上的吻合，正说明陶行知的教育思想是进步的。正因如此，陶行知解放儿童创造力的教育思想有不少合理因素，值得我们学习和借鉴。尤其需要指出的是，早在20世纪初叶，陶行知能以现代科学的眼光，如此清楚地看到培养和开发儿童创造力的重要性，并提出一系列切实可行的具体办法，从事具体的教育实验，这不能不说是难能可贵的。从当前世界各国教育界都把培养和开发学生智力作为首要任务的趋势来看，陶行知当年提出这些教育理论的确是富有远见卓识的。

陶行知当年提出的解放儿童创造力的教育思想，在今天仍有着强烈的现实意义。如何培养和开发学生的智力，以适应形势的飞跃发展，已成为我国教育界共同面临的一个重大问题。近年来，国内教育界也开始对这个问题重视起来。在这种情况下，研究陶行知先生解放儿童创造力的教育思想，就显得更有必要，更有意义。应该指出，尽管时间已过去了七八十年，中国社会已发生了翻天覆地的变化，我国教育事业已取得了辉煌的成就，但教育工作还存在着不少问题。陶行知当年提到的儿童教育六个方面存在的问题，仍然没有彻底解决。许多学生视野不开阔，很少有手脑并用的机会，遇事怕动脑筋，即使不懂也不敢提问题，活动的范围比较狭窄，功课太多，以至没有什么时间去干一点自己高兴干的事情，尤其是一些学校片面追求升学率，各种考试名目繁多，在学校教师督得紧，在家里家长管得严，造成学生学习负担过重。从小学到中学，一关又一关，一切都围绕着考试的指挥棒转，把一个个欢蹦乱跳的天真儿童，弄成了一个个脸无血色、缺乏朝气的“小老头”。这不独严重摧残了儿童的身心健康，也毁灭了儿童的创造力。为了彻底改变这种状况，今天，我们仍然应该本着马克思主义的立场、观点和方法，从陶行知教育理论中汲取合理因素，大力开展教育改革，努力培养和开发学生的智力。只有这样，我们的后代才有前途，我们的社会主义现代化才有希望，我们的民族才能永远屹立于世界伟大民族之林。

（七）教育实验思想

陶行知十分重视教育实验。受杜威实用主义教育思想（特别是其实验方法论）影响甚深的他，1917 年回国后，便撰写并发表了《试验主义之教育方法》、《教育研究法》、《试验主义与新教育》、《试验教育的实施》等等，将教育实验（他习称“教育试验”）作为一种科学方法和活动来提倡，并且亲自领导开展了一系列教育实验，取得了令人瞩目的成绩。陶行知是近现代中国最早提倡教育实验的教育家之一，他在教育实验方面的经验和理论，值得今人重视。

1. 教育实验是“发明之利器”

陶行知对教育实验的作用极为重视。在他看来，教育实验“设统系，立方法，举凡欲格之物，尽纳之于轨范之中。远者近之，微者大之，繁者简之，杂者纯之，合者析之，分者通之，多方以试之，屡试以验之。更较其异同，审其消长，观其动静，察其变化，然后因果可明，而理可穷也。故试验者，发明之利器也”。他进而断言：“试验虽不必皆有发明，然发明必资乎试验。”①

陶行知在考察了人文社会科学和自然科学的发展历程之后，对实验方法与科学发展之间乃至实验方法与社会进步之间的关系有了更深的理解。他认为：“故欧美之所以进步敏捷者，以有试验方法故；中国之所以瞠乎人后者，以无试验方法故。征之世界进步，试验方法既如此，不可废也，则其应用于教育界者，又何若哉？”就教育来说，它为“群学之一种，介乎形而上学、形而下学之间。故其采用试验方法也，较迟于物理、生物诸学。然近二百年来，教育界之进步，何莫非由试验而来？”“是故试验之消长，教育之盛衰系之。”②由此可见，科学发展、社会进步、教育盛衰都与实验方法有密切关系。

---

①② 《试验主义之教育方法》，载华中师范学院教育科学研究所主编：《陶行知全集》第 1 卷，湖南教育出版社 1984 年版，第 59—60、60—61 页。

2. 教育实验应着眼现实，解决本国实际问题

陶行知认为教育实验不能从纯理论出发，应该将理论的探讨与本国实际问题的解决结合起来，这样才能收到实效。在他看来：

> 中外情形有同者，有不同者。同者借镜，他山之石，固可攻玉。不同者而效焉，则适于外者未必适于中。试一观今日国中之教育，应有而无，应无而有者，在在皆是。此非仪型外国之过欤？若能实行试验，则特别发明，足以自用；公共原理，足以教人。教育之进步，可操左券矣。①

陶行知所开展的教育实验，始终坚持从实际出发，解决本国教育改革中的现实问题。他在从事平民教育运动时，发现中国教育的难点和重点不是城市，而是乡村。因为“中国的乡村教育关系到全世界五分之一的人民”。只有普及了乡村教育，才能真正提高中华民族的文化水平。而普及乡村教育，又必先培养适应时代需要的新型乡村教师。所以他创办了试验乡村师范学校，试图通过乡村师范教育的实验，解决“中国今日教育最急切的问题”。正是由于陶行知十分注重随着现实生活的变化，社会实践的需要，随时间、地方、条件的变化而进行各种类型的教育实验，才创造出各种新的教育模式。如晓庄师范——乡村师范教育模式，山海工学团——普及教育和职业教育模式，育才学校——人才教育和创造教育模式，社会大学——成人业余教育模式等。②

3. 教育实验须有“缜密的计划”，不可草率从事

陶行知认为，教育实验是一项严肃的事情，事关教育的成败。事先必有“缜密的计划”，应有通盘考虑。对要解决的问题，要“知其要”，即要清楚地知道教育实际工作中存在哪些问题，需要如何改进，以及如何逐步实施，达到实验的目的。如果“计划不确，方法无定，

---

① 《试验主义与新教育》，载华中师范学院教育科学研究所主编：《陶行知全集》第1卷，湖南教育出版社1984年版，第94页。

② 侯怀银：《陶行知论教育试验》，载《教育科学研究》1994年第1期。

朝令暮改，偶尔尝试”①，“无缜密的计划……不是真正的试验了”②。

陶行知从事的各项教育实验，对此十分注重。无论是晓庄师范，还是山海工学团、育才学校和社会大学，都在事先进行调查研究的基础上制订了“缜密的计划”，对实验的各个环节作通盘考虑，统筹规划。同时，他又能在实验过程中，根据情况的变化，及时调整实验设计和方案，以求最佳的实施效果。

4．教育实验“要得人”，“要有组织”，要建立基地

陶行知认为，教育实验“第一要得人”③，即要有懂实验、会实验、视野开阔、胸襟博大的教育家来主持，那些“凭空构想者”、“武断从事者”、“不了了之者”④是搞不好教育实验的。其次，教育实验还要有组织，依靠团体的力量，大家的智能，群策群力，集思广益，才能做得好。此外，还要建立实验基地，作为实验的场所。他认为实验基地就是实验学校。他对当时没有为“试验教育原理而设的”实验学校很不满，批评说：“现在所有的学校，大概都是按着一定的格式办的，目的有规定，方法有规定。变通的余地既然很少，新理安能发现？”⑤他建议，今后凡是师范学校及研究教育的机关，都应当注重实验的附属学校；地方上也应当按着特别情形，选择几个学校，作实验的中心点。他还特别强调师范学校应和附属小学“格外密接”，认为“附属小学不但是实习的地方，简直是试验教育原理的机关。……是‘教育学的实验室’”。⑥

陶行知开展教育实验，首先找到了一批有抱负、有理想、敢于创造、甘于奉献的人来做自己的战友和助手，如晓庄时期的赵叔愚、张宗麟，山海时期的马侣贤、张劲夫，育才时期的孙铭勋，社大时期的李公朴等。这些人是他事业上的同志，生活中的挚友。除了个人，他

① ④ 《试验主义与新教育》，载华中师范学院教育科学研究所主编：《陶行知全集》第1卷，湖南教育出版社1984年版，第94页。

② ③ ⑤ 《试验教育的实施》，载华中师范学院教育科学研究所主编：《陶行知全集》第1卷，第111、111、110页。

⑥ 《师范教育之新趋势》，载华中师范学院教育科学研究所主编：《陶行知全集》第1卷，第168—169页。

对团体在实验中的作用也十分看重。早年他从事教育改造运动，便依托中华教育改进社来进行，后来从事平民教育、乡村教育、普及教育、国难教育、民主教育等教育改革实验，便发起组织中华平民教育促进总会、乡村教育先锋团、普及教育助成会、国难教育社和生活教育社等团体，作为他开展教育实验的组织依托。他对教育实验基地的建设也极为关心。他特约许多中小学和幼稚园作为实验学校，从事教育原理的实验工作。他还以晓庄师范、山海工学团、育才学校、社会大学作为其乡村教育、普及教育、人才教育、民主教育实验的实验基地，不断地验证、丰富和发展其生活教育理论。

5. 教育实验应善用科学方法

陶行知认为教育实验是一种探索或验证真理的科学活动，必须善用科学方法，才能收到成效。

什么是科学方法呢？他提出："科学方法是有步骤的，是有线索的。"① 从他所说的内容来看，科学方法包括观察法、试验法、比较法、统计法、测验法等。在他看来，观察法使人"观察愈力，则物感愈众"；比较法能剖析、洞察"古今中外之异同，因果是非之轨迹，同时并观，了如指掌"；② 统计法"将千万的事实征集起来，分类起来，表列起来，再把它们的真相关系一齐发现起来，然后乃能下他的判断"；测验法"如治病的听肺器一样，可以看出病来。欲知病之所在，非测量不可"。统计法与测验法互相为用，"没有统计，也测不出来；没有测验，也统计不出来"。③ 各种科学方法都是"建设新教育的利器"，各有长短。只有根据不同情况综合使用，才能收到良效。

6. 从事实验者应具备科学精神、创造精神和拼搏精神

教育实验是一个探索真理、创造未来的过程。在这个过程中，充

---

① ③ 《教育与科学方法》，载华中师范学院教育科学研究所主编：《陶行知全集》第 1 卷，湖南教育出版社 1984 年版，第 291、295 页。

② 《教育研究法》，载华中师范学院教育科学研究所主编：《陶行知全集》第 1 卷，第 67 页。

满了未知的事物，也充满了各种困难和阻力。陶行知认为，一个成功的教育实验者必须具备科学精神、创造精神和拼搏精神，才能战胜困难，克服阻力，达到预期目标。在他看来，所谓科学精神，就是指对任何问题都要想个透彻，多发疑问，不可武断盲从。知之为知之，不知为不知。在进行实验时，要有“数目的观念”①，切忌犯“差不多”这个中国人的老毛病。所谓创造精神，就是“敢探未发明的新理”，“将试验精神，向那未发明的新理贯射过去……一心要把那教育的奥妙新理，一个个的发现出来”。② 所谓拼搏精神，就是“不怕辛苦，不怕疲倦，不怕障碍，不怕失败”③，“视阻力为当然，失败为难免，具百折不回之气概，再接再厉之精神”④。

陶行知本人便是具有科学精神、创造精神和拼搏精神的杰出教育家。他在教育实验中，始终坚持实事求是的科学精神，力避盲从武断，重视运用科学方法来解决问题。他还敢于探索新事物，每次实验都力求推陈出新，从实验中发现“教育之真理”，“发古人所未发，明今人所未明”⑤。他所创办的晓庄师范、山海工学团、育才学校、社会大学，都是在不同环境、不同条件下进行的新实验和新探索。尤为难得的是，他一生所开展的各种教育实验，都是在极端艰难的条件下进行的，面临着各种难以想象的困难与阻力，但他从未犹豫退缩，始终以坚定的信心、昂扬的斗志去迎接挑战，终于取得了令人瞩目的丰硕成果，为中国的教育宝库贡献了一份厚重的礼物——生活教育学说。

---

① 《教育与科学方法》，载华中师范学院教育科学研究所主编：《陶行知全集》第1卷，湖南教育出版社1984年版，第292页。

②③ 《第一流的教育家》，载华中师范学院教育科学研究所主编：《陶行知全集》第1卷，第113页。

④ 《试验主义与新教育》，载华中师范学院教育科学研究所主编：《陶行知全集》第1卷，第95页。

⑤ 《智育大纲》，载华中师范学院教育科学研究所主编：《陶行知全集》第1卷，第72页。

六、生活教育学说的性质与特征

（一）生活教育学说的性质

1.“生活即教育”的性质

“生活即教育”原理，是生活教育学说的核心，是生活教育理论中具有本体论意义、体现其本质观的主张，也是陶行知教育学说中最易引起人们误解乃至曲解的一个思想。为了弄清其实质，这里有必要对社会上和理论界流行甚广的几种认识作出分析。

其一，陶行知是把教育和生活画等号，把教育原始化、低级化吗？

“生活即教育”如果从字面上讲，当然是“生活就是教育”的意思。有人根据这一字面上的意思，认为陶行知的这一主张，实际上是抹杀了教育同生活的区别，把两者完全等同起来。其实，这完全是一种误解。陶行知的确说过：“生活与教育是一个东西，不是两个东西。在生活教育的观点看来，它们是一个现象的两个名称。”① 但这是讲生活与教育具有某种深刻的、内在的同一性或一致性，生活与教育经历着同一过程，教育不能脱离生活，生活也离不开教育，而并不是把生活与教育简单地等同起来，完全看成一码事。

笔者认为，对于陶行知的“生活即教育”原理（包括他的其他原理和思想），不能仅仅根据其字面上的意思就下断语，而应根据他当时提出、形成、实施这些主张的历史条件、时代特点和他本人的论述作出全面、准确、客观的分析。前面说过，在陶行知提出、形成和实施其教育主张之前，在人类社会教育发展史上，教育与生活的关系经历了一个由融合到分离的过程。进入阶级社会以后，学校教育便被剥削统治阶级所垄断，脑力劳动成了剥削阶级的事情，只有剥削阶级的子弟才能入校学习，学校教育成了统治者进行阶级统治的工具，而劳动人民子弟则被排斥在学校大门之外。劳动人民基本上还是通过父传子、师带徒的形式，在生产劳动和社会实践中接受教育。在学校教育

① 《教学做合一下之教科书》，载华中师范学院教育科学研究所主编：《陶行知全集》第2卷，湖南教育出版社1985年版，第288页。

的教育内容上，主要传授统治阶级思想，学习统治者的治人之术，几乎与社会生活实际没有什么直接联系。进入近代社会以后，中国的文化教育虽然在西方文化教育的猛烈冲击下开始发生某些变化，但教育脱离人民、教育脱离生活的状况，却没发生根本性的改变。正是针对半殖民地半封建社会中国传统教育和洋化教育这两个根本弊端，同时又考虑到当时人民大众接受教育的实际情况，陶行知才提出“生活即教育”的主张。

此外，从当时的时代特点来看，近现代中国社会在帝国主义（尤其是日本帝国主义）的侵略下，正日益走向殖民地化。反帝反封、争取民族解放和民主自由成为时代的中心课题。但学校教育的内容严重脱离社会现实，完全不能适应人民大众反帝反封革命斗争的需要。只有人民大众自身的社会生活实践，才能真正满足这种需要，才是最好的教育内容。

而且，就连陶行知本人也是明确反对以生活等同教育、取消教育的。1936 年，他在谈到某些人对“生活即教育”的误解时说：“有人说，生活既是教育，那么，便有生活即有教育，又何必要我们去办教育呢？他这句话，分析是对的，断语是错的。我们承认自古以来便有生活即有教育，但同在一社会，有的人是过着前进的生活，有的人是过着落后的生活。我们要用前进的生活引导落后的生活，要大家一起来过前进的生活，受前进的教育。前进的意识要通过生活才算是教人真正的向前去。”① 又说：“教育是生活反映出来的影子。”“是好生活即是好教育；是坏生活即是坏教育；有目的的生活即是有目的的教育；无目的的生活即是无目的的教育；有计划的生活即是有计划的教育；无计划的生活即是无计划的教育；合理的生活即是合理的教育；不合理的生活即是不合理的教育；日常的生活即是日常的教育；进步

① 《生活教育之特质》，载华中师范学院教育科学研究所主编：《陶行知全集》第 3 卷，湖南教育出版社 1985 年版，第 27 页。

的生活即是进步的教育。"① 这些话的意思是说，生活是一个整体，教育是一个局部，生活包括教育，而不等同教育，更不能取消教育。生活本身也有内容、性质的不同，有前进的生活，也有落后的生活；有革命的生活，也有反动的生活。但同一社会里，有的人是过着前进的、革命的生活，有的人则过着落后的乃至反动的生活。教育者要用前进的生活来引导落后的生活，用革命的生活来改造反动的生活，使大家一起来过前进的、革命的生活，受前进的、革命的教育。只有这种前进的、革命的生活，才真正含有教育的意义。教育者应该办的教育，就是这种前进的、革命的教育。他所反对的或取消的，是落后的、反动的教育，而不是教育本身。

值得注意的是，陶行知在用英文表示"生活即教育"、"社会即学校"时，一般都是用关系词"as"而非"is"来表示生活与教育、社会与学校的关系。比如，1938 年 9 月，他应印度民族运动领袖甘地之邀，用英文为之撰写《中国的大众教育运动》时，文中便是"Life as Education"、"Society as School"。在 1938 年的《中国》和 1945 年的《全民教育》这两篇英文论著中，也是用"Society as the School"或"Society as School"来表示"社会即学校"。② "as"与"is"虽一词之差，但含义颇有出入。"as"的意思是"如同"，"is"的意思为"是"。"as"是一种类比，表示两件不同事物如同一个东西。陶行知在不同时期、不同情况下都用"as"而不是"is"来表示生活与教育、社会与学校的关系，说明陶行知在使用这些意思接近而又颇有差异的英文词语时，经过了深思熟虑，反复斟酌，绝非偶然的信笔为之，随便搭配。这显然是仿效其师杜威"教育即生活（Education as Life）"、"学校即社会（School as Society）"的精细用法。从陶行知对英文词语"as"的使用，我们也可窥知他强调的是生活与教育、社

① 《晓庄三岁敬告同志书》，载华中师范学院教育科学研究所主编：《陶行知全集》第 2 卷，湖南教育出版社 1985 年版，第 209 页。

② 参见华中师范学院教育科学研究所主编：《陶行知全集》第 6 卷，湖南教育出版社 1985 年版，第 513、538、567、572 页。

会与学校的同一性或一致性，而并非把生活与教育简单地等同起来，完全看成一码事。

其二，陶行知的“生活即教育”是杜威“教育即生活”的翻版吗？

陶行知的“生活即教育”是对杜威的“教育即生活”的直接改造。有人据此认定“生活即教育”与“教育即生活”并无根本不同，半个筋斗并没有跳出杜威的窠臼，不过是杜威“教育即生活”的翻版而已。其实，这也是一种误解。

不错，陶行知的“生活即教育”是对杜威“教育即生活”直接改造的结果。但应看到，它更是陶行知长期反传统教育和洋化教育历史实践的产物，是陶行知针对 20 世纪上半叶中国社会和教育的具体实际而提出来的。这就决定了陶行知的“生活即教育”与杜威的“教育即生活”不仅是字词的颠倒，而且在内容、性质上有着根本区别。

首先，“教育即生活”宣扬的是教育无目的论，认为教育目的是在教育过程之中，而不是在教育过程之外，主张抓住现实，不要强调“遥远的将来”，抓住一个一个具体的行动，达到一个一个具体的目标，以应付眼前的事变就是目的。而“生活即教育”则主张教育是有目的的，旗帜鲜明地提出教育应“促进自觉性之启发，创造力之培养，教育之普及，生活之提高”，指出教育是民族解放、大众解放、人类解放的工具，应为反帝反封、争取民族解放和民主自由的伟大斗争服务。

其次，“教育即生活”的对象主要是指儿童，指在学校学习的学生，意图在于使学校更多顾及儿童的生活，使学校不用成人生活的标准去要求儿童，使儿童不仅仅为未来的生活作准备。而“生活即教育”的对象，则不仅指儿童，而且还指一切成人，包括工人、农民、城市贫民、军人、妇女乃至和尚、道士等，对象和范围要大得多，旨在让一切人都纳入教育的对象。

又次，“教育即生活”只是把社会上的“生活”引入学校，这还不是真正的社会生活。“生活即教育”则是拿进步的生活去改造落后的生活，拿整个的生活去解放偏狭的生活，拿全部生活去作教育的材料。或言之，以人民大众改造社会、征服自然的全部社会实践去作教育的内容。

再次，“教育即生活”将教育和生活关在学校大门里，使教育与丰富多彩的社会生活相隔绝，教育的场所就是学校，而“生活即教育”则主张到处是生活，即到处是教育，整个的社会是生活的场所，亦即教育的场所。这就扩大了教育的范围和场所，从根本上改变了教育的概念。

最后，“教育即生活”认为学校的功能是“把现存的社会风俗纯化和理想化”，旨在保存和巩固资本主义社会的秩序，防止产生对资本主义的离心力量，而“生活即教育”则主张教育要为人民大众反帝反封建的革命斗争服务，为建立民主自由的新中国服务，为人民大众谋利益。

由此可见，陶行知的“生活即教育”并不是杜威“教育即生活”的翻版，两者之间在宗旨、对象、内容、性质上有着根本的不同。当然，指出它们之间的本质差异，并不意味着两者就没有任何共同之处。事实上，两者都是以反对形式主义的传统教育为基本旨趣的，都强调生活与教育的一致性，主张教育要密切联系生活实际并为社会发展服务。陶行知对杜威的“教育即生活”具有崭新的思想内容和性质。

总之，陶行知的“生活即教育”既不是把教育与生活画等号，把教育原始化、低级化，也不是杜威“教育即生活”的翻版，与“教育即生活”没有什么根本不同。它以反对传统教育和洋化教育、建立新型的人民教育为宗旨，强调生活与教育的一致性，认为生活含有教育的意义和作用，教育应以生活为中心，通过生活来进行，教育决定于生活并反作用于生活，主张教育要与社会生活相联系，教育要与生产劳动相结合，教育要为人民大众谋利益，为反帝反封建、建立民主自由的新中国服务，这就是“生活即教育”的实质。

2.“社会即学校”的性质

作为“生活即教育”的自然延伸，“社会即学校”也是生活教育理论的基本内容之一，是生活教育理论的场域论。与“生活即教育”一样，“社会即学校”也经常引起人们的误解乃至曲解。下面结合有关议论，作点简略分析。

其一，陶行知是要取消学校，让教育倒退到学校出现以前的原始落后状态去吗？

“社会即学校”如果从字面上讲，当然是“社会就是学校”的意思。有人据此认定陶行知的这一主张，是忽视了学校与社会的差异，没有看出学校教育的特殊性，把两者完全等同起来。显然，这是一种误解。陶行知这一主张的本意，是强调学校与社会具有某种深刻的内在同一性或一致性，社会离不开学校，学校也不能脱离社会，绝无将两者等同起来，进而取消学校的意思。

在上文说过，对于陶行知“生活即教育”原理，不能仅仅根据其字面上的意思就下断语，而应根据他当时提出、形成、实施这些主张的历史条件、时代特点的他本人的论述作出全面、准确、客观的分析。这一基本原则对于考察“社会即学校”也是完全适合的。

应该看到，陶行知提出“社会即学校”的时代，正是中国在帝国主义侵略下日益走向殖民地化的时代。民族救亡是压倒一切的中心任务。但是，无论是传统的还是洋化的学校教育，都严重脱离社会实际生活，脱离人民大众，这就不能满足人民大众反帝反封革命斗争的需要，并且还起着相反的阻碍作用。正是针对传统教育和洋化教育的弊端，从推广大众教育的目的出发，同时又充分考虑到人民大众的现实处境，陶行知才提出“社会即学校”的。

事实上，陶行知本人是明确反对以社会等同学校、取消学校的。他在 1940 年 8 月 10 日至潘畏三信中的一段话，颇能说明这个问题。他在谈到师范教育时说：“现在师范学校虽有缺点，我们的任务是改造不是取消。说得更正确点的话，我们应该就学校这种特殊机构予过去的师范教育以改造。过去我们办晓庄试验乡村师范便是这个意思。”并明确指出：“说我们是在企图取消学校教育了（这是带着一种挑拨性的话），而这绝非我们的本意。”① 纵观陶行知一生，他都在不停地

① 《我们不是企图取消学校教育——致潘畏三》，载华中师范学院教育科学研究所主编：《陶行知全集》第 5 卷，湖南教育出版社 1985 年版，第 619 页。

办学校。办了安徽公学办晓庄师范，办了晓庄师范又办山海工学团，办了山海工学团又办育才学校和社会大学。所办的学校不仅数量多，而且类型广，既有幼儿园、中小学，又有师范学校和特殊教育学校，还有成人大学、开放大学等。在中国教育史上，迄今为止还找不到有哪个教育家办学有他那么多而广。遍览他的所有言论，也找不出他主张取消学校的片言只语，所以，如果说这种说法不是恶意曲解，那就是无意误解，均应得到澄清。

其二，陶行知的“社会即学校”与杜威“学校即社会”是一脉相承的吗?

有人根据陶行知的“社会即学校”是对杜威“学校即社会”直接改造这一点，断言“社会即学校”与“学校即社会”仍然是一脉相承的，相去不远。其实，这也是一种误解。

必须指出，“社会即学校”虽然是陶行知对杜威“学校即社会”直接改造的结果，但它更是陶行知在反传统教育和洋化教育的斗争中，从推广大众教育的目的出发，考虑到人民大众的现实处境而提出的。也就是说，前者只是“流”，而后者才是“源”。“源”“流”不辨，已属欠妥；倒“流”为“源”，更不应该。

实际上，这两个命题所包含的思想，也是根本不同的。杜威的“学校即社会”，是把学校作为社会的雏形，用陶行知的比喻说，这不过是在一个大鸟笼里搁上些假山石和花草树木罢了，学生依然被囚于鸟笼之中而不得解放，而陶行知的“社会即学校”，则是把广阔的丰富多彩的社会生活与学校教育打通，把学校办成一座大学校，使“教育的材料，教育的方法，教育的工具，教育的环境，都可以大大增加，学生、先生也可以更多起来”①。如果说，杜威的“学校即社会”是“不自然的、虚伪的和无力量的”教育，那么，陶行知的“社会即

① 《社会即学校——三答操震球之问》，载华中师范学院教育科学研究所主编：《陶行知全集》第2卷，湖南教育出版社1985年版，第201页。

学校”就是真正的“创造的教育”。①

总之，陶行知的“社会即学校”既不是要取消学校，让教育倒退到学校出现以前的原始落后状态中去，也不是与杜威的“学校即社会”毫无区别地一脉相承，它的实质就是运用社会各方面的力量，建立社会和学校的联系，创办人民大众所需要的学校，培养出适合社会各方面需要的人才，更好地为反帝反封建的民族民主革命斗争服务。

3．“教学做合一”的性质

值得注意的是，陶行知的“教学做合一”主张，不仅仅是指一种教育方法的原理和原则，也指根据此原理和原则派生出来的一系列具体的教育方法，如“小先生制”、“集体主义之自我教育法”等。所谓“小先生制”，就是以小孩子做教师，利用识字的小孩教授不识字的小孩或成人，以解决普及教育运动中师资奇缺的矛盾。这种方法不是“把一个班小学生交给一个小先生去领导”，不是用小孩去代替传统班级的教师，也不是关在学校内由“大同学教小同学”，“他的职务是教人去教人”。一个小先生教会两个人识字，这两个人又去教其他不识

小先生教邻居小孩子

① 《创造的教育》，载华中师范学院教育科学研究所主编：《陶行知全集》第2卷，湖南教育出版社1985年版，第617页。

字的人。这样，像滚雪球一样，不断地“教人去教人”,① 普及教育的力量就越来越多，越来越大。所谓“集体主义之自我教育法”，是指建筑在集体生活基础上的一种自我教育方法。这种方法“打破了教育与传统学校之必然联结”，凡是“集体生活所在的地方，就是教育所在的地方”，“凡是集体的组织都可以成为学校”。② 义勇军救护队、救亡剧团、壮丁训练处、伤兵医院、难民收容所等都是学校。在这些学校中，通过集体生活，实行“自觉觉人”，在一切为了争取抗战胜利的总目标下，厉行批评与自我批评，开展集体主义和民主精神的训练，以充分培养和增强抗战建国的力量。“小先生制”、“集体主义之自我教育法”等具体方法丰富和充实了“教学做合一”的原理和原则，使之在五四以后中国教育的改革与发展中产生了积极的影响。

如前文所述，陶行知对中国教育的诸多方面都作过相当深入的探索，并形成了一套比较完整的观点和看法。他在民主教育、科学教育、创造教育、乡村教育、民族教育、女子教育、幼儿教育、职业教育、师范教育、高等教育、全面教育、终生教育等方面的理论与实践，不仅对五四以后中国教育的发展产生了重要影响，而且许多观点和看法在今天仍有其一定的理论价值，值得研究与借鉴。

（二）生活教育学说的特征

1.“生活即教育”的特征

“生活即教育”是陶行知教育学说中的核心思想和基本原理，是陶行知在反对传统教育和洋化教育的长期斗争中，在批判地继承杜威的“教育即生活”思想和总结自己教育实践经验的基础上产生的。它的出现给五四以后中国新教育的发展带来了深刻影响，更新了人们对教育、生活以及两者关系的认识，反映出教育的一些规律性的东西，

① 《怎样指导小先生》，载华中师范学院教育科学研究所主编：《陶行知全集》第2卷，湖南教育出版社1985年版，第656—657页。

② 王洞若：《集体主义的自我教育》，载北京陶行知教育思想研究会编：《陶行知研究》，湖南教育出版社1987年版，第264页。

不仅在历史上起过积极作用，而且对我们今天的教育仍具有重要的现实意义。

第一，“生活即教育”给五四以后中国新教育的发展带来了深刻影响。

在五四以前的中国历史上，教育一直被剥削阶级所垄断，只有统治阶级的子弟才能入校学习，劳动人民子弟则被拒之于学校大门之外。学校的教育内容主要是儒家经典，以文字和书本为中心，严重脱离社会生活实际。教育脱离人民、教育脱离生活，是中国传统教育的两个主要弊端。

为了改变这种状况，近现代中国的许多有识之士曾经提出过种种主张和设想，作出过种种努力，终因各种主客观原因，收效甚微。五四运动期间，乘民主思潮高涨之机，陶行知怀着要使全中国人民都受教育的宏愿，开始从事其改造中国社会和教育的伟大实践，登上了现代中国的历史舞台。与他同时代的众多有识之士一道，演出一幕幕有声有色、威武雄壮的活剧。

他针对传统教育和洋化教育脱离人民、脱离生活的弊端，揭起“生活即教育”的大旗，主张教育要和社会生活相联系，教育要与生产劳动相结合，教育要为人民大众服务，这就给五四以后的中国教育界带来了一场思想观念上的伟大革命，极大地影响了现代中国的教育发展。

“生活即教育”主张教育要与社会生活相联系，反对教育脱离社会生活实际，这就击中了传统教育和洋化教育的要害。旧教育的基本特征就是“死”，就是和生活脱离。陶行知看清了这一点，针锋相对地提出教育必须和生活结合，生活是教育的灵魂和生命。他把教育的范围由学校扩大到整个社会，以人民大众的全部生活实践为教育的内容，从而把教育从狭小的范围内彻底地解放出来，改变了以往人们对于教育、生活及其相互关系的陈旧认识，在人们思想观念深处造成了一场“强烈地震”。

“生活即教育”主张教育要为人民大众服务，反对教育只为少数贵族少爷小姐服务。陶行知说："我们要求教育机会均等。"① "无论什么阶级，都要有受教育的机会。受教育的机会被剥夺最多的是农工及子弟。""民主教育是要力求农工劳苦阶级有机会受教育。"② 让工农大众及其子弟受教育，这就把教育权从统治阶级手中夺了回来，交还给了人民大众，为五四以后中国新教育的发展指明了正确方向。

"生活即教育"的思想，与当时反动统治思想是相对抗的，在实质上与马克思主义教育观息息相通。它的思想内核，如教育要与社会生活相联系，教育与生产劳动相结合，教育为人民大众服务的思想，已被新中国的教育理论所吸收，并被融合和体现在政府的一系列方针政策之中，成为中国特色社会主义教育理论体系的一个重要组成部分。

第二，"生活即教育"对我们今天的教育仍具有重要的现实意义。

"生活即教育"原理所反映出教育的一些规律性的东西，不仅在历史上起过积极作用，而且对我们今天的教育仍具有不可忽视的理论价值和实践价值。"生活即教育"强调生活与教育的一致性，认为生活含有教育的意义和作用，提出教育以生活为中心，通过生活来进行，承认教育决定于生活而又反作用于生活，主张教育要与社会生活相联系，教育要与生产劳动相结合，教育要为人民大众服务，这些思想都含有许多值得借鉴的合理成分，有助于我们进一步认识教育的对象、内容和途径，认识教育、生活及其相互关系，进一步加强教育与社会生活的密切联系，使教育更好地为人民大众服务，为社会主义现代化建设服务。

当然，作为一种特定社会历史条件下的产物，由于时代和个人两方面的原因，"生活即教育"在理论上和实践上还存在着一些不足之处。如对生活与教育的联系说得比较多，而对两者之间的区别（或差

---

① 《民主教育》，载华中师范学院教育科学研究所主编：《陶行知全集》第 3 卷，湖南教育出版社 1985 年版，第 569 页。

② 《实施民主教育的提纲》，载华中师范学院教育科学研究所主编：《陶行知全集》第 3 卷，第 541—542 页。

异）说得比较少。此外，过去有些人有些地方在实施这一原理时，曾经由于认识不够、经验不足而发生过一些偏向，但这些都是需要从当时那种特定的时代背景来加以理解的，不能过于求全责备，更不能不分青红皂白地把什么偏颇都算在陶行知的账上。

2.“社会即学校”的特征

“社会即学校”是陶行知在反传统教育和洋化教育、提倡新型教育的过程中形成的一个重要思想。作为“生活即教育”思想在理论上自然延伸，界定了“生活即教育”的范围，构成了生活教育的场域论和范围论，丰富和完善了陶行知的生活教育学说。它一产生便极大地震撼了中国教育界，给旧的学校观和教育观带来了根本性变革，有力地配合了中国人民大众反帝反封建的伟大斗争。即使在今天，“社会即学校”思想对于当前的教育改革仍具有宝贵的理论参考价值。

第一，“社会即学校”彻底改造了旧的学校观和教育观。

在传统社会里，教育权被统治阶级所垄断，学校始终为少数统治者及其子女服务。学校也一直被视为少数士大夫子弟接受封建伦理道德和文化知识教育的特殊场所。学校与人民、学校与社会之间，垒起了一道不可逾越的高墙。近代以来，若干有新思想的先进人士从西方引进了新兴教育理论，提出教育要面向生活、学校应联系社会实际，这固然在某种程度上冲击了封建教育思想，但并未真正改变旧的学校观和教育观。学校与人民、学校与社会之间，仍然横亘着一道巨大的鸿沟。

有鉴于此，陶行知从推广大众教育的目的出发，在充分考虑到人民大众现实处境的基础上，明确提出了“社会即学校”的思想。他一方面主张把整个社会作为学校，整个生活作为教育；另一方面又强调学校教育不能关门办学，必须与整个社会生活联系起来。这就从根本上改变了以往人们对于学校的认识，丰富了“学校”这个概念的内涵，扩大了它的外延，彻底改造了旧的学校观和教育观，使学校与人民、学校与社会之间真正地联结在一起，适应了近现代中国社会发展的需要。

还应指出，“社会即学校”思想，不仅与当时反动统治思想相对抗，也在实质上与马克思主义者对教育事业所理应坚持的主要原则有共同之点。陶行知的整个教育思想（特别是他的“社会即学校”思想）不同于前人之处，就在于他虽然特别重视学校教育，却始终从我国整个社会着眼，从广大人民群众的实际需要着眼，而且无论是谈社会或学校的教育，都是以社会实践为依归，尤其是在后期，更是以革命的社会实践为中心，来处理各种教育问题。这种从广义的教育观点来看待教育，紧密结合社会实践，在办教育的过程中充分考虑人民大众的现实处境和迫切需要的思想，与马克思主义教育思想的基本精神是一脉相通的。

我们知道，马克思主义者在推翻资产阶级统治、建立无产阶级专政的政权以前，除宣传共产主义、批判资本主义、批判旧教育等等以外，只能要求“用社会教育代替家庭教育”、“对一切儿童实行公共的和免费的教育”和“把教育同物质生产结合起来”,① 积极依靠部分进步文化教育工作者开展社会文化教育，提高人民大众的思想文化水平，培植改变现实社会条件的社会物质基础，根本不可能指望资产阶级教育为无产阶级服务。列宁在俄国革命取得胜利后不久，曾明确指出：“教师不能把自己限制在狭隘的教学活动的圈子里。教师应该和一切战斗着的劳动群众打成一片。新教育学的任务是要把教师的活动同建立社会主义社会的任务联系起来。”② 他非常重视社会教育，多次召开社会教育处长会议，反复强调社会教育对于改造整个生活具有重要意义。中国共产党人也一贯重视社会实践教育，毛泽东、邓小平等人都强调要把解放军以至全中国办成大学校，都把实干中的学习看成更重要的学习。凡此种种，都从一个侧面说明陶行知教育思想（特别是其“社会即学校”思想）是与马克思教育思想相吻合的。

第二，“社会即学校”为当代教育改革提供了理论借鉴。

---

① 《共产党宣言》，载《马克思恩格斯选集》第1卷，人民出版社1995年版，第294页。

② 《在全俄国际主义教师代表大会上的演说》，载《列宁全集》第27卷，人民出版社1990年版，第418页。

“社会即学校”在旧中国的教育界刮起了一阵“思想飓风”，猛烈冲击了旧的学校观和教育观，完全改变了人们以往有关学校和教育的看法，有力地推动了教育文化向下层民众的转移。这是一个了不起的历史贡献。但是，贡献归贡献，这一思想在教育理论上是否站得住脚？或者说，它是否真正符合教育的客观规律呢？回答是肯定的。

“社会即学校”一反传统的学校观和教育观，特别强调社会与学校的一致性，认为社会含有学校的意味，学校也含有社会的意味，既提倡学校教育敞开大门，面向社会生活，为人民大众服务，又主张把整个社会都办成学校，把人民大众的生活场所都当成教育的场所，提出学校与社会互相影响，共同进步。尤其是无论谈社会或学校的教育，都始终以现代中国的社会实践为依归，重视教育与社会实践的联系，等等，这都在一定程度上反映出教育的若干规律性的东西，因此，它在理论上是能够成立的，在实践上也是可行的。

新中国成立以来，在中国共产党的正确领导和全国人民（特别是广大教育工作者）的共同努力下，我国的社会主义教育事业取得了举世公认的辉煌成就。但也不可否认，目前学校自学校、社会自社会、学校脱离社会实践的状况仍较普遍。针对这种状况，我们在坚持马克思教育思想基本原则的同时，应该借鉴和吸取陶行知“社会即学校”思想中的合理因素，以推动当代中国教育改革的深入开展。

第三，“社会即学校”符合未来教育的发展趋势。

当今时代，世界教育正由传统的小教育走向新型的大教育。而这种大教育的基本特征之一，便是社会化的教育，即教育的社会化和社会的教育化。这种社会化的教育，是对传统的学校教育在空间上的极大扩展。

随着科学技术和经济、社会的发展，学校与社会交往的机会大大增多起来。一方面，教育自觉地走出学校的大门，主动渗透到社会文化细胞中去。教育不再仅仅是教育部门的事，它已成为社会的、公共的事业，广泛地依靠社会各方面的力量来进行，教育日益社会化。另一方面，社会也逐渐教育化，成为一所大学校。社会文化的每个细胞都包含着教育的因素，承担着教育的责任。社会通过各种形式的教育来影响社会成员，使之成为学校教育的补充。换句话说，除了学校的正规教育外，政府部门、机关团体、工厂、农村、军队、商店、街道等每一个社会基层单位，都在对人们进行各种各样的教育，社会上的每一个人随时随地都在接受各种各样的教育。而学校也将成为社会文化中心，学校的一切设备和图书资料都向社会开放，学校的成员也承担部分社会教育的任务。

社会化的教育，还突出体现在学校教育不再是唯一的教育，学校教育与社会教育、家庭教育逐步形成了三足鼎立的态势。受教育的覆盖面正在逐步扩大。小教育，学生的信息来源几乎只是学校，而且主要是获取知识信息。而大教育，学生还可以从电视、广播、电影、戏剧、书籍、报刊乃至网络等多种渠道获取各种各样的信息。学生成才立足于学校、社会和家庭这三位一体的教育。

世界教育发展的上述情况，正是陶行知早在八十年前所心向往之并一贯提倡的，历史已经证明并且还将继续证明，陶行知的“社会即学校”思想是符合未来教育发展的基本趋势的，是极有生命力的一种教育主张。陶行知的这一思想，不仅是对中国教育也是对世界教育的一大贡献，世界各国的教育工作者都将从中汲取到有益的思想养分。

毋庸讳言，陶行知的“社会即学校”思想并不是尽善尽美的。由于这一思想是针对旧的学校观提出的，这就难免对旧的否定较多而肯定较少，容易在否定旧学校观的糟粕的同时连其某些精华也否定了。同时，陶行知的追随者们当年在推行“社会即学校”思想主张时，由于受到许多条件的限制，以致在某些具体的措施、办法方面，出现了这样那样的过与不及。这些都值得后人引以为戒。当然，瑕不掩瑜，就总体而论，“社会即学校”思想是正确的，值得我们很好地学习、研究与运用。

3.“教学做合一”的特征

值得注意的是，陶行知提出“教学做合一”的主张之后，在当时的教育界引起了人们的广泛关注。有的持完全赞同的态度，认为该主张在教育实际中具有普适性，建议将之从学校教育推广运用到民众教育中去。陈礼江断言：“只有民众教育才算是以‘宇宙为教室，万物为导师，生活为课程’。只有民众教育才能运用‘教学做合一’的方法，建造大众的新生命。”① 但是也有些教育工作者对“教学做合一”的主张在文字表述上持保留意见，有的干脆就将之改为“做学教合一”。宝山县立师范学校教师孙伯才在1928年春考察了陶行知实验其生活教育思想的基地——南京试验乡村师范学校（简称晓庄师范）之后，认为“教学做合一”的提法不如“做学教合一”更为明确和醒目。他说：

这做学教合一与教学做合一，在原则上本是同出一辙的，不过那教学做合一很会引起人的误解，以为是由教而学，由学而做，一种演绎的说法；做学教合一比较醒目一些，因为做是生活的手段，由做上学，由做上教，不致误会到“做”是教学后之一种附属物。一般的人们对于做学教合一的认识，往往要弄到“做”与“教学”分家，假使做与教学分了家，那便是把生活与教育分了家，这是做学教合一原则的罪人。

他还认为：

我们既以自然的社会的生活环境做教育的中心题材，我们便在这自然的社会的生活环境中活动。这活动就是“做”。我们从做上学，我们从做上教。怎样做，我们就怎样学；怎样学，我们就怎样教；做什么，我们就学什么；学什么，我们就教什么。质言之，做是学习之动机，也是教的出发点。

这样，做学教合一才是切合实际生活的教育。②

正因如此，宝山师范是以“做学教合一”来标示的，与晓庄师范的“教学做合一”原则上一致而提法上有别，显得格外引人注目。

对于宝山师范的这种“标新立异”之举，陶行知不但毫不介意，相反倒是以赞赏的口吻予以某种肯定。陶行知在一次关于“教学做合一”的演讲中，曾专门提及此事，他说：“‘做’既占如此重要的位置，

---

① 陈礼江：《民众教育的哲学基础》，载《山东民众教育月刊》1931年第1期。
② 孙伯才：《“做学教合一”之理论与实际》，载《教育杂志》1928年第11期。

宝山县立师范学校竟把教学做合一改为做学教合一。这是格外有意思的。”① 他还在一次晓庄师范为宝山师范学生参观团举行的欢送会暨同乐会上诚恳地表示：“我很希望我们两校像兄弟一般，携着手共同为中国乡村教育立一基础起来。”②

还应该看到，陶行知的“教学做合一”与杜威的“做中学”是有本质不同的。陶行知的“教学做合一”是以“行是知之始，知是行之成”这种具有唯物主义因素的认识论为依据的，而杜威的“做中学”则是以主观唯心主义的经验论为基础的。在教学的理论和实践上，前者所说的“做”，是同“教”与“学”紧密结合、三位一体的；后者的“做”，却同“教”与“学”无内在的联系。至于在教育目的方面，两者更是大相径庭。杜威的“做中学”旨在培养能够适应资本主义社会发展需要的人才，而陶行知的“教学做合一”，则旨在反对“死的书本”的“伪知识”，求得“实际生活”的真知，反对“老八股”、“洋八股”教育把学生培养成“只会读书不会做事”的“书呆子”、“字纸篓”，而要培养“在劳力上劳心”，能运用“活的知识”，有“行动”能力、有“生活力”、有“创造力”的新人。

七、生活教育学说的历史作用及其现代价值

陶行知创立的生活教育学说，不仅对我国新民主主义的革命教育发挥过积极的历史作用，而且对于今天我国社会主义教育事业的发展仍有重要的现实意义。我们应该珍惜这份宝贵的思想遗产，充分发掘其合理因素，为建立具有中国特色的社会主义教育体系服务。

（一）生活教育是我国社会主义教育理论体系的重要营养来源

建立中国特色社会主义教育理论体系是目前我国教育事业改革与发展的迫切需要。要建立这样一个教育理论体系，除了要总结新中国

---

① 《教学做合一》，载华中师范学院教育科学研究所主编：《陶行知全集》第2卷，湖南教育出版社1985年版，第43页。

② 《共同为中国乡村教育立一基础起来》，载华中师范学院教育科学研究所主编：《陶行知全集》第2卷，第69页。

成立以来发展教育事业的新鲜经验以外，还必须从古今中外教育家的思想中去吸取营养，而陶行知的生活教育学说，无疑应作为重要营养来源之一。作为一种与现代社会生活相适应的教育学说，生活教育在许多方面都反映了教育发展的客观规律，蕴涵着不少合理因素，它的现代大教育观、主体教育论、生活课程论、实践教学法和终生教育论等，可为我国社会主义教育理论体系提供丰富的思想养分。

1．“生活即教育”、“社会即学校”——现代大教育观

生活教育的基本主张是“生活即教育”、“社会即学校”，认为生活含有教育的意义和作用，教育应以生活为中心，通过生活来进行，生活决定教育，教育改造生活，整个的生活要有整个的教育，而且“到处是生活，即到处是教育；整个的社会是生活的场所，亦即教育之场所”①。主张冲破学校与社会之间的“高墙”，把学校的一切伸延到大社会乃至大自然中去，促进“封闭式”的教育逐步向“开放式”的教育转变，使学校与社会、教育与生活密切结合，培养真正适合社会需要的各种人才，让教育真正成为推动社会进步的力量。这种把教育深深植根于整个人类社会生活的教育观，无疑是对传统的把教育与学校完全等同的“小教育观”的彻底否定。它是一种与现代社会生活相适应并为之服务的新型的现代大教育观。这种教育观，从横向上看，打通了学校教育与家庭教育、社会教育，使社会成为一所新型的大学校；从纵向上看，将个体受教育的时限从短暂的学校教育阶段延展到个体的终生，主张个体的生活教育就是个体的终生教育，其核心是社会化的教育和终生化的教育，而这两点正是现代大教育的基本特征。

2．培养“真善美的活人”——主体教育论

针对传统教育的弊端，陶行知从反帝反封、争取民族解放国家富强的总任务出发，把社会发展的客观需要与受教育者的特点结合起来，把社会发展与人的发展统一起来，提出了培养“真善美的活人”

① 《生活教育》，载华中师范学院教育科学研究所主编：《陶行知全集》第 2 卷，湖南教育出版社 1985 年版，第 633—634 页。

这一主张。培养“真善美的活人”，具有两层含义：一是受教育者在德、智、体、美、劳几方面的和谐发展，用陶行知的话说，要做一个“真善美的活人”必须具有“康健的体魄”、“农夫的身手”、“科学的头脑”、“艺术的兴趣”和“改造社会的精神”；二是具有主体意识、独立个性、开拓精神和创造才能的“活人”。为了培养这种“真善美的活人”，他非常重视受教育者在教育中的主体地位和作用，重视学生的个性全面发展、潜能的充分发挥和主体性的提高，强调“心、脑、手并用。学政治、学经济、学文化相结合。健康、科学、劳动、艺术及民主将构成和谐的生活”①。由此可见，培养“真善美的活人”，既是陶行知生活教育学说的教育目的论，又是一种具有现代理论特质的“主体教育论”，是一种以人为中心的、民主的、全面的教育。它符合弘扬人的主体性、提高人的素质的现代教育的发展趋势，可以为具有中国特色的社会主义教育理论体系提供有益的思想营养。

3.“教育以生活为中心”——生活课程论

传统教育以文字和书本为中心内容，这些文字和书本主要记载寓剥削阶级统治术于其中的社会历史知识、圣人之言和祖先遗教之类的剥削阶级意识形态以及相应的文化知识，绝少有科学的内容和与生产有联系的内容，严重脱离人民大众的社会生活实际，旨在培养统治集团所需要的统治人才和驯服的民众。陶行知有鉴于此，针锋相对地提出了“教育以生活为中心”的主张，认为生活的一切方面都应成为教育的内容。说得更明确一些，人民大众改造社会、征服自然的一切方面都是教育的内容。“过什么生活，便是受什么教育”，“要想受什么教育，便须过什么生活”。② 教育内容必须根据社会生活的需要来安排。他把社会生活划分为健康的、劳动的、科学的、艺术的和改造社会的五方面，并相应提出健康的、劳动的、科学的、艺术的和改造社

① 《全民教育》，载华中师范学院教育科学研究所主编：《陶行知全集》第 3 卷，湖南教育出版社 1985 年版，第 554 页。

② 《生活教育》，载华中师范学院教育科学研究所主编：《陶行知全集》第 2 卷，湖南教育出版社 1985 年版，第 634 页。

会的五种教育内容。他并不一概否定文字和书本的作用，但他认为文字和书本只是工具，是人们社会生活实践的工具。工具是给人用的，文字和书本也是给人用的。所以，他主张“用书”而不主张“读书”，反对“读死书、死读书、读书死”。

陶行知的这种独特的“生活课程论”，固然容易忽视知识的逻辑顺序，产生某些负面效应，但它对于纠正传统教育只重文字和书本而不重社会生活实际的严重弊病，加强教育与生活的联系，使教育更好地满足社会需要，是有重要的积极作用的。因受传统教育思想的影响较深，目前我们的课程论还有浓厚的书本中心的倾向，忽视生活的教育作用，忽视在生活中进行教育，忽视教育与生活的内在联系，陶行知的“生活课程论”正可弥补其不足，使之逐步合理而科学。

4.“教学做合一”——实践教学法

“教学做合一”是陶行知生活教育的教学论和教学法。陶行知认为，传统教育方法将教、学、做分作三项不同的事情是不对的，教学做不是三件事，而是一件事。他以“做”为中心，把教与学统一起来，主张“教的方法根据学的方法，学的方法根据做的方法。事怎样做便怎样学，怎样学便怎样教。教与学都以做为中心。在做上教的是先生，在做上学的是学生”①。先生拿做来教，乃是真教；学生拿做来学，乃是真学。教与学不能分离开来。他还指出，这种“做”不同于狭义的“做”，而是“包含广泛意味的生活实践的意思”②，是人类生活中一切有意义的活动。具体说来，“做是发明，是创造，是实验，是建设，是生产，是破坏，是奋斗，是探寻出路”，还包括文艺等精神活动。③

这种“做”不是盲行盲动，而在劳力上劳心。它具有行动、思想、新价值的产生三个特征。在他看来，这种“做”不排斥传统的讲

① ③ 《教学做合一下之教科书》，载华中师范学院教育科学研究所主编：《陶行知全集》第2卷，湖南教育出版社1985年版，第289、290页。

② 《教育生活漫忆》，载华中师范学院教育科学研究所主编：《陶行知全集》第3卷，湖南教育出版社1985年版，第623页。

授、谈话、练习、考试等方法，它只要求将这些具体方法统一在实践上，要求教与学都要与实践相结合，从实践中去追求真知识。

“教学做合一”的目的在于培养“在劳力上劳心”、“手脑双挥”的人，它克服了传统教育重教而不重学、重知而不重行、重教师主导作用而忽视学生主体作用的不足，有助于加强教与学的结合、学与用的结合、教育与生产劳动的结合、劳力与劳心的结合、知识分子与工农群众的结合、理论与实际的结合，促进人的智力、体力和谐发展。可以断言，如果认真借鉴与吸收，这种“实践教学法”将会丰富我们现有的教学论和教学法，将教学论和教学法发展到一个崭新的阶段。

5. “教育与人生为始终”——终生教育论

传统教育将人生划分为彼此分离毫不相关的三个阶段，即学龄前、学龄中和学龄后，而且它在学龄中（即通常所谓的学校教育阶段），又有初、中、高阶段的划分，每一阶段皆有毕业的时期，逐级上升。这实际上将人生抛开了一大半，严重忽略了入学前和离校后的学习和再学习问题。换句话说，即只重视学校教育，忽视学前教育和成人教育。这种教育的主要弊端是严重的形式化和划一化，脱离人民大众的实际社会生活，难以适应现代社会发展的需要。

陶行知批评这种单一的教育制度是“短命的教育”。在他看来，教育不是在学校教育结束后就算完事的。它应贯穿于人生的全过程，包括贯穿于人的一生不同阶段的学前、小学、中学、大学以及继续教育等等，应是一种“整个寿命的教育”。① 他从“生活教育”的观点出发，认为“生活即教育”，生活与教育是同一过程，人生有多久，教育也应有多久，教育“差不多从出世到老，与人生为始终”②。他说：“生活教育与生俱来，与生同去。出世便是破蒙，进棺材才算毕

① 《普及教育》，载华中师范学院教育科学研究所主编：《陶行知全集》第 2 卷，湖南教育出版社 1985 年版，第 762 页。

② 《新教育》，载华中师范学院教育科学研究所主编：《陶行知全集》第 1 卷，湖南教育出版社 1984 年版，第 126 页。

业。”① 又说：“教育最重要的成就在使众人养成一种继续不断的共同求进的决心。我们要对众人养成的态度是：活到老，做到老，学到老。”② 只有推行“终生教育。培养求知欲。学习为生活，生活为学习。只要活着就要学习”③，“与时代俱进，才能做一个长久的现代人”④。

值得注意的是，陶行知“教育与人生为始终”的思想，早在20世纪20年代前后就提出来了，这比现在人们公认的世界上最早一位提出终生教育思想的人——法国教育理论家保尔·朗格朗要早四十多年！我们完全可以说，陶行知是现代终生教育理论的先驱。他的终生教育思想，不仅在中国教育思想史上，而且在世界教育思想史上，都占有突出的地位，是对世界教育理论发展的划时代的贡献。

当然，以上所述只是陶行知教育学说的一部分精华，还不能完全反映其全貌。要建立具有中国特色的社会主义教育理论体系，尚需要对陶行知教育学说进行更为深入的发掘和探讨。

（二）生活教育能为我国教育改革提供有益的理论借鉴

陶行知教育学说不同于许多一般教育家的理论之处，在于它在本质上是一种实践（行动）教育学说，具有很强的操作性。它不仅在理论方面具有现实意义，更重要的是，它在实践方面也具有现实意义。它既是中国特色社会主义教育理论体系的重要营养来源，又能为当前中国的教育改革与发展提供有益的理论借鉴。为了搞好我国的教育改革与发展，我们在坚持以马克思主义教育思想为指导原则的同时，还应充分学习和借鉴陶行知的生活教育理论和实践。

---

① 《生活教育》，载华中师范学院教育科学研究所主编：《陶行知全集》第2卷，湖南教育出版社1985年版，第634页。

② 《中国普及教育方案商讨》，载华中师范学院教育科学研究所主编：《陶行知全集》第2卷，第804页。

③ 《全民教育》，载华中师范学院教育科学研究所主编：《陶行知全集》第3卷，湖南教育出版社1985年版，第554页。

④ 《攻破普及教育之难关》，载华中师范学院教育科学研究所主编：《陶行知全集》第2卷，第782页。

1. 借鉴陶行知“教育立国”思想，充分认识到教育在社会主义现代化建设中的地位和作用

陶行知一贯重视教育的地位和作用。早在金陵大学时期，他就在其大学毕业论文《共和精义》中系统阐明了教育与建设共和国家的关系：“人民贫，非教育莫与富之；人民愚，非教育莫与智之；党见，非教育不除；精忠，非教育不出。……教育实建设共和最要之手续，舍教育则共和之险不可避，共和之国不可建，即建亦必终归于劣败。”① 留学美国期间，他在 1916 年 2 月 16 日致哥伦比亚大学师范学院院长 J. E. 罗素的信中也表明：“我坚信没有真正的公共教育就不可能有真正的共和国。”② 回国后不久，1918 年 10 月，他就在南京高师教育研究会上指出：“夫国之盛衰，视乎教育。”③ 1921 年 10 月，他在《师范教育之新趋势》一文中，明确地提出“教育是立国的根本”④ 这一观点，把教育的地位和作用提到一个空前的高度来认识。1925 年 8 月，他在中华教育改进社第四届年会上讨论中国教育政策时指出：“国家运用教育以达立国之目的。”⑤ 特别值得注意的是，他在 1926 年 11 月演讲《我们的信条》时，公开宣布“我们深信教育是国家万年根本大计”⑥。这些都充分反映出他对教育在国家发展中的地位和作用极为重视。

我们今天正在进行着一场前无古人的伟大事业，要搞好社会主义

---

① 《共和精义》，载华中师范学院教育科学研究所主编：《陶行知全集》第 1 卷，湖南教育出版社 1984 年版，第 51 页。

② 参见周洪宇译：《陶行知致 J. E. 罗素函》，载《南京大学学报（哲学社会科学版专辑）》1991 年第 2 期。

③ 《在南京高师教育研究会上的演讲》，载华中师范学院教育科学研究所主编：《陶行知全集》第 1 卷，第 74 页。

④ 《师范教育之新趋势》，载华中师范学院教育科学研究所主编：《陶行知全集》第 1 卷，第 166 页。

⑤ 《中国教育政策之商榷》，载华中师范学院教育科学研究所主编：《陶行知全集》第 1 卷，第 555 页。

⑥ 《我们的信条》，载华中师范学院教育科学研究所主编：《陶行知全集》第 1 卷，第 651 页。

现代化建设，就必须充分认识到教育的地位和作用。在这方面，陶行知不仅以他的远见卓识给我们以启迪，还以他的不懈努力给我们以表率。我们要学习和借鉴陶行知的“教育立国”思想，牢牢树立“社会主义建设必须依靠教育”的观念，采取切实措施（如增加教育经费、提高教师政治经济地位等），保障教育在社会主义现代化建设中的战略地位。

2. 借鉴陶行知“生活即教育”思想，使教育与社会生活更加紧密地结合起来

陶行知的“生活即教育”思想，强调生活与教育的一致性，认为生活含有教育的意义和作用，教育应以生活为中心，通过生活来进行，教育决定于生活又反过来促进生活的发展，主张教育要与社会生活相联系，教育要与生产劳动相结合，教育要为人民大众服务。这种思想在实质上与马克思主义教育思想是一致的。它的思想内核，已被今天中国特色社会主义教育理论所吸收，并融合和体现在国家的一系列方针政策之中，成为今天中国特色社会主义教育理论体系的一个重要组成部分。

“生活即教育”思想启示今日中国，教育必须为社会主义建设服务，为人民大众过进步的物质文化生活和精神文化生活服务。因此，任何脱离社会主义建设实际，脱离人民大众物质文化生活、精神文化生活需要的教育，都在改革之列。

社会主义教育事业的改革与发展，必须与社会主义物质文明建设、精神文明建设和制度文明建设的需要相适应。根据其需要，改革旧的教育体制、教育结构、教育思想、教育内容、教育方法等等，中心是围绕着一个怎样适应社会主义建设需要培养合格人才的问题。解决这些问题首先要做的一件重要事情，就是重新认识教育与生活的关系，牢牢树立“教育必须为社会主义建设服务”的观念。

3. 借鉴陶行知“社会即学校”思想，构建一个多层次、多形式、开放的大教育体系

陶行知的“社会即学校”思想，主张社会含有学校的意味，学校含有社会的意味；到处是生活，即到处是教育；整个的社会是生活的

场所，亦即教育之场所；整个的社会活动，就是教育的范围；运用社会的力量，使学校进步，动员学校的力量，帮助社会进步。这种思想的一个突出特征是始终从整个社会着眼来考虑教育问题，一切以社会实践为依归，强调学校与社会的密切联系，在积极改造现有学校教育的同时，努力把社会办成一所全民的大学校。

从“社会即学校”的观点出发，我们应根据社会发展的需要，开展大规模的教育活动，不仅要使现有各级各类学校与社会息息相通，而且要促进社会成员受教育。教育的形式不拘一格，应根据各自的具体情况，采取多种形式。不仅可以办从幼儿园到大学的全日制学校，也可办各种各样的半日制学校；可以办脱产学习的正规学校，也可以办不脱产的业余学校；可以办长期的培训学校，也可以办各种各样的短训班；还可以办广播电视大学、函授大学、自修大学、网络大学等等。通过这些教育活动和办学形式，形成一个既包括家庭教育、学前教育，也包括初、中、高等的普通学校教育和职业技术教育，还包括电大、函授、自修、网络教育等多种形式的职后成人教育和老年教育的现代大教育体系。

4. 借鉴陶行知“全面教育”思想，培养德、智、体、美、劳全面发展的人才

“全面教育”是生活教育的重要观点。陶行知明确指出：“全面教育。心、脑、手并用。学政治、学经济、学文化相结合。健康、科学、劳动、艺术及民主将构成和谐的生活。”① 他把德、智、体、美、劳视为不可分离的整体，主张培养德才兼备、“手脑双挥”，有生活力、创造力，“善于征服自然，改造社会”的能人。这种全面发展的教育思想与马克思的全面发展教育思想可谓异曲同工。

陶行知这种全面发展的教育思想对于今天我们培养社会主义现代化建设人才是有借鉴价值的。在过去一段时期里，由于种种原因，我们的教育工作中存在着只重智育，忽视德育、体育、美育和劳动教育

① 《全民教育》，载华中师范学院教育科学研究所主编：《陶行知全集》第 3 卷，湖南教育出版社 1985 年版，第 554 页。

的现象，培养出来的人，难以胜任社会主义现代化建设的需要。近年来，这种状况有了很大改变，但还不能说问题已经全部解决。这就需要我们进一步贯彻落实全面发展的教育方针，像陶行知那样，重视人的德、智、体、美、劳的全面发展，强调情操与知识并重的教育。“智识与品行分不开，思想与行为分不开，课内与课外分不开，做人做事与读书分不开，即教育与训育分不开。”① 通过这种整体教育与全面要求，培养全面发展的具有独立个性的一代新人。

5. 借鉴陶行知“教学做合一”思想，加强理论联系实际

陶行知把教学做视为一件事，以“做”（实践）为中心，把教与学统一起来，主张“事怎样做便怎样学，怎样学就怎样教。教与学都以做为中心。在做上教的是先生，在做上学的是学生”②。陶行知提倡“教学做合一”的基本精神是强调教与学、学与用、知与行的结合，这与现在提倡的理论联系实际的原则可以说就是一回事。尽管陶行知当年提倡的“教学做合一”的内容和具体做法于现在不尽适用，但其原则精神仍可借鉴。

为了纠正学校教育工作中理论脱离实际的倾向，培养解决实际问题的能力，各级各类学校都应根据自己的情况去贯彻“教学做合一”的原则。“在一般的干部或科技人员、教学人员，就应该干什么，学什么；做什么，学什么；边工作边学习，在工作学习中提高自己的工作能力。职业学校及中等专业学校特别要重视教学做合一。在初等教育和普通中学中，系统地学习各种科学文化知识时也要注意理论与实际结合，否则不仅不能提高教学质量，也影响今后学习专业的成绩，因为他们学习普通科学文化知识的目的，还是为了将来的‘做’。在各类专门的高等院校里，实行理论与实践的教学做，有利于培养各种专门人才独立工作的能力。在各种业余学校补习班或专门技术训练

---

① 《晓庄三岁敬告同志书》，载华中师范学院教育科学研究所主编：《陶行知全集》第2卷，湖南教育出版社1985年版，第210页。

② 《教学做合一下之教科书》，载华中师范学院教育科学研究所主编：《陶行知全集》第2卷，第289页。

中，则按照不同情况有所侧重，有的侧重文化知识的学习或复习提高（这里当然有做，比如独立地完成作业提高解题能力等），有的即以做为中心。只有如此，才能真正学到科学技能，才能学到熟练的技术。"① 总而言之，按照各自不同的情况，有所侧重地开展教学做，有助于加强理论联系实际，培养学生解决实际问题的能力。

6. 借鉴陶行知的"小先生制"，加快扫盲速度，提高中华民族的基本素质

"小先生制"是陶行知独创的一种普及教育的方式和形式。它是由小孩子做教师，"负着普及教育之使命"。它不是"把一个班小学生交给一个小先生去领导"，不是用小孩去代替传统班级的教师，也不是关在学校内由"大同学教小同学"，"他的职务是教人去教人"。一个小先生教会两个人识字，这两个人又去教其他不识字的人。这样，像滚雪球一样，不断地"教人去教人"，② 普及教育的力量就越来越多，越来越大。陶行知创立"小先生制"的目的，在于尽快普及教育，以实现其"教育为公"、"文化为公"的伟大抱负。

笔者认为，陶行知的"小先生制"特别适用于目前我国的扫盲工作。由于我国人口太多，底子太薄，新中国成立以后虽然大力发展普通教育事业，但目前仍有一定数量的文盲和半文盲，扫盲仍是今天的一项重要任务。在扫盲工作中，如果仍走传统路线，靠少数人去进行，那是绝难奏效的。只有运用"小先生制"，才有可能比较迅速地完成扫盲任务。

从中国的国情和国力出发，大走群众路线，用穷办法来办教育，过去在老解放区运用"小先生制"来扫盲，曾经收到明显效果，历史已经证明这条路子是可行的。现在我们的条件比当年好得多了，可以而且应该取得更好的成绩。只要我们把各种力量组织起来参加扫盲，

① 何祚：《认真研究与借鉴陶行知教育思想，建立具有中国特色的社会主义教育科学体系》，载《行知研究》1984 年第 5 期。

② 《怎样指导小先生》，载华中师范学院教育科学研究所主编：《陶行知全集》第 2 卷，湖南教育出版社 1985 年版，第 656—657 页。

肯定会取得比当年更好的效果。

7. 借鉴陶行知“乡村教育”思想，深化农村教育改革

陶行知非常重视农村教育问题。他认为中国是著名的农业国，农民占全国人口总数的绝大多数，“中国的乡村教育关系全世界五分之一的人民”。但是，中国现在的乡村教育走错了路，“他教人离开乡下向城里跑”，“他教农夫子弟变成书呆子”，完全不能适应乡村生活的需要。为了“使乡村教育适应中国乡村生活的需要”，他建议让教育与农业、与科学、与银行、与卫生、与交通等“伟大势力”携手，共谋改造之策。① 他还提出以乡村学校作为改造乡村生活的中心，以乡村教师作为改造乡村生活的灵魂，以乡村自治作为改造乡村的组织保证，不仅要“农业、教育、科学”等携手并进，而且要“把政治、经济、教育打成一片”，通过这些来造就中国乡村“新生命”，进而“造成中华民国的伟大的新生命”。

陶行知的上述乡村教育思想对于我们目前深化农村教育改革极有启示作用。我们要进一步提高对农村教育改革重要性和必要性的认识，把它放在中国和世界未来发展的位置上来思考。同时，要努力解决农村教育与农村经济发展需要相适应的问题，使之与农村的生活、劳动相结合，这就是说，除了文化教育之外，还要大力发展职业技术教育。而且，要把农村教育与农业、科学、卫生、交通、银行等部门紧密结合起来，进一步总结和推广改革开放以来在教育改革中产生的各种新鲜经验（如安徽的“农科教多位一体”、山东平度的“三教统筹”、重庆合川的“政富教合一”、四川广汉的“创业教育”、山西柳林前元庄的“村校一体”等），用科学技术等伟大力量来从根本上改变我国农村贫穷落后的面貌。

8. 借鉴陶行知师范教育思想，大力发展师范教育

陶行知把师范教育与民族的前途和国家的命运紧密联系起来，称“教育是立国的根本”，而师范教育乃“国家托命”之所在，“师范教

---

① 《中国乡村教育之根本改造》，载华中师范学院教育科学研究所主编：《陶行知全集》第 1 卷，湖南教育出版社 1984 年版，第 653—654 页。

育可以兴邦，也可以促国之亡”①。他比较全面地论述了师范教育的任务和作用，提出“教育界要什么人才就该培养什么人才”，师范教育要为教育界培养教育行政人员、各种指导员、各种学校校长、职员和各种教员，并由此而提出学校“要什么教员就该培养什么教员”、“教育界的人才要什么就该教他什么”、“谁在那里教就教谁”三条原则，并且从师范教育自身特点出发，对培养什么样的人和怎样培养都提出新的见解。他还主张以乡村师范作为改造乡村生活的中心，以乡村教师作为改造乡村生活的灵魂，以乡村自治作为改造乡村的组织保证，等等。

陶行知师范教育方面的理论，有很多内容值得今人参考。我们要把师范教育的地位和作用提高到振兴中华的高度来认识，大力发展师范教育，根据社会主义现代化建设的需要，调整师范教育的教学内容和教学方法，更好地体现出师范教育的特点和优点，培养更多适应现代教育需要的教师。

9. 借鉴陶行知“政富教合一”思想，把教育与政治、经济打成一片，进行社会整体改造

陶行知的生活教育学说，既是一种现代教育理论，又是一种社会整体改造理论。1929 年，他就明确提出了“教育就是社会改造”的观点，认为：“办学和改造社会是一件事，不是两件事。改造社会而不从办学入手，便不能改造人的内心；不能改造人的内心，便不是彻骨的改造社会。反过来说，办学而不包含社会改造的使命，便是没有目的，没有意义，没有生气。所以教育就是社会改造。”② 次年，他又进一步提出：“我们既承认‘社会即学校’，那么，社会的中心问题便成了学校的中心问题。这中心问题就是政治经济问题。……晓庄所办之自卫团、妇女工学处。现在向省政府建议设置之试验乡以及十九

① 《师范教育之彻底改革——致石民佣、费锡胤等》，载华中师范学院教育科学研究所主编：《陶行知全集》第 5 卷，湖南教育出版社 1985 年版，第 161—162 页。

② 《地方教育与乡村改造》，载华中师范学院教育科学研究所主编：《陶行知全集》第 2 卷，湖南教育出版社 1985 年版，第 128 页。

年度计划中之生产事业，都是想把政治、经济、教育打成一片，做个政富教合一的小试验。”他还明确指出：“政富教合一的根本观念是要将政富教三件事合而为一。”如何使它们合起来呢？“要叫他们在‘遂民之欲达民之情’上合起来”，“在教育的立场上说，我们所负的使命：（一）是教民造富；（二）是教民均富；（三）是教民用富；（四）是教民知富；（五）是教民拿民权以遂民生而保民族”。①

从“政富教合一”的观点出发，我们必须把教育、政治、经济三个方面作为一个整体来考虑，不能孤立地进行某一方面的改革。在制定教育改革方案或推行教育改革过程中，都不能忽视政治、经济方面的因素，应该把教育改革与政治改革、经济改革有机地联系在一起，成章配套地进行，使三者相互推动、共同发展。一句话，要树立社会整体改革的观念，使我国社会主义事业的各项改革得以稳步、协调、顺利地进行。

10. 借鉴陶行知坚持从国情和国力出发，正确对待中外古今教育经验的基本改革原则，建立中国特色社会主义教育体系

我们开展教育改革的基本出发点和终极目的，是为了建立中国特色社会主义教育体系。在这方面，陶行知以其亲身实践，给我们做出了光辉榜样，值得我们很好地学习和借鉴。

陶行知在其长期的教育实践中，始终坚持从中国的国情和国力出发，正确对待古今中外的教育经验。他批判地继承了古今中外许多有益的教育经验，既反对“沿袭陈法”的不适应时代的封建传统教育，又不是虚无主义地反对其固有的优点；既反对“仪型他国”的不切合国情的“拉洋车”洋化教育，又不是笼而统之地排斥外来有用的东西。他主张对于“外国的经验，如有适用的，采取他；如有不适用的，就回避他。本国以前的经验，如有适用的，就保存他；如不适

① 《晓庄三岁敬告同志书》，载华中师范学院教育科学研究所主编：《陶行知全集》第2卷，湖南教育出版社1985年版，第211—212页。

用，就除掉他。去与取，只问适不适，不问新和旧”①，一切以是否切合中国的具体实际为依归。他还认为：“我们深信一个国家的教育，无论在制度上、内容上、方法上不应常靠着稗贩和因袭，而应该按照那国家的需要和精神，去谋适合，谋创造。同时我们又认定这个国家，如果是现代的国家，如果是现代世界的一个国家，那么他的教育，便不能不顺应着时代和世界的教育趋势，而随伴着竞进。”② 这就是说，教育既要考虑本国的具体情况和实际需要（“国情”），又要顺应时代和世界的发展趋势（“世情”），坚持民族性和时代性的统一，“国情”和“世情”的统一。陶行知本人创立的生活教育学说，就是以海纳百川、吞吐众家的博大胸襟和恢宏气度，博采古今中外诸家之长熔铸而成的。它既符合世界进步潮流又适合中国国情，具有鲜明的中国特色、中国作风和中国气派。

我们今天进行教育改革，需要很好地学习和发扬这种“古为今用”、“洋为中用”的科学精神，借鉴陶行知从中国实际出发，正确对待中外古今教育经验的基本改革原则，反对传统陈腐的观念和全盘西化的主张，正确处理传统教育与现代教育、中国教育与外国教育之间的关系，并在实践中借鉴生活教育学说，总结新中国成立以来发展教育事业的新鲜经验，建立具有中国特色的社会主义教育体系。

最后，需要说明一点，任何一个教育家的思想和实践都有他的历史局限性，陶行知当然也不例外。因此，我们对待陶行知的教育学说，要从实际出发，创造性地加以运用，而不能停留在简单模仿的水准上。陶行知的教育学说，在许多方面都反映了教育发展的客观规律，因此，它的许多基本原理和方法，具有普遍借鉴的意义。但由于所处的时代和环境不同，其若干具体做法业已过时，我们今天应根据新的情况来加以取舍，并力求有所发展和创新。只有这样，才符合陶

---

① 《我们对于新学制草案应持之态度》，载华中师范学院教育科学研究所主编：《陶行知全集》第 1 卷，湖南教育出版社 1984 年版，第 191 页。

② 《〈新教育评论〉创刊缘起》，载华中师范学院教育科学研究所主编：《陶行知全集》第 1 卷，第 568 页。

行知教育学说本身的精神，使生活教育适应时代，推动时代，更好地为建立具有中国特色的社会主义教育体系服务。

第二节 人格精神

人格精神是一种内在的主体素质，不同的人身上有不同的人格精神。陶行知的人格精神是他在艰难曲折的人生道路上，在几十年革命实践中锻造出来的，又反过来支撑和推动着他从事改造中国社会和文化教育的伟大实践。

陶行知的人格，就是他一贯倡导和奉行的“大丈夫精神”。陶行知在晚年致育才学校全体师生的《最后一封信》里，对这种“大丈夫精神”作了一个全面概括：“平时要以‘仁者不忧，智者不惑，勇者不惧，达者不恋’的精神培养学生和我们自己。有事则以‘富贵不能淫，贫贱不能移，威武不能屈，美人不能动’相勉励。”① 他一生自尊自立自强，堂堂正正做人，贫贱不移，威武不屈，私德廉洁，公德文明，严于律己，身体力行，在思想上筑起一座坚不可摧的人格长城。陶行知的人格，是中华民族优秀的人格范型，足可为后人所效仿，并将对中华民族的发展产生广泛而深刻的影响。

陶行知的精神，概括起来，主要有以下六种。

一、爱满天下的博大胸襟

陶行知热爱祖国，他说：“我是一个中国人，要为中国作出一些贡献来。”② 这是他少年时期立下的爱国志向。“国家是大家的。爱国是个个人的本分。顾亭林先生说得好：‘天下兴亡，匹夫有责。’我觉得凡是脚站中国土地，嘴吃中国五谷，身穿中国衣服的，无论是男女

① 《最后一封信——致育才学校全体师生》，载华中师范学院教育科学研究所主编：《陶行知全集》第 5 卷，湖南教育出版社 1985 年版，第 965 页。

② 《陶行知年表》，载华中师范学院教育科学研究所主编：《陶行知全集》第 1 卷，湖南教育出版社 1984 年版，第 672 页。

老少，都应当爱中国。"① 这是他对爱国主义最通俗的解释，也是最朴素的感情。"我是中国人，我爱中华国。中国现在不得了，将来一定了不得！"② 这是他对祖国所寄予的希望和坚定的信念。爱国必然爱民，由此，他以"爱满天下"的精神，爱平民，爱农民，爱工人，爱广大劳苦大众。"他爱人类，所以他爱中华民族，所以他爱中华民族中最多数最不幸之农人"③，他愿为苦难的农民"烧心香"，因而他大力倡导乡村教育。他爱工人，他唱出了"光棍的锄头不中用呀！联合机器来革命呀！"④ 他倡导"科学下嫁"，创办各种工学团，开展工农教育。他爱天下一切劳苦大众，愿意终身为劳苦大众服务，做人民的"老妈子"。从爱国爱民出发，他爱教育，决心一辈子献身教育，立志要用教育来救国救民。为此，他反对封建主义的传统教育，反对帝国主义的洋化教育和奴化教育，决心闯出一条适合中国国情的新教育之路来。因此，他矢志不渝地奋斗了一生。从爱国、爱民、爱教育出发，他"无保留地追随党"，全身心地投入中共所领导的抗日救亡运动，把自己的一切纳入到革命的轨道，直到生命的最后一息。

二、乐于奉献的伟大情操

"捧着一颗心来，不带半根草去"是他奉献精神的生动体现。陶行知的奉献精神具体体现在以下几方面。（1）全心全意为人民的教育事业献身。为了中国的教育事业，他是"为了苦孩，甘为骆驼；于人有益，牛马也做"，"愿把整个的心捧出来献给小孩"，愿为农民"烧心香"；他从中国的国情出发办教育，苦心探索，矢志追求；他艰苦

① 《预备钢头碰铁钉——致吴立邦》，载华中师范学院教育科学研究所主编：《陶行知全集》第5卷，湖南教育出版社1985年版，第67页。

② 《中国人》，载华中师范学院教育科学研究所主编：《陶行知全集》第4卷，湖南教育出版社1985年版，第411页。

③ 张劲夫：《中国近代教育史上的一座宝库》，载北京陶行知教育思想研究会编：《陶行知研究》，湖南教育出版社1987年版，第30页。

④ 《新锄头舞歌》，载华中师范学院教育科学研究所主编：《陶行知全集》第4卷，第198页。

奋斗办教育，动员群众，发动社会，一生劳碌奔波；他边试验，边探索，边实践，边总结，为中国创造新的教育理论付出了毕生精力；他身教重于言教，求真，务实，身体力行，时时处处以身作则，为人师表。（2）他甘愿为抗日救国事业献身。民族危亡，国难当头，他挺身而出，不顾劳累，出访 26 个国家，宣传抗日救国，揭露日本军国主义罪行，争取国际援助，力争侨胞支持。回国后倡导国难教育、战时教育，创办育才学校，收留难童，培养人才幼苗，使教育为抗日救国服务。（3）他献身于新民主主义革命事业，一贯同情、支持、保护和营救共产党人。从同情革命事业，到自觉追随中共，服从中共的领导，他不但把自己的教育事业纳入到革命的轨道，而且全力以赴投入到反独裁、争民主，反内战、争和平的斗争中。

三、炽烈真诚的教育激情

徐特立说过：“杜威虽是一个伟大的教育家，但不是一个革命家。行知却是一个革命家，同时在教育方面起了伟大的革命作用……”①那么，作为一个革命家，陶行知炽烈真诚的教育激情体现在何处呢？首先，在祖国处于半殖民地半封建社会，阶级斗争与民族斗争都十分激烈的背景下，他虽然不是一个共产党员，但他的阶级斗争觉悟却很高。他反帝、反封建、反殖民主义。“为人民奋斗者，血写人民史诗”，为了国家，为了人民，他全心全意跟着中国共产党走，奋斗到最后一刻，真正做到了鞠躬尽瘁，死而后已！其次，反映在世界观的自我改造、自我革命上，陶行知也很突出。他自觉从“知行”观变为“行知”观，从唯心主义变为唯物主义。他自觉下农村，办乡师，实行知识分子与工农相结合；他又自觉办工学团，与工农交朋友，拜工农为师……吴玉章说：“回忆陶先生，我想起了他的革命精神，凡一切过去的思想、学说、理论、制度等等，都要经过理性的裁判，如有不合理，即使人人认为神圣不可侵犯的东西，他也大胆地要反对要革

① 徐特立：《陶行知学说》，载《解放日报》1946 年 8 月 12 日。

命……"① 最后，教育理论与教育实践上的大胆改革与创新，也是陶行知教育激情的重要体现。

四、不屈不挠的刚毅品质

陶行知说："失败是成功之母，奋斗是成功之父。"他一生奋斗，带头乐于为事业苦战的精神是一致公认的。他的艰苦奋斗精神，主要表现在：事业上的专一性，他赤诚爱国，忠心革命，为了救国救民，矢志不渝地探索开拓，立志创新；意志上的坚韧性，他做任何事情都目标明确，意志坚决，一经决定，苦战到底，不达目的，誓不罢休；思想作风上的踏实苦干精神，他在思想理论上的探索，细致周密，虚心求真，一步一个脚印，如办学实践上的探索，他从计划、募捐、教育、教材、教法……处处都能周密部署，从校长、教师到工友，凡事都要亲自动手；生活上艰苦朴素，他公私分明，不抽烟，不喝酒，处处以身作则，为人师表，他原是留过学的大学教授，在当时社会，地位不算低，收入不算少，只要他愿意，他本可以像他的同学孙科、蒋梦麟、胡适那样飞黄腾达，当官做老爷，但是他为了自己所认定的事业，甘愿脱掉西装革履，下乡办乡村师范，甘愿赤脚穿草鞋与师生同吃同住同劳动，做农民戏称的"挑粪校长"。为了事业，他无论办学还是出国访问，总是夜以继日，连续苦战，忍饥挨饿，战斗不息。"陶行知先生不仅是鲁迅先生所说的'中国的脊梁'那一类优秀人物，是杰出的为中华民族作了很多有益的事情的那一类埋头苦干的'脊梁人物'，而且是属于鲁迅先生形容的柔石一类'损己利人'的高尚人物。"

五、求真务实的思想作风

"千教万教教人求真，千学万学学做真人"，这是陶行知为人与教人的宗旨之一。为此，他政治上求真，追求进步，追求光明，追求革命，他从旧民主主义革命走向新民主主义革命，从"天生孙公做救星

① 吴玉章：《回忆陶行知先生》，载《新华日报》1946 年 9 月 22 日。

呀，唤醒锄头来革命”、“革命成功靠锄头”转变为“光棍的锄头不中用呀！联合机器来革命呀！”① 这是他在政治认识上求真的结果，是一个质的飞跃。在世界观的改造上，从接受王阳明“知是行之始，行是知之成”的“知行”观转变为“行是知之始，知是行之成”的“行知”观，是他在哲学思想上求真的结果。在教育思想上，将杜威的“教育即生活”、“学校即社会”、“做中学”翻半个筋斗为“生活即教育”、“社会即学校”、“教学做合一”，是他“吾爱吾师，吾更爱真理”的求真的结晶。晓庄师范、山海工学团、育才学校、社会大学等校的创办，是他教育实践上求真的实际行动。作风上他也求真，他民主，待人宽容，不苛求人，爱满天下。“民之所好好之，民之所恶恶之。教人民进步者，拜人民为老师。”② 他一生求真，谦逊待人，求真善美，反假恶丑。他为人处世最重视一个“真”字，他一生说实话，办实事，重视名实相符，言行一致，重视真才实学，不求虚名，从不弄虚作假。他勇于自我批评，听得进不同意见，能团结大多数，因而平民百姓、工农群众、中小学生，甚至小贩、报童都喜欢他。

六、开拓求新的创造精神

“敢探未发明的新理”，“敢入未开化的边疆”③，一生探求、开拓、创造，是陶行知的最大特点。陶行知从中国的国情出发，从实验着手，创造了一整套以生活教育理论为核心的教育学说；创办了一批内容与形式全新、多层次、多轨制、多形式的幼儿园、中小学、乡村师范、工学团、育才学校、社会大学等，他在办学的指导思想、教学、教材、教法等方面进行了一系列探索，为中国教育创造了一批新的办学典型；他倡导了平民教育、乡村教育、普及教育、国难教育、

---

① 《新锄头歌舞》，载华中师范学院教育科学研究所主编：《陶行知全集》第4卷，湖南教育出版社1985年版，第198页。

② 《民之所好三首》，载华中师范学院教育科学研究所主编：《陶行知全集》第4卷，第660—661页。

③ 《第一流的教育家》，载华中师范学院教育科学研究所主编：《陶行知全集》第1卷，湖南教育出版社1984年版，第113页。

战时教育、民主教育等一系列教育运动，从中国的国情和革命斗争的实际出发，为中国的教育改造探获新路，也为中国的教育文化事业，为中国的革命事业培养了一大批具有开拓和创造精神的人才。陶行知重视创造，倡导创造，自己也事事处处开拓创造，连他别具一格的大众诗，也是具有独特“陶味”的创造。他的创造，不仅为中国的教育开了路，更重要的是为提高中国劳苦大众的科学文化水平，为提高中华民族的觉悟和素质，为中国的革命作出了贡献。

陶行知的上述六种精神是一个有机的整体。其中，爱国精神和献身精神是陶行知精神的两大基石。教育激情是陶行知精神的原动力，求真精神是陶行知精神的核心，艰苦奋斗精神、创造精神是献身精神和求真精神的重要体现。正是这六种精神，构筑了陶行知丰富而深邃的精神世界，为他在中国文化诸多领域进行开拓和创新，提供了巨大的精神动力。

第五章　陶行知的创造世界（上）

创造世界是陶行知四个世界的核心部分之一，是酝酿于生活世界之中、建立在精神世界之上的人生境界。陶行知一生的兴办教育运动、文艺创作实践、“科学下嫁”运动、新闻出版活动以及推动图书馆建设等，构成其创造世界的主体框架。正是这些创造性的实践活动，从各个方面对中国近现代文化教育走向产生了重大影响。

第一节　创立大众教育的事业与理论

陶行知一生热爱人民教育事业，他将毕业的精力都献给了中国人民大众教育事业，成为名副其实的“伟大的人民教育家”。他以身垂范，身先士卒，亲自创办各种教育，为广大人民提供受教育机会，时刻以振兴民族教育为己任。先后发起七大教育运动，开办多所平民学校，创立生活教育学说，从理论与实践两个方面创造性地推动与促进了中国教育的发展。

一、发起七大教育运动，推进大众教育事业

陶行知毕生热爱教育，献身教育事业，为了推动中国大众教育的发展，他先后发起了七大教育运动。

（一）*发动平民教育运动*

对于平民教育，陶行知界定为“平常人民的教育”，即要用最少时间，最少经费，教导年长失学之人读书学文化、爱国做主人。1920年，他在南京高等师范学校组织学生到附近平民社会中推行平民识字

活动，这是他在实践上迈向平民教育的第一步。1923年6月，在参观浙江嘉兴等地的平民教育之后，陶行知开始全力投入平民教育事业，并在平民教育运动中作出了许多创造性贡献：当年8月成立中华平民教育促进会，陶行知亲自起草总会章程，并担任董事部书记；10月他在安庆举行17 000人的集会，进行平民教育宣传和游行；12月，他又在北京成立了十几处平民读书处，下旬发展到上百处；为了唤醒各界民众对平民教育的重视，他不辞辛苦地到处去创建平教会分会，组织游行，大造舆论，亲赴河南河北等地推广平民教育，在张家口和政学各界领袖以及蒙古学生领袖开会，企望将平民教育的种子撒到“未开化”之边疆和内地；与朱经农合编《平民千字课》，作为平民教育的课程教材，在短短的几年时间内，这部平民教育教材，就发行了300万册之多；发明推广“连环教学法”，扩大充实平民教育师资。

（二）推行乡村教育运动

陶行知力倡对乡村教育进行彻底改造，走向一条生路，培养农夫的身手、科学的头脑和社会改造的精神。1926年12月，他发表了《改造全国乡村教育宣言书》，提出“乡村教师做改造乡村生活的灵魂”，目的在于“厉行乡村教育政策为我们三万万四千万农民服务。……我们以至诚之意欢迎大家加入这个运动，赞助他发展，指导他进行，一心一意的为中国乡村开创一个新生命”。① 这个宣言的发表标志着陶行知由倡导平民教育开始转变为推行乡村教育运动。不久，又发表了《中国乡村教育之根本改造》，提出“活的乡村教育要有活的乡村教师；活的乡村教师要有农夫的身手，科学的头脑，改造社会的精神。活的乡村教育要有活的方法，活的方法就是教学做合一……活的乡村教育要用活的环境”②，终极目标是让“中国一个个的乡村都有充分的新生命”③。为了实现以上目标，1927年3月他与赵叔愚一起创办

① 《中华教育改进社改造全国乡村教育宣言书》，载华中师范学院教育科学研究所主编：《陶行知全集》第1卷，湖南教育出版社1984年版，第646页。

②③ 《中国乡村教育之根本改造》，载华中师范学院教育科学研究所主编：《陶行知全集》第1卷，第653、655页。

了南京晓庄试验乡村师范学校，以生活教育理论作指导进行教学管理。该校成立三年来培养了一大批乡村教育人才，将乡村教育的种子播撒到了浙江、江苏、安徽、山东、河北、广东等地。他还先后组织了乡村教育同志会、乡村教育研究会、民众教育研究会，创设了《乡教丛讯》、《乡村教师》周刊，广泛宣传、领导和组织乡村教育运动。

（三）开展普及教育运动

1931年的“九一八”和1932年的“一·二八”事变后，陶行知对应时局的变化，对生活教育理论作了内容上的调整，他看到了科学对一个国家富强的重要性，于是他在上海成立了自然学园，又在宝山创办山海工学团，目的就是要大众在做工上学习现代的本领，团结起来，养活自己，充实自己，保护自己。[①] 为了普及科学教育，他又开展了“科学下嫁”运动，旨在将科学下嫁给儿童，下嫁给民众，并且编写了一批通俗易懂的普及教育教材。争取在中国实现普及教育是陶行知一生最大的心愿，也是他毕生从事教育实践及其教育思想体系的中心。他首先为当时的中国人明确了普及教育的重点是什么。为了给中国普及教育指明方向，他于1934年2月专门写了《普及什么教育》，明确指出“我们所要普及的是：自动工学团”[②]。在开展普及教育运动中，他把重点放在农村，进行“全国财力总动员”，创造了适合中国国情的普及教育的方式和方法。他提出，要普及义务教育，必须向政府争取稳定经费来源，由国家预算调拨，并以法律的形式加以保障，同时，还应由地方政府、社团、集体出股出资，利用海内外资金，吸收个人捐助款项。他在《中国普及教育方案商讨》中具体讲到了筹集普及教育经费的各种途径，还为中国普及教育运动提出了一个省钱的好办法——“小先生制”。他说：“小先生是负着普及教育之使

① 方与严著：《生活教育简述》，载《陶行知研究》，江苏省陶行知研究会1987年编印，第11—12页。

② 《普及什么教育》，载华中师范学院教育科学研究所主编：《陶行知全集》第2卷，湖南教育出版社1985年版，第636页。

命。穷社会除了重用小先生之外，是没有别的办法可以使教育普及。"① 于是在他的倡导下，"小先生制"被推广到了全国二十多个省，湖北江陵、浙江鄞县、江苏宜兴、安徽歙县、山东邹平、河北定县、河南开封等地均取得了显著的成效。

（四）发起国难教育运动

1935年"一二·九"运动爆发后，全国人民奋起救国，陶行知根据新的形势将生活教育运动推到一个新的阶段，为了挽救国难，以教育为武器展开抗日救亡运动，他提出了"国难教育运动"。② 国难教育的目标是推进大众文化，争取中华民族的自由平等，保卫中国领土与主权的完整；国难教育的对象和任务是教育大众联合起来来解决国难，教育知识分子将民族危机的知识向大众宣传；他的国难教育只有与民族解放运动配合起来，才能成为救国的教育；应当人人参加救国运动，同过救国生活，共受救国教育。③ 国难教育运动的提出，正是他多年来倡导救亡的大众教育的合理发展，旨在推进大众文化，争取中华民族之自由平等，保卫国家领土与主权之完整。为了推进国难教育运动，陶行知倡导国难教育应与全国救国联合会步调一致，于是国难教育运动先从上海开始，之后推进全国。他亲自到全国各地演讲"中国的出路"，动员广大民众投身到国难教育运动之中。1937年他利用担任外交使节的机会，到南洋和欧洲各国去演讲，动员广大华人华侨和国际友人支援中国正义的抗日战争。陶行知的国难教育运动是当时中国抗日救国运动的一部分，为中华民族的解放事业作出了贡献。

（五）投身战时教育运动

随着抗日战争的全面爆发，陶行知把"国难教育运动"改为"战

---

① 《怎样指导小先生》，载华中师范学院教育科学研究所主编：《陶行知全集》第2卷，湖南教育出版社1985年版，第656页。

② 陈鹤琴：《生活教育社的发展》，载《陶行知研究》，湖南教育出版社1987年版，第273页。

③ 方与严著：《生活教育简述》，载《陶行知研究》，江苏省陶行知研究会1987年编印，第12页。

时教育运动”。战时教育运动的总路线是：在战时工作的组织中进行教育，将民众组织起来进行教育；战时教育的内容是：集体主义自我教育、一般政治教育、战时技术教育、民众理论与经验教育、识字教育等；战时教育的原则是：在有组织的行动中进行全面抗战的自我教育，针对不同对象运用不同的教育形式，战时教育以农村为重心，注重文字教育的普及。战时教育运动把学堂变成战场和把战场变成学堂，还成立了上海战时教育服务团，成员大都是因战争原因而失业的有志于战时教育的教师和知识青年。经过集中培训后，将这些人才供应到全国各地，这些受训练的人才在各地又办起了儿童补习学校或成人识字学校，将战时教育普及到每一个家庭、每一个工厂、每一条弄堂、每一个角落，使所有难民随时可以接受教育。1937 年 9 月陶行知又创办了《战时教育》旬刊，广泛宣传抗战救国，宣传战时教育。1938 年秋，陶行知利用从海外归来路过香港之机，在香港设立了中华业余补习学校，学生的程度从初中到大学不等，有工人、店员，先后举办两期。结业的学生被分配到香港和九龙各地，发动侨胞进行抗日救国运动，组织成立服务团，支援抗日前线，使战时教育成为随战事进展而产生的特殊生活。1939 年 7 月在重庆成立的育才学校，也是战时教育的一部分，陶行知积极引导学生追求真理、自觉觉人、手脑并用，力争成为抗击日寇、反对侵略的小战士。此外，他还发展壮大了“全国战时教育协会”。

（六）从事全面教育运动

全面教育运动有两层含义。一方面，抗日战争是整个中华民族进行的全面战争，要求社会各阶层、各党派、各部门联合奋战，要集中全部人力、物力和财力，投入到全民族的抗战事业之中。为了配合全面抗战，陶行知于 1938 年冬提出了“全面教育运动”，旨在动员全国上下动用全部的人力和物力进行总决战，以赢得中华民族的最后胜利。根据《抗战建国纲领》随时改进教育方法，扩充教育领域，真正动员全国人民自觉自愿地参与到全面抗战中来，共同打击日本帝国主义的入侵，最终赢得全面抗战的胜利。另一方面，在具体实施教育的过程中，陶行知又提出通过心、脑、手并用，实现智力和体力的全面发展；通过学政治、学经济、学文化相结合，实现教育内容的全面展开；通过把健康、科学、劳动、艺术及民主构成和谐的生活，实现人的全面和谐发展。

（七）倡导民主教育运动

倡导民主教育运动，实现教育民主化，是陶行知几十年来立足于教育事业孜孜追寻民主政治的必然结果，也是他自身民主资质长期汇集凝淀的客观反映。1945 年抗日战争胜利后，陶行知积极投身到反内战、反独裁的民主斗争之中，他从教育角度提出了实施民主教育运动的主张，先后撰写了大量有关民主教育方面的文章，如《实施民主教育的提纲》、《民主教育》、《民主教育之普及》、《小学教师与民主运动》，他提出民主教育之目的就是“教育为公”，进而实现“天下为公”的民主政治；民主教育就是要使广大劳苦大众有机会受教育，不论男女老少、贫富贵贱都应有接受教育的权利和机会；坚持人民第一的原则，教人民进步者，以人民为师。

二、创办新式学校，培养新型人才

陶行知胸怀“为中国教育寻觅曙光，为中国教育探获生路”① 的理想，毕生以振兴中华民族为目标，以振兴中国教育为已任，为此，他在创造性地提出生活教育学说的同时，积极开展教育实践活动，努力探索中国现代教育事业的新路径。先后创办了几所具有开拓性意义的新型学校，为开创中国现代教育事业的新局面奠定了良好基础。创办南京晓庄师范，既探索出乡村师范教育发展的新途径，又开拓了生活教育运动的新局面；成立山海工学团，既开辟了社会教育的新路径，又探索了职业教育发展的新出路；兴办重庆育才学校，既开创了特殊教育的新局面，又找出了英才教育的新门路；创办重庆社会大学，既开创了我国成人教育的新局面，又是对继续教育和终身教育的新探索。正是在陶行知兴办学校、开展教育实验的模范行为的带动

① 《为中国教育寻觅曙光——致王琳》，载华中师范学院教育科学研究所主编：《陶行知全集》第 5 卷，湖南教育出版社 1985 年版，第 166 页。

下，近现代中国掀起了一股教育实验的潮流，因而从整体上推动了中国教育事业的发展。陶行知对中国教育事业的开创性贡献，是世人皆知的，因此说，“陶行知是一个即知即行、能知能行的实践教育家”，“是近百年来一个伟大的教育家”。①

（一）创办南京晓庄师范，开乡村师范教育之先河

陶行知认为，师范教育是“改造社会环境的一个重要方法”，并坚定地表示：“我从前曾经为师范教育努力，现在正在为师范教育努力，以后仍继续为师范教育努力。”他下决心“要筹募一百万元基金，征集一百万位同志，提倡一百万所学校，改造一百万个乡村”。②1927 年 3 月 5 日，陶行知用筹集的开办费 1 万元，常年经费 1.2 万元，设备费 5 000 元，购买南京神策门外小庄（后由陶行知改名晓庄）田园 200 亩、荒山 10 里作为校址和农场。特约燕子矶小学、尧化门小学为第一、第二中心小学，并聘定吕镜楼、杨效春、邵仲春、朱葆初等为指导员（即教员）。1927 年 3 月 11 日，试验乡村师范学校招生考试第一天上午，共有 13 名青年准时参加入学考试。考试当天，正是北伐军与盘踞在南京的直系军阀孙传芳部褚玉战斗方烈之时。当时，南京大小学校均因战事激烈而纷纷停课。试验乡村师范学校偏偏选择此时招生开学，而且声言风雨无阻，不受战事影响。3 月 15 日，试验乡村师范学校（简称晓庄师范）在南京郊外的小庄正式开学。这标志着由陶行知发起和主持的生活教育实验拉开了序幕，也象征着中国教育重心开始出现由城市向农村转移的重大历史性转折。晓庄师范的培养总目标为“培养乡村人民儿童所敬爱的导师”。为达此总目标，陶行知又进一步提出五项培养目标：农夫的身手，科学的头脑，改造社会的精神，健康的体魄，艺术的兴趣。晓庄师范先后共建有：小学师范院、幼稚师范院各 1 所，中心小学 8 所，中心幼稚园 4 所，民众学校 3 所，中心茶园 2 所，中心木匠店 1 所，乡村医院

---

① 陈鹤琴：《纪念近百年来的大教育家》，载四川省纪念陶行知先生诞生九十周年大会筹备组编：《陶行知纪念文集》，四川人民出版社 1982 年版，第 31 页。

② 朱泽甫编著：《陶行知年谱》，安徽教育出版社 1985 年版，第 99 页。

1座，联村救火会1所，石印工厂1座。这些机构都围绕生活教育的要求进行多角度、多层次、多类型的实验。

晓庄师范学校的办学特点体现在以下几方面。其一，招生看重农事经验。试验乡村师范规定："招收下列各种程度之学生培养之：一、初级中等学校第三年学生之有农事经验者；二、高级中等学校第三年学生之有农事经验者；三、大学第三年学生之有农事经验者；四、在职之教育行政人员及教职员之具有上列各项相等程度者。"① 文化程度可以有所不同，但强调有"农事经验"是一致的。其二，考试方式别具一格。报考者在3月10日报到，次日上午考国文、常识测验、智能测验，下午演说及辩论；12日上午垦荒施肥，下午修路；13日考试成绩揭晓；14日便办理入学手续，3月15日开学。这种考试，改变了传统做法，强调农事经验，面向农村实际。其三，实行教学做合一，课程以乡村生活为中心。晓庄师范将课程分为五大部分，即：中心学校活动教学做，中心学校行政教学做，分任院务教学做，征服自然环境教学做，改造社会环境教学做。其四，打破学校的围墙，开展"联村"系列活动。陶行知反对关起校门，使学校与社会隔离起

晓庄师范师生在地里劳动

① 《中华教育改进社设立试验乡村师范学校第一院简章草案》，载华中师范学院教育科学研究所主编：《陶行知全集》第1卷，湖南教育出版社1984年版，第658页。

来。为此，晓庄师范进行了打破学校围墙的实验，在学校设置了一些为村民服务的活动课程。其五，改革教育实习体制，试行新的实习办法。为使实习顺利进行，陶行知设置了一批中心学校。中心学校与晓庄师范的关系，不是传统的附属关系。中心学校是主，晓庄师范是从；中心学校是太阳，晓庄师范是月亮。晓庄师范根据中心学校的要求设置课程，中心学校需要什么就教什么。学生要经常到中心学校去，在中心学校里教学做。其六，颁发统一的毕业文凭。如果学生学业成绩合格，发给修业证书一纸，俟服务半年，经过考查，确能按照生活教育原理和晓庄师范精神办学者，发给毕业证书。但入学时程度不同，颁发的证书各异，“初级中学程度学生给予初小教师证书”，“高级中学程度学生给予高小教师证书”，“大学程度学生给予师范学校教师证书”，“各级教师证书之外得依据特殊才能之表现加给各级校长及乡村教育辅导员证书”。①

（二）成立山海工学团，探寻社会教育新出路

陶行知于 20 世纪 30 年代在上海创办山海工学团，旨在实现“工以养生，学以明生，团以保生”，以期全面实践生活教育理论，将工场、学校和社会连成一片，真正将“生活即教育”、“社会即学校”、“教学做合一”的教育理论落到实处，进而推动我国普及教育、社会教育、职业教育的发展。首次探索了将职业教育与社会教育相结合的新路，寓职业教育于社会教育之中；同时，又寻觅到普及教育与科学教育相结合的新方法，力图实现以科学教育促进普及教育的目的。

1932 年 9 月 15 日，陶行知亲自下乡指导创办乡村工学团事宜，决定以大场孟家木桥为乡村工学团团部，并以此为中心，进行一次社会调查。调查结果发现，孟家木桥周围的大小村庄共 27 个，住户 628 家，人口 3 000 多人。南面的村庄因离上海近，以种菜卖菜为业；北面和西南村庄以种棉花为主。在调查研究的基础上，陶行知决定先成立孟家木桥儿童工学团一所，作为基地，以后逐渐向周围村庄发

① 《中华教育改进社设立试验乡村师范学校第一院简章草案》，载华中师范学院教育科学研究所主编：《陶行知全集》第 1 卷，湖南教育出版社 1984 年版，第 659 页。

展，使每村都有一个以上的工学团。9 月 25 日，马侣贤等人根据陶行知的指示，率先在侯家宅创办青年夜校一所，吸引了 44 位青年农友参加夜校活动。10 月 1 日，孟家木桥儿童工学团正式成立，用原租定的房子为活动场所，聘请指导员 4 人，艺友 2 人，儿童工学团团员 24 人。不久，工学团的小农场、木工场、袜工场、藤工场先后创办，团员也从 24 人增至 48 人。团员们一方面跟随工艺师傅学习技术，一方面在指导员的指导下学习文化科学知识。孟家木桥儿童工学团的成立标志着山海工学团正式成立。10 月 1 日这一天也就成为山海工学团的成立纪念日。其办学方针是“来者不拒，不能来送上门去”。工学团以“工以养生，学以明生，团以保生”为宗旨，以培养工学团成员具有健康的生活、劳动的生活、科学的生活、艺术的生活、改造社会的生活为目标。其具体内容是：普遍的军事训练，使人人成为保国的健儿；普遍的生产训练，使人人成为造富的工人；普遍的科学训练，使人人能在劳力上劳心；普遍的识字训练，使人人获得传达思想的符号；普遍的民权训练，使人人成为中华民族的主人；普遍的生育训练，使人人到了生育年龄可以生得少、生得好，以再造未来更优良的民族。开展的工作有如下几个方面。第一，工读结合。设有木工、袜工、藤工三个手工工场，聘请工匠作技术指导，师生学手

山海工学团成立

工，工匠学文化，自己动手制作课桌椅、简易教具、玩具及实验器具，同时还在生物教师指导下，学习养蜂、养兔、种菜等农副产业生产。工学团通常上午学习文化科学和政治知识，下午参加劳动。第二，防治疾病，普及医药卫生常识。工学团设立小诊疗所，聘请医生担任医学指导，免费为农民治病，送医送药上门，辅导农民家庭卫生。第三，开展文娱活动。每星期五晚上举行同乐会，师生农友欢聚一堂，演节目，讲故事，玩科学把戏。

在推广实践“小先生制”的过程中，陶行知总结归纳出不少在普及教育中很有实用意义的原则和方法：即知即传，非班级常规，开门教人，与生活连在一起教，要有指导和考核。

山海工学团是陶行知生活教育思想的又一次重要实践。它与晓庄师范生活教育实验重点放在乡村师范教育的改革上不同，主要是探讨如何配合民族救亡的头等任务，改变学校教育的内容和形式，用新的思路、原则和方法，去实现整个中华民族的教育普及重任。陶行知发起的工学团运动是一次生活教育实验，也是一场乡村教育革命运动，一场新民主主义运动。陶行知创立山海工学团，探索了我国现代人才教育、职业教育与社会教育相结合的新路子。通过“工以养生，学以明生，团以保生”的办学思路，来确保广大民众在工作之中受教育，学习之中保民生，合作之中求生存。改变了“先生教而不做，学生学而不做”的传统教育模式，扭转了“教劳心者不劳力，不教劳力者劳心”的不良局面，主张“乡村工学团与大众共甘苦、共休戚”，以探寻中华民族的发展之路。

（三）兴办重庆育才学校，开启特殊教育新途径

1939 年 7 月 20 日，育才学校在重庆北碚北温泉诞生。8 月初，迁到草街子凤凰山上的古圣寺正式上课。头一批到校学生 40 余人，开课时有学生 71 人，到年底增加到近百人，第二年增加到 152 人。以后每年都陆续有新同学增加，也有从外省不远千里闻育才学校之名而含辛茹苦跋涉而来的。“育才学校根据中华民国教育宗旨及抗战建国需要，用生活教育之原理与方法，培养难童中之优秀儿童，使成为

抗战建国之人才。”① “要为整个民族利益来造就人才”，便须“引导学生们团起来做追求真理的小学生，团起来做自觉觉人的小先生，团起来做手脑双挥的小工人，团起来做反抗侵略的小战士”。② 陶行知团结了一批志同道合、与他长期共同奋斗的生活教育社的战友，作为办学骨干，建立起校务部（方与严为主任）、总务部（马侣贤为主任）、研究部（王洞若为主任）与生活指导部（帅昌书为主任）等精干的校级领导机构，又请了当时堪称第一流的专家担任各个专业级的主任与教授。

育才学校校牌

育才学校的办学特点如下。（1）基础知识与专业技能并重。按学生的特长分专业编组，给予不同的专业教育。开始设立音乐、戏剧、文学、绘画和社会科学五个相当系科的组，后来又增设了自然科学组、舞蹈组与普通组。（2）注重“知情意合一”的教育。陶行知针对“中国数十年的新教育是知识贩卖的教育”这个弊病，赞成并倡导“知情意并重的教育”，但他又批评那种把知情意三者“割裂的训练”、孤立的感情教育。（3）注重创造教育。陶行知在《育才学校创办旨趣》中就做过设计，把育才学校作为“生活教育运动中的一件新发展的工作”，一种创造性的实验。他要求师生们用脑又用手，“创造健康之堡垒”，“创造艺术之环境”，“创造生产之园地”，“创造学问之气候”。在学业的创作上，有儿童文学、剧本、歌曲、舞蹈、美术、史地材料、自然科学实验、科学仪器工具等方面的创作百余

① 《育才学校教育纲要草案》，载华中师范学院教育科学研究所主编：《陶行知全集》第3卷，湖南教育出版社1985年版，第366页。

② 《育才学校创办旨趣》，载华中师范学院教育科学研究所主编：《陶行知全集》第3卷，第377—378页。

种，全校掀起创造风。（4）注重集体生活。陶行知认定要用集体生活来达到他的创造教育的理想与计划，全校师生共同创造合理、进步、丰富的生活。育才学校的这种生气蓬勃的集体生活的具体实施有以下几个方面。第一，学生自治。全校学生在自治会主席及各干事的领导下，过有组织的集体生活。组内的生活则由中队长与中队干事领导。第二，文化生活。育才学校的文化生活也是丰富多彩的。有写读进修会、讨论会、辩论会，组织各种晚会、朝会、名人演讲，办壁报、道德修养。第三，康乐生活。用最少的钱置办一些简单的运动器具来开展活动，如掷手榴弹、攀绳束、爬竹竿、跳绳、跳高、跳远、到温泉游泳等。第四，卫生生活。为了保持全校环境的清洁卫生，各组分工包干，经常打扫，并定期举行大扫除，推广公筷、公食。第五，劳动生活。各组种地分工包干到人，集体劳动，劳动干事负责检查督促。生产收益二八分成，八分交公，二分归己。生产有指标、定任务，不能达到标准的则由学校收回土地。学校如有运输任务，也由同学量力分担，学校把节省下来的工资给学生“打牙祭”，改善伙食。① （5）课堂教育与校外教育、社会活动相结合。育才学校有计划地定期组织学生深入社会、接触实际，并规定每个星期一下午，有时加两个晚上，学生须分批去搞社会调查，开展群众工作，让学生养成与工农群众打成一片的感情与习惯。多数是去附近农村，也有去工厂的。

（四）创办重庆社会大学，开创成人教育新局面

为了促进重庆民主运动的开展，陶行知主持的生活教育社等团体，于 1946 年 1 月 15 日，在重庆市管家巷 28 号院创立了重庆社会大学。社会大学的培养目标就是要培养既愿意接受大众领导，又能领导大众的人才。以人格教育、知识教育、组织教育、技术教育四项为社大的教育方针。根据陶行知提出的“自己来发起，自己来筹款，自己选校董，自己选校长”的办法，公推冯玉祥为董事长，推举陶行知为校长、李公朴为副校长兼教务长。关于社会大学的入学与招生问

① 丁华：《育才学校的新教育——陶行知教育理论的创造》，载安徽省陶行知教育思想研究会编：《陶行知一生》，湖南教育出版社 1984 年版，第 279—280 页。

题，陶行知说过，只要能听讲又能记笔记，便有入学资格。入学考试内容为：论文一篇，中文自传一篇，英文自传一篇，口试。学校的经费有三个来源：一是由中共中央南方局拨付开办费；二是由陶行知以“生活教育社”名义出面募捐；三是向学生收一点学杂费，每人每期两万元（在当时约可以买30～40碗面），确有困难的可以减免。社大的学制主要有三个特点：按学生的特长和兴趣爱好分系，上夜课，修业期限灵活。社大的课程分类：一是公共必修课，二是各系专修课，三是专题讲座。还十分重视社会实践，并把这种实践与当时的革命形势和革命斗争紧密地结合起来。社大实行“自学为主，教授为辅”，提倡“学、教、做”结合，强调“主动、实践、集体”。学期终结时，从五个方面进行考核考试：写出心得，问题回答，小组学习总结，组织集体专题研究，每人写一篇自我反思。

社会大学是抗日战争胜利之后在中共中央南方局支持下由陶行知创办的一所新式成人高校。陶行知在创办社会大学的过程中，提出了两种社会大学理论（有形的社会大学与无形的社会大学），具体论述了有形的社会大学的内容，包括夜大、早晨大学、函授大学、新闻大学、旅行大学、电播大学等等。这是对生活教育理论中“社会即学校”思想的具体和丰富，对于当今中国推展成人教育、继续教育乃至终身教育，使更多的适龄青年有求学深造的机会，具有重要的启示意义。

三、创立生活教育学说，建立本土化教育理论

陶行知在长期的办学实践中，在借鉴美国教育家杜威教育思想的基础上，创造性地提出了生活教育学说，即“生活即教育”、“社会即学校”、“教学做合一”。不可否认，这一学说吸收与借鉴了美国教育家杜威的“教育即生活”、“学校即社会”、“从做中学”等思想。陶行知深知，杜威的实用主义教育思想毕竟是针对美国的，中国的教育现状与欧美有很大差异，陶行知经过认真调查中国教育的实际之后，幡然醒悟，对杜威的教育理论进行了创造性的改造，使之中国化、本土化，进而提出了更加适合中国国情的生活教育学说。

陶行知早年受业于斯特雷耶、杜威等人，曾经信奉和宣传过杜威的教育主张。1914 年，他先在伊利诺伊大学学市政，后转入哥伦比亚大学师范学院攻读教育，接受了杜威的教育学说，成为杜威的得意门生。1917 年，他带着杜威的实用主义教育理论回国，希望用它来解决中国传统教育的弊端，实现其“使全国人民都有受教育机会”的宏愿。在就任南京高等师范专任教育科主任、代理教务主任期间，他积极发表文章，提倡实用主义教育思想。1919 年，在杜威来华讲学期间，亲自担任翻译，并陪其到外地参观、讲学。五四运动以后，在实用主义教育思想指导下，大力开展教育改革和教育实验，抨击封建传统教育，积极提倡新教育，主张建立以人民为中心的、民主的、活的教育。这一时期陶行知受杜威教育思想的影响甚深。但是，经过八年的教育实践，现实告诉他，杜威的实用主义教育思想在中国行不通，因为它并不符合中国的国情。当时的中国是一个半殖民地半封建的国家，民族危机深重，经济相当落后，文化教育不发达，新式学校数量不多，而且掌握在统治阶级及其知识分子的手里，也不能真正克服中国传统教育脱离人民、脱离社会、脱离生活的痼疾。于是，他从失败中不断总结经验教训，开始改造杜威的教育理论，将其“教育即生活”、“学校即社会”的主张“翻了半个筋斗”，改为“生活即教育”、“社会即学校”，提出了颇具中国特色的生活教育学说，并相继创办了晓庄师范学校、山海工学团、育才学校和社会大学等教育机构，开展了乡村教育、普及教育、国难教育、战时教育、全面教育和民主教育等运动，使教育成为民族解放、大众解放、人类解放的武器。正是在长期的教育实践中，他逐渐超越了杜威教育理论，实现了西方教育的中国化与本土化。

陶行知哲学观点的发展变化也是促成其教育思想逐渐摆脱杜威影响的一个因素。陶行知的哲学思想经历了一个由唯心主义到唯物主义、再由唯物主义到辩证唯物主义的发展过程。最初，陶行知是相信“知是行之始”观点的。早在金陵大学求学期间，他就对王阳明的“知行合一”学说产生了浓厚兴趣，笃信“知是行之始，行是知之成”，并将自己的原名“文濬”改为“知行”。留美回国以后，他深受英国经验唯物主义、法国唯理论、德国实验主义以及美国实用主义的影响，萌发了唯物主义思想因素。在创办晓庄师范学校、开展生活教育实验过程中，通过对《墨辩》“亲知、闻知、说知”的汲取和自身教育实践的体验，其哲学思想逐渐由“知是行之始”转变到“行是知之始”。20 世 30 年代以后，在马克思主义哲学思潮的影响下，加上对本人教育实践的认真总结，进一步主张“行知行”，具有了辩证唯物主义观点。哲学思想的变化也促使他的教育思想实现了本土化。

生活教育学说的本土化特性，具体体现在以下几方面。

（1）从教育性质来看生活教育学说的本土化。陶行知曾强调过，他的生活教育学说是真的，杜威的生活教育是假的。“又拿生活教育来说吧，您又可以发现两种不同的说法：一种主张‘教育即生活’；另一种是主张‘生活即教育’。我现在想把生活教育的特质指出来，目的不但要使大家知道生活教育与传统教育之不同，并且要使大家知道把假的生活教育和真的生活教育分别出来。”① 具体说来，两者的根本区别体现在教育的性质、目的、内容、方法和组织形式等方面。教育究竟为谁服务，向哪个阶级开门，教育对象应该是什么人，这是陶行知与杜威教育理论的一个根本分歧。杜威一方面宣扬“教育民主”，另一方面又强调“一个划分阶级的社会，只须特别注意统治阶级子弟的教育”。至于广大的劳苦大众及其子女，只须在杜威设计的实验学校学习一点初步的知识和技术，能为资本家创造利润就足够了。可见，杜威的教育对象是贵族子女，办的是“小众教育”。而陶行知的生活教育倡导办为全国劳苦大众服务的“大众教育”。他反复声明他的生活教育是为人民大众服务的。“生活教育是大众的教育，大众自己办的教育，大众为生活解放而办的教育。”② 他指出活教育“不是摩登女郎之金刚钻戒指，而是冰天雪地下的穷人的窝窝头和破

---

①② 《生活教育之特质》，载华中师范学院教育科学研究所主编：《陶行知全集》第 3 卷，湖南教育出版社 1985 年版，第 25、26—27 页。

棉袄”①。生活教育是为人民服务、为穷苦大众服务的教育。这是从中国国情出发提出的本土化教育理论。

（2）从教育目的来看生活教育学说的本土化。教育目的是指定教育发展方向和规定人才培养规格的。历史上，不同的阶级有不同的教育目的。尽管杜威认为在教育过程之外不要再添加其他目的，教育本身就是目的，但他并不是说教育本身不该有目的。事实上，杜威的教育目的就是“要养成配做社会的良好分子的公民”②，这种“良好”的“公民”在“政治方面的要求”是“不做欺诈卑劣的手段，还贵能互相监督，相互纠察”。杜威要求其教育对象成为一个美国的干练公民，既有谋生的知识与技术，又有维护其“民主主义”社会的思想与性格，以履行民主社会的义务和责任。由此可知，即使教育机会均等，平民子女包括黑人孩子得到受教育的机会，极少数可能成为资产阶级的得力帮手，但一般只能被培养成为资产阶级生产利润的工具，并对自己被奴役、被歧视、被剥削的命运具有容忍性。而陶行知主张教育目的就是“促进自觉性之启发，创造力之培养，教育之普及，及生活之提高”③，其宗旨是通过培养人才来改造社会，提高人民大众的生活。从创办晓庄师范起，他在要培养什么样的人的问题上就与杜威不一样，他主张培养“在劳力上劳心”的现代人，能够为劳苦大众服务、改造社会的人。在办育才学校时，他提出要把学生培养成追求真理的小学生、自觉觉人的小先生、手脑双挥的小工人、反抗侵略的小战士。仅以育才学校为例，当时全校共四百多学生，为延安和各解放区输送的干部，约占全部学生的三分之一。陶行知培养的是为人民大众利益服务的人才。

（3）从教育内容来看生活教育学说的本土化。陶行知虽然与杜威在反对传统教育以文字、书本为中心这一点上有共同之处，但是他所

---

① 《生活教育》，载华中师范学院教育科学研究所主编：《陶行知全集》第 2 卷，湖南教育出版社 1985 年版，第 635 页。

② ［美］杜威著，胡适译：《杜威五大讲演》第 2 讲，安徽教育出版社 2005 年版。

③ 《生活教育运动十三周年纪念告同志》，载华中师范学院教育科学研究所主编：《陶行知全集》第 3 卷，湖南教育出版社 1985 年版，第 417 页。

提倡的“生活即教育”是以社会生活及在此基础上产生的经验为中心的，主张“用生活来教育”，以社会生活为教育的素材。这与杜威针锋相对，大相径庭。他认为，“过什么生活，便是受什么教育”，“要想受什么教育，便须过什么生活”，有什么样的生活就应有什么样的教育，教育的内容应根据生活的需要。从他的教育实践来看，的确是做到了这一点。晓庄时期，他规定教育内容为“中心小学工作教学做”、“分任校务教学做”、“征服自然环境教学做”、“改造社会环境教学做”、“学生生活处理”等；山海工学团时期，他明确提出了军事能力、生产能力、科学能力、识字能力、运用民权能力和节制生育能力等六大教育内容。育才时期，他总结了生活教育的实践经验，进一步提出要把开发现代文化宝库的“四把钥匙”——语文、数学、外语、科学方法教给学生。学生一方面根据各自的特殊才能分别编成专业小组，学习专业知识的特修课；一方面又按文化程度分年级，学习文化知识的必修课。此外，还有生产劳动、军事训练、抗敌艺术演出、社会民主斗争等教育活动。这些教育内容，都是紧密结合改造社会、改造自然的社会生活实际的，都是以人民大众的生活需要和政治需要为依据的。陶行知将生活与教育相结合的内容作为生活教育学说的主要内容，以此来体现本土性。

（4）从教育方法来看生活教育学说的本土化。陶行知生活教育学说所强调的“教学做合一”中的“做”，与杜威“从做中学”的“做”有本质差异。陶行知的“教学做合一”，是受“生活即教育”、“社会即学校”的教育论指导的，同“做中学”在教育指导思想上有明显区别。杜威是经验论者，他所说的“做”，是指人与自然环境和社会环境所进行的交涉，从中得到的经验兼具主观与客观的性质，如果脱离人们的主观经验，这种经验就不能存在。这种“做”实际上是生物个体适应环境的活动。陶行知早年虽然一度相信杜威的这种看法，但后来随着其哲学思想的发展变化，具有了辩证唯物主义观点，他所说的“做”，主要是指人类的社会生活实践，包括生产劳动、科学实验、阶级斗争、文化活动等等。因此，陶行知的“做”与杜威的“做”，文字虽同，含义实异。在教育实践中，陶与杜也不一样：陶行知强调的

“做”，是让学生同工农交朋友，为工农子女办识字班，参加革命运动，演出革命戏剧，办音乐会，宣传抗日救国，而杜威却只让儿童在“雏形社会”的学校里，做些日常生活的事，如在学校工厂中学做木工、金工，在学校农场里练习种地，在学校厨房中学烹饪，或到图书馆、实验室中看他们想看的书、做有趣的实验，等等。从教学过程来看，陶行知所说的“做”，是同“教”与“学”紧密结合的，是把知与行、理论与实践、教育与生活紧密结合的，是反对传统教育“读死书、死读书、读书死”的，它不同于杜威的“做中学”，只强调“做”，与“教”和“学”无内在联系。

（5）从组织形式来看生活教育学说的本土化。杜威主张“学校社会化”，他建议把学校办成一个小型的或雏形的社会。社会上的各种机构（如商店、工场、邮局等）都可以在学校里模拟，使学生在学校里就能接触到社会生活。陶行知认为，杜威的“学校即社会”把社会上的东西搬一些进学校，“只是将盆景当花园”，把丰富多彩的社会生活压缩到渺小的学校中去，把真的社会变成假的社会。因此，他批评杜威的“学校即社会”的教育好像把一只活泼的小鸟从天空中捉来，并装进鸟笼里一样，顶多只是“顾念鸟儿寂寞，搬一两丫树枝进笼，以便鸟儿跳得好玩，或者再捉几只生物来，给鸟儿做陪伴”，但“鸟笼毕竟还是鸟笼，决不是鸟的世界”。① 这种教育，使学校与社会之间隔着一道墙。为此，陶行知提出了“社会即学校”的主张，在积极呼吁改进学校与社会的联系，以社会生活作为学校教育的内容的同时，进一步主张以社会作为教育的范围，“整个的社会是生活的场所，亦即教育之场所”②，使教学的课堂扩延到社会和大自然中去。在教育实践中，陶行知组织学生以社会为课堂，走出校门，到工厂农村演戏，宣传抗日救国，开展扫盲运动，投身民主教育运动，为革命事业作出了重要贡献。这样就将杜威的“学校即社会”颠倒了，使之更加适合中国国情。

---

①② 《生活教育》，载华中师范学院教育科学研究所主编：《陶行知全集》第2卷，湖南教育出版社1985年版，第633、633—634页。

陶行知的生活教育学说之所以能够创造性地实现中国化、本土化，主要是由于陶行知善于从中国的国情出发，根据当时国内教育改革的需要，批判地吸取了古今中外教育思想中的积极成分，这种吸取也是符合事物发展的客观逻辑的。当然，一种新的教育思想的诞生，总是需要批判继承一些已有的教育思想，它不可能凭空从天而降，只要能够创造性地将其与本国国情相结合，就会在本土生根发芽，从而成为适合本土的新的教育学说，进而指导中国教育实践不断走向光明。

第二节　开创一代文艺新风

陶行知不仅是中国伟大的教育家，而且是杰出的文学家、大众诗人和语言文字改革家。他积极参与中国新文字改革，大声疾呼使用大众能听得懂、看得明的大众文字，倡导大众语言文字改革运动，成为中国现代语言文字改革的先驱；作为大众诗人，他一生撰写了大量的政治诗、教育诗、革命诗，为宣传政治民主，倡导平民教育和普及教育，发动民众参与抗战作出了重大贡献；他还努力构建大众文学理论，创作散文、杂文等民众喜闻乐见的文学作品，利用文学作品来宣传民主自由，倡导大众教育，成为中国近现代名副其实的大众文学家。

一、创立别具一格的“陶派诗”，开创一代诗风

陶行知不仅是我国近现代一位著名的人民教育家，而且是一位杰出的大众诗人。他在自己半个世纪的生涯中，共创作了七八百首诗歌，其中包括大量的政治抒情诗和教育动员诗。他撰写的诗歌大都清新流畅、明白易懂，富有音韵、朗朗上口。其诗或长或短，体裁多样，亦庄亦谐，风格各异，具有较高的思想性和艺术性，素为人民大众所喜闻乐见。

（一）充满激情的政治诗

陶行知在 20 世纪二三十年代的白色恐怖时期，创作了许多政治

抒情诗。这些诗歌，有的是对黑暗社会的无情揭露，充满革命精神；有的是对大众生活的真实反映，满怀同情之心；有的是对人民生产的歌颂，鼓舞民众斗志；有的是对前程的美好憧憬，对未来充满信心。正如萧三所评价的那样："国事多难，民情艰苦，诗人善感，乃发为诗。"① 因此，他的诗不仅通俗易懂，贴近生活，而且内涵深刻，寓意丰富。

1. 揭露黑暗统治，同情民众疾苦

陶行知在不同时期的政治诗当中，有揭露国民党政权黑暗统治和帝国主义侵略给人民带来沉痛灾难的诗作，有反映生活在社会最底层农夫、工人、车夫、报童、老妈子等人疾苦的作品。如《一幕悲剧》："孩子，孩子，你跟着他去吧，在这里要饿死。……妈妈，妈妈，你到那儿去啊，我肚子快饿死。"② 这首诗运用通俗的语句，刻画了国统区人民流离失所、饥寒交迫的生活。如《人与煤炭》："机器正开工，炉火通红。人与煤炭忒相同：胖子进来瘦子出，俱入烟囱。……如此人间即地狱，翻造天宫。"这首诗反映了在帝国主义剥削下的工人的痛苦生活，谴责了资本主义制度对工人残酷无情的剥削。1935年创作的《天上一日戏》：

天上一日戏，地上千万滴。百姓流汗难，老爷游戏易。自己不劳动，还要吹牛皮。③

通过比较"百姓"的流汗劳动与"老爷"的悠闲逍遥，深刻揭露了旧中国社会的不平等。1936年写了《逼工》：

农夫愁恨比路长，农妇眼泪斗来量。三餐哪有白饭吃，肚子饿了喝米汤。

巡查看见发脾气，连碗带汤挥下江。……

---

① 萧三：《中国的大众诗人——陶行知》，载《救国时报》（法国版）1936年12月12日，转引自四川省纪念陶行知先生诞生九十周年大会筹备组编：《陶行知纪念文集》，四川人民出版社1982年版，第231页。

② 华中师范学院教育科学研究所主编：《陶行知全集》第4卷，湖南教育出版社1985年版，第303页。

③ 戴伯韬著：《陶行知的生平及其学说》，香港新中国书局1949年版，第86页。

三个农妇受不了，从此告别儿和娘。她们到了何处去？树上一起悬了梁。①

诗中生动形象地描述了社会下层民众在经受饥寒交迫生活境遇的同时，还要遭受统治者的残酷欺压，在不得已的情况下，一些痛苦不堪的民众只好以死来解脱自己的苦难。

特别是1944年撰写的《富人一口棺》，更是生动逼真地反映了当时剥削阶级过着大肆挥霍和骄奢淫逸的生活，与劳苦大众的贫困生活形成了鲜明对照。诗中写道：

富人一口棺，穷人一堂屋；讨得富人欢，忘却活人哭。②

通过这一简单而又鲜明的对比，对剥削制度进行了深刻揭露与抨击，以此来唤起广大民众的革命意识，为打破这个不公平的社会制度而斗争。

还有许多反映民众疾苦、描述大众生活的诗歌，如《农人破产之过程》、《雪中老妇》、《农夫歌》、《愁云》、《牛变为貉》、《锄头舞歌》、《镰刀歌》等，这些诗歌生动逼真地反映了农工大众的贫苦生活，可以说是一部真实的中国近现代下层民众生活史。

2. 无情抨击内战，动员民众救国

针对国民党政权长期以来打内战，实行“攘外必先安内”的政策，陶行知作为一位进步诗人，运用自己手中的笔大胆揭露蒋介石政权的反动本质，向全国民众奋力疾呼应为拯救民族和国家而战斗。1930年创作的政治诗《假人》：

假军队，忍看山河碎。他自有本事，会杀亲姊妹。

假官吏，嘴上有主义。吃了百姓饭，要剥百姓皮。③

这首诗以辛辣的笔触，揭露国民党军队在国难当头挑起内战、残害同胞的历史罪行，国民党政权官员腐败成风，剥削成性，不顾民众死

① 华中师范大学教育科学研究所主编：《陶行知全集》第8卷，湖南教育出版社1992年版，第655页。

② 朱泽甫等编：《行知诗歌集》，三联书店1949年版，第140页。

③ 华中师范学院教育科学研究所主编：《陶行知全集》第4卷，湖南教育出版社1985年版，第95—96页。

活，导致民不聊生。

“九一八”事变之后，陶行知的诗歌发展为抗战文学，萧三在《中国的大众诗人——陶行知》中评价道：“陶诗是中华民族抗日救国联合战线之有力的工具。”① 此后他所写的诗歌可以说是抗战的号角。如《学习岳母》：“尤愿中华女子万万千，化作岳母教儿定中原，驱倭寇，到天边，创造新中华，自由平等幸福万万年！”② 这首诗旨在激励民众树立救国的伟大志向，尤其是作为母亲的妇女更应当教育子女从小立志报国。还有《“九一八”之夜》：

……
要拿出四万万五千万个拳头，
把大盗打出中国，打出世界。
九一八之夜，用了鲜红的血孕育着这坚决的意志。
大炮把我们轰醒了。
……
全民族清醒而起来自卫的意志，
这斗争占领了九一八之夜，
发动了大时代之巨轮，
自由，平等，幸福！
炎黄的子孙，
向前创造啊！③

这首诗呼吁中华儿女团结起来，齐心协力，矢志不渝，坚决抗击日本帝国主义的侵略，一定要将日本侵略者赶出中国；唤醒民众，增强民族自强意识，时刻保持自卫意志，为自由而战，为平等而战，为幸福而战！

1931 年 10 月作了《小日本》：

---

① 引自许宗元：《文学家陶行知》，载《中国陶行知研究会会讯》第 55 期，1992 年 3 月 30 日，第 11 页。

②③ 华中师范学院教育科学研究所主编：《陶行知全集》第 4 卷，湖南教育出版社 1985 年版，第 495、572—573 页。

小日本，心肠狠！乘我大水灾，夺我东三省。

日本国，良心黑！大家拿起小斧头，万众一心来赶贼！①

这首诗通过揭示日本帝国主义险恶的侵略本性，来激发中华儿女的爱国热情，从而呼吁全国人民万众一心，齐心协力，共同抗击日本侵略者。

1936年他创作了一首呼唤抗战、反对内战的政治讽刺诗《一曲历史戏的开场白》：

救国大家救，卖国归我卖。岳飞学厌了，现在学秦桧。

东北华北送了人，国土还有一大块。等到整个民族进棺材，我盖棺材盖。②

这首诗主要讽刺南京国民政府一贯采用的不抵抗政策，导致国家的大片土地沦陷，以此来激发广大炎黄子孙奋起抗敌，争取抗日战争的最后胜利。

《保卫大武汉》是陶行知在1938年7月日本侵略者大肆入侵武汉、华中危急的紧要关头写的，通过创作诗歌来奋力疾呼，全国人民在这民族危急时刻要团结起来，用血肉铸成一道长城去抵抗日本帝国主义的侵略，他坚信只要全国人民一条心，齐心抗战，一定能够取得抗日战争的最后胜利！

山河虽破碎，国魂已联成。……

保卫大武汉，把血肉作中流砥柱。

血肉造成中国柱石精神，活捉日本天皇。③

3. 冲破传统观念，力争自由自立

陶行知意识到中国之所以落后，主要是因为国民素质差、民主自由意识不强；要实现中华民族自强，就必须教育广大民众自立；只有国民普遍产生自由自立意识，国家与民族才可能赢得独立自主的主权

①③ 华中师范大学教育科学研究所主编：《陶行知全集》第8卷，湖南教育出版社1992年版，第642、673页。

② 华中师范学院教育科学研究所主编：《陶行知全集》第4卷，湖南教育出版社1985年版，第318—319页。

和地位。为此，他着眼于民族和国家利益，从呼唤民众自由意识入手，于1924年创作了著名的《自立》：

滴自己的汗，
吃自己的饭，
自己的事自己干。
靠人的人，
不算是好汉。①

这首诗教育广大劳苦大众要敢于打破几千年来受剥削、受奴役的传统生活方式，要真正实现自己的独立和解放。只有独立自主的人，才是真正的“好汉”。同时，也讽刺那些不劳而获、坐享其成的剥削者。号召广大民众起来，为了争取独立和自由而战斗，为挣脱束缚其自由的绳索而奋斗！

1928年陶行知为勉励青年大胆冲破传统观念的束缚，努力争取和平、自由、平等，创作了《我们要自由》：

我们要自由，我们要自由，
自由不自由，打破敌人的头。
打破敌人的头，人们终归要自由。②

从诗中可以看出，陶行知明确告诉劳苦大众，他们之所以失去自由的原因是专制的旧制度造成的。因此，要想真正取得自由，就必须冲破传统观念的束缚，敢于向旧世界挑战，勇于对敌人斗争。

1932年作《献给自由世界之创造者》：

做人只做自由人，
敲钟只敲自由钟。
众生共走自由路，
海阔天空路路通。③

---

① 《申报·平民周刊》1924年6月28日。

② 华中师范大学教育科学研究所主编：《陶行知全集》第8卷，湖南教育出版社1992年版，第638—639页。

③ 陶行知著：《斋夫自由谈》，申报馆1932年版。

这首诗在民族危难之际，所有炎黄子孙应当通过自己的努力争取自由与民主，决不能失去民族自由，失去人身自由。全国人民要一道为赢得自由而努力战斗，真正成为完全获取自由与民主的国家的主人。

（二）正视现实的教育诗

陶行知不仅创作了大量的政治诗，而且还撰写了许多教育诗。这些诗作清新流畅，感情真挚，形式自由，通俗易懂，充分反映了他普及大众教育的主张，是体现其生活教育思想的重要文献。

1. 批判封建传统教育的空疏腐败

批判封建传统教育的腐败，是陶行知教育诗的一大主题。陶行知在 20 世纪二三十年代民族危机日益加重的情况下走上了办教育的道路，旨在为中国教育寻觅曙光，为中国教育探获生路。历史表明，封建传统教育在中国根深蒂固，盘根错节，直到近现代仍然对民众有很大的影响。作为留学归国、接受过西方现代进步教育的教育家，他更容易发现中国封建传统教育的弊端之所在。因此，他通过作诗的方式来批判中国传统教育的空疏腐败，号召民众从羁绊中解放出来。代表性的诗歌有《学生或学死》、《士之小影》、《糊涂的先生》、《敬赠师范生》等。

小孩子，小孩子，那几个是学生？那几个是学死？①

陶行知幼年就读于私塾，对封建传统教育的毒害有亲身体验。后来，他又接受了西方现代教育，对封建传统教育的弊病认识得很清楚。他一针见血地指出，传统教育是“死”的教育。这一观点在《学生或学死》中得以充分体现，诗中的“学生”与“学死”，都已不是普通名词，而是具有双重意义的动词。在陶行知看来，“学生”和“学死”实质上代表着中华民族文化教育两种截然不同的前途。旧的传统教育，只能使受教育者学“死”，唯有新型进步教育，才能使受教育者学“生”，成为对民族、对社会有益的人才。这首诗在一定程度上揭

① 《学生或学死》，载华中师范学院教育科学研究所主编：《陶行知全集》第 4 卷，湖南教育出版社 1985 年版，第 133 页。

露了封建传统教育的实质，吐露了作者对进步教育的憧憬和向往。

你这糊涂的先生！你的学堂成了害人坑！你的墨水笔下有冤魂！

你说瓦特庸，你说牛顿笨，你说像个鸡蛋坏了的爱迪生。

若信你的话，那儿来火轮？那儿来电灯？那儿来的微积分？①

这首诗以一种质问的语气，愤怒谴责封建旧式学校的那些冬烘先生对受教育者创造力的扼杀，对未来人才的摧残。正是这些“糊涂的先生”用教鞭、用冷眼、用讥笑，不知赶跑了多少有才华的学生，制造了多少“冤魂”。这不正是陶行知对封建传统教育毒害的有力控诉吗？

四体既不勤，五谷也不分。达则作官去，穷则教学生。②

封建传统教育如此扼杀学生的创造力，只能培养出毫无才华的奴才和碌碌无为的庸才。用陶行知的话说，旧的教育是“为办教育而办教育，教育与生活分离，只能培养出四体不勤、五谷不分的士大夫”。这些人整天追逐功名利禄，成功的直上青云，飞黄腾达，成为统治阶级的一分子；失败的穷困潦倒，别无长物，聊以教书为生。旧的传统教育，就是这样毒害着一代又一代的人们，上演着一幕又一幕历史悲剧。

看那专制国，民愚乃可治。要你塞其聪，个个成奴隶。③

封建传统教育造成了如此恶果，那么，其根源又在何处？陶行知以敏锐的政治触角，清醒地意识到封建传统教育之所以如此的根源在于封建专制制度本身。反动统治者欲维持自己的统治，就必须实行愚民政策。政治上的专制必然导致文化教育上的专制，所以只有进行彻底的改革，才能结束这种“死”的传统教育，才能为中国教育找到一

---

① 《糊涂的先生》，载华中师范学院教育科学研究所主编：《陶行知全集》第 4 卷，湖南教育出版社 1985 年版，第 120 页。

② 《士之小影》，载华中师范学院教育科学研究所主编：《陶行知全集》第 4 卷，第 183 页。

③ 《敬赠师范生》，载华中师范学院教育科学研究所主编：《陶行知全集》第 4 卷，第 113 页。

条活路。

2. 揭露奴化教育的反动本质

揭露帝国主义奴化教育的反动本质，讥讽失去民族自尊心的洋奴，是陶行知教育诗的另一主题。1840年鸦片战争后，中国逐步陷入半殖民地半封建社会的泥潭。为了维持半殖民地半封建的局面，帝国主义与封建专制统治者勾结起来，不仅在政治上、经济上、军事上结成反动同盟，而且在文化教育上也携手合作，大力推行奴化教育，以培植帝国主义在华代理人。所以，要为中国教育探获生路，不仅要抨击封建传统教育的腐败，而且要揭露帝国主义奴化教育的反动本质。这方面代表性的诗作有《拉车的教员》、《香姑的表姊说上海》、《秋柳答》和《山海工学团二周年纪念》等。

> 分明是教员，爱做拉车夫；拉来一车洋八股，谁愿受骗谁呜呼。①

在这首诗里，陶行知将那些推行帝国主义奴化教育的人，形象地比喻为“拉车夫”，将他们所拉来的奴化教育的货色，斥为“洋八股”。谁若中了奴化教育的毒，谁就会倒霉。陶行知将奴化教育斥为“洋八股”，说明他对奴化教育持有严厉的批判态度。

> 爱，闭，细，弟（a，b，c，d），湾，吐，斯利（one，two，three），中国人的嘴里放洋屁。②

这是一幅近代中国洋奴色相的绝妙白描！陶行知通过一个乡下女人对“十里洋场”大上海的评论，以简练而辛辣的笔调给上海滩上那些崇洋媚外，以讲外国话为荣的丑类们的嘴脸作了一番勾勒。瞧，寥寥数笔，一个洋奴的丑恶嘴脸便跃然纸上，活灵活现！读罢此诗，我们不能不惊叹陶行知诗作的深刻思想内容和高度的艺术表现力。

> 这是先生自写照，诬我献舞亦奇哉！君不见吾鞭但一指，任

---

① 《拉车的教员》，载华中师范学院教育科学研究所主编：《陶行知全集》第4卷，湖南教育出版社1985年版，第182页。

② 《香姑的表姊说上海》，载华中师范学院教育科学研究所主编：《陶行知全集》第4卷，第77页。

尔东风西风都滚开。①

该诗是针对胡适的《秋柳》一诗而写的。20世纪30年代中期，胡适曾作了一首题为《秋柳》的诗："但见萧萧万叶摧，尚余垂柳拂人来。西风莫笑长条弱，待向西风舞一回。"诗中的"垂柳"是胡适的自况，"西风"是指帝国主义奴化教育。胡适早年留美，对西方资本主义制度及其文化教育抱有幻想，对帝国主义奴化教育的本质认识不清。而陶行知作为坚定的民族主义者，以代秋柳作答为名，提笔写了这首诗，对胡适表现出轻视的态度。陶诗中"东风"指的是中国封建传统教育，"西风"是指帝国主义奴化教育。这两者都必须坚决反对，表明了陶行知反帝反封建的决心。

3. 高举新型进步教育的大旗

陶行知在批判封建传统教育和奴化教育的同时，又大力提倡新型进步教育。他将杜威的教育理论"翻了半个筋斗"，独创了具有中国特色的生活教育学说。陶诗中有不少是宣传这一新教育理论的。在这方面，代表性的诗歌有《乡下先生小影》、《诗的学校》、《手脑相长歌》、《小先生歌》、《儿童节歌》、《村魂歌》、《风雨中开学》等。

揭开革命旗，飘扬劳山侧。风云啸起处，书呆失魂魄。

这首诗名为《乡下先生小影》，创作于20世纪20年代末。该诗以宏大气势向中国封建传统教育和帝国主义奴化教育发出了挑战，明确宣布：教育改革的大旗已经"揭开"，教育改革的风暴即将来临。在这个大变革的激烈动荡的时代风云冲击下，封建传统教育和奴化教育的污泥浊水将被荡涤一空，那些死抱着封建传统教育和奴化教育不放的人们，都将被吓得失魂落魄，一筹莫展。显然，早在20世纪20年代末，陶行知就已高擎起新型进步教育的大旗了。

宇宙为学校，自然是吾师。众生皆同学，书呆不在兹。②

---

① 《秋柳答》，载华中师范学院教育科学研究所主编：《陶行知全集》第4卷，湖南教育出版社1985年版，第435—436页。

② 《诗的学校》，载华中师范学院教育科学研究所主编：《陶行知全集》第4卷，第115页。

这是来自《诗的学校》的节选，是陶行知“生活即教育”、“社会即学校”、“教学做合一”教育思想的体现。他提倡学生走出校门，到火热的实际生活中去得到真正的锻炼。反对将学生关在教室和学校的传统教育模式，倡导学生走到大自然中去，步入大社会中去，在自然和社会中去接受真正的教育，从而增长见识，扩大视野，培养能力。

人生两个宝，双手与大脑。用脑不用手，快要被打倒。

用手不用脑，饭也吃不饱。手脑都会用，才算是开天辟地的大好佬。①

这首诗集中表达了陶行知“教学做合一”的思想，他认为，教、学、做是一件事，其中做是中心。既然教学做是一回事，那么，双手和大脑就必须密切配合，不能只用脑学习，而不动手去实践。应该看到，这种“教学做合一”主张的“手脑并用”、“手脑相长”的提法，体现了陶行知的“劳力上劳心，教学做合一”的进步教育观，它与流传中国封建社会长达两千年之久的“劳心者治人，劳力者治于人”的剥削阶级教育观是针锋相对的。这种进步的教育观，正是他身上人民性的真实反映，正是他的民主思想的充分表露。陶行知的“教学做合一”的教育思想在中国教育思想史上占有极其重要的地位。

（三）呼唤民主的革命诗

陶行知不仅是伟大的人民教育家，而且是杰出的革命诗人。他有不少诗作是极富战斗性的，通过弘扬高尚的革命精神来激发中华儿女的战斗力，以饱满的热情动员号召全国民众起来为自由而战，为民主而战，为民族独立而战，为人类解放而战。前期代表性的诗歌有《黄花歌》、《锄头舞歌》、《岁寒三友》、《妇女大众战歌》等。

黄花黄，黄花黄，黄花黄时万花藏。万花藏，黄花黄。
黄花黄，黄花黄，黄花黄时清朝亡。清朝亡，黄花黄。
黄花黄，黄花黄，黄花黄时民为王。民为王，黄花黄。

---

① 《手脑相长歌》，载华中师范学院教育科学研究所主编：《陶行知全集》第 4 卷，湖南教育出版社 1985 年版，第 173 页。

黄花黄，黄花黄，黄花黄时种麦忙。种麦忙，黄花黄。①

这首诗是陶行知于 1927 年 11 月 26 日所作的一首革命诗。诗中的“黄花”是指辛亥革命前夕黄花岗烈士之“黄花”，也指工农革命之花。附带说一句，1929 年毛泽东在《重阳》一诗中有“战地黄花分外香”的诗句，也用“黄花”来赞美工农革命战争的胜利。诗中多次表达了对革命胜利、人民当家做主的希冀，也对工农革命胜利后，人民过上安居乐业的美好生活的憧憬之情。

手把个锄头锄野草呀！锄去野草好长苗呀！……
五千年古国要出头呀！锄头底下有自由呀！……
天生了孙公做救星呀！唤醒锄头来革命呀！……
革命的成功靠锄头呀！锄头锄头要奋斗呀！……②

这首诗也是陶行知于 1927 年 11 月所作的，主要是为了唤醒中国农民的革命意识，号召广大农民起来为了争取民主和自由，为了推翻反动的剥削制度，进行前仆后继的革命斗争，力争最后建立真正的人民当家做主的新中国。

万松岭上松，鼓荡天风，震动昆仑第一峰。千军万马波涛怒，海出山中。

竹绿梅花红，转战西东，争取最后五分钟。百草千花休闲笑，且待三冬。③

这是陶行知于 1930 年 1 月创作的《岁寒三友》，它以松、竹、梅来比喻共产党领导的工农武装政权，历经艰辛，百折不挠，具有旺盛的生命力。该诗主要称赞自南昌起义和秋收起义之后，毛泽东领导的革命武装力量开赴井冈山开辟了革命根据地；同时，彭湃在海陆丰进行武装暴动，也建立了广东海陆丰革命根据地。革命之火，呈燎原之势。

---

① 《黄花歌》，载华中师范学院教育科学研究所主编：《陶行知全集》第 4 卷，湖南教育出版社 1985 年版，第 60—61 页。

② 《锄头舞歌》，载华中师范学院教育科学研究所主编：《陶行知全集》第 4 卷，第 59—60 页。

③ 《岁寒三友》，载华中师范学院教育科学研究所主编：《陶行知全集》第 4 卷，第 92 页。

陶行知盛赞共产党领导的工农武装革命。这个新生的政权在白色恐怖中诞生，饱经风霜，久经磨难，但茁壮成长，他从中看到了中国革命的前途和希望。

走出闺房，跑出厨房，捣毁脚镣手铐的旧礼教，
打倒封建魔障，拿出我们自己的主张！
走出闺房，跑出厨房，挺起胸膛，
紧拿着我们所有的刀枪，冲向民族自救的战场！①

该诗是陶行知于1936年创作的，旨在动员广大妇女冲破封建三大绳索的束缚，摆脱封建礼教的禁锢，走出家庭，迈出厨房，解放思想，树立独立人格，接受革命教育，真正发挥“半边天”的作用。妇女像男子一样，紧握刀枪，冲上战场，为民族解放事业而战斗。可以说，这既是唤醒妇女革命意识的战鼓声，又是倡导妇女解放的宣言书。

抗日战争到解放战争时期，他又写了《慰劳中国战士歌》、《儿童节歌》、《献给北碚青年抗敌出征团》、《胜利进行曲》、《民主进行曲》、《古北口来的大刀》、《倒退十年歌》、《胜利带来了一切》、《炸弹》等。

东战场，西战场，原来是一体，哪怕隔万里重洋。

咱们所拼命的，同是对侵略的抵抗；咱们要贯彻的，同是民主和平的主张。

你们为西班牙伟大民族而受伤，你们流的血是自由神下凡的红光！

你们的英勇斗争，照耀到我们的心腔，好比是冬天的太阳。

你们打胜仗，便是我们打胜仗；请你们放心，祖国的责任有我们担当。②

这首诗是陶行知于1938年3月1日创作的，通过赞扬在西班牙战场上参加反法西斯战争的中国战士的英勇献身精神，来激励广大中国人

---

① 《妇女大众战歌》，载华中师范学院教育科学研究所主编：《陶行知全集》第6卷，湖南教育出版社1985年版，第807页。

② 《慰劳中国战士歌》，载华中师范学院教育科学研究所主编：《陶行知全集》第6卷，第813—814页。

民为正义而战、为民主而战、为独立而战的决心和信心。他们英勇斗争的精神，犹如“冬天的太阳”永远“照耀到我们的心腔”，鞭策着中华儿女为取得抗战的最后胜利而浴血奋战。

站起来，抗日的小孩！长起来，抗日的小孩！联起来，抗日的小孩！

我们要帮助大人，把东洋的妖怪赶开！

赶出东四省，赶出黄海外，叫他们知道我们的厉害，我们是抗日的小孩！

……

小孩们！拿出我们的力量，省几个小铜板。

铜板，铜板，少吃几块糖，为了买子弹。

小孩们！拿出我们的力量，捉几个小汉奸。

汉奸，汉奸，汉奸肃清了，快活似神仙。①

这首《儿童节歌》是陶行知于 1939 年 3 月创作的，全诗的本旨是为了教育与动员广大少年儿童，从小立志抗日杀敌，打鬼子，捉汉奸，争做抗日小英雄。还要求中国少年儿童在抗战报国的同时，要养成勤俭节约的良好习惯，以便省下零钱“买子弹”，在后方支援抗日战场。这是一首特色鲜明的培养儿童革命意识和战斗精神的优秀诗篇，故而在当时得到广泛传唱。

陶行知于 1940 年写了一首托物言志的诗歌《炸弹》：“你平生只说一句话，从不顾粉身碎骨，在惊天动地的爆炸中，诞生了幸福的新国。”② 该诗通过歌颂炸弹的献身精神，一方面表明自己愿为中华民族的解放事业而献身的决心，另一方面教育广大青年在国难当头之际应当像炸弹一样具有为革命而粉身碎骨的伟大献身精神。

---

① 《儿童节歌》，载华中师范学院教育科学研究所主编：《陶行知全集》第 6 卷，湖南教育出版社 1985 年版，第 819—821 页。

② 华中师范学院教育科学研究所主编：《陶行知全集》第 4 卷，湖南教育出版社 1985 年版，第 522—523 页。

由上可见，陶行知的诗“不仅量多，而且质好”①；陶行知的诗，“别有风格，非常通俗”②。他虽从未以诗人自居，但新诗界没有人不承认他是中国现代“独开风气之先”的大众诗人。他的诗之所以被民众所喜爱，就是由于他大半生扎根工农大众之中，深入体验下层民众的生活，他了解民众最需要什么样的文学作品，知晓哪些作品最能反映民众生活。正像郭沫若评价的那样，陶行知的诗作是“一部‘人民经’，它会教我们怎样做诗，并怎样做人”③。陶行知的诗，既是鼓舞人民斗志的响亮号角，又是提高民众水平的良好教材。因此，可以说，在以五四为起点的中国新诗发展史上，陶行知是将诗歌与大众结合最紧密的一人。

二、创作新型教育小说，开创中国现代教育文学

《古庙敲钟录》是以文学艺术的形式来形象生动地展现生活教育模式的一本小说，曾于 1932 年 5 月 21 日到 8 月 15 日在《申报》上连载，1933 年 3 月由上海儿童书局出版。这部小说是中国近现代小说史上一部难得的教育小说，整部小说共分 84 章，没有固定的主人公，只是以在古庙敲钟的钟儿和师范学校毕业来古庙任教的朱老师为连线式的人物，通过此二人来将上下文连贯起来。小说的主题是宣传教育救国理想，同时也倡导科学救国思想。通篇小说以同情下层民众的贫困生活为基调，以宣传与传统教育完全不同的新教育理念为宗旨，通过描述钟儿和朱老师发起村民办新教育的经过，展示了 20 世纪 30 年代中国农村教育观念的转变过程。

《古庙敲钟录》书影

①③　郭沫若：《〈行知诗歌集〉校后记》，载华中师范学院教育科学研究所主编：《陶行知全集》第 4 卷，湖南教育出版社 1985 年版，第 820 页。

②　萧三：《中国的大众诗人——陶行知》，载华中师范学院教育科学研究所主编：《陶行知全集》第 4 卷，第 821 页。

同时，也反映了在日本侵占东北的紧急关头，中国农村接受了新教育的农民，通过实行村民自卫等形式进行军事训练，并高呼到东北去支援抗战的口号来表达爱国热情。纵观整篇小说，笔者认为陶行知主要想表达以下一些观点。

第一，对劳动人民深表同情。小说有多处生动描写种田农夫的贫苦生活，并且表现出极大的同情。由于钟儿一天三次的敲钟声会给村里人报时，从而规定了人们一天的生活节奏：早钟催人起床，午钟叫人吃饭，晚钟提醒休息。有些穷苦的种田人劳动了一天，却没午饭吃。

> 我如何能不悲哀呢？一同被我敲醒起来种田做工的人，于今白日当天，有的是在兴高采烈的“吃午饭”，有的是在愁眉皱额的“无饭吃”。我想到这里，连手儿都抖了起来，何能再有力量去敲这凄惨之钟？①

字里行间表露出对下层民众的深切同情，并且表示自己愿“做大众的公仆，不做个人的听差”②。特别是描写农村出身的钟儿初次进城不认识汽车和电灯的细节惟妙惟肖、生动形象。“我们进了城门，走不得多少路，便见一个漆黑的大东西比马还快的冲来，把我们前面的一只老牛，骇得乱跳。宋老太说，汽车来了，留心些。”③这些说明农村人成天面朝黄土背朝天地干农活，根本没机会到城里去开眼界、长见识，处处可见作者对劳苦大众的深切同情。

第二，展现“生活即教育，社会即学校”的教育主张。小说以叙事的方式形象地展现了“生活即教育”、“社会即学校”的教育理念，运用通俗的语言和生活中的事例来向民众阐释生活教育的相关理论，将村里的铁匠铺、砌墙的地方、菜园、老松树等工作场景和自然场景都看成是“顶好的课堂”，将铁匠司务、砖瓦司务、种菜农夫、树林老鹰等视为“先生”。陶行知通过小说的描写让人们知道“生活即教育”、“社会即学校”的新教育理念，在描写“课堂”时以敲钟工人与朱先生对话的口气讲道：

---

①②③《古庙敲钟录》，载华中师范学院教育科学研究所主编：《陶行知全集》第2卷，湖南教育出版社1985年版，第479、483、493页。

> 你的学堂是以青天为顶，大地为底，二十八宿为门墙，万物都是你的先生，都是你的同学，都是你的学生。我完全懂了，你打破了我的鸟笼式的小学校而给了我一个森林似的大学校。我们在这海阔天空中过生活，那是多么的快乐呀！①

这就十分形象地说明了“社会即学校”的道理。同时，他还以朱先生的口气讲述了相关的教育理念。“海里的鲸鱼，空中的仙鹤，森林里的狮子是多么的自由，又是多么的幸福啊！人生得到自由也是一样的幸福。教育办到这种境界，学堂是造成天堂，小孩们是变为活神仙了。”②陶行知反对传统的课堂教学和学校教育，认为传统的学校和课堂是“鸟笼”、“鱼盆”、“栅栏”，严重限制了“仙鹤”、“鲸鱼”、“狮子”的自由。他还将传统学校比作“罐头公司”，学生是“罐头”，老师是“罐头工人”。只有为学生创造了自由的受教育空间，才能使之得到充分的发展。也只有在这样的教育环境下，学生才能进行实践、学习和创造。此外，小说还体现他的普及教育思想，古庙新教育运动中坚持有教无类、来者不拒的招生原则。

第三，“村民自卫，全民皆兵”的思想。在国难当头之际，通过兴办军事教育来宣传全民皆兵思想。他在小说中将军事生活看作“多么重要的一种教育”，因为“它能培养大无畏的精神以打破无理的胆怯。它能培养团体生活的习惯以打破农人一盘散沙的无政府的脾气。民众在自己的武力保护之下才能过合理的生活，办合理的教育”。陶行知提出了普及军事教育的最终目的就是实现“全村皆兵，全乡皆兵，全县皆兵，全省皆兵，全国皆兵”。③为了实现这一目标，在其倡导实施的“六大训练”中首要的就是“普遍的军事训练，使人人成为保国的健儿”④。这种村民自卫、全民皆兵的思想，是“九一八”和“一·二八”事变之后，国难日亟，要求全民皆兵、奋起抗战的反映。作者以小说的形式倡导加强军事教育，从而为全民抗战奠定了社会基础。

---

①②③④ 《古庙敲钟录》，载华中师范学院教育科学研究所主编：《陶行知全集》第2卷，湖南教育出版社1985年版，第508、509、532、546页。

第四，争做主持公道的“人中人”。陶行知在小说中大力弘扬做“人中人”的思想，他借教人习武的张师傅之口来宣讲接受教育的人应当主持公道，反对做欺压百姓、不劳而获的“人上人”。他让每个学徒向青天起誓：“防身保国伸人道，助弱攻强平不平。我若鱼肉老百姓，天诛地灭有眼睛。”① 这是一种在社会上伸张正义的主张，也是教育的终极目标。教育的目的就是为培养造福民众、主持公道、助弱攻强的“人中人”，不能培养高人一等的“人上人”，也不能培养低人一等的“人下人”，要培养出一种不卑不亢、公道正派的健全人格，造就生活在民众之中、为民众服务的合格的社会公民。

第五，推广科学知识的必要性。小说中通过钟儿为了把握好三次敲钟的准确时间，不断更换测量时间的器具，起初通过在地上立竹竿看影子来把握时间，后来又采用了中国古人常用的漏壶来报时。但这两种方法均不很准，有一天一位游客带来“一个圆而扁的怪物。他说这个怪物叫做表，短针每半天转一周为十二小时，长针每小时转一周为六十分，一点也不差”。这个计时器要比以往的准确多了，但又过了一段时间，又有人带来“更精细的表，一分一秒都能报告出来”。②钟儿还自己观察和琢磨关于天象的知识和道理，还有钟儿初次进城看到汽车和电灯时的新鲜感觉等。以上描述，一方面说明民众对渴求科学知识的迫切心理，另一方面说明科学知识对下层民众生活与工作起着重要的指导作用。这是陶行知于 20 世纪 30 年代大力倡导的“科学下嫁”运动在文学作品的具体体现。

三、创作杂文和散文，堪称现代杂文家和散文家

陶行知是杰出的大众文学家，他时刻站在大众的立场上，深刻地讽刺和揭露了反动当局的黑暗统治给人民带来的沉重灾难，极力弘扬正气；同时，在国难当头大声疾呼中华儿女要起来奋力挽救民族命运，倡导救国，号召抗日。他创作杂文的时间跨度比较大。从发表的

①② 《古庙敲钟录》，载华中师范学院教育科学研究所主编：《陶行知全集》第 2 卷，湖南教育出版社 1985 年版，第 535、480—481 页。

时间来看，主要可分为两个阶段：第一阶段是20世纪20年代中期，主要以《申报·平民周刊》为阵地，发表了一系列反帝反封建的杂文，宣传民主，弘扬正气；第二阶段是20世纪30年代中期，主要以《申报·自由谈》为阵地，大部分杂文是动员民众，宣传抗日。

（一）第一阶段的杂文：围绕时政，兴利除弊

这一阶段的杂文大都发表于《申报·平民周刊》，从现有资料来看，陶行知的第一篇杂文是《大水是谁的罪过》，于1924年7月19日发表在《申报·平民周刊》上。该文是在1924年九省区遭受大水灾之后而作，将矛头直指北洋政府和各地军阀。他指出，预防水灾的最有效措施是导河和植树，这两件事都需要花钱。“中国没有钱吗？钱都用在军事上去了，用到人杀人的事上去了。钱既尽用在军事上，就没有钱去治水，这叫做放水杀人。”文章一针见血地抨击了军阀们为了争夺地盘，不惜巨大军费开支，而不顾自然环境的治理，结果给人民带来深重的灾难。而解决的办法是“化兵为工；化杀人的人为救人的人；化杀人的钱为救人的钱。天下最大的好汉，不是杀人，乃是救人。敬告诸位大英雄，你们要想流芳百世，何不跟着大禹王去治水呢？你们不敢和水打仗，偏要和我们小百姓为难，可谓欺善怕恶，可谓无勇！”① 运用通俗平实的语言和浅显易懂的道理，讥讽军阀们热衷于军事的本性，呼吁地方军阀和长官应以民众利益为重，变杀人为救人，应有“为官一任造福一方”的意识，从而减少战争和自然灾害对人民的危害。

这一阶段主要时段为1924年至1925年，其间共发表杂文21篇，主要发表于《申报·平民周刊》，文章内容丰富，涉及面广。有论及政治的，如《代理国务总理违背宪法吗》、《万众一心的拒毒》、《国会议员又做买卖》、《国民与瞎民》、《民国的政府》；经济方面的有《赈灾附加捐》；有谈军事的，如《何不提倡裁兵筑路》、《同水打仗的军队》、《请看日本的裁兵》；外交方面有《加拉罕做第一个大使》、《外

① 《大水是谁的罪过》，载华中师范学院教育科学研究所主编：《陶行知全集》第1卷，湖南教育出版社1984年版，第457页。

交团将有变化》、《英国果真退还赔款吗》；教育方面的杂文有《空前之全国教育大会》、《四十万的平民学生》、《同到乡下去》、《北京大学要求人权》；涉及新闻的《对于〈申报〉读者的请求》；等等。这些杂文，借用《申报·平民周刊》这个园地来对北洋政府的黑暗腐朽统治进行抨击和批判，对帝国主义在华掠夺的本性作了无情的揭露和痛斥，对人民期盼民主的愿望表示支持和鼓励，对提高国民素质的教育表现出迫切的心情。总之，这一阶段的杂文，短小精悍，紧扣主题，语言简练，文笔犀利，而且往往将结论性的最具深刻寓意的部分放在文章结尾，既让人读后有如获至宝之满足，又让人读后有回味无穷之感觉。陶行知与鲁迅的杂文相比，陶文更贴近民众，文章可以赢得更多的读者，而且使所有能够读报的人都能读懂；而鲁迅的杂文主要面对的是文化知识界的读者，一般的平民很难完全读懂他的杂文。这一点恰恰说明，陶行知是现代中国一位真正的大众文学家。

（二）第二阶段的杂文：主张救国，宣传抗日

这一阶段的杂文大都发表于《申报》副刊《自由谈》。1931 年陶行知从日本潜回上海后，受史量才之聘担任《申报》总管理处顾问，在他的建议下，《申报》增设了《自由谈》副刊。陶行知以“不除庭草斋夫”为笔名，故而“自由谈”栏目取名“不除庭草斋夫谈荟”。他在该栏目发表的第一篇杂文是 1931 年 9 月 2 日的《不除庭草斋夫》，最后一篇是 1932 年 1 月 31 日的《敬告国民》。这一阶段共计发表杂文 104 篇。这个阶段的杂文主要以倡导爱国、主张救国、宣传抗日、拯救中华为主题。这是“九一八”之后，中华民族处于危难之际，作为一个爱国知识分子出于民族责任感而发自内心的一种呼唤，他一连发表了数十篇反对内战、宣传抗日的杂文，旨在号召全国民众团结起来，共同抵御外来侵略。代表性的作品有《傅将军到那里

《斋夫自由谈》书影

去了》、《屡败屡战》、《战时的功课》、《观战》、《青年自动援马抗日团》、《读锦西义勇军绝命宣言有感》、《创造中之中华民族》、《敬告国民》等。也有高扬民族气节的《史督师对国民的训话》、《车夫老王》、《中国的人命》等。还有一些是宣传科学的杂文，或者以介绍国外著名科学家的事迹为内容，或者以讲述科学原理为主题，着力向民众宣传科学知识和道理，以期通过振兴科技来达到向工业国过渡的目标，进而实现民族自强。代表作有《爱迪生之死》、《怎样学爱迪生》、《工业文明》、《法拉第》、《化磁为电》、《佛兰克林》等。

这些杂文，以满腔热忱和爱国情怀，大声疾呼民族团结、爱国民主、抗日救亡，大力倡导科学救国，字里行间洋溢着作者的救国激情、对抗战的呐喊和对科学的崇尚。这些杂文，以“闪光的思想、独特的艺术，在 30 年代中国杂文文坛异军突起，发挥了革命文学的战斗作用”①，进一步奠定了陶行知现代文学家的突出地位，向国人充分展示了一个文学家陶行知的形象。

陶行知不仅擅长作诗歌、写杂文，而且经常通过写散文来向人们表达自己的心声。他的散文形式多，种类杂，自由多变，不拘于形式，只求表达自己的思想。综观陶行知的散文作品，大致可分为四大类：一是文学类散文，二是演讲类散文，三是书信类散文，四是序跋类散文。从中可以看出，陶行知散文的特点是范围广、形式多、种类全、思想丰。

第一，文学类散文。这类散文的代表作是《创造宣言》。陶行知于 1943 年创作这篇散文，旨在激发育才学校师生的创造力。文章引经据典，旁征博引，通过中外历史上若干名人在各个领域的非凡创造成就，来激发广大青年的创造动力和创造信心。通过各个行业的创造来引出教育对创造力的迫切需求，突显了教育所需要的创造更加独特，教育要创造的是“真善美的活人”，因此，教育的创造更重要、更特殊。他提出教育的创造包括两方面。一方面，教师的成功就在于“创造出值得自己崇拜的人”，而且在教育活动中教师与学生可以通过

① 许宗元著：《陶行知》，人民出版社 1988 年版，第 91 页。

创造性劳动，取得“先生创造学生，学生也创造先生”的良好效果。另一方面，教育者还要创造出值得自己崇拜的理论和技术。他运用广泛的国内外成功人士的经验，来证明每个人在任何时候都可以去取得创造性成果。他针对“环境太平凡了，不能创造”、“生活太单调了，不能创造”、“年纪太小，不能创造”、“我是太无能了，不能创造”、“山穷水尽，走投无路，陷入绝境，等死而已，不能创造”等一些借口，引用了大量的事例来论证创造随时随地都有，创造人人都能，只是看你是否愿意踏踏实实去行动。最后，突出一个主题：“处处是创造之地，天天是创造之时，人人是创造之人。”① 该篇散文文笔流畅，哲理丰富，堪称中国现代散文的杰作。有的段落非常精彩，比如：

> 有人说：环境太平凡了，不能创造。平凡无过于一张白纸，八大山人挥毫画他几笔，便成为一幅名贵的杰作。平凡也无过于一块石头，到了飞帝亚斯、米开朗基的手里可以成为不朽的塑像。
>
> 有人说：生活太单调了，不能创造。单调无过于坐监牢，但是就在监牢中，产生了《易经》之卦辞，产生了《正气歌》，产生了苏联的国歌，产生了尼赫鲁自传。……
>
> ……
>
> 有人说：我是太无能了，不能创造。但是鲁钝的曾参传了孔子的道统，不识字的慧能传了黄梅的教义。慧能说：“下下人有上上智。”我们岂可以自暴自弃呀！可见无能也是借口。蚕吃桑叶，尚能吐丝，难道我们天天吃白米饭，除了造粪之外，便一无贡献吗？
>
> 有人说：山穷水尽，走投无路，陷入绝境，等死而已，不能创造。但是遭遇八十一难之玄奘，毕竟取得佛经；粮水断绝，众叛亲离之哥仑布，毕竟发现了美洲；冻饿病三重压迫下之莫扎尔特，毕竟写出了《安魂曲》。绝望是懦夫的幻想。……

① 《创造宣言》，载华中师范学院教育科学研究所主编：《陶行知全集》第 3 卷，湖南教育出版社 1985 年版，第 484 页。

所以：处处是创造之地，天天是创造之时，人人是创造之人。让我们至少走两步退一步，向着创造之路迈进吧。①

从《创造宣言》中，我们可以体会到陶行知有关创造的一些闪光点。首先，要净化社会环境，促进社会进步，就必须去创造。每个人都是社会的一员，如果每人都能抱着“捧着一颗心来，不带半根草去”的人生信念，努力去创造、去奉献，整个社会秩序就会稳定，社会环境就会净化，进而就会促进社会的进步。正像他在《创造宣言》中所讲：“蚕吃桑叶，尚能吐丝，难道我们天天吃白米饭，除造粪之外，便一无贡献吗？”②因此，他倡导全社会的人们都应当有创造的意识，不能贪图安逸，一味索取。人活在世上，不能光要面包、洋车，还要有理想、信念，要培养民众的创造精神，树立为社会创造财富和多作贡献的理想。只有全社会的人一道去劳动、去创造，才能创造出良好的社会风气，才能真正推动整个社会的进步。其次，要形成良好的教育环境，推动普及教育的发展，就必须去创造。发展教育是需要一个良好环境的，要让青年一代健康成长，人们就必须进行创造性的工作。尤其是要培养年轻人的创造意识、创造精神和创造能力，就应当营造一个适合他们创造的环境与氛围。因此，他说：“只要有一滴汗，一滴血，一滴热情，便是创造之神所爱住的行宫，就能开创造之花，结创造之果，繁殖创造之森林。”③要迎接“创造之神”，首先要为年轻人营造创造的环境，建造创造的“行宫”，这样才有可能开出创造之花，结出创造之果。而这个创造的“行宫”就是教育环境，就是适合普及教育、民众教育、生活教育发展的良好环境。最后，要提高人的素质，改造人的思想，就必须去创造。经济发展、科技进步、社会文明，均离不开人的素质的提高和思想的改进，而要改进人的思想，就必须运用创造的观念。他说：“生路是要勇气探出来，走出来，造出来的。这只是一半真理。当英雄无用武之地，他除了大无畏之斧，还得有智慧之剑，金刚之信念与意志，才能开出一条生路。古语

①②③ 《创造宣言》，载华中师范学院教育科学研究所主编：《陶行知全集》第3卷，湖南教育出版社1985年版，第483—484、484、486页。

说，穷则变，变则通。要有智慧才知道怎样变得通，要有大无畏之精神及金刚之信念与意志才变得过来。”改造人的思想，提高人的素质，不仅需要人的胆略，更需要人的智慧与创造。而创造又需要一点一滴去积累的，不能轻视缓慢的量的积累。“点滴的创造固不如整体的创造，但不要轻视点滴的创造而不为，呆望着大创造从天而降。”①

此外，这类代表作还有《护校宣言》。该文创作于 1930 年 4 月国民党政权强行封闭晓庄师范后，陶行知在愤慨中写下这篇散文式的宣言，印成传单散发于全国各地，并在华北、东北等地的报刊上刊载。文中指出：“晓庄的门可封，他的嘴不可封，他的笔不可封，他的爱人类和中华民族的心不可封。”② 他号召晓庄的师生和关爱晓庄的人们，“大家一致起来爱护晓庄，爱护人权，爱护百折不回的和平奋斗，爱护教人做主人的革命教育，爱护向前向上进之时代革命，爱护自由平等的中华民国之创造，爱护人人有工做，人人有饭吃，人人有水仙花看的理想社会之实现”③。

第二，演讲类散文。陶行知从就读于金陵大学期间参加演讲比赛开始，直到临终前，几乎演讲了三十多年。在国难当头之际，他不仅在国内经常演讲，而且赴欧美争取外援，深受海外华侨、外国朝野的欢迎。即使在临终前，他仍然坚持讲演上百次。他的演讲稿均是很好的散文，观点鲜明，思想深邃，逻辑严密，声情并茂，富有极强的感染力、说服力和鼓动性，而且大部分演讲稿在演讲后，便刊载于各种报刊上。如《新中国与新教育》就是他于 1936 年 7 月 16 日在新加坡世界新教育会议上所作的演讲，向全世界教育界介绍了中国遭受日本入侵的形势与处境、国内人民的解放运动、中国的出路以及新中国的新教育等。《中国的抗战是不自由就受奴役的斗争》是陶行知于 1938 年 4 月在访问加拿大时，为感谢加拿大人民和医疗援华会募捐、征集

① 《创造宣言》，载华中师范学院教育科学研究所主编：《陶行知全集》第 3 卷，湖南教育出版社 1985 年版，第 484 页。

②③ 《护校宣言》，载华中师范学院教育科学研究所主编：《陶行知全集》第 2 卷，湖南教育出版社 1985 年版，第 221、222 页。

医疗物资支援中国抗战的义举而进行的演讲，强调中国人民需要“平等的和平、足够的食品、自由和正义”①。《国际形势与中国抗战》是陶行知于1938年9月出访26国后在香港各界欢迎会上的演讲词，在分析完国际形势和国内抗战之后，他呼吁：“黄种人联合起来抗战！”②《小朋友是民族未来的巨子》是他于1938年11月在重庆保育院的一次演讲记录，文中他非常形象地将“春”解释为：“将‘春’分成三部分来看，便是‘三’‘人’和一个‘日’字。也便意味着不分男女老幼，大家联合起来反抗侵略，可以将日本帝国主义打倒！”他希望全国的小朋友“在抗战中，在炮火下，成长为中华民国的巨子！”③

第三，书信类散文。书信一直在散文中占有一席之地，文学史上一些散文名篇中有不少是出自文人相互之间交流的书信。陶行知作为现代著名教育家、思想家、文化名人、社会贤达，他的交际圈非常大，朋友遍及世界各地和各行各业。因此，他一生当中有数量颇丰的书信，被收录到《陶行知全集》第5卷中就有810封书信。他写信的对象，既有国外的名人和学者，如甘地、泰戈尔、杜威、谟罕雷尼、博塞等，又有国内政界、教育界名人，如冯玉祥、邹韬奋、张澜、胡适、孔祥熙、宋美龄、宋子文、白崇禧等，也有家人和学生，如吴树琴、陶晓光、陶城、戴伯韬、王洞若、操震球、方与严等。陶行知的书信中有不少是优秀散文，语言质朴，感情诚挚，内涵丰富，思想深刻，显现出陶行知散文创作的朴素美。其长者犹如盈尺之璧，其短者宛若径寸之珠，为中国现代文学花坛增添了新的色泽。如1927年他在写给学生操震球的信中写道：

乡间山青水秀，尽您游览。您早上可以看旭日东升，引您兴

① 《中国的抗战是不自由就受奴役的斗争》，载华中师范学院教育科学研究的主编：《陶行知全集》第3卷，湖南教育出版社1985年版，第168页。

② 《国际形势与中国抗战》，载华中师范学院教育科学研究所主编：《陶行知全集》第3卷，第207页。

③ 《小朋友是民族未来的巨子》，载华中师范学院教育科学研究所主编：《陶行知全集》第3卷，第254页。

奋；晚上可以待月西山，助您吟咏。到了收成的时候，您手里割着黄金似的稻子，那田家乐的山歌，不断的洋洋乎盈耳。您还能亲眼看见您所栽培的儿童个个桃李似的一年一年的长大，一直到成家立业。①

此书信文笔清新流畅，通俗朴实，描绘出当时晓庄师范所处的山村自然环境的优美与雅致，以此来表达他对中国农村教育的热爱，为探寻中国教育出路而执着追求的决心。他在 1923 年创作的书信体散文《杭州大学之天然环境》中讲到大学在选校址时应考虑以下几个因素："一要雄壮，可以令人兴奋；二要美丽，可以令人欣赏；三要阔大，可以使人胸襟开拓，度量宽宏；四富于历史，使人常能领略数千百年以来之文物，以启发他们光大国粹的心思；五便于交通，使人常接触外界之思潮，以引起他们自新不已的精神。"② 在他心目中，杭州大学就是一所自然环境较为理想的学校，他如此描述：

后面四五个山峰，并立如掌扇；东边的之江，西边的西湖，都近在咫尺。登高一望，杭、嘉、湖、绍四属数百万的生灵，还有那无边无际的东海，都在眼中，不住的引人向那远处、大处默想。……选择这个校址的人，能从敷文书院大胆的将它一直伸到凤凰山顶，包到凤凰山后，这是何等的魄力，何等的目光！③

这类书信犹如一篇游记散文，语言简练，文风独特，真正体现了面向大众的公开信的特点，并没有多少华丽的辞藻，但给人以清新明快的感觉，使读者仿佛置身于西湖之畔、之江之滨的一所风光旖旎的大学校园。

第四，序跋类散文。陶行知的散文中还有一类就是为自己或别人的著作所写的序跋。他的序跋类散文数量并不多，只有十多篇，但其

① 《乡下生活之苦乐——致操震球》，载华中师范学院教育科学研究所主编：《陶行知全集》第 5 卷，湖南教育出版社 1985 年版，第 151—152 页。

②③ 《杭州大学之天然环境——一封公开信》，载华中师范学院教育科学研究所主编：《陶行知全集》第 5 卷，第 21、20 页。

中不乏深具文学价值之作。这类散文或长或短，均文体自由，生动活泼，质朴典雅，文意幽深，趣味横生。《〈在晓庄〉序》格调高昂，充满诗意，堪称散文中的佳作。《〈武训先生画传〉再版跋》概括了武训的“四个有”：“合于大众需要的宏愿”，“合于自己能力的办法”，“公私分明的廉洁”，“尽其在我坚持到底的决心”。① 还有仅 278 个字的《〈我们的旅行记〉序》，小巧玲珑，短小精悍，言简意赅，语言质朴，给人留下深刻印象。文尾写道：“这的确是一本奇书。它是一本生活教育学，是一本儿童游记，是一本儿童文学，是一本创造儿童世界的宣言。”②

四、创作大众歌曲与戏剧，成为文艺大众化的健将

陶行知在探索大众音乐理论方面思考深入，见解独特，为建构中国现代大众音乐理论奠定了良好的基础，特别是他对大众歌曲从理论方面作了较为深入的思考和较为确切的阐释。

> 大众的歌曲是大众的心灵的呼声。它是用深刻的节奏喊出大众最迫切之内心的要求。少数天才之创作必定是符合了这个条件，才为大众所欢迎而成为大众的音乐和大众的诗歌。大众的歌曲是要唱出大众的心中事，从大众的心里唱出来再唱进大众的心里去。它来，是从大众的心里来；它去，是到大众的心里去。③

他对大众歌曲的理论阐释是人们进行大众歌曲创作的理论指南，只有将发自大众内心的呼声变成歌唱大众生活的作品，才能真正打动广大民众，被大众所传唱和欢迎。

他还分析了广大民众对听歌曲的渴望程度，论及了大众歌曲的市

---

① 《〈武训先生画传〉再版跋》，载华中师范学院教育科学研究所主编：《陶行知全集》第 3 卷，湖南教育出版社 1985 年版，第 518 页。

② 《〈我们的旅行记〉序》，载华中师范学院教育科学研究所主编：《陶行知全集》第 2 卷，湖南教育出版社 1985 年版，第 742 页。

③ 《大众歌曲与大众唱歌团》，载华中师范学院教育科学研究所主编：《陶行知全集》第 3 卷，第 93 页。

场需求量。他说："中国的民众是欢喜听曲，不懂也高兴听，如果懂得里面的意思，那就更加高兴听了。"因此，他要求"小先生"将每首大众歌曲的歌词都写在黑板上或复写、油印出来，然后让人们"分头预先传抄，教大家读，读会了再开唱片。这样一来，听众不但是增加了听曲的兴趣，而且多识一些字，并感觉识字之需要了"。① 一方面，陶行知分析了广大民众对歌曲的迫切需求，说明大众歌曲在现代中国拥有巨大的市场；另一方面，强调了进行大众歌曲教育亦可起到推动民众识字和扫除文盲的作用。

陶行知一生热心于大众音乐创作，他亲自创作歌词的著名歌曲就有数十首，他的一些诗歌还被谱曲而成为流传于民众当中的歌曲。其中最著名的有《锄头舞歌》、《镰刀舞歌》、《儿童节歌》、《小先生歌》、《新安旅行团团歌》等，还有《村魂歌》、《自立立人歌》、《黄花歌》、《凤阳花鼓》、《农夫歌》、《手脑相长歌》等等。这些歌曲一度成为人民大众丰富业余生活的精神食粮，也是批判国民党政权黑暗统治的有力武器和动员民众参加革命的宣言书。

陶行知在晓庄时创作的《锄头舞歌》、《镰刀舞歌》等手稿及歌曲集、唱片

若对这些歌曲进行分类，可以分为农村题材、儿童题材、教育题材、革命题材等几类。

（一）农村题材歌曲：真实反映农民生活

陶行知深知要想写出让农民喜欢的歌曲，就必须"了解大众的需要，说大众要说的话语"②。他认为，好的农村歌曲，就是要从农民中来，准确地反映农村生活，使农民在传唱过程中感到是在讲自己想

① 《怎样做小先生》，载华中师范学院教育科学研究所主编：《陶行知全集》第 2 卷，湖南教育出版社 1985 年版，第 899 页。

② 《大众歌曲与大众唱歌团》，载华中师范学院教育科学研究所主编：《陶行知全集》第 3 卷，湖南教育出版社 1985 年版，第 93 页。

说而不会说的心里话。因此，他说：大众的歌曲“是从大众的心里来”，而且能够深入“到大众的心里去”。① 陶行知创作农村题材的歌曲时，正是遵循这条原则，来谱写农民喜欢的歌曲。如《农人破产之过程》是 1927 年 12 月由陶行知作词的歌曲，歌词中写道：

太阳下山墩墩，呀嗬嘿，过不了年儿嗬嗬。（重复五遍）
债主追来了梅绮紫棱，翻下脸儿索，难为情啊嗬嗬。
债主追来了梅绮紫棱，牵去牛大哥，舍不得啊嗬嗬。
债主追来了梅绮紫棱，把我田地夺，如何得了嗬嗬。
债主追来了梅绮紫棱，强把棉袄剥，冷得抖啊嗬嗬。
债主追来了梅绮紫棱，逼我卖老婆，天啊天啊嗬嗬。②

这首歌曲生动逼真地描述了半殖民地半封建社会农民遭受地主残酷剥削与欺压的生活场景，由此告诉农民之所以日趋贫困直至破产的社会原因。

《农夫歌》是陶行知于 1931 年创作的农村题材歌曲。如果说前一首是主要反映南方农民生活遭遇的话，那么这一首则是反映北方农民生活状况的歌曲。

穿的树皮衣，吃的草根面，背上背着没卖掉的孩儿，饿煞喊爹爹。
牵着牛大哥，去耕别人田，太阳晒在赤膊，心里如滚油煎。
九折三分，驮利纳粮钱，良民变成匪，问在何处伸冤？
人面蝗虫飞满天，飞满天，无有农夫谁能活天地间！③

这首歌曲真实地描写了一贫如洗的农民生活，没吃没穿，卖儿鬻女，替人耕田，劳累万分，若遇灾年，难以存活，这是国民党政权专制统治下农民痛苦生活的写真。

---

① 《大众歌曲与大众唱歌团》，载华中师范学院教育科学研究所主编：《陶行知全集》第 3 卷，湖南教育出版社 1985 年版，第 93 页。

② 《农人破产之过程》，载华中师范学院教育科学研究所主编：《陶行知全集》第 6 卷，湖南教育出版社 1985 年版，第 780 页。

③ 《农夫歌》，载华中师范学院教育科学研究所主编：《陶行知全集》第 6 卷，第 784 页。

（二）儿童题材歌曲：满怀真情寄予希望

陶行知创作的儿童题材歌曲，是从教育家角度以确保儿童健康成长为旨归，并抱着对儿童的未来充满希望的态度去创作的。因此，往往不像农村题材歌曲那样格调低沉，而是采取格调高昂、节奏欢快的创作风格，一方面适合儿童的歌唱口味，另一方面反映了他对儿童寄予了很大期望，他希望通过这些歌曲，激发广大儿童积极进取的热情和对未来充满希望的情趣。代表性的歌曲有《儿童工歌》、《儿童节歌》、《儿童年献歌》等。

我是小盘古，我不怕吃苦。我要开辟新天地，看我手中斧。

我是小牛顿，让人说我笨。我要用我的头脑，向大自然追问。

我是小孙文，我有革命精神。我要打倒帝国主义，像个球儿打滚。

我是小农人，我靠种田生存。光棍的锄头没有用，要与机器联盟。

我是小工人，我双手有万能。我要造富的社会，不造富的个人。①

《儿童工歌》是陶行知于1931年在倡导科学教育和中华苏维埃政权成立的背景下创作的，所以，他是带着对儿童的双重期望来作词的。一方面，他希望儿童学习科学，崇尚科学，力争做牛顿式的小科学家；另一方面，他又希望培养儿童的革命精神，学做孙文式的革命家。

《儿童年献歌》中写道：

儿童年里小主人，东升好比日初现。日初现，人人得见光明天。

儿童年里小工人，手脑双挥征自然。征自然，看他辟地又开天。

① 《儿童工歌》，载华中师范学院教育科学研究所主编：《陶行知全集》第6卷，湖南教育出版社1985年版，第786页。

儿童年里小学生，抓住书本种田园。种田园，叫人有吃又有穿。

儿童年里小先生，教人前进不要钱。不要钱，守知奴化了云烟。

……

年年愿为儿童年，天天愿为儿童天。儿童天，从此同开新纪元。①

这首歌曲创作于1935年，陶行知满怀期望地对儿童的未来提出了多元化的前途设计方案，未来社会，只有职业的区别，没有高低贵贱的差异。不管干什么工作，都是为社会作贡献，都能为人类创造财富。只要全体儿童都胸怀大志，踏实学习和做事，我们的国家和民族就一定充满希望。

（三）教育题材歌曲：宣传现代教育理念

陶行知是中国现代教育大师，他借鉴西方教育理论，结合中国教育实际，创造性地提出了适合中国广大农村教育的新教育主张。为了将他的新教育主张广泛宣传于民间，他经常采用诗歌和歌曲的形式来教育民众。代表性的歌曲有《手脑相长歌》、《自动学校小影》、《小先生歌》、《教师们联合起来》等。

我是小学生，变作小先生。粉碎那知识私有，要把时代儿划分。

我是小先生，教书不害耕。您没有功夫来学，我教您在牛背上哼。

我是小学生，看见鸟笼头昏。爱把那小鸟放出，飞向森林投奔。

我是小先生，这样指导学生：学会了赶快去教人，教了又来做学生。②

这首《小先生歌》是陶行知于1934年3月所作，集中反映了他

①② 华中师范学院教育科学研究所主编：《陶行知全集》第6卷，湖南教育出版社1985年版，第802、795—796页。

所发明的“小先生制”的内涵与实质，即学生可以当老师，教自己的父母、兄弟姐妹和朋友，以田垄、牛背乃至整个大自然为课堂，不拘形式，现学现教，即知即传，这种制度对普及大众教育起到了重要作用。

20世纪二三十年代作为中国新文化前驱的话剧，成为中国文化艺术的一种重要形式，以迅猛的速度成为中国普及的艺术，成为与传统戏曲共生共存的舞台艺术种类。到了大革命时期，新创作的话剧产生了越来越大的社会影响，把话剧艺术的生长推进到一个根深叶茂的阶段；同时，话剧演出逐步由大都市舞台深入到民间、农村，加入到大革命和抗战的舆论洪流之中，发挥了战斗号角的作用。

在话剧由城市转向农村的过程中，陶行知起了积极的推动作用。1929年1月，陶行知特邀上海南国社社长田汉到晓庄师范演出。田汉领导的南国社在晓庄首次演出时，陶行知为他举行了盛大的欢迎仪式。他在欢迎词中讲道：“今天我是以‘田汉’的资格欢迎田汉。晓庄是为农民而办的学校，农民是晓庄师生的好朋友。我们的教育是为种田汉而办的教育。我以一个‘种田汉’代表的资格，在这儿欢迎田汉先生！让革命的教育和革命的艺术携手！”田汉在讲话中说：“陶先生说，他是以‘田汉’的资格欢迎田汉，实不敢当！我是一个‘假田汉’，陶先生是个‘真田汉’。我这个‘假田汉’能够受到陶先生这个‘真田汉’以及在座许多‘真田汉’的欢迎，实在感到荣幸！我们一定要向真田汉学习！”① 陶行知的热情欢迎使田汉和南国社深受感动，他们表示决心通过艺术来服务广大民众，并愿为艺术与教育的携手合作作贡献。南国社在晓庄演出了由田汉创作的《卖花女》、《湖上的悲哀》、《苏州夜话》、《南归》等话剧，南国社精湛的演出受到了晓庄师生和农民的热烈欢迎。

正是在田汉及南国社的带动和指导下，陶行知组织成立了晓庄剧社，有叶刚、谢纬棨、陆维特等三十余人参加，由陶行知亲自担任社长。他既是编剧、导演，又当演员。陶行知利用早晚工作之余创作了

① 许宗元著：《陶行知》，人民出版社1988年版，第73页。

《香姑的烦恼》、《爱的命令》、《生之意志》和《死要赌》等话剧，还亲自登台表演。除了表演自己编导的话剧外，他还在田汉创作的话剧《苏州夜话》中饰老画家。每到剧社要演话剧时，附近的民众兴高采烈，奔走相告，而有些学生却认为演戏是消遣，与教育无关。针对这种情况，陶行知给学生们上了一堂生动的艺术教育课。他指出，艺术

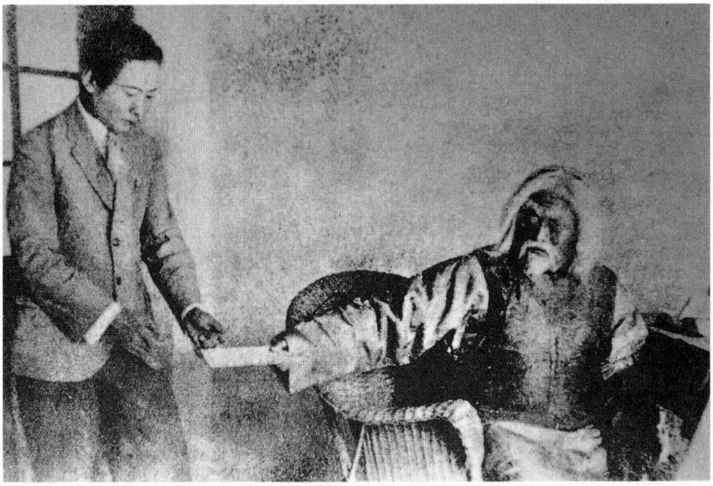

陶行知与学生谢纬棨同台演出《生之意志》

是生活的再现，我们欣赏艺术就是过艺术的生活。如果观赏进步的艺术，就会受到生动的革命教育。演戏的人是在过艺术的生活，受革命的教育；看戏的人同样是在过艺术的生活，受革命的教育。经过陶行知深入浅出的讲解，同学们深受启发，从此晓庄师范的学生开始热衷于观看话剧。为了形象生动地说服和打动师生，剧中人物有帝国主义分子、军阀、资本家、土豪劣绅、贪官污吏，也有工、农、商、学、兵以及革命青年。没有台词的哑剧同样收到了良好的效果。陶行知还亲自演了一出哑剧，自己扮演一位老汉，激发了全校师生和附近农民演戏和看戏的热情，将这种艺术教育的形式推广开来。后来，晓庄剧社还正式成立了剧务组、导演组、化妆组、布景组等，在陶行知提出的“走出学校，到社会去”思想的指导下，从 1929 年 11 月，晓庄剧社在农村演出的同时，还到南京城里演出，先后到镇江、常熟、无锡、苏州、宝山、上海、杭州、萧山等地演出三十多场进步话剧。当

演到《香姑的烦恼》、《卖花女》时，观众往往被感动得泪流满面，收到了良好的艺术效果。陶行知作为社长，不仅亲自带队外出表演，而且还亲自登台参与演出，在观众中产生了很大影响。当晓庄师范被国民党政权查封后，晓庄剧社的不少学生加入南国社，成为民众喜爱的重要演员，为推动中国现代话剧的发展作出了一定的贡献。

陶行知于20世纪二三十年代创立晓庄剧社，他亲自编写剧本，并登台演出，极大地推动了中国话剧在教育界和江南农村的传播和普及，与当时由田汉、洪深、郭沫若、丁西林、曹禺等话剧前驱们所兴起的中国话剧创作与推广浪潮，汇集成了一股巨大的时代艺术潮流，特别是晓庄剧社也像南国社、上海戏剧协社、南开新剧团、上海艺术剧社一样，通过东奔西走、走南闯北、不辞辛苦地在城乡演出，极大地推广了新生的中国话剧，使中国话剧得到了广泛的传播，可以说，在中国话剧的发展历程中在一定程度上起到了奠基的作用。

抗战时期日益成熟起来的话剧，利用其短平快的艺术特点，在发动民众、激发斗志、动员抗战、鼓舞士气方面发挥了巨大作用，成为支援全民族抗战的精神武器。当时，救亡戏剧在中华大地上迅速兴起，形式多样，各具特色，有独幕剧、活报剧、快板剧、街头剧等演出形式。这些剧目在宣传抗日救国方面起到了重要作用。1937年由阳翰笙、洪深、田汉等在武汉发起成立了中华全国戏剧界抗敌协会，号召全国戏剧人为抗战而奋斗。还兴起了中华剧艺社、上海剧艺社、中国艺术剧社等，同时还出现了众多的话剧社团，这些社团在上海、重庆、桂林等地蓬勃发展。在抗日根据地，也成立了不少戏剧社团，如陕北抗日根据地的列宁剧社、工农剧社、抗大文工团等，晋察冀根据地的抗敌剧社、战斗剧社、冲锋剧社、七月剧社等，它们在民众中上演了大量的抗日话剧，真正起到了为工农服务、为抗战服务的作用。

正是在这种抗战话剧发展得如火如荼之时，在陶行知的亲自指导下，育才学校成立了戏剧组。他要求师生深入大众，和社会打成一片，与人民打成一片。每次下乡演出之前，他都要提出严格要求；演出后，他总要找一些农民、工人来谈观感、提意见。他将收集到的意见集中起来，并反馈给戏剧组，提出改进意见和方法。在战争年代，他经常告诫戏剧组的师生："我们的戏剧要为劳苦功高的战士服务！我们要到前线去演出！战场是我们的剧场！"① 他们的演出充分体现抗战话剧的艺术特点，充分发挥革命文艺在战争年代的宣传与动员作用。

陶行知鼓励育才学校师生进行戏剧创作的同时，还注重排演国外友人的戏剧作品。比如，1939 年他的学生任光在出行新加坡时仍然坚持创作，创作了反映抗战体裁的歌剧《台儿庄》，并及时写信向陶行知作了汇报。陶行知在回信中予以高度评价，并让任光转告帮助他在新加坡做募捐的安娥，他所创作的歌剧《牛鼻子上前线》，已在育才学校上演，并取得了较好的效果。

在重庆古圣寺时期，陶行知发起了演土话剧运动，运用当地方言来编演戏剧，以唤起人民的革命热情。他认为，土话剧也是保卫四川的力量。育才戏剧组的同学们积极响应，纷纷创作方言剧本。主题均为号召人民起来参加革命，实现自卫。陶行知还亲自修改剧本，督促排演。育才学校师生利用节假日下乡演出《兄妹开荒》、《朱大嫂送鸡蛋》、《王大娘补缸》、《朱警察查户口》、《古怪歌》、《茶馆小调》等秧歌剧和话剧《啷咯办》、《小主人》、《抽壮丁》等节目，向全校师生宣传抗日救国主张，受到了广大民众的热烈欢迎，收到了良好的艺术效果，政治影响很大。特别是《小主人》在重庆和北碚的演出，郭沫若和邓初民几乎每场必看，每当剧情进入高潮——一个行乞的十三四岁的小女孩在被曾经同游过的阔家子弟的小轿车撞死的前夕，在后台唱着行乞悲歌的时候，郭沫若和邓初民便和众多观众一样，被感动得热泪盈眶。

1942 年 12 月 24 日，陶行知为育才学校戏剧组（由著名艺术家章泯曾担任主任，并组织师生在重庆演出过不少进步戏剧，对宣传抗日救国有相当大的影响）题诗共勉：

① 许宗元著：《陶行知》，人民出版社 1988 年版，第 153 页。

团结旧干部，创作新剧本。认真过生活，登台如有神。

得道来多助，有志事竟成。陪都万人望，育才再进城。①

陶行知的题诗，既为育才戏剧组提出了指导性意见，为育才戏剧组进一步指明了方向，又对该戏剧社团寄予了厚望，亦可看出他对育才戏剧组所带有的深厚感情。

陶行知逝世后，育才学校于 1947 年迁到上海，在宋庆龄的主持下，戏剧组仍然坚持表演。如 1948 年冬戏剧组在兰心大戏院演出了大型话剧《小主人》，通过描写贫苦孩子的悲惨遭遇，无情揭露了国统区的黑暗统治，发出了挽救孩子的呼吁。演戏的孩子本来就是苦孩子，他们对贫苦生活深有感触，所以表演深切动人。这部话剧的演出引起了强烈的社会反响，观众争相购票，文艺界也予以好评。后来，育才学校流传的歌舞《打莲湘》还搬上了银幕。

可见，育才戏剧组在话剧创作与表演方面，不仅为中国的抗战起了动员与宣传作用，而且为中国话剧从旧中国向新中国的转型与过渡起了一定的促进作用。

五、提倡新文字和大众文，无愧为语言文字改革先驱

语言文字改革是近现代中国文化教育界一项十分重要的任务，众多知名学者、专家、社会活动家均参与到这场运动之中。陶行知作为教育家当然也不例外，他不仅参与文白辩论，提出自己的语言文字改革理论和观点，而且将新文字改革直接落实到教育实践中去，身先士卒，以身垂范，在语言文字改革的理论与实践方面作了有益且成功的尝试，为中国语言文字改革作出了贡献。

（一）力倡中国新文字改革

陶行知十分重视文字符号的改革，因为文字符号改革直接关系到教育的普及。“文字是生活的符号。它必须与民众的生活打成一片，才能发生效力。我们要想鼓起民众读书的兴趣，必须拿他们生活所需

① 《育才戏剧组共勉》，载华中师范学院教育科学研究所主编：《陶行知全集》第 4 卷，湖南教育出版社 1985 年版，第 580—581 页。

要的文字来教。"① 他认为，"生活所需要的文字"就是注音新文字。为此，他大力提倡在大众中推广新文字，尤其是在大众教育中使用新文字。

> 我们要想建设大众文，必须采取那容易认，容易写，容易学的拼音新文字。有了拼音新文字，大众自己就可以根据大众语和前进大众意识来创造大众高兴看，高兴读，高兴听的大众文。新文字拿在手里，大众自己就能产生文化粮食。他们再不至于做文化饿鬼，也不至于做文化乞丐，也不至于苦苦的哀求小众拿吃不了的文化面包来赈济他们了。②

陶行知很早就倡导推行"手头字"。所谓"手头字"，就是指日常生活中经常用到的、"手头上大家都这么写，可是书本上并不这么印"的一些文字。为了便于人们读写，省掉读书中记忆这些字体的麻烦，陶行知倡导将这些手头经常用到的文字，"铸成铜模浇出铅字来，从而排印成书本"，③ 以便于大众去学习与书写。在他看来，文字符号是传播文化的重要载体，如果文字容易被人接受，就会使文化得以广泛传播。因此，他从教育角度出发对新文字改革十分重视，密切关注中国文字改革的动向，及时捕捉全国范围内有关文字改革的最新信息和动态。

正当陶行知在深入思考和努力探寻中国文字改革的出路之际，在海参崴的华侨创造出一种"拉丁新文字"，在这些华侨的组织下于1931年在海参崴召开了中国新文字第一次代表大会。1933年后，全国各地相继成立不少团体，进行研究推广。陶行知认为这种文字具有许多优点，比原有的方块汉字在书写、辨认和学习方面更为方便，"实验效果很好"，于是他极力倡导推广这种拼音新文字，因为"新文

---

① 《怎样做小先生》，载华中师范学院教育科学研究所主编：《陶行知全集》第2卷，湖南教育出版社1985年版，第896页。

② 《白话文与大众文》，载《生活教育》第2卷第22期，1936年1月16日。

③ 《推行手头字缘起》，载中国陶行知研究会组编：《陶行知全集》第3卷，四川教育出版社1991年版，第748页。

字是普及大众教育的最经济的文字工具”。① 为了实现有组织、有章程、有步骤地推广新文字的目的，在陶行知的积极参与下，于1935年10月成立了中国新文字研究会，他被选为第一届理事，并亲自起草了中国新文字宣言。

由于海参崴华侨创造的新文字是以北平话为基础，而陶行知主张应当制订出适合不同地区大众口味的新文字方案，于是1936年他又起草了《上海话新文字方案》，并发表于1936年3月16日的《生活教育》第3卷第2期上。该方案经过中国新文字研究会的多次讨论，最后在理事会上通过。主要内容包括以下几点。

第一，中国新文字应当按照各地方言分布的情形把中国划分为若干音区，在每个音区中建立一种新文字。陶行知充分论证了制订上海新文字方案并推行各地中心音区新文字的必要性和重要性。“光有北方话新文字方案是不能满足各地人的要求的，上海是中国经济的中心，是最国际化的一个城市，上海话新文字方案的制定自然是一个非常迫切的工作。”② 在他看来，上海新文字与北方新文字应当处于同等重要的地位。

第二，新文字运动不主张“摄影式记录某一地方的土话”，而应按音区来“规定一种统一性最大的方案”。譬如，“上海话”并不是指浦东话或江湾大场话，而是指上海土话加入了苏州话、宁波话而形成的一种新的大众话——“上海普通话”，“根据这一种普通话而制定的新文字是可以通行在整个吴语区域中间的”。制订上海普通话和新文字方案，是完全出于为华东地区大众学习与交流的便利而考虑的，也是为了普及教育而考虑的。

第三，新文字运动是以文字与语言一致为基本原则的。为了便于一个语言区内的不同人接受新文字，在制订新文字方案时有意识地抛

① 《大众的文字》，载中国陶行知研究会组编：《陶行知全集》第3卷，四川教育出版社1991年版，第476页。

② 《上海话新文字方案》，载中国陶行知研究会组编：《陶行知全集》第3卷，第789页。

弃了“一些偏僻地方的音素，或旧式的正在向淘汰的路走去的若干音素”，这样做的目的就是为了使新文字简易、明快，“而且也是为了促进统一的民族语的成立”。为此，应当制定出文字与语言相统一的上海话新文字。

第四，由于北方话新文字已经流行开来，因此“在建立其他各区方案时，应当竭力顾到这已有的方案”。为了避免不同地区人们在流动过程中出现语言文字方面的障碍，遇到交流的困难，在制定不同音区语言文字时，应当在“字母的读音、写法上尽可能地和它（北方话新文字）保持统一”。①

第五，遵照“印刷打字和书写便利”和“使字母适合于国际化”两个原则，结合北方话文字方案，拟定了“上海话字母表”，分为破裂音、破裂摩擦音、摩擦音、鼻音、边音、头音、高音、中元音、低元音等，还详细地解释了上海话字母与北方话字母的相同与不同之处。

同时，他积极实施自己制订的上海话新文字方案，亲自参加了运用上海话新文字编写的《上海话新文字课本》，一方面是为了以实际行动推广上海话新文字方案，另一方面也是为了促进上海地区民众的教育普及。后来的实验表明，“平常人每天费一小时，只须半个月工夫，即可写新文字的信，看新文字的报，读新文字的书。聪明些的人两个星期就行，笨一点的人，只须一个月，成绩也不错了。”②

1936 年春，陶行知又与蔡元培等 606 名文化教育界名人联合发表了《我们对于推行新文字的意见》，其基本主张有以下几点。其一，“中国大众所需要的新文字是拼音的新文字”③。他认为，方块汉字难认难写难学，使得每个人要学懂它，非得花费上几年工夫和几百块钱不可，所以应被淘汰；“手头字、简字是方块汉字的化身，不是根本

① 《上海话新文字方案》，载中国陶行知研究会组编：《陶行知全集》第 3 卷，四川教育出版社 1991 年版，第 790 页。

② 《我们对于推行新文字的意见》，载《生活教育》第 3 卷第 5 期，1936 年 5 月 1 日。

③ 《大众的文字》，载中国陶行知研究会组编：《陶行知全集》第 3 卷，第 476 页。

的解决”；而国语罗马字母崇奉北平话为国语，又注重声调，使得南方人学起来很吃力。因此，他倡导推广不强调声调的拼音新文字——拉丁化新文字。其二，“新文字是普及教育大众教育的最经济的文字工具”。他算了一笔账：义务教育培养一个小孩每年平均要花 8.9 元钱，民众教育培养一个成人要花 1.8 元钱，小先生教汉字每人也要花 0.3 元钱，而采用拼音新文字识字每人只要 0.03 元钱，“连黄包车夫也出得起”，① 因此可以说，新文字是普及教育的最省钱、最有效的工具。其三，方言新文字不会阻碍中国的统一。针对有人提出方言新文字会影响到中国的统一，陶行知列举了四条反对理由。首先，中国各地的方言是“汉话与各处土话互相同化克服的结果”，都有规律可循，只要掌握了其中的规律，是“很容易相通的”。其次，各区的方言新文字传给了各区的大众，就会使区以内的大众彼此沟通；该区知识分子精通几区新文字，就可搭起一个交流的桥梁，“使各区的大众彼此相通并与全国的知识分子相通”。只要全国各地的“大众得了新文字的培养，也必然会在自己的队伍里产生出知识分子，并且运用各区新文字对照的读物，也可以把自己造成沟通各区文化的铁桥”。这样，不仅不会阻碍中国的统一，而且还会促进各民族文化的交流，起到帮助中国统一的作用。再次，中国的统一是“从实际生活酝酿出来的统一”，而不是抽象的、幻想的统一。国家的统一不是要强迫“过同一的生活，说同一的话语，写同一的文字”，因此，在上海大众的公共场合要用上海话才有效，在广州大众的公共场合要用广州话才有效。最后，中国文化界现阶段最重要的任务就是普及大众的文化教育，动员一切工具来进行民族自救教育。

> 但是在选择工具的时候，我们是必得指出新文字的特大效力。文字好比是交通媒介，汉字好比是独轮车，国语罗马字好比是火车轮船，新文字好比是飞机，坐上新文字的飞机里传布民族自救的教育的时候，就可以知道新文字是不但不阻碍中国统一，

① 《我们对于推行新文字的意见》，载《生活教育》第 3 卷第 5 期，1936 年 5 月 1 日。

而且确有力量帮助唤起大众挽救我们的垂危的祖国。①

为此，他建议每个方言区编辑最廉价的新文字课本和参考书，各类民众学校、识字学校、补习学校等均要培养新文字师资，用新文字编辑出版报刊、小说、诗歌、新文字字典、新文字连环画等大众读物，发明新文字打字机等，以便新文字得以快速地推广，从而推动普及教育的进一步发展。

此外，1936 年 5 月至 7 月陶行知亲自到两广地区。在他的指导下，广西、广东先后成立了新文字研究会。广西的新文字研究会成立于 1936 年 5 月，该会的成立就是陶行知亲自到广西发动与指导的结果。他在广西新文字研究会上讲道："我们大家应该努力提倡和推行新文字，以唤起民众共同救国……推行新文字是艰难工作，要打仗的，要攻关的，非安然的从香烟雾中喷出来的。"② 广东新文字研究会成立于当年 7 月，陶行知在成立大会上作了重要讲话，他讲到：推行新文字的目的就是为了"要大众解放，要民族解放，要文化解放"，而推行新文字的人应当"站在大众立场上来推行新文字，难免会吃些苦头，但推行新文字者，要不怕吃苦头！……我们提倡新文字，是预备坐监牢的"。③ 正是在陶行知的奔走呼号和倡导带动下，全国大部分地区先后成立了新文字研究会，并为新文字的研究与推行进行着不懈努力。

（二）发起大众语文运动

20 世纪 30 年代，国内学术界掀起了"文言文、白话文和大众文"论战，不少学者均在《申报》等报刊上发表自己的观点。参加此次论战的学者有胡愈之、吴研因、吴稚晖、汪懋祖、柳诒徵、夏丏尊、林语堂、陈子展、陈望道、乐嗣炳、王钢、傅红蓼、樊仲云、俞遥、张庚、任白戈等。1934 年 5 月，鲁迅、陈望道、胡愈之、叶圣

① 《大众的文字》，载中国陶行知研究会组编：《陶行知全集》第 3 卷，四川教育出版社 1991 年版，第 478 页。

② 《新文字问题》，载南宁《民国日报》1936 年 5 月 18 日。

③ 《在广东省新文字研究会成立大会上的讲演词》，载广州《民国日报》1936 年 7 月 17 日。

陶等人，针对“复兴文言”的逆流发动了大众语运动，这是五四时期文白论战的继续与发展。陶行知积极参加了这场论战，提出了“大众语与大众文必须合一”的主张。他是提倡大众语的半月刊《太白》的特约撰稿人之一，也是推行手头字（简化字）的发起人之一。其间发表的代表性文章有：汪懋祖的《禁习文言与强令读经》、吴研因的《辟小学参用文言初中必读孟子及指斥语体文诸说》、柳诒徵的《小学国语教材之疑问》、胡愈之的《关于大众语文》、魏猛克的《普通话与大众语》、任白戈的《大众语底建设问题》、吴稚晖的《大众语万岁》、张庚的《大众语的记录问题》等。这些文章大都发表于《申报》的“自由谈”栏目和《大晚报》“火炬”栏目。① 陶行知在这次论战中发挥了重要的作用，他所撰写的《文言白话又一战》、《大众语文运动之路》、《怎样写大众文》、《再谈怎样写大众文》、《四个先生：教人写大众文不取学费》、《白话文与大众文》等一系列文章，分别发表于1934年6月的《生活教育》第1卷第9期、1934年7月4日的《申报·自由谈》、1935年11月6日和16日的《生活教育》第2卷第18期和第19期、1935年12月23日的《大众生活》、1936年1月16日的《生活教育》第2卷第22期。这些文章成为当时语言文字改革的强有力的指导性思想，为现代中国语文建设指出了努力方向，为实现语言文学的大众化奠定了坚实的基础。

综观陶行知关于大众语文运动的思想，主要包括以下几方面。

第一，为“大众语文”作了科学界定。胡愈之于1934年6月23日在《申报》“自由谈”栏目发表了《关于大众语文》一文，文中给“大众语”下的定义是：“大众语应该解释作代表大众意识的语言。”② 陶行知首先肯定了胡愈之的观点，然后又对胡愈之的定义作了更为准确的补充和完善：

> ……大众语是代表大众前进意识的话语，大众文是代表大众

---

① 任重编：《文言、白话、大众话论战》，民众读物出版社1934年版，第1—113页。

② 胡愈之：《关于大众语文》，载《申报》1934年6月23日。

前进意识的文字。

大众语与大众文必须合一：在程度上合一，在需要上合一，在意识上合一。

大众语文适合大众的程度、需要和意识时，在大众本身所起的反应是高兴。所以大众语文是大众高兴说、高兴听、高兴写、高兴看的语言文字。这高兴的境界便是艺术的境界。①

陶行知在胡愈之定义的基础上加了“前进”一词，旨在体现大众语文对引导民众在民主化、科学化、现代化道路上前进所起的积极作用。这反映出陶行知在大众语文建构中所起的先驱与表率作用。

第二，指出了大众语文建设的必要性和紧迫性。陶行知坚信大众迫切需要属于自己的语言文字，因为语言文字是符号。“大众是过着符号贫穷的生活，但是他们需要符号是铁打的事实，老太婆用绳结记帐，农夫刻树皮抒情，野孩子写王八蛋骂人，民众学校学生用注音字母代替他所不会写的字。”②他还举了一个生动的例子，来说明大众对属于自己的语言文字的渴求。

从前有一位妇人寄了一封信给她的丈夫，丈夫打开一看，纸上画的是：

○ ○○ ○ ɔ ○○○○○○○○○○○○

丈夫看不懂，一位聪明人把他妻子所画的圈中秘密指点他说：

“欲待相思无从寄，画几个圈儿替。单圈儿是我，双圈儿是你。圆圈儿是团圆，破圈儿是别离。还有说不尽的心思，把一路的圈儿圈到底。”

这些例子指示出大众的生活中是有一个大缺憾，大众没有取得够用的思想的符号、情感的符号、行动的符号。总而言之，没有取得充分的生活的符号。大众的符号是和大饼一样的贫乏。剥

---

①② 《大众语文运动之路》，载华中师范学院教育科学研究所主编：《陶行知全集》第2卷，湖南教育出版社1985年版，第683、683—684页。

削大众的大饼的人是同时独占了大众生活所需要的符号。①

由上可见，不管是什么时候的大众，不管是干什么工作的大众，都需要语言文字，怀有用文字来表达自己思想的强烈愿望。过去的语言文字是被统治者所垄断的非大众化的符号，只是专门服务于剥削者的文化，而陶行知所倡导的语言文字是普及的、通俗的、大众化的，是容易被劳苦大众所接受和使用的符号。

第三，指明了大众语言文字运动的出路。陶行知根据民众对语言文字的需要，结合当时语言文字学界的一些观点，提出了大众语文运动的两条出路。一是“智识分子参加大众生活，在大众语演进的基础上努力写作语文合一的大众文”②。这就要求知识分子深入到大众生活中去，与大众共同生活、共同劳动、同甘共苦，深入体察民众生活，拜大众为师，学习大众语，“等到自己的生活与大众的生活打成一片，然后他才能领略大众生活之酸甜苦辣，然后他写大众便是写自己，写自己便是写大众”。知识分子如果不愿做大众的学生，不愿成为民众队伍中的一员，就永远不会学到真正的大众语言。只有与大众为伍，与大众共同生活，才能真正领悟到大众语言文字的真谛，也才能创作出适合大众口味的大众文。二是“将生活符号普及于大众，使大众自己创造出语文合一的大众文”③。要想让大众自己能够创作出属于自己的大众文，首先就必须在大众中普及大众语言文字，让大众学会使用这些符号。为此，陶行知提出了“三管齐下”的教育方法：一是教汉字，二是教注音字母，三是教用注音字母拼成大众文。因为认识汉字是学习大众文的前提，而学汉字的一条捷径就是教其认注音字母，“大家学会注音字母便可以自动去用字典、认生字，追求新知识”。然后，运用注音字母去记录自己的思想、情感和行动，接着就可教大众运用文字和字母写大众文。在此过程中，可以充当老师的人很多，陶行知认为所有识字的人都可充实到这支教育队伍中来，还可以通过“小先生制”来帮助民众学习大众语文。他还告诫大众语文运

①②③ 《大众语文运动之路》，载华中师范学院教育科学研究所主编：《陶行知全集》第2卷，湖南教育出版社1985年版，第684页。

动的发动者要善于有选择地去教大众，不能不加选择地教授一些过时的、不健康的内容。“我们把文字符号传给大众的时候，要做一番‘滤清’的工作。我们要把时代落伍的意识滤掉，要把麻醉的毒质滤掉，要把古典滤掉，要把洋文法滤掉。我们献给大众的符号，是要和没有微生物的清水一样。大众得了这种清水的符号，便能自由的、毫无成见的写出真正的大众文。”① 陶行知为大众语文运动指明了明确的奋斗方向，目标之明确，方案之具体，规划之周密，真可谓中国语言文字运动的先驱和楷模。

第四，划分了白话文与大众文的界限。在 20 世纪 30 年代全国语言文字学界掀起的“文言文、白话文和大众文”论战中，众多学者发表了自己的见解与看法，陶行知就是其中力倡大众文的一位杰出代表。1936 年 1 月他针对胡适撰写的《大众语在哪儿?》一文进行了针锋相对的论辩，于当年 1 月 16 日在《生活教育》第 2 卷第 22 期发表了《白话文与大众文》，明确提出“大众语在大众的嘴巴上”，而“白话在小众的嘴巴上”，在使用大众文过程中，要做到“字字句句他们都听得懂，用一个字不要忘了大众，造一句句子不要忘了大众，说一个比喻不要忘了大众。这样训练的结果，自然是大众语了”。② 他从三个方面对大众文与白话文进行了区别。一是从语言角度，大众语是以民间通用的口语为基础的，而白话文是以书面语言为主。如白话讲“结婚”，而大众语讲“做亲”。二是从文字角度，“大众语只有拼音的新文字，才可以把它忠实地写出来”，而白话文完全以汉字为表词达意的载体。陶行知拼音的新文字，民众便于认、方便写和容易学，“有了拼音新文字，大众自己就可以根据大众语和前进大众意识来创造大众高兴看、高兴读、高兴听的大众文”，而“汉字是没有这个本领的，汉字难写难认”，③ 成为普及大众文化和教育的最大障碍。三是在技术方面，他反对胡适提出的使用无线发音机（收音机）的方法去

① 《大众语文运动之路》，载华中师范学院教育科学研究所主编：《陶行知全集》第 2 卷，湖南教育出版社 1985 年版，第 685—686 页。

②③ 《白话文与大众文》，载《生活教育》第 2 卷第 22 期，1936 年 1 月 16 日。

向大众宣读文稿，因为这样做，大众能否听得懂是个未知数；而真正要创作出大众文并能够让大众听得懂，就要深入体验大众生活，广泛传播大众文化，做到“钻进大众的队伍里去和大众的生活打成一片”，这样才能写出真正的大众文。

第五，主张教材都使用白话文。陶行知针对汪懋祖、柳诒徵等人反对教材使用白话文的观点，撰写了《文言白话又一战》，主张“一切公立学校，都应该教白话文，不应该教文言文”，因为白话文容易学、容易教，这种教材适合“小先生”在普及大众教育中起作用。“如果改用文言文，小先生失去了效用，中国教育再等一百年也不得普及。”① 他认为文言文教材是培养少爷、小姐和蛀书虫的教学内容，而大众的普及教育只能采用白话文教材，因为它是大众所真正需要的并能够真正推动大众教育发展的教育内容，因此，“大众的要求，儿童的要求，新人才的要求，都是逼着白话文进展，而不让文言文复辟”②。

第六，教民众如何写大众文。陶行知在揭示白话文弊端的同时，提出了自己写好大众文的科学方法。他认为，白话文的最大弊端就在于大众听不懂，“白话文，教人聋；读起来，听不懂”③。因此，写大众文的关键是：“大众文应该写大众需要知道的事”，“大众文应当照大众说话的口气写”。只有这样，大众才能听懂、读懂。为了切实起到指导大众文写作的作用，陶行知还专门用大众语创作了一首通俗易懂的大众诗：

根据大众语，来写大众文。文章和说话，不能随便分。
一面动笔写，一面用嘴哼。好听不好听，耳朵做先生。④

他建议在写作大众文时，要不断倾听大众的意见，当完成一篇大众文或一首大众诗时，就要到民间去读，广泛地让大众去听，然后让他们提意见和建议。他说：“工人、农人、车夫、老妈子、小孩子的耳朵都靠得住。你做好一篇文章，读给他们听听。如果他们听不懂，

①② 《文言白话又一战》，载《生活教育》第1卷第9期，1934年6月16日。
③④ 《怎样写大众文》，载《生活教育》第2卷第18期，1935年11月16日。

你要努力的修改，改到他们听懂了，才能写成大众文。小众听得懂而大众听不懂的文章，决不能冒充大众文。好的大众文还要大众高兴听。如果小众高兴听而大众不高兴听，决不能算为好的大众文。”只有这样，才能写好或改好大众文。他还赋诗一首来反映这一思想：

文章好不好，要问老妈子。老妈高兴听，可以卖稿子。

老妈听不懂，就算是废纸。废纸那个要？送给书呆子。①

他多次强调，要想写好大众文，就必须在初步完成后，先在大众面前用嘴哼，“请大众的耳朵做我们的先生”，直到大众能听懂并乐意听为止。为了避免大众听不懂，就尽量少用一些民众不太熟悉的“新名词”，否则会影响到大众文化的效果。陶行知自己编写的《老少通千字课》，就是采取这种方法完成的，因此受到了大众的普遍欢迎。

第七，提出了大众文写作的四条原则。陶行知用形象生动的方式来阐明创作大众文应当遵循的四条原则：“大众文怎样写法？我也不敢胡说，但有四个先生可以介绍。只要我们自己虚心向他们请教，他们是愿意免费指导我们的。”这四位“先生”就是“耳朵先生”、“大众先生”、“生活先生”、“新文字先生”，实际讲的是四个原则。一要多读多听。写完大众文后，要自己多读多听，直到自己的耳朵听懂了为止。“耳朵听得懂，高兴听，就算及格。”② 二要善于向大众请教。要写出好的大众文，就必须多向农人、工人、车夫、老妈子、小孩子请教，让他们听自己创作的文章，以大众喜欢与否为标准。三要深入大众生活。只有了解大众生活，体察大众生活，才能创作出反映大众生活的作品。

过大众的生活才算受大众的教育，才能写大众的文章。我们必须在大众的队伍里做一个队员，与大众打成一片，才能感觉大众的痛苦，发现大众的问题，明了大众的迫切的要求，这时候才

① 《再谈怎样写大众文》，载华中师范学院教育科学研究所主编：《陶行知全集》第2卷，湖南教育出版社1985年版，第889页。

② 《四个先生：教人写大众文——不取学费》，载华中师范学院教育科学研究所主编：《陶行知全集》第2卷，第921页。

有资格来写真正的大众文。①

因为大众文创作内容是真实反映大众生活，写作目的是为大众提供精神食粮。四要运用新文字写作。他所讲的“新文字”是指“一种拼音的新文字”，他认为“新文字是我们写大众文的最好的先生”，因为这种文字“必定是要容易认，容易写，才容易普及而成为大众的文字”。②只要遵循这四条原则，大众文就可以真正写好，成为大众喜欢读的文章。

第三节　普及现代科学

陶行知是中国近现代教育史上倡导科学教育的先驱，一方面，他极力提倡在中国开展科学教育，使广大民众意识到科学技术对中国发展的重要意义；另一方面，他努力进行科学教育实践，创办科学教育组织，开展科学实验，培养儿童对科学的浓厚兴趣，为民族振兴和国家富强造就栋梁之材。

一、主持科学教育调查，力倡科学教育

（一）现代科学教育的起步

20 世纪二三十年代，中国兴起了科学教育思潮，这是中国近代社会发展和科学进步的必然结果。从 1914 年 6 月开始，留学美国的一批中国青年发起组织了中国科学社。该组织提倡以“传播科学知识，促进实业发展”③ 为宗旨，任鸿隽任社长。1915 年中国留学生胡明复、赵元任、任鸿隽等为向国内介绍国外科学，在上海创办了《科学》杂志，该杂志成为国内宣传科学知识的主要刊物。他们倡导科学应与教育结合，向国人传授科学知识、科学方法。到五四新文化

①② 《四个先生：教人写大众文——不取学费》，载华中师范学院教育科学研究所主编：《陶行知全集》第 2 卷，湖南教育出版社 1985 年版，第 921、921—922 页。

③ 董宝良、周洪宇主编：《中国近现代教育思潮与流派》，人民教育出版社 1998 年版，第 402 页。

运动时期，由于“民主”与“科学”成为高举的两面旗帜，陈独秀明确提出：“近代欧洲之所以优越他族者”，就在于“科学之兴”。① 当时正在美国留学的陶行知和胡适均发表了倡导科学教育的主张。陶行知讲：“现在的世界是一个科学的世界。整个中国必须受科学的洗礼，方能适于生存。”② 可以说，五四时期已将科学教育思潮推向一个新的高度。1923 年丁文江在“科玄论战”中反驳张君劢时，指出：“科学的方法是辨别事实的真伪，把真事实取出来详细的分类，然后求他们的秩序关系，想一种最简单明了的话来概括它。所以，科学的万能……不在它的材料，在它的方法。”③ 正是因为这些中国一流的思想家都成为科学主义思潮的倡导者与推动者，“20 世纪的这种潮流导致三四十年代更坚定地支持科学的力量”④。

1923 年 8 月，中国科学社在杭州召开会议，会议提出主要任务是发行杂志、编译书籍、设立科学图书馆、成立科学研究所、举办科学讲演等。可以说，从此科学教育思潮由宣传阶段进入到了具体落实和行动阶段。主要的推动者有任鸿隽、丁文江、朱经农等人，具体主张有：倡行科学教育，批判传统教育；注重科学内容的传授，尤其重视科学方法、态度和精神的提倡；尊重理性，反对盲从；培养研究科学的人才，用科学方法解决教育问题；等等。陶行知不仅是早期科学教育思潮的倡导者，也是早期科学教育运动实践的参与者与组织者。1924 年 7 月 10 日到 8 月 8 日，中华教育改进社与清华学校共同组织科学教员暑期研究会，陶行知任副会长。在陶行知草拟的这份科学教员暑期研究会说明书中讲到：成立这个研究会的原因是“科学知识为吾国进步所必需。欲使吾人民在现代民族中占重要位置，以无负其人

---

① 陈独秀：《敬告青年》，载《独秀文存》，安徽人民出版社 1987 年版，第 8 页。

② 唐文权：《“五四”精神：中国教育现代化的巨大动力》，载《华中师范大学学报（哲学社会科学版）》1989 年第 4 期。

③ 丁文江：《玄学与科学》，载《科学与人生观》上册，上海亚东图书馆 1923 年版，第 20 页。

④ ［美］郭颖颐著，雷颐译：《中国现代思想中的唯科学主义（1900—1950）》，江苏人民出版社 2005 年版，第 13 页。

口之众，智力之强，与夫天然财产之丰富，必须有更进一步之科学知识"①。而要想让广大民众了解科学知识，就必须让其接受科学教育。陶行知深知，欧美和日本之所以发达，能够领先于全球，就是因为这些国家都非常重视对其国民进行科学教育。因此，陶行知提出："科学教育必须实施于中等及专门大学，但欲增进科学知识，与使其善用科学方法，以解决实际问题，暨发现新原理、新定律等，则最有效而唯一之方法，即为中等或专门大学之科学教育。"②因为中学和专门学校毕业的学生可以充当科学教员，在科学教育中起到传播科学技术知识的作用。而要加强中学和专门学校的科学教育，首要的问题就是师资问题。陶行知已充分认识到了这一点，他说："教师为第一要素。就科学教育论，其第一要素为教师。"教师问题又可具体化为许多小问题：教师的数量、教师的科学知识水平、教师的教学方法以及教学中所使用的教材等一系列问题。陶行知对科学教育的教师问题提出了要求："设有相当之教师，即不但具有确实之科学知识，而且长于教学之方法，则其他事项，如教科书、实验指南、仪器及他种设备等。"要想让科学教师的知识及时得到更新，教学方法不断创新，就有必要让其加以研修和学习，以便更好地胜任教学工作。陶行知经过调查，发现当时全国各地师范学校及专门学校的科学教育尽管比以前大有改观，但是仍有许多教师缺少经验，对最新的科学成果和新知识缺乏了解，在教学方法上也不懂创新，因此，他建议对全国中等以上学校的科学教师进行"再教育"。即使有不少科学教师也很有教学经验，教学效果也不错，但对科学教育中的实验课往往不太熟悉，对实地考察也不够重视。鉴于以上原因，开展科学教师暑期研究会十分必要，通过这项活动"以进行各个的实验室工作；研究及讨论实验室教学与讲授之最新方法；讨论教材某部教授时之困难及其免除法；及听受某科之高深讲演"。③这种研究讨论的方式是提高科学教育师资水平、提高科学教育教学质量的重要途径。

---

①②③《科学教员暑期研究会说明书》，载中国陶行知研究会组编：《陶行知全集》第1卷，四川教育出版社1991年版，第721、722、722页。

总之，科学教育思潮，直接成为20世纪30年代由陶行知发起并领导的“科学下嫁”运动和科学普及教育运动的先导。20世纪三四十年代在中国力倡科学教育运动的杰出代表就是陶行知。1931年陶行知从日本潜回上海后，就极力倡导科学教育，并提出了“科学下嫁”的口号，把科学教育由思潮推向了运动。

（二）创办晓庄科学社

陶行知不仅极力呼吁开展科学传播和科学教育，而且还进行了科学传播的积极实践。为了广泛向民众宣传科学，普及科学知识，他于1928年创办了晓庄科学社。该社成立的宗旨是“培养科学的人生观，构造科学的环境，制造简单的科学工具，研究科学的教学做”，以期“促进乡村科学化”。主要活动有：聘请科学专家讲演，介绍科学的书报和科学发明，编辑科学研究报告，开展科学调查和实践，举行科学集会等。内部机构分设生物、物理、化学、数学等四组，还明确提出“首重科学之发展，而科学中尤特别注意生物学”① 的具体目标，理由有四：其一，乡村环境中，生物最为丰富，用之无尽，取之无穷；其二，生物设备较理化各科省费，轻而易举；其三，儿童本身实一生物，教师必须明了生物原则，方能尽其天职；其四，儿童最喜接近生物，以生物为中心教材，必能引起学生兴趣，使其有求知之乐。②

陶行知深信“科学化运动，比如大江之流”，来势凶猛，不可阻挡。晓庄科学社，由秉志、姚文采等兼任指导员，由学生自行研究。起初生物教师姚文采不理解，上课仍然照本宣科，后来陶行知请来两位捕蛇人，并将师生带到山上，实地操作，现场教学，让学生去动手捕蛇，经过多次试验和对蛇的解剖，学生认识到了蛇的生理特征、生活习性和捕蛇的要领。陶行知对师生讲：“生物课照着书本讲，岂不成了死物课！”③

晓庄科学社在宣言中写道：“什么是晓庄精神呢？一字蔽之，

---

①② 《重视生物学——致中国科学社》，载华中师范学院教育科学研究所主编：《陶行知全集》第5卷，湖南教育出版社1985年版，第217页。

③ 司少周：《中国科学教育的先驱》，载《行知研究》1994年第3期。

‘干’！‘干’！‘干’！认清责任，担负责任，实践责任，是我们的特长；言而不行，挂名避实，是我们所深恶痛绝的。亲爱的同志，我们既高呼着晓庄科学化的口号，就应努力于晓庄科学化的实际工作，奋勇向前，艰难无间……我们对于科学的努力，决不肯松懈的。”① 因此，在陶行知的指导下，师生开始脚踏实地地将科学原理落实到实际行动中去，去实实在在地进行科学实践。姚文采带领学生到野外采集标本，请药农教学生制草药，请花农来教种花，请农学专家来教种山芋。他还特聘了金陵大学教授邵仲香（德馨）到晓庄为学生做农业指导员，邵教授带领学生进行科学耕作、科学施肥、按时浇水，结果产出的山芋比当地农民种的大得多，产量倍增。陶行知将这种大山芋命名为“山芋总统”②，引起了当地农民的极大兴趣，他们纷纷来晓庄参观学习，起到了农业科技知识普及到民间的效果。晓庄科学社还请中国科学社和金陵大学的专家、教授来作专题讲演。晓庄科学社的生物研究室与秉志领导的生物研究所合作，采集了长江和沿海动物制成标本，并建起了生物标本陈列室，供学生和农民参观，起到了在当地广泛传播科学知识的作用。

晓庄科学社是陶行知在科学传播方面所做的有益尝试，也是他大力开展“科学下嫁”运动的早期试验，为他在20世纪30年代进行大规模的科学传播运动积累了丰富的经验，奠定了坚实的基础。

（三）兴办科学教育

第一，兴办科学教育，要强化教师的科学意识。

陶行知清楚地认识到兴办科学教育的关键在于教师，如果教师缺乏科学理念和科学知识，就不会培养出科学的儿童。为此，他于1932年5月在杭州师范学校讲演时指出：

> 在二十世纪科学昌明的时代，应当有一个科学的中国。然而科学的中国，谁来负起造就的责任？就是一班小学教师。造成科

① 《晓庄科学社宣言》，载中国陶行知研究会组编：《陶行知全集》第2卷，四川教育出版社1991年版，第730页。

② 司少周：《中国科学教育的先驱》，载《行知研究》1994年第3期。

学的中国，责任大得很啦。小学教师们一定要说："我们负不起这种重大的责任。"别怕。我想，造成科学的中国，也只有小学教师可以负责。因为要建设科学的中国，第一步是要使得中国人个个都知道科学，要使个个人对于科学上发生兴趣。年龄稍大的成人们，对于科学引不起他们的兴趣来。只有在小孩子身上，施以一种科学教育，培养他们科学的兴趣，发展他们科学上的天才。只要在孩子们中培养出像爱迪生那样的几个科学杰出人才，便不难使中国立刻科学化。①

陶行知将培养小学教师的科学意识作为科学教育、振兴中华的第一要务。他的逻辑思维是中国要强大，就必须昌明科学，走科学化的道路，而中国要科学化，首先应当用科学来武装儿童，让儿童从小热爱科学、崇尚科学、学习科学、研究科学。而这些均需要小学教师来正确引导，因此，要举办科学教育，首先应当培养小学教师的科学意识。

第二，兴办科学教育，要培养儿童崇尚科学的精神。

陶行知将儿童掌握科学知识，养成科学意识，培养科学精神，作为实现中国科学化的首要途径。儿童的科学教育在他心目中占据着重要的地位。"我们必先造就了科学的小孩子，方才有科学的中国。"②1931年秋他在一封信中也写道："现在是一个科学的世界。科学的世界里应该有一个科学的中国，科学的中国要谁去创造呢？要小孩子去创造！等到中国的孩子都成了科学的孩子，那时候，我们的中国便自然而然的变为科学的中国了。"③ 他以此来鼓励中国所有的少年儿童都要从小树立学习科学、研究科学、崇尚科学的志向，立志通过从事科学事业来报效祖国。他在给庄泽宣的信中讲道："我们觉得要救中华民族，必须民族具备科学的本领，成为科学的民族，才能适应现代

①② 《儿童科学教育》，载华中师范学院教育科学研究所主编：《陶行知全集》第2卷，湖南教育出版社1985年版，第577页。

③ 《科学的孩子——致问真、探真》，载华中师范学院教育科学研究所主编：《陶行知全集》第5卷，湖南教育出版社1985年版，第240页。

生活，而生存于现代世界。科学要从小教起。我们要造成一个科学的民族，必要在民族的嫩芽——儿童——上去加工夫培植。有了科学的儿童，自然会产生科学的中国和科学的中华民族。”① 欲使儿童科学化，培养儿童的科学意识和科学精神，就必须经常让儿童从事科学实验，“科学的小孩子是从玩科学的把戏中产生出来的”，因此，教师要善于融入儿童的科学游戏和科学实验中去。

第三，兴办科学教育，要开展多种传播科学的活动。

科学教育是一项系统工程，不是单凭某项活动能够奏效的。陶行知倡导开展形式多样的科学传播和教育活动，让儿童在各种场合和各种活动中接受科学教育。因此，他于 20 世纪 30 年代初创办了“自然学园”和儿童科学通讯学校，编写了《儿童科学丛书》，把科学知识送给儿童和工农群众，以后又改为“空中学校”，每周传播科学知识，并与高士其、董纯才、吕镜楼等人一起推广科学普及事业，从事“科学下嫁”运动。1939 年，陶行知在育才学校设立了七个专业组，其中自然科学组所开设的课程有生物、物理、化学、天文、气象、地质等。自然组师生自力更生建立起了自然科学馆，内设物理、化学、生物实验室，他们自制生物标本，利用外界的自然条件进行农作物种植实验，还进行学校周围的土壤分析，确定适合种植的作物和蔬菜。在校内建立了植物园、昆虫馆、水族馆、鸟类馆等，其中的动植物标本都是学生自己亲手采集和制作的。还进行动物饲养和繁殖实验，取得了很好的效果。组织谈天会，学习天文知识，开展气象预报。陶行知还亲自指导学生用菜油灯作光源来放幻灯，使用白果汁杀臭虫。

二、创办自然学园，推行“科学下嫁”运动

“科学下嫁”运动是 20 世纪 30 年代由陶行知发起的一场科学普及运动。该运动既是继五四运动之后在中国开展最早、规模最大的一次科学传播实践活动，又是近现代教育史上首次大范围、多层次的科

---

① 《关于科学教育——致庄泽宣》，载华中师范学院教育科学研究所主编：《陶行知全集》第 5 卷，湖南教育出版社 1985 年版，第 247 页。

学教育运动。陶行知以满腔爱国之情和对民族的高度责任感，在全面审视中西方经济文化悬殊的前提下，抱着振兴中华民族的伟大志愿，从科学救国的视角着眼，创造性地提出了“科学下嫁”、普及到民的崭新构思，并积极实践，奔走呼号，在近现代中国产生了重大影响，为科学意识深入民心打下了基础。

随着两次科技革命的推进，世界发达资本主义国家凭借先进的科学技术，相继走上了富民强国的道路。实践证明，谁培养出高层次人才，掌握了高精尖技术，谁就会大力发展生产力，提高经济效益，增强综合国力。欧美一些国家就是通过科技革命逐步走上了强国之路。日本看到欧美各国相继跻身于强国之林后，就开始痛下决心向欧美学习，改良体制，重视科技和教育，也摆脱了落后的境地，走上了强国之路。

1930 年国民党当局查封晓庄学校，陶行知遭通缉，被迫流亡日本。他利用在日本的空闲时间，对日本的经济和科技进行了认真考察。他意识到日本之所以发达的一个重要原因在于重视科学技术，培养科技人才，“日本之所以强，强在他的科学发达”，而中国相比之下，相差甚远。因此，要想使中国走上现代化和工业化的道路，就应当效法日本，重视科学技术的推广与应用。他在给友人的信中也谈道：“整个世界都是向着科学猛进，我们中国必须领受科学的洗礼，才能在科学的世界上适于生存。但是要想创造科学的中国，必须培养科学人才的幼苗，才能达到目的。”于是，他于 1931 年春回到上海后，就决心开展“科学下嫁”运动，普及科学知识，培养科技人才，旨在将中国由一个农业国变为一个工业国。而当时中国的实际情况是本来科学技术就不发达，并且都为资本家及其子女所独占，而人民大众及其子女却享受不到学习科学技术的机会。他要把近代科学技术知识，变得同阳光和空气一样，能够普照到民间，让全社会的人都能够接受到科学技术知识，连流浪的穷孩子、烧饭的老太婆都能享受得到，于是便开展了一系列的普及科学知识的活动，如创办自然学园，研究自然科学；成立儿童科学通讯学校，培育儿童的科学意识，掌握科学知识；发表科普文章，宣传科学道理；出版科学书籍，传播科学知识等，这些活动取得了较好的效果，掀起了中国近现代科学教育的高潮。

所谓“科学下嫁”运动，就是指将以往远离民众、高高在上的科学，下嫁给大众，下嫁给儿童，使广大民众有机会接触到科学，有条件受到科学教育，通过儿童科学化、民众科学化，来实现中国的科学化。陶行知站在振兴国家和民族的高度，来思考和探索科学普及的途径和办法。

（一）创办自然学园，普及科学知识

陶行知开展“科学下嫁”运动，得到了上海报业巨子史量才的大力支持，史捐献出10万元作为活动基金。同年夏，陶行知在上海创办了自然学园，目的是将科学技术知识下嫁给广大的劳苦大众。他说：“自然科学是开向理想世界的特别快车”，“从农业文明过渡到工业文明，自然科学是唯一的桥梁”。自然学园的主要成员有丁柱中、高士其、董纯才、陶宏、戴伯韬、方与严等，主要从事自然科学的实验，研究科学普及创作。据高士其回忆：

> 自然学园是一所三层楼的洋房，我和戴伯韬、董纯才三人住在二层楼上，丁柱中、方与严、陶宏三人住在楼下，陶先生白天来晚上回去。三层楼上住的是一对巴基斯坦夫妇和他们的儿女。楼上有晒台，我们三人每天起床后，就坐在晒台上晒太阳。上午我们看报、看书、看资料。午饭后，开始写作。我写儿童卫生讲稿，丁柱中写巴士德传，陶宏是搞化学的，他有一套玻璃仪器，方与严是陶先生的助理和秘书，一切杂务工作是我们大家分管的。
>
> 自然学园里有一架很精密的显微镜，我来后主要是供我使用，我用牛肉汤做细菌的培养基，这里还有其他实验用的设备和仪器。到了晚上，全体自然学园的同人们，由陶先生率领到前面一处空地上观看满天星斗，陶先生给我们指出哪是北斗星，哪是牛郎织女，哪儿是天河。他又亲自编写了《儿童天文学活页指导》。自然学园也是自由学园，在那儿我们无拘束，过着写作生活。①

---

①　高士其：《陶行知先生对我的鼓励和帮助》，载四川省纪念陶行知先生诞生九十周年大会筹备组编：《陶行知纪念文集》，四川人民出版社1982年版，第47—48页。

正是在这些科学爱好者的携手努力下，自然学园编辑出版了《儿童科学丛书》和《大众科学丛书》。其中《儿童科学丛书》影响很大，包括生物、化学、物理、天文、地质、生理卫生等学科，共 108 册。陶行知本人亲自编写了三册科普读物：《儿童的度量衡》、《空气的科学把戏》和《肥皂的把戏》。他还建立了一个小型实验室，经常组织园内人员到小学做玩科学把戏的示范。正是在陶行知的亲自指导下，才编写出了一批优秀的儿童读物，正像高士其所评价的那样："陶行知热衷于科学教育事业，奔走呼吁筹募基金，领导一批科学人才，写作儿童科学读物。"①

（二）成立儿童科学通讯学校，真正推动儿童科学教育

为了进一步推动"科学下嫁"运动，陶行知还于 1932 年 5 月在上海爱文义路小沙渡路永裕村创办了儿童科学通讯学校，该校经上海市教育局审查批准成立。该校以生活教育思想为指导，以增长小学教师、师范学生、儿童家长、识字青年和儿童的科学智能为目的。陶行知亲自担任校长，聘请专家担任指导员。创办宗旨是"造就科学的儿童、科学的民众，从而造成科学的民族，以适应科学的世界"②。他在招生启事中指出："二十世纪的世界是一个科学的世界。在科学的

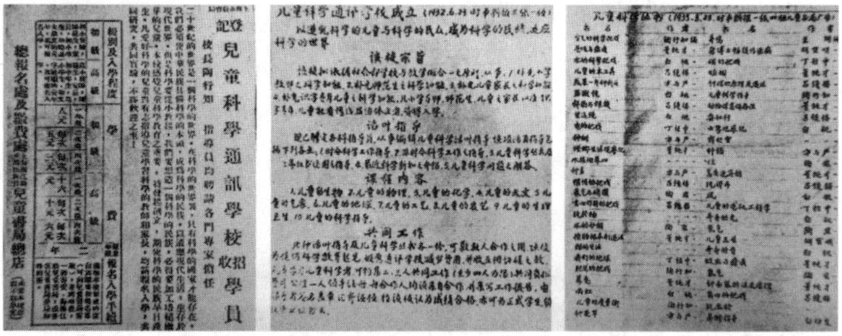
兒童科學通訊學校招收學員

儿童科学通讯学校成立

办校宗旨

课程内容

共同工作

儿童科学通讯学校招生广告、办学宗旨及所编写的《儿童科学丛书》目录

① 高士其：《陶行知先生对我的鼓励和帮助》，载四川省纪念陶行知先生诞生九十周年大会筹备组编：《陶行知纪念文集》，四川人民出版社 1982 年版，第 48 页。

② 高士其：《他在我心中布下科普创作的种子——忆陶行知先生》，载安徽省陶行知教育思想研究会编：《陶行知一生》，湖南教育出版社 1984 年版，第 322 页。

世界里，只有科学的国家才能存在。我们必须使中华民族具备科学的本领，成为科学的民族，以适应现代生活，生存于现代世界。但是科学要从小教起，我们要想造一个科学的民族，必得要加工培植嫩芽的儿童。本校感觉儿童科学教育之重要，特发起创立，期使科学的民族早日产生。凡爱好科学的儿童与有志指导儿童学习科学的教师和家长，均请报名入学，共同研究，共同实验。”①

学校分设初级班和高级班两种：初级班的招生对象是初小教师、师范生、家长、初小学生和略识大众文的青年，高级班的招生对象为高小教师、师范生、家长、初中学生、高小学生和文字通顺的青年。修业年限为两年，学费标准为：初级班，若一次交只收 8 元，若两次交就每次交 5 元，若四次交就每次交 3 元；高级班，若一次交只收 16 元，若两次交就每次交 10 元，若四次交就每次交 6 元。② 开设的课程有生物、物理、化学、天文、地球、气象、工艺、农艺、生理卫生等。初级班的教材主要有陶行知编写的《儿童科学活页指导》、《算术的把戏》等，高级班的教材主要是《儿童天文学活页指导》等。当时报名人数达百余人，各科讲义均按时免费发给学生，由指导员义务任教，学生自己根据讲义内容动手做实验，遇到疑难问题，随时可以到校中去请教老师。陶行知还经常带学生观看星斗，识别天河、北斗、牛郎、织女等星座。1932 年 5 月，该校派出 6 名指导员到杭州师范学校、湘湖师范学校等地宣传对儿童实施科学教育的重要性，取得了良好效果。

由于经费问题，该校办到 1935 年被迫停办。后来，陶行知又设法与广播电台取得联系，举办空中学校，主要利用广播电台向大众传播科学知识。陶行知和同人们撰写广播稿，每篇以刚好播放 20 分钟为度，一篇一题，由其次子陶晓光讲授普及教育课本《老少千字课》，

---

① 《儿童科学通讯学校招生启事》，载中国陶行知研究会组编：《陶行知全集》第 3 卷，四川教育出版社 1991 年版，第 744 页。

② 《关于儿童科学通讯学校的两个文件》，载中国陶行知研究会组编：《陶行知全集》第 3 卷，第 742 页。

同时宣传科学技术知识。

（三）“科学下嫁”运动的特点

“科学下嫁”运动是20世纪30年代由陶行知为振兴中华而发起的一场全新的科教救国运动，其根本宗旨是要实现在民众中传播科学、普及科学的目的。综观这一运动所开展的所有活动，不难看出主要有以下几方面的特点。

1. 爱国性：着眼于民族振兴

留美归国的陶行知，深知中国与欧美存在差距的原因是多方面的，但中国人缺乏科学知识、科学意识、科学精神是其中一个重要因素。西方高度发达的工业经济，就是重视科学的结果，特别是流亡日本，使他更加深切地感受到科学传播对发展民族经济、振兴国力的重大意义。因此，他满怀爱国之情，从提高中华民族国际地位的角度，去深入思考在中国传播科学的必要性和重要性。他着眼于国家的发展和民族的振兴，从全球的战略角度去认真审视了中国开展“科学下嫁”运动的必然性和可能性，并脚踏实地地付诸行动，身先士卒，以身作则，在中国兴起了科学普及运动。通过开展各种活动去真正将科学普及到普通民众当中，力求通过科学来战胜迷信，运用科学来振兴民族经济，增强综合国力，使近代落后的中国能够立足于强国之林，这是陶行知梦寐以求的夙愿。这一切均是由其强烈的爱国之心所引发的，他认为，真正的科学家是追求科学的真理，拿着科学的火把救人，至于运用科学为个人或帝国主义争权夺利，甚至于杀人身体灭人国家也毫无顾忌，这叫做科学强盗、科学走狗、科学刽子手，我们要重新为他们估估价。因此，他倡导中国普及科学的目的就是要培养起儿童运用科学来造福大众的意识和能力。最终的目的是使中华民族具备科学的本领，成为科学的民族，以适应现代生活，生存于现代世界。总之，陶行知竭力倡导开展“科学下嫁”运动的动因是爱国，目的是振兴中华民族。

2. 民众性：广泛地发动群众

“科学下嫁”运动的民众性集中体现在科学传播的基本对象是广大的中国民众，根本目的是让民众认识到科学的重要性，使民众普遍接受科学教育，运用科学知识来武装民众的头脑，从而使广大的中国民众从愚昧落后的迷雾中走出来，成为科学进步的民众。“科学下嫁”运动的民众性主要体现在两方面：一是科学普及的对象是民众。陶行知提出凡是有民众的地方，无论是茶馆、酒楼、戏院，乃至茅棚、灶屋、厕所等，都是开展科学普及活动的场所。为了在民众中普及科学，他针对民众文化素质较低的实际情况，建议先通过画报、话剧等群众喜闻乐见的形式来进行宣传，以逐步培养民众热爱科学、崇尚科学的意识，然后再辅之以科学教育读本和科学实验活动，以此来向民众传播科学知识。二是科学普及主要依靠民众。陶行知在实施“科学下嫁”运动过程中，主要依靠民众来开展工作。他一直倡导“教人民进步者，拜人民为师”①。在进行科学普及过程中他仍然奉行这一基本原则，一方面在策划科学普及运动时就坚持放手发动群众，大胆使用群众的原则，在知识分子中广泛寻找得力助手，形成了以高士其、董纯才、方与严、王洞若、戴伯韬、丁柱中、陶宏等一批骨干为核心的科学普及队伍；另一方面，还注重从民众中发展科学普及的积极分子，广泛发动群众参与，采取了与民众互教互学互动的科学教育形式。同时，他在普及科学知识的过程中十分注重尊重民众的兴趣和爱好，在编写科学教育读本时，主要采用大众语文，并请大众的耳朵来当先生。为了调动民众的学习兴趣，陶行知还通过电影、广播等形式来宣传科普知识，并倡导乡村成立科学普及协会，将科学知识与农业生产结合起来，真正实现科学与民众相结合的目的。

3. 实践性：注重付诸行动

“科学下嫁”运动的先导是理论宣传，重点在于实践活动。陶行知是中国近现代著名的教育理论家，同时是勇于探索的教育实践家。他将毕生的精力放在了推动中国教育变革的伟大实践中去，促进科学教育就是其伟大成就之一。在推行科学普及运动中，他注重从生活入手，从自我做起，反对只顾空谈不重行动，而倡导“实践力行，从行动上去求真理知识，并使大众组织起来，自动去做他们的事”。他总

① 陶行知著：《行知诗歌集》，三联书店 1981 年版，第 331 页。

是强调“科学是从把戏中玩出来的”，因此，他以身作则，身先士卒，带领他的同人们一道从事科学实验，开展科普创作。他编写《儿童科学丛书》和《儿童科学指导丛书》的目的就是为了引导儿童动手去做，用脑去想。可以说，这些书是孩子科学实验、观察、思考的指导，书中对从儿童到小学高年级学生安排了600多个科学实验指导案例。他在进行科学普及和科学教育中，始终奉行“教学做合一”的基本原则，在向民众广泛宣教科学知识，要求民众自觉学习科学知识的同时，倡导民众进行科学实验，培养人们亲自动手、体验科学原理的能力，从而培养人们对科学的兴趣。他告诫民众：“种田这件事是要在田里做的，便需在田里学，在田里教。”① 学习科学知识，一方面需要从书本中学，另一方面更需要在实践中学。农民学习科学就应当在农业生产中去亲身实验，运用科学知识来指导农业生产，从而达到科学与生产相结合的效果。

4. 创造性：以养成创新之风

陶行知一贯倡导创造，注重创造，坚持创造，在教育理论与实践中始终以创造为本旨，他的一生可以说就是创造的一生。他在《创造宣言》中讲道：“只要有一滴汗，一滴血，一滴热情，便是创造之神所爱住的行宫，就能开创造之花，结创造之果，繁殖创造之森林。”②在实施“科学下嫁”运动中，陶行知更是强调创造，他要求广大儿童和成人学习科学时，要有创造精神，开展创造性的实验，进行创造性的思维，做出创造性的成就。他要求学生们在学习爱迪生时，不能光学表面，光了解其生平传记和发明成果，而应当学习他在科学实验中亲自动手去做和用脑去想的良好习惯，学习他在科学的道路上脚踏实地去创造的精神。为了培养起儿童的创造力，他建议对儿童实行“六大解放”：解放头脑，是为了让其能想；解放双手，是为了让其能干；

① 四川省纪念陶行知先生诞生九十周年大会筹备组编：《陶行知纪念文集》，四川人民出版社1982年版，第42页。

② 《创造宣言》，载华中师范学院教育科学研究所主编：《陶行知全集》第3卷，湖南教育出版社1985年版，第486页。

解放眼睛，是为了让其能看；解放嘴巴，是为了让其能谈；解放空间，是为了让其在大自然大社会中去获取更丰富的知识；解放时间，是为了让其得到更多支配的时间，从而学自己渴望学的知识和干自己感兴趣的事情。他还教育人们："处处是创造之地，天天是创造之时，人人是创造之人。"① 他希望为中国造就一批懂科学、会创造的新型科技人才，从而为振兴中华民族而多作贡献。

5. 普及性：普及与提高并重

在开展"科学下嫁"运动的过程中，陶行知首先强调的是科学的普及性，旨在通过进行科学传播和科学教育，将科学降落到民众中间，使更多的民众能够了解科普知识，并学会将科学常识运用到生产和生活中去，真正体现出科学的实践价值。普及性是"科学下嫁"运动的一个十分重要的特性，科学只有普及到广大民众当中，才能发挥其现实作用。因此，陶行知一开始就将科学的普及作为首要任务，将"科学下嫁"运动的工作重心放在了民众之中，就是要为民众普降科学之甘霖，从而达到用科学润泽广大民众的目的。但在首先强调普及的同时，陶行知也强调提高，"普及与提高并重，使老百姓都能受教育，并且有特殊才干也能发挥"②。在科学普及过程中，仅通过"蜻蜓点水"、"一曝十寒"的办法，是行不通的。应当重心下移，广泛施教，使科学之阳光能够普照到所有民众身上。同时，也不能埋没一些有特长的人才，应当尽量发挥这些人在科学创造方面的专长，使之有用武之地。只有坚持普及与提高并重的原则，才能真正使"科学下嫁"运动做到有点有面、点面结合，从而实现"科学下嫁"的最终目的。

三、培养科普骨干，编写科普书籍

为了向民众广泛宣传科学知识，培养大众的科学意识，陶行知于

① 《创造宣言》，载华中师范学院教育科学研究所主编：《陶行知全集》第 3 卷，湖南教育出版社 1985 年版，第 484 页。

② 《实施民主教育的提纲》，载江苏省陶行知教育思想研究会等编：《陶行知文集》，江苏人民出版社 1981 年版，第 785 页。

1931年春组织编写了《儿童科学丛书》。由于他被国民党政权通缉，不便出面，所以由丁柱中、陈鹤琴任名义主编，高士其、董纯才、戴伯韬、陶宏等人分任编辑，包括生物、物理、化学、数学、天文、矿物、农业、生理卫生等。这套丛书的特点是依照陶行知“教学做合一”的教育理论来编写，着重在指导儿童动手去做实验。陶行知在谈到丛书的编写目的时说：“我们编辑这部书的目的，在引导小朋友把自己造成科学的孩子。科学的孩子必得动手去做，用脑去想，所以这部书是科学的孩子实验、观察、思想的指南，而不是静坐在那儿‘诗云子曰’一样的读书。如果买了回去，读而不做，做而不求做之所以然，那便是违背我们编书的宗旨了。”① 陶行知组织编写这套丛书的终极目标是希望在使用这套丛书的小朋友中能够出现中国未来的伽利略、巴士德和法拉第。这套丛书的对象是主要是儿童和在校中小学生，包括那些从小失学没条件学习科学知识的成人，还有教师、家长等有知识和文化的人，因为这些人阅读后可以指导其子女学习科学。这套丛书有不少指导人们进行科学实验的理论和方法，以便培养广大民众热爱科学、学习科学、运用科学的习惯。当时的中国小朋友没有条件购买实验仪器，所以丛书指导小朋友找些破布、旧棉花、竹头、木屑、芦秆、墨水瓶、罐头盒等废弃物品作为原料来自己制作实验仪器，这样也有利于培养孩子们的创造发明意识。陶行知根据自然学园成员的不同专业特长，分配了不同的编写任务。高士其是研究细菌学的留学生，陶行知就让他编写《微生物大观》。为了解决他手头缺乏资料和参考书的困难，陶行知还专门给了他钱，买了一套英国伦敦出版的《细菌学》。高士其非常感动，把自己的全部精力都集中到该书的写作上，仅一个月时间，就把书稿交给了陶行知。陶行知还亲自校阅丁柱中译的《巴士德传》，还让董纯才翻译了《十万个为什么》、《黑白》、《五年计划的故事》等。

在这套丛书中，陶行知自己亲自编写了《儿童的度量衡》，从数

---

① 《〈儿童科学丛书〉的用法——致教师、家长和小朋友》，载华中师范学院教育科学研究所主编：《陶行知全集》第5卷，湖南教育出版社1985年版，第251页。

字与数位、量长短、造尺、量面积、量角度、量大小、衡、秤、杠杆、天平秤、活的秤、小磅秤、弹力秤等方面详细地说明了度量衡的原理和使用；编写了《空气的科学把戏》，列举了捉空气、把空气移进肺里监禁、纸不湿、水底点火、嘴唇生瓶、竹笔套吸水、水枪、杯水倒拿、水姑娘跳高、风车、潜水钟等小实验的做法，以此来说明空气的原理和用途；《肥皂的把戏》以对话的方式，对肥皂膜、肥皂泡、吹肥皂泡、玉连环、氢气球等作了解释。后来又编写了《儿童天文学活页指导》，目的是帮助儿童看天体、找北斗、找北极星、识光年、量天、找天龙、找织女、找牵牛、看土星等。这些书对普及儿童科学知识，具有直接的现实指导作用。

1931年陶行知以“斋夫”署名，在《生活》上发表了《科学的生活》一文，强调：“科学是从把戏中玩出来的。……科学从无知之行始，以能行之知终。自然小姐是远在天边，近在眼前，只要您把一双手儿从袖筒里伸出来捞一捞，便可以把她捞着了。”① 他还介绍了世界著名科学家如瓦特、巴士德、法拉第、牛顿等的科学成就。同年10月，他又在《申报》上发表了《爱迪生之死》，介绍了爱迪生在电灯、电车、留声机、电影机等方面的发明，明确提出了“科学该做养人、保人的工具，不该做害人、杀人的凶器”② 思想，教育中国科学研究者应当本着为人类造福祉的宗旨去从事科学工作。还写了题为《法拉第》的小文章，载于《申报·自由谈》，他对“电化世纪之开山祖师”③ 法拉第作了生平事迹介绍，善于钻研的个性使法拉第成就了大科学家，发明了发电机，牵引着人类进入了电气化的新时代，为后来爱迪生在电器领域的诸多发明创造了前提条件，奠定了坚实的基础。接着又介绍了法拉第发明发电机的基本原理——“化磁为电”，

① 《科学的生活》，载华中师范学院教育科学研究所主编：《陶行知全集》第2卷，湖南教育出版社1985年版，第360—361页。

② 《爱迪生之死》，载华中师范学院教育科学研究所主编：《陶行知全集》第2卷，第382页。

③ 《法拉第》，载华中师范学院教育科学研究所主编：《陶行知全集》第2卷，第389页。

强调了“发电机便是现代电化文明之泉源”①。还发表了《佛兰克林》，较为系统地介绍了富兰克林在科学方面的诸多发明：“他从事科学之研究始终只有九年，而贡献于世界的有火炉、避雷针、以太光波学说、印磁铜板、印刷机、双视眼镜、自鸣钟与他的电的理论。”②从 1931 年 9 月起，陶行知以“不除庭草斋夫”为笔名在《申报·自由谈》发表《比牛顿大一倍》、《阳历闹的乱子》、《伽利略与木星的月亮》、《血染的诺贝尔奖金》等关于科学知识和科学家故事方面的文章 15 篇，目的是为了在广大民众中推广科学知识，以达到传播科学知识的目的。

1932 年晓庄学校复校后，陶行知认为“科学的儿童早日造成，科学的中国和科学的中华民族早日实现”③。为了培养科学的儿童，他为晓庄小学设计的课程有生物、物理、化学、天文、地球、几何、农艺、工艺、生理卫生、科学指导十门，旨在让儿童从小接受更多的科学知识教育，进而养成儿童学习科学、运用科学的习惯。

1934 年 2 月 16 日，陶行知主编《生活教育》杂志，开辟了“科学新知”专栏，后改为“科学前线”和“科学生活”，利用这些科学专栏广泛传播科学知识，讲述科学道理，宣传科学教育，为在民众中间普及科学知识提供了一个园地。

---

① 《化磁为电》，载华中师范学院教育科学研究所主编：《陶行知全集》第 2 卷，湖南教育出版社 1985 年版，第 392 页。

② 《佛兰克林》，载华中师范学院教育科学研究所主编：《陶行知全集》第 2 卷，第 412 页。

③ 《关于科学教育——致庄泽宣》，载华中师范学院教育科学研究所主编：《陶行知全集》第 5 卷，湖南教育出版社 1985 年版，第 247 页。

陶行知在加拿大温哥华与华侨合影

1945 年 10 月，中国民主同盟第一次全国代表大会代表合影。第三排右三为陶行知；第二排右三为史良，右五为鲜特生，右六为张澜，右七为沈钧儒；第一排右六为李公朴。

1945 年 10 月 11 日，毛泽东到重庆谈判返回延安时，陶行知等到机场欢送。右一为陶行知，右二为陈诚，左二为张治中。

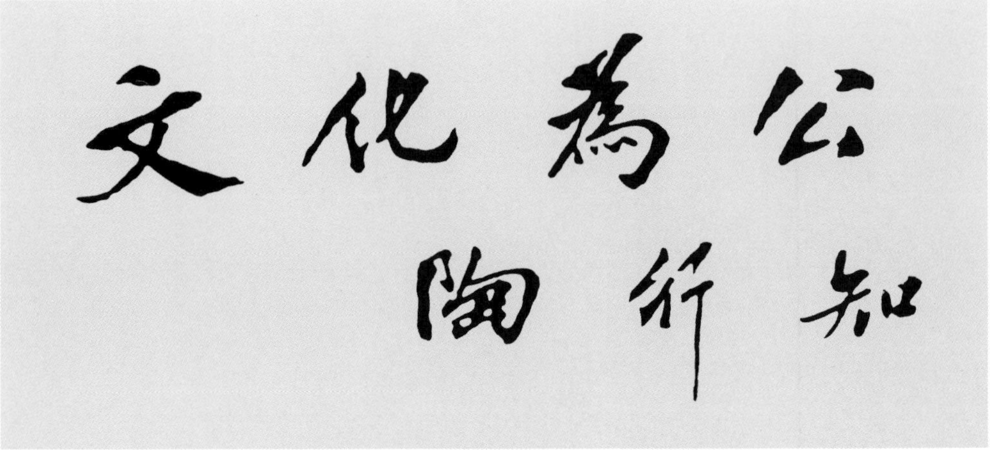

陶行知手迹一

陶行知手迹二

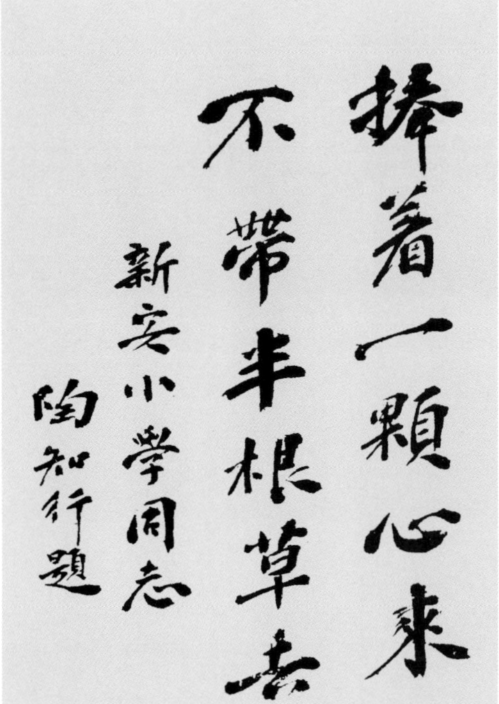

陶行知手迹三

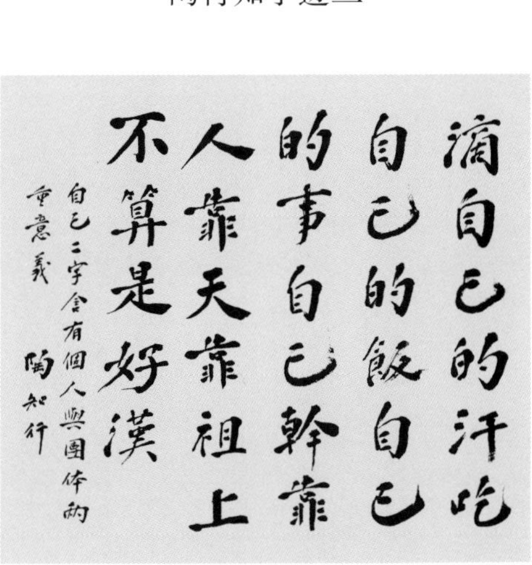

陶行知手迹四

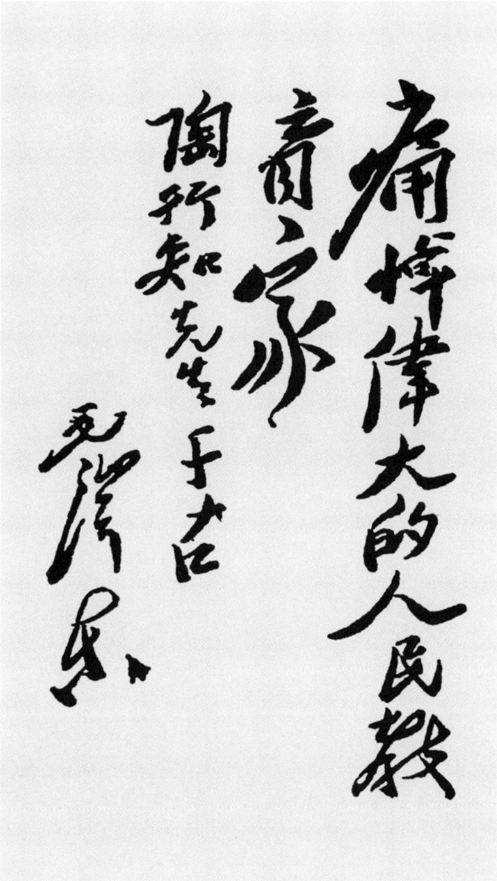

毛泽东题词

宋庆龄题词

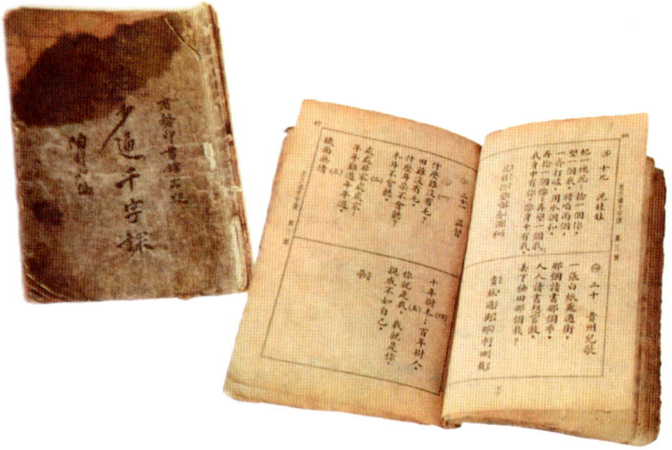

陶行知编写的《老少通千字课》

人民教育出版社出版的部分陶行知研究著作

陶行知大传

——一位文化巨人的四个世界

下卷

周洪宇　著

人民教育出版社

目 录

第七章 陶行知的接受世界 402

第六章　陶行知的创造世界（下）

第一节　发展新闻出版事业

陶行知不仅是中国近现代伟大的人民教育家，而且是中国近现代史上著名的新闻出版家。他在毕生开展教育活动的同时，为了大声疾呼民主与自由，创办与主编报刊多达十几种，并在一些宣传进步报刊上发表了大量的文章，还积极编写大众教育教材，在中国新闻出版史上留下了深深的足迹。认真研究与挖掘陶行知在新闻出版方面的思想与实践，可以极大地丰富对陶行知的研究，也可为当今中国新闻出版事业的发展提供历史借鉴。

一、主编《新教育》、《新教育评论》，推进新教育运动

在五四时期，陶行知就在文章中提出了改革旧教育、发展新教育的思想。其中，最富有创造性的，是既反对“沿袭陈法”，又反对“仪型他国”。他既敢于反对教育的保守复古，又主张对外国教育中的“新”事物采取分析批判的态度，选择适合中国国情的东西以作“借镜”。在教育实践中，他为了多方进行比较和借鉴，在报纸杂志上宣传和介绍西方教育改革特别是美国杜威的教育思想。为此他于 1919 年在《新教育》杂志第 1 卷第 2 期上发表了《普鲁士教育之基本改革》一文，对其教育宗旨、教育行政、学校组织、教员、课程的改革作了系统的介绍。他认为，办教育不仅要学习借鉴他国的好经验，更要重视培养人才，特别是重视培养教育人才的人。他还向中国教育

界、思想界介绍马克思和社会主义。1921 年，他担任《新教育》的编辑、主干（主编）。该杂志曾载文介绍社会主义苏联的政治、经济、军事、教育、宗教等各方面的情况，并刊登过列宁的照片。1922 年，任中华教育改进社主任干事的陶行知，在《新教育》第 4 卷第 3 期上发表文章，强调女子教育的重要性，指出普及女子教育是全国人民应担负的责任。同年 8 月，他主编的《新教育》第 5 卷第 1 期发表了蔡元培为毛泽东所举办的湖南自修大学写的《湖南自修大学的介绍和说明》一文，此文随后由湖南自修大学出版的《新时代》第 1 卷第 1 期转载。

为了正确引导教育评论，深入思考教育发展过程中所存在的问题，进一步介绍新教育主张，引起广大民众对教育问题的关注与兴趣，陶行知联合赵乃传、高仁山、查良钊、孟宪承、汪懋祖、王希曾等人于 1925 年 9 月筹划创办《新教育评论》周刊，并在《新教育》上发表了《〈新教育评论〉创刊缘起》一文。文中重点声明了办刊的宗旨和任务：第一，“批评本国现时教育上之政策、主张与实施”，直接指出当时教育所存在的主要问题与不足，为教育决策提供参考依据；第二，“建议今后本国教育上各种革新的计划”，为改进教育工作提出合理的建议，为教育革新出谋划策；第三，“介绍和批评外国最近的教育制度和学说”，开设评介国外教育动态的栏目，及时介绍欧美新教育制度与实践的新进展，为本国教育发展提供借鉴与启示；第四，“报告各地教育调查的结果”，架起全国各地教育交流与信息互通的平台，为促进各地教育平衡发展提供信息保障。陶行知在创刊词中一再强调，该刊并不是任何党派的宣传刊物，尽量避免政党对教育评论的影响与干扰，努力运用客观事实来说话，力争做到“根据着证明的事实和公认的原则，来作我们的批评和主张。我们大胆地说老实话；说错了，希望大家也一样对我们说老实话，加以订正。这样往复讨论，自会有比较的真理发现出来的”①。陶行知提出该刊在刊载评

① 《〈新教育评论〉创刊缘起》，载华中师范学院教育科学研究所主编：《陶行知全集》第 1 卷，湖南教育出版社 1984 年版，第 567—568 页。

论文章时，应当着眼于介绍西方最新的教育发展趋势和动态。他反对照搬他国的教育制度，但倡导借鉴与学习发达国家的先进教育经验。他希望通过创办这份刊物来推动中国教育的发展，引导中国教育“本着民治的精神、科学的态度”去设计教育制度，评估教育内容，探索教育方法，考核教育实绩，从而最终促进中国朝着新教育发展方向迈进。

经过认真筹备，《新教育评论》于1925年12月4日正式创刊，主编陶行知在创刊号上发表了《本刊之使命》的发刊词，进一步指明了创刊的缘起是当时国内教育界缺乏必要的教育交流媒介，教育界内部也是壁垒丛生，“隔阂很深，并无充分联络的机会。往往大学不知中学，中学不知小学，小学不知蒙养园”，还有“办学的不知教学的，教此一科的不知彼一科的，甚至同在一地、同教一科的人亦复不相闻问。这种闷起头来各干各的情形确有联络之必要”。① 有鉴于此，《新教育评论》创办的主要目的就是为了“交换经验，沟通思想”，将该刊办成全国教育界人士通力合作、广泛交流的园地。同时，他还强调

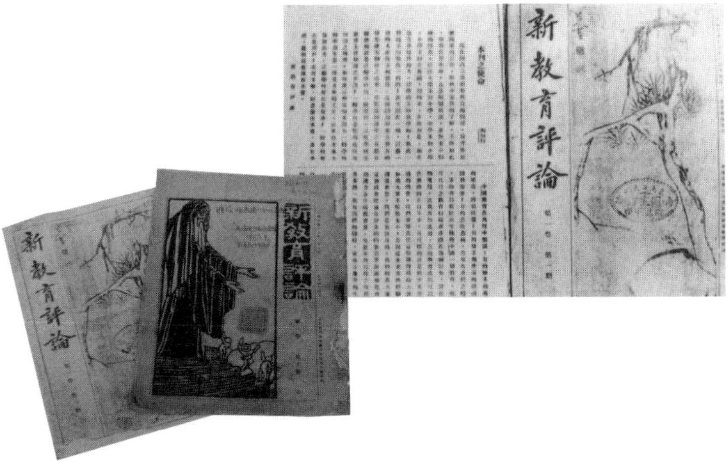

陶行知主编《新教育评论》并写了创刊词

① 《〈新教育评论〉之使命》，载华中师范学院教育科学研究所主编：《陶行知全集》第1卷，湖南教育出版社1984年版，第572页。

该刊是教育界人士评论与辩理的园地，“因为种种关系，不免发生不同之见解，不得已而出于辩论。理愈辩而愈明，本刊即当作讲理的地方看也可”。为了正确引导该刊的舆论导向，他还向撰稿的作者提出了一些建议和要求。首先，不能将该刊作为党派之争的阵地，在发表言论时不能“党同伐异，逞意气之争”，尤其不能颠倒是非、混淆黑白，把读者往邪路上引导。其次，在辩论教育问题时，不能使用诽谤他人之词。“骂人虽可取快一时，但是设身处地一想，叫对方见了气得脸上发青或胀得满脸通红，又有什么趣味呢?”再次，发表评论文章，应当以事实为依据，做到“毋意，毋必，毋固，毋我”，尽量将评论建立在研究的基础之上。办刊的使命“就在为教育界通通血脉，使大家呼吸些清新温润的空气，并给同志们一个努力切磋的机会”。①他在这个刊物上发表了《师范教育下乡运动》、《整个的校长》、《中国师范教育建设论》等多篇教育论文，这些文章在当时教育界产生了强烈反响。尤其是《中国师范教育建设论》一文，强调师范学校的使命，是要运用中心学校之精神及方法培养师资，指明了师范学校的任务，又揭示了办好师范培养师资必须遵循的客观规律。

为了扩大《新教育评论》在全国的影响，在创刊后不久，陶行知就想方设法在其他报刊上登载介绍该刊目录。例如，他于 1926 年 11 月 23 日和 30 日先后两次给该刊的编辑王希曾写信，要求尽快将《新教育评论》的要目和重要文章内容打印出来寄往《新闻报》，因为《新闻报》当时发行量高达 7 万余份，“吾辈自宜充分用其所长，以宏推广之效”②。同年 11 月 30 日，在他给王希曾的信中还较为具体地讲明了当时正在编排的《新教育评论》待发表文章的篇目编排次序，再次强调要将每期要目及时寄《新闻报》登载，可见他对该刊的亲自指导与高度重视。

---

① 《〈新教育评论〉之使命》，载华中师范学院教育科学研究所主编：《陶行知全集》第 1 卷，湖南教育出版社 1984 年版，第 573—574 页。

② 《披露每期〈新教育评论〉要目——致王西徵》，载华中师范学院教育科学研究所主编：《陶行知全集》第 5 卷，湖南教育出版社 1985 年版，第 140 页。

1927 年 4 月 20 日，中国共产党创始人之一李大钊等 20 人被军阀张作霖杀害。《新教育评论》的主要编辑、北京大学教授、北京师范大学教授、北京艺文中学校长高仁山亦同案被捕，壮烈牺牲。陶行知在《新教育评论》第 4 卷第 22 期一连刊出两则重要启事，讣告天下，以悼念这位同事和战友——为革命而牺牲的烈士。该刊不久亦被迫停刊。

二、创办《乡教丛讯》、《乡村教师》，提倡乡村运动

为了推动乡村教育运动，1927 年 1 月，陶行知和赵叔愚以中华教育改进社的名义创办了《乡教丛讯》，陶行知任主编、赵叔愚任责任编辑。该刊为半月刊，每年出 24 期，每月 1 日和 16 日出刊。该刊的宗旨是发动中国乡村教师，共同研讨推动乡村教育发展的策略与措施，团结广大乡村教师为发展中国乡村教育而共同努力。该刊主要登载有关乡村教育运动的实施情况、乡村教师研究会等社团的活动情况，特别是对晓庄乡村试验师范学校的筹建及发展情况作了较为详细的报道与介绍。可以说，《乡教丛讯》是晓庄乡村师范学校成立前后的有力宣传工具，对推动我国现代乡村教育运动作出了不可磨灭的历史性贡献。

1927 年 1 月 1 日创刊的《乡教丛讯》第 1 卷第 1 期刊载了《乡村教育同志会成立纪事》，介绍了由中华教育改进社主任干事陶行知和乡村教育研究会主任赵叔愚共同发起的乡村教育同志会成立的经过、章程及机构。第 1 卷第 2 期又发表《特约乡校教师研究会第二次开会纪事》，介绍了此次会议上陶行知、赵叔愚、宋鼎、丁超、潘一尘等人发言内容及下一阶段的活动安排。还登载了陶行知撰写的《在特约乡校教师研究会第二次会上的提议》，建议选定乡村教育书目、不加重负担、每次开会应宣读《我们的信条》，即“乡村教育标语六条”：“增进农民生产力；发展农民自治力；打破奢侈的教育；打破闭门的教育；打破外化的教育；打破死的教育，创造新的教育。”① 他建议

---

① 《对乡村教育口号的修正补充》，载华中师范大学教育科学研究所主编：《陶行知全集》第 8 卷，湖南教育出版社 1992 年版，第 204 页。

将“新”字改为“活”字，并提倡再加一条：打破假的教育，创造真的教育。还介绍了乡村师范筹备会纪要，制订了详细的计划。《乡教丛讯》第1卷第3期又载《特约乡校教师研究会第三次会议纪事》，介绍了参会的陶行知、袁观澜、江问渔、赵叔愚及江苏教育界人士在会上的报告与发言情况，以及会议日程，同时还刊载了参会的交流论文，大家从不同角度论述了发展乡村教育的建议与观点。尤其是1927年至1928年间，《乡教丛讯》对晓庄师范学校创办的前前后后均作了详细报道，从规划设计、筹办建校、制定校训、招生入学、教学实践等方面对晓庄师范学校作了介绍，为研究晓庄师范学校提供了重要的史料，如《教育改进社乡村师范筹备会纪》、《晓庄师范新加标语》、《晓庄试验乡村师范学校创校旨趣》、《晓庄学校完成初步计划预算书》、《晓庄试验乡村师范的第一年》、《晓庄学校民国十九年的计划大纲》等。

陶行知在每期上都要发表文章，有的是谈自己对乡村教育运动的看法，有的是谈自己对乡村教育发展的指导性意见和建议。譬如，陶行知于1927年8月1日的《乡教丛讯》上发表了《农夫的身手》一文，指出农夫的身手是晓庄师范学校的首要教育目标，要求晓庄学校的学生在学习之余要像农民那样，戴草帽，顶烈日，下农田，练就一身农夫的手艺和健康的身体，学会与农民相处的方法，为以后深入乡村开展教育奠定良好的基础。他于1928年12月的《乡教丛讯》上又发表了《勇敢地把你们的夫人带来》和《一同向乡村教育瞄准》，鼓励晓庄师范学生立志从事乡村教育，毕业后到乡村去兴办乡村夫妻学校，“勇敢地把你们的夫人带来，一同向乡村教育瞄准”①。他还号召兴办一百万所乡村小学，真正实现教育改

《乡教丛讯》和《乡村教师》

① 《勇敢地把你们的夫人带来》，载华中师范大学教育科学研究所主编：《陶行知全集》第8卷，湖南教育出版社1992年版，第228页。

造农村的作用。1929 年 3 月他在纪念晓庄师范建校两周年之际撰文《这一年》，总结了晓庄师范学校建校两年的工作及办学思路，阐释了“教学做合一”的教育理念，提出了生活教育“五目标”（康健的体魄、农人的身手、科学的头脑、艺术的兴趣、改造社会的精神）。

《乡村教师》是 1930 年 2 月 1 日由陶行知为主席的中国乡村教育先锋团所创办的教育周刊。办刊的宗旨是为了促进乡村教师之间的交流与沟通，以实现“小的村庄愿与大的世界沟通”的目的。从 1930 年 2 月 1 日创刊到 1930 年 4 月 7 日晓庄学校被勒令停办，《乡村教师》也被迫停刊，共出刊 11 期。起因是 1929 年 12 月 17 日由陶行知、操震球、方与严、胡尚志、石俊、董纯才、易铁夫等人发起成立了中国乡村教育先锋团，同年 12 月 24 日召开成立大会推选陶行知为委员会主席，并决定创办刊物《乡村教师》，由陶行知任编委会主任，方与严为总编辑，程本海为总经理。陶行知在 1930 年 2 月 1 日出刊的《乡村教师》创刊号上发表《〈乡村教师〉宣言》一文，他指出：以往乡村教师由于交通不便，工作繁忙，很少有见面交流的机会，真可谓“生长三家村，苦守五家店。知己遍天下，终身不相见”①。为此，他指出创办《乡村教师》的目的就是为了消除乡村教师难以交流的苦衷，打破空间的阻隔，为广大乡村教师架起一个交流的平台，让他们成为不见面的朋友。正如他说：“世界的沟通，在人的沟通；人的沟通，在心灵的沟通。全世界乡村教师有了谈心的机会，然后小的村庄与大的世界乃有沟通的希望。”还说：“乡村教育运动只是一出历史剧，全世界的乡村教师都同是这一出戏中的演员。这周刊里有我们的剧本，有我们的导演。……这个周刊便是我们乡村教育运动的一出永远不会闭幕的历史剧的写真。”②他期望将《乡村教师》办成乡村教师喜欢的刊物，真正成为乡村教师的精神食粮。该刊主要为乡村教师提供发表园地与交流平台，“我们应当把各人心灵里的力量流到这里

①② 《〈乡村教师〉宣言》，载华中师范学院教育科学研究所主编：《陶行知全集》第 2 卷，湖南教育出版社 1985 年版，第 196 页。

来，构成乡村教育的大瀑布。”① 该刊着实为乡村教师相互交流与学习提供了很好的平台与桥梁，从而间接地推动了中国乡村的平民教育运动向纵深方向发展。同时，他还在创刊号上采取对话的方式，如《生活即教育——再答操震球之问》、《社会即学校——三答操震球之问》等文章，向广大乡村教师介绍生活教育理论。1930年3月15日刊载《晓庄三岁敬告同志书》，回顾了晓庄师范学校三年的发展历程，强调了晓庄学校的办学理念与教学方针，突出了生活教育理论在办学过程中的指导作用。1930年4月5日他在《乡村教师》第10期上发表了《实施成年补习教育初步计划》，从师资培训、校舍设备、经费筹措、教材编写、强迫入学等方面全面地介绍了成人补习教育的实施方案。总之，《乡村教师》在促进乡村教师交流，帮助其提高教育理论水平，培养其热爱乡村教育事业的情感等方面均起到了重要的作用。

三、主办《生活教育》、《大众教育》等，发起生活教育运动

《生活教育》创刊于1934年2月16日。陶行知之所以创办该刊物，主要是为了在中国教育界广泛地宣传他的生活教育理论，希望将该理论作为中国教育发展的指导性理论。该刊每期封面都有他的亲笔题诗，正文有时事言论、世界大势、科学新知、教学做报告等栏目，内容丰富，图文并茂，是一个颇具特色、深受时人欢迎的刊物。他在创刊号上发表了题为“生活教育”的文章，首先澄清了“生活教育”的概念，即“生活教育是生活所原有，生活所自营，生活所必需的教育”。然后较为系统地阐明了他的生活教育理论，他认为，处处有生活，处处是教育。“过什么生活，便是受什么教育”，“我们要想受什么教育，便须过什么生活”，“生活教育与生俱来，与生同去”。② 而

---

① 《〈乡村教师〉宣言》，载华中师范学院教育科学研究所主编：《陶行知全集》第2卷，湖南教育出版社1985年版，第197页。

② 《生活教育》，载华中师范学院教育科学研究所主编：《陶行知全集》第2卷，第634页。

且他还特别说明生活教育是面向下层民众的真正普及教育，“不是摩登女郎之金刚钻戒指，而是冰天雪地的穷人的窝窝头和破棉袄”①。陶行知在《生活教育》上发表的这篇文章可以说是该刊物的发刊词，也为该刊物规定了基调和方向。同时，他还在同期上发表了《普及什么教育》、《小先生》两篇文章，向读者介绍了“工学团”的内涵和组织形式，宣传了“小先生制”的具体做法和本旨。他又在 1934 年 3 月 1 日的《生活教育》第二期上发表了《从穷人教育想到穷国教育》、《从救水想到小孩的力量》、《怎样培养普及教育的人才》、《创立山海工学团的呈文》四篇文章，力求为中国教育寻觅新的出路，并提出了创办师范教育的必要性以及普及教育的具体措施。1934 年 3 月 16 日在第 3 期上发表了《从守财奴想到守知奴》，建议人们要“自取知识”，要“学教人”，而不能做“守知奴”。② 第 4 期上又发表了《怎样指导小先生》，提出了具体指导“小先生”的一些方法。从 1934 年 2 月 16 日创刊到 1935 年底，陶行知共在《生活教育》上发表教育文章 80 余篇，包括生活教育、普及教育、女子教育、民众教育、强迫教育、小先生制、工学团、大众语文等内容，真正起到了指导生活教育实践的作用。总之，陶行知主办的《生活教育》杂志，成功地宣传了生活教育的相关理论，并对 20 世纪 30 年代中国教育的普及与发展起到了积极的指导作用。

为了广泛宣传大众教育，让更多的人了解大众教育在民主建设中的重要意义，由陶行知和大夏大学教授郭一岑共同主编的《大众教育》于 1936 年 5 月 10 日正式创刊。在创刊号上，陶行知阐述了新文字在大众教育中的功能与作用，从普及大众教育和实现民族解放的角度，对新文字的推广和大众教育的实施作了专门论述。他强调：“依据社会即学校、即知即传两条原则，拿了新文字及其他有效工具，引

---

① 《生活教育》，载华中师范学院教育科学研究所主编：《陶行知全集》第 2 卷，湖南教育出版社 1985 年版，第 635 页。

② 《从守财奴想到守知奴》，载华中师范学院教育科学研究所主编：《陶行知全集》第 2 卷，第 654—655 页。

导大众，组织起来，争取中华民族大众之解放。”① 这才是我国所需要的大众教育。

抗日战争全面爆发后，陶行知为了将教育与抗日结合起来，以展开反侵略救亡运动而在汉口发起成立了抗战教育研究会，并于 1937 年 9 月 25 日创办《战时教育》半月刊，由生活教育社主办。该刊的任务是“充实战斗知能，健全集体精神，提炼战时经验，创造新的文化”。《战时教育》的根本路线是“集体主义的自我教育”，刊物的主要工作有“研究战时教育，号召战时教育；规划战时教育，执行战时教育”。② 战时教育的总路线是在战时工作的组织中进行教育，将民众组织起来进行教育。战时教育的工作原则是在有组织的行动中执行全国抗战的自我教育，以补助他人计划学习为主要任务，在各个不同的对象中运用各种形式等，但以抗战为主旨。教育民众之组织应从政治的、经济的、文化的，发展到战时工作团体，在每一个进程中引起其自觉。文字符号为大众取得抗战救亡知识的必要工具，因此要着重注意文字教育之普及的工作。全面抗战越发展，都市越缩小，因此我们应特别注意乡村。陶行知在创刊号发表了《海外通讯——我在西美的工作》，在第 6 期上还发表了《美国的铁山》。他还为销售该刊而到处找关系和门路，以期扩大该刊的影响力。1939 年他为了推销《战时教育》特意给邹韬奋写信，说明了西安的《老百姓报》的主编李敷仁愿为其推销 50 份《战时教育》，让邹韬奋具体办理邮寄手续。为了推销《战时教育》，他还于 1940 年

《战时教育》

① 《大众教育》，载华中师范学院教育科学研究所主编：《陶行知全集》第 3 卷，湖南教育出版社 1985 年版，第 63 页。

② 《战时教育的任务》，载北京陶行知教育思想研究会编：《陶行知研究》，湖南教育出版社 1987 年版，第 280 页。

2 月 20 日分别给刘琼瑶和殷金陵写信《关于订阅〈战时教育〉事宜》和《请送〈战时教育〉给妇女干部训练班》，具体指导了订阅事宜，就连订阅名单、份数、价格、通信地址等都写得一清二楚。

为了进一步提高《战时教育》的办刊质量，使之办出特色，陶行知可谓绞尽脑汁。他于 1939 年 12 月专门给他的学生戴伯韬写信指明了办刊的方针和宗旨：

> 《战时教育》应该采取这样的方针：一般的特殊，特殊的一般。在一般的生活里，找出教育的特殊意义，发挥出教育的特殊力量。同时要在特殊的教育里，找出一般的生活联系，展开对一般生活的普遍而深刻的影响。把教育推广到生活所包括的领域，使生活提高到教育所瞄准的水平。①

这是陶行知对《战时教育》编辑部在办刊方向上的明确指导，同时还向编辑强调该刊的基本读者为：一是生活教育社的同志，要运用该刊物来互教互学；二是全国各级教师，既是读者又是指导者，因为他们在阅读时能够提出不少建议和意见；三是广大的知识分子和社会团体。针对这些读者，他建议编辑不能总是登载一些长篇大论的文章，而要“写一些杂感或笔记诗歌”，以丰富读者的生活和精神需要，还可提高其对教育的认识水平。

四、就任《申报》总管理处顾问，重塑《申报》办报风格

1930 年陶行知因晓庄师范被封，又遭通缉，被迫逃亡日本。1931 年春，陶行知隐名从日本潜往上海，经黄炎培邀约与史量才作多次长谈，他们回顾了国内外历史和自身的救国努力，认为从五四开始所提倡的科学和民主的任务还没有完成。陶行知建议《申报》应在这方面发挥其最大的宣传力量，史量才完全同意陶行知的建议，于是便秘密聘陶行知为《申报》总管理处顾问，推动《申报》转向进步，并赞助“自然学园”的创建。因为当时陶行知仍在国民党反动派的通

---

① 《〈战时教育〉半月刊方针——致戴伯韬》，载华中师范学院教育科学研究所主编：《陶行知全集》第 5 卷，湖南教育出版社 1985 年版，第 472 页。

缉之中，所以他任《申报》总管理处顾问完全是秘密的，从未公开发表文章，也未列入《申报》职工花名册，外界很少有人知道。陶行知也从未到过《申报》报馆，平时他总是派丁柱中或戴伯韬到报馆与经理马荫良联系。陶行知与史量才的联系也是在秘密中进行的。据马荫良回忆：

> 陶先生从日本回上海后，经常去史家，几乎每星期都去一二次，两人有时从下午谈到晚上。我因为每晚要去史家汇报《申报》工作，所以每星期都与陶见面，他们的谈话我也参加。他们谈得最热烈的是反封建、反独裁专制、反对日本帝国主义的侵略，主张民主、主张抗日、主张国内统一团结。特别是在反对独裁专制方面，他们的意见完全一致。①

陶行知在1931年至1934年间担任《申报》总管理处顾问。他出任顾问不久，就向史量才提出了革新《申报》的三项具体建议：第一，《申报》言论必须观点鲜明、态度明朗；第二，增辟“读者通讯”，使《申报》真正成为人民的喉舌；第三，《申报》副刊应和《申报》整体一致、密切配合。这些建议均被史量才采纳，他利用这块舆论阵地，极力呼吁全国人民应当精诚团结，共同抗日。当时，《申报》上发表的重要时事评论，大都是陶行知出谋划策、精心运筹的结果，对有些稿件他还要亲自列出写作提纲，自己有精力写就自己写，自己确实没时间去写，就亲自派人去写，然后再经他修改定稿。因此，当时《申报》的时事评论成为整个报纸众多栏目的亮点，每篇评论均内容充实，观点鲜明，语言凝练，目标明确，颇为读者所青睐。《申报》取得很好的声誉，是与陶行知的努力把关分不开的。因此，当时负责史量才与陶行知秘密联系的马荫良说：《申报》的政治立场与陶行知的政治态度是一致的，可见，当时《申报》积极支持进步势力，主张抗日救亡，与陶行知的掌舵是分不开的。②

---

① 马荫良口述，张癸整理：《陶行知与〈申报〉》，载北京陶行知教育思想研究会编：《陶行知研究》，湖南教育出版社1987年版，第69—70页。

② 张劲夫著：《思陶集》，华夏出版社1994年版，第24页。

陶行知认为每天一篇精心撰写的社论是报纸的灵魂，读者来信是人民自己的声音，可以发扬民主。“九一八”事变前后，他撰写了反对国民党政权不抵抗政策的一系列社论，深刻揭露了蒋介石“攘外必先安内”反动政策给中华民族带来的沉重灾难，同时也严厉抨击了日本帝国主义妄图侵占全中国的侵略野心。特别是蒋介石于20世纪30年代初对中央苏区发动了几次“围剿”之后，陶行知利用《申报》这块阵地，力主以鲜明的政治立场发表评论，坚决反对国民党军队对中共中央苏区的“围剿”。经他与史量才的彻夜长谈，最后二人决定指定专人写成时评专论，并由陶行知修改定稿。于是《申报》在1931年6月30日、7月2日和4日发表系列社论《剿匪与造匪》、《再论剿匪与造匪》、《三论剿匪与造匪》，态度鲜明地反对蒋介石发动内战，主张国共合作，联合抗日，结果引起了蒋介石的大怒，《申报》被查封月余。“一·二八”淞沪抗战期间，他先后撰写并发表《敬告国民》、《国家的军队》等社论，呼吁全国人民支援十九路军，奋力抗击日本侵略者。他所撰写的一系列社论，成为当时以史量才为会长的“上海市民地方维持会”的行动纲领。淞沪抗战失败后，他撰写的主张团结，反对内战，批驳蒋介石投降政策的社论，都击中了国民党政权的要害，受到了全国人民的拥护，而为反动派所记恨。

陶行知还向史量才建议，应当聘请一批著名爱国学者和社会名流来参与《申报》的编辑工作，于是《申报》出现了黄炎培主持设计部、李公朴主持流通图书馆、黎烈文主编副刊并请茅盾和鲁迅等人担任特约评论员的繁荣局面。陶行知自己用“不除庭草斋夫”为笔名，在《申报》开辟“斋夫自由谈”专栏，连续发表了百余篇杂文，还连载了著名的教育小说《古庙敲钟录》。其中有些是揭露国民党政权统治下民众生活的疾苦的，如《农夫之声》、《中国的人命》、《从饿到死的过程》等；有些是揭露统治者的黑暗腐朽统治的，如《军阀的镜子》、《从南京路说到南京城》、《新政府小影》、《一张空前的广告》、《县长的资格》等；有些抨击传统教育的弊端，主张实行普及教育和新教育，如《战时的功课》、《这是教育》、《新旧时代之学生》、《主人教育》、《儿子教学做》；有些极力倡导普及科学教育，如《爱迪生之死》、《工业文明》、《法拉第》等；有些积极主张抗战以挽救民族命运，如《傅将军到那里去了》、《观战》、《战神前之对话》、《青年自动援马抗日团》、《读锦西义勇军绝命宣言有感》等。这些思想丰富、内涵深刻的杂文，为《申报》增添了新的色泽，因此，《申报》的发行量增加了4万多份。

综上，我们可以说，陶行知在《申报》工作期间，不仅为提高该报在民众中的声誉奠定了良好基础，而且将该报作为宣传抗日、反对内战的强有力武器，在文化舆论界有力地支援了中华民族的抗战事业。《申报》经理马荫良先生对陶行知在《申报》工作期间的评价是："艰苦朴素，脚踏实地，办事严肃认真，学贯中外古今，而且平易近人。他主张民主的政治，反对独裁专制，主张团结抗日，反对分裂内战。"① 他以一个民主主义者和爱国主义者的身份，在新闻出版界"做到了一个共产党人应该做而难以做到的事，这是很难得的"②。

五、创办《平民周刊》，向民众传播现代文化

《平民周刊》作为《申报》的副刊，主要由陶行知等人筹办，创刊于1924年6月29日。该刊文章以短小通俗为特点，主要是面向人民大众的，成为普及人民大众的文化知识和向民众宣传民主思想的重要文化阵地。在该刊创刊前，陶行知于1924年5月3日给朱经农写信，提出关于创办《平民周刊》的一些指导性意见。他不倡导将该刊办成教育类期刊，理由是该类期刊已经不少，而且关于平民教育的稿件不会很多，因此，建议取名《平民周刊》，以发表短小的稿件为宜，并且必须有平民爱读的诗歌及文艺作品，稿酬要高于其他刊物，以便吸引更多的优秀稿件。正是在陶行知的筹划下，《平民周刊》于6月底正式创刊。为了让广大平民读者加深对该刊的了解，陶行知于1924年8月2日在《平民周刊》上撰文《对于〈申报〉读者的请

① 马荫良口述，张癸整理：《陶行知与〈申报〉》，载北京陶行知教育思想研究会编：《陶行知研究》，湖南教育出版社1987年版，第73页。

② 张劲夫著：《思陶集》，华夏出版社1994年版，第26页。

求》，向广大民众解读了该刊的性质、办刊宗旨、读者对象、发行方式以及办刊希望等。陶行知在文章中谈到《平民周刊》的刊物性质是“我们这个《平民周刊》是对平民谈话的一个报纸”，其办刊宗旨是“要为粗识字义的人民服务。我们希望这些同胞，可以在空闲的时候得些看报的快乐和做人的道理”。① 该刊的主要读者对象是“粗识字义的人民”，具体可分为四种：一是平民学校里读过三四个月的学生，约有四五十万人；二是私塾里读过几年书的，约有七千万；三是国民小学里读过一两年书的，约有七千万；四是自己随问随学的人，数目难以统计。这部分“粗识字义的人民”，“大多数在机关、工厂、商店或家庭里做事，他们不会读《申报》，但是会读《申报》的《平民周刊》”。该刊的发行方式是随《申报》免费附送读者，也单行发卖。办刊的最终目的是想达到“一国之中，家家看报；一家之中，人人看报”。②要实现这一目标，陶行知倡议全国民众必须共同提倡和支持。他先后在《平民周刊》上发表了《代理国务总理违背宪法吗》、《何不提倡裁兵筑路》、《万众一心的拒毒》、《赈灾附加捐》、《外交团将有变化》、《农民联合会》、《北京大学要求人权》、《英国果真退还赔款吗》、《国民与瞎民》等一系列杂文，借用这个发表园地来对北洋政府和帝国主义进行抨击、批判和揭露。1924 年 8 月 12 日，他又致函朱经农提出改进《平民周刊》的建议：第一，增设“国家大事”栏目，采取记事、议论、解释三者相结合的方式，“借时事发挥平民精神，培植国家观念”；第二，本着“对平民说话”的宗旨，讲平民的话，说平民的事，使之成为平民真正的朋友；第三，印刷的字体要大些，尽量用纸的双面来印。③ 正是由于陶行知的亲自指导，该刊办出了特色，办得让老百姓喜欢读、乐意看，成为向民众宣传民主、普及教育的重要阵地。

---

①② 《对于〈申报〉读者的请求》，载华中师范学院教育科学研究所主编：《陶行知全集》第 1 卷，湖南教育出版社 1984 年版，第 468 页。

③ 《改良〈平民周刊〉之建议》，载华中师范学院教育科学研究所主编：《陶行知全集》第 5 卷，湖南教育出版社 1985 年版，第 102—103 页。

此外，为了推动平民教育，使更多的农民朋友能够识字、学文化，1925 年 3 月 1 日陶行知还专门创办了一份小报——《农民》旬刊。该报 10 天一期，每期售铜圆一枚。这在当时是世界上最便宜的报纸。该报主要是为辅导那些农村中读完《平民千字课》四册而又无法深造的农民，就像《平民千字课》一样，只收工本费，完全适合广大贫苦农民的需要。这份《农民》报是中国农民报刊的始祖。1945 年陶行知曾写诗《读好报》："什么是好报？说话公道，新闻可靠。拥护老百姓做主人，不为达官贵人跑龙套。什么是好报？比一比，就知道。买报看报要自由，鼻子不让别人牵着跑。"① 这首诗体现出他的办报思路与宗旨，主持公道，力倡民主，为民说话，言论自由。1945 年，陶行知当选为中国民主同盟中央常委兼教育委员会主任委员，1946 年 2 月，他在重庆创办了中国民主同盟机关报《民主》星期刊，郭沫若、邓初民、马寅初等社论委员会委员，发表了大量的抨击国民党政权独裁统治的文章。他还主编《民主教育》，接连发表了许多篇论民主、民主教育的文章，还写了许多首呼吁全国人民一齐起来制止内战、争取和平民主的诗歌，发表在重庆的《新华日报》等报刊上。

六、编撰进步图书，创立大孚出版公司

陶行知从 1921 年就开始了书籍与专著的撰写工作，他曾与凌冰等人一起编辑《孟禄的中国教育讨论》一书，系统介绍美国教育家孟禄对中国教育的看法与思考，从而为中国教育的改革提供借鉴与建议。1922 年底，他被聘为《教育大辞书》特约编辑，参与负责编辑该套教育工具书。这是他在编辑出版界初露头角。1936 年 3 月，陶行知等发起成立中国新文字研究会，他被推为理事，亲自参加《上海话新方案》的起草及《上海话新文字课本》的编辑工作，为当时的新文字改革提供了很好的范例，也有力地推动了中国新文字改革运动。

陶行知不仅自己撰写文章、主办报纸、创办期刊，而且积极参加

① 华中师范学院教育科学研究所主编：《陶行知全集》第 4 卷，湖南教育出版社 1985 年版，第 687 页。

和支持书籍、报刊的出版发行工作。1923 年，他与朱其慧等人组织了中华平民教育促进总会，又与朱经农一起依据国情和平民的需要，在陈鹤琴作的《字汇》的基础上，选择了一千多个常用字，编成了《平民千字课》① （简称《千字课》），由商务印书馆出版，供当时平民读书识字使用。6 月，他又编辑了《南京平民教育概况》及《平民教育周刊》，并发行《平民旬报》，根据《平民千字课》生字编辑辅导材料，供平民巩固与学习使用。他还组织编写并出版了《平民千字课教案》，全国各地竞相购买使用。1924 年，他还与程其保合编了作为中华教育改进社丛书之一的《民国十三年中国教育状况》，该书及时出版后，成为教育界的畅销书。此外，由陶行知倡议翻译或主编，并作为中华教育改进社出版丛书的书籍还有《中国教育一瞥录》、《中国全国小学概论》、《中国之科学教育》、《中国最近教育状况》、《京师教育概况》、《燕子矶小学》、《中国教育统计概览》等。1929 年，陶行知收集了自己从 1923 年到 1928 年的书稿共 97 篇，将其编辑成册，将书名定为《知行书信》，由上海亚东图书馆出版。

20 世纪 30 年代，在新闻界名流史量才的资助下，陶行知组织并带领丁柱中、高士其、董纯才、陶宏、戴伯韬、方与严等人编辑出版了《儿童科学丛书》、《儿童科学活页指导》。他亲手编写了《儿童科学活页指导》、《儿童天文》、《儿童卫生》、《儿童数学》等多种书籍，先后由儿童书局出版。1931 年春，他从日本流亡归国，秘密回到上海，为商务印书馆翻译了不少世界名著。遗憾的是后来日本人将上海东方图书馆放火烧掉，内存陶行知的手译稿全部被烧毁，因此，连一本都没有出版。这是出版界的遗憾，但并不能抹杀陶行知在这方面的翻译成就。20 世纪 30 年代，陶行知还参与筹备编辑出版《申报》丛书，邀请了文化界与学术界的不少进步人士撰稿。他自己亲自创作了

① 陶行知与朱经农合编的《平民千字课》与晏阳初编的《千字课》不同。晏阳初的《千字课》是 1918 年他在法国期间为了帮助华工识字而编写的课本，而《平民千字课》是陶行知与朱经农于 1923 年编写的，当年被中华平民教育促进会确定为推行平民教育的教材。

长篇教育小说《古庙敲钟录》，通过通俗的文学语言，描写和塑造了一位敲钟工人钟儿的形象，通过这位普通民众的思想转变过程和创办学校的经历，反映了当时民众的迫切意愿：改造中国传统教育为中国现代新教育，发动民众开展广泛的抗日活动，以挽救中华民族危机，进而实现振兴中华的伟大夙愿。这部小说，以其通俗易懂的风格，朴实无华的语言，贴近生活的情节，深深打动了广大读者，受到当时民众的普遍欢迎。1934 年 10 月，他又搜集了自己在《生活教育》上所发表的有关教育方面的文章，主要用来指导“小先生制”和宣传生活教育，体裁各异，有散文、诗歌，也有论文、宣言，最后将其编辑成册并予以出版，将书名定为《普及教育》。1935 年至 1936 年，他接着又编辑出版了《普及教育续编》、《普及教育三编》，作为《普及教育》的姊妹篇，以便系统地向全国教育界人士介绍他的生活教育理论和普及教育的主张，旨在唤起广大民众积极参与办学活动，主动接受教育。

陶行知经过多年的精心编写，最终于 1935 年 4 月由商务印书馆出版了大众教育的成熟教材——《老少通千字课》全四册。这套书的课文内容大都取材于人民熟悉的生活和生产，运用平民熟悉的大众语言来编写，使民众容易接受，能够理解。这套书还注重思想性与科学性的统一，全书贯穿了爱国主义思想，对中国广大民众深表同情，有的课文为劳动人民鸣不平，有的内容对读者进行爱国主义教育和反帝反封建教育。既是帮助平民扫除文盲，进行识字、学文化的良师益友，又是帮助民众提高思想认识水平和培育高尚品德的指路明灯。由于内容健康，思想丰富，语言通俗，经济实用，因此，很快就流传全国，为群众所欢迎，成为老百姓所喜欢的最佳教材。这套书与 20 世纪 20 年代出版的《平民千字课》前后呼应，相得益彰，均成为陶行知亲自主编的优秀大众教育读本，也是陶行知为中国近现代教育事业和出版事业所作出的突出贡献。

1945 年初，因为革命的需要，中国共产党决定在周恩来的领导下在南方局成立新的出版机构，经过认真挑选，周恩来决定特邀人民教育家陶行知来重庆负责出版社的筹建与创办工作。陶行知应邀来到重庆家院坝16号国防动力酒精厂总管理处，为创办第三线出版社事宜，与周宗琼①、周竹安②等商议。陶行知对周宗琼讲，现在形势险恶，出版社随时都有被查封的可能，为了应付这种严峻的形势，必须成立一个出版机构，以便紧急时出来接替。周宗琼欣然答应，她将酒精厂刚分给她的5 000万酬金全部捐献出来，用于出版社的创建。有了经费作保障，下一步要做的工作就是组织人员，筹备出版机构。于是陶行知与周宗琼、周竹安商议后，决定特邀翦伯赞、任宗德、沙千里一起来筹办出版公司。

在确定出版公司名称时，郭沫若建议，出版社的任务就在于为人民大声疾呼，因此就叫“大呼”吧！后来，陶行知在重庆市社会局办理登记手续时，考虑到该组织是党的第三线机构，为了进行隐蔽斗争，便取谐音将名称改为“大孚”。大孚出版公司董事会由吴树琴（陶行知夫人）、周宗琼、周竹安、任宗德、周茂僧、程昆林等人组成，陶行知任总编辑，沙千里任总经理，翦伯赞、周竹安任编辑。筹备就绪后，陶行知报请周恩来批准，大孚出版公司正式在家院坝16号国防动力酒精厂总管理处成立。当时翦伯赞已完成了《中国史纲》第一、二卷，起初已交重庆一家出版社出版，但第一卷出版后，第二卷却迟迟不能出版。大孚出版公司成立后，陶行知就亲自出面交涉，将《中国史纲》第二卷书稿从那家出版社要了出来，改由大孚出版公司出版，结果很快就出版问世了。这部史学专著是我国第一部马克思主义历史著作，由于史料丰富，观点新颖，出版后受到了广大读者的青睐，很快就成为畅销书。为此陶行知非常高兴，还欣然赠诗表示祝贺：“抽一支骆驼烟，变一个活神仙。写一部新历史，流传到万万

---

①　周宗琼，女，四川人。抗战时她与任宗德共同创办国防动力酒精厂。1939年秋新华日报社迁至重庆，周宗琼经新华日报社总经理熊瑾介绍参加了革命。之后她与任宗德在经济上大力支持新华日报社的工作。

②　周竹安，男，湖南人，1926年加入中国共产党，长期在长沙、重庆、上海等地从事党的地下工作，当时奉周恩来之命主持大孚出版公司的日常工作。新中国成立后在外交部负责机要部门工作，曾任中国驻保加利亚大使。

年。”① 抗战胜利后，陶行知从重庆来到上海，又将大孚出版公司迁到了上海，办公地点设在上海爱棠新村 13 号，陶行知经常与翦伯赞、沙千里、任宗德等人在此商议出版事宜。他还亲自为出版公司书写了牌匾，后来在所有由大孚出版公司出版的书籍封面上均使用由陶行知题写的“大孚”字样。在上海期间，陶行知还利用业余时间，着手整理诗作，经常工作到深夜。不幸的是他于 1946 年 7 月 25 日凌晨在爱棠新村溘然而逝，这是对大孚出版公司的沉重打击。为了悼念陶行知，大孚出版公司于 1947 年出版了《行知诗歌集》，由周竹安任责任编辑，郭沫若负责统稿，并撰写了《校后记》，对陶行知的诗作予以高度评价。

七、支持进步报刊，积极拥护民主事业

从 20 世纪 30 年代初到 40 年代中期，陶行知的报刊活动进入了一个崭新的阶段。这个时期，他的思想发生了根本的转变，陆续发表政论、诗歌以及小说等进步作品，表现出对中国前途命运的关心，对和平民主的向往，对共产党领导的民族革命斗争的拥护。

1936 年 9 月 21 日，陶行知在巴黎出席中国共产党的机关报《救国时报》巴黎发行部举行的招待会上，公开表示支持中国共产党的政治主张，并即席朗诵了一首颂扬《救国时报》的诗歌，其中有“大报不像大报，小报不像小报，主张国共合作，乃是救国之道。……大家要想救国，人人须看好报，什么好报可看，请看救国时报”② 的诗句。他还为《救国时报》捐款，支援这份中国共产党当时唯一在海外公开发行的报纸。《救国时报》则连续追踪报道陶行知在海外的政治活动，及时刊登和转载他关于建立全民族联合战线的诗文、谈话和演讲。

1938 年 5 月 12 日，陶行知又为纪念进步刊物《先锋》创刊八周

① 引自王大象：《陶行知与大孚出版公司》，载《中国出版》1989 年第 2 期。

② 《赞〈救国时报〉》，载华中师范学院教育科学研究所主编：《陶行知全集》第 4 卷，湖南教育出版社 1985 年版，第 406—407 页。

年作了颂歌，他在诗歌中写道："同胞们，大家瞧！八周《先锋》报，访的是真事，说的是公道。认真来分析，认真思考，描写的正确，描写得妙。别笑我们篇幅小，我们要把大事来探讨，来探讨。"① 第二天又补充了一首纪念诗："见了看不厌，不见令人念。但愿你三家村，五里店，处处都走遍。"② 高度评价《先锋》通过发表短小精悍的小文章来宣传抗日民主的巨大功效，盛赞该刊深入民间发动群众的重大作用。同年，还赋诗祝贺《鲁迅全集》的出版："满地荆棘满天云，前路先生认得清。点起火把六百万，照人创造到天明。"③ 对伟大的人民文学家鲁迅的作品予以高度评价，以此来体现自己对民主的追求与向往。

《新华日报》是中国共产党于 1938 年 1 月 11 日创办的机关报，是宣传民主与抗日的重要阵地。陶行知对《新华日报》甚为赞赏，称之为"有功抗战，无任敬佩"，经常冒着生命危险为《新华日报》撰写稿件。1940 年 1 月 11 日《新华日报》创刊二周年之际，他专门撰写了纪念诗作："炮里闻呱呱，今天两岁了。生来为真理，岗位在报晓。笔杆如枪杆，挥墨亦挥汗。粉碎敌人谋，一字一炸弹。指点光明路，同向光明去。"④ 1942 年《新华日报》四周年之际，他又赋诗云："以火点火火愈明，以知与人己愈知。思想贯通生力量，惊破卍字太阳旗。"⑤ 他以此诗来盛赞该报在抗日战争中所发挥的重要宣传作用。1943 年为庆祝《新华日报》创办五周年又作了献词："报告正确消息，粉碎歪曲理论。写得大众能懂，充当万有课本。自己每天必

① 《〈先锋〉八周年（一）》，载华中师范学院教育科学研究所主编：《陶行知全集》第 4 卷，湖南教育出版社 1985 年版，第 457—458 页。

② 《〈先锋〉八周年（二）》，载华中师范学院教育科学研究所主编：《陶行知全集》第 4 卷，第 460 页。

③ 《〈鲁迅全集〉出版祝》，载华中师范学院教育科学研究所主编：《陶行知全集》第 4 卷，第 484 页。

④ 《〈新华日报〉二周纪念》，载华中师范学院教育科学研究所主编：《陶行知全集》第 4 卷，第 516 页。

⑤ 《〈新华日报〉四周纪念》，载华中师范学院教育科学研究所主编：《陶行知全集》第 4 卷，第 552 页。

读，随时还教别人。这是抗建武器，共灭纳粹瘟神。”① 高度评价该报讲老百姓心头话，写老百姓能看懂的文章，在动员民众抗日方面起到了很大的动员作用。诗后还附言：“报章最大责任是说老百姓心头想要说的话语，写老百姓眼睛看得懂的文章，便利读者，即知即传，帮助国家动员最大多数人的最大力量，来打倒日本帝国主义，并和世界民主国共同扑灭法西斯强盗。”抗日战争胜利不久，在美蒋反动派妄图抢夺人民胜利果实、阴谋发动反革命内战的时候，他在《新华日报》上发表《民主进行曲》，喊出人民的心声：“把我们的生命，争取我们新的自由。民主，团结，到了最需要的时候，每个人被迫着发出最大的吼声：……我们万众一心，要作中国的主人。”② 1946 年他在《新华日报》诞生八周年之际，又撰稿祝贺：“你是人民的报，向人民报告，对人民呼号。你喊抵抗日本，日本被打倒。……你喊政治要民主，民主会来到。”③ 总之，他对宣传民主的进步报刊表现出特别的兴趣，并予以高度关注。

他还对其他进步的报刊予以热情的支持和关注。1946 年《午报》创刊，陶行知亲自赋诗一首表示祝贺：“出版日当午，报道民间苦。天下来为公，主人应作主。”④ 对该刊宣传民主，团结民众，为民做主的办刊思路予以高度评价。同年还写《贺〈消息〉周刊》：“说是人民第一，弄得没有饭吃。指望内战快停，愿您传此消息。我从首都经过，自由尚无一滴。自从到了上海，喜见民主消息。”⑤西安《老百姓报》为一民众刊物，宣传战时教育，文字通俗，为大众喜闻乐见。陶行知亲自写信给邹韬奋，介绍该报主持人李敷仁先生为人可靠，要求

① 《贺〈新华〉五周年》，载华中师范学院教育科学研究所主编：《陶行知全集》第 4 卷，湖南教育出版社 1985 年版，第 582 页。

②⑤ 华中师范学院教育科学研究所主编：《陶行知全集》第 4 卷，第 685、726 页。

③ 《贺〈新华日报〉八周岁》，载华中师范学院教育科学研究所主编：《陶行知全集》第 4 卷，第 704 页。

④ 《〈午报〉出版祝》，载华中师范学院教育科学研究所主编：《陶行知全集》第 4 卷，第 722 页。

帮助代销《战时教育》，以资推广。他还十分关心成年累月在街头卖报的小报童，询问他们的冷暖，帮他们解决困难，教他们读书识字，讲怎样做人的道理，实在难能可贵。

陶行知办报纸、刊物和做出版工作，不仅政治立场鲜明，处处站在人民大众的立场上，而且注意教育他的学生，要努力做到为人民说话，帮人民办事，替人民呼号。他在社会大学新闻系开学时，讲到如果要办一张老百姓的报纸，每个新闻从业人员就得“跟人民学习”，“代人民呼号”；报纸的内容，必须做到反映大众心声，创作大众诗文，讲说大众话语，研讨大众学问，关心大众生活。陶行知一生的新闻出版生涯，充分展示了他为民主而呼号的办报刊思路。

第二节　倡导新图书馆运动

陶行知是近现代中国最早参与图书馆事业的热心人之一，是推动中国掀起新图书馆运动的先驱。他以实际行动来践行自己的图书馆建设理念，以高度的热情关注中国的图书馆建设与发展事业，极力倡导通过图书馆来进行文化教育普及，进而在图书馆理论建构与实践操作方面作出了不可磨灭的历史贡献。

一、创建图书馆教育委员会，指导各地图书馆建设

当 20 世纪 20 年代中国新图书馆运动蓬勃兴起，各地相继创办公共图书馆、通俗图书馆和学校图书馆之际，时任中华教育改进社总干事的陶行知，为设立图书馆教育委员会起了重要作用。1921 年 12 月，全国最大的教育团体——中华教育改进社成立。为了推动中国图书馆事业的发展，在陶行知、戴志骞、沈祖荣等人的努力下，在中华教育改进社内设图书教育组，这一组织为后来图书馆教育委员会的创立奠定了良好的组织基础。

在陶行知的倡导与努力下，在中华教育改进社第一次年会期间成立了图书馆教育委员会。1922 年 7 月 3 日至 8 日，中华教育改进社

在山东济南召开第一次年会，当时中国图书馆界的四大名流①沈祖荣（武汉文华大学图书馆学专科学校主任）、戴志骞（清华学校图书馆馆长）、洪范五（中央大学图书馆馆长）和杜定友（交通大学图书馆馆长）应陶行知的邀请参加了会议。会议期间，清华学校图书馆馆长戴志骞建议成立图书馆管理学会，交通大学图书馆馆长杜定友提议在教育部设立图书馆教育司。经过讨论，认为条件还不成熟，因此以上的建议均未被采纳。最后在陶行知倡导下，戴志骞临时提出成立图书馆教育研究委员会，这一建议马上得到了其他图书教育组成员的赞同，责成戴志骞、沈祖荣、洪范五起草组织大纲。大纲中提到：中华教育改进社已将图书馆教育作为实施新教育的重要机构之一，在中华教育改进社内设立图书馆教育委员会，“对于经济上即属节俭，而与教育事业上亦大裨益”②。宗旨是研究图书馆教育问题，组成人员由中华教育改进社函请国内研究图书馆教育及热心研究教育者来担任。下设四个组——图书馆行政与管理组、征集中国图书组、分类编目研究组、图书审查组，并将研究成果在《新教育》上发表。会后，陶行知就积极敦促图书馆教育委员会开展工作。陶行知还特约沈祖荣在《新教育》第 5 卷第 4 期上发表了《民国十年之图书馆》一文，对民国以来的中国图书馆事业发展情况作了综述；1923 年陶行知又邀请沈祖荣拟定了《提倡改良中国图书馆之管见》，载于《新教育》第 6 卷第 4 期上。同时，陶行知与图书馆界的知名人士一道共同指导全国各地的图书馆建设。同年 8 月 20 日至 24 日，中华教育改进社在北平清华学校召开第二次年会，陶行知倡导全国各地成立图书馆协会，以促进各地图书馆建设。于是在会后，在陶行知的敦促与指导下，戴志骞等人于 1924 年 3 月在北京发起成立了北京图书馆协会。之后，全国各地相继成立了图书馆协会，如章仲铭、陈益谦等人在浙江成立了浙江图书馆协会，何日章、李燕亭等人发起成立开封图书馆协会，王文山发起成立天津图书馆协会，杜定友等人在上海发起成立了上海图书馆

①② 程焕文著：《中国图书馆学教育之父：沈祖荣评传》，台湾学生书局 1997 年版，第 78、80 页。

协会，洪范五在南京发起成立了南京图书馆协会。这些组织的成立为推动全国各地图书馆事业的发展奠定了坚实的基础。

二、促进中华图书馆协会成立，推动新图书馆运动

由于中华教育改进社图书馆教育委员会的推动，中华教育改进社第二次年会在北京清华学校召开之后，1923 年至 1924 年，继北京图书馆协会成立之后，全国各省相继成立了地方图书馆协会，真可谓“各地图书馆协会的成立已蔚然成风”①。这些地方图书馆协会的纷纷成立，为全国性图书馆协会的成立奠定了基础，准备了条件。正如金敏甫所讲：“教育团体所附设之图书馆会议，以教育改进社之图书馆教育组为最有精神。”② 中华图书馆协会也称：“我国图书馆协会之组织，首推北京图书馆协会……至于全国之总会，则发轫于民国十一年成立之中华教育改进社图书馆教育委员会。”③ 这些充分说明陶行知支持成立的图书馆教育委员会是中华图书馆协会的孵化器。

正因为陶行知一贯重视图书馆事业的发展，所以，1925 年美国在编制《世界教育年鉴》时，特请陶行知撰写关于中国图书馆运动的相关内容。他在文中说：“远在公元前数世纪的周朝，中国即有了图书馆。但只有极少数知识贵族才能利用之，一般的学生几乎是不可能问津的，更不用说平民百姓了。”因此，他倡导在现代中国应当广泛设立为广大平民服务的图书馆，而要真正实现这一目标，就必须成立能起到组织与带动全国各地图书馆发展的中华图书馆协会。于是在陶行知与全国图书馆界名流戴志骞、沈祖荣、杜定友以及美国韦棣华等人的共同倡导下，经过全国各省图书馆界同人的努力，1925 年 4 月 25 日中华图书馆协会在上海北四川路横滨桥广肇公学召开成立大会，全国各地图书馆协会代表与学者参加了成立大会。大会选举杜定友为

---

① 程焕文著：《中国图书馆学教育之父：沈祖荣评传》，台湾学生书局 1997 年版，第 84 页。

② 金敏甫著：《中国现代图书馆概况》，广州图书馆协会 1929 年编印，第 15 页。

③ 《中华图书馆协会概况》，中华图书馆协会 1933 年编印，第 1 页。

会长，推选陶行知、蔡元培、梁启超、胡适、熊希龄、袁希涛、戴志骞、沈祖荣、袁同礼等 15 人为董事会成员，制定了章程，并定于同年 6 月 2 日在北京举行成立仪式。第二天，美国图书馆协会代表鲍士伟前来祝贺，中华图书馆协会举行欢迎仪式，陶行知与杜定友在会上作了热情洋溢的讲话。6 月 2 日，中华图书馆协会借北京欧美同学会礼堂举行成立仪式，陶行知、梁启超及全国图书馆界的名流参加了成立仪式，至此中华图书馆协会正式成立。7 月 6 日，陶行知与沈祖荣等共同起草了《中华图书馆协会董事会呈文》，称："近今教育趋势，多利赖于图书馆，而民族文化，亦即于是觇之。……非力谋图书馆教育之发展，不可与列邦争数千年文化之威权，所关深钜，孰则逾是。用萃集全国公私立二百余图书馆及国中研究斯学之人，组织中华图书馆协会，业于本年六月成立。拟先从分类、偏［编］目、索引及教育四端着手。"① 文中规定了该协会的宗旨与主要任务。中华图书馆协会以"研究图书馆学术，发展图书馆事业，并谋图书馆之协助"为宗旨，表明中国图书馆事业开始由自为发展阶段进入到自觉发展阶段，实质性地推动了中国新图书馆运动的蓬勃发展，从此中国图书馆事业从借鉴、模仿西方进入到探索中国式发展道路的新阶段。

1929 年 1 月 28 日至 2 月 1 日，作为年会筹备委员会重要成员之一的陶行知参加了在南京金陵大学召开的中华图书馆协会第一次年会。在开幕式上，陶行知作了《图书馆之真意义》的演讲，他说：

> 图书馆事业之进步可分为三时期：一为藏书时期，即收罗与度藏；二为看书时期；三为用书时期，即书为人所用，而非为书所役，此时期实为图书馆之新纪元。治外交者，不可不用外交书籍；从事政治者，不可不用政治书籍；做工者，不可不用做工书籍；做农者，不可不用做农之书籍。世上有两种人生活极无意义：一为读书而不做事，一为做事而不读书。此两种人之生活各

① 中国陶行知研究会组编：《陶行知全集》第 2 卷，四川教育出版社 1991 年版，第 682 页。

有所偏，均属毫无意义。①

陶行知的演讲旨在为中国图书馆事业发展提供指导思想和办馆宗旨，即图书馆是为活学活用者而设立的专门服务机构，而不是专为书呆子设立的专用场。他特别强调“书为人所用，而非为书所役”，即看书是为了实用的，为了解决现实问题的，而不是用来作精神享受的。总之，中华图书馆协会从筹备到成立乃至历次年会，陶行知始终起着关键性的作用，堪称该协会创立者与组织者之一。

三、筹设教育图书馆，促进教育改革

陶行知不仅倡导成立图书馆教育委员会，促进中华图书馆协会的成立，进而推动中国新图书馆运动的发展，而且亲自筹建教育图书馆，以通过教育图书馆来促进普及教育事业的发展。他在兴办学校教育的过程中，始终把图书馆建设作为一项重要任务来完成。他非常重视图书馆在普及教育中的重要作用，甚至将图书馆称作大众的“文化饭馆”，以此来凸显图书馆在普及教育和提高民族文化素质方面的重要作用。

早在 20 世纪 20 年代他担任中华教育改进社主任干事期间，就积极参与图书馆的建设与经费募集活动，成为中国图书馆早期发展的奠基人之一。1924 年 1 月，他亲自组织与发起创建安徽东原图书馆活动。该图书馆建立在清代大学者戴东原（戴震）纪念馆基础上，故名东原图书馆。戴东原先生的私藏图书与个人著作、师范学校应用的图书、报刊是主要馆藏图书。具体馆址设在安徽省立第四女子师范学校，但该馆独立设立。陶行知亲自起草了《东原图书馆募捐办法》。该馆建设约需资金 6 万元，凡捐款、捐书者均登报鸣谢，捐款在百元以上者镌名永留纪念，捐款千元者悬挂本人照片以作纪念，捐款万元

① 中国陶行知研究会组编：《陶行知全集》第 2 卷，四川教育出版社 1991 年版，第 433 页。

以上者阅览室以其人名命名。①

1927年，陶行知创办晓庄乡村师范学校，发起了乡村教育运动。他十分重视教育图书馆建设，在学校初建时就规划有教育图书馆。他强调："本校一切建筑都是茅草屋。除宿舍外，我们要有图书馆、科学馆、教室……"② 他始终将学校图书馆建设放在重要位置。经过师生共同动手建造一年后，岭南富商霍守华先生捐建的乡村图书馆落成。陶行知认为，教育图书馆是为造就智德双全、手脑并用的人才而提供文化养料的场所，而不是为培养四体不勤、五谷不分的书呆子而设立的。他还专门将该图书馆取名为"书呆子莫来馆"。他在《说书》中解释道："中国有三种呆子：书呆子、工呆子、钱呆子。书呆子是读死书，死读书，读书死。工呆子是做死工，死做工，做工死。钱呆子是赚死钱，死赚钱，赚钱死。""书是一种工具，只可看，只可用。看也是为着用，为解决问题。断不可以呆读。认清这一点，书是最好的东西，有好书，我们就受用无穷了。"陶行知的办馆原则是不求数量多，只求流通快，力求让每一本书充分发挥作用。由于陶行知办馆宗旨明确，管理到位，因而该教育图书馆发挥了应有的作用。到1930年，陶行知就拟"扩充图书至二万卷并将教育图书另开成教育图书馆"③，同时"购置世界幼年教育书籍及工具并陈列之"④。尽管只是一所学校图书馆，规模并不大，但其影

晓庄师范在燕子矶办的民众图书馆

① 中国陶行知研究会组编：《陶行知全集》第1卷，四川教育出版社1991年版，第723—724页。

② 《试验乡村师范学校答客问》，载华中师范学院教育科学研究所编：《陶行知全集》第1卷，湖南教育出版社1984年版，第669页。

③ 《晓庄学校民国十九年的计划大纲》，载华中师范学院教育科学研究所主编：《陶行知全集》第2卷，湖南教育出版社1985年版，第193页。

④ 《一九三〇年晓庄学校幼稚教育进行计划》，载华中师范学院教育科学研究所主编：《陶行知全集》第2卷，第179页。

响并不小，在全国拥有很高的知名度，全国文化教育界和图书馆界非常关注这所图书馆的实验。该馆得到了社会各界的支持与援助，中华教育改进社曾多次向该馆赠送书籍与报刊。该馆成为当时南京藏书较多、影响较大的教育图书馆之一。

1939 年，陶行知创办育才学校时，同样将建立教育图书馆作为一件重要工作来做。由于处于战争时期，社会动荡，政府不负责拨款，办学经费只能靠自己去筹集和募捐，所招收的学生大都是难童，尚需学校负责其衣食住行医药教育全部费用，加之物价上涨，经济非常困难。在这种情况下，陶行知还规定购置图书的钱不能少于买米的20％。陶行知一直主张，学校要“扩充图书馆，以丰富精神粮食”①，将图书馆作为办学和师生创造活动的条件之一。为了开展“创造年”活动，陶行知努力为扩充图书而奔波，以真正增加师生的“精神食粮”。通过向附近各地之公私图书馆借图书、自行购书、代管私人图书、捐书等办法，来扩充育才教育图书馆的图书容量。经过努力，育才学校图书馆先后借到包括《二十五史》、《辞海》、《辞源》、《图书集成》、《万有文库》等大型图书在内的数千册图书，到 1944 年该图书馆已拥有 2 万多册图书。

同时，陶行知要求学生在读书过程中学会进行图书管理，以便养成学生读书爱书的好习惯。陶行知在晓庄师范为学生开设了一门“院务教学做”的实践课，即让学生学会管理教务、会计、庶务、图书等，学校一切校务均由学生自己来处理。学生进行图书管理就是一项重要任务。陶行知在创办育才学校时，将“会管图书”作为培养学生的“二十三常能”之一，具体包括编目、晒书、修补、陈列、借书等项目。育才学校图书馆的图书分类、书籍编号、上架整理等工作都由学生自己来完成。②他还教育学生学会拟订借阅规则。例如，1944 年制订的《育才学校之礼节与公约》中的“图书史地馆”阅览规则中讲到：“（一）肃静；（二）整洁；（三）阅书报及摘录笔记自修以外，不

①② 《育才学校创造年计划大纲》，载华中师范学院教育科学研究所主编：《陶行知全集》第 3 卷，湖南教育出版社 1985 年版，第 501、505—506 页。

做别事；（四）参考书报，阅后还原；（五）遇校宾到时，应起立；（六）阅览公众书报，不折角、不画线、不加批、不唾粘，依照规定手续借还；（七）退出时，必将坐凳整理还原，放置桌下；（八）不得损坏、丢失书报。”① 这些规则内容具体详细，旨在养成学生良好的阅览习惯，从而保证教育图书馆有序地为学生服务。

四、提倡流通图书馆，普及文化教育

针对以往图书馆大都围绕固定场所进行服务的弊端，陶行知于30年代提倡设立流通图书馆，以增强图书馆的灵活性和服务性。他在上海创办工学团期间，就在上海萧场设立了儿童流通图书馆，以配合大众教育的普及和“科学下嫁”运动的实施。一方面，让在校就读的学生放学后，将学校图书馆的图书带回家，根据其在校所学的程度，辅导家乡周围的儿童读书，书读完后等学生开学时再归还图书馆；另一方面，由图书馆主任、图书管理员、小先生们挑着书担或推着书车，巡回到各村庄，选择一个人群聚集的地方为民众提供借阅机会，每周至少去各村一次。他还在借书简则中规定：“凡借书最多，同时又能尽量教人者，本馆得酌赠文具和铅笔、练习簿等作为奖励。”为了能征集到更多的图书，陶行知广泛发动社会各界人士捐赠书籍。经过努力，图书馆不久就征集到了一万多册图书，这样就增加了流通图书馆的服务点，专门准备了流通图书车送书到附近各村，由工读生送书到村，提高了流动图书车的服务效率。他说：“现在穷人借书最大的困难有两点：一是没有钱，二是空闲少。”② 他正是出于这样的考虑，为了方便民众才提出设立流通图书馆，送书下乡，免费服务。他认为，从拯救文化饥荒的角度来看，流通图书馆就好像是“文化小饭馆”，他建议各村镇均应设立这样的流通图书馆，可以每镇、每村、

① 华中师范学院教育科学研究所主编：《陶行知全集》第3卷，湖南教育出版社1985年版，第499—500页。

② 《流通图书馆与普及教育》，载华中师范学院教育科学研究所主编：《陶行知全集》第2卷，湖南教育出版社1985年版，第914页。

每街、每弄堂都设立这样的流通图书馆，花钱不多，但效果明显。

为了指导全国流通图书馆的发展，他在亲自设立流通图书馆的同时，还撰写了《流通图书馆与普及教育》一文。他说："流通图书馆的意义，只要看一看它的名字就能明白一个大概。从藏书到看书，从看书到借书出去看，这过程是代表了图书馆发展之三阶段，也就代表了普及教育发展之三步骤。让人借书出去看是流通图书馆的特性。但是借给谁看，怎样借法是成了问题。这些问题如果不弄明白，则流通图书馆不免要做成知识分子及有暇阶级的高等听差，负不起普及教育之使命。……流通图书馆的对象是大众，它必须为劳苦大众充分的服务，才算是一个真正的流通图书馆。"① 他还指出："现在各省市提倡识字运动，成千成万的大众继续不断的加入到读书的队伍里来。'那里找书看'是成了一个迫切的问题。若不赶紧提倡流通图书馆，这些人将因没有继续读书的机会而把从前读过的书都荒疏了。"为此他倡导"这种文化小饭馆要普遍的设起来：一镇一个，一村一个，一街一个，一弄堂一个！"②这样就可以充分发挥流通图书馆在推动大众教育和实施普及教育中的重要作用。此外，陶行知曾经在香港主持创办的香港中华业余学校里，开办了一家前所未有的新型图书馆，他称之为"三位一体的图书馆"。

总之，陶行知始终关注图书馆事业的发展，不仅积极推动中国各种图书馆社团组织的建立，而且亲自创办了不少图书馆，提出了自己颇有见地的图书馆建设理论。他将图书馆建设与普及教育巧妙结合，取得了良好的效果。因此可以说，他是中国新图书馆运动的发动者之一，也是中国图书馆事业的奠基者和开创者之一。

---

①②　《流通图书馆与普及教育》，载华中师范学院教育科学研究所主编：《陶行知全集》第 2 卷，湖南教育出版社 1985 年版，第 914、915 页。

第七章　陶行知的接受世界

陶行知是中国近现代伟大的人民教育家，是中国近现代进步知识分子的典范。从 20 世纪 20 年代至今对陶行知的研究一直兴盛不衰，硕果累累，构成一个遍及多国多地区的接受世界（影响世界）。据不完全统计，从 20 世纪 20 年代至 2014 年国内外发表陶行知研究的文章多达近 8 000 篇，出版的相关著作多达 300 部余。可见，陶行知的接受世界是宽广的，这个空间巨大的接受世界正是陶行知教育理论与实践的推广和后续，也是陶行知成为世界一流教育家的佐证。

第一节　国内读者接受世界研究

陶行知研究是我国人物研究中的一个重要课题，具有不可忽视的理论意义和实践价值。自从 1920 年北京大学缪金源发表关于陶行知学生自治思想评述文章，尤其是 1927 年陶行知创办蜚声中外的南京晓庄学校和次年他的第一部重要论著《中国教育改造》出版之后，研究他的文章和著作就接连不断地见之于世。近一个世纪以来，特别是近三十年来，经过广大陶行知研究者的共同努力，陶行知研究在理论上和实验上都取得了蔚为可观的成绩，正逐渐发展成一门系统的专门学问——陶行知学。

从读者接受世界来看，陶行知研究大致可以分为三个时期。第一个时期是宣传与推广期，即从 20 世纪 20 年代至 40 年代中后期。这一阶段的国内读者接受世界主要集中在陶行知所创办的晓庄师范学校、山海工学团和育才学校的教师和学生群体当中，他们在跟随陶行知开展生活教育运动的过程中，大力宣传和推广陶行知的教育理论与实践。到陶行知去世后，也出现了一批以纪念为主的文选、著作和文章。第二个时期是纪念与批判期，即从 20 世纪 40 年代中后期至 70 年代后期。这个时期可以说是先纪念后批判，在 1951 年 5 月 20 日《人民日报》发表《应当重视电影〈武训传〉的讨论》一文之前，国内读者世界所见到的主要是一些纪念、肯定与赞扬陶行知的书刊；在此之后，发表的大多是批判性文章。第三个时期是研究与实验期，即从 20 世纪 80 年代至 21 世纪初。自从 80 年代开始，随着对一些重大历史事件的平反，陶行知研究也趋向公正与客观，之后呈现在读者接受世界中的主要是以肯定为主的研究。

一、20 世纪 20 年代至 40 年代中后期的陶行知研究

这一个阶段是陶行知思想的宣传与推广期，这一时期国内读者接受世界主要集中在陶行知所创办的晓庄师范学校、山海工学团和育才学校的教师和学生群体当中，他们在跟随陶行知开展生活教育运动的过程中，大力宣传和推广陶行知的教育理论与实践。陶行知去世后，也出现了一批以纪念为主的文选、著作和文章。

第一，关于晓庄师范学校的介绍与评价方面的成果。代表性的有：1928 年 7 月由上海儿童书店出版的杨效春撰著的《晓庄一岁》，采取问答的方式向国内外介绍了晓庄学校的教学与管理情况，极大地扩大了陶行知及晓庄师范学校的对外影响。1930 年 1 月由上海儿童书店又出版了程本海的《在晓庄》，重点描述了晓庄学校教学与生活的实况，介绍了办学过程与教育理念。1931 年 2 月上海儿童书店出版了晓庄师范学校第一批学员李楚材撰写的《破晓》，叙述了晓庄师范学校在十分艰苦的条件下建校的奋斗历程，同时也反映出师生丰富而有趣的精神生活片段。上海儿童书店于 1933 年 6 月出版由陆静山编辑的《晓庄歌曲集》，收录了晓庄学校建立以后由师生及校外音乐家所创作的各类歌曲，从中反映出当时校园文化的丰富多彩。同年 11 月上海儿童书店出版了方与严编写的《晓庄一年计划》，介绍了晓庄师范学校发展规划，旨在宣传晓庄学校的办学成就。1934 年 3 月

孙铭勋、戴自俺编的《晓庄批判》由上海儿童书店出版，收录了到晓庄学校参观过的各界人士对晓庄学校的评价文章，如王秀南的《介绍革命的晓庄学校——从他们的信条，看出他们的努力》和《晓庄学校与中心小学》、易铁夫的《我所认识的晓庄之理论与实际》、区巾雄的《我在晓庄长期参观的经过与心得》、胡尚志的《怎样认识晓庄》等，还收录了胡汉民的《解散晓庄师范学校的原因和经过》、谢豹的《论晓庄师范被封事》等文章，成为研究晓庄学校的重要史料。1934 年上海儿童书店出版了由赵叔愚与方与严编的《乡村教育丛辑》，为让更多的人了解晓庄学校提供了重要资料。同年，上海儿童书店还出版了潘一尘的《儿童故事集》、孙铭勋与戴自俺合编的《晓庄幼稚教育》和《幼稚园的生活进程》、陶行知和陈鹤琴合著的《幼稚教育论文集》等书籍。介绍与评介晓庄学校的论文有江问渔的《乡村教育——晓庄的根本理论与现有事业》，1929 年发表于《中华教育界》第 18 卷第 4 期。这些书籍与文章对于宣传陶行知及晓庄学校起到了积极的推动作用。

第二，关于山海工学团的介绍与评价方面的成果。1932 年 10 月，山海工学团在上海郊区开办之后，为了让更多的人了解这种特殊的办学形式，陶行知的弟子们相继撰写了不少文章在全国报刊上发表，以扩大其在全国的影响。当年，陶行知的学生张宗麟撰文《中国新兴教育参观记》，发表于《中华教育界》1932 年第 3 期，介绍了工学团的办学目标、教育内容、办学特色、师生关系等内容。陶行知的学生操震球也撰文《工学团的理论与实际》，载于《教育与民众》第 6 卷第 5 期，论述了工学团的根本意义在于使教育对象大众化，工学团的原则与方法是“生活即教育”、“社会即学校”、“教学做合一”、“在劳力上劳心”、“即知即传人”。1933 年马侣贤在《中华教育界》第 7 期上发表《工学团之初生》，对工学团的含义及本质作了较为科学的界定：“工是工作，学是科学，团是团体”，宗旨是“工以养生，学以明生，团以保生”。同时，还有沈光弟、蜜野、孟宪承等人在《中华教育界》发表文章，从不同角度去介绍山海工学团。1935 年由上海儿童书店出版了马侣贤和戴自俺合著的《山海工学团》一书，对山海工学团作了更为具体、详细的介绍，为扩大山海工学团的影响起到了重要作用。

第三，关于宣传与介绍生活教育学说的成果。1928 年 11 月，孙伯才在《教育杂志》第 20 卷第 11、12 号上发表《“做学教合一”之理论与实际》。1932 年戴伯韬以“白桃”的笔名撰文《生活教育》在《中华教育界》第 9 期上发表，通过将生活教育与传统教育进行比较的方法来凸显生活教育的特质。1930 年上海世界书局出版了徐德寿编写的《做学教 ABC》，介绍了陶行知生活教育理论中核心内容之一——教学做合一。1932 年上海中华书局又出版了白桃（戴伯韬）、方与严编著的《教学做合一概论》，对陶行知的教学做合一的教法作了深入细致的分析与研究。1936 年上海生活书店出版了生活教育社编辑的《生活教育论集》，收集了大量关于当时教育界对生活教育理论的评价文章，从不同角度评价了陶行知生活教育理论与实践，为宣传生活教育理论起到了很大作用。1942 年张健撰文《生活教育是什么?》发表在 1942 年 3 月 15 日《解放日报》上，在肯定生活教育理论的基础上，提出了该理论存在的问题与不足，较为客观地评价了生活教育理论。在陶行知逝世后，1947 年生活教育社出版了由方与严编著的《生活教育简论》，1949 年上海三联书店又出版了唐振宗编著的《生活教育》，这两部著作怀着对陶行知崇敬的心理，系统评介了陶行知创立的生活教育学说。《生活教育》杂志成为宣传生活教育学说的主阵地。该刊 1934 年相继发表了戴自俺的《讨论生活教育之彻底的实现》、《生活教育的中心是什么》、《传统教育和生活教育有什么区别》，马昌实的《教学做合一新释》，满力涛（刘季平）的《教与学》等文章；1936 年又相继发表了马昌实的《生活教育与国难教育方案》、满力涛的《科学化的生活教育》等文章。还有萧三的《中国的大众诗人陶行知》载于 1936 年 12 月 12 日的巴黎《救国时报》，曹孚的《中国教育的生命线》1937 年 2 月载于《浙江教育》第 2 卷第 2 期，王洞若的《生活教育的涵义》1939 年载于《战时教育》第 3 卷第 11 期，王洞若的《生活教育运动和生活教育社》1939 年 5 月载于《战时教育》第 4 卷第 9 期，刘季平的《论生活教育同志的使命》

1940年1月载于《生活教育通讯》第6期，戴伯韬的《生活教育发展史纲——为纪念生活教育运动十三周年而作》1940年3月载于《战时教育》第5卷第10期，白桃（戴伯韬）的《生活教育》1940年载于《中华教育界》第28卷第9期等，这些文章从不同角度拓展了陶行知的接受世界。

第四，关于纪念陶行知的文章。1946年7月25日陶行知逝世后，《新华日报》1946年10月27日至29日连载《沪各界人士今日举行陶行知追悼会　冯玉祥将军呼吁各界为继承并扩大陶先生事业努力》、《沪中外人士五千余人昨追悼陶行知先生》、《上海中外人士陶行知先生追悼会记》。《新华日报》又于1946年11月11日发表《继承陶行知事业　上海中外人士及国际人权保障会联合世界民主人士和法西斯势力展开斗争》，于12月4日发表《安息吧，一代人师！——晓庄公葬陶行知记》，于12月5日发表《美国教育文化界人士将追悼陶行知先生　由杜威冯玉祥任追悼会主席》，于12月30日发表《纽约美教育界名流三百余人举行陶行知追悼会　费正清冯玉祥即席讲演陶氏辉煌业绩》等。同时，文化教育界不少人在各类报刊上发表纪念文章。据统计，从1946年至1951年5月共发表纪念文章200多篇，研究类文章120篇，出版相关著作20余种。① 代表性的有：1946年由生活·读书·新知上海联合发行所出版的陶行知先生纪念委员会编的《陶行知先生纪念集》，书中收录了周恩来、宋庆龄、林伯渠、陆定一、徐特立、钱俊瑞、吴玉章、李维汉、郭沫若、周建人、郑振铎、马寅初、梁漱溟、胡风、胡愈之、李远芃（李鹏）、吴晗、陈鹤琴等人的纪念文章。1946年初延安解放社出版了《行知教育文选》，1946年8月胶东新华书店出版了由延安新教育学会编辑部编辑的《行知教育文选集》，1947年4月上海大孚出版公司出版了由郭沫若编校的《行知诗歌集》，1947年上海生活书店出版了方与严编的《陶行知教育论文选辑》，1947年上海教育书店出版了方与严编著的《生活教育简论》，1948年上海三联书店出版了白桃（戴伯韬）编著的《陶行知

① 金林祥主编：《二十世纪陶行知研究》，上海教育出版社2005年版，第82页。

的生平及其教育学说》，1949 年上海三联书店出版了朱泽甫等编的《行知诗歌集》和麦青编著的《陶行知》，同年上海教育书店出版了由方与严编著的《人民教育家与大众诗人》等。此外，还有一些代表性的报刊纪念文章，如部爽秋的《武训与陶行知》载 1947 年 8 月 12 日《文汇报》，陈鹤琴的《近百来的大教育家》载《生活教育》1947 第 7、8 期，翦伯赞的《记古圣寺》载《生活教育》丛刊 1948 年第 1 辑，李信慧的《陶行知崇拜马克思》载 1949 年 7 月 25 日《新闻报》，余之介的《伟大的人民教育家陶行知》载 1949 年 7 月 25 日《大公报》，程今吾的《坚持抗日民主教育的旗帜——纪念陶行知逝世三周年》载《中国青年》1949 年第 12 期，董纯才的《一个人民教育家所走的路》载《东北教育》1949 年第 4 期，张健的《略谈陶行知先生的生平与事业》载《东北教育》1949 年第 4 期，白韬的《教学做合一的新发展》载《山东教育》1949 年第 3 号，张劲夫的《纪念陶行知先生》载上海《新教育》1950 年第 5 期等。这些文章与著作，通过纪念陶行知的方式，开拓了国内陶行知的接受世界，使更多的人对陶行知有了认识与了解。

二、20 世纪 40 年代中后期至 70 年代后期的陶行知研究

这一阶段为纪念与批判期。1946 年 7 月 25 日陶行知去世后至 1951 年 5 月为纪念期，此期所见到的主要是一些纪念、肯定与赞扬陶行知的书刊；自从 1951 年 5 月 20 日《人民日报》发表《应当重视电影〈武训传〉的讨论》一文开始，直至 1979 年重新评价陶行知教育思想，这一时期则主要以批判为主。

第一，新中国成立后，为了纪念陶行知，新北京出版社于 1950 年 11 月出版了由生活教育社编的《陶行知先生四周年祭》，收录了社会各界人士纪念陶行知的文章。1950 年上海电化教育出版社出版了孙明经主编的《人民的教育家陶行知》一书，以传记的形式介绍了陶行知的教育理论与实践。生活教育社也于 1950 年出版了孙铭勋撰著的《从行知诗歌看教育》和《人民经与陶派诗》两部著作，梳理与分析了陶行知的各类诗歌，总结了陶诗的风格及其特征，从中提炼出了

内在的精神实质与思想精华，特别对其教育类诗歌作了专门研究。同年，海燕书局出版了哈华著的《新安旅行团》，介绍了陶行知发起的新安旅行团的经过、活动及影响。同时，发表的纪念文章也有很多，代表性的有：马侣贤的《忆陶师　话育才》载上海《新教育》1950年第5期，何忠的《忆晓庄——纪念陶行知先生》、关道明的《纪念伟大的人民教育家》、张寿祺的《我们应该向陶行知先生学习些什么》和徐化麟的《陶行知与新民主主义教育》载《广东教育与文化》1950年第3期，方与严的《陶行知先生的教育学说及其诗歌》和张文郁的《生活教育是进步发展的》载《天津教育》1950年第4、5期，陈鹤琴的《介绍〈古庙敲钟录〉（陶行知先生的一部教育名著）》载《活教育》1950年第2期，流池泉的《人民教育家——陶行知先生》载《察哈尔文教》1950年第4期，张惠人的《晓庄23年》载1950年3月23日《光明日报》，戴伯韬的《陶行知先生的教育思想》载1950年7月20日《解放日报》，张宗麟的《学习伟大的人民教育家陶行知先生》载1950年7月25日《光明日报》，邹荫章的《循着陶行知的道路前进》载《活教育》1950年第6期，等等。这些书籍和文章向全国读者展现一个以纪念与称赞陶行知为主题的接受世界。

第二，1951年至1956年为对《武训传》及陶行知的批判期。1950年底电影《武训传》上映后，在全社会引起了强烈反响，文化教育界展开了热烈的讨论。由于这部电影是陶行知生前倡导拍摄的，多数人观后认为武训行乞办学，精神可嘉，建议教育界人士向武训学习。戴伯韬的《看了〈武训传〉之后的意见》、马侣贤的《〈武训传〉观后感》和陈贻鑫等写的《育才学校师生谈〈武训传〉》等文章同时刊载于1951年1月1日《大众电影》，他们均对该电影予以较高评价，并倡导学习武训的办学精神。1951年3月底，当文化教育界处于对电影《武训传》的一片赞叹声中时，却出现了不同的声音。如晴簃的《武训不是我们的好传统》（载1951年3月25日《进步日报》）首次提出武训精神不可取，不值得宣传。贾霁也撰文《不足为训的武训》发表于1951年4月25日的《文艺报》，对这部电影予以否定，但没有批判陶行知，认为陶行知表扬武训在当时有积极作用。1951

年5月10日《文艺报》发表了杨耳的文章《陶行知先生表扬“武训精神”有积极作用吗?》，不仅批判武训精神，而且将矛头直指陶行知，认为陶行知称赞武训“是一种错误”①。5月16日《人民日报》转载了这篇文章，并加了肯定杨耳观点的编者按。特别是5月20日《人民日报》发表了社论《共产党员应当参加关于〈武训传〉的批判》，情况就发生了根本变化。5月30日，《光明日报》发表了李士钊的《我初步认识了崇拜与宣传武训的错误》，6月1日《光明日报》又登载了戴伯韬的《歌颂武训是原则性的错误》，同一天胡绳的《为什么歌颂武训是资产阶级反动思想的表现》也发表于《学习》第4期。6月2日《人民日报》发表了李一氓的《清除武训一类错误教育思想》，7月6日《人民日报》登载范文澜的《武训是个什么人?为什么有人要歌颂他?》等一系列批判武训的文章。后来，逐步演变为对陶行知的批判。1951年7月《教学生活》发表《我们对于陶行知先生颂扬武训的看法——晓庄学校讨论武训辑要》，《新教育》第5期发表葛天民的《武训精神与陶行知先生》，显示出对陶行知由褒到贬的转变。1951年下半年，陶行知的不少学生和好友也被迫违心地加入到批判的行列当中。1951年10月，《人民教育》发表了戴伯韬撰写的《对陶行知教育思想认识的初步检讨》、董纯才的《我对陶行知先生及生活教育的认识》；11月，《人民教育》同时登载了刘季平的《略论陶行知先生的哲学观点》和张健的《重新认识陶行知先生的生平和事业》，这些文章的基本观点是陶行知教育思想是错误的，但其政治思想是进步的，二者应当分开来看待。但有些人认为陶行知的政治思想与教育思想不能分开，12月潘开沛撰写的《陶行知教育思想中几个问题的商榷》发表于《人民教育》，1952年1月张凌光发表于《人民教育》的《评“生活即教育，社会即学校”》和凯旆的《“教学做合一”的批判》，还有3月《人民教育》发表的王泰然的《关于陶行知先生以教育改良社会的思想》、张宗麟的《对陶行知先生的认识

---

①　杨耳：《陶行知先生表扬“武训精神”有积极作用吗?》，载《文艺报》1951年5月10日。

和我的初步检讨》等文章，均认为陶行知的教育思想是小资产阶级的改良主义思想。为了扩大对陶行知批判的影响，1952 年 3 月大众书店出版了潘开沛编著的《陶行知教育思想的批判》一书。

第三，1956 年下半年至 1958 年 5 月为陶行知重新评价期。到 1956 年下半年，对陶行知教育思想的批判形势有所好转，一些秉持公正客观态度的学者建议对陶行知教育思想作重新评价。最先提出建议的是北京师范大学陈友松教授，他在 1956 年 10 月 16 日的《文汇报》上发表《陶行知先生的教育遗产是新中国教育学的源泉之一》，提出要继承和发扬陶行知教育思想中积极和合理的因素。11 月 16 日和 21 日的《文汇报》分别发表了陆雍裕的《陶行知先生的教育思想》和张文郁的《关于陶行知教育思想的评价》，力图较为客观地评价陶行知的教育思想。此后一直到 1958 年 5 月，梁忠义的《陶行知生活教育思想与杜威实用主义教育思想的根本区别》、邓初民的《我们必须对陶行知先生给以重新评价》和《陶行知先生在中国教育史上的地位和作用》、张宗麟的《关于陶行知先生》、戴伯韬的《论陶行知的教育思想》等文章在各类报刊相继发表，从不同角度提出要对陶行知的教育思想与实践及其在中国教育史上地位作重新评价，并且对陶行知生活教育、“小先生制”、工学团以及陶行知与武训、杜威的关系作了专门探究，一度形成了较为客观地评价陶行知的良好氛围，但好景不长，局势又再次恶化。

第四，1958 年 5 月至 1979 年为对陶行知再批判期。受 1957 年夏至 1958 年夏“反右派运动”的影响，文化教育界从 1958 年 5 月开始再次进入对陶行知的批判期。1958 年 5 月《安徽史学通讯》第 3 期以专刊的形式发表了十多篇文章，如马数鸣的《给评价陶行知先生提供一点参考》、高启沃的《陶行知教育思想的初步探讨》、杨寿南的《我对陶行知先生的一些看法》、吴耀宗的《关于陶行知先生评价的两点意见》、凌汉如的《试论陶行知先生评价》等，这些文章的基本观点是倾向对陶行知的哲学思想与教育思想的再批判。马数鸣、凌汉如、杨刚等认为，陶行知的哲学思想属于唯心主义的、资产阶级的、改良主义的哲学范畴；高启沃、杨寿南等人认为，陶行知教育思想是

“属于小资产阶级的改良主义的范畴，而不是属于马克思列宁主义的范畴”①。还说，陶行知思想与杜威大同小异，无本质区别。杨刚还批判了陶行知的生活教育理论，他认为，生活教育理论“实际上是一种经验主义的教育思想”，“在这种教育理论的指导下，教师的主导作用被取消了，学生只是在农场、工厂及各种活动中学习扫地、煮饭、种地、做工、办民众学校等狭隘的个人生活经验和零碎的具体知识，最终成为缺乏远见的庸俗的事务主义者”。② 徐远瑛的《陶行知先生教育思想的初步批判》提出，陶行知的“教学做合一”的做，是放弃理论的做、狭隘经验主义的做。

彭云生、冀标的《陶行知先生的教育思想》和方与严的《陶行知的教育事业与教育思想》，针对一些人对陶行知教育思想的批判，明确表达了不同意见：陶行知是一位伟大的人民教育家，尽管他的教育思想是资产阶级的，但有不少进步之处。“他的教育事业是有进步性的，因而影响全国起了一定的进步作用。”③ 由于受到“左”倾思潮和阶级斗争扩大化的影响，当年不少撰文对陶行知教育思想进行公正评价的知识分子相继被打成右派，从此学界一片寂静，很少有人再发表类似评论，此后的近二十年中陶行知研究成为文化教育界的“禁区”。只是到十一届三中全会后拨乱反正，才开始重启对陶行知的客观研究。1979 年春，著名教育家陈鹤琴致函第一次全国教育科学规划会议，建议对伟大的人民教育家陶行知进行全面、系统的研究。此后，有不少学者开始了客观地评价陶行知教育思想的研究活动。舒文于 1979 年 5 月在《内蒙古教育》第 5 期发表了《伟大的人民教育家——陶行知》，胡同炳也于同年 5 月在《江苏教育》第 5 期上发表《怀念陶行知先生在晓庄》，客观地评价了陶行知及其教育思想与实

---

① 高启沃：《陶行知教育思想的初步探讨》，载《安徽史学通讯》第 3 期，1958 年 5 月。

② 杨刚：《对陶行知先生哲学思想的初步探讨》，载《安徽史学通讯》第 3 期，1958 年 5 月。

③ 方与严：《陶行知的教育事业与教育思想》，载《安徽史学通讯》第 3 期，1958 年 5 月。

践。特别是1979年8月，北京师范大学教授毛礼锐在《教育研究》第3期上发表了《人民教育家陶行知教育思想的进步作用》，通过翔实的史料、充分的论据、鲜明的观点，得出“陶行知先生是一个人民教育家，是一个热爱民族、民主和科学的教育家，是一个热爱教育事业的教育家，是一个追求进步的教育家，应给以历史的科学的评价，批判地继承他这份珍贵的教育遗产”①。各大报刊相继发表研究陶行知的文章，如吕长春的《从创办“育才”看陶行知教育思想》载1979年7月22日《文汇报》，段力佩的《学习人民教育家陶行知先生》载《上海教育》1979年第8期，马崇褥的《怀念陶行知先生》载《上海教育》1979年第8期，李凌的《回忆人民教育家陶行知——从育才学校音乐组谈起》载《人民教育》1979年第9期，李桂林、赵家骥的《试评陶行知的生活教育》载《吉林师范大学学报》1979年第4期，这些文章从不同角度力求公正、客观地评价了陶行知的教育思想与办学实践。

三、20世纪80年代至21世纪初的陶行知研究

20世纪80年代至21世纪初为陶行知研究的研究与实验期。主要表现为以下几方面。

第一，文集与专著大量出版。1981年3月由中央教育科学研究所编辑的《陶行知教育文选》由教育科学出版社出版，选编了陶行知的部分代表作，为研究陶行知教育思想提供了基础性资料。8月，江苏省陶行知教育思想研究会、南京晓庄师范陶行知研究室合编的《陶行知文集》由江苏人民出版社出版，收录了陶行知在不同时期的论文、诗歌、书信等。10月，安徽人民出版社出版朱泽甫等人编的《行知书信集》，收录了陶行知1923年至1946年的320封书信。同时，人民音乐出版社出版了陈贻鑫、陶晓光合编的《行知歌曲集》。1982年，人民教育出版社重新出版了戴伯韬著的《陶行知的生平及

① 毛礼锐：《人民教育家陶行知教育思想的进步作用》，载《教育研究》1979年第3期。

其学说》。尤其值得一提是，华中师范大学教育科学研究所主编的《陶行知全集》（第1—6卷），由湖南教育出版社于1984年1月至1985年8月陆续出版，第7、8卷于1992年10月出版，首次将陶行知的论著、诗歌、书信、教材、译著、日记等分类编辑，可谓陶研史上一块重要的里程碑，堪称“中国近代教育史上的一座宝库”①。湖南教育出版社还于1984年至1986年出版了《陶行知的一生》、《纪念陶行知》、《陶行知研究》，分别收录了不同时期为纪念陶行知而作的一些论文和纪念文章。安徽教育出版社也于1985年、1986年出版了朱泽甫编著的《陶行知年谱》、《陶行知论普及教育》和《陶行知教育思想、理论和实践》，江苏教育出版社1986年出版了辛元、谢放编的《陶行知与晓庄师范》，四川教育出版社于1987年、1988年出版了《陶行知幼儿教育的理论和实践》、《生活教育文选》、《生活教育十讲》，上海教育出版社于1985年6月出版了吴一葆编的《陶行知诗歌选》。90年代主要研究成果有：董宝良主编、周洪宇副主编的《陶行知教育学说》，由湖北教育出版社出版，该书系统地研究了陶行知教育学说的形成、基本原理、根本原则和具体主张、评价与借鉴，是一部颇具学术深度的著作。《陶行知论师范教育》（江苏教育出版社1990年版）、王世英主编的《陶行知创造教育思想》（安徽教育出版社1991年版）、方与严著《陶行知及其生活教育》（四川教育出版社1995年版）、萧陵主编《陶行知与湖湘师范》（四川大学出版社1992年版）、董宝良主编的《陶行知教育论著选》（人民教育出版社1993年版）、周毅与金成林编著的《创造奇葩：陶行知的弟子们》（四川教育出版社2000年版）、徐明聪著《陶行知与现代名人》（合肥工业大学出版社2006年版）等，从不同角度研究陶行知的理论与实践。而何国华编著的《陶行知教育学》（广东高等教育出版社1991年版），就陶行知关于普及教育、幼儿教育、成人教育、职业教育、师范教育、高等教育、道德教育、科学教育、劳动教育、创造教育、人才教

① 张劲夫：《中国近代教育史上的一座宝库：祝〈陶行知全集〉出版》，载《人民日报》1986年4月24日。

育、家庭教育的论述进行了研究。周洪宇编的《陶行知研究在海外》（人民教育出版社 1991 年版）首次汇集了境外关于陶行知研究的成果，分日本、欧美、港澳台地区三大块介绍了境外陶行知的研究概况，展示了陶行知在全世界的影响。此外，1991 年中国陶行知研究会组编的《陶行知全集》（第 1—10 卷）由四川教育出版社出版，后来又出版了第 11、12 补遗卷。

第二，研究论文量大面广。据不完全统计，从 20 世纪 80 年代至今共发表陶行知研究论文 6 000 余篇，其数量之多，参与者之众，层次之高，观点之新，研究范围之广，运用史料之丰，堪称史无前例。1980 年 2 月，须养本、王思清合写的《全面正确评价陶行知先生的教育思想》发表于《教育研究》第 1 期。由于该文的观点与此前发表的陈鹤琴和毛礼锐的观点存在较大分歧，因而令人关注，由此拉开了关于陶行知研究争鸣的序幕。《教育研究》1980 年第 2 期发表了胡小明的《要重视陶行知教育思想的研究》，《教育研究》1980 年第 4 期又发表周扬的《要重视陶行知的研究》，这样就掀起了对陶行知研究的热烈讨论。为此，《教育研究》1980 年第 6 期专门开辟专栏——“陶行知问题讨论”，发表了三篇影响比较大的文章：李能寿的《究竟怎样全面正确地评价陶行知的教育思想？——与须养本、王思清两先生商榷》，潘泠云的《教育救国，何罪之有》，杨起华的《这种批评站不住脚》，从不同角度纠正了以往对陶行知研究的不公正态度，提出“不能再搞这样的‘泛论学理’了”①，要“用历史的观点和实事求是的态度”②，去客观地研究与评价陶行知的教育思想与办学实践。1981 年 2 月孙传华撰写的《对陶行知教育理论的几点认识——兼评〈全面正确评价陶行知先生的教育思想〉》发表于《教育研究》1981 年第 1 期，认为陶行知是“中国现代史上一个杰出的人民教育家和思想家”，批驳了须养本、王思清的观点。《教育研究》1981 年第 9 期

① 李能寿：《究竟怎样全面正确地评价陶行知的教育思想？——与须养本、王思清两先生商榷》，载《教育研究》1980 年第 6 期。

② 潘泠云：《教育救国，何罪之有》，载《教育研究》1980 年第 6 期。

又发表了黄贵祥的《陶行知不同于杜威》，从教育对象、教育目标、教育内容和方法等方面区分了陶行知与杜威的教育思想，认为二人的教育思想有着较大的区别。陈鹤琴于 1981 年 10 月 18 日在《光明日报》发表《陶行知先生的精神鼓舞我前进》，同一天高士其在《人民日报》发表《陶行知先生对我的鼓舞和帮助》，段力佩在《文汇报》发表《纪念陶行知先生》，特别是 1981 年 10 月 19 日《光明日报》连发三篇文章：邓颖超的《纪念陶行知先生九十诞辰大会开幕词》、胡愈之的《纪念陶行知同志，大力普及人民教育》和陶晓光的《回忆父亲陶行知》，标志着政界与学界彻底为陶行知平反，从此对陶行知的评价完全走上了客观公正的轨道。此后对陶行知的研究逐步走向深化，载于《教育研究》1982 年第 8 期的李德馨、轩辕轲的《关于陶行知民主教育的评价》，主要就陶行知民主教育思想与实践发表意见。《光明日报》1984 年 3 月 9 日发表虞肯堂的《浅谈陶行知普及教育思想》，就陶行知的普及教育思想作了专门研究。《历史研究》1983 年第 2 期发表了周洪宇的《陶行知生年考》，重点考证了陶行知的生年。《华东师范大学学报（教育科学版）》1985 年第 1 期载张文郁的《陶行知的乡村教育运动：思想和实践》，主要研究陶行知乡村教育理论与实践。《华南师范大学学报》1986 年第 4 期发表周德昌的《陶行知早期教育思想论略》，研究了陶行知早期教育思想及其影响。胡晓风在《行知研究》1987 年第 2 期上载文《论陶行知思想转变的三个阶段》，探讨了陶行知一生的三次重要转变。《教育研究》1987 年第 9、10 期分别载莫增荣的《论陶行知的教师职业精神》和张凤山的《陶行知德育思想浅析》，两文分别对陶行知教师观与德育观作了专门研究。《华中师范大学学报》1989 年第 2 期开辟陶行知研究专栏，连发数篇关于陶行知研究方面的论文，分别从陶行知的认识论、方法论、普及教育思想和科学教育思想等方面作了专题研究。《中国教育学刊》1991 年第 5 期发表周洪宇的《试论陶行知的终生教育思想》，首次对陶行知的终生教育思想作了详细论述。《教育研究》1991 年第 11 期发表周洪宇的《陶行知研究在国外》，探究了日本、欧美等地对陶行知的研究概况。1991 年 12 月《华中师范大学学报》出专刊，发表十多篇论文，从生活教育、乡村教育、儿童教育、体格教育、师范教育、教育哲学等方面对陶行知作了研究。《教育研究》1997 年第 1 期发表董宝良的《论陶行知的中西教育观》，重点探讨了陶行知对待中国传统文化与西方文化的态度。熊贤君的《陶行知创造教育思想探微》（《教育研究》1999 年第 11 期）和金林祥的《论陶行知的创造教育思想及其现实意义》（《华东师范大学学报（教育科学版）》2000 年第 1 期），主要研究了陶行知的创造教育思想的内涵、特质及其影响。新世纪对陶行知的研究更多关注其现实指导意义与实践价值，如胡金平的《知识人与政治人：陶行知教师角色理论的分析》（《华东师范大学学报（教育科学版）》2004 年第 2 期），从教师教育的角度研究陶行知的教师理论；童富勇的《陶行知的生活课程理论与新课程》（《教育发展研究》2005 年第 11 期）从新课程改革的现实需要探究了陶行知关于课程建设的相关理论，以期找出对当今课程改革有指导意义的东西；周洪宇的《陶行知生活教育学说的当代价值》（《生活教育》2007 年第 7、8 期），重点探究了陶行知的生活教育学说对当今教育改革的启示与借鉴价值。

第三，研究社团相继成立。1980 年迎来了陶行知研究的春天，在对陶行知研究展开热烈讨论的情况下，2 月陶行知的出生地安徽省率先发起成立了安徽省陶行知教育思想研究会，制定了研究会章程，成立大会于 6 月 22 日召开，选举操震球为会长。同年 10 月 18 日，由江苏省教育学会和晓庄师范学校等单位联合发起的江苏省陶行知教育思想研究会在南京正式成立，由张焕庭担任理事长，成立大会上通过了研究会章程并召开了学术交流会。10 月 19 日上海市陶行知教育思想研究会正式成立，由张文郁任理事长。1981 年 3 月四川省陶行知教育思想研究会在成都成立，1983 年 4 月广东陶行知教育思想研究会成立，1984 年 6 月北京陶行知研究会成立，1984 年 11 月福建陶行知教育思想研究会成立，1985 年 5 月陕西陶行知教育思想研究会成立。其中，北京市陶行知研究会成立大会最为隆重。1984 年 6 月 26 日，成立大会在中国社科院会堂举行，张劲夫、胡愈之、刘季平、董纯才、张健、方明及陶行知的妻子吴树琴、儿子陶晓光等人参加大会并先后讲话。陶行知的学生、时任国务院副总理的李鹏专门发来贺词，大会通过了章程，选举韩作黎为理事长，许涤新、刘季平为顾问，毛礼锐、陆静山等为名誉常务理事。各大新闻媒体对此次成立大会作了专门报道，会后还出版了《北京市陶行知研究会成立大会纪念专刊》。

在全国各省相继成立陶研机构的同时，中国陶行知研究会于1985年9月5日在北京正式成立。这是全国性的陶行知研究常设机构，是教育部主管的国家一级社会团体。其宗旨是开展陶行知教育理论的研究和实践，推进和发展教育公益事业。组织机构由会员代表大会、理事会和常务理事会组成，办事机构是办公室，下设九个分支机构：学前教育专业委员会、小学教育专业委员会、中学教育专业委员会、职业教育专业委员会、师范教育专业委员会、女学生教育专业委员会、民办教育专业委员会、综合教育改革专业委员会、陶行知纪念馆（室）工作委员会。出版刊物有《生活教育》和《爱满天下》。中国陶行知研究会已经组织了数十次全国性研讨和交流活动，先后开展了以素质教育、师范教育、生活教育理论、农科教统筹、职业教育、女学生教育、农村教育综合改革和区域推进素质教育为主题的研讨会或现场会，还举办了陶行知国际学术研讨会。同时，在各地建立了许多实验点，多方面进行实验研究。近十余年来，总结了山西省前元庄实验学校、江苏省苏州市、四川省成都市温江区、重庆市渝北区、黑龙江省呼兰县、上海市宝山区等不同地区的教育改革先进典型经验，为各地的经济和教育的协调发展提供了可以借鉴的经验和模式。中国陶行知研究会挂牌的实验区和实验校主要有：上海市宝山区陶行知教育思想实验区、重庆市合川区生活教育实验区、四川省新都一中、云南石林育才教育集团、安徽省黄山市黄山学校、北京市第一七三中学、河北省邢台陶行知实验学校、北京市劲松一中。此外，全国各地还成立了不少市县级陶行知研究组织和团体，这些社团的成立也推动了陶行知思想的研究。

第四，大型纪念会议召开。1981年10月18日，由中国人民政治协商会议全国委员会举办的“纪念陶行知先生诞辰九十周年大会”

在北京召开，时任全国人大常委会副委员长的邓颖超主持了纪念大会，全国政协副主席胡愈之作了纪念陶行知的主题发言。王任重、史良、刘澜涛、李维汉、杨秀峰等社会各界名流及陶行知的好友、学生及家人共千余人参加了纪念大会。《人民日报》、《光明日报》等各大报刊及新闻媒体均对这次大会作了专门报道。第二天，《光明日报》连发三篇文章：邓颖超的《纪念陶行知先生九十诞辰大会开幕词》、胡愈之的《纪念陶行知同志，大力普及人民教育》和陶晓光的《回忆父亲陶行知》，标志着政界与学界从此正式为陶行知平反。同时，各省市也相继举行纪念陶行知诞辰九十周年活动。10 月 17 日安徽省政协也举行了纪念陶行知诞辰九十周年大会，操震球、朱泽甫、王世杰、许世骐、胡晓风、张文郁等人出席大会，省直机关干部、文化教育界人士四百多人参加了纪念大会，会议期间还举办了陶行知教育思想学术报告会和陶行知生平事迹展览。同天，江苏省在南京师范学校隆重召开纪念陶行知先生诞辰九十周年大会，数百人参加了会议，会后与会人员参观了新修复的陶行知墓、陶行知纪念馆，还举行了陶行知生平事迹及教育思想报告会。10 月 18 日，上海市陶行知研究会与上海师范学院（后更名为上海师范大学）等单位一同举办了陶行知生平业绩展。福建、四川、陕西、广东、浙江、湖北等省也相继召开了纪念陶行知诞辰九十周年大会或举行了纪念活动。从此，对陶行知的研究趋于客观公正，全国掀开了大规模研究陶行知的序幕。

1991 年 10 月 18 日，首都各界人士五百余人，在人民大会堂举行纪念伟大人民教育家陶行知诞辰一百周年大会，中共中央政治局常委、全国政协主席李瑞环出席大会，中共中央政治局委员、国务委员兼国家教委主任李铁映作了重要讲话，中国陶行知研究会名誉会长张劲夫为大会致开幕词，中国陶行知研究会会长钱伟长、中国陶行知基金会会长孙起孟、全国人大常委会副委员长雷洁琼在会上讲了话。胡乔木、王忍之、何东昌、张健、艾青、胡晓风、戴自俺、王世杰以及陶行知的家人吴树琴、陶晓光、陶城出席了会议。新华社、《人民日报》、《光明日报》、《文汇报》、《中国教育报》、中央电视台、中央人民广播电台等对大会作了报道。会议期间，中国革命博物馆举办了为期 10 天的陶行知生平事迹展览。会后，召开了以生活教育理论新发展和教育体制改革成果为主题的学术研讨会，共收到学术论文 286 篇，日本学者斋藤秋男、美国学者佩梅拉·凯蒂等人应邀参加了研讨会。9 月 26 日，黑龙江纪念伟大人民教育家陶行知诞辰一百周年大会在哈尔滨师范大学礼堂召开。10 月 9 日，安徽省及合肥市召开了由 400 人参加的纪念伟大人民教育家陶行知诞辰一百周年大会。10 月 15 日，山西省纪念伟大人民教育家陶行知诞辰一百周年大会在太原召开，省领导、教育界人士及部分高校师生共 1 400 余人参加大会。10 月 24 日，山东省纪念伟大人民教育家陶行知诞辰一百周年大会在山东师范大学礼堂召开。浙江、湖北、福建等省的纪念伟大人民教育家陶行知诞辰一百周年大会分别于 11 月 5 日、24 日和 12 月 14 日召开。同时，各省大都举办陶行知思想研讨会，不少报刊开辟专栏刊载陶行知研究的文章。

参加“陶行知国际学术研讨会”的部分中外学者合影

1996 年 10 月 18 日至 21 日，由中国陶行知研究会、全国教育科学规划领导小组、湖北省陶行知研究会和华中师范大学联合举办的“陶行知国际学术研讨会”在武汉市华中师范大学召开，李鹏、李岚清、李铁映、雷洁琼、钱伟长、杨海波、张承先、柳斌等领导为大会题词，吴树琴、陶城、李楚材等人发来贺信。有包括日本、德国和美国等国内外八十余名理论学者出席会议。会议围绕“陶行知与中外文化教育”这一主题展开了讨论，与会学者就陶行知的中西文化观、教育观、价值观以及陶行知教育思想的渊源、陶行知与海外学者的关系进行了研讨。会后，由人民教育出版社出版了论文集《陶行知与中外文化教育》。

2011 年 11 月 27 日至 30 日，中国陶行知研究会在杭州举办了陶行知先生诞辰一百二十周年国际学术研讨会，会议以“为生活而教育——生活教育与社会进步”为主题，朱小蔓会长致辞，140 多位中外学者参加，交流学术论文 70 多篇，涉及陶行知研究多个领域，会议取得圆满成功，推动了陶行知研究进一步深入开展。

四、20 世纪 30 年代至 21 世纪初港台的陶行知研究

尽管港台地区都是中国的一部分，尽管两地的学者在研究陶行知的主观条件方面不存在任何阻碍，但无论是就研究队伍，还是就研究成果来说，均不及日本和欧美学者，这里面的原因颇为复杂，不是三言两语说得清楚的。但有一点可以肯定，即都深受政治气候的影响。当然，平心而论，70 多年来陶行知研究在港台地区还是取得了一定成绩的。

陶行知的教育理论和实践很早就为香港的广大教师和民众所熟悉。早在 1936 年夏天，陶行知曾经香港去英国伦敦参加“世界和平大会”的第一次会议。会议结束后，他受全国各界救国联合会的委托，担任国民外交使节，赴欧美等 26 个国家宣传中国人民的抗日主张。两年后，因国难严重，他又于 1938 年 8 月 30 日经香港回到祖国。在港期间，他积极宣传抗战，推行业余教育活动，并发表声明：回国后要做三件大事。特别值得一提的是，他在香港创办了中华业余学校，任该校董事长。这是他生活教育理论的一次光辉实践。从此，他的教育思想就在香港广泛传播开来。

陶行知去世之后，香港的若干报刊上曾刊登他的一些当时留在香港的学生们所写的回忆文章，如方与严的《晓庄学校回忆片录》（《文汇报》1948 年 9 月 14 日）、怀远的《陶行知募捐如打仗》（《大公报》1948 年 10 月 4 日）、白桃（戴伯韬）的《陶行知的艺术家的生活》（《大公报》1949 年 3 月 13 日）和《向老妈子学习——回忆陶行知先

生》(《大公报》1949 年 3 月 31 日)、克炎的《回忆育才生活——纪念陶行知校长》(《大公报》1949 年 7 月 25 日) 等等。当然，这些回忆性文字只能算研究的素材，还不是真正的学术探讨。

1951 年，大陆发起对电影《武训传》的批判，涉及曾经称道过武训的陶行知及其教育思想。1957 年，在“反右”运动中，不少陶门弟子和陶行知研究者被打成“右派”，陶行知研究从此成为“禁区”。这种情况也不能不影响到与内地毗邻的香港地区教育界。因此，从 20 世纪 50 年代至 70 年代的整整 30 年间，香港的陶行知研究成果甚微。其间，仅有为数不多的论文和著作。龙文书店曾于 1966 年出版了一本《陶行知·行知文献：手脑并用，生活教育倡导人》，属资料介绍性的一般著作。同年，原在香港罗富国师范学院（现香港教育学院前身之一）担任教师的阮雁鸣，在香港文教图书社出版了《杜威学说与中国教育》一书，其中有一部分内容谈到了陶行知及其教育思想，比较了陶行知与杜威的社会观和教育观，旨在用陶行知作铺垫来阐明杜威教育思想对中国教育的重要影响。作者的结论是：“陶行知几乎全部接受杜威之社会论、知识论和生长论，陶氏的事业，处处依着杜威哲学之基本假设而行。”显而易见，这种观点并不全面客观。

与香港相比较，台湾地区学者对陶行知及其教育理论和实践的研究显然要重视得多。需要指出的是，这除了与陶行知生活教育理论和实践自身具有重要的理论价值有关外，还多少与蒋介石在退守台湾一隅后出于其多方面需要而提倡“新生活教育”有关。早在 1934 年，为了配合“剿共”，加强对国民和青年的思想控制，蒋介石曾经提倡过所谓的“新生活运动”，要求国民和青年的生活与行动合乎整洁、简单、朴素等要求，而且能够“明礼义”、“知廉耻”、“守纪律”、“重秩序”、“俾达生产化、军事化、合理化的理想生活境地”。1949 年，蒋介石败走台湾，基于其“戡乱建国的环境和需要”，又重弹昔日“新生活运动”旧调，并提出所谓“新生活教育思想”。1951 年 11 月 19 日，他在《改造教育与变化气质》的演讲中说：“我以为今日教育，要使他发生反共救国的效用，无论是学校教育或社会教育，最要紧的是注重生活教育，必须使生活与教育打成一片。”1953 年 11 月

14 日，他又发表《民生主义育乐两篇补述》一文，对其“新生活教育”予以进一步阐发。为了贯彻蒋介石讲话和文章的精神，台湾“教育部”还于 1962 年 6 月 16 日第 8176 号令颁布了一个《生活教育方案》，训令要求各级各类学校一律照此执行。其实，蒋介石的所谓“新生活教育”不过是把儒家的那套封建伦理道德与西方现代教育的某些因素糅合在一起，旨在以儒家学说来收拾人心，整饬教育，巩固其统治，与陶行知倡导的充满时代气息的、进步的生活教育完全是两码事。不过，如此一来却在客观上为台湾陶行知研究的开展创造了某些条件。这倒是提倡“新生活教育”者所始料未及的。由于这些缘故，一些在高等院校和研究机构工作的专家、教授，以及因种种原因去了台湾的陶行知的故旧门生，也相继开始介绍和研究起陶行知来。

1969 年，早年在东南大学研究过教育、后来积极鼓吹国家主义教育的陈启天将旧作《最近卅年中国教育史》略作修改后易名《近代中国教育史》，交付台湾中华书局出版。新版对旧作中论及陶行知“教学做合一”思想部分未作任何改动，照原样付排，竟也相安无事。这表明只要不涉及政治方面比较敏感的问题，纯学术性的陶行知研究在台湾还是可以展开的。

1977 年 6 月，由在野人士创办的、素有台湾“野史馆”之称的传记文学出版社出版了刘绍唐主编的《民国人物小传》第二册。该册有秦贤次撰写的一篇陶行知传略，介绍简明扼要，评价尚属公道。称陶行知“提出‘生活即教育’、‘社会即学校’、‘教学做合一’等口号，为中国教育辟一新蹊径”，又认为陶“创办山海工学团，并发明‘小先生制’，在普及教育史上为划时代的创举”。

次年，陶行知的学生程本海在《艺文志》杂志第 152 期（1978 年 5 月号）上发表了《陶行知先生与我》一文，满怀深情地回忆了他早年在陶行知指导下从事教育活动的往事，表达了对恩师的一片怀念之情。

同年，中国教育史专家、台湾师范大学教授郑世兴在《教育发展与文化建设》（幼狮文化事业出版公司 1978 年版）一书中，发表论文《我国近代乡村教育与文化建设》，对陶行知生活教育派的主张和实践作了具体评述，指出了他们与梁漱溟乡村建设派和晏阳初平民教育派的不同之处，颇有见地。

1978 年中共中央十一届三中全会以后，经过拨乱反正，内地的陶行知研究也随之恢复。在这一新形势的推动下，香港教育界的有识之士开始着手探讨陶行知的生平事迹和思想遗产。1980 年，香港中文大学教师、知名作家卢玮銮女士在《开卷》杂志 8 月号上发表了《陶行知先生在香港》一文，叙述了 1938 年 9 月和 1939 年 1 月这两个月陶行知在香港的社会活动和教育实践，还介绍了新发现的他在香港所写的六首诗。翌年 10 月 19 日，卢玮銮又以“小思”的笔名在《明报》上发表《敲钟者》一文，称赞陶行知是近代中国伟大的“敲钟者”。次日，张增泰在《大公报》上发表《陶行知二三事》，向香港民众介绍中国现代著名教育家陶行知的一些事例。值得一提的是，香港中文大学教育学院教授蔡宝琼博士，20 世纪 90 年代在英国牛津大学攻读博士学位期间撰写的毕业论文《近代中国教育与政治》中有一章是“陶行知、晏阳初、梁漱溟之比较”，对 20 世纪二三十年代曾对中国文化、教育产生过重要影响的三位著名学者、教育家作了简要的比较研究。该文认为，晏阳初从对中国的“社会病”是“愚、穷、弱、私”、“无知孕育贫穷”的认知出发，倡导乡村建设的重心在文化改革；梁漱溟从社会道德沦陷角度提出了“儒家理想的文化重建”计划；陶行知作为“坚定的唯物主义者”，他认为乡村的主要问题是发展不平衡的结果，主张开展农村教育运动，“以解决人民的实际生活问题为首要任务”。陶行知为中国指明了依靠科技进步改变中国命运的光明大道。

2006 年 5 月，香港浸会大学近代史研究中心与香港近代史学会为纪念陶行知逝世 60 周年，举办了“陶行知与近代中国”研讨会，会上多位香港学者提供了陶行知研究论文，如香港浸会大学近代史研究中心周佳荣教授的《从播种到回馈——陶行知与香港文教界的因缘》、《蔡元培、陶行知、晏阳初——近代中国三大平民教育家的历程》，香港浸会大学历史学系甘颖轩的《空间、资本与实践：陶行知在“南高”“东大”时期的教育活动》，香港浸会大学历史学系区显锋的《陶行知与1930年代广西普及教育运动》，香港浸会大学历史学系文兆坚的《陶行知的家庭生活》，新亚研究所李木妙、黄仲夫的《陶行知与无锡荣氏教育事业》，新亚研究所梁耀强、陈树渠纪念中学的《陶行知生活教育论对香港初中德育教学的启示》，香港公开大学人文社会科学院赵雨乐的《生活教育在乡校——论陶行知的〈中国教育改造〉》，香港理工大学区志坚的《陶行知对杜威教育思想的认识》，香港大学专业进修学院林月秀的《陶行知与蒋梦麟的教育观》等，不仅文章多，而且角度新，标志着香港的陶行知研究已走出了早期一般性介绍阶段，进入了学术研究的新阶段，与内地的陶行知研究开始相互推动，相互影响，共同走向成熟期。

1981年，郑世兴又在新作《中国现代教育史》（台湾三民书局出版）里，对陶行知的生活教育理论与近代乡村教育思潮作了更为系统的论析，不过他为抬高蒋介石的“新生活教育”思想而故意贬低陶行知等人的生活教育理论，说什么“一般生活教育所强调的生活，它包含有严肃的和轻松的生活，过去的和现在的生活，落后的和进步的生活，平时的和战时的生活，而新生活教育思想所强调的生活，则专指新的、严肃的、现代的、进步的及战时的生活……此实较一般的生活教育思想更进一步，更具卓见”，这就有些不够实事求是了。郑世兴在《我国乡村教育运动及研究》中也提到对陶行知的看法。还有陈重光所著的《我国乡村建设实验工作之比较》也提到了陶行知的乡村教育实践活动。

1981年，早年毕业于南京高等师范学校、后为国民党政权“考选部”政务次长的周邦道出版了《近代教育先进传略初集》（中国文化大学出版部出版）。早在1933年，他就在其主编的《第一次中国教育年鉴》中专辟有“教育先进传略”一章，“冀于以发潜德之幽光，示后人以楷模焉”，颇获士林赞誉。自那以后，周邦道继续搜罗询访，集得更多资料。到台湾后，经过多年精心编写，撰成260篇人物传略。由于上述特殊经历，书中的陶行知传略写得远较他人翔实可信，评价也颇允当，如他称执掌南京高师时代的陶行知“资学明敏，踔厉风发，与刘伯明、陈容、柳诒徵、郑宗海、廖世承、张谔、秉志、胡先骕、朱进、张准、朱君毅、孟宪承、梅光迪、陆志韦诸教授，同寅协恭，施展恢张；故南雍教育，遂树新帜，蜚声海内焉”。又说：“行知依杜威‘教育即生活’、‘适应社会环境’、‘学由于行’之教育哲学，而更迈进一步，以‘生活即教育’、‘社会即学校’为目标。榜书联曰：‘以社会为学校，奉万物作宗师’；‘以教人者教己，在劳力上劳心’。另定‘教学做’为校训，‘我们的信条’十八则，由董事长蔡元培书写，悬于锡名犁宫之礼堂。筚路蓝缕，以启山林，为中华教育开辟得未曾有之崭新途径。从事新教育者，靡然宗之。”结尾更是不无感慨地写道：“行知蕴新知，善思维，每倡通俗世之主张，而勇于躬行实践，遗大投艰；可谓瑰琦卓荦，人如其名矣！当代乡村师范学校、中心小学、社会教育馆，多率循其生活教育理论，而变化实施；‘教学做’一原则，尤不胫而走，已应用于一般教育方法，且及于教育、考试、任用合一焉。倘天假之年，处以安定环境，以彼其才，行彼其志，其所建树，讵可量度乎?”不是对陶行知其人其说有深切了解者，是不会作如是说的。

1985 年，教育学家吴鼎在《七十年来我国国民教育实验之演变》（原载蔡保田等著《国民教育研究》，汉苑图书出版社出版）一文中，对陶行知主持的南京晓庄乡村教育实验作了全面评介，指出：“当时的晓庄师范是陶氏实验他的教育理想的场所，他的理想和方法，颇能引起当时社会人士的注意，吸引了各地教育人士前来参观，而许多青年教师，自动前来晓庄师范学习的为数甚多。”并认为：“陶氏对于教育上的贡献，是他的‘教学做合一’理论。这个理论，是根据他的‘生活即教育’、‘社会即学校’理论而来的。此外，还有晓庄师范先后订立的两种信条，是代表乡村教育的精神，予乡村教师以伟大使命的。”以上所言虽然不够全面，倒也自成一家之言。

同年，著名学者、教育学家吴俊升在他与罗伯特·克劳普顿、吕聪明三人合编的《杜威在华讲演录》（英文版，中国文化大学出版部出版）中有一长文评述杜威在中国的活动及其影响，文中专门谈到了陶行知与杜威的关系，认为：“陶行知的理论和实践可以说是把杜威的主张推向了极端。陶行知的贡献在于扩大了杜威的影响。这一点可以比之于威廉·克伯屈。从他在南京的最初岁月直到1946年逝世，陶氏把他的一生都献给了中国教育改造事业。他是杜威的中国信徒中第一个发展出自己的教育理论和实践的体系，并且第一个探索着把杜威的影响从城市里的大学扩大到乡村学校的人。”尽管吴文的观点过于绝对化、片面化，但毕竟包孕着某种极有价值的思想因素，值得人们深思。

1987年台湾学者简淮勤在《历史学报》第5期上发表了《陶行知生活教育的理论与实际》一文，论文长达3万多字，以严谨规范的学术论文形式，比较系统地论述了陶行知的生平、生活教育理论的内涵、生活教育实践活动，并对陶行知作出全面评价。简淮勤对生活教育理论的内涵和特质作了详细的论述，认为：“陶行知曾受教于美国实用主义教育家杜威，但是，他不是简单地抄袭杜威的教育思想，而是有分析、有批判地吸收其合理部分，做到洋为中用。并且在他自己的教育实践中，逐步形成自己的教育思想。”文章还从陶行知的原话中提升出了“生活教育之特质”——“生活的、行动的、大众的、前进的、世界的、有历史联系的”等六个方面。简淮勤对陶行知生活教育实践的论述颇有创意，将陶行知的生活教育实践概括为“六大运动”：一是乡村教育运动，包括师范教育、国民教育、基本教育、社会教育四部分；二是普及教育运动，包括“科学下嫁”运动、山海工学团的普及教育运动、“小先生制”的实行；三是国难教育运动；四是战时教育运动；五是全面教育运动，主要是育才学校的教育活动；六是民主教育运动。作者还引用陶行知的观点对生活教育作了准确的定位：“生活教育是穷国家穷社会的穷办法，是经济实用的教育理论”，“陶行知的‘生活教育’，对当时的社会来说，不啻为一股清流……陶行知一生努力不懈地致力于普及教育事业，追求‘民主、科学’的理想，绝对是值得我们加以尊重和珍惜的情操。”

1997年，台湾花莲师范学院初等教育学系讲师周永珍也在《花莲师范学院学报》第7期上发表了《陶行知的教育思想与教育改革运动对当前教育之启示》一文。文章重点介绍了陶行知生活教育的内涵以及相关的教育主张如普及教育、终身教育、女子教育、民主教育、爱心教育、乡村教育等，还从陶行知的教育理论和实践中总结出一些可资借鉴的办学经验，认为对当今台湾的教育改革具有直接指导意义。

值得特别注意的是，20世纪90年代以来曾获台湾师范大学教育学院博士学位、现为台湾医事科技大学幼保系教授的曹常仁在台湾陶研界脱颖而出，后来居上。曹常仁是台湾教育界第一位专题研究陶行知教育思想的学者，师从于台湾知名教育学家黄光雄先生。他在台湾师范大学教育学院攻读博士学位期间，根据导师的指点，选定将陶行知研究作为他的博士学位论文选题。经过几年的艰苦笔耕，终于在1998年完成了他的博士论文《陶行知师范教育思想之研究》，他从陶行知师范教育思想的渊源与基础，陶氏师范教育观的形成与特性，陶氏师范教育制度、教学做与实践，陶氏师范教育思想之贡献，陶氏师范教育思想之启示等几个方面，深入挖掘了陶行知全集、文集中有关师范教育方面的论述。他在研究中发现，陶行知师范教育思想的渊源有两个方面：一是“接受先秦儒家人文精神，注重人性尊严，与道德修持及求知、学习等观念”，二是“受到杜威的知识之继续性、实验性、工具性、活动性及反省思考”等理念的影响。其基础主要有“人性要素、真善美要素、行与知的要素、民主的要素、生活的要素”。陶氏师范教育观的特别关注两点：“一是广义的师范教育，不仅以培养教师为限”，“二是具有人才教育、教师进修与辅导、社会服务、符合国情的生活的特质”。他认为，陶行知师范教育思想的贡献表现在三个方面：一是促成了1922年乡村师范学校普设与法令的出台，二是为中国师范教育树立了楷模，三是成为杜威“反省思考”应用到师范教育之先驱。最后还从借鉴陶行知师范教育思想的精华，促进当今师范教育的发展出发谈了一些看法。从曹常仁的论文可以看出，台湾学者对陶行知的研究正在一步步趋向专题、走向深入。

由此可见，港台地区的陶行知研究已达到相当水准，且形成自己的特色和优长。随着香港与内地关系的进一步加强，海峡两岸关系的逐渐改善，两地与大陆文教界的交往日益增多，港台地区陶行知研究的特色和优长必将更加充分地发挥出来，成为陶行知研究的一支重要力量。

第二节　国外读者接受世界研究

陶行知是近代以来中华民族向人类贡献的一位具有广泛的世界影响的伟大教育家。他所倡导的生活教育理论和实践对中国以及世界上其他国家（特别是发展中国家）的教育改革与发展，曾经产生并且还在继续产生程度不同的影响。长期以来，他的生平事迹和思想遗产，不仅得到我国学术界的重视和研究，而且也吸引了不少海外学者的注目。这里，笔者根据收集到的有关资料，分日韩、欧美两大部分，概要地介绍一下海外学者研究陶行知的历史和现状，旨在帮助人们了解海外陶行知研究的有关情况，加强海内外学术界的交流，促进陶行知研究的深入发展，使人们真正认识到陶行知在国际上享有的崇高声誉和占有的重要地位，从而增强民族的自豪感和凝聚力，坚定弘扬民族文化优秀传统、创立具有中国特色的社会主义教育理论体系的信心和决心。

一、20 世纪 20 年代至 70 年代的陶行知研究

（一）20 世纪 20 年代至 70 年代日本的陶行知研究

如同其他中国学研究一样，日本学者在陶行知研究方面，其起步之早、发展之快、研究之深广、成果之丰硕，均居各国学者之首，给人以突出的印象。这固然是由于日本学者在地理、历史、文化等方面享有天然的优势，但更重要的，是因为陶行知与日本有着密切的关系。1930 年 4 月，国民党政权以“勾结叛逆、阴谋不轨”等罪名，强行封闭南京晓庄学校，并下令通缉陶行知。是年秋至次年春，陶行知一度避难于日本。此后，他始终和日本教育界直接或间接地保持着联系。他的生活教育理论和实践引起了日本有关人士的极大关注，并对日本的教育产生了有形或无形的影响。综观 80 年来日本学者研究陶行知的历史，大体上可以分为第二次世界大战结束以前、结束以后和 20 世纪 80 年代以来三个阶段。20 世纪 30 年代初至 40 年代中期

（第二次世界大战结束前）是第一阶段。这一时期，日本资本主义已发展到帝国主义阶段，一小撮军国主义者对内采取高压政策，严厉镇压工农大众的反抗运动，对外发动侵略战争，把战火烧到周边的亚洲国家，给这些国家的人民带来痛苦和灾难。但是，无论是在国内还是在国外，日本军国主义者的日子都并不好过。在国内，工农阶级日益觉醒，以各种形式（包括教育革新运动）与统治集团进行着激烈的斗争；在国外，侵略者遭到中国等亚洲各国人民的殊死抵抗。教育成为这些国家人民争取民族解放的战斗武器。陶行知及其教育理论和实践就是在这种历史背景下开始被日本有关人士介绍给国内教育界和人民大众的。

最早把陶行知的生活教育理论和实践介绍给日本教育界的，是一位曾在东京池袋"儿童之村"小学执教、名叫牧泽伊平的进步人士。"儿童之村"小学是以杜威实用主义教育思想为基础、以世界教育革新思潮为背景的日本大正自由主义教育运动的产物，由野口援太郎等人创办于 1924 年 4 月。这所学校一反赫尔巴特教育思想的形式主义，重视课程计划、教师的指导以及尊重学生的自主性和能动性，成为当时日本自由主义教育运动的中心。1934 年 4 月 10 日，几位自称陶行知学生的中国留学生叶维奏等人访问了这所小学。他们向该校的教师户塚廉以及牧泽伊平等人介绍了陶行知领导的"小先生"运动等有关情况，引起了牧泽伊平、户塚廉等人的浓厚兴趣，认为陶行知"小先生"的教育主张和实践，与他们正在从事的教育革新运动有某种相似之处，遂在思想上产生了强烈的共鸣。1935 年，以户塚廉、牧泽伊平等人为中心，创办了《生活学校》杂志。牧泽伊平于此年 1 月在《生活学校》杂志创刊号上，以"岸本辰三"的笔名撰写了《中华民国的新教育——世界新教育的动向（一）》一文，向日本教育界介绍了陶行知的"小先生"运动。这是日本教育界第一篇评介陶行知教育理论和实践的文章，也是日本教育界传播和研究陶行知教育思想的开始。同年 6 月，牧泽伊平又在《教育》杂志上发表了《中华民国的"小先生"普及教育运动》一文，署名"陶行知述，牧泽伊平译"。该文是他把陶行知在新加坡《星洲日报》和厦门《华侨日报》上发表的有关文章，在叶维奏、林承志等人的帮助下翻译成日文的。此后，他于1939年5月，在《青年教师》杂志上发表了他与当时南京汪伪政权“教育部长”赵正平的侄子赵如珩关于“小先生”运动的谈话纪要。接着，他又在《训导生活》杂志1940年2月号上，撰写了《中国的生活教育运动》一文，介绍陶行知的工学团运动。1945年夏，这位介绍陶行知教育理论和实践的有识之士，因病溘然长逝。

然而，先驱者的努力并不是徒劳的。牧泽伊平关于陶行知的“小先生”运动的介绍，引起了日本教育界有关人士的高度重视。著名教育家留冈清男曾就此发表感想说：“我国教育界或者吃腻了德国和美国的教育理论，或者追随着时髦来鲁莽地宣传不知所以然的日本精神。与其如此，倒不如应该用同程度的关心来注视邻邦中国的动向，应该不惜在教育运动方面相互协力。”此后，日本教育界越来越多的人开始了解和学习陶行知的教育理论和实践，作为其教育革新运动的借鉴。

与牧泽伊平同时，另一位“儿童之村”小学教师、《生活学校》杂志的负责人户塚廉也开始向日本人民介绍陶行知的教育理论和实践。他在1935年1月《生活学校》创刊号上牧泽伊平《中华民国的新教育》一文后，写了一篇颇有感触的“编后记”，指出：“世界新教育运动的一项，的确是应该登载介绍世界新教育联盟及其加盟各国的生气勃勃的活动。从正在编辑中的岸本先生处我看到了4月份参观儿童之村的中国新教育运动家们主办的杂志，了解到在某些文明国家，该运动的出发点是观念主义、理想主义和精神主义的。与此相比，陶行知的教育运动却是从整个人民生活的需要来出发的。我随即向岸本先生要了那篇稿件。我真希望去看看在中国这个特殊的、被欺虐的国家里先知先觉者是怎样活动的。”

不仅如此，户塚廉等人还积极开展与陶行知领导的山海工学团进行资料交换为主的经验交流。他们把《生活学校》杂志寄给山海工学团，陶行知也把他撰写的寓言童话《乌鸦》和论著《中国教育改造》回赠给他们。“儿童之村”小学与山海工学团还彼此互通书信。日本侵华战争爆发前夕，由于日本法西斯的镇压和财政困难，“儿童之村”

小学于1936年7月被迫解散。此后，户塚廉自力坚持发行《生活学校》杂志。但是，在日本军国主义分子全面发动侵华战争之后不久，《生活学校》杂志也于1938年8月被迫停刊了。两国教育革新者之间的友好交流由此而中断。

这一时期，除了牧泽伊平、户塚廉等人的介绍和宣传外，日本新闻界也对陶行知的有关情况作了报道。“九一八”事变，尤其是“七七”事变后，陶行知的政治倾向越来越明显，坚决反对蒋介石“攘外必先安内”的政策，支持中国共产党建立抗日民族统一战线的主张，与沈钧儒、邹韬奋等人共同创建全国各界救国联合会，以教育改造配合政治救亡，成为战时中国政治舞台上一位重要的社会活动家。敏锐的日本新闻界很快便发现了这一点。他们分析了中国现存的各派抗战力量，将陶行知视为抗日人民战线派的主要领袖之一。

村田孜郎在《抗日中国的背景》一文中，首先介绍了《团结御侮的几个基本条件与最低要求》，指出：“这声明书就是中国人民战线派的领袖章乃器（原浙江实业银行副经理）、沈钧儒（上海律师公会会长）、陶行知（国难教育社代表）、邹韬奋（生活日报社经理）等四个人在民国二十五年七月十五日联名签署的。……它是了解人民战线派的主张和政策，具有丰富参考价值的文献。”文中还介绍说：“国难教育社——以教育界的泰斗、理论方面的领袖陶行知为代表的组织，其目的在于实施国难教育方案和完成民族解放斗争的任务。目前，在有组织有理论地进行抗日宣传，并发行其机关刊物《国难教育》周刊。”

另一位记者中保与作的文章《抗日人民战线派的背后》也作了类似的分析和介绍。他在介绍了沈钧儒、章乃器、王造时、史良、宋庆龄等人后，说另外还有很多重要人物，其中“特别引人注目的就是国难教育社的陶行知”。“陶行知是中华教育界的泰斗。他领导的国难教育社是站在‘我们除了流血以外没有获得民族自由的方法’这种立场上，‘教育大众团结起来，解决困难，并且教知识分子去给广大民众传播关于民族危机的知识’，以‘争取中华民族的自由平等，保卫中华民国完整的领土和完整的主权为宗旨’的。此外，陶行知一边创办

《生活教育》杂志半月刊，一边创办‘儿童工学团’，教育卖报儿童。”

由于日本新闻界对于陶行知有关情况的报道，使陶行知的名字开始为日本教育界之外更多的民众所知晓。日本新闻界成为当时教育界之外介绍和宣传陶行知教育理论和实践的又一条重要渠道。

此外，日本著名教育家国分一太郎、海后宗臣等人在他们的论著《中国的孩子——以其为主体的文化生活基础》、《中国旧秩序下的儿童文化性格》和《近代中国教育的特点》中，也对陶行知的教育理论和实践作了不少评介。尤其值得注意的是，日本这时有两部重要的人物辞典均不约而同地在1940年将陶行知作为重要人物列入。一部是创元社的《亚洲人名事典》，另一部是由桥川时雄编纂、日本中华法令编译馆出版的《中国文化界人物总鉴》。这些论著和辞典连同上述文章与报道的发表、出版，使陶行知及其教育理论和实践为当时日本许多人（特别是教师）所共知。

从总体上看，虽然这一时期日本教育界、新闻界乃至出版界对于陶行知及其教育理论和实践作了不少介绍和宣传，但这些文字大多属于一般性的叙述，尚未出现具有理论深度的研究成果，离真正的学术研究相距甚远。从某种意义上说，这一时期是日本陶行知研究的前阶段，或者说准备期。当然，我们也应看到，没有这一时期日本教育界、新闻界乃至出版界许多有识之士的积极介绍和宣传，为后来的研究工作铺平了道路，奠定了坚实的基础，战后日本陶行知研究的迅速发展是不可能的。

20世纪40年代中叶（第二次世界大战结束后）至20世纪80年代初是第二阶段。战后，日本一度处于美军占领之下。美国出于其长远利益的考虑，宣布实行五大改革：解放妇女、工人有团体权、教育自由主义化、废除专制政治和经济民主化。1947年，正式公布教育基本法，开始实施教育民主化。但是，什么是教育民主化？为什么要实施教育民主化？如何实施教育民主化？对于这一系列问题，当时日本社会各界的看法是不同的。一方面，各种反动势力正重新抬头，竭力把教育民主化纳入他们的轨道；另一方面，进步力量也试图把包括战后教育民主化在内的各种民主改革作为日本人民的自主改革来进行，以争取战后日本沿着真正民主的轨道行进。正是在这种背景下，被誉为“中国民主教育之父”的陶行知及其教育理论和实践再次引起日本教育界有关人士的重视。他们一边继续介绍陶行知的教育理论和实践，一边开始对其作理论研究。

前文述及的户塚廉，战后回到家乡静冈县挂川市。户塚廉对早年“儿童之村”小学、《生活学校》杂志与山海工学团的交流留下了很深的印象。所以，他在自己发行的《乡土报》和《父母子女报》上，一直坚持向日本读者介绍和宣传陶行知。

与此同时，陶行知研究也在日本学术界正式开展起来，涌现出一批像斋藤秋男、新岛淳良等颇有影响的研究者。他们大多接受过良好的高等教育，学养丰厚，思想进步，对中国人民素持友好态度，怀抱改造旧教育、重建新日本的理想，又长期在高等院校或研究机构工作，专门研究中国教育问题，故一旦着手陶行知研究，很快就发表和出版了一批研究成果，引起了国际学术界的关注。其中，研究时间最早、最长，成果最多、影响最大的，当推斋藤秋男。

斋藤秋男是日本东京专修大学教授，前中国研究所理事长。他早年毕业于东洋大学中国哲学文学科。后专攻教育学，尤以中国教育史研究见长，是日本著名的老一代教育史学家，先后出版过《中国的近代教育》、《新中国的教育建设》、《中国现代教育史》、《中国教育史》等著作。早在1945年日本侵华战争结束时，他和另外几个日本军人一起，在湖南省洞庭湖附近农村“就地解散”，经过岳州到汉口，在汉口某书店里偶然看到中国民主同盟在重庆发行的机关刊物《民主星期刊》，读到陶行知为实现儿童解放和民主政治而写的富有特色的诗篇和讽刺时政的文章，深为陶行知那种

日本出版的陶行知著作及陶行知研究论著

斗争精神和相信群众的精神所感动。从那时起，他就开始研究陶行知。六十多年来，无论中日两国的政治风云如何变幻莫测，无论陶行知在新中国建立之后的声名是毁是誉，无论自己的教学、科研和社会活动多么繁重，他都始终如一、坚持不懈地研究陶行知，表现出顽强的毅力和精神，取得了丰硕的成果，出版和发表了《新中国教师之父——陶行知》（刀江书院 1951 年版）、《民族解放的教育》（编译，明治图书出版公司 1961 年版）、《陶行知评传》（劲草书房 1968 年版）、《陶行知生活教育理论的形成》（明治图书出版公司 1983 年版）等四部专著以及许多专题论文，博得国际学术界和中日两国人民的好评。下面重点介绍斋藤秋男教授这四部专著的有关情况。

从 1946 年 7 月陶行知逝世到 1949 年新中国成立为止，中国陆续发表了一批有关陶行知的文章，介绍他的生平事迹和教育事业。《人民教育》杂志第 4 期（1950 年 8 月号）的社论，特别是该社论引用的中共中央宣传部长陆定一写的悼词，给当时的斋藤秋男以很大启发，他由此认识到，陶行知生前虽然没有到过解放区，但是他的教育思想曾经给予解放区的教师以很大的影响。而且，在他逝世后，中国教育界的进步人士纷纷表示要继承陶行知的精神。同时，斋藤秋男还考虑到，战后的日本教育界，进步教师正在热切盼望实行一种符合日本民族特点的民主教育，故极有必要把陶行知推行的民主教育介绍给他们。特别是在战后日本的学校教育，浸透着美国教育家杜威的教育理论。可是在中国，陶行知结合中国的实际情况，早已把杜威的教育理论加以改造，使之中国化了。陶行知的这一实践，对日本的教师肯定会有帮助。于是他就收集有关资料，撰写了专著《新中国教师之父——陶行知》。在这本书里，斋藤秋男把对陶行知的研究与他自己所提出的问题，即他作为一个知识分子和一个教师应有的人生态度是什么，紧密地结合在一起。他后来在谈及这本书时曾说：“第一本书反映并刻画了我跟朋友和长辈们一起亲自经历过的日本‘战后’。因此，这本书对笔者来讲是一个纪念，但是作为陶行知研究未超出习作的范围。”作者的自谦固然反映出这本书是一部不够成熟的作品，但也表现出作者永不满足、继续追求的精神。正是以此为起点，作者又编译出版了他的第二本书《民族解放的教育》。

1957年秋，斋藤秋男获得了随北海道和平委员会访华团来华作短期旅行的机会，第一次访问新中国。当时，他在上海得到《陶行知教育论文选编》（方与严编）、《陶行知先生纪念集》（陶行知先生纪念委员会编）等资料。以后，他又从戴伯韬、严文井、彭飞、毛礼锐等人那里得到有关陶行知评价的一些论文和资料。这样，依据这些资料，他翻译了陶行知的31篇论文，并附以详细的解说和注释，出版了译著《民族解放的教育》。该书被收入明治图书出版发行的《世界教育学选集》丛书，主要供专攻教育学的学生阅读。这套丛书共有60卷，而《民族解放的教育》是唯一有关中国教育家的一本书。

虽然这本《民族解放的教育》只是一部译著，但是斋藤秋男在解说中却明确提出了今后需要深入研究的三个课题，即：第一，对陶行知从“改良主义者”转变成“革命民主主义者”这一发展过程的分析，包括按照抗日战争时期国统区与解放区之间的合作、抗日民族统一战线的形成、国统区与解放区的分裂和对立等各个历史阶段的时间推移，分析陶行知与师生和朋友等人之间的关系；第二，阐明陶行知生活教育理论从晓庄师范时代到他晚年的大约20年时间中的发展和停滞，及其对解放区教育事业的影响；第三，描述陶行知作为“大众诗人”的一面。这三个课题的提出，反映出斋藤秋男此时对陶行知研究认识的深化，显示出他已力图从整体上去把握和理解陶行知，这就为他下一步的研究确定了主攻方向。事实上，斋藤秋男后来的所有研究大致上就是围绕着这样三个课题而展开的。

基于上述认识，斋藤秋男首先把课题三作为突破口，撰写研究陶行知的第三部专著，描述陶行知作为“大众诗人”的一面。斋藤秋男很早就读过《行知诗歌集》（郭沫若编校，1947年版），以后又读了萧三的《中国的大众诗人——陶行知》一文（《人物与纪念》，1951年12月）。萧三称陶行知是“政治的抒情诗人”，斋藤秋男非常欣赏这个提法，曾在《东洋文化》1954年11月号上发表过一篇题为《陶行知——中国的政治抒情诗人》的文章。从1966年春到1966年夏，他大体完成了这部书的构思，并反复阅读《行知诗歌集》，写些片断性的札记。1967年夏，开始集中精力起稿，仿效日本评论家高杉一郎的《盲诗人爱罗先珂》的写法，终于写出这部《陶行知评传》，并把“政治的抒情诗人”作为该书的副标题。全书共分十章，从与陶行知“邂逅”（实际上他从未见过陶，只是在报上认识陶）写到陶逝世为止。写作方式上别具一格，每章都引用陶行知的诗篇来阐述主题思想。书中较为详细地叙述了陶行知的生平及其教育实践和学说，介绍了东京池袋“儿童之村”小学与陶领导的山海工学团之间的友好交流，描写了陶行知与家人的骨肉深情。斋藤秋男认为，陶行知在他的30年教育实践中，善于从中国的国情出发，遵循“行是知之始，知是行之成”的辩证法则，在批判继承中外优秀教育遗产（特别是杜威教育学说）的基础上，总结和形成了一套具有中国特色、为中国所用的教育思想。这无疑是值得日本教育界借鉴的。尤其是他深入人民大众生活之中，并站在人民大众的立场上，为实现民族的独立、平等和自由，提倡民主教育，以教育改革配合政治斗争，坚决反对帝国主义和封建主义，这值得战后日本每一个知识分子特别是教育工作者学习。

在完成课题三的研究之后，斋藤秋男便全力以赴投入对课题一和课题二的探讨。1979年秋，斋藤秋男应中国社会科学院的邀请，来华三个月，专门考察陶行知教育事业和教育思想，重点是他的教育思想对解放区的影响和他的教育事业同中国共产党的关系问题。在华期间，斋藤秋男到北京、合肥、歙县、南京、上海、重庆等地参观、调查和座谈，并阅读了《乡村教师》、《生活教育》等许多珍贵资料，对陶行知有了更具体的了解，丰富了感性认识。在此基础上，斋藤秋男开始撰写其第四部专著。历经三度春秋，终于写成《陶行知生活教育理论的形成》。这部书比较深入系统地论述了陶行知的生平及其教育理论，是集其多年研究成果之大成的力作。

全书共分四章。第一章“陶行知的生涯”，作为全书的背景部分，概述了陶行知的生平事迹，并附带提及了当时中国共产党对国民党反动派的斗争、解放区和国统区人民斗争的重要史实和历史人物，以便于读者更加清楚地了解陶行知以及当时的人民解放斗争。第二章

“‘生活教育’理论形成的过程”，是全书的重点所在。如前所述，斋藤秋男早在《民族解放的教育》一书中，就把阐明陶行知生活教育理论的形成、发展及其对解放区教育事业的影响，作为今后研究课题之一提了出来。在本章中，斋藤秋男对此课题作了更为深入系统的论述。他阐述了陶行知把王阳明“知是行之始，行是知之成”的唯心论改为“行是知之始，知是行之成”的唯物论，并认为陶行知由原来服膺王阳明的学说而取名“知行”改为“行知”的过程，表明了陶行知思想已产生重大转变。他还论述了陶行知把杜威的“教育即生活”、“学校即社会”的理论改为“生活即教育”、“社会即学校”的理论的过程，提出了陶行知回归“民族土壤”这一颇有理论深度的命题，认为陶虽是杜的学生，但陶对杜的理论不是全盘照搬，而是以回归“民族土壤”的愿望为媒介来接受和克服杜威的理论的。陶回国后，根据中国的实际情况，把杜威的理论改造成适合于中国的新学说，创立了独具特色的生活教育理论，学生超过了先生。此外，本章还探讨了生活教育理论以及“小先生运动”与解放区教育的关系。第三章“陶行知与日本”，介绍了陶行知 30 年代初流亡日本的过程、日本教育界对陶行知的认识和宣传以及围绕陶行知的日中两国民间教育运动的交流情况。第四章是文献部分，介绍了陶行知的 10 篇教育论文等有关研究资料。

概括起来，斋藤秋男的研究思路是：以陶行知教育理论和实践为研究中心，以三个相互关联的研究课题为主攻方向，以“民族土壤的回归”为核心命题，将陶行知视为“杜威的学生”，把他的思想发展作为“跟老师杜威的学说、理论的格斗过程”来把握，认为在陶行知的思想里，杜威理论的接受与克服不是毫无媒介地直接相连起来的，而是以“民族土壤”这种中国性质的东西为媒介相连起来的。换句话说，陶行知教育思想的发展过程，也就是“内在地克服杜威理论的过程”。可以看出，斋藤秋男的陶行知研究，思路新颖，见解独特，具有比较浓厚的理论色彩，确已形成“斋藤模式”。尤为令人钦佩的是，他并非为研究而研究，而是始终以重建战后日本新教育为旨归，这就对从大正时代尤其是第二次世界大战以来只停留在全面地接受杜威理论还是完全否定它的程度上，并没有在日本的“民族土壤”里克服杜威理论的日本教育界，提出了尖锐的问题。因此，无论是从理论上看，还是从现实上看，斋藤秋男的陶行知研究，都是颇有意义的，代表着这一时期日本陶行知研究的最高水平。

在此期间，除了斋藤秋男之外，比较著名的陶行知研究者还有新岛淳良、市川博等人。新岛淳良是中国研究所研究员，中国近现代思想史和毛泽东思想研究的专家。曾出版《毛泽东的哲学》、《毛泽东的思想》、《我的毛泽东研究》和《历史中的毛泽东》等多种论著。在日本学术界乃至国际学术界，都享有盛名。有意思的是，这位毛泽东研究专家，也对陶行知颇感兴趣，与斋藤秋男合著《中国现代教育史》（国土社 1962 年版），又为《世界大百科事典》（平凡社 1975 年版）撰写“陶行知”词条，对陶行知及其教育理论与实践评价很高。市川博系横滨国立大学教授，中国现代教育史专家，曾与斋藤秋男合著《中国教育史》（讲谈社 1975 年版）。他在该书“特殊研究——实用主义教育思想导入期的公民教育观”中撰有“中国实用主义者的自我批判”一节，专门探讨了陶行知、胡适和舒新城三人的教育思想和实践，称陶是 20 世纪 20 年代“新教育运动有力的推进者”。上述几位学者，尽管研究重点不同，观点不尽一致，但都推动了日本陶行知研究向纵深拓展。

（二）20 世纪 20 年代至 70 年代欧美的陶行知研究

欧美是东亚之外海外陶行知研究的又一重要地区。由于陶行知的生活教育理论和实践对中国以及世界上其他国家（尤其是第三世界国家）的教育改革与发展，已经产生并且还在继续产生程度不同的影响，又由于陶行知抗战期间曾遍游欧美等 26 个国家，宣传中国人民的抗日主张，介绍其独创的“小先生制”，特别是由于陶行知早年曾留学美国哥伦比亚大学，师事杜威、孟禄和克伯屈等人，与进步主义教育结下不解之缘，回国后又曾大力引进和传播杜威的实用主义教育学说，成为 20 世纪 20 年代新教育运动的主要领导人之一。因此，陶行知研究在欧美，尤其是在美国学术界历来颇受学人重视，其中不乏蜚声世界的知名学者，如克伯屈、文幼章、费正清、孔斐力等人。知名学者的积极参与，无疑在客观上为陶行知研究跻身于欧美中国学者研究领域创造了有利条件，同时也为其今后的发展展示了良好前景。下面，就让我们追溯一下欧美陶行知研究的演进历程。

早在 1929 年，即陶行知创办南京晓庄学校的两年后，美国哥伦比亚大学师范学院教授克伯屈就对陶行知的教育理论有所论评。是年 10 月中旬，他曾去晓庄学校实地考察，并发表感想说："在这学校，不读死书本，是在生活上直接接触，办教育用这种生活，可负引导农民的使命，使合乎现代的思潮。这里的小朋友也是很幸福的，因为他们不是过那呆板的固定的生活，而是顺应世界变化的生活。这个运动，这个学校，不是一人，或少数人所能创造出来的。这里的指导员、同学、小朋友都作了运动的一分子。如大家肯努力，过一百年以后，大家再回过头来，纪念晓庄！欣赏晓庄！这就是教育革命的策源地。"还说："我曾到各处找这一种运动，找这一种试验的方针和办法，以及发动的理想，进步的过程，都合乎我的标准。这也可以代表中国整个民族精神。"并表示："我现在无论到什么地方，都要宣传在中国的晓庄有一个试验学校，把这里的理想和设施，宣传出去，使全世界的人知道！"因克伯屈是闻名世界的教育家，他的话在国际教育界是很有影响的，所以，从 20 世纪 30 年代起，陶行知及其晓庄学校就开始逐渐引起欧美学者的注目。

20 世纪 40 年代中期，一些在华工作或访问的欧美学者，曾对陶行知的人格、思想和事业留下了深刻印象，并评价甚高。比如，英国著名学者、《中国科学技术史》著者李约瑟（Joseph Needham）博士的夫人陶露西·尼达姆（Dorothy Needham）在一篇题为《育才学校》的文章中，对陶行知创办的育才学校大为赞赏，认为"这是一所中国式的运用现代的教学方法的实验学校"，并指出："尽管学校生活是非常艰苦的，但教师们和孩子们都是愉快的，并且是充满信心的。教师们尽管工资异常低，但他们感到学校的气氛良好，在教学过程中，他们可以完成一些创造，因为他们能获得充分的自由来自己钻研。"又如，加拿大学者、世界和平理事会副主席文幼章（James G. Endicott）博士格外推崇陶行知的伟大人格，说："陶行知博士具有强大的感召力，使得随便哪一个善良的人，都愿意贡献出他的所能为社会作最大的服务，在实际的工作上教育他们，鼓舞他们。他目标纯洁，行动笃实，生活刻苦自励。没有一个人比他更知道中国的真正需要，没有一个人像他那样需要勇敢果决的大众教育，为民主的组织和实践奋斗终生。”他称赞陶行知是“一个别有见地的、创造性的教育天才”。再如，美国援华会总干事毕莱士（Mildred Price）女士在1946年7月陶行知去世后曾撰文说：“在美国，大家都知道陶博士是一个伟大的教育家。从太平洋的加利福尼亚州到大西洋滨的美国人都认为他是中国一个了不起的教师，并且还用他那‘即知即传人’的名言象征中国今天最需要的一种教育。”并富有洞察力地断言：“我觉得陶博士不仅仅是属于中国的，而且是属于全世界的。”这表明早在20世纪40年代中期，欧美有识之士已经判定陶行知是一位具有世界影响的大教育家。

这里特别值得一提的是1946年印行的《为了民主中国的教育》，这是早年曾在南京高等师范学校教育系师从过陶行知的赵冕在美国哥伦比亚大学师范学院毕业时撰写的教育学博士学位论文。他在这篇教育学博士学位论文中比较研究了陶行知、晏阳初、梁漱溟等人的教育思想与实践，用较大篇幅论述了陶行知为了中国教育的民主化、现代化，刻苦求学，远涉重洋，不畏艰辛，甘于清贫，在中国农村开展教育实验，并创造性地提出了具有中国化、大众化性质的生活教育理论，称赞陶行知为中国现代教育作出了很大贡献。

当然，严格地说，赵冕的教育学博士论文《为了民主中国的教育》还谈不上是一部专门研究陶行知的著作。这一时期美国大部分有关陶行知的评介还不能视为真正的学术研究，至多只能看成是研究的初级阶段。直到20世纪50年代初，欧美学者才真正把陶行知作为一个特定的研究对象来加以考察。

首先开始对陶行知其人其说作系统研究的，是一位美籍华裔学者朱宕潜。据朱自述，陶行知对他的一生影响极大。早在1925年，他还在一所师范学校读书时就首次聆听了陶行知关于民众教育的演讲。从那时起，他就开始阅读陶行知有关民众教育的论著。在1929年至

1930年期间，他作为大学生在南京中央大学教育学院做研究时，常去参观陶行知创办的晓庄试验乡村师范学校。这所学校的情形使他明确意识到中国教育应该如何改革。从这时起直到1946年，他钻研陶行知的教育理论并且与陶本人经常保持着联系。在日本侵华战争期间，他任河南信阳师范学校校长时，曾组织他的同事和学生同军队和民兵一起工作，教民众如何更进步地生活和战斗。他还在战区实施"生产教育计划"、"师范教育计划"和"乡村教育试验"等特殊计划，而从事这类实践的观念就是根源于陶行知的教育哲学。陶行知的教育理论给他的教育实践以巨大的鼓舞和启迪。由于上述原因，朱宕潜在20世纪50年代初赴美攻读哥伦比亚大学师范学院教育学博士学位时，就选择了以陶行知的教育理论和实践作为其研究对象，并在1953年向校方提交了题为《陶行知与中国现代教育》的博士学位论文。

这篇博士论文由绪论和八章构成。在绪论中，朱宕潜首先对陶行知的历史地位和作用予以充分肯定，指出："陶行知是中国现代教育最有影响的代表者，也是中国历史上最伟大的教育家之一。他批判地分析了中国传统教育。他发起和领导了许多教育改革运动。他的教育理论创立于现实的教育试验基础之上。他根据对中国人生活和社会的直接研究，创立了一种独特的教育模式。虽然他是一位知识分子，却成为民众的导师和朋友。他对中国教育界和政府教育政策的影响是非常大的。历史将表明他所占有的地位类似于美国的贺拉斯·曼（Horace Mann）和智利的多明戈·福斯狄罗·萨明托（Domingo Faustino Sarmiento）。"接着，他阐明了陶行知教育思想与外来文化思想的关系，指出："美国文化和教育对于陶行知发展他的教育理论甚有启迪。当然，其他国家的影响也不可忽略。但陶行知既不是完全拒绝外国的教育理论，又不是毫无保留地接受过来服务于中国人民，他仅仅是利用这些理论以适合中国社会的需要。"因此，他认为从事陶行知研究，不仅有助于了解中国教育，也可以为其他国家，特别是第三世界国家的教育改革与发展提供有益的经验。

基于以上认识，他为自己这篇论文确定了三个任务：（1）阐明什么是陶行知的教育理论和实践；(2) 找出其产生的原因；(3) 评估陶行知其人其说对中国现代教育所产生的影响。围绕这三点，他撰写了八章内容。第一章探讨了陶从1917年到1946年主要的教育实践和理论，介绍其生活和工作；第二章叙述了1917年至1927年期间，陶任南京教育界领袖和在平民教育运动中的表现；第三、四、五章则分别论述了1927年至1930年期间，陶在南京郊外晓庄提倡和从事的有意义的教育试验；第六、七两章介绍了陶1930年至1936年在上海的教育试验，以及1938年至1946年在重庆的教育试验；第八章是全书的总结。由于作者本人的特殊经历，因而这篇博士论文相当准确地阐述了陶行知的教育理论和实践，比较客观地评价了陶行知在中国历史上的地位和作用。尽管由于种种原因，这篇博士论文在某些史实的记述和思想的解说上尚有不周之处，但对当时欧美陶行知研究的开展是起了一定的推动作用的。

就在朱文提交校方的几年后，知名学者、哈佛大学的孔斐力(Philip A. Kuhn) 教授也在哈佛大学东亚研究中心1959年出版的《中国论文》第13卷上发表了一篇专题论文《陶行知：一位教育改革家》，介绍了陶行知其人其说，辨析了陶行知与杜威以及进步主义教育的关系，并提出了晓庄是陶行知事业上的巅峰的论断。该文所提出的若干论点后为不少学者所赞同，并作了进一步发挥。

1966年，朱宕潜将其博士论文改名为《新兴国家的教育型：陶行知在中国的工作(1917—1946)》，由台湾台南高昌印刷公司正式出版。在该书的正文前面，有哥伦比亚大学师范学院荣誉教授克拉伦斯·林顿(Clarence Linton) 所作的一篇序言。林顿在序言中称陶行知是“近代中国最伟大的教育改革家之一”，认为他所置身的那个时代——20世纪上半叶——中国所面临的教育问题与今天其他发展中国家所面临的教育问题在许多方面有相似之处。因此，他的教育理论和实践对于今天这些发展中国家的教育改革和发展来说，富有借鉴意义。

早在20世纪50年代，就有一位奥地利籍的詹生(Fritz Jensen) 博士曾作为联合国善后救济总署的工作人员来中国，他分别到过国统区和解放区，对中国创办的育才学校有所了解。1953年，他作为民主德国《新德国》报纸的特派记者再度来华。在对陶行知有了比较多的了解之后，他在德国出版了《中国腾空而起》一书，向德国人民介绍了“中国最伟大的教育家陶博士”的业绩，如育才学校和“小先生”运动等，为德国人了解陶行知奠定了良好基础。1975年刚从西柏林自由大学毕业的艾哈德·内克曼（Erhard Neckermann），就开始了陶行知教育思想的研究，1975年至1976年冬季他主办了一期以研究陶行知的生平与著作为重点的研讨班，并与参加研讨的四名大学生和另两名同事共同翻译了一本文献《生活即教育——中国改革教育学家陶行知之生平》，在西柏林自由大学校内发行。1978年至1980年，内克曼在中国西安外国语学院担任外籍教师，他利用在华之机，收集了大量关于陶行知的资料，并实地考察了南京晓庄师范学校和陶行知纪念馆，采访了在西安的陶行知的学生和同事；还利用回国路经日本之际，专门拜访了日本著名的陶研专家斋藤秋男先生。

加拿大学术界也一直对陶行知研究比较感兴趣，这与陶行知生前多次访问加拿大有关。陶行知曾于1937年至1938年先后四次访加，积极宣传抗战，号召全世界爱好和平的人们起来反对日本法西斯，在当地引起了强烈反响，也使加拿大人民深深记住了这位热爱和平的中国教育家。在近半个世纪后，加拿大约克大学格兰登学院社会学教授唐纳德·E. 维尔默特追忆了他于1944年在重庆育才学校与陶行知的交往以及所见所闻，并写成了《陶行知是个了不起的人》一文（1994年8月25日载上海陶行知研究会编的《行知行》）。文章以平实的语言、真挚的情感再现了他所了解到的陶行知的朴实、谦逊、真诚、热情的性格和“始终如一的为人民服务的精神”，使读者感到真实、亲切，为加拿大人民了解陶行知提供了一份珍贵的资料。他还在其有关社会学著作中提到了陶行知的教育社会学思想。约克大学历史系教授玛戈·格瓦茨（Margo S. Gewurtz）则在一篇关于中华职业教育社的论文《社会现实与教育改革：中华职业教育社的个案考察（1917—1927）》（《现代中国》第4卷第2期，1978年）中涉及了陶行知的职业教育思想。这种多角度、多层次的考察，意味着欧美的陶行知研究者已较此前眼界更为开阔，研究愈发具体。

二、20世纪80年代至21世纪初的陶行知研究

20世纪80年代以来，随着中外文化教育交流进一步扩大，海外学者对于陶行知的研究成果更加丰硕。一方面，大型国际学术交流会议不断召开，为国外学者来华交流与研究提供的机会增多，这就为其研究陶行知获取更多的资料与信息创造了良好的机会；另一方面，中国不断接纳国外留学生也为其从中国搜集关于陶行知资料提供了机会，在获得新资料的基础上，就可出更多的陶研成果。这些均为推动这一时期陶行知研究多出成果创造了良好条件。

（一）20世纪80年代至21世纪初日韩的陶行知研究

20世纪80年代初至今，日本社会与战后那种满目疮痍、百废待兴的情形相比，显然已发生了天翻地覆的巨变。但在教育领域，日本教育界仍然面临着不少问题，其中最为突出者有三：一是日本政府围绕《日本国宪法》、《教育基本法》，加强右倾化，准备复活军国主义的问题。战前、战中的日本教育界赞扬日本军国主义发动战争，教师们把学生培养成许多战士，使他们愿意参加这场战争。战后日本教育界在深刻反思这场战争的基础上，许多教师从亲身经历出发，决心以后绝对不再为侵略战争培养战士。但政府却不愿意让教师给学生讲过去的历史事实，教师们在教学实践上受到限制和压力。因此，怎么去阻止军国主义者的复活，是目前日本教育界的一个问题。二是日本教育界内正在造成的比较严重的人的异化问题。日本的升学竞争比较激烈，同时社会上又有校园暴力、家庭暴力、自杀等情况出现，而且还相当普遍。学生们的心理状态一般来说很不稳定，即使所谓的好学生，也会由很小的原因突然挑起暴力冲突。针对这些情况，怎样在理论上提出解决办法，以保证学生的全面发展，成了一个棘手的问题。三是日本青少年的世界观非常狭隘的问题。他们愿意关心自己和周围的利害问题，但对于有关政治、经济问题，即使是日本国内的，也漠不关心，更不用说世界的问题了。在这种情况下，日本教育学在理论

上研究日本国民对世界的发展应该有什么贡献，应该培养什么样的国民，这也是一个大问题。为了解决这些问题，日本学者期冀从陶行知的教育理论和实践中寻求启示，从而进一步推动了日本学术界陶行知研究的开展，使之进入深化期。在此期间，一批优秀的研究者脱颖而出，崭露头角。牧野笃便是其中的佼佼者之一。

毕业于名古屋大学的牧野笃博士，曾任日本国民教育所研究员、名古屋大学教育学院教授，现任东京大学教育学院教授。他从 20 世纪 80 年代初开始研究陶行知，迄今已三十多年。1985 年曾来我国南京大学从事陶行知教育思想研究。像绝大多数新一代学者那样，他具有开阔的学术视野，全新的知识结构，并能娴熟地运用中文交谈和写作。凭借这些有利条件，他试图在前辈学者的基础上有所创新和发展。他是第一个对“斋藤模式”提出异议的人。在他看来，斋藤秋男分析陶行知教育思想发展过程的理论框架基本上是有效的，因为陶行知留学美国，师事杜威，深受杜威理论的熏陶，而且自美返国后他的思想发展确实是克服杜威理论的过程，但将陶行知视为“杜威的学生”并以此作为陶行知教育思想发展的起点，却是值得推敲的。其实，斋藤秋男所论述的只是杜威理论对于中国教育的有效性，而不是陶行知教育思想的主体性。在“斋藤模式”里，陶行知接受杜威理论的必然性不是分析的对象，而是研究的前提条件。正因如此，斋藤秋男忽略了贯穿所谓“改良主义者”和“革命民主主义者”双方的陶行知的一贯态度和立场。换言之，他忽略了贯穿陶行知接受杜威理论之前与之后的、陶克服杜威理论界限的必然契机。因此，他不会不说陶行知克服杜威理论尽管是必要的，但不是必然的。这一点正是“斋藤模式”的不足之处。牧野笃认为，陶行知不是回归到“民族土壤”里去，“民族土壤”始终在陶行知内部。陶接受杜威理论，辞退官职，深入人民大众的生活里，克服杜威理论，对于民族解放斗争起了积极的作用，形成了民族解放的教育思想。这一过程不是一次又一次偶然的过程，而是由陶行知跟自己内部的“民族土壤”交感而造成的必然的过程。这个必然正是使陶行知与当时其他教育家区别开来、成为其自身的根本所在。

由此认识出发，牧野笃先后发表了《陶行知“生活教育”思想的产生与构成》、《试论陶行知“生活教育”论的基本构造》、《关于陶行知“工学团”运动中共同体论的考察》、《陶行知“生活教育”论小考》、《陶行知平民教育运动的思想结构和行动》、《陶行知“工学团”的集团论》、《陶行知“乡村师范”的集团论》、《陶行知教育思想之根基——金陵大学时期对王阳明思想的解释与吸收》、《陶行知童少年时期的活动与教育》、《陶行知与日本》、《关于陶行知在美国留学期间学习与生活的若干考察》、《陶行知争论》等论文，从陶行知教育思想主体性的审视角度对陶行知的生平家世、思想演变等问题，作了许多饶有新意的探讨，引起了学术界的广泛注意。牧野笃作为一个有强烈史学主体意识的日本学者，能站在中国之外从国际视角、以局外人身份来审视与思考陶行知思想的生成机理、演变轨迹及其横纵影响，极大地开阔了陶行知研究的理论视野与思维路径。首先，他在广泛考察与体验陶行知故乡的风土人情、风俗文化，并深入思考徽商重视文化、热衷教育的历史传统以及中国传统教育对青少年时期陶行知的成长所产生影响的基础上，通过两年多对安徽、江苏、四川、上海等陶行知生平活动过的地方的实地考察和对陶行知夫人、儿子、亲属、学生的走访，以及在此基础上所作的深入研究后认为，陶行知“接受科学的态度，一边以自己成长的土壤为基础，即以现实生活为基础，一边以自己是一个中国人的强烈意识规范着自己的行为方向”，正是这样的生活环境与文化氛围，才使陶行知产生了“我是一个中国人，要为中国作出一些贡献来”的思想。其次，他以丰厚的学养，从中国的主流文化——儒学以及以其为核心形成的宋明理学对青年陶行知的基础影响以及后来以此为基本土壤接纳西方思想文化的视角，去深刻体认了陶行知富有创造性的“行—知—行”思想的深厚根基，明显地将海外陶行知研究引向了纵深，突破了就事论事、以现象求结论的浅层次研究模式。特别是他对陶行知在金陵大学期间学习与吸纳王阳明思想和在美国哥伦比亚大学留学期间的生活与学习细节作了细致入微的考察与研究，为深入探究陶行知生活教育思想的生成机理与构建动因提供了真实、具体的依据。再次，牧野笃还较为系统地研究了陶行知的生活教育思想、平民教育思想和重视人的个性发展的思想。他在深入钻研近现代中国的社会环境、陶行知的受教育历程以及世界教育思潮的基础上，探究了这位近现代中国伟大教育家的教育思想体系。他认为，“生活”是连接以救亡为旨归的政治课题和以发展为目的的教育课题的媒介与桥梁，为了更好地实现通过教育课题去“培养能够担负政治课题的主体”的目的，陶行知将“生活教育”作为其教育思想的核心与关键是必然的。牧野笃本着了解陶行知“平民教育”思想是“全面把握、了解并评估他的‘生活教育’思想”的钥匙的研究旨趣，去接触和分析陶行知的“平民教育”思想。通过深入挖掘，牧野笃认为，陶行知平民教育思想的核心内容是“活的机制”、“国家的观念”和“到民间去的运动”，只有领悟这些理念，方可“阐明陶行知生活教育思想全体结构”。同时，牧野笃还从“个体与人类”、“民族与爱”相统一的高度去探讨与分析陶行知关于人的个性发展的思想。他认为，陶行知将培养人的个性巧妙地纳入到了民族解放乃至人类发展的宏观体系中去思考与体认，实现了一种高层次上教育理论的飞跃。复次，牧野笃从陶行知创办晓庄师范学校、山海工学团等教育实践中，提升出了“集团论”思想。在他看来，陶行知的“集团论”思想体现在各个层次、诸多方面：在教学上，以“教学做合一”为纽带构成师生协作的“集团”；在管理中，以“生活教育”为轴心形成了社会与学校融通的“集团”；在个人发展方面，以增强能力为旨归将个体置于“自立、自卫”的乡村“集团”；在实践活动中，建成“工以养生，学以明生，团以保生”的“集团”；最终上升到民族前途的高度，以实现人民解放、民族独立为目标，努力建成“以人民为主体的共和国”这个大“集团”。牧野笃创造性地将“集团论”视为陶行知思想与实践的一个闪光点，并作了建构性的理论探讨，为海内外研究陶行知思想提供了新的思路。此外，牧野笃还对陶行知思想对新中国及日本的影响作了专题研究。他还论及陶行知创造性地吸收西方文化，善于将西方思想本土化的做法，对日本 20 世纪 30 年代一味照搬美国教育模式具有冲击作用，同时也给日本批判地吸收西方文化提供了新的启示。

在这些研究成果的基础之上，牧野笃完成了他的博士论文《中国近代教育思想的展开和特质——陶行知“生活教育”思想研究》，并于1993年由日本图书中心出版社发行。这部研究陶行知教育思想的专著，是牧野笃多年来致力于陶行知研究，精心构思、潜心研究的结果，是代表20世纪90年代至今日本陶行知研究最高水平的一部力作。为了完成这部专著，他倾注了大量的精力，花费了许多的时间，做了充分的语言准备和资料收集工作。作为研究陶行知的外国学者，他首先遇到的最大问题是语言，为了扫除语言方面的障碍，牧野笃在考名古屋大学之前就开始学习汉语，后来又专门来中国的南京大学留学。在中国留学的两年当中，一方面他的汉语水平取得了长足的进步，另一方面他在陶行知曾办学与活动最早的南京读书，更便于他了解和体悟陶行知的教育理论与实践，同时在这所学术气氛浓厚的中国名校也培养了他研究中国思想文化的基本素养。加上他本人对陶行知研究有着浓厚的兴趣和执着的追求，利用在中国留学之机他几乎跑遍了陶行知在中国生前活动过的主要地方，采访了大部分在世的陶行知的亲属、朋友、同学和学生，收集到了不少鲜为人知的第一手资料，其中有书面资料，也有口碑资料。这些均为他完成这部代表性著作奠定了坚实的基础。

《中国近代教育思想的展开和特质——陶行知“生活教育”思想研究》有如下几个特点。第一，他纠正了斋藤秋男对陶行知思想来源的偏颇认识，提出了自己的新见解。斋藤秋男把美国杜威、孟禄的学说对陶行知的影响视为陶行知思想的起点，牧野笃经过深入中国实地考察、了解和分析，认为这样的结论不太全面，实际上在其留学美国之前已经比较全面地接受了中国固有文化的熏陶，中国传统文化为陶行知教育思想的形成提供了丰厚的沃土。陶行知教育思想既不是单纯地对杜威理论的移植和接受，也不是后来对“民族土壤的回归”（斋藤秋男语），而是陶行知立足中国固有的土壤，批判地吸收和借鉴美国杜威和孟禄等人的思想的结果，而且陶行知还善于将其加以改造，可以说陶行知是带着创造性思维去接纳西方文化的。第二，他将生活教育理论与陶行知的自身主体形成历程有机地结合起来，进而建构了一个陶行知研究的新框架。牧野笃认为，虽然陶行知把自己的教育思想自称为“生活教育”，但实际上他极力倡导这一思想和实践，主要是为了解放被西方侵略的东方民族，进而实现全体民众的解放，最后建设一个民主的“共和国”，这就是陶行知心目中的东方主体形成思想。他的“生活”不过是一个表达主体形成的概念而已。陶行知作为一个被社会历史规定的个体，既规定了他的历史性积极参与方式，又决定了他主体性地选择自己的存在方式。他自身主体的存在方式以及社会因素的综合作用，决定了生活教育思想与陶行知自身主体的形成具有历史必然性。在其构建的陶行知生活教育思想与其自身主体的形成相结合的理论体系中，牧野笃将两者均分为三个时期。他将陶行知的生活教育思想的发展历程分为：第一部分，共和国实现的国民论——生活教育思想的根基；第二部分，民族解放的大众论——生活教育思想的形成；第三部分，抗战建国的人才论——生活教育思想的展开。将陶行知自身主体形成也分为三部分：第一部分包括童幼年时期、金陵大学时期、赴美留学时期、南高师时期、平民教育时期，第二部分包括创办晓庄师范时期、工学团运动时期、推行“小先生制”时期等，第三部分包括周游各国宣传抗日时期、创办育才学校时期、开办社会大学时期等。这样就将陶行知的思想与实践自然地、有机地结合在了一起。第三，资料翔实，主体意识强。由于牧野笃前期做了大量的资料收集工作，获取了许多有价值的第一手材料，因此他的研究比其他关于陶行知研究体现出的鲜明特征是新资料多。同时，他比日本以往学者的研究成果更有明显的主体性色彩，比斋藤秋男更重视中国传统价值对陶行知教育思想形成的作用，比斋藤秋男更重视陶行知教育思想的主体性，更重视陶行知在接受杜威理论之前特别是他青少年时期的生活和教育经历，以及中国传统文化对他的潜在制约和影响。他的研究旨在深入领悟陶行知教育思想的内在本质，打破了以往日本学者将东西方文化对陶行知教育思想的影响割裂开来的固有思维模式（特别是“斋藤模式”），解除了东方与西方价值体系的人为壁垒，将东方固有的价值与西方介入的价值理解为互通互融的大文化气氛，从而创造出了一种适用于全人类的新价值体系，而且牧野笃能够在全面分析把握研究资料的基础上，高度概括陶行知思想的形成、内核及影响，将教育史学研究人员的主体意识贯穿其中。总之，牧野笃是20世纪80年代以来，特别是90年代之后日本研究陶行知的中坚和代表人物之一。

在后起之秀崛起于学界之际，老一辈的学者仍在陶行知研究的园地上辛勤耕耘，孜孜以求。斋藤秋男继续发挥着日本陶研界指导者的作用。他虽已届花甲之年，但壮心不已，老当益壮，20世纪80年代以后特别是90年代以来又接连发表了若干有分量的新作，如《陶行知、晏阳初与"平民教育"运动》、《四十年代解放区与"生活教育"——〈中国革命与"生活教育"运动〉续》、《大众诗人陶行知的生与死——兼对旧著〈陶行知评传〉的补充》和《陶行知与他的三个战友（陈鹤琴、董纯才、张文郁）》、《迈向陶行知整体形象的研究——"人民教育家"和"大众诗人"的共存与内在冲突》等。他倡导陶行知研究工作应当迈向陶行知整体人格形象的研究，"而要把握好陶行知的整体人格形象，必须透视到陶的人格内部所共存的'教育家'和'诗人'这两种性质的内在冲突和革新，并创造新的人格的过程和机制"。这一期间，他频频来华参观访问，进行教育交流，1995年和1996年先后应邀参加了在上海和武汉召开的陶行知学术研讨会。他还大力奖掖提携年轻的研究者，甘当他们的铺路石，表现出一位前辈学者的宽广胸襟，赢得了年轻学者的尊敬。此外，另一位老一辈教育史专家、日本国立教育研究所亚洲教育研究室室长阿部洋研究员也很重视陶行知研究。他根据自己的调查结果，于1988年发表了《哥伦比亚大学留学时代的陶行知——围绕资料调查》一文，对陶行知早年留学哥伦比亚大学期间的学习和生活等有关情况作了翔实的考证。其中最有价值的是阿部洋博士1984年在哥伦比亚大学师范学院米尔巴科图书馆特藏室主任戴维·门特博士（Dr. David Ment）的帮助下，在米尔巴科图书馆特藏室收集到的一份十分珍贵的资料，那就是陶行知于1916年2月16日写给当时哥伦比亚大学师范学院院长迪安·罗素的一封书信，信中表达了青年陶行知的理想和抱负。他在信中讲道："我生活的唯一目的，不是通过革命，而是依靠教育来进行民主主义建设。当看到共和国突然诞生所引起的各种弊端之后，我深信如果没有真正的公共教育，真正的共和国就不能存在。作为我终生的事业——从事教育行政的想法是去年夏天在日内瓦湖举行的基督教青年会夏季大会上才明朗起来的。”文中所披露的有关史料，澄清了陶行知留美学习期间过去一直没有弄清楚的若干史实，具有重要的学术价值。

此外，20 世纪 90 年代以来，还有活跃在日本学术界的中野光、世良正浩和华人学者张国生、李燕等人，他们在陶行知研究方面也取得了不少成果。中野光是日本中央大学教育学教授、著名教育家，曾任日本教师教育学会会长、日本生活教育联盟副委员长。1996 年他应邀来华参加了在华中师范大学召开的“陶行知研究国际学术研讨会”，提交会议的论文是《日本的生活教育历史及其现状——与陶行知的邂逅以及日本生活教育运动的轨迹》。该文系统地介绍了日本生活教育运动的发展概况，分别从战争前、战争中与战争后三个时期来介绍日本生活教育运动的曲折发展历程。首先，介绍战前的生活教育运动，以日本成立于 1924 年、撤销于 1936 年的池袋“儿童之村”小学校为例，介绍了这所陶行知曾访问过的“生活学校”的办学风格、教学特色。该校有三个特点：学校教育是以孩子们的生活基础而展开的，注重孩子们的自治与互助精神，儿童非常重视对自然与社会的学习和艺术方面的教育。而且该校还办有《生活学校》杂志，本着“依赖于生活，运用于生活”的宗旨开展研究。其次，介绍了战时日本军国主义残酷迫害从事“生活教育”的教学与研究人员，《生活学校》的编辑乃至读者相继被捕入狱，被判刑者多达 116 人，使日本的“生活教育”转入低潮。最后，介绍了战后日本《生活学校》复刊，“杂志的中心内容是如何给在荒败的日本社会中生活的孩子们提供品质精良的文化”。20 世纪 50 年代，日本还诞生了一个新的研究团体——“日本生活教育联盟”。通过中野光的论述，印证了斋藤秋男的结论：“生活教育没有国境。”世良正浩是日本陶行知研究队伍中的重要一员。他是明治学院文学部教授，也是中国现代教育史研究专家。20 世纪 80 年代，他先后发表了《对晚年陶行知的考察》、《在晓庄实验学校陶行知生活教育论的形成及其实验的研讨》等文章。20 世纪 90 年代初，他又发表《关于中国近代平等和自由思想的考察——对陶行知所述“平等和自由”的分析》等文章，对陶行知 20 世纪 30 年代有关平等与自由的论述作了细致入微的分析，从中可以看出陶行知政治信仰的微妙变化。

华人学者张国生是 20 世纪 90 年代日本涌现出来的研究陶行知的一位新秀，他获有东京都立大学博士学位。他是从研究日本著名教育家柳田国男与陶行知的比较当中介入陶行知研究领域的，1996 年 3 月他在东京都立大学人文学部《人文学报（年刊）》（第 270 号）上发表了《中日两国近代教育思潮的考察——陶行知与柳田国男的比较分析》一文，将同时代有类似命运的两位中日教育家作了深层次的分析比较。他认为，二人都积极倡导教育改革并亲自投身教育实践，对近代教育作出了重大贡献，成为世界教育史上著名的两位教育家。陶行知以教育为专业，一生扑在教育上，而柳田国男先为农政官，后来把学问与教育结合起来，开始关注教育。第二次世界大战前他的有关教育的言论对日本教育界产生了较大影响，战后他又投身教育实践；陶行知也是在 20 世纪三四十年代一边从事教育理论研究，一边参加教育实践活动。两人学说的命运也有相近之处，陶行知的教育思想与实践对中国新民主主义革命时期的教育发展作出了很大贡献，但在新中国建立后不久，就遭到了长期的批判，到 20 世纪 80 年代其“伟大的人民教育家”的荣誉才得以恢复。柳田国男的教育学说也曾一度被看作无效，但后来受到日本教育界的重视，现在已成为日本教育学者研究的重点对象。张国生认为，对这两位不同国籍的教育家进行比较，是一件很有意义的事情，对考察现实教育也有启迪。他集中从三方面对陶行知和柳田国男作了比较。第一，晓庄学校教育实验与社会科教育实践。陶行知在学习与借鉴美国进步主义教育运动经验的基础上，在中国创办了晓庄学校作为其生活教育的实验基地；柳田国男也是在国外社会科实验潮流的涌动下利用民俗学的研究成果来帮助建立社会科，把教育方针、教育内容、教育方法贯穿在一起，对孩子们进行“田间教育”（社会生活教育）。第二，近代教育批判与传统教育批判。

在日本实施教育近代化、统一建立学校教育的过程中，柳田国男发现这种整齐划一的学校教育，抹杀了根植于民间生活、在民间自然形成、对生活有用的“民众教育”或“前代教育”，他认为近代教育脱离了生活实际，妨碍了孩子们的成长；陶行知更是极力批判中国的八股取士制度和空疏无用的传统教育扼杀了人的个性，主张创立以生活教育理论为指导的教育与生活相结合的大众教育。第三，唤起疑问、发现并解决问题与教学做合一。柳田国男反对死记硬背式的学习方法，倡导“解决问题的学习方法”：唤起疑问、发现问题、解决问题。因为疑问通过一定的综合，就会抽象出问题，为了解决问题，就促使儿童去自己做。陶行知的教育指导方法论是“教学做合一”，“用教育、学习、实践密切联系”的方法，去反对传统的填鸭式教学模式。他们二人的目的均是为了培养学生的自主学习、独立思考、动手操作等能力。张国生博士的论文立论新颖、视野开阔，通过将陶行知与日本人熟知的柳田国男作比较，进而有助于日本人了解中国教育家陶行知的教育思想，使陶行知教育思想在日本得到更广泛的传播。

华人学者李燕女士现为日本创价大学文学部教授，她的陶研经历是从 20 世纪 80 年代中期在东京学艺大学教育学研究科读硕士时开始的，成果发表始于 20 世纪 80 年代末 90 年代初。她先后发表了《陶行知教育思想中的“生活即教育”“社会即学校”》、《陶行知“教学做合一”中“做”的概念——晓庄试验乡村师范学校草创时期“做”的实践》、《陶行知的“真知识”论——以批判伪知识阶级为中心的实践和理论》、《陶行知生活教育中的“艺术”——通过歌、童话、剧的代表作来分析》、《陶行知生活教育中的“艺术”——陶行知的艺术教育在新教育运动中的位置》等论文。李燕前期重点对陶行知教育思想的本体论、场域论和方法论三个核心内容进行了研究，后来她将研究的视线转向了陶行知的知识论与艺术论。她认为，陶行知生活教育理论的根本目的就是教人们探求“真知识”，即掌握能为现实服务、能解决人生困难的有用知识，而不是要学那些与人民大众的生活毫无关系的“伪知识”，因此，陶行知提出要批判“老八股”，反对“洋八股”，打倒“伪知识”。同时，她还认为陶行知主张在知识上人人平等，人人皆有受教育权，尤其是贫苦大众更需要接受教育，只许少数人受教育的文化，是引导人类走向灭亡的文化。所以得出结论：陶行知所倡导的真知识，是引导人类步入兴盛繁荣的知识，是培养真善美和谐统一的新人的文化。李燕还挖掘了陶行知的艺术教育思想，她认为，艺术教育在陶行知生活教育理论与实践中占据重要的地位，而且其艺术教育思想颇有自身的风格与特色。她通过丰富翔实的材料，认真分析了陶行知如何采用歌、童话和剧等民众喜闻乐见的形式对儿童和大众进行艺术教育，同时，还通过与同时期其他教育家、文学家的艺术教育思想作比较，来展示陶行知风格的艺术教育个性。

在东亚除了日本之外，韩国的学者在陶行知研究领域也取得了一定的成绩。20 世纪 50 年代初韩国落入美国的军政控制之下，教育也就相应地置于美国的进步主义教育思潮的影响之中。其间，杜威的教育理论以及在其影响下产生的陶行知的教育思想也就开始被介绍到韩国。当韩国人了解到陶行知教育思想之后，便有人开始着手研究他的思想。韩国的陶行知研究最早开始于 1975 年，当时中国学术界尚处于对陶行知教育思想的批判之中，韩国学者李炳柱首次在韩国发表了《陶行知博士与中共的教育理念》，这是中韩关系正常化之前韩国人研究陶行知的第一篇论文。他客观地论述了陶行知的社会观、教育观、知识观及其与以毛泽东思想为基础的中国教育理念之间的相似之处。

中国改革开放之后，中韩关系逐步好转，特别是 20 世纪 90 年代以来，两国步入了全面交流的新阶段。韩国也开始进入了陶行知研究的新时期。这一期间研究成果突出者当数金贵声为最。1992 年金贵声在《圆光大教育研究》上发表了《陶行知的儿童教育论》，1994 年他又在《韩国教育史学》上发表了《陶行知的劳作教育思想》，《中国近代教育中实用主义的影响：以陶行知为中心》一文也被收入《圆光大论文集》。1996 年他还翻译了陶行知的《生活即教育》，2000 年在《教育开发》上发表了论文《陶行知：行是知之始，知是行之成》，2001 年在《教育哲学》上发表了《陶行知生活教育论的思想背景》。

金贵声先后对陶行知的儿童教育、劳作教育、知行观以及生活教育的思想来源与时代背景进行了专门研究。其中，他对陶行知的儿童教育思想挖掘比较深入。他认为，陶行知是中国近现代儿童教育的开拓者之一，他的儿童教育思想在整个生活教育理论体系中占有重要地位，是生活教育思想体系的有机组成部分。

这一时期另一位韩国从事陶行知研究有影响的学者是金玟志。他的陶行知研究是从在庆北大学读研期间开始的，经过几年的潜心研究，1997 年他拿出了研究生学位论文《陶行知的生活教育学说》，该文于翌年在韩国的《中国史研究》上发表。他主要探讨了陶行知生活教育思想的形成、内涵及其影响，为韩国人全面、准确地了解中国的伟大教育家陶行知提供了重要的资料。还有一位研究陶行知的新锐李庚子，她在北京师范大学教育学院取得博士学位，主要从事中国教育史研究。她曾撰写《陶行知研究在韩国》一文，简要介绍了韩国的陶行知研究概况，并对韩国陶行知研究的现状作了分析，为我们了解韩国的陶行知研究情况打开了一扇窗口。

总之，目前在日韩陶研界，无论是老一代的学者，还是年轻学者，大家都齐心协力，相互合作，共同为开拓陶行知研究的新局面、建立民族和民主的新教育而努力。

（二）20 世纪 80 年代至 21 世纪初欧美的陶行知研究

进入 20 世纪 70 年代以后，欧美陶行知研究的发展速度明显加快了，突出表现为越往后研究成果或出版的时间间隔越短，这从一个侧面反映出陶行知研究在欧美学术界日益受到重视。

1970 年，“陶行知”被作为一重要条目收入在国际学术界影响极大的《民国名人传记辞典》（*Biographical Dictionary of Republican China*）第 3 册，由哥伦比亚大学出版社出版。该辞典主编包华德（Howard L. Boorman）曾于 1947 年至 1950 年和 1951 年至 1954 年先后在美国设于北京、香港的外事机构任中文秘书。这部大型传记辞典是 1955 年包华德提出建议，由福特基金会提供经费，在哥伦比亚大学国际关系学院主持下编写的。它收入中国辛亥革命以后各方面有名人物的传记 595 篇，约 140 万字。除主编包华德外，参加编辑工作的先后有15人。不少传记除根据文献资料外，还采用了一些当事人或知情人的口述资料。在“陶行知”条目中，撰者称陶行知是“教育理论家、改革家”，认为“他的理论依据杜威和王阳明的思想”。他在金陵大学读书期间接受了王阳明的哲学观点和教育理论，在哥伦比亚大学留学时代又潜心研究了杜威的实用主义。“他从王阳明的学说中认识到真知必然具有实际效果，而知和行则是一致的。从杜威那里他获得了真理进化的学说，以及人类一切形式的活动都是解决问题的工具的观念，他又从杜威那里懂得了民主是伦理价值的初始源泉。”陶行知抱着这些观念，开始了他改造中国教育的伟大实践。上述关于陶行知与杜威理论、与王阳明学说相互关系的分析，以后常被研究者作为权威性观点加以引述。

1974年，蒙特·霍约克学院的巴里·基南（Barry C. Keenan）教授在他那篇著名的论文《中华民国早期的教育改革与政治势力》（载《亚洲研究杂志》第33卷，1974年2月）中，对杜威以及美国进步主义教育在中国的命运作了简洁而精彩的论述。他的文章《陶行知与教育改革》比较系统地阐述了陶行知的生活教育思想与非正式教育实验运动。巴里·基南认为，在这个过程中陶行知努力克服中国教育西方化的倾向，通过自己创造出来的教育理念真正促进了中国教育的进步。他引用了陶行知的原话来阐述这一道理：“我曾下了一个决心，凡是为外国教育制度拉东洋车的文字一概删除不留，所留下的都是我所体验出来的。”陶行知正是本着这样的宗旨，力求走出一条具有本民族和本国特色的教育发展之路。《郭秉文、蒋梦麟、陶行知与新教育改革运动》是他的又一篇文章，他将中国现代教育改革的亲身实践者陶行知，与几乎同期留美的郭秉文、蒋梦麟作了比较研究。曾分别任北京大学和东南大学校长的蒋梦麟、郭秉文尽管曾活跃于政界，也力图照搬杜威的教育模式，但相继都陷入困境、宣告失败，而陶行知却与他们走了不同的道路，他步入向来不被人重视的中国贫穷落后的农村，“他在乡村建设教育实践中，对杜威的教育原则作了大幅度的修改”，为中国这个农业大国的教育发展找到了一条某种程度上具有一定可行性的发展道路。后来，巴里·基南在这些研究成果的基础上写成一本专著《杜威实验在中国：民国早期的教育改革与政治势力》，由哈佛大学出版社于1977年出版。

在研究陶行知的欧美学者中，特别值得一提的是在国际学术界享有盛誉的著名历史学家、美国现代中国学奠基者、哈佛大学教授费正清（John King Fairbank）。费正清20世纪30年代曾在北京学习中国语言、历史和文学，并在清华大学讲授历史课。后自1936年至1977年在哈佛大学讲授中国历史，培养了大批美国研究中国问题的学者，成为美国现代中国学的鼻祖。他还是20世纪50年代以来美国政府对华政策的高级顾问。第二次世界大战爆发后，他曾长期供职于美国政府，有时在华盛顿，有时在美国驻华使馆。在华期间，他曾与陶行知有过深入接触，对陶行知的人格、思想和事业均极钦佩。1946年7月陶行知病逝。同年12月9日，美国教育界在纽约隆重集会追悼陶行知，到会的有美国教育界名流及中国留美人士300余人，由杜威博士和冯玉祥将军担任名誉主席。费正清曾代表罗格博士讲述陶行知1914年至1915年间在伊利诺伊大学学习时的生活。从某种意义上说，费正清是欧美陶行知研究的先驱者之一。正是受他的影响，一些中国学专家（如前文提及的他的高足孔斐力教授等）20世纪50年代便开始研究陶行知。至于他自己，对于陶行知也多有论评。比如，在那本被人们誉为“经典之作”的名著《美国与中国》（哈佛大学出版社1978年第4版）里，他指出：“陶行知博士的经验就是一个例子。陶在伊利诺伊大学就读和随后在哥伦比亚大学得到杜威的教导后，回中国从事乡村教育，并帮助开展‘小先生’运动，使学童成为其他文盲的先生。这种识字运动形成连锁反应，特别是在1937—1938年政府迁到武汉时的统一战线时期。这项工作显然有点像政治炸药，国民党下令禁止了。”又如，在1986年出版的新作《伟大的中国革命（1800—1985）》（纽约哈珀-罗出版股份有限公司出版）中，他对陶行知作了更为精辟的论述：“虽然晏阳初和定县在美国一直很有名，然而，杜威博士的最有创造力的学生却是陶行知（1891—1946）。他是一个穷学生出身，在受到王阳明学说启发之后很多年，才于1915—1917年上师范学院（指哥伦比亚大学师范学院——编者注）念书。

他于1921年任南京东南大学教育学系主任。翌年继蒋梦麟之后任《新教育》杂志编辑。他在民众教育运动方面非常积极，为工人和贫苦人民办夜校和各种中心。他展开‘小先生’运动，让文盲学会后再以他们的新知识教育其他文盲，这样连锁下去。对于1927年的反共产主义分子来说，这就好像一个政治炸弹一样。在城市里搞民众教育，被视为叛逆而遭禁，陶行知就到农村进行教育和农村恢复计划。美国的进步教育用的现成的学校制，陶行知发现中国普通群众只能就他们的生活、工作、农村、家庭和车间所在地受教育；在哪里聚居，就在哪里学习。在所有美国训练出来的教育者中间，陶作为一个穷人出身的人，使他成为极不寻常地同情于普通人民需要的人，而这终于使他比别人更接近共产党。最后他于1946年，在国民党未能下手暗杀他之前，患中风逝世。”毋庸置疑，费正清的上述精辟论述对欧美学者的陶行知研究产生了重要影响。

除了孔斐力外，哈佛大学博士、现为芝加哥大学教授的艾恺（Guy S. Alitto）也是深受费正清学术观点影响的一人。他在曾获“美国东方学奖”的《最后的儒家——梁漱溟与中国现代化的两难》（加利福尼亚大学出版社1979年版）的前言中称：“我在哈佛受导师本杰明·施瓦茨（Benjamin I. Schwartz）和费正清的影响明显地体现在该书的每一页里。”尽管这是一本关于梁漱溟的人物传记，但在全书的十三章中，有三章都提到了陶行知的教育理论和实践，特别是第七章中，专门列有“陶行知和晓庄实验乡村师范学校”一节，论述陶行知及其晓庄师范对于梁漱溟教育思想和实践的影响。值得注意的是，另一位著名的中国近代史专家、加利福尼亚大学教授、曾任美国史学会会长的魏斐德（Frederic Wakeman）在为该书所写的序言中，也将陶行知的乡建模式与梁漱溟的乡建模式作了比较，指出了两者的差异。显而易见，艾恺和魏斐德有关陶行知与梁漱溟关系的论析，拓宽了陶行知的研究范围，提出了陶行知研究的新课题。

20世纪80年代以来，欧美的陶行知研究出现了新的动向，以往美国学者在这一领域一枝独秀的局面开始被打破，越来越多西方国家的学者对陶行知产生了浓厚的兴趣，陶行知研究日趋国际化。

1981 年，在陶行知诞辰九十周年之际，德国的内克曼撰写了一篇《陶行知——被中国重新认识的人民教育家》的纪念文章，分别在自由柏林广播电台播出和在德文版的《新中国》上发表，对帮助德国人民了解陶行知这位近代中国伟大的人民教育家产生了积极作用。1993 年，克尔斯滕·赖希教授将他的博士生丁伟祥翻译与整理的有关陶行知的一些资料加以编辑，出版了《陶行知——中国二十世纪的改革教育家》一书，介绍了陶行知教育思想是在批判传统教育的基础上逐步形成的一个新的教育理论体系，并叙述了陶领导下的教育实验运动。德国新起的另一位陶研学者是华人黄冬，他曾于 1978 年至 1982 年就读于西安外国语学院德国语系，协助内克曼教授收集和整理过关于陶行知的资料，从此他便产生了对陶行知研究的浓厚兴趣。1988 年他到德国马堡大学留学，1993 年获硕士学位，1997 年获联邦德国马堡大学博士学位。他的博士学位论文是《陶行知（1891—1946）与阿道尔夫·莱希维恩（1898—1944）——两个改革教育家之比较》，1999 年由德国汉堡考瓦克博士出版社正式出版。黄冬将 20 世纪世界两位著名教育家作了比较研究，从文化、政治和教育三个方面对两位教育家进行了比较：两人都是中西文化的使者，为世界文化交流与发展作出了杰出的贡献；两人“同作为反对独裁专制、崇尚民主的进步教育家，有着类似的经历、遭遇、政治理想和追求”；两人拥有大致相同的教育理念，都主张让广大贫苦大众受到教育的民主教育观，都倡导学校应该是学习民主规则的“训练场”、培养生活能力与社会能力的“共同体”和带动乡村文化生活的“火车头”，莱希维恩创立的“帮手制”与陶行知发明的“小先生制”亦有类似之处，还有莱希维恩所推崇的“意图教学法”与陶行知的“教学做合一”教学观也有共同之处。作为德国华人学者，黄冬对中德两国文化都比较了解，他的论文可以说在德国陶研界是最具权威性的成果之一。

1987 年，法国杰出的汉学家、巴黎国立科学研究中心主任研究员玛丽安·巴斯蒂（Marianne Bastid）女士在她与加拿大中国教育问题专家露丝·海霍（Ruth Hayhoe）博士共同主编的《中国的教育与工业化的世界——文化传递研究》（中译版更名《中外比较教育史》，上海人民出版社 1989 年版）中，发表了《是奴役还是解放？——记 1840 年以来外国教育实践及制度引入中国的进程》一文，论述了 20 世纪初随着民族主义的日趋高涨，非宗教大同盟运动和收回教育权运动的相继兴起，中国的教育政策开始放弃只用一个外国教育模式的做法，转而采用折中式的借鉴，指出“到这时受到批评的就是美国的教育制度了，这与以前的日本制度一样，而批评它的正是那些最了解它、也曾帮助它在中国得到广泛承认的人，陶行知就是一例”，并认为“陶行知、梁漱溟、晏阳初在农村地区的教育活动则是中国教育家在根据教育需要活动时能够独立自主的又一明证”。运用文化传播学理论来探讨陶行知以及中国教育与西方教育的关系，无疑有助于包括陶行知研究在内的整个中国近现代教育史研究的深入。

20 世纪 90 年代以来，比利时学术界也出现了关注陶行知研究的趋势。代表性人物是波西凯女士，她毕生以陶行知为榜样，力求做陶行知式的教育工作者，她曾先后被中国授予“友谊奖”、“首届行知奖”、“优秀教师”、“外籍专家先进工作者”等荣誉称号。她在学做陶行知式教育家的实践之余，也撰写了有关陶行知研究方面的文章。1992 年她写的《我为友谊和献身而来》发表在《人民日报》（5 月 22 日）海外版第六版，文中满怀深情地赞扬了陶行知的伟大人格，并以陶行知的“捧着一颗心来，不带半根草去”、“以社会为学校，奉万物为宗师”等原话为座右铭，决心学习陶行知的人格风范和献身精神，视教育为天职。1994 年她又在《金陵陶行知研究》上发表了《陶行知教育思想对我的帮助》一文，回顾了自己在中国香港度过的 23 年和中国内地 8 年的教学生涯，认为在此期间她之所以能“以充沛的精力、昂扬的斗志，并带着新的美好希望”去教学和工作，就是因为陶行知的伟大精神激励着她。她认为，“陶行知先生是我们的先驱，他的献身普及教育给我们树立了榜样。”在南京任教期间，她先后三次去晓庄学校旧址参观，平时经常向曾是陶行知学生的张一之先生请教，并大量阅读了《陶行知全集》中的文章。她深深地被陶行知的教育思想所打动，“我觉得陶先生很多的观点和自己的想法是相吻合的”。波西凯的这两篇文章，严格来讲还谈不上是陶行知研究的学术成果，但毕竟体现了陶行知及其教育思想对比利时人的影响。

俄罗斯在 20 世纪 90 年代以来也开始了对陶行知的研究，集中体现在曾来南京师范大学做过访问学者的尼·叶·鲍列夫斯卡娅女士的研究成果上。尼·叶·鲍列夫斯卡娅是苏联科学院研究员，1991 年来华访学并参加了在北京召开的中国陶行知诞辰一百周年纪念大会。她提交给大会的论文是《如何评价陶行知对现代教育的贡献》，该文于 1992 年在《行知研究》第 2 期上发表。她在深入分析与思考陶行知在近现代中国教育史上地位的基础上，对陶行知生活教育理论中的一些主要观点，如“教学做合一”、“六个自由”、“在劳心上劳力”、“创造的教育”等，作了理论上的分析。经过研究，她认为“陶行知是一个倡导包括德、智、体、美、劳五育在内的个性和谐发展的教育理论家和实践家”。文中总结了陶行知生活教育理论的基本特点是“民主的、科学的、群众性的、创造性的”。还强调，陶行知提出的培养“能够独立思考的人”、“培养新的自由人”的思想对当今中国乃至世界教育改革仍具有现实指导意义。总之，尼·叶·鲍列夫斯卡娅的观点颇有新意，成为俄罗斯研究陶行知教育思想的开山之作。

在德、法、加等国学者异军突起之际，美国学者丝毫没有放慢他们的研究步伐。获有哥伦比亚大学、芝加哥大学和斯坦福大学三校哲学博士学位的中国教育思想史专家、香港大学教育学高级讲师的美国学者休伯特·布朗（Hubert O. Brown）于 1987 年在前述《中国的教育与工业化的世界——文化传递研究》一书中发表了《中国教育中的美国进步主义：陶行知个案》的长篇论文。与巴斯蒂一样，布朗也是运用文化传播学理论来探讨陶行知与西方教育关系的。但两人的着眼点却不同，巴斯蒂主要是宏观透视，布朗则侧重于微观考察。比较起来，布朗的研究更为细致缜密。布朗在剖析了陶行知与杜威以及美国进步主义教育的关系后，断定：“可以毫不含糊地把确切存在他（指陶行知——编者注）思想和行动中的事物归诸进步主义的影响，是很成问题的。从其作品来看，陶显然使用了进步主义的修辞，然而，若就任何具体事物作较仔细的检查，那么他所依仗的实质，至多只是部分的，而且有时整个都可怀疑。许多中国进步主义者都是这种情况，但陶行知尤其如此：他可能接受了进步主义的见解和朝气，在有些事情上接受了杜威所提倡的专门实践。尽管如此，他的观念和行为的源泉、延伸和远景，极显然是扎根于陶的个性，他使中国适应社会上存在的文化类型和使西方文化移入的模棱两可性，以及中国近代发展中的历史形势。毫无疑问，陶受到了进步主义的影响，却是略似太阳的引力使掠过它的星光偏移的方式，而星光的源头和归宿是在别的地方。”不管布朗的结论是否符合历史实际，但他注重探讨文化传播过程中传播者、传播物、传播渠道和被传播者诸种因素之间的复杂关系，为人们提供了一条新思路，反映出欧美陶行知研究的新动向。

20 世纪 90 年代以来，还有两位美籍华人学者在美国陶研界比较活跃。一位是现任美国加州大学（洛杉矶）教育学院博士生导师、加州州立大学北岭分校教育学院教授、中国研究所所长的苏智欣女士。她于 1989 年撰写了《杜威与陶行知的哲学观及教育观》一文，后来将文章分成两部分，前一部分以《杜威和陶行知：关于他们教育哲学的初步比较》为题，作为提交给 1989 年在加拿大召开的“世界比较教育大会”的学术论文；后一部分以《杜威和陶行知：关于他们的教育观》为题，提交给 1990 年在美国加州举行的“比较与国际教育协会年会”。苏智欣运用翔实的资料，先评介了杜威的教育哲学观，接着凭借其深厚的理论学养对陶行知在改造杜威教育哲学思想基础上形成的生活教育理论作了论析，最后又将陶行知与杜威的教育观作了哲学层面上的比较。她的结论是：“杜威的思想对于中国的教育产生了巨大的影响，其中也因为陶行知在传播与检验杜威的教育思想中起了如此重要的作用。从大的方面讲，陶行知被誉为中国普及教育的核心人物。他的各种努力在为人民共和国的建立准备更有知识的公民方面作出了贡献。”在她眼中，陶行知在创立其生活教育理论的过程中实现了对杜威教育观在中国的扎根与传播。然而，陶行知并未完全将杜威教育观照搬回中国搞试点，而是创造性地走出了一条适合中国农村的有利于民众解放的教育发展之路，“当杜威正在为政治民主中的个体发展一种生气蓬勃的教育理论的时候，陶行知则富有创建地计划着通过一种根植于生活的教育使他的人民获得解放”。1996 年苏智欣又在哥伦比亚大学师范学院学报上发表了《教学做合一：中国师范教育中的杜威实验》，论文从“陶行知与杜威教育思想的异同”、“教育是社会改革的工具”、“‘学校即社会’和‘社会即学校’”、“‘教育即生活’和‘生活即教育’”、“进步教育、儿童中心教育和基于经验的教育”、“兴起、跌落：陶行知和杜威思想在中国的复兴”、“杜威思想在晓庄师范学校的实验”、“今日的晓庄师范学校——相同点与差异处”等方面研究了杜威与陶行知的教育思想与实践。在她看来，“陶行知的教育思想主要派生于杜威思想前提的学校和社会、教育与生活以及进步教学法。然而，为使这些思想符合中国现实实际，陶行知对其加以改革，以适应中国的挑战和需要。因此，这些思想与美国的不一样。”这是作者经过精心研究和深思熟虑后得出的比较客观的结论。另一位是毕业于芝加哥大学历史系由艾恺教授指导的蔡崇平博士。他于 1996 年参加了在华中师范大学召开的“陶行知研究国际学术研讨会”，提交会议的论文是《从教育到政治：陶行知与大众思想》。他从中国现代社会的大众思想、知识分子心态谈到了陶行知的知识分子观、生活教育观及其办学实践活动，以宽阔的视野、凝练的语言、哲学的思维和严谨的态度，认真思考与审视了陶行知在现代中国的教育战线与政治领域中所占据的显著地位和所发挥的积极作用。蔡崇平以其清新的文风、丰厚的学养、坚实的功底，受到学界赞誉，被人们视为未来美国陶研界的中坚与骨干。

综上所述不难发现，欧美学者对陶行知的研究，尽管涉猎的范围很广，但早期主要集中在两个相互联系的问题上，即陶行知与杜威以及进步主义教育的关系、陶行知与王阳明以及中国传统文化的关系。近期已开始注意将陶行知与本国教育家进行比较研究，这显示出欧美学者的研究重点有所不同，但在研究难度上，两者实在难分轩轾，各有千秋。特别是 20 世纪 90 年代以来美国也不乏从新视角去研究陶行知的学术性较强的研究成果。由此，我们可以预料，随着各种主客观条件的改变，欧美陶行知研究的队伍还将继续扩大，成果还将不断增多，陶行知研究将在欧美中国学领域占有重要的一席之地。

综观国外的陶行知研究，我们可以发现有这样几个特点。第一，陶行知研究的发展情况是很不平衡的。有的早已开展，有的刚刚起步，有的尚未着手；即使是在那些已有开展的国家和地区，进展有快有慢，不尽一致。但总的趋势是，研究陶行知的国家和地区越来越多，研究队伍越来越大，研究成果越来越丰硕，这表明陶行知研究正日益受到国际学术界的重视。第二，研究的重心正逐渐移向对象主体，移向主体赖以生存和发展的文化土壤，移向主体深层的文化心理结构，这与近年来国际学术思潮的走向是大体一致的。第三，研究的问题更为具体深入，研究者不再满足于过去那种一般性的介绍，而是试图从理论的高度来加以阐发。第四，研究方法日趋多元化，不仅采用常见的历史方法和比较方法，还运用了系统方法、结构方法、传播学方法和解释学方法等新方法，力求根据不同的研究需要选择不同的研究方法。所有这些都对中国大陆的陶行知研究富有参考意义和借鉴价值。当然，对于国外及港台地区陶行知研究者的各种学术观点，我们也应善加甄别，取精用宏，不必盲从。

总之，我们有充分的理由相信，随着时间的推移，特别是中国崛起后所带来的人们对中国文化教育的进一步关注，国外的陶行知研究今后还将获得更大的发展和突破。正如毕莱士、斋藤秋男等许多外国友人所说：

“陶行知不仅是属于中国的，而且是属于全世界的！”

第三节　陶行知研究文献概览

一、国内研究文献

（一）陶行知著作编辑出版要目

甲、陶行知本人编著

1.《中国教育改造》，上海亚东图书馆 1928 年 4 月初版，安徽人民出版社 1981 年再版。

2.《知行书信》，上海亚东图书馆 1929 年 1 月初版。

3.《教学做合一讨论集》，上海商务印书馆 1931 年 7 月初版。

4.《斋夫自由谈》，上海申报馆 1932 年 4 月初版。

5.《古庙敲钟录》，上海儿童书局 1933 年 3 月初版。

6.《普及教育》，上海儿童书局 1934 年 10 月初版。

7.《普及教育续编》，上海儿童书局 1935 年 6 月初版。

8.《普及教育三编》，上海儿童书局 1936 年 6 月初版。

9.《怎样做小先生》，上海生活书店 1935 年 11 月初版。

10.《中国大众教育问题》，上海大众文化社 1936 年 8 月初版。

11.《育才学校手册》，时代印刷出版社 1944 年 1 月初版。

12.《普及现代生活教育之路及其方案》，生活教育社 1945 年 10 月自刊版。

13.《平民千字课》（第 1—4 册），上海商务印书馆 1923 年 8 月初版。

14.《老少通千字课》（第 1—4 册），上海商务印书馆 1935 年 2 月初版。

15.《儿童度量衡》上下册，上海儿童书局 1931 年 10 月初版。

16.《空气的科学把戏》（第 1、2 册），上海儿童书局 1931 年 10 月初版。

17.《肥皂的把戏》，上海儿童书局 1931 年 10 月初版。

18.《儿童科学指导》（第 1—3 册），上海儿童书局 1932 年 3 月初版。

19.《儿童天文学活页指导》，上海儿童科学通讯学校 1933 年初版。

20.《算学的把戏》，上海儿童科学通讯学校 1933 年初版。

21.《知行诗歌集》，上海儿童书局 1933 年 7 月初版。

22.《知行诗歌续集》，上海儿童书局 1935 年 10 月初版。

23.《知行诗歌别集》，上海儿童书局 1935 年 12 月初版。

24.《知行诗歌三集》，上海儿童书局 1936 年 11 月初版。

25.《知行诗歌集》，上海生活书店 1936 年 11 月初版。

26.《儿童节歌曲集》（赵元任制谱），上海商务印书馆 1934 年初版。

乙、他人编辑

1. 延安解放社编：《行知教育文选》，延安新华书店 1946 年初版。

2. 延安新教育学会编辑部编：《行知教育文选集》，胶东新华书店 1946 年 8 月初版。

3. 郭沫若校：《行知诗歌集》，上海大孚出版公司 1947 年 4 月初版。

4. 方与严编：《陶行知教育论文选辑》，上海生活书店 1948 年版。

5. 朱泽甫等编：《行知诗歌集》，三联书店 1949 年版。

6. 方与严编：《陶行知·行知文献》，香港龙文书店 1966 年版。

7. 朱泽甫等编：《行知书信集》，安徽人民出版社 1981 年版。

8. 中央教育科学研究所编：《陶行知教育文选》，教育科学出版社 1981 年版。

9. 江苏省陶行知教育思想研究会、南京晓庄师范陶行知研究室合编：《陶行知文集》，江苏人民出版社 1981 年版。

10. 陈贻鑫、陶晓光编：《行知歌曲集》，人民音乐出版社 1983 年版。

11. 华中师范学院（大学）教育科学研究所主编：《陶行知全集》（第 1—6 卷），湖南教育出版社 1984—1985 年版；第 7—8 卷，1992 年版。

12. 吴一葆编：《陶行知诗歌选》，上海教育出版社 1985 年版。

13. 张达扬、李红梅编：《陶行知论普及教育》，安徽教育出版社 1985 年版。

14. 中国陶行知研究会编：《陶行知教育思想、理论和实践》，安徽教育出版社 1986 年版。

15. 戴自俺、龚思雪主编：《陶行知幼儿教育的理论和实践》，四川教育出版社 1987 年版。

16. 聂大朋编：《陶行知儿歌》，中国和平出版社 1987 年版。

17. 胡晓风等编：《生活教育文选》，四川教育出版社 1988 年版。

18. 上海陶行知研究会等编：《陶行知佚文集》，四川教育出版社 1989 年版。

19. 陕西省陶行知研究会编：《陶行知论乡村教育改造》，陕西师范大学出版社 1989 年版。

20. 江苏省陶行知研究会等编：《陶行知论师范教育》，江苏教育出版社 1990 年版。

21. 江苏省陶行知研究会等编：《陶行知日志》，江苏教育出版社 1991 年版。

22. 荆世华等编：《陶行知教育论著选编》，山西高校联合出版社 1991 年版。

23. 中国陶行知研究会组编：《陶行知全集》（第 1—10 卷），四川教育出版社 1991 年版；第 11、12 卷，2004 年版。

24. 董宝良主编，喻本伐、周洪宇选编：《陶行知教育论著选》，人民教育出版社 1991 年、2011 年、2015 年版。

25. 方与严著：《陶行知及其生活教育》，四川教育出版社 1995 年版。

26. 方明编：《陶行知教育名篇》，教育科学出版社 2005 年版。

27. 方明编：《陶行知名篇精选》，教育科学出版社 2006 年版。

28. 金林祥、张雪蓉编著：《陶行知教育名著教师读本》，上海教育出版社 2006 年版。

29. 胡晓风、金成林等编：《陶行知教育文集》，四川教育出版社 2007 年版。

30. 董宝良主编，喻本伐、周洪宇副主编：《陶行知教育名篇选》，人民教育出版社 2011 年版。

（二）陶行知主编的丛书要目

甲、晓庄丛书

1. 杨效春著：《晓庄一岁》，上海儿童书店 1928 年 7 月初版。

2. 程本海著：《在晓庄》，上海儿童书店 1930 年 1 月初版。

3. 李楚材著：《破晓》，上海儿童书店 1931 年 2 月初版。

4. 陆静山编：《晓庄歌曲集》，上海儿童书店 1933 年 6 月初版。

5. 唐文粹编：《乡村小学教师须知》，上海儿童书店 1933 年 7 月初版。

6. 方与严编：《晓庄一年计划》，上海儿童书店 1933 年 11 月初版。

7. 孙铭勋、戴自俺编：《晓庄批判》，上海儿童书店 1933 年初版。

8. 潘一尘著：《儿童故事集》，上海儿童书店 1933 年初版。

9. 孙铭勋、戴自俺编：《晓庄幼稚教育》，上海儿童书店 1933 年初版。

10. 赵叔愚著，方与严编：《乡村教育丛辑》，上海儿童书店 1934 年初版。

11. 陶行知、陈鹤琴等著：《幼稚教育论文集》，上海儿童书店 1934 年初版。

12. 孙铭勋、戴自俺编：《幼稚园的生活进程》，上海儿童书店 1934 年初版。

乙、山海工学团丛书

马侣贤、戴自俺著：《山海工学团》，上海儿童书店 1935 年初版。

（三）陶行知研究著作要目

甲、编著

1. 徐德春编：《做学教 ABC》，上海世界书局 1930 年初版。

2. 白桃（戴伯韬）著：《教学做合一概论》，上海大华书局 1933 年初版。

3. 王洞若编：《生活教育论集》，上海生活书店 1936 年初版。

4. 方与严著：《生活教育简论》，生活教育社 1947 年初版，1950 年修订。

5. 方与严著：《创造风》，上海文建书店 1947 年初版，1950 年修订，改名为《教育创造风》。

6. 唐振宗著：《生活教育》，上海三联书店 1949 年 6 月初版。

7. 方与严编：《人民教育家与大众诗人》，上海教育书店 1949 年初版，1950 年修订。

8. 孙铭勋著：《从行知诗歌看教育》，生活教育社 1950 年版。

9. 孙铭勋著：《人民经与陶派诗》，生活教育社 1950 年版。

10. 哈华著：《新安旅行团》，海燕书局 1950 年版。

11. 潘开沛著：《陶行知教育思想的批判》，大众书店 1952 年版。

12. 本书编写组编：《育彼英才——陶行知和育才学校在重庆》，重庆出版社 1984 年版。

13. 重庆社会大学育才学校校史研究会编：《重庆社会大学》，重庆出版社 1984 年版。

14. 丁丁等编著：《陶行知教育思想十二讲》，安徽教育出版社 1986 年版。

15. 李楚材编：《陶行知和儿童文学》，少年儿童出版社 1986 年版。

16. 辛元、谢放编：《陶行知与晓庄师范》，江苏教育出版社 1986 年版。

17. 浙江陶行知研究会编：《陶行知教育思想讲话》，浙江教育出版社 1989 年版。

18. 胡同炳编著：《南京儿童自动学校十年努力记》，四川教育出版社 1990 年版。

19. 叶上雄主编：《生活教育十讲》，四川教育出版社 1989 年版。

20. 陶行知系列研究江苏课题组编：《论陶行知师范教育思想》，江苏教育出版社 1991 年版。

21. 孔棣华编著：《陶行知教育名著选讲》，广东高等教育出版社 1991 年版。

22. 王世英主编：《陶行知创造教育思想》，安徽教育出版社 1991 年版。

23. 华东师范大学教育系中国教育史教研室编：《陶行知师德讲座》，华东师范大学出版社 1991 年版。

24. 何国华编著：《陶行知教育学》，广东高等教育出版社 1991 年版。

25. 荆世华等编著：《陶行知教育思想与实践》，山西高校联合出版社 1991 年版。

26. 郭笙著：《为中国教育寻觅曙光——陶行知教育思想研究》，辽宁教育出版社 1991 年版。

27. 胡国枢著：《生活教育理论——陶行知教育思想研究》，浙江教育出版社 1991 年版。

28. 周洪宇编：《陶行知研究在海外》，人民教育出版社 1991 年版。

29. 文汇报《教育园地》、徐汇区教育局编著：《陶行知教育思想实践》，上海三联书店分店 1991 年版。

30. 潘冷云等著：《现代生活与现代教育——陶行知生活教育理论与教育实践的启示》，复旦大学出版社 1991 年版。

31. 萧陵主编：《陶行知与湖湘师范》，四川大学出版社 1992 年版。

32. 胡晓风主编：《工学团史料》，四川教育出版社 1992 年版。

33. 董宝良主编，周洪宇副主编：《陶行知教育学说》，湖北教育出版社 1993 年版。

34. 张劲夫著：《思陶集》，华夏出版社 1994 年版。

35. 朱子善、郑云树编著：《陶行知德育思想新编》，中国文联出版社 1999 年版。

36. 周毅、金成林编著：《创造奇葩：陶行知的弟子们》，四川教育出版社 2000 年版。

37. 金林祥主编：《20 世纪陶行知研究》，上海教育出版社 2005 年版。

38. 徐明聪著：《陶行知与现代名人》，合肥工业大学出版社 2006 年版。

39. 邝忠炽、徐仲林主编：《陶行知与育才学校》，西南师范大学出版社 2006 年版。

40. 李刚著：《历史与范型：陶行知研究的知识社会学考察》，东北师范大学出版社 2006 年版。

41. 陶行知与中国现代化课题组著：《陶行知与中国现代化》，四川教育出版社 2008 年版。

42. 金林祥、胡国枢、屠棠主编：《当代中国陶行知教育思想实验研究》，浙江工商大学出版社 2008 年版。

43. 胡国枢著：《中华本土教育家陶行知》，杭州出版社 2009 年版。

44. 金林祥主编：《陶行知词典》，百家出版社 2009 年版。

45. 周洪宇著：《开拓与创建——陶行知与中国现代文化》，山东教育出版社 2010 年版。

46. 周洪宇著：《陶行知生活教育学说》，湖北教育出版社 2011 年版。

乙、文集

1. 陶行知先生纪念委员会编：《陶行知先生纪念集》，上海陶行知先生纪念委员会 1945 年编印。

2. 生活教育社编：《陶行知先生四周年祭》，新北京出版社 1950 年版。

3. 华中师范学院高等教育研究会陶行知研究小组编：《陶行知先生诞辰九十周年纪念专辑》，华中师范学院高等教育研究会 1981 年 10 月印。

4. 四川省纪念陶行知先生诞辰九十周年大会筹备组编：《陶行知纪念文集》，四川人民出版社 1982 年版。

5. 安徽省陶行知教育思想研究会编：《陶行知一生》，湖南教育出版社 1984 年版。

6. 江苏省陶行知教育思想研究会编：《纪念陶行知》，湖南教育出版社 1984 年版。

7. 广东省陶行知教育思想研究会编：《学习陶行知　促进教育改革》，广东教育出版社 1985 年版。

8. 中国陶行知研究会编：《陶行知教育思想研究文集》，人民教育出版社 1985 年版。

9. 北京市陶行知研究会编：《陶行知研究》，湖南教育出版社

1987 年版。

10. 山东省陶行知研究会编：《学习陶行知》，山东教育出版社 1988 年版。

11. 中国陶行知研究会、基金会编：《为中国教育改革探路》，江苏教育出版社 1988 年版。

12. 广东省陶行知研究会编：《陶行知思想新探》，广东教育出版社 1989 年版。

13. 胡晓风著：《教育研究文集》，四川教育出版社、西南财经大学出版社 1989 年版。

14. 胡晓风著：《创业教育——教育整体改革的新构思》，四川教育出版社 1989 年版。

15. 李定开主编：《为中国教育寻觅曙光》（上下册），四川教育出版社 1989 年、1991 年版。

16. 安徽省陶行知纪念馆等编：《陶行知纪念馆五年》，安徽省陶行知纪念馆 1989 年印。

17. 华中师范大学陶行知研究中心、科研处编：《陶行知研究论文汇编》（第一辑），华中师范大学 1989 年印。

18. 中国革命博物馆编：《民族小号手——新安旅行团史料选》，春秋出版社 1989 年版。

19. 中国陶行知研究会编：《改革师范教育的新路》，安徽教育出版社 1990 年版。

20. 陆维特著：《陶行知研究论文集》，福建教育出版社 1991 年版。

21. 北京市陶行知研究会编：《生活教育理论体系笔谈文集》，北京市陶行知研究会 1991 年印。

22. 合川县生活教育整体改革领导小组编：《陶行知教育思想与合川教育整体改革》，四川教育出版社 1991 年版。

23. 中国陶行知研究会编：《农村教育的出路》，人民教育出版社 1991 年版。

24. 中国陶行知研究会、基金会编：《陶行知诞辰 100 周年纪念集（1891—1991）》，四川教育出版社 1992 年版。

25. 中国陶行知研究会编：《生活教育之花　富民强国之果——陶行知诞辰百周年学术论文选》，四川教育出版社 1992 年版。

26. 吴奕宽、方善森主编：《陶行知研究集粹》，广西师范大学出版社 1994 年版。

27. 周洪宇、余子侠、熊贤君主编：《陶行知与中外文化教育》，人民教育出版社 1999 年版。

28. 徐志辉、卢爱萍主编：《吴树琴与陶行知》，江苏人民出版社 2006 年版。

丙、传记、年谱

1. 白桃（戴伯韬）著：《陶行知的生平及其学说》，上海三联书店 1948 年初版，人民教育出版社 1982 年新版。

2. 麦青著：《陶行知》，上海三联书店 1949 年初版，香港新中国书局 1949 年版。

3. 孙明经主编：《人民的教育家陶行知》，上海电化教育出版社 1950 年版。

4. 华中师范学院高等教育研究会陶行知研究小组编：《陶行知年谱》，华中师范学院高等教育研究会 1981 年 10 月印。

5. 中央教育科学研究所教育理论研究室《陶行知年谱稿》编写组编：《陶行知年谱稿》，教育科学出版社 1982 年版。

6. 安徽省陶行知教育思想研究会编：《人民教育家陶行知》（画册），上海教育出版社 1984 年版。

7. 徐大文、刘大康著：《陶行知》，江苏古籍出版社 1985 年版。

8. 朱泽甫编著：《陶行知年谱》，安徽教育出版社 1985 年版。

9. 周毅著：《陶行知环行世界录》，江苏教育出版社 1988 年版。

10. 许宗元著：《陶行知》，人民出版社 1988 年版。

11. 安徽省陶行知研究会编：《陶行知青少年时代的故事》，安徽少年儿童出版社 1989 年版。

12. 上海市陶行知研究会编：《陶行知故事集》，上海书店 1991 年版。

13. 叶良骏著：《陶行知的故事》，人民教育出版社 1991 年版。

14. 童富勇、胡国枢著：《陶行知传》，教育科学出版社 1991 年版。

15. 袁振国、张癸编著：《伟大的人民教育家——陶行知》，江苏教育出版社 1991 年版。

16. 张癸著：《陶行知传》（《中国各民主党派史人物传》第 3 卷），华夏出版社 1991 年版。

17. 贾培基著：《陶行知》，重庆出版社 1991 年版。

18. 周毅、向明著：《爱满天下——陶行知文学传记》，江苏教育出版社 1991 年版。

19. 汤翠英、吴梦进编著：《陶行知与当代中国名人》，南京大学出版社 1991 年版。

20. 章开沅、唐文权著：《平凡的神圣——陶行知》，湖北教育出版社 1992 年版。

21. 余子侠著：《山乡社会走出的人民教育家——陶行知》，湖北教育出版社 1999 年版。

22. 王一心著：《劳谦君子陶行知》，南京师范大学出版社 2004 年版。

23. 袁晞著：《陶行知——捧着心来　不带草去》，大象出版社 2007 年版。

24. 王一心著：《最后的圣人——陶行知》，团结出版社 2010 年版。

25. 周毅、向明著：《陶行知传》，四川教育出版社 2010 年版。

26. 周洪宇著：《走进圣人陶行知》，湖北人民出版社 2011 年版。

27. 周洪宇著：《陶行知画传》，山东教育出版社 2011 年版。

28. 周洪宇著：《陶行知大传——一位文化巨人的四个世界》，人民教育出版社 2015 年版。

（四）陶行知研究论文要目

1. 梁漱溟：《抱歉—苦痛—一件有兴味的事》（参观南京晓庄学校的所见），1928 年夏讲，载《漱溟卅后文录》，商务印书馆 1930

年版。

2. 孙伯才：《“做学教合一”之理论与实际》，载《教育杂志》第20卷第11、12号，1928年11月。

3. 江问渔：《乡村教育——晓庄的根本理论与现有事业》，载《中华教育界》第18卷第4期，1929年。

4. 王秀南：《介绍革命的晓庄学校——从他们的信条，看出他们的努力》，1929年5月1日作，载孙铭勋、戴自俺编：《晓庄批判》，上海儿童书局1933年版。

5. 王秀南：《晓庄学校与中心小学》，1929年10月20日作，载孙铭勋、戴自俺编：《晓庄批判》，上海儿童书局1933年版。

6. 易铁夫：《我所认识的晓庄之理论与实际》，1929年10月作，载孙铭勋、戴自俺编：《晓庄批判》，上海儿童书局1933年版。

7. 区巾雄：《我在晓庄长期参观的经过与心得》，1929年10月作，载孙铭勋、戴自俺编：《晓庄批判》，上海儿童书局1933年版。

8. 胡尚志：《怎样认识晓庄》，1929年11月30日作，载孙铭勋、戴自俺编：《晓庄批判》，上海儿童书局1933年版。

9. 胡汉民：《解散晓庄师范学校的原因和经过》，1930年4月14日作，载孙铭勋、戴自俺编：《晓庄批判》，上海儿童书局1933年版。

10. 谢豹：《论晓庄师范被封事》，1930年4月作，载孙铭勋、戴自俺编：《晓庄批判》，上海儿童书局1933年版。

11. 孙铭勋：《论生活教育》，1931年作，载《孙铭勋教育文选》，重庆出版社1984年版。

12. 金海观：《论吾国的乡村师范》，1932年6月25日作，载《湘湖生活》第2卷第1期。

13. 持大：《陶行知与中国新教育》，1932年8月30日作，载孙铭勋、戴自俺编：《晓庄批判》，上海儿童书局1933年版。

14. 杨效春：《我们的教育》，载《中华教育界》第20卷第7期，1933年。

15. 张世德（张劲夫）：《捞在生活教育纲里》，载《生活教育》第1卷第1期，1934年2月16日。

16. 戴自俺：《讨论生活教育之彻底的实现》，载《生活教育》第1卷第7期，1934年5月16日。

17. 戴自俺、方与严：《生活教育的中心是什么》，载《生活教育》第1卷第13期，1934年8月16日。

18. 方与严：《生活进程》，载《生活教育》第1卷第14期，1934年9月1日。

19. 子钵（尚仲衣）：《陶知行主义是中国教育的出路吗？——陶知行主义人口统制论的教育之批判》，载天津《大公报》1934年10月29日、11月12日、11月19日、11月26日。

20. 戴自俺、吴锦璋：《传统教育和生活教育有什么区别》，载《生活教育》第1卷第20期，1934年11月1日。

21. 子钵（尚仲衣）：《陶知行先生的黄色烟幕弹》，载天津《大公报》1935年1月25日。

22. 马昌实：《教学做合一新释》，载《生活教育》第2卷第13期，1935年9月1日。

23. 满力涛（刘季平）：《文化与教育一般之特质》，载《生活教育》第2卷第17期，1935年11月1日。

24. 满力涛（刘季平）：《教与学》，载《生活教育》第2卷第19期，1935年12月1日。

25. 王乃明（王洞若）：《对小先生的评估——潘一尘著〈小先生运动〉序》，载王洞若编：《生活教育论集》，生活教育书店1937年4月版。

26. 满力涛（刘季平）：《凝膨教学活动法》，载《生活教育》第2卷第20期，1935年12月16日。

27. 庶谦（廖庶谦）：《对于〈国难教育方案〉的意见》，载《大众生活》第1卷第14期，1936年2月14日。

28. 马昌实：《生活教育与国难教育方案》，载《生活教育》第2卷第24期，1936年2月16日。

29. 鲁家：《“小先生”与“俞子夷先生”——一个小先生辅导员的答复》，载《生活教育》第3卷第3期，1935年5月1日。

30. 张宗麟：《学园制的乡村师范》，载《中华教育界》第23卷第11期，1936年5月16日。

31. 满力涛（刘季平）：《科学化的生活教育》，载《生活教育》第3卷第12期，1936年8月16日。

32. 萧三：《中国的大众诗人陶行知》，载巴黎《救国时报》1936年12月12日。

33. 曹孚：《中国教育的生命线》，载《浙江教育》第2卷第2期，1937年2月。

34. 王洞若：《〈生活教育论集〉外言》，1937年2月5日作，载《生活教育论集》，生活书店1937年4月版。

35. 王洞若：《生活教育到国难教育之理论上的联结》，载《生活教育论集》，生活书店1937年4月版。

36. 王洞若：《集体主义的自我教育》，载《战时教育》（旬刊）创刊号，生活书店1937年9月25日。

37. 毛泽东：《在边区国防教育会成立大会上的讲话》，1938年4月11日。

38. 邹韬奋：《令人兴奋的报告——记陶行知先生海外归来谈话》，载《全民战线》第31号，1938年10月20日。

39. 王洞若：《生活教育的涵义》，载《战时教育》第3卷第11期，1939年。

40. 王洞若：《生活教育运动和生活教育社》，载《战时教育》第4卷第9期，1939年5月。

41. 刘季平：《我们今天的任务是奠基开路——告生活教育的同志》，载《生活教育通讯》，1939年9月。

42. 刘季平：《论生活教育同志的使命》，载《生活教育通讯》第6期，1940年1月。

43. 戴伯韬：《生活教育发展史纲——为纪念生活教育运动十三周年而作》，载《战时教育》第5卷第10期，1940年3月。

44. 白桃（戴伯韬）：《生活教育》，载《中华教育界》第28卷第9期，1940年。

45. 延安新教育学会编辑部：《〈行知教育论文选集〉序》，载《行知教育论文集》，1942 年 3 月 10 日作。

46. 徐特立、范文澜：《延安新教育学会致函陶行知先生庆祝生活教育社十五周年》，载延安《解放日报》1942 年 3 月 15 日。

47. 《生活教育社十五周年》，载延安《解放日报》1942 年 3 月 15 日。

48. 张健：《生活教育是什么？——为生活教育社成立十五周年纪念而作》，载延安《解放日报》1942 年 3 月 15 日。

49. 徐特立：《再论我们怎样学习》，载延安《解放日报》1942 年 4 月 1 日。

50. 程今吾：《教育的本质》，载《新教育体系》，重庆时代印刷出版社 1944 年版。

51. 李公朴：《怎样办社会大学》，1946 年 1 月 28 日作，载昆明社会大学编：《社会大学》，昆明北门出版社 1945 年版。

52. 周恩来：《一个无保留追随党的党外布尔什维克》，1946 年 7 月 25 日作，载《人物》1980 年第 4 辑。

53. 郭沫若：《痛失人师》，1946 年 4 月 26 日作，载陶行知先生纪念委员会编印：《陶行知先生纪念集》。

54. 郝士英：《悼陶行知先生》，1946 年 7 月 26 日作，载《陶行知先生纪念集》。

55. 《继承陶行知先生的精神》（社论），载重庆《新华日报》1946 年 7 月 27 日。

56. 《永远的哀思——悼陶行知同志之丧》（社论），载重庆《民主报》1946 年 7 月 27 日。

57. 《从陶行知先生说起》，载《新民晚报》1946 年 7 月 27 日。

58. 《发展生活教育——敬悼陶行知氏》，载上海《文汇报》1946 年 7 月 27 日。

59. 程本海：《发扬晓庄精神以纪念老夫子》，1946 年 7 月 27 日作，载《陶行知先生纪念集》。

60. 胡风：《对陶行知二三理解》，1946 年 7 月 27 日作，载《陶行知先生纪念集》。

61. 陆诒：《等于泰山崩》，1946 年 7 月 28 日作，载《陶行知先生纪念集》。

62. 尤在：《报人陶行知》，1946 年 7 月 28 日作，载《陶行知先生纪念集》。

63. 陶宏：《我和我的父亲》，1946 年 7 月 28 日作，载《陶行知先生纪念集》。

64. 陶城：《爸爸去世前后》，1946 年 7 月 28 日作，载《陶行知先生纪念集》。

65. 周新民：《悼陶行知先生》，1946 年 7 月 29 日作，载《陶行知先生纪念集》。

66. 李维汉：《对人民忘了自己》，1946 年 7 月 29 日作，载江苏省陶行知研究会编：《纪念陶行知》。

67. 郭沫若：《读陶先生的最后一封信》，1946 年 7 月 30 日作，载《文汇报》1946 年 8 月 2 日。

68. 郭沫若：《陶行知先生最值得学习的地方》，1946 年 7 月 30 日作，载《读书与出版》1946 年 8 月 15 日。

69. 周建人：《判断坚决，信念坚定》，1946 年 7 月作，载《陶行知先生纪念集》。

70. 郑振铎：《敢说敢做的大教育家》，1946 年 7 月作，载《陶行知先生纪念集》。

71. 胡愈之：《陶行知活在马来亚》，1946 年 7 月 29 日作，载江苏省陶行知研究会编：《纪念陶行知》。

72. 远芃（李鹏）：《陶行知先生与育才学校》，载《晋察冀日报》1946 年 8 月 15 日。

73. 戴爱莲：《陶行知博士》，1946 年，载《陶行知先生纪念集》。

74. 陈家康：《陶行知的思想路线》，1946 年，载《陶行知先生纪念集》。

75. 张申府：《这打击得了民主运动么?》，1946 年，载《陶行知先生纪念集》。

76. 马寅初：《痛悼陶李二先生》，1946 年，载《陶行知先生纪念集》。

77. 梁漱溟：《悼念陶行知先生》，1946 年，载《陶行知先生纪念集》。

78. 江问渔：《我对于行知先生逝世后的感言》，1946 年，载《陶行知先生纪念集》。

79. 三男：《敬悼陶行知先生》，1946 年，载《陶行知先生纪念集》。

80. 育才文学组同学：《陶校长与文学组》，1946 年，载《陶行知先生纪念集》。

81. 秀和、家贺：《陶校长与音乐组》，1946 年，载《陶行知先生纪念集》。

82. 高嘉：《诗人陶行知》，1946 年，载《陶行知先生纪念集》。

83. 潘道皑：《发扬光大陶故先生的教育理论》，1946 年，载《陶行知先生纪念集》。

84. 方与严：《教人民起来做主人》，1946 年，载《陶行知先生纪念集》。

85. 青家：《我所知道的陶先生》，1946 年，载《陶行知先生纪念集》。

86. 许士骐：《陶行知先生的事业及其生平》，1946 年，载《陶行知先生纪念集》。

87. 平洁：《悼念新音乐的保姆》，1946 年，载《陶行知先生纪念集》。

88. 端木蕻良：《追悼陶行知先生》，1946 年，载《陶行知先生纪念集》。

89. 景宋（许广平）：《痛悼陶先生》，1946 年，载《陶行知先生纪念集》。

90. 唐现之：《悼陶行知先生》，1946 年，载《陶行知先生纪念集》。

91. 吴似鸿：《陶行知先生给我的印象》，1946 年，载《陶行知先生纪念集》。

92. 吴耀宗：《陶行知先生给我的印象》，1946 年，载《陶行知先生纪念集》。

93. 丁十：《在止于人民的幸福》，1946 年，载《陶行知先生纪念集》。

94. 林焕平：《创造天才》，1946 年，载《陶行知先生纪念集》。

95. 沈百英：《知行与行知》，1946 年，载《陶行知先生纪念集》。

96. 陈烟桥：《陶行知先生及育才学校》，1946 年 8 月 1 日作，载《陶行知先生纪念集》。

97. 曹建培：《我所仰慕的陶先生》，载延安《解放日报》1946 年 8 月 1 日。

98. 史良：《吊行知同志》，1946 年 8 月 3 日作，载《陶行知先生纪念集》。

99. 柳湜：《记最后一夜——回忆陶行知先生》，1946 年 8 月 12 日作，载《陶行知先生纪念集》。

100. 陆定一：《悼人民教育家陶行知先生》，载延安《解放日报》1946 年 8 月 12 日。

101. 林伯渠：《向陶行知先生学习》，载延安《解放日报》1946 年 8 月 12 日。

102. 徐特立：《陶行知的学说》，载延安《解放日报》1946 年 8 月 12 日。

103. 乔木：《拿什么来纪念陶先生》，载延安《解放日报》1946 年 8 月 12 日。

104. 张仲实：《悼创造的教育家陶行知先生》，载延安《解放日报》1946 年 8 月 12 日。

105. 钱俊瑞：《一代巨人陶先生》，载延安《解放日报》1946 年 8 月 12 日。

106. 陆璀：《痛悼陶行知先生》，载《大众日报》1946 年 8 月 14 日。

107. 茅盾：《悼人民教育家陶行知先生》，载《读书与出版》

1946年8月15日。

108. 冯乃超：《大公无私的人——陶先生的一个特点》，载《读书与出版》1946年8月15日。

109. 翦伯赞：《纪念陶先生，学习陶先生》，载《读书与出版》1946年8月15日。

110. 罗叔章：《敬吊行知先生》，载《读书与出版》1946年8月15日。

111. 余之介：《愿大家承继陶行知先生伟大的精神遗产》，载《读书与出版》1946年8月15日。

112. 傅彬然：《陶行知先生论读书》，载《读书与出版》1946年8月15日。

113. 明道：《民主教育的导师》，载《读书与出版》1946年8月15日。

114. 李解：《我和行知师》，1946年8月15日作，载《陶行知先生纪念集》。

115. 艾芜：《陶行知先生印象记》，1946年8月16日作，载《陶行知先生纪念集》。

116. 孙铭勋：《生活教育的发祥地》，1946年8月17日作，载《陶行知先生纪念集》。

117. 余之介：《认识陶行知的思想与奋斗》，1946年8月20日作，载《陶行知先生纪念集》。

118. 苏永扬：《哭陶师，谈创造》，1946年8月21日作，载《陶行知先生纪念集》。

119. 罗克汀：《陶行知的哲学思想——仅以此纪念陶行知先生》，1946年8月28日作，载《陶行知先生纪念集》。

120. 茅盾：《我们有责任使他们不死》，载《周报》第48期，1946年8月。

121. 丁浩川：《纪念人民教育家陶行知先生》，载《北方文化》，1946年8月。

122. 徐特立：《中国教育家陶行知先生的学说》，载延安《边区教育通讯》1946 年 9 月 1 日、12 月 1 日。

123. 操震球：《高山仰止悼陶师》，1946 年 9 月 10 日作，载《陶行知先生纪念集》。

124. 罗坚：《陶先生与戏剧运动》，1946 年 9 月 11 日作，载《陶行知先生纪念集》。

125. 邓初民：《略论陶行知主义》，1946 年 9 月 18 日作，载《陶行知先生纪念集》。

126. 张友渔：《略论陶行知先生的政治思想》，载重庆《新华日报》1946 年 9 月 18 日。

127. 何其芳：《陶行知先生的教育学说》，载重庆《新华日报》1946 年 9 月 18 日。

128. 翦伯赞：《我和行知先生》，1946 年 9 月 18 日作，载《陶行知先生纪念集》。

129. 陆静山：《陶行知的教育方法——“教学做合一”》，1946 年 7 月 29 日作，载江苏省陶行知研究会编：《纪念陶行知》。

130. 吴玉章：《回忆陶行知先生》，载重庆《新华日报》1946 年 9 月 22 日。

131. 吴涵真：《我和陶行知先生》，载重庆《新华日报》1946 年 9 月 22 日。

132. 黄齐生：《社会大学的我见》，载《社会大学》，昆明北门出版社 1946 年版。

133. 吴晗：《陶行知先生在上海的回忆》，1947 年 5 月 24 日作，载江苏省陶行知研究会编：《纪念陶行知》。

134. 沈钧儒：《一切着眼于救国》，1947 年 6 月 20—23 日讲，载江苏省陶行知研究会编：《纪念陶行知》。

135. 陆维特：《陶行知先生不朽》，1947 年 7 月 31 日作，载江苏省陶行知研究会编：《纪念陶行知》。

136. 郜爽秋：《武训与陶行知》，载《文汇报》1947 年 8 月 12 日。

137. 陈鹤琴：《近百年来的大教育家》，载《生活教育》第 4 卷第 7、8 期，1947 年 9 月。

138. 方与严：《生活教育产生的时代背景》，载《生活教育简论》，上海教育书店 1950 年版。

139. 蒯伯赞：《记古圣寺》，载《生活教育》丛刊第 1 辑，1948 年 3 月 15 日。

140. 刘清扬：《纪念行知先生逝世两周年》，1948 年 7 月 20 日作，载江苏省陶行知研究会编：《纪念陶行知》。

141. 千家驹：《假如陶行知先生还活着——纪念生活教育运动二十二周年》，1949 年 3 月 9 日作，载《陶行知先生四周年祭》。

142. 张宗麟：《跟着时代前进》，1949 年 3 月 10 日作，载《陶行知先生四周年祭》。

143. 张劲夫：《从他身上吸收光和热》，1949 年 7 月 14 日作，载胡晓风等编：《生活教育文选》。

144. 吴锦璋：《向伟大的人民师表学习——纪念陶行知老师三周年忌辰》，1949 年 7 月 24 日作，载《陶行知先生四周年祭》。

145. 李信慧：《陶行知崇拜马克思》，载《新闻报》1949 年 7 月 25 日。

146. 余之介：《伟大的人民教育家陶行知》，载《大公报》1949 年 7 月 25 日、26 日。

147. 满力涛：《祭陶行知先生》，1949 年 7 月作，载《行知研究》1985 年第 4 期。

148. 刘季平：《造成教育思想上一个伟大的革命》，1949 年 7 月作，载《陶行知先生四周年祭》。

149. 戴伯韬：《学习陶行知先生》，1948 年 7 月作，载江苏省陶行知研究会编：《纪念陶行知》。

150. 程今吾：《坚持抗日民主教育的旗帜——纪念陶行知逝世三周年》，载《中国青年》第 12 期，1949 年 7 月。

151. 董纯才：《一个人民教育家所走的路》，载《东北教育》第 1 卷第 4 期，1949 年。

152. 张健：《略谈陶行知先生的生平与事业》，载《东北教育》

第 1 卷第 4 期，1949 年。

153. 白韬（戴伯韬）：《教学做合一的新发展》，载《山东教育》第 3 号，1949 年 8 月。

154. 张劲夫：《纪念陶行知先生》，载《新教育》（沪）第 1 卷第 5 期，1950 年。

155. 马侣贤：《忆陶师，话育才》，载《新教育》（沪）第 1 卷第 5 期，1950 年。

156. 何忠：《忆晓庄——纪念陶行知先生》，载《广东教育与文化》（沪）第 1 卷第 3 期，1950 年。

157. 徐化麟：《陶行知与新民主主义教育》，载《广东教育与文化》（沪）第 1 卷第 3 期，1950 年。

158. 关道明：《纪念伟大的人民教育家》，载《广东教育与文化》（沪）第 1 卷第 3 期，1950 年。

159. 张寿祺：《我们应该向陶行知先生学习些什么》，载《广东教育与文化》（沪）第 1 卷第 3 期，1950 年。

160. 方与严：《陶行知先生的教育学说及其诗歌》，载《天津教育》（沪）第 1 卷第 4、5 期，1950 年。

161. 张文郁：《生活教育是进步发展的》，载《天津教育》（沪）第 1 卷第 4、5 期，1950 年。

162. 孙瑜：《编导〈武训传〉记》，载《光明日报》1950 年 2 月 26 日。

163. 陶宏：《我看了〈武训传〉电影》，载《光明日报》1950 年 2 月 26 日。

164. 董渭川：《由教育观评〈武训传〉》，载《光明日报》1950 年 2 月 26 日。

165. 陈鹤琴：《介绍〈古庙敲钟录〉（陶行知先生的一部教育名著）》，载《活教育》第 6 卷第 2 期，1950 年 2 月。

166. 流池泉：《人民教育家——陶行知先生》，载《察哈尔文教》第 2 卷第 4 期，1950 年。

167. 张惠人：《晓庄 23 年》，载《光明日报》1950 年 3 月 23 日。

168. 江林：《〈武训传〉丑化了劳动人民》，载《新民报》1950年3月31日。

169. 戴伯韬：《陶行知先生的教育思想》，载《解放日报》1950年7月20日。

170.《革命的教育家陶行知先生——纪念陶先生逝世四周年》(社论)，载《人民教育》第1卷第4期，1950年7月。

171. 张宗麟：《学习伟大的人民教育家陶行知先生》，载《光明日报》1950年7月25日。

172. 邹荫章：《循着陶行知的道路前进》，载《活教育》第6卷第6期，1950年9月。

173. 戴伯韬：《看了〈武训传〉之后的意见》，载《新闻日报》1951年1月1日，《大众电影》第14期，1951年1月1日。

174. 马侣贤：《〈武训传〉观后感》，载《大众电影》第14期，1951年1月1日。

175. 陈贻鑫、吕长春等：《育才学校师生谈〈武训传〉》，载《大众电影》第14期，1951年1月1日。

176. 贾霁：《不足为训的武训》，载《文艺报》第4卷第1期，1951年4月25日。

177. 杨耳：《陶行知先生表扬"武训精神"有积极作用吗?》，原载《文艺报》第4卷第2期，1951年5月10日，后由《人民日报》1951年5月16日重新发表。

178.《共产党员应当参加关于〈武训传〉的批判》，载《人民日报》1951年5月20日。

179. 李士钊：《我初步认识了崇拜与宣传武训的错误》，载《光明日报》1951年5月30日。

180. 戴伯韬：《歌颂武训是原则性的错误》，载《光明日报》1951年6月1日。

181. 胡绳：《为什么歌颂武训是资产阶级反动思想的表现》，载《学习》第4卷第4期，1951年6月1日。

182. 李一氓：《清除武训一类错误教育思想》，载《人民日报》

1951年6月2日。

183. 罗慕法：《我不同意李士钊先生的检讨》，载《光明日报》1951年6月5日。

184. 杨耳：《评武训和关于武训的宣传》，载《学习》第4卷第5期，1951年6月16日。

185. 何其芳：《驳对于武训和〈武训传〉的种种歌颂》，载《学习》第4卷第5期，1951年6月16日。

186. 范文澜：《武训是个什么人？为什么有人要歌颂他？》，载《人民日报》1951年7月6日。

187. 董渭川：《武训问题给我的教训》，载《光明日报》1951年7月12日。

188. 《我们对于陶行知先生颂扬武训的看法——晓庄学校讨论武训辑要》，载《教学生活》（宁）第1卷第3期，1951年7月。

189. 葛天民：《武训精神与陶行知先生》，载《新教育》（沪）第13卷第5期，1951年7月。

190. 钱俊瑞：《从讨论武训问题我们学到些什么？》，载《人民日报》1951年8月27日，《人民教育》第3卷第5期，1951年8月。

191. 姜乐仁：《评"小先生制"》，载《人民教育》第3卷第5期，1951年8月。

192. 潘逸耕：《学习批判"武训精神"，检讨我的教育思想》，载《桂林文教》第1卷第4期，1951年10月。

193. 须养本：《批判陶行知先生的"教育万能"观点》，载《教育通讯》第7卷第3期，1951年10月。

194. 董纯才：《我对陶行知先生及生活教育的认识》，载《人民教育》第3卷第6期，1951年10月。

195. 戴伯韬：《对陶行知教育思想认识的初步检讨》，载《人民教育》第3卷第6期，1951年10月。

196. 刘季平：《略论陶行知先生的哲学观点》，载《人民教育》第4卷第1期，1951年11月。

197. 张健：《重新认识陶行知先生的哲学观点》，载《人民教育》

第 4 卷第 1 期，1951 年 11 月。

198. 潘开沛：《陶行知教育思想中几个问题的商榷》，载《人民教育》第 4 卷第 2 期，1951 年 12 月。

199. 张凌光：《评“生活即教育，社会即学校”》，载《人民教育》1952 年 1 月号。

200. 凯旆：《“教学做合一”的批判》，载《人民教育》1952 年 1 月号。

201. 袁舒白：《我对萌芽学校及其“生活教育”理论的看法》，载《教育通讯》1952 年 2 月号。

202. 林木：《评〈古庙敲钟录〉》，载《人民教育》1952 年 2 月号。

203. 须养本：《关于对〈生活教育的我见〉一文的补充意见》，载《教育通讯》1952 年 3 月号。

204. 王泰然：《关于陶行知先生以教育改良社会的思想》，载《人民教育》1952 年 3 月号。

205. 张宗麟：《对陶行知先生的认识和我的初步检讨》，载《人民教育》1952 年 3 月号。

206. 张健：《略谈陶行知教育思想的阶级性》，载《人民教育》1953 年 5 月号。

207. 张守中：《我对实践教育的认识和检讨》，载《东北教育》1952 年 5 月号。

208. 陈之平：《对陶行知先生教育思想的检讨》，载《人民教育》1953 年 8 月号。

209. 赵加钧：《我对陶行知先生的一点认识》，载《人民教育》1953 年 8 月号。

210. 陈友松：《陶行知先生的教育遗产是新中国教育学的源泉之一》，载《文汇报》1956 年 10 月 16 日。

211. 陆雍裕：《陶行知先生的教育思想》，载《文汇报》1956 年 11 月 16 日。

212. 张文郁：《关于陶行知教育思想的评价》，载《文汇报》

1956 年 11 月 21 日。

213.《陶行知教育思想的几个问题》，载《文汇报》1957 年 2 月 7 日。

214. 梁忠义：《陶行知生活教育思想与杜威实用主义教育思想的根本区别》，载《文汇报》1957 年 2 月 7 日。

215. 邓初民：《在中共中央统战部民主人士座谈会上的发言》，载《文汇报》1957 年 6 月 2 日。

216. 邓初民：《我们必须对陶行知先生给以重新评价——纪念陶行知先生逝世十一周年》，载《人民教育》1957 年 7 月号。

217. 张宗麟：《关于陶行知先生》，载《人民教育》1957 年 7 月号。

218. 戴伯韬：《论陶行知的教育思想》，载《学术月刊》第 1 期，1958 年 1 月。

219. 邓初民：《陶行知先生在中国教育史上的地位和作用》，载《安徽史学通讯》第 2 期，1958 年 3 月。

220. 乐嘉：《试谈陶行知先生的评价问题》，载《安徽史学通讯》第 2 期，1958 年 3 月。

221. 严纯：《陶行知先生二三事》，载《安徽史学通讯》第 2 期，1958 年 3 月。

222. 马数鸣：《给评价陶行知先生提供一点参考》，载《安徽史学通讯》第 3 期，1958 年 5 月。

223. 杨刚：《对陶行知先生哲学思想的初步探讨》，载《安徽史学通讯》第 3 期，1958 年 5 月。

224. 彭云生、冀标：《陶行知先生的教育思想》，载《安徽史学通讯》第 3 期，1958 年 5 月。

225. 高启沃：《陶行知教育思想的初步探讨》，载《安徽史学通讯》第 3 期，1958 年 5 月。

226. 杨寿南：《我对陶行知先生的一些看法》，载《安徽史学通讯》第 3 期，1958 年 5 月。

227. 方与严：《陶行知的教育事业与教育思想》，载《安徽史学通讯》第 3 期，1958 年 5 月。

228. 王琳：《关于陶行知的教育事业》，载《安徽史学通讯》第 3 期，1958 年 5 月。

229. 吴耀宗：《关于陶行知先生评价的两点意见》，载《安徽史学通讯》第 3 期，1958 年 5 月。

230. 凌汉如：《试论陶行知先生评价》，载《安徽史学通讯》第 3 期，1958 年 5 月。

231. 《陶行知先生评价问题（座谈会摘要）》，载《安徽史学通讯》第 3 期，1958 年 5 月。

232. 望之：《对陶行知先生评价问题的一些意见》，载《安徽史学通讯》第 5 期，1958 年 9 月。

233. 戴伯韬：《论陶行知先生的生活教育》，载《安徽史学通讯》第 6 期，1958 年 11 月。

234. 程志宏：《对陶行知教育思想的评价》，载《安徽史学通讯》第 6 期，1958 年 11 月。

235. 徐远瑛：《陶行知先生教育思想的初步批判》，载《安徽史学通讯》第 6 期，1958 年 11 月。

236. 周辛：《我对陶行知先生教育学说的看法》，载《安徽史学通讯》第 6 期，1958 年 11 月。

237. 赵文衡：《陶行知先生的政治思想和学术思想》，载《安徽史学通讯》第 1 期，1959 年 1 月。

238. 宗志文：《陶行知》，载李新、孙思白主编：《民国人物传》第 1 卷，中华书局 1978 年 8 月版。

239. 汪文风：《教育史话·重庆社会大学》，载《人民教育》1979 年 1 月号。

240. 毛礼锐：《人民教育家陶行知教育思想的进步作用》，载《教育研究》1979 年第 3 期。

241. 许涤新：《陶行知在反动派的迫害中致死》，载许涤新著：《百年心声·中国民主革命诗话》，三联书店 1979 年版。

242. 李桂林、赵家骥：《试评陶行知的生活教育》，载《吉林师范大学学报》1979 年第 4 期。

243. 舒文：《伟大的人民教育家——陶行知》，载《内蒙古教育》1979 年第 5 期。

244. 胡同炳：《怀念陶行知先生在晓庄》，载《江苏教育》1979 年第 5 期。

245. 吕长春：《从创办“育才”看陶行知教育思想》，载《文汇报》1979 年 7 月 22 日。

246. 段力佩：《学习人民教育家陶行知先生》，载《上海教育》1979 年第 8 期。

247. 马崇褥：《怀念陶行知先生》，载《上海教育》1979 年第 8 期。

248. 李凌：《回忆人民教育家陶行知——从育才学校音乐组谈起》，载《人民教育》1979 年第 9 期。

249. 郑清士：《陶行知先生二三事》，载《安徽教育》1979 年第 11 期。

250. 营恩迪：《伟大的人民教育家——陶行知》，载《辽宁教育》1979 年第 11 期。

251. 邓菱：《周总理与育才学校》，载《重庆文史资料选辑》第 5 辑，1979 年 12 月。

252. 原育才在渝师生：《育才学校的诞生与成长》，载《重庆文史资料选辑》第 5 辑，1979 年 12 月。

253. 张文郁：《伟大的人民教育家陶行知》，载《上海师范学院学报》1980 年第 1 期。

254. 俞华：《深切怀念人民教育家陶行知》，载《教育研究丛刊》1980 年第 1 期。

255. 徐仲林、李定开：《一所民主抗日的学校——育才学校概况》，载《西南师范学院学报》1980 年第 1 期。

256. 须养本、王思清：《全面正确评价陶行知先生的教育思想》，载《教育研究》1980 年第 1 期。

257. 胡小明：《要重视陶行知教育思想的研究》，载《教育研究》

1980 年第 2 期。

258. 严兴福、李杏葆、毛大伦：《略论陶行知的教育思想》，载《上海师范学院学报》1980 年第 2 期。

259. 陆诒：《我所认识的陶行知先生》，载《上海师范学院学报》1980 年第 2 期。

260. 周扬：《要重视陶行知的研究》，载《教育研究》1980 年第 4 期。

261. 史臣铨：《陶行知的教育学说》，载《陕西教育》1981 年第 10 期。

262. 祖德、伯英：《陶行知和"小先生制"》，载《浙江教育》1981 年第 10 期。

263. 杨应彬：《纪念伟大的人民教育家陶行知先生》，载《南方日报》1981 年 10 月 13 日。

264. 张永峰：《陶行知的儿童诗》，载《重庆日报》1981 年 10 月 16 日。

265. 贾培基：《陶行知是党的战友》，载《重庆日报》1981 年 10 月 16 日。

266. 李能寿：《从对教育本质问题的争鸣看陶行知的教育思想》，载《育才》第 1 期，1981 年 10 月 17 日。

267. 鲍义来：《珍贵的友谊——记周恩来同志与陶行知先生》，载《安徽日报》1981 年 10 月 1 日。

268. 徐扬：《陶行知先生的童少年时代》，载《安徽日报》1981 年 10 月 17 日。

269. 许宗元：《重读陶诗祭陶师》，载《安徽日报》1981 年 10 月 18 日。

270. 陈鹤琴：《陶行知先生的精神鼓舞我前进》，载《光明日报》1981 年 10 月 18 日。

271. 段力佩：《纪念陶行知先生》，载《文汇报》1981 年 10 月 18 日。

272. 高士其：《陶行知先生对我的鼓舞和帮助》，载《人民日报》

1981 年 10 月 18 日。

273. 王越：《缅怀伟大的人民教育家陶行知先生》，载广东省教育学会编印：《纪念人民教育家陶行知诞辰九十周年专辑》，1981 年 10 月 18 日。

274. 邓颖超：《纪念陶行知先生九十诞辰大会开幕词》，载《光明日报》1981 年 10 月 19 日。

275. 胡愈之：《纪念陶行知同志，大力普及人民教育》，载《光明日报》1981 年 10 月 19 日。

276. 陶晓光：《回忆父亲陶行知》，载《光明日报》1981 年 10 月 19 日。

277. 张秀熟：《加强教育理论研究，向陶行知先生学习》，载《四川日报》1981 年 10 月 19 日。

278. 黄明：《学习陶行知先生的教育革命思想　贯彻党的社会主义教育方针》，载《四川日报》1981 年 10 月 19 日。

279. 陈允豪：《通俗、明朗、赤诚——〈行知诗歌集〉读后》，载《人民日报》1981 年 10 月 30 日。

280. 张健：《伟大的人民教育家陶行知先生》，载华中师范学院高等教育研究会编：《陶行知先生诞辰九十周年纪念专辑》，1981 年 10 月。

281. 刘若曾：《纪念伟大的人民教育家陶行知》，载华中师范学院高等教育研究会编：《陶行知先生诞辰九十周年纪念专辑》，1981 年 10 月。

282. 华中师范学院高等教育研究会陶行知研究小组：《陶行知教育思想管窥》，载华中师范学院高等教育研究会编：《陶行知先生诞辰九十周年纪念专辑》，1981 年 10 月。

283. 柳之榘：《陶行知与杜威不同——陶行知与杜威教育思想的关系三论》，载《教学研究》1981 年第 7 期。

284. 劳山人：《论陶行知的幼儿教育遗产》，载《教学研究》1981 年第 7 期。

285. 晋启生、仲兰村：《陶行知与南京安徽公学》，载《教学研究》1981 年第 7 期。

286. 刘心村：《陶行知与胡适》，载《教学研究》1981 年第 7 期。

287. 江晨：《从陶行知在安徽的教育实践看他的教育思想》，载《教学研究》1981 年第 7 期。

288. 杨桥：《回忆重庆社会大学——从“民主讲座”到“社会大学”》，载《教学研究》1981 年第 7 期。

289. 张国良：《我所知道的陶行知》，载《教学研究》1981 年第 7 期。

290. 高越：《陶行知和育才学校》，载《教学研究》1981 年第 7 期。

291. 康庄、宁冰：《最伟大的人民教育家陶行知》，载《教学研究》1981 年第 7 期。

292. 江荻：《回忆育才学校》，载《教育研究》1981 年第 11 期。

293. 李楚材：《人民教育家陶行知先生》，载上海政协文史资料研究会编：《文史资料选辑》第 3 辑，1981 年 11 月。

294. 周波：《育才学校的文艺活动》，载上海政协文史资料研究会编：《文史资料选辑》第 3 辑，1981 年 11 月。

295. 杨应彬：《永恒的怀念》，载《羊城晚报》1981 年 12 月 3 日。

296. 张劲夫：《学习陶行知损己利人的高尚精神》，载《行知研究》总第 4 期，1981 年 12 月。

297. 操震球：《学习陶行知先生的献身精神，为促进高度的社会主义精神文明而努力》，载《行知研究》总第 4 期，1981 年 12 月。

298. 邵仲香：《由一张照片所想到的——陶行知冯玉祥及“联村自卫团”》，载《行知研究》总第 4 期，1981 年 12 月。

299. 马朋人：《生活教育理论是教育革命的理论》，载《行知研究》总第 4 期，1981 年 12 月。

300. 胡同炳：《陶行知与儿童自动学校》，载《行知研究》总第 4 期，1981 年 12 月。

301. 丁右涵：《学习陶行知先生的彻底革命精神——忆育才学校

皖南事变后的一段生活》，载《行知研究》总第4期，1981年12月。

302. 夏德清：《社会大学实践陶行知的教育思想》，载《行知研究》总第4期，1981年12月。

303. 屈伸：《陶行知教育思想初探》，载《吉林省教育学会会刊》1981年12月。

304. 夏德清：《陶行知和社会大学》，载《教育研究和实验》1982年第1期。

305. 唐淑：《中国农村幼教事业的开拓者——陶行知》，载《南京师范学院学报》1982年第1期。

306. 孙传华、徐曼华：《陶行知的人民教育思想和实践》，载《南京大学学报》1982年第1期。

307. 陈本铭：《关于陶行知的教育思想和活动的评价》，载《福建师范大学学报》1982年第1期。

308. 陈隆高：《关于评价陶行知教育思想的几个问题》，载《杭州师范学院学报》1982年第1期。

309. 邵祖德：《从实用主义走向新民主主义——陶行知教育思想的发展》，载《杭州大学学报》1982年第1期。

310. 李定开：《试析陶行知的生活教育理论》，载《西南师范学院学报》1982年第2期。

311. 须养本：《陶行知教育思想研究的几个原则问题》，载《学术研究》1982年第2期。

312. 夏德清：《陶行知生年质疑》，载《长江日报》1982年3月12日。

313. 夏德清：《陶行知生于1892年的又一佐证》，载《长江日报》1982年3月18日。

314. 任白戈：《学习陶行知为人民服务献身革命的精神——在四川省纪念陶行知诞生九十周年大会上的讲话》，载《陶行知纪念文集》，四川人民出版社1982年版。

315. 晓肇：《认真研究陶行知教育思想》，载《陶行知纪念文集》，四川人民出版社1982年版。

316. 黄明：《陶行知教育思想对我们的启示》，载《陶行知纪念文集》，四川人民出版社 1982 年版。

317. 李文奎：《“教学做合一”并非“从做中学”的变种》，载《陶行知纪念文集》，四川人民出版社 1982 年版。

318. 谭风：《陶行知先生谈“创造”》，载《甘肃教育》1982 年第 5 期。

319. 王德威：《新安旅行团在抗日战火中办刊》，载《文物天地》1982 年第 5 期。

320. 王琳：《晓庄学校史稿》，载《江苏文史资料选辑》1982 年第 5 辑。

321. 陶晓光：《我的父亲陶行知》，载《文物天地》1982 年第 6 期。

322. 史保生：《陶行知的民主教育思想》，载《河南师范大学学报》1982 年第 6 期。

323. 董宝良：《陶行知和杜威在教育思想上的联系和区别》，载《华中师院学报（哲学社会科学版）》1982 年第 6 期。

324. 戴自俺：《陶行知的幼儿教育遗产》，载《幼儿教育》1982 年第 7 期。

325. 李德馨、轩辕轲：《关于陶行知民主教育的评价》，载《教育研究》1982 年第 8 期。

326. 杭苇：《纪念人民教育家陶行知先生》，载《行知研究》总第 5 期，1982 年 10 月。

327. 张文郁：《试论陶行知的教育思想》，载《行知研究》总第 5 期，1982 年 10 月。

328. 戴伯韬：《回忆陶行知先生二三事》，载《行知研究》总第 5 期，1982 年 10 月。

329. 冯素陶：《伟大的人民教育家陶行知》，载《行知研究》总第 5 期，1982 年 10 月。

330. 吴贻芳：《纪念陶行知，学习陶行知》，载《行知研究》总第 5 期，1982 年 10 月。

331. 陈宏韬：《忆晓庄　念陶师——为纪念陶行知九十诞辰而作》，载《行知研究》总第5期，1982年10月。

332. 金立人：《陶行知与工人教育》，载《行知研究》总第5期，1982年10月。

333. 刘季平：《关于试办社会主义工学团的几封信》，载《行知研究》总第6期，1982年10月。

334. 张健：《山海工学团是党在白区教育的一个据点》，载《行知研究》总第6期，1982年10月。

335. 朱泽甫：《山海工学团诞生前后》，载《行知研究》总第6期，1982年10月。

336. 陆定一：《全党应该知道科学技术知识和知识分子的重要性》，载《行知研究》总第7期，1983年1月。

337. 张劲夫：《在纪念山海工学团成立五十周年座谈会上的讲话》，载《行知研究》总第7期，1983年1月。

338. 夏德清：《陶行知人口统制论教育思想之研究》，载《行知研究》总第7期，1983年1月。

339. 李长秀：《怎样评价陶行知的教学思想》，载《行知研究》总第7期，1983年1月。

340. 黄贵祥：《学习“手脑并用”思想，提高师范教育质量》，载《行知研究》总第7期，1983年1月。

341. 操震球、朱泽甫：《陶行知年表》，载《行知研究》总第7期，1983年1月。

342. 董宝良、周洪宇、喻本伐：《陶行知家世考略》，载《教育研究与实验》1983年第1期。

343. 陈璇：《简论陶行知的教育思想非杜威教育思想的翻版》，载《西北师范学院学报》1983年第1期。

344. 梁忠义：《陶行知生活教育再探》，载《沈阳师范学院学报》1983年第1期。

345. 王汉材：《陶行知的教育思想》，载《常德师专学报》1983年第2期。

346. 肖杏村：《对陶行知先生的点滴回忆》，载《教育科学研究》（武汉师范学院）1983 年第 2 期。

347. 周洪宇：《陶行知生年考》，载《历史研究》1983 年第 2 期。

348. 苏甫：《略述陶行知教育思想的现实意义》，载《教育论丛》1983 年第 3 期。

349. 龚思雪：《一个无保留追随党的党外布尔什维克——陶行知》，载《重庆师范学院学报》1983 年第 3 期。

350. 王士芬：《陶行知师范教育思想若干问题刍议》，载《黄石师范学院学报》1983 年第 3 期。

351. 周洪宇：《陶行知诗嘲胡适》，载《长江日报》1983 年 5 月 18 日。

352. 周洪宇：《陶行知与马克思主义》，载《历史知识》1983 年第 5 期。

353. 周洪宇：《关于人民教育家陶行知的生年问题》，载《华中师院学报（哲学社会科学版）》1983 年第 5 期。

354. 周洪宇：《陶行知生年新证和兄妹问题略考》，载《文教资料简报》（宁）1983 年第 5 期。

355. 夏德清：《试论陶行知的人才教育思想》，载《华中师院学报（哲学社会科学版）》1983 年第 5 期。

356. 孙传华：《陶行知的人才学思想》，载《学术研究》1983 年第 5 期。

357. 周洪宇：《陶行知二三事》，载《武汉春秋》1983 年第 6 期。

358. 刘琪：《平民教育运动中的陶行知》，载《行知研究》总第 8 期，1983 年 5 月。

359. 丁柏生：《陶行知与农民教育》，载《行知研究》总第 8 期，1983 年 5 月。

360. 许士骐：《爱满天下，古庙敲钟》，载《行知研究》总第 8 期，1983 年 5 月。

361. 郭笙、刘硕：《陶行知对半殖民地半封建社会的旧教育的批判》，载《行知研究》总第 8 期，1983 年 5 月。

362. 郭以实：《“科学下嫁”——陶行知关于科学普及的实践》，载《行知研究》总第 8 期，1983 年 5 月。

363. 李楠：《生活教育思想与新安旅行团的教育实践》，载《行知研究》总第 8 期，1983 年 5 月。

364. 刘季平：《正确评价陶行知教育思想》，载《行知研究》总第 9 期，1983 年 10 月。

365. 李楚材：《陶行知青少年时期种种》，载《行知研究》总第 9 期，1983 年 10 月。

366. 杨明远：《陶行知二十六国之行——爱国主义的凯歌》，载《行知研究》总第 9 期，1983 年 10 月。

367. 楼化篷：《评价陶行知在国民党白色恐怖年代的政治抒情诗》，载《行知研究》总第 9 期，1983 年 10 月。

368. 王如：《陶行知教育思想中的美育思想——兼述其美学观》，载《行知研究》总第 9 期，1983 年 10 月。

369. 吴一德：《延安〈解放日报〉评价陶行知教育思想述要》，载《行知研究》总第 9 期，1983 年 10 月。

370. 曹景湞：《陶行知〈卖艺〉、〈卖艺第一夜〉两诗探源》，载《行知研究》总第 9 期，1983 年 10 月。

371. 刘大康：《陶行知学位名称应统一》，载《行知研究》总第 9 期，1983 年 10 月。

372. 杨应彬：《研究陶行知教育思想　促进教育事业发展》，载《南方日报》1983 年 10 月 18 日。

373. 黄景钧：《伟大的教育家，慈爱的父亲——陶行知先生家庭教育纪实》，载《父母必读》1983 年第 10 期。

374. 戴自俺：《陶行知的乡村幼儿教育思想》，载《幼教通讯》1983 年第 10 期。

375. 蒋维贤：《行知路：陶行知生平及其教育思想》，载《合肥教育学院学报》1984 年第 1 期。

376. 戴自俺：《陶行知的幼儿教育理论及其实践》，载《教育研究与实验》1984 年第 1 期。

377. 董宝良：《试论陶行知“教学做合一”同杜威“从做中学”的本质区别》，载《教育研究与实验》1984 年第 1 期。

378. 周洪宇：《陶行知的教育诗》，载《教育研究与实验》1984 年第 1 期。

379. 周洪宇：《陶行知创办的重庆社会大学》，载《历史知识》1984 年第 3 期。

380. 周洪宇：《陶行知论解放儿童创造力》，载《课程·教材·教法》1984 年第 3 期。

381. 杨学敏：《陶行知哲学思想的探讨》，载《安徽师范大学学报（哲学社会科学版）》1984 年第 3 期。

382. 张邦民：《试论陶行知世界观的发展过程——兼评〈陶行知教育思想研究的几个重要原则问题〉》，载《教育科学研究》1984 年第 3—4 期。

383. 何国华：《试论陶行知在育才学校的教育思想和实践》，载《行知研究》总第 10 期，1984 年 3 月。

384. 张达扬：《蒋管区一朵鲜艳的奇葩——育才学校》，载《行知研究》总第 10 期，1984 年 3 月。

385. 汪刃锋：《创造与探索——忆育才学校绘画组》，载《行知研究》总第 10 期，1984 年 3 月。

386. 吕长春：《育才学校的优良传统》，载《行知研究》总第 10 期，1984 年 3 月。

387. 周波：《忆育才学校在上海的艺术实践》，载《行知研究》总第 10 期，1984 年 3 月。

388. 马力：《陶行知哲学思想的探讨》，载《安徽师范大学学报（哲学社会科学版）》1984 年第 3 期。

389. 刘星：《中国教育社会学的先驱者——陶行知先生》，载《沈阳教育学院学刊》1984 年第 3 期。

390. 虞肯堂：《浅谈陶行知普及教育思想》，载《光明日报》1994 年 3 月 9 日。

391. 夏德清：《论陶行知的创造教育思想》，载《华中师范学院学报》1984 年第 4 期。

392. 张达扬：《深入研究陶行知，开创教育新局面》，载《成都大学学报》1984 年第 4 期。

393. 张达扬、李红梅：《学习陶行知毕生从事人民教育的献身精神》，载《学术研究》1984 年第 4 期。

394. 周志俊：《陶行知健康教育的理论与实践》，载《安徽师范大学学报（哲学社会科学版）》1984 年第 4 期。

395. 刘季平：《论陶行知教育思想》，载《行知研究》总第 11 期，1984 年 5 月。

396. 周洪宇：《陶行知解放儿童创造力教育思想的研究》，载《行知研究》总第 11 期，1984 年 5 月。

397. 徐明清：《对陶行知先生的再认识》，载《行知研究》总第 11 期，1984 年 5 月。

398. 何祚：《认真研究与借鉴陶行知教育思想，建立具有中国特色的社会主义教育科学体系》，载《行知研究》总第 11 期，1984 年 5 月。

399. 莫增荣：《论陶行知的师范教育思想》，载《行知研究》总第 11 期，1984 年 5 月。

400. 徐耀斌：《陶行知教育思想的现实意义》，载《行知研究》总第 11 期，1984 年 5 月。

401. 康庄：《“教学做合一”的精神实质》，载《行知研究》总第 11 期，1984 年 5 月。

402. 戴哲人：《学习陶行如先生革命的创造精神》，载《行知研究》总第 11 期，1984 年 5 月。

403. 李生兰：《学习陶行知——开创幼儿教育新局面》，载《行知研究》总第 11 期，1984 年 5 月。

404. 李榷：《徐特立与陶行知》，载《行知研究》总第 11 期，1984 年 5 月。

405. 黄乃一：《回忆陶行知二三事》，载《行知研究》总第 11 期，1984 年 5 月。

406. 张国良：《再记我所知道的陶行知先生》，载《行知研究》总第 11 期，1984 年 5 月。

407. 戴自俺：《中国现代教育史上的一座宝库》，载《行知研究》总第 11 期，1984 年 5 月。

408. 夏德清：《陶行知先生论教科书》，载《课程·教材·教法》1984 年第 6 期。

409. 王笑伟：《陶行知师范教育思想的启示》，载《山西教育科研通讯》1984 年第 6 期。

410. 喻本伐：《陶行知与“教学法”》，载《北京教育》1984 年第 6 期。

411. 周洪宇：《中印友谊，一代风范——陶行知与甘地、泰戈尔》，载《外国史知识》1984 年第 8 期。

412. 张劲夫：《追忆伟大的人民教育家陶行知先生》，载《行知研究》总第 12 期，1984 年 8 月。

413. 丁丁：《从党的总任务看陶行知的教育思想》，载《行知研究》总第 12 期，1984 年 8 月。

414. 胡国枢：《陶行知教育思想的精华及其历史意义》，载《行知研究》总第 12 期，1984 年 8 月。

415. 晋启生：《陶行知论学制改革》，载《行知研究》总第 12 期，1984 年 8 月。

416. 高嘉：《学习陶行知教育思想的现实意义》，载《行知研究》总第 12 期，1984 年 8 月。

417. 韩延明：《陶行知的乡村教育思想及其现实意义》，载《行知研究》总第 12 期，1984 年 8 月。

418. 吴树琴：《忆陶行知的政治生活片断》，载《行知研究》总第 12 期，1984 年 8 月。

419. 刘义普：《毋忘继承教育遗产，致力振兴师范教育》，载《行知研究》总第 12 期，1984 年 8 月。

420. 陶城：《学习先父陶行知教育思想，努力办好科技培训》，载《行知研究》总第 12 期，1984 年 8 月。

421. 陈汉才：《陶行知师范教育思想与实践》，载《光明日报》1984 年 10 月 12 日。

422. 刘硕：《陶行知的创造教育思想》，载《内蒙古教育》1984 年第 10 期。

423. 许涤新：《镰刀到处无荆棘》，载《北京市陶研会成立大会纪念专刊》，1984 年 10 月。

424. 陈飘：《学习陶行知，培养创造型人才》，载《教育研究》1984 年第 12 期。

425. 张文郁：《陶行知的乡村教育运动：思想和实践》，载《华东师范大学学报（教育科学版）》1985 年第 1 期。

426. 刘瑞：《人民教育家陶行知》，载《教育科研情况交流》1985 年第 1 期。

427. 龚思雪：《正确评价陶行知的教育思想》，载《西南师范学院学报》1985 年第 1 期。

428. 莫增荣：《陶行知的乡村师范教育思想》，载《师范教育》1985 年第 1 期。

429. 江荻：《陶行知不是武训——兼及电影〈武训传〉拍摄点滴》，载《陶研通讯》（闽）1985 年第 2 期。

430. 陈采柏：《试论陶行知的教师观》，载《陶研通讯》（闽）1985 年第 2 期。

431. 陈倚石：《在陶行知教育思想哺育下——兼忆陶行知教育思想在缅甸华侨中的传播》，载《陶研通讯》（闽）1985 年第 2 期。

432. 林培玲：《陶行知是我国科普事业的先驱者》，载《安庆师范学院学报》1985 年第 2 期。

433. 卓绿波：《创造值得自己崇拜的学生——学习陶行知教育思想的一点体会》，载《师范教育》1985 年第 2 期。

434. 胡愈之：《关于教育问题的一封信》，载《行知研究》1985 年第 2 期。

435. 杨应彬：《学习陶行知，促进教育改革》，载《行知研究》1985 年第 2 期。

436. 许梦瀛：《我对“生活即教育、社会即学校”的理解》，载《行知研究》1985 年第 2 期。

437. 丁冠英：《研究生活教育理论，促进当前教育改革》，载《行知研究》1985 年第 2 期。

438. 刘硕：《生活教育理论浅析》，载《行知研究》1985 年第 2 期。

439. 丁右涵：《试论生活教育产生的时代背景及其不断发展丰富的过程》，载《行知研究》1985 年第 2 期。

440. 王如：《生活教育理论是具有中国特色的教育理论》，载《行知研究》1985 年第 2 期。

441. 陆璀：《陶行知在国外从事抗日救国活动的片断回忆》，载《行知研究》1985 年第 2 期。

442. 周蕴石：《生活教育在日本》，载《行知研究》1985 年第 2 期。

443. 麦坚弥：《生活教育在香港》，载《行知研究》1985 年第 2 期。

444. 何国华：《生活教育在粤东》，载《行知研究》1985 年第 2 期。

445. 张爱萍：《纪念新旅，学习新旅》，载《行知研究》1985 年第 3 期。

446. 王阑西：《新安旅行团的光辉历史——〈足迹五万里〉一书的前言》，载《行知研究》1985 年第 3 期。

447. 赖少其：《新旅与时代同进》，载《行知研究》1985 年第 3 期。

448. 刘光：《我国教师中的巨人——纪念人民教育家陶行知》，载《东北师大学报（教育版）》1985 年第 3 期。

449. 郭以实：《陶行知怎样进行智力开发》，载《学术研究》1985 年第 3 期。

450. 廖家骅：《陶行知重视音乐教育》，载《师范教育》1985 年第 3 期。

451. 于朝贵：《陶行知美育思想探讨》，载《西南师范学院学报》1985 年第 3 期。

452. 方展画：《陶行知的创造教育理论及其实践》，载《上海教育》1985 年第 3 期。

453. 马朋人：《谈陶行知“六大解放”的现实意义》，载《赣北教育》1985 年第 3 期。

454. 胡晓风：《陶行知与现代教育》，载《西南教育论丛》（创刊号），1985 年。

455. 周志俊、魏名国：《试论陶行知的美育思想》，载《安徽师范大学学报（哲学社会科学版）》1985 年第 4 期。

456. 黄云龙：《陶行知——校长的楷模》，载《师范教育》1985 年第 4 期。

457. 徐承伦：《陶行知与行知学校》，载《理论学习》1985 年第 4 期。

458. 夏德清：《论陶行知的民族教育思想》，载《云南民族学院学报》1985 年第 4 期。

459. 王越：《陶行知的手脑相长说》，载《学习陶行知，促进教育改革》，广东教育出版社 1985 年版。

460. 杨荣春：《学习陶行知的教育改革精神》，载《学习陶行知，促进教育改革》，广东教育出版社 1985 年版。

461. 虞肯堂：《谈谈陶行知改革教育的创新精神》，载《学习陶行知，促进教育改革》，广东教育出版社 1985 年版。

462. 周德昌：《探索、实践、创新》，载《学习陶行知，促进教育改革》，广东教育出版社 1985 年版。

463. 罗佑才：《学习陶行知，做教育改革的促进派》，载《学习陶行知，促进教育改革》，广东教育出版社 1985 年版。

464. 炼虹：《陶行知的“诗教”》，载《学习陶行知，促进教育改革》，广东教育出版社 1985 年版。

465. 陈汉才：《略析陶行知先生的教育诗》，载《学习陶行知，促进教育改革》，广东教育出版社 1985 年版。

466. 刘尧庭：《从鲁迅看陶行知》，载《学习陶行知，促进教育改革》，广东教育出版社 1985 年版。

467. 周毅：《大哉陶子万世师》，载《学习陶行知，促进教育改革》，广东教育出版社 1985 年版。

468. 李鹏：《在中国陶行知研究会上的讲话》，载《行知研究》1985 年第 4 期。

469. 胡乔木：《在中国陶行知研究会上的讲话》，载《行知研究》1985 年第 4 期。

470. 张劲夫：《研究陶行知留下的宝贵的精神财富》，载《行知研究》1985 年第 4 期。

471. 许涤新：《学习陶先生的教育思想》，载《行知研究》1985 年第 4 期。

472. 刘季平：《浅谈社会主义教育学与陶行知教育思想》，载《行知研究》1985 年第 4 期。

473. 杨瑞清、李亮：《学习陶行知探索乡村教育新路》，载《行知研究》1985 年第 4 期。

474. 邝忠龄：《学习陶行知生活教育理论，使儿童得到全面充分的发展》，载《行知研究》1985 年第 4 期。

475. 孙传华：《陶行知的教育经济学思想》，载《行知研究》1985 年第 4 期。

476. 鲁永琦、王昌畴：《学习陶行知，改革乡村师范教育》，载《行知研究》1985 年第 4 期。

477. 大朋：《发扬新安旅行团的好传统好作风——回忆新安旅行团成立五十周年》，载《人民日报》1985 年 6 月 9 日。

478. 董宝良、喻本伐、周洪宇：《陶行知生平求是》，载《广东教育学会通讯》1985 年第 8 期。

479. 夏德清：《陶行知的职业教育思想简述》，载《职业技术教育》1985 年第 9—10 期。

480. 马朋人、宋之保：《“六大解放”的现实意义》，载《师范教育》1985 年第 10 期。

481. 刘季平：《试谈社会主义教育与陶行知教育思想》，载《教工》1985 年第 11 期。

482. 聂荣贵：《纪念陶行知，学习陶行知》，载《四川教育学院学报》1986 年增刊第 1 期。

483. 胡晓风：《为中国教育觅曙光》，载《四川教育学院学报》1986 年增刊第 1 期。

484. 龚思雪：《伟大的人民诗人陶行知》，载《四川教育学院学报》1986 年增刊第 1 期。

485. 赵一明：《缅怀陶行知先生》，载《四川教育学院学报》1986 年增刊第 1 期。

486. 刘季平：《〈武训传〉批判对教育的影响》，载《行知研究》1986 年第 1 期。

487. 李炳均：《论陶行知提倡“新武训精神”的积极意义》，载《行知研究》1986 年第 1 期。

488. 吕长春：《集体的新武训是一种斗争精神》，载《行知研究》1986 年第 1 期。

489. 陈文达：《陶行知与武训精神》，载《行知研究》1986 年第 1 期。

490. 慕光哲：《论批判〈武训传〉株连陶行知对我国教育事业的危害》，载《行知研究》1986 年第 1 期。

491. 李権：《学习陶行知的教育评价学说，加强中小学教育的教育评价》，载《行知研究》1986 年第 1 期。

492. 王笑伟：《陶行知办师范教育的基本特点》，载《行知研究》1986 年第 1 期。

493. 宣谛之：《关于社会大学的回忆》，载《行知研究》1986 年第 1 期。

494. 喻本伐：《陶行知艺友制师范教育理论述评》，载《湖北教育学院学报》1986 年第 1 期。

495. 高时良：《论陶行知》，载《福建师范大学学报》1986 年第 1 期。

496. 陆维特：《陶行知教育思想在当代》，载《陶研通讯》（闽）1986年第1期。

497. 张瑞征：《陶行知教育思想在印尼的传播》，载《陶研通讯》（闽）1986年第1期。

498. 谭兆鹏：《论陶夫子的“生活即教育”思想的五要义》，载《陶研通讯》（闽）1986年第1期。

499. 丁明宽：《陶行知的教学论思想及其现实意义》，载《南京师范大学学报》1986年第1期。

500. 陶研室：《陶行知教学观》，载《教育评论》1986年第1期。

501. 欧本谷：《试论陶行知的普及教育思想及其现实意义》，载《西南教育论丛》1986年第1—2期。

502. 聂祖芬：《陶行知教学做合一论的哲学基础》，载《华南师范大学学报》1986年第2期。

503. 何国华：《文化巨子南征的第一人——陶行知在粤、港的教育活动》，载《华南师范大学学报》1986年第2期。

504. 张劲夫：《中国近代教育史上的一座宝库——祝〈陶行知全集〉出版》，载《行知研究》1986年第2期。

505. 王厚宏：《陶行知教育思想今天仍然有很强的针对性》，载《行知研究》1986年第2期。

506. 杨应彬：《陶行知教育思想浅识》，载《行知研究》1986年第2期。

507. 楼化篷：《论陶行知的革命转变》，载《行知研究》1986年第2期。

508. 丁丁：《大众教育问题研究》，载《行知研究》1986年第2期。

509. 潘冷云：《陶行知的教育哲学》，载《行知研究》1986年第2期。

510. 吕景星：《陶行知的家庭教育观》，载《行知研究》1986年第2期。

511. 季新如：《学习陶行知教育思想，落实义务教育法》，载

《行知研究》1986年第2期。

512. 操震球：《一个平凡伟大的人——陶行知》，载《行知研究》1986年第3期。

513. 晋启生：《评近现代中国教育史教材中对陶行知的曲解》，载《行知研究》1986年第3期。

514. 钱业荣、章钟涛：《陶行知的教育法制思想与〈义务教育法〉》，载《行知研究》1986年第3期。

515. 莫增荣：《陶行知论教师的职业精神》，载《行知研究》1986年第3期。

516. 郭笙：《试论陶行知对传统教育的批判及其生活教育观》，载《华东师范大学学报（教育科学版）》1986年第3期。

517. 刘光：《陶行知为什么自称新武训》，载《社会科学战线》1986年第3期。

518. 陈永标、何国华：《试论陶行知的教育美学思想》，载《教育论丛》1986年第3期。

519. 陈育辛：《陶行知的教育思想与中国社会主义教育学》，载《上海师范大学学报》1986年第3期。

520. 马加乐：《论陶行知教育思想的心理学基础》，载《上海师范大学学报》1986年第3期。

521. 俞克斌：《简论陶行知教育思想发展的四个阶段》，载《上海师范大学学报》1986年第3期。

522. 刘季平：《学习讨论精神文明决议和搞好陶研工作的关系》，载《行知研究》1986年第4期。

523. 胡晓风：《生活教育是中国革命和建设需要的教育学说》，载《行知研究》1986年第4期。

524. 丁丁：《什么是生活教育》，载《行知研究》1986年第4期。

525. 龚思雪：《浅谈生活教育及其现实意义》，载《行知研究》1986年第4期。

526. 聂祖芬：《陶行知教育理论的哲学基础》，载《行知研究》1986年第4期。

527. 金铁宽：《一切从我国国情出发——陶行知普及义务教育思想学习笔记》，载《行知研究》1986 年第 4 期。

528. 周德昌：《陶行知早期教育思想论略》，载《华南师范大学学报》1986 年第 4 期。

529. 袁锐锷：《作为教育改革家的陶行知与杜威比较》，载《华南师范大学学报》1986 年第 4 期。

530. 吕景星：《陶行知与职教社》，载《教育与职业》1986 年第 4 期。

531. 吴奕宽：《陶行知职业教育思想初探》，载《浙江师范大学学报》1986 年第 4 期。

532. 陈波：《陶行知论创造性教育的基本途径与方法》，载《师范教育》1986 年第 4 期。

533. 何国华：《新发现的陶行知关于广东教育问题的通信和演讲词》，载《广州教育》1986 年第 5 期。

534. 黄风漳：《学习陶行知献身教育事业的精神》，载《广州教育》1986 年第 5 期。

535. 梵洲：《陶行知艺术教育观与实践》，载《美术教育》1986 年第 6 期。

536. 马飞海：《最后一百天——纪念陶行知先生逝世 40 周年》，载《文汇报》1986 年 7 月 21 日。

537. 陈侠：《略谈陶行知先生对我国教育理论的重大贡献》，载《课程・教材・教法》1986 年第 7 期。

538. 求泉：《艺友制——陶行知提倡的师资培训方法》，载《幼儿教育》1986 年第 7 期。

539. 洪桥：《陶行知生活教育的理论和实践》，载《师范教育》1986 年第 9 期。

540. 戴自俺：《人民教育家陶行知》，载《群言》1986 年第 9 期。

541. 李绍彬：《陶行知教育思想浅论》，载《教育研究》1986 年第 10 期。

542. 杨连山：《浅谈陶行知的幼儿教育思想》，载《师范教育》

1986年第11期。

543. 江泽民：《中国进步知识分子的典型——在陶行知纪念会上的讲话》，载《教工》1987年第1期。

544. 张劲夫：《在晓庄师范建校和生活教育运动六十周年纪念大会上的发言》，载《行知研究》1987年第1期。

545. 张癸：《陶行知与中国共产党》，载《行知研究》1987年第1期。

546. 郑涵慧：《陶行知教育思想在陕甘宁边区》，载《行知研究》1987年第1期。

547. 曹恩迪：《陶行知教育思想的发展及其生活教育理论述评》，载《辽宁教育学院学报》1987年第1期。

548. 陈大文、周泰桂：《陶行知1936年广西之行》，载《行知研究》1987年第1期。

549. 楼化篷：《学习陶行知的新武训精神》，载《行知研究》1987年第1期。

550. 冯国晨：《浅谈陶行知教育思想与武训精神（再评〈武训传〉）》，载《克山师专学报》1987年第1期。

551. 晓长：《陶行知及其教育思想》，载《湖北教育学院学报》1987年第1期。

552. 商继宗：《陶行知和比较教育》，载《外国中小学教育》1987年第1期。

553. 李大章、侯怀银：《论陶行知教学做合一的教育观》，载《教育理论与实践》1987年第1期。

554. 孔棣华：《创造性地教，创造性地学，继承和发扬陶行知创造教育的思想》，载《课程·教材·教法》1987年第1期。

555. 李定开：《陶行知的抗战教育理论及其实践》，载《西南师范大学学报》1987年第1期。

556. 邓宗琦、熊贤君：《陶行知的教育试验思想与实践给我们的启示》，载《行知研究》1987年第2期。

557. 徐耀斌：《陶行知试验主义是教改实验的利器》，载《行知研究》1987 年第 2 期。

558. 胡晓风：《论陶行知思想转变的三个阶段》，载《行知研究》1987 年第 2 期。

559. 罗明：《借鉴生活教育推动社会主义教育改革》，载《行知研究》1987 年第 2 期。

560. 胡国枢：《生活教育理论的真正春天》，载《行知研究》1987 年第 2 期。

561. 莫增荣：《陶行知教育经济思想浅探》，载《行知研究》1987 年第 2 期。

562. 姚新吾：《陶行知的职业教育思想和实践》，载《行知研究》1987 年第 2 期。

563. 聂大朋：《陶行知和儿童教育》，载《行知研究》1987 年第 2 期。

564. 董宝良：《陶行知生活教育的中国特色》，载《华东师范大学学报（教育科学版）》1987 年第 2 期。

565. 包仁娟、王运来：《在金大和南高东大求学与执教的陶行知》，载《南京大学学报（高教版）》1987 年第 2 期。

566. 龚放：《南高师的暑期学校》，载《南京大学学报（高教版）》1987 年第 2 期。

567. 魏名国、周志俊：《论陶行知的师德》，载《安徽师范大学学报（哲学社会科学版）》1987 年第 2 期。

568. 何国华：《陶行知的“生活教育”理论及其现实意义》，载《教育评论》1987 年第 3 期。

569. 章锡麟：《陶行知普及教育思想初探》，载《山西师范大学学报》1987 年第 3 期。

570. 夏嘉、应之：《陶行知、梁启超、张学良与南开学校》，载《天津师范大学学报》1987 年第 3 期。

571. 孙晓村：《人民的心声》，载《行知研究》1987 年第 3 期。

572. 楼化蓬、裴诒、王武峰：《民族解放和大众解放的先驱——陶行知》，载《行知研究》1987 年第 3 期。

573. 陆维特：《陶行知先生在抗日战争前后的伟大贡献》，载《行知研究》1987 年第 3 期。

574. 宋良文：《陶行知教育思想在安徽革命根据地的传播和运用》，载《行知研究》1987 年第 3 期。

575. 王克：《有继承，有发展——陶行知教育思想与淮北根据地教育事业》，载《行知研究》1987 年第 3 期。

576. 刘季平：《培养众多现代陶行知》，载《行知研究》1987 年第 4 期。

577. 戴续威：《陶行知生活教育的新说》，载《行知研究》1987 年第 4 期。

578. 何晓夏：《陶行知师范教育思想浅说》，载《行知研究》1987 年第 4 期。

579. 陈训慈：《陶行知早期在高教的实践和贡献》，载《行知研究》1987 年第 4 期。

580. 陶萍、王镇生：《从“三个面向”看陶行知的生活教育理论》，载《行知研究》1987 年第 4 期。

581. 钱广荣：《陶行知论“人中人”》，载《行知研究》1987 年第 4 期。

582. 周相权：《陶行知的劳动教育观及其现实意义》，载《行知研究》1987 年第 4 期。

583. 吴一德：《浅谈陶行知论教师》，载《徽州师专学报》1987 年第 4 期。

584. 李明汉：《陶行知论创造型人才的培养》，载《教育论丛》1987 年第 4 期。

585. 吴艳冬、章忆：《陶行知教育思想研究讨论综述》，载《宁夏教育学院学报》1987 年第 4 期。

586. 张健：《积极开拓陶行知研究工作的新局面》，载《华中师范大学学报（哲学社会科学版）》1987 年第 4 期。

587. 周洪宇：《湖北省陶行知研究会成立大会暨学术讨论会综述》，载《华中师范大学学报（哲学社会科学版）》1987 年第 4 期。

588. 方明、张健：《继承和发扬人民教育事业的光荣传统——纪念晓庄学校建校和生活教育运动六十周年》，载《教工》1987 年第 5 期。

589. 鲍兆宁：《陶行知的教育思想、理论和实践对我们的启示》，载《山东师范大学学报》1987 年第 6 期。

590. 郗伯侯：《陶行知教学法理论探讨》，载《四川师范大学学报》1987 年第 6 期。

591. 杜贵：《陶行知论培养自学能力与创造能力》，载《普教研究》1987 年第 6 期。

592. 胡国枢：《陶行知对人民教育的三大不朽贡献》，载《四川陶研会生活教育理论讨论会会志》，1987 年 9 月。

593. 李能寿：《陶行知思想的来源和组成部分》，载《四川陶研会生活教育理论讨论会会志》，1987 年 9 月。

594. 李定开：《再论陶行知的生活教育理论——兼及与杜威实用主义教育思想的联系与区别》，载《四川陶研会生活教育理论讨论会会志》，1987 年 9 月。

595. 周晓平：《浅谈陶行知在晓庄时期的对联创作》，载《四川陶研会生活教育理论讨论会会志》，1987 年 9 月。

596. 汤翠英：《试论生活教育理论的现实意义》，载《四川陶研会生活教育理论讨论会会志》，1987 年 9 月。

597. 高缨：《伟大人格的诗化》，载《四川陶研会生活教育理论讨论会会志》，1987 年 9 月。

598. 莫增荣：《论陶行知的教师职业精神》，载《教育研究》1987 年第 9 期。

599. 张凤山：《陶行知德育思想浅析》，载《教育研究》1987 年第 10 期。

600. 石生：《陶行知在太原》，载《山西文史资料》总第 54 辑，1987 年。

601. 黎克明：《学习陶行知教育思想，推动高师改革》，载《行知研究》1988 年第 1 期。

602. 张癸：《陶行知的中西文化观》，载《行知研究》1988年第1期。

603. 施伟臣：《“社会即学校”理论与当前大学生社会实践》，载《行知研究》1988年第1期。

604. 胡福星：《借鉴陶行知思想，改革高师教育》，载《行知研究》1988年第1期。

605. 仵学元、李仲山、石焕林：《陶行知教育思想在延安》，载《行知研究》1988年第1期。

606. 刘筱荣：《谈谈陶行知的对联艺术》，载《行知研究》1988年第1期。

607. 余万予：《陶行知学校体育思想初探》，载《行知研究》1988年第1期。

608. 孙志学：《简论陶行知的爱》，载《行知研究》1988年第1期。

609. 毕汝钦：《陶行知与群众文化》，载《行知研究》1988年第1期。

610. 于仰南、徐明：《陶行知教育经济学思想初探》，载《吉林师范学院学报》1988年第1期。

611. 苏雪卿：《陶行知的道德品质》，载《徽州师专学报》1988年第1期。

612. 胡晓风：《生活教育引论》，载《四川教育学院学报》1988年第1期。

613. 贾培基：《陶行知生活教育理论的形成和特点》，载《重庆社会科学》1988年第1期。

614. 洪祥生：《把中华民族造就为一个科学的民族——析陶行知的“科学下嫁”》，载《安徽教育学院学报》1988年第1期。

615. 郑登云：《陶行知的普及教育思想和实践》，载《华东师范大学学报（教育科学版）》1988年第2期。

616. 戴佩凉：《试论陶行知生活教育理论的形成》，载《苏州大学学报》1988年第2期。

617. 陈汉才：《试论陶行知的师范教育改革观》，载《华南师范大学学报》1988 年第 2 期。

618. 李建求：《陶行知的幼儿教育思想评价》，载《杭州大学学报》1988 年第 2 期。

619. 杨克贵：《陶行知的师范教育思想与当前师范教育的改革》，载《安徽师范大学学报（哲学社会科学版）》1988 年第 2 期。

620. 吕景星：《陶行知的大职业教育观》，载《行知研究》1988 年第 2 期。

621. 崔同寅：《陶行知的“学生自治”观点的继承与发展》，载《行知研究》1988 年第 2 期。

622. 王士毅：《陶行知对“觉悟之启发、创造力之培养”的实践》，载《行知研究》1988 年第 2 期。

623. 姚培玲：《陶行知培养学生创造力的教育思想的启示》，载《行知研究》1988 年第 2 期。

624. 刘好兰：《陶行知与杜威教育思想比较》，载《温州师专学报》1988 年第 2 期。

625. 卢作光：《浅论陶行知的乡村教育及其现实意义》，载《河池师专学报》1988 年第 2 期。

626. 龚思雪：《陶行知对中国现代教育的卓越贡献》，载《教育科学论坛》（成都）1988 年第 3 期。

627. 杨韬：《调查、总结、创新：简述陶行知形成生活教育理论的科学方法》，载《教育科学论坛》（成都）1988 年第 3 期。

628. 郑华：《陶行知传统教育观述评》，载《山东教育科研》1988 年第 3 期。

629. 杨韬：《陶行知论劳动教育》，载《四川教育学院学报》1988 年第 3 期。

630. 程志宏：《陶行知与杜威教育思想辨析》，载《安徽教育学院学报》1988 年第 3 期。

631. 吴定初：《刍议生活教育理论及其意义》，载《四川师范大学学报》1988 年第 3 期。

632. 王越：《论陶行知与胡适》，载《教育论丛》1988 年第 4 期。

633. 罗若群：《陶行知论比较教育研究》，载《湖北教育学院学报》1988 年第 4 期。

634. 郭笙：《简论陶行知师范教育思想及现实意义》，载《中国教育学刊》1988 年第 4 期。

635. 古人伏：《谈陶行知对师范生品格的培养》，载《辽宁师范大学学报》1988 年第 4 期。

636. 孙传华：《论陶行知由民主主义向共产主义转变》，载《行知研究》1988 年第 4 期。

637. 张正元、魏名国：《论陶行知生活教育学说的认识论基础》，载《行知研究》1988 年第 4 期。

638. 刘季平：《关于〈晓庄学校史稿〉中几个史实问题》，载《行知研究》1988 年第 4 期。

639. 胡无非：《陶行知德育思想初探》，载《行知研究》1988 年第 4 期。

640. 刘季平：《我国需要众多的现代陶行知》，载《人民日报》1988 年 4 月 4 日。

641. 杭苇：《全面认识陶行知》，载中国陶行知研究会、基金会编：《为中国教育改革探路》，江苏教育出版社 1988 年版。

642. 张邦民：《陶知的生活教育哲学对杜威实用主义哲学的扬弃》，载中国陶行知研究会、基金会编：《为中国教育改革探路》，江苏教育出版社 1988 年版。

643. 侯怀银：《论陶行知“教学做合一”理论的特点——兼论“教学做合一”与杜威“从做中学”的联系与区别》，载中国陶行知研究会、基金会编：《为中国教育改革探路》，江苏教育出版社 1988 年版。

644. 徽州师范学校：《试验陶行知教育理论，改革师范教育》，载中国陶行知研究会、基金会编：《为中国教育改革探路》，江苏教育出版社 1988 年版。

645. 方寿彭：《浅谈陶行知的人才教育思想》，载中国陶行知研究会、基金会编：《为中国教育改革探路》，江苏教育出版社 1988 年版。

646. 戴申生：《陶行知与中国民主同盟》，载中国陶行知研究会、基金会编：《为中国教育改革探路》，江苏教育出版社 1988 年版。

647. 熊贤君：《陶行知对中西文化的批判》，载《华中师范大学学报（哲学社会科学版）》1988 年第 6 期。

648. 贾玉金、吴洪波：《对陶行知师德学说的思考》，载《蒲峪学刊》（哈尔滨）1989 年第 1 期。

649. 陈波：《陶行知的大教育思想》，载《行知研究》1989 年第 1 期。

650. 莫增荣：《陶行知教育艺术中的辩证法思想》，载《行知研究》1989 年第 1 期。

651. 陈珠琳：《我对教学做合一的认识》，载《行知研究》1989 年第 1 期。

652. 伍坤江：《学陶师贵在实践》，载《行知研究》1989 年第 1 期。

653. 苏斐亚：《学习陶行知教育思想，培养创造型学生》，载《行知研究》1989 年第 1 期。

654. 《全国陶行知生活教育理论与实践研讨会纪要》，载《行知研究》1989 年第 1 期。

655. 胡晓风：《关于更新教育思想进行创造教育的探讨》，载《人民日报》1989 年 1 月 16 日。

656. 胡晓风、姚文忠、金成林：《创业教育简论》，载《四川师范大学学报》1989 年第 1 期。

657. 邓宗琦、熊贤君：《为中国教育寻觅曙光——陶行知在晓庄的生活教育实验》，载《教育研究与实验》1989 年第 1 期。

658. 胡晓风：《关于教育思想与教育改革》，载《人才与现代化》1989 年第 1 期。

659. 江荻：《生活教育有没有现实意义》，载《教育科学研究》（湖北大学）1989 年第 1 期。

660. 乔植英：《武训对陶行知教育思想的影响》，载《齐鲁学刊》1989 年第 2 期。

661. 高喜、高越：《在暴风雨中诞生成长的育才学校》，载《行知研究》1989 年第 2 期。

662. 张牧：《汪达之和新安事业》，载《行知研究》1989 年第 2 期。

663. 聂大朋：《论汪达之的教育创造》，载《行知研究》1989 年第 2 期。

664. 徐书业：《陶行知科学教育思想论略》，载《行知研究》1989 年第 2 期。

665. 梁树人、苏耀荣：《试论陶行知的乡村教育观》，载《行知研究》1989 年第 2 期。

666. 杨韬：《试验·继承·发展：再述陶行知形成生活教育理论的科学方法》，载《教育科学论坛》（成都）1989 年第 2 期。

667. 董宝良：《简析陶行知认识论的发展阶段》，载《华中师范大学学报（哲学社会科学版）》1989 年第 2 期。

668. 周洪宇：《陶行知研究的方法论问题》，载《华中师范大学学报（哲学社会科学版）》1989 年第 2 期。

669. 陶景飏、张华新：《陶行知的教育社会学思想初探》，载《华中师范大学学报（哲学社会科学版）》1989 年第 2 期。

670. 蕲阳侠、黄瑞彩：《试论陶行知的女子教育观》，载《华中师范大学学报（哲学社会科学版）》1989 年第 2 期。

671. 喻本伐：《陶行知普及教育理论的现实可行性探究》，载《华中师范大学学报（哲学社会科学版）》1989 年第 2 期。

672. 伍文、熊贤君：《试论陶行知科学技术教育思想和实践》，载《华中师范大学学报（哲学社会科学版）》1989 年第 2 期。

673. 古人伏：《陶行知的德育思想与实践》，载《教育科学》（大连）1989 年第 2 期。

674. 王卓民：《关于陶行知创造教育思想的哲学思考》，载《山西师范大学学报》1989 年第 2 期。

675. 刘维汉：《论陶行知的生活教育与师范生创造精神的培养》，载《蒲峪学刊》（哈尔滨）1989 年第 2 期。

676. 刘欣梅：《中国必须全面受科学洗礼——陶行知科学教育活动浅探》，载《教育论丛》1989 年第 2 期。

677. 邓宗琦、熊贤君：《陶行知关于师范院校的附校是“教育学的实验室”思想探微》，载《华中师范大学学报（哲学社会科学版）》1989 年第 3 期。

678. 尹祥保：《陶行知生活教育理论中的哲学思想》，载《扬州师范学院学报》1989 年第 3 期。

679. 王笑伟：《略论陶行知在教育理论上的贡献》，载《扬州师范学院学报》1989 年第 3 期。

680. 吴育桂：《陶行知的教学论思想与学习心理学》，载《山西大学学报》1989 年第 3 期。

681. 赵刚：《陶行知研究在日本》，载《日本研究》1989 年第 3 期。

682. 吴一德：《陶行知的创造教育思想及其在当代世界的传播》，载《安徽教育学院学报》1989 年第 3 期。

683. 王克：《陶行知的德育思想》，载《行知研究》1989 年第 3 期。

684. 唐文权：《青年陶行知人生观奠基所在——金陵大学》，载《行知研究》1989 年第 3 期。

685. 艾观贤：《要用陶行知精神搞陶研》，载《行知研究》1989 年第 3 期。

686. 傅荣：《陶行知的手脑并用论及其现代科学依据》，载《行知研究》1989 年第 3 期。

687. 刘筱荣：《作为语言大师的陶行知》，载《行知研究》1989 年第 3 期。

688. 柴耀祖：《陶行知重视校风建设》，载《行知研究》1989 年第 3 期。

689. 卢自德：《两种对立的教育哲学思想——陶行知与杜威比较》，载《四川教育学院学报》1989 年第 3 期。

690. 吕景星、王世杰：《关于黄炎培与陶行知职业教育思想的探讨》，载《行知研究》1989 年第 3 期。

691. 王小丘：《学习陶行知教育思想，深化农村教育改革》，载《陶研通讯》（闽）1989 年第 3、4 期。

692. 陈家生、邵良祺：《学习陶行知师范教育思想的一点体会》，载《陶研通讯》（闽）1989 年第 3、4 期。

693. 洪晓菁：《陶行知教育思想的现代性和中国性》，载《安徽教育学院学报》1989 年第 4 期。

694. 胡国枢：《陶行知教育思想——时代的先导，改革的启示》，载《人民日报》1989 年 4 月 7 日。

695. 朱慧丽：《注重实践，学以致用——陶行知生活教育理论给我们的启示》，载《黄淮学刊》1989 年第 4 期。

696. 吴一德：《陶行知论试验的方法》，载《行知研究》1989 年第 4 期。

697. 钱广荣：《陶行知的公与私》，载《行知研究》1989 年第 4 期。

698. 陈士奇：《从陶行知办学路线获取教益》，载《行知研究》1989 年第 4 期。

699. 魏翠芳：《论教师的职业素质》，载《行知研究》1989 年第 4 期。

700. 郭道成：《陶行知与创造教育》，载《行知研究》1989 年第 4 期。

701. 宋学亮：《“生活教育”理论在教育哲学上的重大意义》，载《东岳论丛》1989 年第 5 期。

702. 胡晓风：《生活教育的理论体系》，载叶上雄主编：《生活教育十讲》，四川教育出版社 1989 年版。

703. 王镜虞：《试论陶行知生活教育理论中的系统观点》，载《山西省陶行知研究会首届二次学术年会论文选集》，1989 年 6 月。

704. 石生：《论生活教育之真谛》，载《山西省陶行知研究会首届二次学术年会论文选集》，1989 年 6 月。

705. 侯怀银：《论陶行知关于教育民主化理论与实践》，载《山西省陶行知研究会首届二次学术年会论文选集》，1989 年 6 月。

706. 陈屏：《光辉的榜样，学习的楷模》，载《山西省陶行知研究会首届二次学术年会论文选集》，1989 年 6 月。

707. 张正元、魏名国：《论陶行知生活教育的理论体系及历史地位》，载《行知研究》1990 年第 1 期。

708. 叶上雄：《关于生活教育的理论体系》，载《行知研究》1990 年第 1 期。

709. 冯毅：《借鉴陶行知教育思想，发扬老解放区教育革命传统，把教育改革引向深入》，载《行知研究》1990 年第 1 期。

710. 张癸：《陶行知的人生观》，载《行知研究》1990 年第 1 期。

711. 施先明：《陶行知教育评价理论初探》，载《行知研究》1990 年第 1 期。

712. 王士毅：《陶行知是教育革命配合政治革命的典范》，载《行知研究》1990 年第 1 期。

713. 王小丘：《读陶行知家书，谈陶行知教子观》，载《行知研究》1990 年第 1 期。

714. 刘尧庭：《陶行知说“问”》，载《行知研究》1990 年第 1 期。

715. 查有梁：《科学方法与教育理论》，载《中国社会科学》1990 年第 1 期。

716. 刘公绰：《试论陶行知“爱满天下”的教育思想的现实意义》，载《淮海论坛》1990 年第 1 期。

717. 俞润生：《陶行知论校长工作》，载《安徽教育学院学报》1990 年第 1 期。

718. 刘维汉：《浅论陶行知改革师范教育的思想》，载《蒲峪学刊》（哈尔滨）1990 年第 1 期。

719. 王树人：《试谈陶行知德育思想的现实意义》，载《蒲峪学刊》（哈尔滨）1990 年第 1 期。

720. 方明：《以陶行知教育思想改革师范教育》，载中国陶行知研究会编：《改革师范教育的新路》，安徽教育出版社 1990 年版。

721. 信国斌：《让伟大人民教育家的形象活在师范生心中》，载中国陶行知研究会编：《改革师范教育的新路》，安徽教育出版社 1990 年版。

722. 员非伍：《学习陶行知精神，办好高等师范教育》，载中国陶行知研究会编：《改革师范教育的新路》，安徽教育出版社 1990 年版。

723. 吕云飞：《试论陶行知对农村师范教育问题的探索》，载中国陶行知研究会编：《改革师范教育的新路》，安徽教育出版社 1990 年版。

724. 陈汉才：《教育改革家的风范，革新鼎故的楷模》，载中国陶行知研究会编：《改革师范教育的新路》，安徽教育出版社 1990 年版。

725. 陈采柏：《试论陶行知的教育经济观》，载《陶研通讯》（闽）1990 年第 1、2 期。

726. 冯毅：《借鉴陶行知教育思想，进一步深化教育改革》，载《教育理论与实践》1990 年第 2 期。

727. 曾华：《陶行知师范教育理论与实践的启示》，载《广西师范学院学报》1990 年第 2 期。

728. 高维真：《陶行知的生活教育理论与农村教育改革》，载《高教研究》1990 年第 2 期。

729. 李春芳：《陶行知与苏霍姆林斯基教育思想比较》，载《高教研究》1990 年第 2 期。

730. 唐文权：《三十年代初陶行知生活教育的新视野——〈中华民族之出路与中国教育之出路〉述评》，载《高教研究》1990 年第 2 期。

731. 陈仲豪：《陶行知治学纲要——读〈我之学校观〉笔记》，载《高教研究》1990 年第 2 期。

732. 陈波：《陶行知的教育社会学思想》，载《高教研究》1990 年第 2 期。

733. 王荣国：《陶行知对中西文化的态度》，载《厦门大学学报》1990 年第 2 期。

734. 王川：《生活教育理论讨论会综述》，载《教育研究》1990 年第 3 期。

735. 胡晓风：《两位献身平民教育的先驱——纪念晏阳初、陶行知诞辰 100 周年》，载《教育史研究》1990 年第 3 期。

736. 张建仁：《论陶行知的乡村教育思想》，载《教育史研究》1990 年第 3 期。

737. 储朝晖、储淡如：《平民教育与皖西农民运动的兴起》，载《教育史研究》1990 年第 3 期。

738. 冬景：《陶行知在哥伦比亚大学师范学院》，载《教育史研究》1990 年第 3 期。

739. 周列茜：《略论陶行知改革师范教育的思想和实践》，载《海南师范学院学报》1990 年第 3 期。

740. 钱伟长：《研究宣传陶行知的教育思想，为我国教育事业发展作贡献》，载《行知研究》1990 年第 3 期。

741. 姚新吾：《〈创造的社会教育〉读后笔记片断》，载《行知研究》1990 年第 3 期。

742. 魏名国：《试论陶行知的革命人生观》，载《行知研究》1990 年第 3 期。

743. 童跃年：《陶行知个性教育思想探微》，载《行知研究》1990 年第 3 期。

744. 毕定一：《陶行知先生的乡村师范教育思想和实践》，载《行知研究》1990 年第 3 期。

745. 郭道成：《没有创造的教育是病态教育——读陶行知的〈创造宣言〉》，载《行知研究》1990 年第 3 期。

746. 李祚明：《有关陶行知的几则史实的商榷》，载《历史档案》1990 年第 3 期。

747. 胡国枢：《中国近代两次扫除文盲的启示——迎接国际扫除文盲年兼论陶行知的办学精神》，载《人民日报》1990 年 4 月 6 日。

748. 丁丁：《生活教育浅识》，载《行知研究》1990年第4期。

749. 莫增荣：《沿着陶行知开辟的教育生路继续探索》，载《行知研究》1990年第4期。

750. 方庆和：《试论陶行知的师德观》，载《行知研究》1990年第4期。

751. 吴得民：《生活教育即创造教育》，载《行知研究》1990年第4期。

752. 张伯华、张乐群：《陶行知教育思想的世界意义》，载《行知研究》1990年第4期。

753. 黄从浒：《情谊与合作的一面伟大旗帜》，载《行知研究》1990年第4期。

754. 吴亦宽：《陶行知报刊活动述略》，载《行知研究》1990年第4期。

755. 胡国枢：《陶行知搞生活教育为什么把张謇当作第一个先生?》，载《行知研究》1990年第4期。

756. 罗明涛：《陶行知教师职业观的五种精神》，载《行知研究》1990年第4期。

757. 吕景星：《陶行知黄炎培乡村教育思想方法论的特点及其现实意义》，载《教育与职业》1990年第4期。

758. 谭虎：《学习陶行知教学做合一思想》，载《江西教育学院学报》1990年第4期。

759. 程志宏等：《陶行知创造教育思想的特色》，载《安徽教育学院学报》1990年第4期。

760. 张行、唐厚元：《略评陶行知改革师范教育的措施、实践及其贡献》，载《江苏教育研究》1990年第4期。

761. 张黎明：《浅论陶行知与安徽平民教育运动》，载《徽州社会科学》1990年第4期。

762. 叶金文：《孔子与陶行知》，载《杭州师范学院学报》1990年第5期。

763. 陈桂生：《徐特立对陶行知及其教育思想的评价》，载《教育评论》1990 年第 5 期。

764. 邓宗琦、熊贤君：《为了提高国民素质——陶行知的教育理论与实践述评》，载《湖北大学学报》1990 年第 6 期。

765. 孙厚鎏：《从晓庄师范看陶行知生活教育理论的特点》，载《教育评论》1990 年第 6 期。

766. 黄新宪：《陶行知的女子教育观探微》，载《教育理论与实践》1990 年第 6 期。

767. 吴梦进：《非党共产主义战士陶行知的思想轨迹》，载《徽州社会科学》1990 年第 6 期。

768. 胡金平：《陶行知的生活教育理论》，载《师范教育》1990 年第 7 期。

769. 鲁文：《教学做合一教育思想初探》，载《上海教育》1990 年第 11 期。

770. 周洪宇：《近代知识分子与教会教育——一项以陶行知为观照基点的历史透视》，载《中西文化与教会大学——中国首届教会大学史国际学术研讨会论文集》，湖北教育出版社 1990 年 12 月版。

771. 吴奕宽：《陶行知对杜威教育思想的借鉴》，载《浙江师范大学学报》1991 年第 1 期。

772. 胡少兆：《简论“生活教育”的哲学基础》，载《安徽教育学院学报》1991 年第 1 期。

773. 秦同：《献身教育，自化化人：陶行知的师德建构》，载《南通师专学报》1991 年第 2 期。

774. 莫增荣：《论陶行知的新知观》，载《江淮论坛》1991 年第 2 期。

775. 何兆华：《论陶行知的生活教育评估学说》，载《教育理论与实践》1991 年第 2 期。

776. 赖丹：《陶行知生活即教育的光辉思想和哲学观》，载《龙岩师专学报》1991 年第 2 期。

777. 郭椿炎：《学习行知精神，发扬行知精神》，载《龙岩师专学报》1991 年第 2 期。

778. 王慧：《陶行知师范教育思想和实践》，载《河北师范学院学报》1991 年第 2 期。

779. 洪晓航：《师德的典范——陶行知》，载《安徽教育学院学报》1991 年第 2 期。

780. 秦赛玉：《陶行知艺术教育思想初探》，载《安徽教育学院学报》1991 年第 2 期。

781. 罗明：《陶行知的教学做合一》，载《中师教育研究》1991 年第 2 期。

782. 洪世恩：《陶行知教育思想的哲学基础》，载《徽州师专学报》1991 年第 2 期。

783. 陈飘：《陶行知生活教育思想是中国现代教育的基石》，载《行知研究》1991 年第 2 期。

784. 叶启明：《陶行知智育观管窥》，载《行知研究》1991 年第 2 期。

785. 赵立法：《党的教育方针与陶行知教育思想》，载《山西大学学报》1991 年第 2 期。

786. 钟扬：《陶行知论教育科学试验》，载《教育史研究》1991 年第 2 期。

787. 王铮：《陶行知的育才学校》，载《教育史研究》1991 年第 2 期。

788. 周洪宇：《日本学者研究陶行知概述》，载《教育史研究》1991 年第 2 期。

789. 周洪宇：《陶行知早年生平和思想的重要史料——1916 年 2 月 16 日致 J. E. 罗素函评介》，载《南京大学学报（哲学社会科学版专辑）》1991 年第 2 期。

790. 东草、傅江：《陶行知教育思想中的“真人观”》，载《南京大学学报（哲学社会科学版专辑）》1991 年第 2 期。

791. 金建：《一面闪亮的镜子——陶行知人格论》，载《南京大学学报（哲学社会科学版专辑）》1991 年第 2 期。

792. 张俊杰：《论陶行知的政治诗》，载《山西师范大学学报》

1991 年第 2 期。

793. 方善森：《试论陶行知的教师观：纪念陶行知先生诞辰 100 周年》，载《浙江师范大学学报》1991 年第 3 期。

794. 康庄：《“教学做合一”意义探究》，载《安徽教育学院学报》1991 年第 3 期。

795. 洪祥生、吴一德：《陶行知论创造性教师和校长的素质》，载《安徽教育学院学报》1991 年第 3 期。

796. 黄书光：《简析陶行知的教育目的观》，载《上海教育学院学报》1991 年第 3 期。

797. 唐为民：《陶行知“生活即教育”理论的形成及其发展》，载《上海教育学院学报》1991 年第 3 期。

798. 马加乐：《陶行知教育思想中的非智力因素观念》，载《上海师范大学学报》1991 年第 3 期。

799. 黄云龙：《陶行知学校管理思想探议》，载《上海师范大学学报》1991 年第 3 期。

800. 郑登云、崔运武：《论陶行知的师德》，载《华东师范大学学报（教育科学版）》1991 年第 3 期。

801. 郑友训：《陶行知的师德理论及其现实意义》，载《徐州教育学院学报》1991 年第 3 期。

802. 贾培基：《陶行知创办的晓庄试验乡村师范学校》，载《重庆师范学院学报》1991 年第 3 期。

803. 孟旭：《陶行知与山西的教育》，载《文史研究》（太原）1991 年第 3 期。

804. 尹祥霞：《陶行知关于女子教育的理论与实践》，载《阜阳师范学院学报》1991 年第 3 期。

805. 欧阳文珍：《陶行知与杜威教育思想比较》，载《阜阳师范学院学报》1991 年第 3 期。

806. 伍德勤：《陶行知的乡村教育思想》，载《阜阳师范学院学报》1991 年第 3 期。

807. 谷国华：《论陶行知道路》，载《阜阳师范学院学报》1991

年第 3 期。

808. 范金觉、胡天非：《学习陶行知的献身精神》，载《阜阳师范学院学报》1991 年第 3 期。

809. 杨立俊：《坚持和发展陶行知的教育思想》，载《阜阳师范学院学报》1991 年第 3 期。

810. 吴树琴：《像陶行知那样追求真理做真人》，载《行知研究》1991 年第 3 期。

811. 张正元：《论陶行知生活教育理论的特质》，载《行知研究》1991 年第 3 期。

812. 王世杰：《具有中国特色的社会主义现代教育理论的基石》，载《行知研究》1991 年第 3 期。

813. 莫增荣：《论陶行知的教育本质观》，载《行知研究》1991 年第 3 期。

814. 王镜虞：《陶行知的教育哲学观浅析》，载《行知研究》1991 年第 3 期。

815. 李春芳：《还生活教育以本来面目》，载《行知研究》1991 年第 3 期。

816. 冯元场：《陶行知的政治教育思想初探》，载《行知研究》1991 年第 3 期。

817. 陈一铮：《论陶行知的师德及其现实意义》，载《行知研究》1991 年第 3 期。

818. 季新如、黄伟：《浅谈陶行知的师德教育》，载《行知研究》1991 年第 3 期。

819. 徐广义：《陶行知的科学教育思想的现实意义》，载《行知研究》1991 年第 3 期。

820. 蔡祺瑞：《陶行知职工教育理论初探》，载《行知研究》1991 年第 3 期。

821. 戴自俺：《从南京晓庄试验乡村师范学校到晓庄学校》，载《行知研究》1991 年第 3 期。

822. 石鲸：《回忆陶行知先生及其教育思想在安徽的传播》，载

《行知研究》1991年第3期。

823. 叶平衡：《陶行知论普及乡村教育》，载《行知研究》1991年第3期。

824. 张劲夫：《学习陶行知，研究陶行知》，载北京市陶行知研究会编印：《生活教育理论体系笔谈文集》，1991年4月。

825. 刘季平：《进一步开展生活教育理论的研究》，载北京市陶行知研究会编印：《生活教育理论体系笔谈文集》，1991年4月。

826. 胡晓风、叶上雄：《生活教育的理论体系》，载北京市陶行知研究会编印：《生活教育理论体系笔谈文集》，1991年4月。

827. 周洪宇：《生活教育理论体系研究的若干意见》，载北京市陶行知研究会编印：《生活教育理论体系笔谈文集》，1991年4月。

828. 唐文权：《人口问题——陶行知生活教育理论体系的重要基石》，载北京市陶行知研究会编印：《生活教育理论体系笔谈文集》，1991年4月。

829. 张正元：《陶行知生活教育理论体系的特点》，载北京市陶行知研究会编印：《生活教育理论体系笔谈文集》，1991年4月。

830. 盛克猷：《生活教育与教育的发生发展》，载北京市陶行知研究会编印：《生活教育理论体系笔谈文集》，1991年4月。

831. 何晓夏：《陶行知生活教育论浅说》，载北京市陶行知研究会编印：《生活教育理论体系笔谈文集》，1991年4月。

832. 陈波：《生活教育的逻辑起点、范畴系统和理论结构》，载北京市陶行知研究会编印：《生活教育理论体系笔谈文集》，1991年4月。

833. 王祖兰：《从国情出发是生活教育的鲜明特色》，载北京市陶行知研究会编印：《生活教育理论体系笔谈文集》，1991年4月。

834. 卢自德、刘慧群：《关于陶行知生活教育理论体系之管见》，载北京市陶行知研究会编印：《生活教育理论体系笔谈文集》，1991年4月。

835. 宋丽霞：《浅论陶行知的师德思想》，载《辽松学刊》1991年第4期。

836. 王川：《陶行知与杜威教育思想之比较》，载《四川教育学院学报》1991 年第 1 期。

837. 肖建彬：《论陶行知生活教育学说的精神实质》，载《广东教育学院学报》1991 年第 4 期。

838. 罗伟源：《陶行知的创造教育宗旨与我国的教育方针》，载《广东教育学院学报》1991 年第 4 期。

839. 孙崇文：《陶行知高等教育思想初探》，载《高等教育研究》1991 年第 4 期。

840. 何国华：《陶行知高等教育思想和实践》，载《华南师范大学学报》1991 年第 4 期。

841. 晋启生：《论陶行知的教育管理思想》，载《安徽师范大学学报（哲学社会科学版）》1991 年第 4 期。

842. 杨克贵：《略论"教学做合一"中的"做"》，载《安徽师范大学学报（哲学社会科学版）》1991 年第 4 期。

843. 秦同、杨曙明：《论陶行知教育思想对教育现代化的启迪》，载《江苏教育研究》1991 年第 4 期。

844. 蔡建永：《陶行知德育观管窥》，载《江苏教育研究》1991 年第 4 期。

845. 肖洪寿：《陶行知的教育社会学思想》，载《江苏教育研究》1991 年第 4 期。

846. 李亚英：《陶行知论教师的精神》，载《上饶师专学报》1991 年第 4 期。

847. 葛伟星、张宝生：《陶行知教育思想及其现实意义》，载《辽宁教育学院学报》1991 年第 4 期。

848. 汪金海、黄从浒：《陶行知师范教育思想体系及其现实意义》，载《安徽教育学院学报》1991 年第 4 期。

849. 蒋友棠：《陶行知"生活教育"的理论和实践及其现实意义》，载《乐山师专学报》1991 年第 4 期。

850. 何国华：《陶行知的学校管理思想初探》，载《教育创新》（广州）1991 年第 4 期。

851. 王国斌：《陶行知电化教育思想初探》，载《电化教育研究》（兰州）1991 年第 4 期。

852. 高维真：《学习陶行知的生活教育思想，加快教育发展与改革》，载《山东教育科研》1991 年第 4 期。

853. 李鹰：《试论陶行知的教师修养观》，载《山东教育科研》1991 年第 4 期。

854. 林泳海：《论陶行知的乡村幼稚教育思想》，载《山东教育科研》1991 年第 4 期。

855. 高谦民：《陶行知的儿童教育观》，载《南京师范大学学报》1991 年第 4 期。

856. 呼明虎：《陶行知论青年道德修养》，载《南京师范大学学报》1991 年第 4 期。

857. 周洪宇：《陶行知与基督教》，载《安徽史学》1991 年第 4 期。

858. 宋学亮：《陶行知对孔子教育哲学思想的继承和发扬》，载《东岳论丛》1991 年第 5 期。

859. 何国华：《陶行知的德育原则和方法》，载《教育论丛》（广州）1991 年第 5 期。

860. 袁翔、王建新：《试论陶行知“终身教育”思想及其现实意义》，载《教育探索》（哈尔滨）1991 年第 5 期。

861. 汪永昶：《陶行知先生的“生活教育”论》，载《教育探索》（哈尔滨）1991 年第 5 期。

862. 周洪宇：《国外及港台陶行知研究资料索引》，载《文教资料》（南京）1991 年第 5 期。

863. 许宗元：《中国新文学史上不能没有陶行知的位置》，载《江淮论坛》1991 年第 5 期。

864. 王世杰：《陶行知的创造教育思想》，载《江淮论坛》1991 年第 5 期。

865. 张乃平：《学习陶行知教育思想的三点思考》，载《学校管理》1991 年第 5 期。

866. 朱光宝：《陶行知生活教育的目的与宗旨》，载《教育科学论坛》（成都）1991 年第 5 期。

867. 周洪宇：《试论陶行知的终生教育思想》，载《中国教育学刊》1991 年第 5 期。

868. 萧宗六：《简论陶行知的办学思想》，载《中国教育学刊》1991 年第 5 期。

869. 袁采：《扎实开展陶研，建立有中国特色的教育体系》，载《行知行》1991 年 5 月 20 日。

870. 卢自德：《生活即教育，是教育的普遍规律》，载《四川师范大学学报》1991 年第 6 期。

871. 王明元：《陶行知与师范教育》，载《四川师范学院学报》1991 年第 6 期。

872. 杜学元：《浅谈陶行知的普及教育思想》，载《四川师范学院学报》1991 年第 6 期。

873. 童富勇：《对建国以来陶行知研究的回顾》，载《教育评论》1991 年第 6 期。

874. 周洪宇：《生活教育研究如何深入》，载《华中师范大学学报（哲学社会科学版）》1991 年第 6 期。

875. 黄瑞彩：《陶行知高等教育思想简论》，载《华中师范大学学报（哲学社会科学版）》1991 年第 6 期。

876. 蕲阳侠：《浅论陶行知幼儿教育的理论与实践》，载《华中师范大学学报（哲学社会科学版）》1991 年第 6 期。

877. 夏德清、武素月：《陶行知在内蒙古的教育实践》，载《华中师范大学学报（哲学社会科学版）》1991 年第 6 期。

878. 喻本伐：《论陶行知的人道观》，载《江汉大学学报》增刊，1991 年 8 月。

879. 黄瑞彩：《陶行知的终生教育思想论析》，载《江汉大学学报》增刊，1991 年 8 月。

880. 董宝良：《陶行知生活教育思想探源》，载《江汉大学学报》增刊，1991 年 8 月。

881. 熊贤君：《陶行知的办学思想管窥》，载《江汉大学学报》增刊，1991 年 8 月。

882. 蓟阳侠：《陶行知民族教育思想浅析》，载《江汉大学学报》增刊，1991 年 8 月。

883. 周洪宇：《谈谈生活教育理论的研究》，载《江汉大学学报》1991 年 8 月。

884. 丁丁：《陶行知的教育思想和实践》，载《人民教育》1991 年第 9 期。

885. 张劲夫：《一部具有宝贵精神财富的巨著——祝新版〈陶行知全集〉出版》，载《人民日报》1991 年 10 月第 19 日。

886. 周洪宇：《欧美陶行知研究概况》，载《国外社会科学》1991 年第 10 期。

887. 陈侠：《学习・宣传・实践——纪念陶行知先生诞辰 100 周年》，载《课程・教材・教法》1991 年第 10 期。

888. 秦同：《陶行知的师范教育课程论和方法论》，载《课程・教材・教法》1991 年第 10、11 期。

889. 张健：《认真学习陶行知的人民教育思想》，载《教育研究》1991 年第 10 期。

890. 吕景星：《陶行知教育思想与农科教结合》，载《教育研究》1991 年第 10 期。

891. 曾繁铬：《从陶行知和胡适的分道扬镳看两种不同的世界观和人生观》，载《教育研究》1991 年第 10 期。

892. 万华瑞：《陶行知教育思想的三大特色》，载《新视野》1991 年第 10 期。

893. 杨连山：《陶行知的德育观》，载《天津教育》1991 年第 10 期。

894. 刘尧庭：《陶行知的崇高师德和德育思想》，载《光明日报》1991 年 10 月 16 日。

895. 洪桥：《纪念陶行知先生》，载《人民日报》（海外版）1991 年 10 月 24 日。

896. 周洪宇：《陶行知研究在国外》，载《教育研究》1991 年第 11 期。

897. 储朝晖：《陶行知文章学思想刍议》，载《教育时报》（郑州）1991 年 11 月 6 日。

898. 孔棣华：《论陶行知的科教兴国思想》，载《广州日报》1991 年 11 月 8 日。

899. 周雅光：《学习陶行知，献身社会主义教育事业》，载《陕西教育》1991 年第 12 期。

900. 章开沅、唐文权：《伟大的爱国主义者陶行知》，载《华中师范大学学报》专刊，1991 年 12 月。

901. 邓宗琦：《陶行知：伟大的人民教育家》，载《华中师范大学学报》专刊，1991 年 12 月。

902. 董宝良：《“捧着一颗心来，不带半根草去”——陶行知师德观新论》，载《华中师范大学学报》专刊，1991 年 12 月。

903. 蕲阳侠：《陶行知教育观散论》，载《华中师范大学学报》专刊，1991 年 12 月。

904. 熊贤君：《陶行知的乡村教育利病得失谈》，载《华中师范大学学报》专刊，1991 年 12 月。

905. 黄瑞彩：《论陶行知儿童创造教育思想》，载《华中师范大学学报》专刊，1991 年 12 月。

906. 邢奕斐：《生活教育和陶行知教育哲学的启示》，载《华中师范大学学报》专刊，1991 年 12 月。

907. 王士芬：《生活教育之下学校教育之特色初探》，载《华中师范大学学报》专刊，1991 年 12 月。

908. 陈泽民：《浅论陶行知的教师素质观》，载《华中师范大学学报》专刊，1991 年 12 月。

909. 杨望友：《陶行知体育思想初探》，载《华中师范大学学报》专刊，1991 年 12 月。

910. 林宪章：《借鉴陶行知教育思想，深化当前教育改革》，载《华中师范大学学报》专刊，1991 年 12 月。

911. 钱立纬：《论陶行知教育思想的现实性》，载《华中师范大学学报》专刊，1991 年 12 月。

912. 田忠杰：《陶行知教育思想的批判、改革精神和现实意义》，载《华中师范大学学报》专刊，1991 年 12 月。

913. 渔歌：《一卷在手，全豹可识——〈陶行知教育论著选〉评介》，载《华中师范大学学报》专刊，1991 年 12 月。

914. 周洪宇：《六十年来国内陶行知研究文献目录（1928—1991）》，载《华中师范大学学报》专刊，1991 年 12 月。

915. 王世杰：《陶行知的创造教育思想》，载《教育理论与实践》1992 年第 1 期。

916. 孙崇文：《试论陶行知的教育救国思想》，载《蒲峪学刊》（哈尔滨）1992 年第 1 期。

917. 荆世华：《陶行知新论》，载《学术论丛》1992 年第 1 期。

918. 王安琪、储朝晖：《陶行知与印度》，载《南开研究》1992 年第 1 期。

919. 卞桂兰：《陶行知道德思想探微》，载《佳木斯师专学报》1992 年第 1 期。

920. 荆世华：《陶行知的人才观》，载《教育理论与实践》1992 年第 1 期。

921. 何美玲：《学习陶行知教育思想，深入改革幼儿教育》，载《学前教育研究》1992 年第 1 期。

922. 孙崇文：《陶行知试验主义的教育思想研究管窥》，载《教育理论与实践》1992 年第 1 期。

923. 童富勇：《陶行知研究综述（1927—1991）》，载《教育史研究》1992 年第 1 期。

924. 阎学儒：《陶行知教育思想和实践的现实意义》，载《西北师范大学学报》1992 年第 1 期。

925. 阎国华：《陶行知教师论思想研究》，载《河北大学学报》1992 年第 2 期。

926. 王荣国：《陶行知的教育思想与五四新文化启蒙》，载《东南文化》1992 年第 2 期。

927. 陈汉才：《试论陶行知教育思想的哲学基础》，载《华南师范大学学报》1992 年第 2 期。

928. 石中英：《试论陶行知育才音乐教育思想》，载《教育研究与实验》1992 年第 2 期。

929. 储朝晖：《陶行知与内蒙古教育》，载《教育史研究》1992 年第 2 期。

930. 丁明宽：《陶行知师范教育思想和实践》，载《南京师范大学学报》1992 年第 2 期。

931. 戴建新：《贵在求真，贵做真人——谈陶行知先生德育观》，载《河南大学学报》1992 年第 2 期。

932. 苗春德：《陶行知生活教育理论述论》，载《河南大学学报》1992 年第 3 期。

933. 陈一鸣：《陈鹤琴与陶行知》，载《教育研究》1992 年第 3 期。

934. 谭伟才：《教育家陶行知的成功之路》，载《社会科学家》1992 年第 3 期。

935. 吴慈生：《陶行知与南京安徽公学》，载《江海学刊》1992 年第 3 期。

936. 方善森：《陶行知“在劳力上劳心”教育理论的现实意义》，载《浙江师范大学学报》1992 年第 4 期。

937. 戴世俊：《论陶行知生活教育理论及其现实意义》，载《西南民族学院学报》1992 年第 4 期。

938. 王士芬：《陶行知的教育理论与实践述评》，载《湖北师范学院学报》1992 年第 4 期。

939. 吴一德：《试论陶行知创造发明思想》，载《安徽教育学院学报》1992 年第 4 期。

940. 康德：《培养开发中华民族的创造力——评〈陶行知创造教育思想〉》，载《安徽师范大学学报（哲学社会科学版）》1992 年第 4 期。

941. 童富勇：《陶行知与晓庄师范》，载《教育评论》1992 年第

4 期。

942. 周洪宇：《生活教育与中国特色社会主义教育体系》，载《教育理论与实践》1992 年第 6 期。

943. 朱伯謇：《试论陶行知先生诗歌中的德育思想》，载《教育科学论坛》1992 年第 6 期。

944. 孙崇文：《陶行知学法指导初探》，载《内蒙古教育》1992 年第 10 期。

945. 莫增荣：《陶行知：唯一从总体上探索中国教育的智者》，载《社会科学报》1992 年 12 月 17 日。

946. 周洪宇：《陶行知》，载周积明、张艳国主编：《影响中国文化的一百人》，武汉出版社 1992 年版。

947. 李楚材：《他山之石——介绍〈陶行知研究在海外〉》，载《中国陶研会会讯》1993 年第 64 期。

948. 周洪宇：《〈陶行知传〉的特色之所在》，载《教育评论》1993 年第 2 期。

949. 侯怀银：《试析生活教育理论的功能》，载《行知研究》1993 年第 2 期。

950. 余小平：《陶行知劳动教育理论与实践的研究》，载《行知研究》1993 年第 2 期。

951. 戴自俺：《陶行知与黄齐生的深厚友谊》，载《行知研究》1993 年第 2 期。

952. 梅汝莉：《试析陶行知德育思想的历史渊源》，载《教育史研究》1993 年第 3 期。

953. 邓宗琦、周洪宇：《陶行知——人民教育的伟大先驱》，载《高等师范教育研究》1993 年第 3 期。

954. 张劲夫：《在和陶夫子相处的日子里》，载《光明日报》1993 年 8 月 9 日。

955. 吴桂就：《陶行知与雷沛鸿教育实践的相互关系》，载《中国教育学刊》1993 年第 4 期。

956. 周洪宇：《千里“陶缘”一线牵》，载《光明日报》1993 年

9 月 27 日。

957. 储朝晖：《陶行知教育思想与九十年代中国教育》，载《教育史研究》1993 年第 4 期。

958. 杨进发：《陶行知先生与创造教育》，载《教育理论与实践》1993 年第 5 期。

959. 荆世华：《陶行知的社会大学教育思想》，载《教育理论与实践》1993 年第 6 期。

960. 周洪宇：《继承中的超越与超越中的继承——陶行知与杜威关系略论》，载《教育研究与实验》1993 年第 6 期。

961. 张正元、唐皖宁：《陶行知的勤俭办学思想及其意义》，载《安徽师范大学学报（哲学社会科学版）》1994 年第 1 期。

962. 冯敏：《试析陶行知平民教育思想及其现实意义》，载《民国档案》1994 年第 2 期。

963. 汪明霞：《勇于实践，创造全面发展的人才：实践陶行知教育思想的感想》，载《金陵陶研》1994 年第 2 期。

964. 冯克义：《陶行知教育思想研究：与社会主义教育思想相通的基本要素问题》，载《金陵陶研》1994 年第 3 期。

965. 周小方：《陶行知教育思想研究的新成果：评〈陶行知教育学说〉》，载《华中师范大学学报（哲学社会科学版）》1994 年第 4 期。

966. 方善森：《陶行知“每天四问”的学生主体思想》，载《行知研究》1994 年第 3 期。

967. 周洪宇：《陶行知对人民教育家的三大贡献》，载《行知研究》1994 年第 4 期。

968. 张癸：《论生活教育理论的形成与发展》，载《行知研究》1994 年第 4 期。

969. 吴一德：《陶行知的创造教育与素质教育述论》，载《行知研究》1994 年第 4 期。

970. 阳光：《陶行知教育思想之启示》，载《贵阳师专学报》1994 年第 4 期。

971. 侯德础：《陶行知先生与武训精神》，载《文史杂志》1994年第5期。

972. 郑国民：《从“教授法”到“教学法”——陶行知对我国现代教学理论的贡献》，载《教育研究》1994年第9期。

973. 朱德君、朱权回忆，陈勤红整理：《陶行知与朱庆澜》，载《行知行》1994年6月25日。

974. 吉三：《陶行知和爱国主义教育》，载《行知行》1994年6月25日。

975. 钱广荣：《陶行知的爱国思想述论》，载《安徽师范大学学报（哲学社会科学版）》1994年第4期。

976. 雷专平：《陶行知师范教育思想探微》，载《教育史研究》1994年第4期。

977. 景耀勤、董辛元：《陶行知是一位杰出的爱国者》，载《中国陶行知研究会会讯》1994年12月。

978. 吕西忠、夏阳：《陶行知普及教育思想探要》，载《河南师范大学学报（哲学社会科学版）》1994年第6期。

979. 胡晓风：《陶行知创造教育的理论和方法》，载《教育科学研究》1994年第6期。

980. 李球：《论素质教育与陶行知生活教育观》，载《江西科技师范学院学报》1995年第1期。

981. 曹淑芳：《对陶行知的教师职业观的认识》，载《廊坊师范学院学报》1995年第2期。

982. 朱洪：《陶行知生活教育理论哲学特征述评》，载《安徽农业大学学报（社会科学版）》1995年第2期。

983. 陈仁发：《忆陶行知在香港创办的中华业余学校》，载《西南师范大学学报（哲学社会科学版）》1995年第3期。

984. 叶昕：《陶行知和抗日救亡》，载《江苏教育学院学报》1995年第3期。

985. 张纬：《陶行知依法治教思想与教育法制化》，载《江西教育科研》1995年第3期。

986. 贾香花：《陶行知的“生活教育”思想及现实意义》，载《周口师范学院学报》1995 年第 3 期。

987. 林承节：《陶行知的印度之行》，载《历史教学》1995 年第 3 期。

988. 孙若南：《陶行知“学生自治理论”与高校学生参与宿舍管理》，载《安庆师范学院学报》1995 年第 3 期。

989. 钱广荣：《陶行知的德育自治思想及其意义》，载《思想教育研究》1995 年第 4 期。

990. 张伟：《陶行知人格教育思想与素质教育》，载《江西教育学院学报》1995 年第 4 期。

991. 杨晓：《陶行知的创造教育思想体系探析》，载《沈阳师范学院学报（社会科学版）》1995 年第 4 期。

992. 洪成文：《陶行知思维艺术谈》，载《高等师范教育研究》1995 年第 4 期。

993. 郑国民：《陶行知的语文教育思想》，载《中学语文教学》1995 年第 4 期。

994. 郭维廉：《教师的楷模——陶行知的十大精神》，载《锦州师范学院学报（哲学社会科学版）》1995 年第 4 期。

995. 郭维廉：《陶行知的崇高师德观及其伟大实践》，载《普教研究》1995 年第 4 期。

996. 李亚英：《试论陶行知的“教学做合一”教学观》，载《江西教育科研》1995 年第 5 期。

997. 陈运富：《陶行知感召白求恩》，载《党史文汇》1995 年第 9 期。

998. 李承勋：《在世界各地宣传中国抗日的陶行知》，载《文史精华》1995 年第 9 期。

999. 符国云：《试论陶行知的德育思想》，载《廊坊师范学院学报》1996 年第 1 期。

1000. 李瑶章：《德国职业技术教育与陶行知“生活教育”比较研究》，载《绵阳经济技术高等专科学校学报》1996 年第 1 期。

1001. 彭佩红：《陶行知的幽默》，载《教育与职业》1996年第1期。

1002. 汪孔德：《陶行知与档案工作》，载《档案学研究》1996年第1期。

1003. 吴一德：《试论陶行知科学教育思想及其意义》，载《安徽教育学院学报（社会科学版）》1996年第1期。

1004. 刘慧群：《试论陶行知的价值观》，载《四川师范大学学报（哲学社会科学版）》1996年第1期。

1005. 侯怀银：《陶行知的全面教育观探微》，载《太原师范学院学报（社会科学版）》1996年第2期。

1006. 周东明：《论陶行知的教育思想及其人格精神》，载《青岛大学师范学院学报》1996年第2期。

1007. 张德鹏：《陶行知和新安旅行团》，载《广西党史》1996年第2期。

1008. 边守正：《论陶行知的人口教育思想》，载《邢台师范高专学报》1996年第2期。

1009. 洪晓青：《国难时期的陶行知》，载《江淮文史》1996年第2期。

1010. 余受之：《我所认识的陶行知先生》，载《今日四川》1996年第2期。

1011. 卢自德：《陶行知与杜威教育哲学思想之比较》，载《邢台师范高专学报》1996年第2期。

1012. 秦同：《论陶行知教育思想与教育现代化》，载《南通师范学院学报》1996年第2期。

1013. 贾培基：《教育家求援——陶行知先生未发表的三封信》，载《红岩春秋》1996年第2期。

1014. 董玉梅：《陶行知与汉口三小的"小先生"活动》，载《武汉文史资料》1996年第3期。

1015. 陈波：《金海观与陶行知》，载《丽水师范专科学校学报》1996年第3期。

1016. 张正君：《陶行知、布鲁姆教育评价体系比较谈》，载《信阳师范学院学报（哲学社会科学版）》1996 年第 3 期。

1017. 张健：《试论毛泽东和陶行知的人民教育思想》，载《邢台师范高专学报》1996 年第 3 期。

1018. 梁伟生：《刍议陶行知的幽默》，载《河南职业技术师范学院学报（职业教育版）》1996 年第 3 期。

1019. 吴奕宽：《陶行知对孔子教育思想的继承与创新》，载《黄山学院学报》1996 年第 3 期。

1020. 方利山：《陶行知生活教育与东原思想》，载《黄山学院学报》1996 年第 3 期。

1021. 杨雅文：《陶行知师范教育思想及启示》，载《长春师范学院学报》1996 年第 4 期。

1022. 曹子超：《从杜威的“教育即生活”到陶行知的“生活是教育”》，载《江苏高教》1996 年第 4 期。

1023. 庞桂美：《试论陶行知的乡村社区教育思想及启示》，载《当代教育科学》1996 年第 6 期。

1024. 卞放：《陶行知的职业教育思想》，载《教育与职业》1996 年第 8 期。

1025. 胡晓风：《陶行知诞辰考》，载《教育研究》1996 年第 11 期。

1026. 黄伟：《陶行知德育思想探微》，载《教育研究》1996 年第 11 期。

1027. 余子侠：《陶行知研究国际学术研讨会综述》，载《理论月刊》1997 年第 1 期。

1028. 张国良：《陶行知先生两则逸事》，载《江淮文史》1997 年第 1 期。

1029. 姚明：《陶行知的生活教育与青少年学生的养成教育》，载《芜湖职业技术学院学报》1997 年第 1 期。

1030. 李士龙：《陶行知教育思想与高师教学法的改革》，载《继续教育研究》1997 年第 1 期。

1031. 熊贤君等：《陶行知研究国际学术研讨会综述》，载《华中师范大学学报（哲学社会科学版）》1997 年第 1 期。

1032. 董宝良：《论陶行知的中西教育观》，载《教育研究》1997 年第 1 期。

1033. 余子侠：《重在学习研究贵在实践发展——陶行知研究国际学术研讨会综述》，载《教育研究》1997 年第 1 期。

1034. 郝喜明：《学习陶行知先生的三种精神》，载《教育理论与实践》1997 年第 2 期。

1035. 黄岭峻：《中国近代知识分子与实用主义中国化——以张东荪、胡适、陶行知为例》，载《安徽史学》1997 年第 2 期。

1036. 刘春霞：《实践陶行知艺术教育思想的启示》，载《克山师专学报》1997 年第 2 期。

1037. 孙德玉：《陶行知的幼教观与素质教育》，载《安徽师范大学学报（人文社会科学版）》1997 年第 2 期。

1038. 熊贤君：《论陶行知早期“教育救国”思想》，载《理论月刊》1997 年第 3 期。

1039. 张良才：《试论陶行知精神》，载《教育科学》1997 年第 3 期。

1040. 于川：《陶行知与工学团运动》，载《民国档案》1997 年第 3 期。

1041. 任宗德：《危难中的陶行知在我家辞世》，载《炎黄春秋》1997 年第 3 期。

1042. 孙长缨：《陶行知创造教育理论与实践》，载《殷都学刊》1997 年第 3 期。

1043. 冯雪红：《中国落后的教育现状与陶行知教育思想的形成》，载《西北第二民族学院学报（哲学社会科学版）》1997 年第 3 期。

1044. 缪爱明：《陶行知教育思想与新形势下的校园文学社活动》，载《教学与管理》1997 年第 4 期。

1045. 盛风：《陶行知诗讽胡适》，载《江淮文史》1997 年第

4期。

1046. 曲铁华：《论陶行知对中国现代师范教育的杰出贡献》，载《辽宁教育学院学报》1997年第4期。

1047. 赖德一：《陶行知"教学做合一"教学法初探——兼谈查有良的〈大教育论〉》，载《达县师范高等专科学校学报》1997年第4期。

1048. 陈仁发：《陶行知在香港》，载《达县师范高等专科学校学报》1997年第4期。

1049. 龚思雪：《周恩来与陶行知》，载《党史博采》1997年第4期。

1050. 邬蓉桦：《相濡以沫在"育才"——记抗战时期陶行知先生与共产党人的友谊》，载《文史杂志》1997年第5期。

1051. 陈汉才：《试论陶行知的中西文化教育观》，载《华南师范大学学报（社会科学版）》1997年第6期。

1052. 齐易：《陶行知与他创办的育才学校音乐组》，载《人民音乐》1997年第8期。

1053. 沈俊峰：《陶行知和吴树琴的患难之爱》，载《陕西教育》1997年第9期。

1054. 杨克贵：《略论陶行知教学思想的几个问题》，载《教育研究》1997年第10期。

1055. 胡国枢：《生活教育理论的当代价值与世界意义——兼论陶行知生活教育理论的"三全"功能》，载《教育研究》1997年第10期。

1056. 梅汝莉：《让历史启迪未来——人民教育家陶行知对未来教育的天才构想》，载《中小学管理》1998年第1期。

1057. 孟维杰：《谈陶行知体育思想的启示》，载《松辽学刊》1998年第1期。

1058. 蔡勇强：《陶行知普及教育思想初探》，载《漳州师范学院学报（哲学社会科学版）》1998年第2期。

1059. 遇桂敏：《陶行知师德学说浅论》，载《教育探索》1998年第 2 期。

1060. 马能源：《寓教于诗　教人求真——谈陶行知教育诗篇的思想建构》，载《职教通讯》1998 年第 2 期。

1061. 冯雪红：《陶行知女子教育思想刍议》，载《西北第二民族学院学报（哲学社会科学版）》1998 年第 2 期。

1062. 朱子善：《毋忘求真——关于陶行知生平事迹的几点辨析》，载《杭州大学学报（哲学社会科学版）》1998 年第 2 期。

1063. 郑显银：《陶行知素质教育思想初探》，载《达县师范高等专科学校学报》1998 年第 3 期。

1064. 操晓林：《记先父操震球追随陶行知的一生》，载《江淮文史》1998 年第 3 期。

1065. 江巧珍：《陶行知与施剑翘》，载《江淮文史》1998 年第 3 期。

1066. 张典兵：《陶行知实践教育思想的表现与启示》，载《河南教育学院学报》1998 年第 3 期。

1067. 张彬：《陶行知教育思想探析》，载《河北师范大学学报（教育科学版）》1998 年第 3 期。

1068. 谢瑞俊：《教师的楷模——陶行知》，载《苏州教育学院学报》1998 年第 4 期。

1069. 阎广芬：《情感教育的典范——陶行知》，载《河北大学学报（哲学社会科学版）》1998 年第 4 期。

1070. 王世杰：《陶行知的创造教育思想初探》，载《合肥教育学院学报》1998 年第 4 期。

1071. 李日仙：《陶行知在育才学校的美育实践述评》，载《太原师范学院学报（社会科学版）》1998 年第 4 期。

1072. 杨平：《中国教育现代化进程中的里程碑——陶行知师范教育思想述评》，载《北方论丛》1998 年第 6 期。

1073. 李世峰：《陶行知人口论初探》，载《人口与经济》1998 年第 6 期。

1074. 张国：《教育现代化与陶行知研究》，载《广州师范学院学报》1998 年第 12 期。

1075. 陈福翔：《从陶行知的考试观看他的素质教育思想》，载《天津教育》1999 年第 1 期。

1076. 张心龙：《论陶行知的德育思想》，载《山西大学师范学院学报》1999 年第 1 期。

1077. 周昭坎：《爱满天下的陶行知》，载《海内与海外》1999 年第 1 期。

1078. 王凤玉：《陶行知儿童创造力教育思想》，载《辽宁教育学院学报》1999 年第 1 期。

1079. 马永霞：《陶行知的普及平民教育思想及其启示》，载《沈阳师范学院学报（社会科学版）》1999 年第 1 期。

1080. 徐文武：《陶行知的音乐教育思想与实践初探》，载《西安音乐学院学报》1999 年第 1 期。

1081. 沈慧伟：《论陶行知教育理论与师范教育》，载《江苏教育学院学报（社会科学版）》1999 年第 2 期。

1082. 文侠：《白求恩来华是受陶行知邀请的》，载《党史文苑》1999 年第 2 期。

1083. 徐则浩：《斋藤秋男访问陶行知故乡》，载《江淮文史》1999 年第 2 期。

1084. 李庚靖：《试述陶行知生活教育理论产生的历史背景》，载《广西师范大学学报（哲学社会科学版）》1999 年第 2 期。

1085. 李庚靖：《论陶行知的教育功能观》，载《广西师范学院学报（哲学社会科学版）》1999 年第 2 期。

1086. 梁赫：《陶行知与内蒙古的教育事业》，载《内蒙古教育》1999 年第 3 期。

1087. 杨乃虹：《从“教学做合一”看陶行知的教育哲学观》，载《河北大学学报（哲学社会科学版）》1999 年第 3 期。

1088. 马立武：《论陶行知教育民主化思想及其现实意义》，载《湖北教育学院学报》1999 年第 3 期。

1089. 储朝晖：《论陶行知人口科学思想》，载《南京人口管理干部学院学报》1999 年第 3 期。

1090. 胡晓风：《行以求知知更行——〈陶行知全集〉第十一卷（补遗一卷）介绍》，载《丽水师范专科学校学报》1999 年第 3 期。

1091. 龚大明：《抗战时期的陶行知》，载《贵州师范大学学报（社会科学版）》1999 年第 3 期。

1092. 刘家纪：《陶行知教学做合一思想探微》，载《河南教育学院学报（哲学社会科学版）》1999 年第 4 期。

1093. 刘家绍：《关于办好师范教育的几点思考——学习陶行知的师范教育思想所想到的》，载《钦州师范高等专科学校学报》1999 年第 4 期。

1094. 庞柏树：《陶行知的创造教育思想及其现实意义浅探》，载《钦州师范高等专科学校学报》1999 年第 4 期。

1095. 文刀：《从〈科学的生活〉一文看陶行知的认识论思想》，载《钦州师范高等专科学校学报》1999 年第 4 期。

1096. 戴建平：《素质教育与陶行知创造教育思想》，载《平原大学学报》1999 年第 4 期。

1097. 余子侠：《陶行知早期德育观探论》，载《湖北大学学报（哲学社会科学版）》1999 年第 5 期。

1098. 徐家杰：《陶行知体育思想研究》，载《武汉体育学院学报》1999 年第 5 期。

1099. 张淑清：《学习陶行知的生活教育理论　深化师专教育改革》，载《忻州师范学院学报》1999 年第 1 期。

1100. 冯雪红：《陶行知三次出国的不同背景及收获》，载《西北第二民族学院学报（哲学社会科学版）》1999 年第 3 期。

1101. 张亚钧：《论陶行知的职教思想》，载《唐山师范学院学报》1999 年第 3 期。

1102. 陈滔娜：《试论陶行知的普及教育思想与实践》，载《湛江师范学院学报》1999 年第 3 期。

1103. 唐迅：《陶行知现代教育思想命题新探》，载《教育研究》1999 年第 11 期。

1104. 熊贤君：《陶行知创造教育思想探微》，载《教育研究》1999 年第 11 期。

1105. 农兴强：《浅谈陶行知的创造教育思想》，载《广西教育》1999 年第 11 期。

1106. 董宝良：《学习借鉴陶行知教育思想　全面推进素质教育》，载《理论月刊》2000 年第 1 期。

1107. 王金国：《陶行知教育思想的现代价值》，载《山西教育学院学报》2000 年第 1 期。

1108. 金建楷：《陶行知与“诗教”》，载《宁波教育学院学报》2000 年第 1 期。

1109. 张效珍：《陶行知生活教育理论的特征及其启示》，载《宁波教育学院学报》2000 年第 1 期。

1110. 张秀宏：《以陶行知创造教育思想为指导培养学生的创造力》，载《黑龙江教育学院学报》2000 年第 1 期。

1111. 徐明聪：《陶行知幼儿教育思想及其现实意义》，载《学前教育研究》2000 年第 1 期。

1112. 纳光舜：《陶行知“生活教育论”浅析》，载《贵州社会科学》2000 年第 1 期。

1113. 杨纯：《陶行知的艺术创造教育思想》，载《高等函授学报（哲学社会科学版）》2000 年第 1 期。

1114. 汪日升：《学习陶行知思想　实施创造教育》，载《四川教育》2000 年第 1 期。

1115. 李荣盛：《陶行知乡村教育思想的时代魅力——兼论目前我国农村教育的改革方向》，载《辽宁师专学报》2000 年第 1 期。

1116. 赵拓：《白求恩来华“是受陶行知邀请的”吗?》，载《文史精华》2000 年第 1 期。

1117. 国现华：《借鉴陶行知教育思想推进我校教育改革》，载《邢台师范高专学报》2000 年第 1 期。

1118. 金林祥：《论陶行知的创造教育思想及其现实意义》，载《华东师范大学学报（教育科学版）》2000 年第 1 期。

1119. 邹远航：《伟大的人民教育家陶行知》，载《中学历史教学参考》2000年第1期。

1120. 朱云：《试论陶行知的人口教育思想》，载《镇江师专学报》2000年第1期。

1121. 卞国华：《学习陶行知教学思想　探讨课堂教学美感效应》，载《小学语文教学》2000年第1期。

1122. 孙喜连：《陶行知创造教育思想浅析》，载《辽宁师专学报》2000年第2期。

1123. 陆家骏：《陶行知创造教育思想和实践对我们的启示》，载《中国教育学刊》2000年第2期。

1124. 张良才：《"敲碎儿童的地狱，创造儿童的乐园"——陶行知论解放儿童的创造力》，载《山东教育科研》2000年第2期。

1125. 李镇西：《民主教育与语文素质教育——实践陶行知民主教育思想的体会》，载《成都大学学报（社会科学版）》2000年第2期。

1126. 冯世泽：《陶行知富有创造精神的教育实践》，载《山西教育学院学报》2000年第3期。

1127. 王向友：《陶行知先生与晓庄》，载《南京晓庄学院学报》2000年第3期。

1128. 辛国俊：《陶行知：中国师范教育改革的先驱》，载《南京晓庄学院学报》2000年第3期。

1129. 于秋华：《论陶行知德育观与课堂教学原则》，载《池州师专学报》2000年第3期。

1130. 王德中：《陶行知教育思想体系的创造和意义刍议》，载《黄山学院学报》2000年第3期。

1131. 王德中：《陶行知教育思想体系述要》，载《镇江师专学报》2000年第3期。

1132. 蔡建清：《陶行知"教学做合一"对实施素质教育的启示》，载《苏州教育学院学报》2000年第3期。

1133. 郭星波：《提倡"做中学"、反对"坐中学"——陶行知教育思想在“勾股定理”教学中的启示》，载《数学教学通讯》2000 年第 3 期。

1134. 胡晓风：《陶行知创造教育及其现代价值》，载《教育科学论坛》2000 年第 4 期。

1135. 王林义：《简论陶行知的儿童诗》，载《山西大学师范学院学报》2000 年第 4 期。

1136. 江露：《陶行知创造教育思想的时代魅力》，载《黔西南民族师专学报》2000 年第 4 期。

1137. 胡晓风：《为陶行知创造教育答客问》，载《丽水师范专科学校学报》2000 年第 4 期。

1138. 梁宇光：《论陶行知的创造教育思想》，载《丽水师范专科学校学报》2000 年第 4 期。

1139. 杨秀英：《学习陶行知创造教育思想培养幼儿的创造思维》，载《基础教育研究》2000 年第 4 期。

1140. 陈蓓：《论陶行知普及教育思想的形成和发展》，载《咸阳师范专科学校学报》2000 年第 4 期。

1141. 成云雷：《论陶行知教育观念的现代性》，载《河南师范大学学报（哲学社会科学版）》2000 年第 4 期。

1142. 陈洵：《论陶行知的师德观及其对现代教师的启示》，载《河南师范大学学报（哲学社会科学版）》2000 年第 4 期。

1143. 仇乃桐：《方与严对陶行知生活教育理论的重大贡献》，载《黄山学院学报》2000 年第 4 期。

1144. 林永希：《陶行知的创造教育思想述评》，载《郧阳师范高等专科学校学报》2000 年第 5 期。

1145. 许波：《陶行知与梁漱溟农村教育思想比较研究》，载《远程教育杂志》2000 年第 5 期。

1146. 张良瑞：《陶行知健康教育思想与学校体育思想变革》，载《成都教育学院学报》2000 年第 5 期。

1147. 陈秀玲：《实践陶行知教育思想　培养中学生体育骨干》，载《体育学刊》2000 年第 5 期。

1148. 陈更生：《陶行知写通俗诗》，载《阅读与写作》2000年第6期。

1149. 余子侠：《陶行知的三次武汉之行》，载《武汉文史资料》2000年第6期。

1150. 程若礼：《运用陶行知思想指导教学实践——读〈爱满天下——陶行知名言警语〉的体会》，载《山东教育》2000年第6期。

1151. 刘建君：《陶行知关于解放儿童创造力的教育思想》，载《幼儿教育》2000年第6期。

1152. 高谦民：《陶行知与晓庄师范学校》，载《江苏教育》2000年第6期。

1153. 吴华钿：《创造教育：陶行知教育思想的精华》，载《教育探索》2000年第7期。

1154. 段芬果：《陶行知邀请白求恩到中国》，载《党史博采》2000年第8期。

1155. 方宏：《陶行知求"真"的故事》，载《贵州教育》2000年第9期。

1156. 李鸿金：《重提陶行知的"六大解放"》，载《江西教育》2000年第12期。

1157. 丛小泉：《陶行知创造教育思想的现代价值及启示》，载《山西教育》2000年第23期。

1158. 郭洪亮：《陶行知教育思想对师范教育改革的启示》，载《保定师专学报》2001年第1期。

1159. 安秀玲：《试论陶行知的生活教育理论及其现实意义》，载《洛阳师范学院学报》2001年第1期。

1160. 陈会忠：《陶行知创造教育思想与师范教育建设——中陶会师范教育专业委员会首届三次学术研讨会综述》，载《南京晓庄学院学报》2001年第1期。

1161. 陈会忠：《陶行知乡村教育思想简论》，载《南京晓庄学院学报》2001年第1期。

1162. 陈爱民：《论陶行知的书法教育思想》，载《南京晓庄学院学报》2001 年第 1 期。

1163. 罗明：《学习陶行知，办好乡村教育》，载《南京晓庄学院学报》2001 年第 1 期。

1164. 张世斌：《重温陶行知创造教育思想》，载《天津教育》2001 年第 1 期。

1165. 陈晋燕：《陶行知生活教育理论的核心是素质教育》，载《山西财经大学学报》2001 年第 1 期。

1166. 张彩霞：《陶行知论创造教育》，载《郑州铁路职业技术学院学报》2001 年第 1 期。

1167. 何炳章：《论陶行知的“教育瘾”》，载《合肥学院学报》2001 年第 1 期。

1168. 李任：《陶行知教育思想与育才办学经验》，载《重庆教育学院学报》2001 年第 1 期。

1169. 文履平：《陶行知与共和国第一个文化冤案》，载《红岩春秋》2001 年第 2 期。

1170. 王玉洁：《陶行知教学做合一思想的启迪》，载《职教论坛》2001 年第 2 期。

1171. 胡纬华：《试论陶行知教育思想对当前职业技术教育的借鉴意义》，载《上海商业职业技术学院学报》2001 年第 2 期。

1172. 殷雪华：《学陶行知教育理论　促中专语文教改》，载《徐州教育学院学报》2001 年第 2 期。

1173. 魏红军：《陶行知“教学做合一”教育观对素质教育的启示》，载《郑州铁路职业技术学院学报》2001 年第 2 期。

1174. 赵军：《由陶行知生活教育观谈网络时代的创新教育》，载《南京晓庄学院学报》2001 年第 2 期。

1175. 王本余：《简论陶行知的生活教育课程思想》，载《南京晓庄学院学报》2001 年第 2 期。

1176. 许宗元：《论陶行知的旅游观》，载《江淮论坛》2001 年第 2 期。

1177. 涂雪峰：《陶行知与内蒙古的平民教育》，载《内蒙古民族大学学报（社会科学版）》2001 年第 2 期。

1178. 刘承焜：《陶行知教育思想对当今小学创新教育的启示》，载《辽宁教育》2001 年第 2 期。

1179. 叶存洪：《陶行知普及教育思想研究》，载《江西教育学院学报》2001 年第 2 期。

1180. 李迅：《陶行知先生与绘画》，载《黑龙江教育学院学报》2001 年第 2 期。

1181. 金辉：《陶行知的教育观与素质教育》，载《丹东师专学报》2001 年第 2 期。

1182. 刘治修：《陶行知教育思想的强大生命力——纪念陶行知诞辰 110 周年》，载《重庆师专学报》2001 年第 2 期。

1183. 文代君：《论陶行知培养儿童创造力思想的当代价值》，载《兵团教育学院学报》2001 年第 2 期。

1184. 周险峰：《陶行知与近现代教学法中国化》，载《湖北大学学报（哲学社会科学版）》2001 年第 2 期。

1185. 余子侠：《陶行知生平事迹五考》，载《安徽史学》2001 年第 3 期。

1186. 许良廷：《对陶行知怎样成为党外共产主义者的探索》，载《安徽史学》2001 年第 3 期。

1187. 郝秋爱：《学习陶行知教育思想　全面提高学生素质》，载《晋中师范高等专科学校学报》2001 年第 3 期。

1188. 安秀玲：《陶行知的考试观及其现实意义浅探》，载《河南教育学院学报（哲学社会科学版）》2001 年第 3 期。

1189. 张炳生：《陶行知的师范教育思想》，载《河北师范大学学报（教育科学版）》2001 年第 3 期。

1190. 王柏乐：《浅议陶行知的师德建设思想》，载《黑河学刊》2001 年第 3 期。

1191. 李永刚：《浅谈陶行知“生活教育”理论对语文教学的指导作用》，载《甘肃教育学院学报（社会科学版）》2001 年第 3 期。

1192. 李代尚：《努力学习陶行知　全面推进素质教育》，载《达县师范高等专科学校学报》2001年第3期。

1193. 王荣成：《陶行知与中国近代学制》，载《达县师范高等专科学校学报》2001年第3期。

1194. 王玉洁：《从陶行知“教学做合一”的教育思想谈高职教育的社会适应性》，载《九江医学》2001年第3期。

1195. 金林祥：《论斋藤秋男对陶行知研究的贡献》，载《华东师范大学学报（教育科学版）》2001年第3期。

1196. 涂雪峰：《陶行知与近代山西的义务教育——纪念陶行知先生诞辰110周年》，载《太原教育学院学报》2001年第3期。

1197. 何长辉：《陶行知教育革新观探析》，载《安徽史学》2001年第4期。

1198. 肖起清：《陶行知教育思想的现实思考》，载《玉林师范学院学报》2001年第4期。

1199. 涂雪峰：《陶行知与近代中国的交通事业——纪念陶行知先生诞辰110周年》，载《克山师专学报》2001年第4期。

1200. 邓俊俊：《陶行知的德育观与当代德育》，载《洛阳师范学院学报》2001年第4期。

1201. 雷军平：《西部大开发与陶行知农村教育思想初探》，载《科学·经济·社会》2001年第4期。

1202. 李晓星：《陶行知师德教育理论与现代师德建设》，载《教书育人》2001年第4期。

1203. 石奇印：《陶行知的师德及其现实意义》，载《池州师专学报》2001年第4期。

1204. 张书丰：《武训义学及陶行知对武训精神的升华》，载《山东师范大学学报（人文社会科学版）》2001年第4期。

1205. 孙景峰：《陶行知教材编辑出版思想与实践》，载《内蒙古大学学报（人文社会科学版）》2001年第5期。

1206. 金林祥：《日本陶行知研究的两位先驱》，载《教育评论》2001年第5期。

1207. 王维中：《陶行知科学教育思想的启示》，载《安徽教育学院学报》2001 年第 5 期。

1208. 洪祥生：《陶行知的终身教育思想》，载《安徽教育学院学报》2001 年第 5 期。

1209. 张秀琴：《陶行知师范教育思想及其意义》，载《青海师专学报》2001 年第 5 期。

1210. 袁忠霞：《陶行知终身教育思想与教师的继续教育》，载《继续教育》2001 年第 5 期。

1211. 陈丽：《论陶行知的德育思想》，载《临沂师范学院学报》2001 年第 5 期。

1212. 张秀琴：《陶行知师范教育思想及其意义》，载《青海师专学报》2001 年第 5 期。

1213. 金林祥：《20 世纪 90 年代陶行知教育思想研究综述》，载《教育研究》2001 年第 6 期。

1214. 陶有峰：《解放孩子是培养创新能力的前提——学习〈陶行知文集〉之解放孩子的几点思考》，载《中小学教师培训》2001 年第 7 期。

1215. 李菁华：《浅谈陶行知的教学改革思想及其现实意义》，载《教育探索》2001 年第 9 期。

1216. 龙显均：《陶行知教育思想简论》，载《教育艺术》2001 年第 9 期。

1217. 王子元：《借鉴陶行知创造教育思想实施素质教育》，载《基础教育研究》2001 年第 9 期。

1218. 陈鼎中：《捧着一颗心来　不带半根草去——〈人民教育家陶行知教育文选〉评介》，载《中学历史教学参考》2001 年第 10 期。

1219. 梅汝莉：《陶行知与新世纪的教育》，载《民主》2001 年第 10 期。

1220. 刘延东：《在纪念陶行知诞辰 110 周年座谈会上的讲话》，载《民主》2001 年第 10 期。

1221. 邹国华：《有感于陶行知“喂鸡”》，载《江西教育》2001

年第 10 期。

1222. 唐爱民：《陶行知成人教育思想述要》，载《成人教育》2001 年第 10 期。

1223. 梅汝莉：《陶行知与新世纪的教育》，载《北京教育》2001 年第 12 期。

1224. 宋传庆：《“敢探未发明的新理”——学习、实践陶行知教育思想》，载《人民教育》2001 年第 12 期。

1225. 吴华钿：《论陶行知的考试观》，载《教育探索》2001 年第 12 期。

1226. 游宇明：《学点陶行知的“心计”》，载《教书育人》2001 年第 13 期。

1227. 张廷贵：《陶行知的创造教育思想与学生创新能力的培养》，载《教学与管理》2001 年第 16 期。

1228. 刘艳慧：《陶行知教育思想与生物课堂教学改革》，载《教书育人》2001 年第 21 期。

1229. 辛治洋：《学陶研陶为师陶　继承创新求发展——全国陶行知教育思想与当代教育改革学术研讨会综述》，载《西南师范大学学报（人文社会科学版）》2002 年第 1 期。

1230. 海巴根：《陶行知创造教育思想的现实意义》，载《内蒙古师范大学学报（教育科学版）》2002 年第 1 期。

1231. 阮素莲：《陶行知“六大解放”思想与儿童创造力培养》，载《江苏教育学院学报》2002 年第 1 期。

1232. 唐恒振：《做创新型教师，育创新型人才——再读陶行知创造教育理论之启示》，载《丹东师专学报》2002 年第 1 期。

1233. 王群生：《“天下第一关”——我所认识的陶行知先生》，载《重庆社会主义学院学报》2002 年第 1 期。

1234. 屠棠：《陶行知教育思想的现代价值（上）》，载《南京晓庄学院学报》2002 年第 1 期。

1235. 刘红斌：《创新·实践与陶行知创造教育思想》，载《广西师范学院学报（哲学社会科学版）》2002 年第 1 期。

1236. 李庚靖：《中国陶行知研究 80 年概述》，载《广西师范学院学报（哲学社会科学版）》2002 年第 1 期。

1237. 杨瑞清：《学会赏识——陶行知先生儿童教育思想学习心得》，载《中小学教学研究》2002 年第 1 期。

1238. 张涛：《陶行知教育思想对现代创造教育的启迪》，载《扬州教育学院学报》2002 年第 1 期。

1239. 冯雪红：《陶行知教育思想的主体性解读》，载《西北第二民族学院学报（哲学社会科学版）》2002 年第 1 期。

1240. 屠棠：《陶行知教育思想的现代价值（下）》，载《南京晓庄学院学报》2002 年第 2 期。

1241. 裴跃进：《陶行知创造教育思想新探》，载《河南职业技术师范学院学报》2002 年第 2 期。

1242. 王清：《陶行知创造教育思想与素质教育》，载《扬州教育学院学报》2002 年第 2 期。

1243. 胡振铎：《生活教育与终身体育——学习陶行知教育思想的感悟》，载《体育函授通讯》2002 年第 2 期。

1244. 阎立强：《陶行知德育思想对教育工作的启示》，载《运城高等专科学校学报》2002 年第 2 期。

1245. 王丽萍：《陶行知教育思想现代价值研究报告》，载《邯郸师专学报》2002 年第 2 期。

1246. 何长辉：《论陶行知教育思想的创新观》，载《学术论坛》2002 年第 2 期。

1247. 王冬艳：《陶行知人口理论与教育》，载《黑龙江高教研究》2002 年第 2 期。

1248. 顾书龙：《论陶行知“教学做合一”的教学模式》，载《巢湖学院学报》2002 年第 2 期。

1249. 张锦贤：《学习行知思想　弘扬行知精神——纪念陶行知先生诞辰 110 周年》，载《江南论坛》2002 年第 2 期。

1250. 韩冰清：《论“六大解放”及其实施——陶行知的“六大解放”思想对培养学生创新素质的启示》，载《黄冈师范学院学报》

2002 年第 2 期。

1251. 沈路：《试论陶行知德育思想的“真善美”》，载《江淮论坛》2002 年第 2 期。

1252. 王红云：《借鉴学习陶行知创造教育思想，重视培养创新能力》，载《河南教育学院学报（哲学社会科学版）》2002 年第 2 期。

1253. 张文婷：《陶行知的教师素质观与现代教师素质》，载《濮阳教育学院学报》2002 年第 2 期。

1254. 贾慧：《解读陶行知“学生自治”思想》，载《南京晓庄学院学报》2002 年第 2 期。

1255. 刘晓梅：《陶行知的语言文字思想及其实践》，载《南京晓庄学院学报》2002 年第 2 期。

1256. 潘明：《论陶行知的健康教育思想》，载《体育学刊》2002 年第 3 期。

1257. 梁迪：《试论陶行知“五解放”教育思想》，载《广西师范大学学报（哲学社会科学版）》2002 年第 3 期。

1258. 冯世泽：《陶行知师范教育思想刍议》，载《继续教育研究》2002 年第 3 期。

1259. 方健华、章跃一：《陶行知的校长观浅议》，载《江苏教育学院学报（社会科学版）》2002 年第 3 期。

1260. 杨克贵：《陶行知的“全民教育”思想论略》，载《宁波职业技术学院学报》2002 年第 3 期。

1261. 韩克柱：《陶行知师德实践理论评析》，载《连云港师范高等专科学校学报》2002 年第 3 期。

1262. 高谦民：《陶行知乡村教育思想管窥》，载《中国农业教育》2002 年第 3 期。

1263. 陈佳清：《陶行知的生存教育思想探析》，载《连云港职业技术学院学报》2002 年第 3 期。

1264. 陈卫东：《在生活中培养儿童的良好习惯——陶行知论习惯》，载《少年儿童研究》2002 年第 3 期。

1265. 姜新：《陶行知“四块糖”的批评艺术》，载《班主任》

2002 年第 3 期。

1266. 张文明：《陶行知创造教育观探微》，载《苏州教育学院学报》2002 年第 3 期。

1267. 文敏：《浅谈陶行知的师范教育思想及对我们的启示》，载《辽宁师专学报》2002 年第 3 期。

1268. 张炳生：《陶行知师范教育思想与我国师范教育现代化》，载《南京晓庄学院学报》2002 年第 3 期。

1269. 秦裕芳：《创新：陶行知教育思想的灵魂》，载《南京晓庄学院学报》2002 年第 3 期。

1270. 徐少锦：《陶行知教育理论研究的一个创见》，载《南京晓庄学院学报》2002 年第 3 期。

1271. 李雄杰：《浅论陶行知的教育观》，载《浙江工商职业技术学院学报》2002 年第 3 期。

1272. 张华新：《论陶行知的实践教育思想》，载《武汉理工大学学报（社会科学版）》2002 年第 3 期。

1273. 王保军：《陶行知的教育改革实践及给我们的启示》，载《周口师范高等专科学校学报》2002 年第 3 期。

1274. 梅纳新：《论陶行知的教育思想及其特征》，载《华北水利水电学院学报（社会科学版）》2002 年第 4 期。

1275. 周洪宇：《陶行知与美国侨界》，载《武汉文史资料》2002 年第 4 期。

1276. 张彩霞：《陶行知论乡村教育》，载《河南职业技术师范学院学报》2002 年第 4 期。

1277. 陈伯安：《陶行知的读书观》，载《语文教学与研究》2002 年第 4 期。

1278. 梁峰：《陶行知“教学做合一”理论在生物学教学法的实践》，载《生物学杂志》2002 年第 4 期。

1279. 李军靠：《陶行知“生活教育理论”中的主体教育思想及其启示》，载《延安大学学报（社会科学版）》2002 年第 4 期。

1280. 张鸣年：《陶行知诗歌理论之理性思索》，载《黄山学院学报》2002 年第 4 期。

1281. 李庚靖：《陶行知教育思想研究之现状》，载《上海教育科研》2002 年第 4 期。

1282. 朱丽：《生活与教育——杜威“教育即生活”与陶行知“生活即教育”之比较》，载《北京教育学院学报》2002 年第 4 期。

1283. 虞伟庚：《教育就是教人做人——陶行知教育思想对当前德育工作的启示》，载《江西社会科学》2002 年第 4 期。

1284. 李嘉曾：《国立东南大学时期的陶行知及其早期教育思想》，载《中国大学教学》2002 年第 4 期。

1285. 陈殿伟：《试论陶行知先生的生活教育及现实意义》，载《大学物理实验》2002 年第 4 期。

1286. 宋丽娜：《陶行知平民教育思想与当今乡镇社区教育》，载《大连教育学院学报》2002 年第 4 期。

1287. 张建平：《试论陶行知“健康第一”的学校体育思想》，载《体育文化导刊》2002 年第 5 期。

1288. 梁迪：《陶行知“五解放”教育思想与大学生创新精神的培养》，载《高教论坛》2002 年第 5 期。

1289. 周德厚：《我眼中的陶行知夫妇》，载《山东教育》2002 年第 5 期。

1290. 佘子峡：《陶行知与近代中国教会教育》，载《河北师范大学学报（教育科学版）》2002 年第 5 期。

1291. 陈敏：《陶行知：把人写上现代化的旗帜》，载《中国改革》2002 年第 5 期。

1292. 袁敏智：《陶行知教育思想与素质教育》，载《浙江树人大学学报》2002 年第 5 期。

1293. 徐琦：《真・善・美——从陶行知看如何构筑现代新型师生关系》，载《班主任之友》2002 年第 5 期。

1294. 敖洁：《论陶行知的〈实施民主教育的提纲〉》，载《现代教育论丛》2002 年第 5 期。

1295. 何炳章：《远东一种伟大之现象——晓庄精神和它的锻造

者陶行知先生》，载《学术界》2002 年第 6 期。

1296. 张炳生：《论陶行知的教师伦理思想》，载《商丘师范学院学报》2002 年第 6 期。

1297. 余子峡：《陶行知与近代中国教会教育（续）》，载《河北师范大学学报（教育科学版）》2002 年第 6 期。

1298. 邓恩远：《求真知说真话做真人——陶行知德育思想初探》，载《思想教育研究》2002 年第 7 期。

1299. 王冰蔚：《陶行知职业教育思想探析》，载《职教通讯》2002 年第 7 期。

1300. 章开沅：《大教育：建设中国的支点——〈陶行知与中国现代化〉序》，载《中国改革》2002 年第 7 期。

1301. 李建文：《捧着一颗心来　不带半根草去——陶行知论教师》，载《山东教育》2002 年第 8 期。

1302. 李庚靖：《论陶行知德育思想的现代价值》，载《思想·理论·教育》2002 年第 9 期。

1303. 赵传芳：《试论陶行知的幼儿教育思想》，载《韶关学院学报》2002 年第 10 期。

1304. 赵雅丽：《陶行知"教育与知识"思想观探究》，载《教育探索》2002 年第 10 期。

1305. 芦苇：《陶行知幼儿教育思想及其现实意义》，载《东南亚纵横》2002 年第 10 期。

1306. 方健华：《做整个的校长——浅议陶行知先生的校长观》，载《教学与管理》2002 年第 13 期。

1307. 陈福翔：《陶行知创造教育思想给我们的启示》，载《山西教育》2002 年第 21 期。

1308. 吴建君：《陶行知生活教育理论对当前教育改革的意义》，载《教学与管理》2002 年第 24 期。

1309. 陈善卿：《陶行知提倡"学生自治"的当代价值》，载《南京晓庄学院学报》2003 年第 1 期。

1310. 姚远：《陶行知与汇文书院》，载《东南文化》2003 年第

1 期。

1311. 储朝晖：《论陶行知教师培养目标的逻辑系统》，载《高等师范教育研究》2003 年第 1 期。

1312. 刘腊梅：《试论陶行知“教学做合一”对职业教育改革的借鉴意义》，载《职业技术》2003 年第 1 期。

1313. 葛永娟：《生活·教育·发展·树人——陶行知生活教育理论的实践与探索》，载《教育科研论坛》2003 年第 2 期。

1314. 武丰旭：《陶行知主体教育思想及其启示（上）》，载《教育科研论坛》2003 年第 2 期。

1315. 徐明聪：《万世师表陶行知》，载《教育文汇》2003 年第 2 期。

1316. 汪月霞：《陶行知教育思想的实践者方怀毅》，载《黄山学院学报》2003 年第 2 期。

1317. 黄书光：《陶行知：杜威教育理论的改造与超越》，载《科学课》2003 年第 2 期。

1318. 陈棻德：《他促成了白求恩来华——杰出的民间外交家陶行知》，载《贵阳文史》2003 年第 2 期。

1319. 张莉莉：《浅谈陶行知的素质教育思想》，载《宿州师专学报》2003 年第 2 期。

1320. 李大中：《创新教育与教育民主化——试论陶行知的创造教育与教育民主思想》，载《自贡师范高等专科学校学报》2003 年第 2 期。

1321. 郑艳芬：《浅析陶行知的创造教育观》，载《语文学刊》2003 年第 2 期。

1322. 肖韵：《论陶行知德育思想对大学生德育的现实意义》，载《四川职业技术学院学报》2003 年第 2 期。

1323. 肖韵：《论陶行知德育思想对大学生德育的启示》，载《钦州师范高等专科学校学报》2003 年第 2 期。

1324. 刘猛：《劳动教育：从陶行知到毛泽东》，载《江苏教育学院学报》2003 年第 2 期。

1325. 胡晓风：《论陶行知以新教育推进中国现代化的思想》，载《社会科学研究》2003 年第 2 期。

1326. 敖洁：《试论陶行知教育民主思想的基本特征》，载《贵州大学学报（社会科学版）》2003 年第 2 期。

1327. 张小琴：《解放儿童的创造力　培养儿童的创造力——学习陶行知“创造的儿童教育”的几点思考》，载《中华家教》2002 年第 2 期。

1328. 谭德礼：《从杜威的“教育即生活”到陶行知的“生活即教育”》，载《河南师范大学学报（哲学社会科学版）》2003 年第 3 期。

1329. 谭德礼：《论陶行知“生活即教育”的德育思想》，载《山西师范大学学报（社会科学版）》2003 年第 3 期。

1330. 田利军：《陶行知谈计划生育与教育》，载《文史杂志》2003 年第 3 期。

1331. 刘荣琴：《唤起儿童的创造潜能——陶行知教育思想对语文教学的启示》，载《安阳大学学报》2003 年第 3 期。

1332. 黄晓光：《陶行知生活创造教育思想及其启示》，载《南京晓庄学院学报》2003 年第 3 期。

1333. 高海燕：《陶行知文艺美学思想研究》，载《南京晓庄学院学报》2003 年第 3 期。

1334. 武丰旭：《陶行知主体教育思想及其启示（下）》，载《教育科研论坛》2003 年第 3 期。

1335. 刘影：《陶行知的“生活教育”之借鉴》，载《长春工业大学学报（高教研究版）》2003 年第 3 期。

1336. 李镇西：《真教育是心心相印的活动——素质教育背景下重温陶行知伟大的师爱精神》，载《辅导员》2003 年第 3 期。

1337. 王永辉：《“教学合一”：陶行知教育思想与远程教学》，载《现代远程教育研究》2003 年第 3 期。

1338. 王贵州：《绝知此事要躬行——运用陶行知生活教育理论进行作文教学》，载《黑龙江教育》2003 年第 4 期。

1339. 刘唤群：《陶行知与茶馆》，载《农业考古》2003 年第 4 期。

1340. 谭斌：《追寻先贤的足迹——陶行知的教育及生活历程》，载《中国教师》2003 年第 4 期。

1341. 龚瑾：《陶行知“生活教育理论”与公民教育课程实施策略》，载《常州师范专科学校学报》2003 年第 4 期。

1342. 童富勇：《陶行知生活教育理论的若干特色》，载《教育评论》2003 年第 4 期。

1343. 洪祥生：《试论陶行知教育思想的中国特色》，载《安徽教育学院学报》2003 年第 4 期。

1344. 蒋纯焦：《密切农村教育与农村社会的关系——试析陶行知乡村教育思想的现代价值》，载《河北师范大学学报（教育科学版）》2003 年第 4 期。

1345. 李国杰：《陶行知“生活教育理论”对当代教育的指导意义》，载《邢台学院学报》2003 年第 4 期。

1346. 陈宏毅：《实用主义教育与“生活教育”——杜威与陶行知教育理论之比较》，载《求索》2003 年第 4 期。

1347. 唐智松：《陶行知居渝期间的教育思想研究》，载《邢台职业技术学院学报》2003 年第 4 期。

1348. 谭德礼：《论道德教育的模式——从杜威“教育即生活”到陶行知“生活即教育”》，载《临沂师范学院学报》2003 年第 4 期。

1349. 刘维鸿：《陶行知“中国式教育道路”浅谈》，载《内蒙古师范大学学报（教育科学版）》2003 年第 4 期。

1350. 姜霞：《陶行知儿童“六大解放”理论的再认识》，载《理论观察》2003 年第 5 期。

1351. 张林发：《陶行知“创造教育”略论》，载《湖南师范大学教育科学学报》2003 年第 5 期。

1352. 梁晓凤：《晓庄精神的现代价值——陶行知与晓庄师范》，载《内蒙古师范大学学报（教育科学版）》2003 年第 5 期。

1353. 杨琦：《陶行知创造教育思想探微》，载《青海师范大学学报（哲学社会科学版）》2003年第5期。

1354. 赵一民：《陶行知“生活教育”对语文教学的指导意义》，载《山东省农业管理干部学院学报》2003年第5期。

1355. 王根宝：《陶行知教育思想和现代语文教学》，载《上海教育科研》2003年第5期。

1356. 马海：《陶行知纪念馆在素质教育中的作用》，载《上海教育科研》2003年第5期。

1357. 胡继渊：《杜威与陶行知教育思想的比较研究》，载《外国中小学教育》2003年第5期。

1358. 哈尔宜：《毕竟兴邦先教化　犹记锄头革命歌——陶行知先生纪念馆抒笔》，载《党史纵览》2003年第6期。

1359. 冯雪红：《最近10年来陶行知热点问题研究概观》，载《中南民族大学学报（人文社会科学版）》2003年第6期。

1360. 李玉峰：《陶行知“千分法”量表的特点及启示》，载《浙江树人大学学报》2003年第6期。

1361. 屠棠：《陶行知论师德修养》，载《教育科研论坛》2003年第6期。

1362. 李顺松：《实践陶行知人格教育理念　探索“引导学生自我建构健康人格”学校辅导模式》，载《教育导刊》2003年第6期。

1363. 吴畏：《陶行知教育思想：历久常新　与时俱进》，载《中国教育学刊》2003年第6期。

1364. 马建强：《伟大的人民教育家陶行知与小学教育》，载《小学青年教师》2003年第7期。

1365. 漆新贵：《陶行知生活教育理念的现代价值》，载《西南民族大学学报（人文社科版）》2003年第9期。

1366. 秦有花：《陶行知生活教育理论对教学的启示》，载《小学教学研究》2003年第9期。

1367. 张桂平：《陶行知“活的教育”思想在科技教育中的应用》，载《教育科研论坛》2003年第10期。

1368. 应西芳：《用爱心去开启学生心灵的窗户——走近陶行知后的感悟与实践》，载《教育科研论坛》2003 年第 11 期。

1369. 魏燕：《陶行知楹联论教育》，载《班主任》2003 年第 11 期。

1370. 赵红亚：《论陶行知的终身教育思想》，载《成人教育》2003 年第 12 期。

1371. 王海明：《陶行知教育思想对探究性学习能力培养的启示》，载《教育科研论坛》2003 年第 12 期。

1372. 郑红红：《陶行知的“创造教育观”对当前实施创新教育的启示》，载《福建教育学院学报》2003 年第 12 期。

1373. 洪志强：《热爱学生——陶行知的德育原则》，载《教书育人》2003 年第 22 期。

1374. 程雪清：《陶行知乡村教育思想对当代农村教育改革的启示》，载《池州师专学报》2004 年第 1 期。

1375. 宋红霞：《试论陶行知的创造教育思想及其现代启示》，载《安阳师范学院学报》2004 年第 1 期。

1376. 姚永强：《论陶行知的职业教育思想及现实意义》，载《成都中医药大学学报（教育科学版）》2004 年第 1 期。

1377. 黄宁：《从陶行知先生教育观浅析学生创新能力的培养》，载《芜湖职业技术学院学报》2004 年第 1 期。

1378. 李晓宏：《陶行知现代教育思想探微》，载《晋东南师范专科学校学报》2004 年第 1 期。

1379. 汤翠英：《陶行知教育思想的时代价值》，载《黔东南民族师范高等专科学校学报》2004 年第 1 期。

1380. 王桃英：《论陶行知“教人求真”“学做真人”的德育思想》，载《南昌高专学报》2004 年第 1 期。

1381. 申宣成：《从陶行知的教学观看当代教师的角色定位》，载《教育导刊》2004 年第 1 期。

1382. 宇文：《中国陶行知研究会开展女学生教育研究》，载《妇女研究论丛》2004 年第 1 期。

1383. 杨平：《陶行知学习思想及其现实意义》，载《中国教育学刊》2004 年第 1 期。

1384. 谭斌：《陶行知现象及陶行知形象的政治性建构——兼对中国社会 1949 年前后“共同叙事”逻辑作社会学分析》，载《南京晓庄学院学报》2004 年第 1 期。

1385. 吴翔：《1931—1934 年：作为〈申报〉新闻改革家的陶行知》，载《南京晓庄学院学报》2004 年第 1 期。

1386. 田圣友：《陶行知的“五观”对素质教育实践的指导》，载《教育科研论坛》2004 年第 1 期。

1387. 胡继渊：《杜威和陶行知行动研究思想及实践的浅析》，载《外国中小学教育》2004 年第 1 期。

1388. 殷洁：《试论陶行知教育思想中的幼儿自治》，载《学前教育》2004 年第 2 期。

1389. 易群：《陶行知的卖艺启事与对联》，载《对联·民间对联故事》2004 年第 2 期。

1390. 黄夏梅：《重温陶行知　走进新课程》，载《宁波大学学报（教育科学版）》2004 年第 2 期。

1391. 胡金平：《知识人与政治人：陶行知教师角色理论的分析》，载《华东师范大学学报（教育科学版）》2004 年第 2 期。

1392. 吴凤仙：《赤子之忱——浅议陶行知教学思想》，载《中南民族大学学报（人文社会科学版）》2004 年第 2 期。

1393. 郭文超：《陶行知的职业教育思想及其对我国农村职业教育的启示》，载《河北农业大学学报（农林教育版）》2004 年第 2 期。

1394. 童富勇：《陶行知与浙江教育》，载《杭州师范学院学报（社会科学版）》2004 年第 2 期。

1395. 李兵：《陶行知普及教育思想及其启示》，载《南京晓庄学院学报》2004 年第 2 期。

1396. 罗有岩：《借鉴陶行知教育思想　构建新型语文课堂》，载《云南教育》2004 年第 2 期。

1397. 周德厚：《我在陶行知家干活》，载《红岩春秋》2004 年第

3 期。

1398. 李秀：《陶行知生活教育理论对适应性功能教育的启示》，载《安康师专学报》2004 年第 3 期。

1399. 周玉琴：《陶行知的德育思想及现代价值反思》，载《江淮论坛》2004 年第 3 期。

1400. 王盛鑫：《学习陶行知创造教育思想　推进素质教育的步伐》，载《江西省团校学报》2004 年第 3 期。

1401. 冯淑瑞：《陶行知教育思想及对师范教育的意义》，载《太原城市职业技术学院学报》2004 年第 3 期。

1402. 王健：《浅谈陶行知教育思想对研究性学习的指导意义》，载《新疆石油教育学院学报》2004 年第 3 期。

1403. 高德群：《让作文向生活延伸——谈陶行知生活教育思想与作文教学改革》，载《无锡教育学院学报》2004 年第 3 期。

1404. 吕岳鹏：《陶行知科教思想述评》，载《教育科研论坛》2004 年第 3 期。

1405. 程英豪：《也说陶行知的考试观》，载《作文成功之路》2004 年第 4 期。

1406. 武西娜：《陶行知教学做合一思想与现代教学过程理论》，载《铜陵学院学报》2004 年第 4 期。

1407. 汪太戈：《陶行知和柯庆施》，载《徽州社会科学》2004 年第 4 期。

1408. 高艳平：《音乐教学要教会学生“做”与“学”——学习陶行知教育思想的实践》，载《吕梁教育学院学报》2004 年第 4 期。

1409. 汝秀梅：《陶行知乡村教育思想的现代启示——兼论发展有中国特色的农村教育》，载《番禺职业技术学院学报》2004 年第 4 期。

1410. 王小英：《为孩子开辟一片“自留地”——从实践中感悟陶行知先生提出的“解放儿童的空间”》，载《教育科研论坛》2004 年第 4 期。

1411. 李中红：《陶行知的生活教育理论及实践》，载《黑龙江教育学院学报》2004 年第 4 期。

1412. 李更生：《全体·基础·生活——新课程视野中孔子、陶行知教育理念之重拾》，载《浙江教育学院学报》2004 年第 4 期。

1413. 蔺晓琳：《浅谈小学创新教育的实施——再学陶行知的教育思想有感》，载《四川教育学院学报》2004 年第 4 期。

1414. 张伯兴：《活教育　真教育　好教育——陶行知先生一生的教育追求》，载《中国教育学刊》2004 年第 4 期。

1415. 蒋廷玉：《从陶行知的教育思想看中学政治课的个性化教学》，载《广西教育》2004 年第 5 期。

1416. 张炳生：《陶行知主体性德育思想探求》，载《兰州学刊》2004 年第 5 期。

1417. 涂怀京：《从争鸣到复兴：陶行知教育思想研究述评（1979—1985）》，载《福建师范大学学报（哲学社会科学版）》2004 年第 5 期。

1418. 王文岭：《陶行知与陶渊明》，载《安庆师范学院学报（社会科学版）》2004 年第 5 期。

1419. 金培雄：《陶行知校本研究思想对新课改的启示》，载《教育科研论坛》2004 年第 5 期。

1420. 崔英杰：《对陶行知创造教育思想的认识和思考》，载《赤峰学院学报》2004 年第 6 期。

1421. 谌安荣：《陶行知“教学做合一”的理论内涵及教学论意义》，载《云梦学刊》2004 年第 6 期。

1422. 韩富叶：《陶行知诗歌得失谈》，载《现代语文（理论研究版）》2004 年第 6 期。

1423. 曲铁华：《论陶行知的科学教育思想及其现代价值》，载《东北师大学报（哲学社会科学版）》2004 年第 6 期。

1424. 张炳生：《陶行知主体性德育思想探求》，载《云南民族大学学报（哲学社会科学版）》2004 年第 6 期。

1425. 张宝书：《陶行知与梁漱溟的农村教育思想之比较》，载《当代教育论坛》2004 年第 7 期。

1426. 滕瀚：《论陶行知教育技术思想对课程教学的启迪》，载《四川教育学院学报》2004 年第 7 期。

1427. 倪素梅：《陶行知教育思想与研究性学习》，载《教育实践与研究》2004 年第 7 期。

1428. 刘道玉：《陶行知：中国第一位创造教育家》，载《教育文汇》2004 年第 7 期。

1429. 韩剑平：《陶行知特色之我见》，载《江南论坛》2004 年第 8 期。

1430. 何永峰：《陶行知教育思想研究》，载《党史文苑》2004 年第 8 期。

1431. 陈文东：《陶行知的幼儿科学教育思想及其对幼儿科学教育的启示》，载《四川教育学院学报》2004 年第 8 期。

1432. 王清：《陶行知师德教育思想对提高新世纪教师素质的影响》，载《辽宁教育行政学院学报》2004 年第 9 期。

1433. 谌安荣：《陶行知生活教育理论的内涵及其意义》，载《广西社会科学》2004 年第 9 期。

1434. 汪太戈：《早年的柯庆施与陶行知》，载《党史纵览》2004 年第 10 期。

1435. 张伯兴：《陶行知的课程观及其现代价值》，载《中国教育学刊》2004 年第 10 期。

1436. 金萍：《有感于陶行知先生的创造教育》，载《小学语文教学》2004 年第 10 期。

1437. 徐春霞：《陶行知的生活教育思想探微》，载《教育探索》2004 年第 10 期。

1438. 胡继渊：《略论杜威和陶行知的知识观》，载《外国中小学教育》2004 年第 11 期。

1439. 徐鸿：《试论陶行知的师范教育思想》，载《西南民族大学学报（人文社科版）》2004 年第 11 期。

1440. 李先明：《我为什么崇拜陶行知先生》，载《经济前沿》2004 年第 11 期。

1441. 姚建忠：《陶行知创造教育思想给我们的启示》，载《教育科研论坛》2004 年第 12 期。

1442. 邓恩远：《顾公德讲私德　建筑人格长城——陶行知德育思想再探》，载《思想教育研究》2004 年第 12 期。

1443. 殷洁：《试论陶行知教育思想中幼儿自治的几对关系》，载《山东教育》2004 年第 15 期。

1444. 周先友：《讲究批评的艺术——从陶行知奖糖说起》，载《湖南教育》2004 年第 20 期。

1445. 徐铸成：《陶行知开罪江青始末》，载《出版参考》2004 年第 35 期。

1446. 金林祥：《深入开展陶行知乡村教育思想研究》，载《南京晓庄学院学报》2005 年第 1 期。

1447. 王清：《论陶行知的课程思想及其现实意义》，载《教育探索》2005 年第 1 期。

1448. 高焕祥：《陶行知思想的当代人文精神价值》，载《南京晓庄学院学报》2005 年第 1 期。

1449. 刘长贵：《以行动研究法推进陶行知教育思想的实践转化》，载《南京晓庄学院学报》2005 年第 1 期。

1450. 徐志辉：《研究陶行知必须有真正的学术精神》，载《南京晓庄学院学报》2005 年第 1 期。

1451. 李刚：《回到陶行知的历史世界》，载《南京晓庄学院学报》2005 年第 1 期。

1452. 胡金平：《民间意义的发现与教师角色的转换——陶行知教师知识人角色理论的分析》，载《南京师范大学学报（社会科学版）》2005 年第 1 期。

1453. 储朝晖：《陶行知与抗日战争》，载《抗日战争研究》2005 年第 1 期。

1454. 姚成：《陶行知教育思想与现代教育刍议》，载《安徽教育》2005 年第 1 期。

1455. 刘国清：《陶行知创造教育思想及其现实意义》，载《成都教育学院学报》2005 年第 2 期。

1456. 朱晓春：《陶行知“健康第一”教育思想的研究》，载《南京晓庄学院学报》2005 年第 3 期。

1457. 涂雪峰：《陶行知经济改造思想探析》，载《南京晓庄学院学报》2005 年第 3 期。

1458. 陈福翔：《陶行知美育思想初探》，载《教书育人》2005 年第 3 期。

1459. 陈志科：《我国创造教育的首倡者并非陶行知》，载《上海教育科研》2005 年第 3 期。

1460. 方相成：《论陶行知的知识观》，载《理论界》2005 年第 3 期。

1461. 曹春霞：《谈陶行知与近代山西的义务教育》，载《吕梁教育学院学报》2005 年第 3 期。

1462. 张蓉：《批判与反思：1951—1978 年的陶行知研究》，载《华东师范大学学报（教育科学版）》2005 年第 3 期。

1463. 伍德勤：《陶行知关于学生自治的思想与实践》，载《安徽理工大学学报（社会科学版）》2005 年第 3 期。

1464. 李刚：《“从人民教育家”到“教育万能论者”——评 20 世纪 50 年代对陶行知教育思想的再评价》，载《南京晓庄学院学报》2005 年第 4 期。

1465. 周纪焕：《新课改背景下对陶行知“教学做合一”理论的再认识》，载《湖北社会科学》2005 年第 4 期。

1466. 黄晓玲：《试论陶行知的教材思想及现实启示》，载《中国教育学刊》2005 年第 5 期。

1467. 成尚荣：《陶行知课程思想与基础教育课程改革》，载《课程・教材・教法》2005 年第 5 期。

1468. 杨国龙：《陶行知教育思想对西部乡村教育实践和指导思想的启示》，载《楚雄师范学院学报》2005 年第 5 期。

1469. 冯雪红：《陶行知乡村教育思想的当代启示》，载《西北民族大学学报（哲学社会科学版）》2005 年第 5 期。

1470. 黄书光：《陶行知“生活教育”理论在上海的传播与发展》，载《南京晓庄学院学报》2005年第6期。

1471. 崔玉婷：《胡适、陶行知接受杜威实用主义教育思想的方法论比较》，载《宁波大学学报（教育科学版）》2005年第6期。

1472. 王祥：《陶行知创造教育思想对新课程改革的启示》，载《教育探索》2005年第7期。

1473. 陈昌铎：《陶行知的“六大解放”教育主张的现实意义》，载《河南教育》2005年第7期。

1474. 李树田：《从陶行知“社会即是学校，生活即是教育”思想所想到的》，载《前沿》2005年第9期。

1475. 刘长贵：《陶行知生活德育理论的当代价值》，载《常熟理工学院学报》2005年第9期。

1476. 谢美华：《陶行知的考试观及其现实观照》，载《当代教育论坛》2005年第10期。

1477. 霍玉敏：《论陶行知乡村教育思想》，载《理论导刊》2005年第10期。

1478. 范金豹：《让陶行知先生走进中小学课本》，载《教育文汇》2005年第10期。

1479. 李清华：《陶行知的人生价值观探析》，载《福建教育学院学报》2005年第10期。

1480. 童富勇：《陶行知的生活课程理论与新课程》，载《教育发展研究》2005年第11期。

1481. 谭海清：《论陶行知的德育原则》，载《当代教育论坛》2005年第13期。

1482. 刘玉有：《践行陶行知教育理论，培养创造型高职人才》，载《教育与职业》2005年第16期。

1483. 孙菁：《陶行知的情感管理活动初析》，载《教书育人》2005年第17期。

1484. 陈竞蓉：《孟禄与陶行知》，载《文教资料》2005年第17期。

1485. 徐丽丽：《从陶行知“生活教育理论”谈“学以致用”》，载《当代教育论坛》2005年第18期。

1486. 费玉林：《以陶行知教育思想滋养素质教育》，载《人民教育》2005年第23期。

1487. 陆黎明：《陶行知教育理论对现代素质教育的启示》，载《思想·理论·教育》2005年第24期。

1488. 朱小蔓：《以陶为师　献身教育——在生活教育暨浙江陶行知教育思想研讨会的讲话》，载《中国农村教育》2006年第1期。

1489. 方明：《努力实现陶行知的创造愿望》，载《中国农村教育》2006年第1期。

1490. 申丽娟：《从社会互动论视角看陶行知的生活教育思想》，载《民办高等教育研究》2006年第1期。

1491. 廖宗明：《试论陶行知创办的社会大学》，载《高等教育研究》2006年第1期。

1492. 陈芳：《陶行知创造教育理论对我国基础教育课程改革的若干启示》，载《福建陶研》2006年第1期。

1493. 冯锦英：《陶行知的职业教育思想探析》，载《福建陶研》2006年第1期。

1494. 黄哲文：《陶行知科学教育思想与实践的评价》，载《福建陶研》2006年第1期。

1495. 郑晓生：《研究性学习——陶行知教育思想的现实体现》，载《福建陶研》2006年第1期。

1496. 蓝敏：《刍议陶行知德育思想》，载《福建陶研》2006年第1期。

1497. 苏燕峰：《生命教育视角下的陶行知德育目标》，载《福建陶研》2006年第1期。

1498. 李清华：《陶行知乡村教育思想的现实借鉴意义》，载《福建陶研》2006年第1期。

1499. 陈家生：《试论陶行知进步的荣辱观》，载《福建陶研》2006年第1期。

1500. 涂雪峰：《陶行知以交通促教育的思想》，载《高教发展与评估》2006 年第 1 期。

1501. 崔玉婷：《异源同流　和而不同——梁漱溟、陶行知乡村教育思想比较研究》，载《河北师范大学学报（教育科学版）》2006 年第 1 期。

1502. 阮巧玲：《从人文视野审视陶行知的体育观》，载《浙江体育科学》2006 年第 1 期。

1503. 刘长贵：《陶行知"基督徒教育家"定位的逻辑追问》，载《南京晓庄学院学报》2006 年第 1 期。

1504. 李刚：《史料学取向与宗教体验渗透的张力——评〈陶行知：一位基督徒教育家的再发现〉》，载《南京晓庄学院学报》2006 年第 1 期。

1505. 陈勇军：《陶行知社会教育思想初探》，载《吉林广播电视大学学报》2006 年第 1 期。

1506. 缪葵慈：《论陶行知的天才教育观》，载《菏泽学院学报》2006 年第 1 期。

1507. 杨东平：《现代中国的教育哲学——对陶行知生活教育理论的再认识》，载《生活教育》2006 年第 1 期。

1508. 范晓晖：《陶行知与南京安徽公学》，载《南京晓庄学院学报》2006 年第 2 期。

1509. 邢培华：《论陶行知的武训研究》，载《南京晓庄学院学报》2006 年第 2 期。

1510. 胡晓风：《我所认识的陶行知》，载《生活教育》2006 年第 2 期。

1511. 张伯兴：《陶行知关于教学方法的论述及其现实指导意义》，载《生活教育》2006 年第 2 期。

1512. 叶圣陶：《生活教育——怀念陶行知》，载《生活教育》2006 年第 2 期。

1513. 涂雪峰：《陶行知的乡村教育改造思想和实践述评》，载《河北农业大学学报（农林教育版）》2006 年第 2 期。

1514. 张水根：《突显主体：从他律走向自律——陶行知学生自治问题研究的启示》，载《爱满天下》2006 年第 2 期。

1515. 胡继渊：《陶行知有效教学思想的浅析》，载《爱满天下》2006 年第 2 期。

1516. 荆世华：《陶行知职业教育思想的探索与思考》，载《爱满天下》2006 年第 2 期。

1517. 李天星：《师德建设呼唤陶行知》，载《爱满天下》2006 年第 2 期。

1518. 郭少榕：《陶行知女子教育理论对我们的启示》，载《爱满天下》2006 年第 2 期。

1519. 卢苇：《陶行知教育思想和教师继续教育》，载《爱满天下》2006 年第 3 期。

1520. 陈汉才：《借鉴陶行知平民教育理论实践　更好地贯彻落实温总理的平民教育主张》，载《爱满天下》2006 年第 3 期。

1521. 董群：《陶行知健身思想探析》，载《体育与科学》2006 年第 3 期。

1522. 徐志辉：《本世纪前五年陶行知研究综述》，载《南京晓庄学院学报》2006 年第 3 期。

1523. 陈学军：《论陶行知生活化民主教育管理思想》，载《南京师范大学学报（社会科学版）》2006 年第 3 期。

1524. 许向峰：《苍凉时代的“人民经”——浅谈陶行知诗歌的“教育气韵”》，载《生活教育》2006 年第 3 期。

1525. 王培：《陶行知诗歌的教育魅力》，载《生活教育》2006 年第 3 期。

1526. 方明：《填补了陶行知研究史的空白——推荐一本好书》，载《生活教育》2006 年第 3 期。

1527. 熊贤君：《世纪性的“陶研”学术总结——金林祥主编〈二十世纪陶行知研究〉读后感》，载《生活教育》2006 年第 3 期。

1528. 陈韶峰：《陶行知治校实践中的民主与法治思想论略》，载《南京师范大学学报（社会科学版）》2006 年第 3 期。

1529. 张新平：《陶行知校长学的七个命题探析》，载《南京师范大学学报（社会科学版）》2006年第3期。

1530. 杜宏记：《陶行知成人教育思想探析》，载《河南师范大学学报（哲学社会科学版）》2006年第3期。

1531. 胡国枢：《陶行知——杰出的中华本土教育家（上）》，载《生活教育》2006年第3期。

1532. 屠棠：《生活教育理论的精辟阐述——重读〈晓庄三岁敬告同志书〉有感》，载《生活教育》2006年第3期。

1533. 陈家生：《陶行知创新教育思想简评》，载《生活教育》2006年第4期。

1534. 储朝晖：《生活教育的当代发展》，载《生活教育》2006年第4期。

1535. 胡国枢：《陶行知——杰出的中华本土教育家（中）》，载《生活教育》2006年第4期。

1536. 张嘉巽：《陶行知创造教育理论的启示》，载《生活教育》2006年第4期。

1537. 齐春燕：《陶行知与中国近现代教育的本土化》，载《成都教育学院学报》2006年第4期。

1538. 温和：陶行知教育思想对聋校教育的启示》，载《南京特教学院学报》2006年第4期。

1539. 涂雪峰：《陶行知的乡村教育改造思想述评——纪念陶行知诞辰115周年暨逝世60周年》，载《中国农村教育》2006年第4期。

1540. 申国昌、周洪宇：《陶行知求真务实的治学理念探析》，载《华中师范大学学报（人文社会科学版）》2006年第4期。

1541. 黄友珍：《论陶行知的乡村教育思想及现实意义》，载《教师教育研究》2006年第4期。

1542. 谌安荣：《陶行知生活教育理论探源》，载《云梦学刊》2006年第4期。

1543. 李天星：《我们心目中的陶行知》，载《爱满天下》2006年第 4 期。

1544. 张伯兴：《陶行知教育思想中的辩证法例谈》，载《爱满天下》2006 年第 4 期。

1545. 屠棠：《陶行知先生永远活在人民心中》，载《爱满天下》2006 年第 4 期。

1546. 陶铮：《深切的怀念　不懈的追求——读陶行知家书有感》，载《爱满天下》2006 年第 5 期。

1547. 陆克俭：《试论陶行知“学生自治”理论与实践》，载《湖北大学学报（哲学社会科学版）》2006 年第 5 期。

1548. 兰军：《使中国教育走向世界的尝试——陶行知与国际教育会议》，载《安徽史学》2006 年第 5 期。

1549. 涂雪峰：《论陶行知的中西文化观——纪念陶行知诞辰 115 周年暨逝世 60 周年》，载《湖北教育学院学报》2006 年第 5 期。

1550. 张平：《陶行知家庭教育思想举隅》，载《生活教育》2006 年第 5 期。

1551. 周洪宇：《陶行知教育思想与学校和家庭教育的重构》，载《生活教育》2006 年第 5 期。

1552. 胡国枢：《陶行知——杰出的中华本土教育家（下）》，载《生活教育》2006 年第 5 期。

1553. 涂怀京：《陶行知学习能力培养思想探析》，载《生活教育》2006 年第 5 期。

1554. 于飞：《陶行知与南京平民教育运动》，载《江苏地方志》2006 年第 5 期。

1555. 朱勤：《陶行知教育思想对职业院校图书馆工作的指导意义》，载《浙江高校图书情报工作》2006 年第 5 期。

1556. 李箭：《生活教育与传统教育的区别》，载《生活教育》2006 年第 6 期。

1557. 朱志仁：《生活教育理论引领素质教育的方向、道路和方法》，载《生活教育》2006 年第 6 期。

1558. 贺武华：《陶行知与保罗·弗莱雷教育思想的共性比较》，

载《江西教育科研》2006年第6期。

1559. 胡国枢：《陶行知——校长的典范、卓越的实干教育家》，载《生活教育》2006年第6期。

1560. 尤亚东：《高起点塑造教师的人格精神——陶行知教师素质思想探求》，载《生活教育》2006年第6期。

1561. 黄雪霞：《陶行知全面教育思想新探讨》，载《生活教育》2006年第6期。

1562. 余广寿：《从孔夫子到陶行知——汤有祥校长教育理念和实践述评（上）》，载《生活教育》2006年第6期。

1563. 谭佛佑：《黄质夫——陶行知教育思想的伟大实践家》，载《生活教育》2006年第6期。

1564. 王文岭：《陶行知诗歌的历史解读》，载《生活教育》2006年第6期。

1565. 郭志明：《聆听陶行知的足音前行》，载《生活教育》2006年第6期。

1566. 徐少锦：《陶行知德育理论研究的新贡献——读〈生活德育论〉》，载《生活教育》2006年第6期。

1567. 陈汉才：《借鉴陶行知平民教育理论和实践　贯彻落实温总理的平民教育主张》，载《生活教育》2006年第7期。

1568. 王义君：《生活教育理论对新课程改革的指导意义》，载《生活教育》2006年第7期。

1569. 石卫星：《陶行知创造教育思想与小学生创新精神实践能力培养的研究报告》，载《生活教育》2006年第7期。

1570. 荆世华：《陶行知职业教育思想的探索与思考（上）》，载《生活教育》2006年第7期。

1571. 梅汝莉：《珍惜历史的启示——写在〈陶行知教育思想的现代价值〉重印之时》，载《生活教育》2006年第7期。

1572. 杨振升：《陶行知生活教育理论对当今教育改革的启示》，载《教育与职业》2006年第8期。

1573. 刘建：《陶行知的道德领导思想及其现代意义》，载《江西教育科研》2006年第8期。

1574. 暴侠：《论陶行知的生利主义职业教育》，载《职业教育研究》2006年第8期。

1575. 毕明生：《学习陶行知教育思想，让课堂成为创造的摇篮》，载《生活教育》2006年第8期。

1576. 荆世华：《陶行知职业教育思想的探索与思考（下）》，载《生活教育》2006年第8期。

1577. 余广寿：《从孔夫子到陶行知——汤有祥校长教育理念与实践述评（下）》，载《生活教育》2006年第8期。

1578. 任鸣钟、黄忠等：《〈陶行知教育思想与基础教育课程改革〉研究成果概要》，载《生活教育》2006年第8期。

1579. 张丽玉：《陶行知"生活即教育"理论述评》，载《生活教育》2006年第9期。

1580. 王金桂：《陶行知：作为教育家的儿童诗人》，载《生活教育》2006年第9期。

1581. 陈文东：《陶行知科学教育思想探新》，载《生活教育》2006年第9期。

1582. 郭杰：《生活与教育——再解陶行知的生活教育学说》，载《生活教育》2006年第9期。

1583. 姚敬华：《陶行知教育考试观的当代启示——兼谈高中思想政治课学习质量评价的改良》，载《生活教育》2006年第9期。

1584. 王滢滢：《创新教育的前提是要解放人——学习陶行知"六大解放"思想体会》，载《基础教育课程》2006年第9期。

1585. 涂雪峰：《陶行知"政富教合一"思想及其对构建社会主义和谐社会的启示——纪念陶行知诞辰115周年暨逝世60周年》，载《文教资料》2006年第9期。

1586. 张建华：《创"生活教育"特色　走自主发展之路》，载《生活教育》2006年第9期。

1587. 屠棠：《陶行知先生永远活在人民心中》，载《中国农村教育》2006年第10期。

1588. 王海平：《孔子与陶行知德育思想之比较研究》，载《中国教育研究论丛》2006年第10期。

1589. 席春玲：《陶行知生活教育理论对当今中小学英语教学的启示》，载《课程·教材·教法》2006年第10期。

1590. 赵沛荣：《陶行知教育思想对高中生物新课改的实践指导》，载《现代教育科学》2006年第10期。

1591. 蒋纯焦：《试析陶行知乡村教育思想对新农村建设的启示》，载《教育发展研究》2006年第10期。

1592. 邓颖超：《纪念伟大的人民教育家陶行知先生》，载《生活教育》2006年第10期。

1593. 章开沅：《生活教育已经成为世界文化遗产中的瑰宝——〈陶行知与中国现代化〉一书的序》，载《生活教育》2006年第10期。

1594. 陈文斌：《以陶行知教育思想引领学校发展》，载《生活教育》2006年第10期。

1595. 芦根荣：《试论陶行知生活教育理论中的生命教育》，载《生活教育》2006年第10期。

1596. 苏瑜：《陶行知"新师范教育"思想述评》，载《生活教育》2006年第10期。

1597. 苏令：《陶行知的校长观》，载《山西教育》2006年第10期。

1598. 杨东平：《作为教育家和思想家的陶行知——〈陶行知与中国现代化〉一书的序》，载《生活教育》2006年第10期。

1599. 梁漱溟：《怀念我敬佩的陶行知先生》，载《生活教育》2006年第11期。

1600. 张建中：《情感与理性的合力——试论陶行知"知情意合一"的美育观》，载《生活教育》2006年第11期。

1601. 李世宏：《陶行知工学团教育思想初探》，载《生活教育》2006年第11期。

1602. 廖义军：《陶行知儿童创造教育思想浅析》，载《学前教育研究》2006 年第 11 期。

1603. 李海云：《一部生活教育的创造史——重温陶行知先生的〈生活教育的创立与成长〉》，载《生活教育》2006 年第 11 期。

1604. 梅汝莉：《多元和谐是陶行知教育思想方法的精髓》，载《人民教育》2006 年第 12 期。

1605. 李兴德：《陶行知的电化教育思想解读》，载《电化教育研究》2006 年第 12 期。

1606. 李春芳：《陶行知论自觉的集体教育》，载《生活教育》2006 年第 12 期。

1607. 祝彦：《陶行知的乡村教育思想及其实践》，载《生活教育》2006 年第 12 期。

1608. 吕长春：《教人民起来做主人的“生活教育提要”——〈生活教育提要〉解读》，载《生活教育》2006 年第 12 期。

1609. 王莉：《学陶行知思想　树师德之风范》，载《生活教育》2006 年第 12 期。

1610. 赵剑平：《谈陶行知教育思想对培养适应新课程师资的启示》，载《教育与职业》2006 年第 17 期。

1611. 陶晓丽：《试论陶行知的教师专业化思想》，载《教书育人》2006 年第 20 期。

1612. 周洪宇：《现代终生教育思想的先驱——陶行知》，载《高等函授学报（哲学社会科学版）》2007 年第 1 期。

1613. 程家福：《借鉴陶行知平民教育理论　指导新时期平民教育工作》，载《生活教育》2007 年第 1 期。

1614. 王春秋：《陶行知对“新教育中国化”的探索》，载《生活教育》2007 年第 1 期。

1615. 张敏：《陶行知民主教育思想及其实践意义》，载《重庆教育学院学报》2007 年第 1 期。

1616. 王渊：《论陶行知的民众教育思想》，载《皖西学院学报》2007 年第 1 期。

1617. 李刚：《对陶行知三篇佚文的初步考证》，载《南京晓庄学院学报》2007年第1期。

1618. 胡晓风：《陶行知与现代性》，载《南京晓庄学院学报》2007年第1期。

1619. 兰石财：《陶行知的教材思想及其现实意义》，载《福建陶研》2007年第1期。

1620. 游晔：《践行陶行知教育思想 构建人文管理模式》，载《福建陶研》2007年第1期。

1621. 黄瓅：《陶行知"小先生制"的成人教育学启示》，载《陕西师范大学继续教育学报》2007年第1期。

1622. 陈安生：《陶行知的乡村教育试验》，载《教育艺术》2007年第1期。

1623. 陈全新：《教育的行动、思想和创造——陶行知教育思想与新课程改革》，载《生活教育》2007年第1期。

1624. 张建平：《论生活教育的开放性》，载《生活教育》2007年第1期。

1625. 李良玉：《陶行知研究的几个问题》，载《南京晓庄学院学报》2007年第2期。

1626. 杨瑞清：《学习陶行知，探索农村小学教育新路》，载《南京晓庄学院学报》2007年第2期。

1627. 李尚群：《对科学世界的遗忘——陶行知生活教育思想的当代解读》，载《中国农业教育》2007年第2期。

1628. 王文岭：《陶行知诗歌研究述评》，载《南京晓庄学院学报》2007年第2期。

1629. 彭小虎：《论陶行知创造教育的思想体系》，载《南京晓庄学院学报》2007年第2期。

1630. 李刚：《陶行知研究范型的嬗变（上）》，载《南京晓庄学院学报》2007年第2期。

1631. 梁晓凤：《陶行知教育的试验与创新思想初探》，载《南京晓庄学院学报》2007年第2期。

1632. 陈会忠：《陶行知师德思想的生成与构成》，载《南京晓庄学院学报》2007 年第 2 期。

1633. 李煜：《从陶行知“生活即教育”的内涵看当前幼儿园教育》，载《南京晓庄学院学报》2007 年第 2 期。

1634. 朱晓春：《陶行知学校体育思想研究的新取向》，载《南京晓庄学院学报》2007 年第 2 期。

1635. 袁宗金：《回到基本元素——陶行知幼儿科学教育思想解读》，载《南京晓庄学院学报》2007 年第 2 期。

1636. 方静：《陶行知女性教育观考论》，载《南京晓庄学院学报》2007 年第 2 期。

1637. 王雷：《“开民智”、“作新民”——陶行知与近代教育家群体论社会教育》，载《南京晓庄学院学报》2007 年第 2 期。

1638. 李清华：《陶行知“社会即学校”观的现实意义》，载《教育评论》2007 年第 2 期。

1639. 张乐群：《创造力最能发挥的条件是民主——兼论陶行知的民主教育思想》，载《中国教育学刊》2007 年第 2 期。

1640. 张丽娟：《陶行知教育思想对提升高等教育教学质量的启示》，载《重庆教育学院学报》2007 年第 2 期。

1641. 王胜勇：《学习陶行知　培育小主人——徐州市解放路小学生活教育掠影》，载《江苏教育》2007 年第 2 期。

1642. 鲍小东：《陶行知故里的平民教育》，载《中国农村教育》2007 年第 2 期。

1643. 范吉明：《用陶行知教育思想点击作文教学的“三度空间”》，载《福建陶研》2007 年第 2 期。

1644. 黄锦群：《论陶行知教育思想对语文研究性学习选题的指导意义》，载《福建陶研》2007 年第 2 期。

1645. 陈梦雄：《从陶行知倡导“乡村教育”到当前“关注农村教育”的思考》，载《福建陶研》2007 年第 2 期。

1646. 龚财枝：《黄炎培、陶行知农村教育思想比较研究》，载《福建陶研》2007 年第 2 期。

1647. 黄云龙：《陶行知生活教育理论与社区教育》，载《国家教育行政学院学报》2007 年第 2 期。

1648. 陈贻鑫：《陶行知先生对我的教诲》，载《生活教育》2007 年第 2 期。

1649. 覃崇生：《陶行知教育思想与我的学校管理实践》，载《生活教育》2007 年第 2 期。

1650. 罗先凤：《解析陶行知与当代诚信教育》，载《教育与职业》2007 年第 3 期。

1651. 周洪宇：《陶行知：现代终生教育思想的先驱》，载《生活教育》2007 年第 3 期。

1652. 陈家生：《试论陶行知进步的荣辱观》，载《生活教育》2007 年第 3 期。

1653. 陈水利：《陶行知德育思想的现代价值》，载《生活教育》2007 年第 3 期。

1654. 顾伟：《陶行知乡村师范教育思想影响下的乡村师范的历史嬗变》，载《生活教育》2007 年第 3 期。

1655. 金林祥：《论陶行知对武训精神的倡扬》，载《教育学报》2007 年第 3 期。

1656. 涂怀京：《赫尔巴特的“统觉”与陶行知的“常能”》，载《福建师范大学学报（哲学社会科学版）》2007 年第 3 期。

1657. 马姬、王琴：《陶行知教育思想是少先队体验教育活动的基石》，载《生活教育》2007 年第 3 期。

1658. 廖其发：《论陶行知的抗战建国教育思想》，载《河北师范大学学报（教育科学版）》2007 年第 4 期。

1659. 杨群祥：《陶行知“生活教育”思想的校本化探索》，载《高教探索》2007 年第 4 期。

1660. 张乃清：《陶行知的好学生——张翼》，载《生活教育》2007 年第 4 期。

1661. 赵彦俊：《陶行知活的教育思想对校本教学的启示》，载《生活教育》2007 年第 4 期。

1662. 需琼华、陈文东：《陶行知关于科学教师培养的论述及其现实指导意义》，载《生活教育》2007年第4期。

1663. 钱锦：《建构主义与陶行知的生活教育理论》，载《生活教育》2007年第4期。

1664. 李箭：《陶行知乡村教育思想对新农村教育的启示》，载《生活教育》2007年第4期。

1665. 林炳伟：《陶行知的创造性人格特质解析》，载《生活教育》2007年第5期。

1666. 王尚义：《陶行知乡村教育思想对农村教育和教师队伍建设的现实意义》，载《生活教育》2007年第5期。

1667. 陶竹君：《学习陶行知教育思想　深化高等职业教育教学改革》，载《生活教育》2007年第5期。

1668. 王建华：《遵循生活教育理念　推进现代开放教育》，载《生活教育》2007年第5期。

1669. 刘艳梅：《陶行知的生活教育思想解读》，载《基础教育参考》2007年第6期。

1670. 李明月：《从实用主义教育到"生活教育"——杜威与陶行知教育理论之比较》，载《福建论坛（社科教育版）》2007年第6期。

1671. 刘友开：《汪达之对陶行知生活教育思想的继承、创新和发展》，载《生活教育》2007年第6期。

1672. 张伯兴：《学习陶行知关于师生关系的论述　促进和谐师生关系的构建》，载《生活教育》2007年第6期。

1673. 宁波：《"改造乡村生活的灵魂"——陶行知的乡村教师观》，载《生活教育》2007年第6期。

1674. 刘小红：《农村教育改革旨在"为何"——论陶行知"为农"的乡村教育目的观及其当代启示》，载《教育科学研究》2007年第6期。

1675. 乔金霞：《中国儿童科学教育的先驱——读陶行知〈儿童科学教育〉有感》，载《生活教育》2007年第6期。

1676. 王健：《我们需要什么样的新教育？——读陶行知关于新

教育的演讲有感》，载《生活教育》2007年第6期。

1677. 金林祥：《一本在革命根据地出版的陶行知著作》，载《生活教育》2007年第7期。

1678. 徐伟：《陶行知思维能力培养思想探析》，载《生活教育》2007年第7期。

1679. 康建琴：《陶行知的师范教育思想及其启示》，载《生活教育》2007年第7期。

1680. 韩西芹：《"捧着一颗心来　不带半根草去"——忆人民教育家陶行知与他的育才学校》，载《今日重庆》2007年第7期。

1681. 周洪宇：《陶行知生活教育学说的当代价值（上）》，载《生活教育》2007年第7期。

1682. 周洪宇：《陶行知生活教育学说的当代价值（下）》，载《生活教育》2007年第8期。

1683. 唐高华：《陶行知"生利主义之职业教育"的当代诠释》，载《职教通讯》2007年第8期。

1684. 蒋威宜：《陶行知生活教育理论与高校德育》，载《生活教育》2007年第8期。

1685. 宋松平：《陶行知论"生利"的乡村教育及其启示》，载《生活教育》2007年第8期。

1686. 古人伏：《全面发展　德为根本——陶行知的素质教育观》，载《生活教育》2007年第8期。

1687. 王艳：《生活教育——体育教学的活力剂》，载《生活教育》2007年第8期。

1688. 吉同权：《陶行知的教师观对乡村教师专业化的启示》，载《生活教育》2007年第9期。

1689. 李春芳：《论陶行知的养成教育思想》，载《生活教育》2007年第9期。

1690. 刘广伊：《陶行知音乐教育思想和实践对音乐教育改革的启示》，载《生活教育》2007年第9期。

1691. 王中华：《陶行知创造教育思想及其启示》，载《生活教育》2007 年第 9 期。

1692. 陈家生：《“无一非为学生也”——论陶行知以学生为体的教育思想》，载《生活教育》2007 年第 10 期。

1693. 许向峰：《陶行知先生的“人”与“文”》，载《生活教育》2007 年第 10 期。

1694. 毕明生：《论陶行知职业教育思想及其对当代职业教育的启示》，载《生活教育》2007 年第 11 期。

1695. 陈燕红：《试析陶行知的〈乡村小学比赛表〉》，载《生活教育》2007 年第 11 期。

1696. 丁水娟、陈泉森：《教学做合一情智思谐成——试论陶行知“生活教育理论”体现的和谐教育思想》，载《生活教育》2007 年第 11 期。

1697. 何瑞芝：《论陶行知崇高的精神风范对师德建设的价值》，载《生活教育》2007 年第 11 期。

1698. 王坤：《陶行知的学习观与老师学习》，载《生活教育》2007 年第 11 期。

1699. 徐明聪：《陶行知创造教育思想及其时代意义》，载《生活教育》2007 年第 11 期。

1700. 黄祖界：《以陶行知生活教育理论为指导，促进学校教学与综合实践活动的整合》，载《生活教育》2007 年第 12 期。

1701. 刘在琳、李清华：《陶行知“教学做合一”教育思想的现实价值》，载《生活教育》2007 年第 12 期。

1702. 林永希：《陶行知职业教育思想特色及其现实意义》，载《教育与职业》2007 年第 18 期。

1703. 谭运启：《陶行知人本教育思想研究》，扬州大学 2007 年学位论文。

1704. 梅汝莉：《以科学发展观为指导，探索陶行知构建教育思想体系的方法论》，载《生活教育》2008 年第 2 期。

1705. 阮巧玲：《陶行知体育思想蕴含以人为本》，载《生活教育》2008 年第 2 期。

1706. 陈敦继：《千教万教教人求真　千学万学学做真人——浅谈陶行知教育理论与高中新课程实践的融合》，载《生活教育》2008年第3期。

1707. 何尚武、闫德明、郭文招：《精心耕耘“生活教育”试验田——访陶行知生活教育基地广东大埔百侯中学》，载《生活教育》2008年第3期。

1708. 梁建军：《陶行知教师道德观的核心　博爱　责任心　做真人》，载《生活教育》2008年第3期。

1709. 王培：《生活教育在行动》，载《生活教育》2008年第3期。

1710. 王媛媛、宁波：《“为了苦孩，甘为骆驼”——陶行知的教师人际关系思想》，载《生活教育》2008年第3期。

1711. 夏翠霞：《平民教育，实现教育公平的重要途径——陶行知〈平民教育概论〉读后》，载《生活教育》2008年第3期。

1712. 俞成火、黄昌富：《践行生活教育理论　促进教师专业成长》，载《生活教育》2008年第3期。

1713. 陈松信：《生活教育不容忽视》，载《生活教育》2008年第4期。

1714. 陈徐东：《用陶行知教育思想为大学生配“人格营养餐”》，载《生活教育》2008年第4期。

1715. 陆平：《生活教育理论与小学语文教学实践》，载《生活教育》2008年第4期。

1716. 王光辉：《陶行知的教育案例给我们的启示》，载《生活教育》2008年第4期。

1717. 严建：《生活教育在小学数学教学中的实践》，载《生活教育》2008年第6期。

1718. 张正江：《陶行知论灌输》，载《生活教育》2008年第6期。

1719. 许振明：《陶行知生活教育理论闪耀着和谐教育思想的光辉——浅谈对生活教育理论的新认识》，载《生活教育》2008年第

7 期。

1720. 赵家骥：《学习陶行知教育思想　推进素质教育深化发展》，载《生活教育》2008 年第 7 期。

1721. 彭福权：《以陶行知教育思想指引办学之路》，载《生活教育》2008 年第 8 期。

1722. 卓东榕：《在那“陶花”盛开的地方——从陶行知的教育思想看综合实践的教育功能》，载《生活教育》2008 年第 8 期。

1723. 凌文：《浅谈陶行知诗歌特色》，载《生活教育》2008 年第 9 期。

1724. 程彩金：《一切乡村建设必须为农民谋福利——论陶行知“三农”思想及其现实意义》，载《生活教育》2008 年第 10 期。

1725. 崔玉婷：《生活教育理论对梁漱溟之邹平乡村教育的影响》，载《生活教育》2008 年第 10 期。

1726. 费晓蕾：《给孩子一片属于自己的音乐天地——浅谈陶行知儿童观对小学音乐课堂教学的启示》，载《生活教育》2008 年第 10 期。

1727. 朱小英：《多样式践行　特色化发展——陶行知教育思想在幼儿园的实践》，载《生活教育》2008 年第 10 期。

1728. 檀庆双：《用和谐教育推进社会和谐——论陶行知的和谐教育思想》，载《生活教育》2008 年第 11 期。

1729. 王小洁：《陶行知生活德育的践行与思考》，载《生活教育》2008 年第 11 期。

1730. 胡晓风、金成林：《陶行知研究反思札记之一》，载《生活教育》2008 年第 12 期。

1731. 刘以榕：《学习陶行知先生开拓进取的精神　投身基础教育课程改革》，载《生活教育》2008 年第 12 期。

1732. 张晔：《陶行知“私德与公德”观引领教师职业道德新规范构建》，载《生活教育》2008 年第 12 期。

1733. 胡晓风、金成林：《陶行知研究反思札记之二》，载《生活教育》2009 年第 1 期。

1734. 程小江：《中国困顿的教育　呼唤陶行知》，载《生活教育》2009 年第 2 期。

1735. 冷学宝：《我们应该怎样“回望”陶行知》，载《生活教育》2009 年第 2 期。

1736. 张志刚：《民主思想是陶行知“真人”教育理论的核心》，载《生活教育》2009 年第 3 期。

1737. 常国良：《陶行知乡村教育思想的当代启示》，载《生活教育》2009 年第 4 期。

1738. 胡晓风、金成林：《陶行知研究反思札记之三》，载《生活教育》2009 年第 5 期。

1739. 金林祥：《陶行知是历史的，也是现实的——以教育实验为视角》，载《生活教育》2009 年第 5 期。

1740. 凌文：《浅论陶行知的爱》，载《生活教育》2009 年第 5 期。

1741. 姚文忠：《生活教育理论的现代价值需要现代教育实践的继续检验》，载《生活教育》2009 年第 5 期。

1742. 胡晓风、金成林：《陶行知研究反思札记之四》，载《生活教育》2009 年第 6 期。

1743. 徐志辉：《教育为了什么？生活教育给我们的启示》，载《生活教育》2009 年第 6 期。

1744. 曹富饶：《陶行知教育思想在高中数学教学中的应用》，载《生活教育》2009 年第 8 期。

1745. 常国良：《现代化视野下陶行知的乡村教育价值观及启示》，载《生活教育》2009 年第 8 期。

1746. 胡晓风、金成林：《陶行知研究反思札记之五》，载《生活教育》2009 年第 8 期。

1747. 王承鳌：《陶行知与育才学院——育才学院实现陶行知办学遗愿的成功探索路》，载《生活教育》2009 年第 8 期。

1748. 邹开煌：《课程改革需要陶行知生活教育理论——陶行知教育思想与基础教育课程改革理念比较分析》，载《生活教育》2009

年第 8 期。

1749. 程平：《学习陶行知职业教育思想　推动职业教育的改革与发展》，载《生活教育》2009 年第 9 期。

1750. 程小江：《中国教育的远航——浅谈陶行知教育思想在现行教育实践中的应用》，载《生活教育》2009 年第 9 期。

1751. 储朝晖：《生活教育境况是 60 年中国教育发展的晴雨表》，载《生活教育》2009 年第 9 期。

1752. 崔玉婷：《生活教育理论在陕甘宁边区》，载《生活教育》2009 年第 9 期。

1753. 胡晓风、金成林：《陶行知研究反思札记之六》，载《生活教育》2009 年第 10 期。

1754. 柯小卫：《捧出一片赤诚，关心西部教育——陶行知教育思想与西部农村教育发展论坛举行》，载《生活教育》2009 年第 10 期。

1755. 门智韬：《论陶行知的马克思主义教育观》，载《总裁》2009 年第 10 期。

1756. 潘丹阳：《让幼儿做生活的主人——陶行知生活教育理论下的特色劳作活动》，载《生活教育》2009 年第 10 期。

1757. 王中华：《陶行知的考试思想及其启示》，载《生活教育》2009 年第 10 期。

1758. 叶常绿：《环境在生活教育中的重要作用》，载《生活教育》2009 年第 10 期。

1759. 张丹：《陶行知教育思想对当代乡土教育的启示》，载《生活教育》2009 年第 10 期。

1760. 袁逸娟：《“猫”和“老鼠”——陶行知自治理论在班级管理中的实践》，载《生活教育》2009 年第 11 期。

1761. 张萦：《践行生活教育思想　全面推进素质教育》，载《生活教育》2009 年第 11 期。

1762. 徐海明、顾月良：《走平民教育之路，做好乡村教育——结合学校的发展实践谈陶行知教育思想与农村小学教育》，载《生活教育》2009 年第 12 期。

1763. 周莉：《生活教育是成功之本》，载《生活教育》2009 年第 12 期。

1764. 唐新力：《陶行知职业教育思想对职教教改的启示》，载《黑龙江农垦职业学院学报》2010 年第 1 期。

1765. 毕明生：《陶行知生活教育理论的德育理论探析》，载《思想政治教育研究》2010 年第 1 期。

1766. 胡晓风：《关于陶行知影视专题片的通信》，载《生活教育》2010 年第 1 期。

1767. 梁茂林：《试探治道与生活教育》，载《生活教育》2010 年第 1 期。

1768. 王承绪：《〈中华本土教育家陶行知〉序》，载《生活教育》2010 年第 1 期。

1769. 胡国枢：《生活教育理念面临两大挑战》，载《生活教育》2010 年第 2 期。

1770. 李天星：《我对陶行知师德观的理解》，载《生活教育》2010 年第 2 期。

1771. 凌文：《陶行知的“三问”》，载《生活教育》2010 年第 2 期。

1772. 吴玉良：《“生活教育”理念引领下的生活化英语课堂构建》，载《生活教育》2010 年第 2 期。

1773. 朱小蔓：《中国教育需要在生活教育里汲取营养——〈感悟〉序》，载《生活教育》2010 年第 2 期。

1774. 陈爱民：《陶行知的书法教学做》，载《生活教育》2010 年第 3 期。

1775. 顾久：《探寻梁漱溟和陶行知的内心世界》，载《生活教育》2010 年第 3 期。

1776. 金林祥：《加强“陶行知教育思想实验学校”建设》，载《生活教育》2010 年第 3 期。

1777. 孙中涛：《张謇、黄炎培、陶行知德育思想之比较》，载

《温州职业技术学院》2010年第3期。

1778. 杨威涛：《让教育走向生命世界——以大学生生命教育为支点　践行陶行知生活教育理论》，载《福建陶研》2010年第4期。

1779. 陈树新：《陶行知致胡适的一封信》，载《生活教育》2010年第5期。

1780. 郭阳：《陶行知与图书馆的不解之缘》，载《生活教育》2010年第5期。

1781. 沈黎明：《用陶行知教育思想促进学校内涵发展》，载《生活教育》2010年第5期。

1782. 徐润俭、麦坚弥：《陶行知与香港中华业余学校》，载《生活教育》2010年第5期。

1783. 陶鹤：《我和爷爷陶行知在重庆》，载《生活教育》2010年第6期。

1784. 郑梅钦：《陶行知教育机会均等思想的当代启示》，载《生活教育》2010年第6期。

1785. 黄炎培：《陶行知不死（之三）》，载《生活教育》2010年第7期。

1786. 陶铮：《我的爷爷陶行知与我的父亲陶晓光》，载《生活教育》2010年第7期。

1787. 徐思源：《生活教育与语言教学》，载《生活教育》2010年第7期。

1788. 区显锋：《陶行知与1930年代广西普及教育运动》，载《生活教育》2010年第8期。

1789. 潘汉年：《纪念人民教育家陶行知先生》，载《生活教育》2010年第8期。

1790. 周洪宇、陈竞蓉：《近现代留美归国教育家对本土教育理论的探索》，载《中国教育学刊》2010年第9期。

1791. 甘颖轩：《陶行知在“南高”和“东大”时期的教育理念》，载《生活教育》2010年第9期。

1792. 田充：《陶行知与“文言白话论战”及“太白”》，载《生活教育》2010 年第 9 期。

1793. 陈鹤琴：《回忆陶行知》，载《生活教育》2010 年第 10 期。

1794. 胡晓风：《蔡元培、黄炎培最早引进“生活教育”论》，载《生活教育》2010 年第 10 期。

1795. 李炳坤：《陶行知的宗教观》，载《生活教育》2010 年第 10 期。

1796. 夏秀火：《游离传统而走向现代的生活教育》，载《生活教育》2010 年第 10 期。

1797. 徐莹晖：《陶行知的教育信仰》，载《生活教育》2010 年第 10 期。

1798. 周洪宇、陈竞蓉：《哥伦比亚大学师范学院与中国近现代教育》，载《比较教育研究》2010 年第 11 期。

1799. 陈会忠、梅潇：《借鉴陶行知教育理论，推动教育改革——与顾冷沅教授一席谈》，载《生活教育》2010 年第 11 期。

1800. 葛艳艳：《脚踏实地，爱满天下——读〈陶行知教育名篇〉有感》，载《生活教育》2010 年第 11 期。

1801. 王文格：《陶行知先生的结婚证书》，载《生活教育》2010 年第 11 期。

1802. 文兆坚：《陶行知与中国儿童教育》，载《生活教育》2010 年第 11 期。

1803. 曹聚仁：《忆陶行知》，载《生活教育》2010 年第 12 期。

1804. 潘清河：《走进行知诗歌世界——读陶行知诗歌有感》，载《生活教育》2010 年第 12 期。

1805. 潘东标：《陶行知、黄炎培的职业教育目的观》，载《生活教育》2010 年第 12 期。

1806. 屠棠：《“教育智慧的升华”——陶行知的教育辩证法》，载《生活教育》2010 年第 12 期。

1807. 杨瑞清：《基于生活教育理论的小班化实验》，载《生活教育》2010 年第 12 期。

1808. 王世德：《陶行知曾“三写遗书”》，载《世纪》2011 年第

1期。

1809. 王世德：《回忆陶行知最后一次讲演》，载《文史杂志》2011年第2期。

1810. 潘燕：《走在培养新农村“新陶行知”的路上》，载《中国教育报》2011年2月21日。

1811. 雷振海：《寻找“陶行知”》，载《中国教师报》2011年3月14日。

1812. 周洪宇：《在当代生活里重新拥抱陶行知》，《中国教育报》2013年4月26日。

1813. 王建军：《陶行知生活教育学说的构建——读周洪宇的〈陶行知生活教育学说〉》，载《生活教育》2014年第2期。

1814. 刘大伟：《论周洪宇之陶行知研究的学术方法及贡献》，载《江汉学术》2014年第4期。

* * * *

1. （港）方与严：《新教育的发轫，晓庄学校回忆片断录》，载《文汇报》1948年9月14日。

2. （港）怀远：《陶行知募捐如打仗》，载《大公报》1948年10月4日。

3. （港）克炎：《回忆育才学校——纪念陶行知校长》，载《大公报》1949年7月25日。

4. （台）周继文：《生活中心教育研究》，台湾师范大学教育研究所硕士学位论文，1952年6月。

5. （港）《陶知行·行知文献：手脑并用，生活教育倡导人》，龙文书店1966年版。

6. （台）陈启天：《新教学法》，载《近代中国教育史》，台湾中华书局1969年版。

7. （台）秦贤次：《陶行知传略》，载刘绍唐主编：《民国人物小传》第2册，台湾传记文学出版社1977年6月版。

8. （台）程本海：《行知先生与晓庄学校》，载《中外杂志》，1977年印。

9.（台）程本海：《陶行知先生与我》，载台湾《艺文志》第152期，1978年5月号。

10.（台）郑世兴：《我国近代乡村教育与文化建设》，载《教育发展与文化建设》，台湾幼狮文化事业公司1978年12月版。

11.（港）卢玮銮：《陶行知先生在香港》，载《开卷》1980年8月号。

12.（台）周邦道：《陶行知传略》，载《近代教育先进传略初集》，中国文化大学出版部1981年版。

13.（港）张增泰：《陶行知二三事》，载《大公报》1981年10月20日。

14.（台）吴相湘：《中华平民教育促进会总会》，载《晏阳初传——为全球乡村改造奋斗六十年》，台北时报文化出版企业有限公司1987年版。

15.（台）吴鼎：《南京晓庄的乡村教育实验》，载《七十年来我国国民教育实验研究之演变》，台湾汉苑图书出版社1985年版。

16.（台）吴俊升：《陶行知与杜威在中国的影响》，载罗伯特·W. 克劳普顿、吴俊升、吕聪明合编：《杜威在华讲演录》，台北中国文化大学出版部1985年版。

17.（台）秦孝仪：《陶行知》，载《中国现代史辞典——人物部分》，台湾近代中国出版社1985年版。

18.（台）简淮勤：《陶行知生活教育的理论与实际》，载台湾政治大学历史学系历史研究所《历史学报》1987年第5期。

19.（港）李国祥：《陶行知的遗产走向世界》，载《信报》1992年2月2日。

20.（台）周永珍：《陶行知的教育思想与教育改革运动对当前教育之启示》，载《花莲师范学院学报》1997年第7期。

21.（台）吕秋慧：《陶行知社会教育思想之研究——其生活教育理论与实际》，台湾师范大学社会教育学系1997年教育学硕士论文。

22.（台）曹常仁：《陶行知师范教育思想之研究》，台湾师范大学教育研究所1997年教育学博士论文。

23.（台）江明渊：《民初陶行知、晏阳初教育理论与民间文学之关系研究》，花莲师范学院民间文学研究所 2003 年硕士论文。

24.（港）何荣汉著：《陶行知——一位基督徒教育家的再发现》，香港基督教文艺出版社 2004 年 6 月版。

25.（台）曾秀卿：《民初平民教育思想的发展与实践之研究——以晏阳初、陶行知、梁漱溟为例》，台湾师范大学社会教育学系 2004 年教育学博士论文。

26.（台）许珮铃：《陶行知儿童教育观之研究》，台北市立教育大学国民教育研究所 2007 年教育学硕士论文。

27.（港）季旭东：《陶行知办教育二三事》，载《大公报》2011 年 4 月 3 日。

二、国外研究文献

（一）陶行知研究著作要目

1.［日］斋藤秋男著：《新中国教师之父——陶行知》，刀江书院 1951 年 10 月初版。

2.［日］斋藤秋男编译：《民族解放的教育家——陶行知》，明治图书出版公司 1961 年 2 月初版，1983 年 12 月第 10 版。

3.［美］朱宕潜著：《新兴国家的教育型：陶行知在中国的工作（1917—1946）》，台湾高昌印刷公司 1966 年版。

4.［日］斋藤秋男著：《陶行知评传——政治抒情诗人的一生》，劲草书房 1968 年版；中文版，四川教育出版社 1987 年版。

5.［日］户塚廉著：《小先生的发展》，粟田出版会 1973 年 3 月版。

6.［美］巴里・基南著：《杜威实验在中国：民国早期的教育改革与政治势力》，哈佛大学出版社 1977 年版。

7.［日］川合章著：《生活教育的理论》，民众社 1981 年版。

8.［日］斋藤秋男著：《陶行知生活教育理论的形成》，明治图书出版公司 1983 年 4 月初版，1987 年 4 月第 2 版。

9.［日］坂本清泉著：《生活教育运动论》，民众社 1984 年版。

10. [日] 中野光著：《生活教育的探究》，民众社1984年版。

11. [日] 牧野笃著：《中国近代教育思想的展开和特质——陶行知“生活教育”思想研究》，日本图书中心出版社1993年版。

（二）陶行知研究论文要目

1. [美] 克伯屈：《我对晓庄之感想》，1929年10月15日讲，载戴自俺、孙铭勋编：《晓庄批判》，上海儿童书局1933年版。

2. [日] 岸本辰三（牧泽伊平）：《中华民国的新教育——世界新教育运动的动向》，载《生活学校》创刊号，1935年1月1日。

3. [日] 户塚廉：《从全体国民生活的实际需要出发》，载《生活学校》创刊号，1935年1月1日。

4. [日] 户塚廉：《陶行知送给孩子们的礼物》，载《生活学校》1935年3月号。

5. [日] 陶行知述，牧泽伊平译：《中华民国的“小先生”普及教育运动》，载《教育》1935年6月号。

6. [日] 留冈清男：《应用同样程度的关心来注视邻邦中国的动向》，载《教育》1935年6月号。

7. [日] 村田孜郎：《抗日中国的背景（陶行知与国难教育社）》，载《日本评论》杂志临时增刊《抗日中国的解剖》，1937年8月10日。

8. [日] 中保与作：《抗日人民战线派的背后（陶行知与国难教育社）》，载《日本评论》杂志临时增刊《抗日中国的解剖》，1937年8月10日。

9. [日] 牧泽伊平撰，赵如珩译：《怎样看待小先生运动》，载《青年教师》1939年5月号。

10. [日] 牧泽伊平：《中国的生活教育运动》，载《训导生活》1940年2月号。

11. [日] 《陶行知》，载《亚洲人名事典》，创元社1940年4月号。

12. [日] 桥川时雄：《陶行知》，载《中国文化界人物总鉴》，中华法令编译馆1940年。

13. [日] 国分一太郎：《中国的孩子——以其为主体的文化生活基础》，载城户幡太郎、波多野完治、百田宗治编：《儿童文化》上册，西村书店 1941 年 2 月。

14. [日] 大久保庄太湖：《近代支那的平民教育运动》，载《东亚人文学报》第 2—3 期，1942 年。

15. [日] 国分一太郎：《中国旧秩序下的儿童文化性格》，载《新儿童文化》第 2 册，有光堂 1944 年 5 月。

16. [日] 海后宗臣：《近代中国儿童的特点》，载《近代中国文化读本》，光风馆 1944 年 5 月。

17. [英] 陶露西·尼达姆：《育才学校》，载《育才学校手册》英文版，重庆育才学校 1945 年印。

18. [英] 爱务华·罗波夫：《育才播种民主》，载《育才学校手册》英文版，重庆育才学校 1945 年印。

19. [日] 小野三郎：《中国的民众教育家》，载《改造评论》1946 年 9 月号。

20. [美] 司徒雷登：《我所认识的陶行知》，载陶行知先生纪念委员会编印：《陶行知先生纪念集》，1946 年。

21. [美] 毕莱士：《纪念陶行知博士》，载陶行知先生纪念委员会编印：《陶行知先生纪念集》，1946 年。

22. [美] 傅里曼：《悼陶行知》，载陶行知先生纪念委员会编印：《陶行知先生纪念集》，1946 年。

23. [奥] 詹生：《念陶先生》，载陶行知先生纪念委员会编印：《陶行知先生纪念集》，1946 年。

24. [美] 贤明大将军：《哀念陶行知博士》，载陶行知先生纪念委员会编印：《陶行知先生纪念集》，1946 年。

25. [加] 文幼章：《悼念我的朋友陶行知博士》，载陶行知先生纪念委员会编印：《陶行知先生纪念集》，1946 年。

26. [美] 赵冕：《为了民主中国的教育》，哥伦比亚大学师范学院 1946 年教育学博士论文。

27. [日] 斋藤秋男：《重庆社会大学的设想》，载《新中国》

1947 年 3 月号。

28. ［日］赤津益造：《陶行知先生》，载《教育》1950 年 1 月号。

29. ［美］Kao Lin-ying. *Academic and Professional Attainments of Native Chinese Students Graduating from Teachers College, Columbia University（1909—1950）*，哥伦比亚大学 1951 年教育学博士学位论文。

30. ［日］国分一太郎：《评〈新中国教师之父——陶行知〉》，载《教师之友》1952 年 1 月号。

31. ［美］朱宕潜：《陶行知与中国现代教育》，1953 年哥伦比亚大学师范学院教育学博士学位论文。

32. ［日］斋藤秋男：《陶行知——中国的政治抒情诗人》，载《东洋文化》1954 年 1 月号。

33. ［日］斋藤秋男：《从武训问题到陶行知的批判》，载《教师之友》1954 年 4 月号。

34. ［日］斋藤秋男：《反动势力支配下之中国知识分子先驱——陶行知从改良到革命的转变》，载《思想》1954 年 12 月号。

35. ［日］《陶行知》，载《外国人名事典》，平凡社 1954 年版。

36. ［日］户塚廉：《世界的少年少女——中国的小先生》，载《小笠的少年少女报》第 4 期，1955 年 4 月 25 日。

37. ［日］斋藤秋男：《陶行知——中国教育史上人物的研究》，载《教育研究》1956 年 3 月号。

38. ［日］户塚廉：《生活学校》，载《学校教育》第 2 卷《日本教育之遗产》，明治图书 1957 年版。

39. ［日］小林文男：《亚洲接受杜威思想的问题》，载砂泽喜代次编：《杜威教育思想之研究》，1957 年印。

40. ［日］新岛淳良：《中国教育之现状和课题》，载《中国研究所研究资料》，1958 年印。

41. ［日］斋藤秋男：《陶行知》，载教育史研究会编：《教育史研究》第 3 卷，东洋出版社 1958 年 3 月。

42. ［日］斋藤秋男：《方明先生和上海教师运动》，载《教师之友》1958年3月号。

43. ［日］《陶行知》，载《中国近代史研究指南》，《大安》1959年11月号。

44. ［美］孔斐力：《陶行知：一位教育改革家》，载哈佛大学东亚研究中心《中国论文》第13卷，1959年12月。

45. ［日］户塚廉：《陶行知与连茶先生从战前已有了很亲密的关系》，载《父母子女报》第121期，1960年1月10日。

46. ［日］户塚廉：《由小先生运动的发祥地中国寄来了12本书》，载《父母子女报》第123期，1960年1月20日。

47. ［日］户塚廉：《陶行知先生的小先生运动——拼命地保护小孩子》，载《父母子女报》第123期，1960年1月20日。

48. ［日］斋藤秋男：《民族统一战线时期之"生活教育"论战》，载《中国近代思想史研究会会刊》第4号，1960年1月。

49. ［日］尾上兼英：《学者的政治运动》，载《近代亚洲思想史：中国篇》，弘文堂1960年12月。

50. ［日］斋藤秋男、新岛淳良：《陶行知》，载《中国现代教育史》，国土社1962年。

51. ［日］斋藤秋男：《山海工学团与生活学校》，载《中国教育研究会会报》第3卷，1962年9月。

52. ［日］户塚廉：《生活学校教育运动》，载《教育》1963年7月号。

53. ［日］户塚廉：《中国式很相似的连茶式》，载《父母子女报》第265期，1964年1月10日。

54. ［日］户塚廉：《教父母的小先生》，载《父母子女报》第429期，1966年9月15日。

55. ［美］林顿：《朱宕潜〈新兴国家的教育型〉序》，台湾高昌印刷公司1966年版。

56. ［日］斋藤秋男：《民主派知识分子与国民党》，载《现代中国》第2卷，大修馆书店1969年版。

57. [美] 包华德：《陶行知》，载《民国名人传记辞典》第 3 册，哥伦比亚大学出版社 1970 年版。

58. [日] 海老原治善：《陶行知》，载《昭和教育史概说》，三省堂 1971 年版。

59. [日] 户塚廉：《父母子女报运动宣言》，1972 年 4 月 5 日油印件。

60. [日] 户塚廉：《中国大学者的赠物（陶行知先生所著童话的新发现）》，载《父母子女报》第 555 期，1972 年 4 月 25 日。

61. [日] 陶行知述，斋藤秋男译：《乌鸦的故事》，载《父母子女报》第 555、557 期，1972 年 4 月 25 日、5 月 15 日。

62. [日] 斋藤秋男：《牧泽伊平与户塚廉》，载《朝日新闻》1972 年 7 月 21 日。

63. [日] 阿部宗光：《陶行知》（词条），载平家益德主编：《世界教育事典》，行政出版社 1972 年第 1 版，1980 年增订版。

64. [美] 巴里·基南：《中华民国早期的教育改革与政治势力》，载《亚洲研究杂志》第 33 卷，1974 年 2 月。

65. [日] 斋藤秋男、市川博：《陶行知》，载《中国教育史》，讲座社 1975 年版。

66. [日] 新岛淳良：《陶行知》（词条），载《世界大百科事典》，平凡社 1975 年版。

67. [韩] 李炳柱：《陶行知博士与中共的教育理念》，1975 年。

68. [日] 大川隆明：《杜威、陶行知、毛泽东——“书呆子”论的源流》，载《中国研究》第 85 号，1977 年 9 月。

69. [日] 沟口贞彦：《陶行知论争》，载《东京大学教育学部纪要》第 16 卷，1977 年。

70. [加] 玛戈·S. 格瓦茨：《社会现实与教育改革》，载《现代中国》第 4 卷第 2 期，1978 年 4 月。

71. [美] 费正清：《陶行知》，载《美国与中国》，哈佛大学出版社 1978 年版。

72. [美] 艾恺：《陶行知和晓庄实验乡村师范学校》，载《最后的儒家——梁漱溟与中国现代化的两难》，加利福尼亚大学出版社1979年版。

73. [日] 世良正浩：《在晓庄实验学校陶行知生活教育论的形成及其实验的研讨》，载《东京大学教育学部纪要》第19卷，1980年2月版。

74. [日] 斋藤秋男：《日本对陶行知的研究与介绍》，载《中国研究月报》1980年2月号。

75. [日] 斋藤秋男：《皖南纵断纪行——陶行知故乡访问记》，载《龙溪》1980年3、4月合刊号。

76. [日] 斋藤秋男：《重庆——“民主派”陶行知战斗过的地方》，载《东方》第11号，1980年4月号。

77. [日] 斋藤秋男：《陶行知实地研究之一：南京北郊晓庄师范访问记；实地研究之二：上海宝山县陶行知教育事业的考察》，载《专修大学人文科学研究所月报》第72号，1980年6月。

78. [日] 斋藤秋男：《中国革命与儿童的发现》，载《现代教育科学》，明治图书出版1980年12月号。

79. [日] 斋藤秋男：《中国革命与生活教育运动》，载《社会科学年报》第15号，1981年3月号。

80. [日] 斋藤秋男：《〈救国时报〉与陶行知、邹韬奋》，载《中国研究月报》1980年7月号。

81. [日] 斋藤秋男：《怀念先驱者：鲁迅、陶行知》，载《文汇报》1981年9月25日。

82. [日] 斋藤秋男：《陶行知——中国革命与儿童的发现》，载阿部洋编：《现代生活教育思想》第8卷，1981年10月。

83. [德] 内克曼：《陶行知——被中国重新认识的人民教育家》，载《新中国》1981年德文版，自由柏林广播电台1981年。

84. [日] 世良正浩：《五四时期中国教育改造的课题》，载《日本的教育史学》总24期，讲谈社1981年版。

85. [日] 户塚廉：《从南京晓庄师范来的友好书信》，载《父母子女报》第812期，1982年5月15日。

86. [日] 斋藤秋男：《到陶行知那儿去访问》，载《专修人文论集》第 29 号，1982 年 7 月。

87. [美] 陈鸿韬：《怀晓庄，念陶师》，载《教育研究》1982 年第 8 期。

88. [日] 斋藤秋男：《陶行知研究文献目录（1979—1981）》，载《近邻》第 4 号，1983 年 8 月。

89. [日] 小林善文：《陶行知和山海工学团》，载多贺秋五朗编：《现代亚洲教育史研究》，不昧堂 1983 年版。

90. [日] 牧野笃：《试论陶行知“生活教育”论的基本构造》，载《教育论丛》第 27 号，1983 年。

91. [日] 牧野笃：《关于陶行知“工学团”运动中共同体论的考察》，载《名古屋大学教育学部纪要》第 30 卷，1983 年。

92. [美] 余英时：《陶行知》，载《中国近代思想史上的胡适》，台北联经出版事业公司 1984 年版。

93. [日] 斋藤秋男：《陶行知、晏阳初与“平民教育”运动》，载《东亚》，霞山会 1984 年 4 月号。

94. [日] 斋藤秋男：《旧地重游》，载《专修大学人文科学研究所月报》第 92 号，1984 年 4 月。

95. [日] 牧野笃：《中国近代教育思想史研究——陶行知“生活教育”思想的产生与构成》，载《名古屋大学教育学部研究科博士课程论文》，1984 年。

96. [日] 西田洁：《坚持“生活即教育”的方向》，载《高校教育》1984 年 7 月号。

97. [日] 牧野笃：《陶行知“生活教育”论小考》，载《信州白桦》第 59—60 期，1984 年 9 月。

98. [日] 斋藤秋男：《陶行知是属于全世界的》，载《行知研究》1984 年 9 月号。

99. [日] 斋藤秋男：《“陶行知年谱”考》，载《专修商学论集》第 38 号，1984 年 10 月号。

100. [日] 斋藤秋男：《文献介绍：〈陶行知全集〉（全六卷）》，

载《中国研究月报》1985 年 3 月号。

101. ［日］斋藤秋男：《安徽—浙江纪行》，载《专修大学人文科学研究所月报》第 103、104 合刊号，1985 年 5 月号。

102. ［日］斋藤秋男：《陶行知、晏阳初与教育运动的曲折——留美归国者的社会活动》，载阿部洋编：《美中教育交流的轨迹》，霞山会 1985 年版。

103. ［日］牧野笃：《陶行知“工学团”的集团论》，载《名古屋大学教育学部纪要》第 32 卷，1985 年。

104. ［日］小林善文：《平民教育运动小史》，载《五四运动的研究》第 3 函（京大人文共同研究报告），同朋社 1985 年印。

105. ［日］斋藤秋男：《苏北淮安纪行》，载《专修大学人文科学研究所月报》第 108 合刊号，1986 年 2 月号。

106. ［美］费正清：《陶行知》，载《伟大的中国革命》，美国哈珀-罗出版股份有限公司 1986 年版。

107. ［日］牧野笃：《陶行知“乡村师范”的集团论——记晓庄师范学校》，载《名古屋大学教育学部社会教育研究室年报》第 5 卷，1985 年。

108. ［日］斋藤秋男：《关于〈陶行知全集〉完结以及朱泽甫编著〈陶行知年谱〉的若干问题——“陶行知年谱”考续》，载《专修商学论集》第 42 号，1986 年 9 月号。

109. ［日］牧野笃：《我为什么要研究陶行知教育思想》，载《行知研究》第 20 期，1986 年 12 月。

110. ［日］斋藤秋男：《四十年代解放区与“生活教育”——〈中国革命与“生活教育”运动〉续》，载《专修大学人文科学研究所月报》第 282 合刊号，1987 年 1 月号。

111. ［日］斋藤秋男：《大众诗人陶行知的生与死——兼对旧著〈陶行知评传〉的补充》，载《专修大学人文科学论集》第 39 号，1987 年 2 月号。

112. ［日］植田享：《关于陶行知教育思想的考察——以育才学校为中心》，载大阪教育大学教育学研究室《教育学论集》第 18 卷，

1987年3月。

113. [日] 斋藤秋男：《陶行知的学生——刘季平（及续文）》，载《近邻》第12、13号，1987年11月、1988年5月。

114. [美] 休伯特·布朗：《中国教育中的美国进步主义：陶行知个案》，载海霍和巴斯蒂主编：《中国的教育与工业化的世界——文化传递研究》，英文版，1987年版；《中外比较教育史》，中文版，上海人民出版社1990年版。

115. [法] 巴斯蒂：《折中式的借鉴》，选自《是奴役还是解放？——记1840年以来外国教育实践及制度引入中国的进程》，载海霍和巴斯蒂主编：《中国的教育与工业化的世界——文化传递研究》，英文版，1987年版；《中外比较教育史》，中文版，上海人民出版社1990年版。

116. [日] 阿部洋：《哥伦比亚大学留学时代的陶行知——围绕资料调查》，载斋藤秋男、土井石兴、本多公荣编：《教育中的民族问题——日本与中国》，明石书店1988年版。

117. [日] 牧野笃：《抗日战争时期难童的漂泊与成长——孩子剧团的轨迹》，载斋藤秋男、土井石兴、本多公荣编：《教育中的民族问题——日本与中国》，明石书店1988年版。

118. [日] 北村胜朗：《解放前中国关于儿童解放的理论——陶行知的生活教育论》，载《东北大学教养部纪要》第46卷，1988年12月。

119. [日] 青柳纯一：《国共内战期间的社会大学运动——有关重庆政协会议时期的陶行知、李公朴》，载《中国研究月报》1989年2月号。

120. [日] 牧野笃：《陶行知教育思想的根基——金陵大学时期对王阳明思想的解释与吸收》，载《教育学研究》第56卷第2号，1989年6月。

121. [日] 牧野笃：《陶行知童少年时期的活动与教育》，载《现代中国》第63号，1989年7月15日。

122. [日] 牧野笃：《陶行知与日本》，载《中国研究月报》1989

年 10 月号。

123. [日] 牧野笃：《关于陶行知在美国留学期间学习与生活的若干考察》，载《教育史学会纪要》第 33 号，1990 年 10 月 27 日。

124. [美] 休伯特·布朗：《陶行知：民国时期的进步教育家》，载《传记》1990 年第 13 卷。

125. [日] 斋藤秋男：《陶行知与他的三个战友（陈鹤琴、董纯才、张文郁）》，载《专修大学人文科学研究所月报》第 38 号，1991 年 2 月 25 日。

126. [比利时] 波西凯：《陶行知属于全世界》，载《行知研究》第 3 期，1991 年 9 月。

127. [日] 长谷川丰：《以上海为中心的陶行知的工学团运动的探讨——着眼于教育的改造与普及》，载《京都大学大学院教育学博士学位课程论文》，1991 年 10 月。

128. [美] 佩梅拉·凯亭：《约翰·杜威与陶行知的哲学观与教育观》，中国"陶行知诞辰 100 周年纪念大会暨学术会议"论文，1991 年 10 月，载《行知研究》1992 年第 2 期。

129. [日] 牧野笃：《人的个性发展与陶行知教育思想》，载《行知研究》1992 年第 2 期。

130. [俄] 鲍列夫斯卡娅：《如何评价陶行知对现代教育的贡献》，载《行知研究》1992 年第 2 期。

131. [韩] 金贵声：《陶行知的儿童教育论》，载《圆光大教育研究》，1992 年。

132. [韩] 金贵声：《陶行知的劳作教育思想》，载《韩国教育史学》，1994 年。

133. [韩] 金贵声：《中国近代教育中实用主义的影响：以陶行知为中心》，载《圆光大论文集》，1994 年。

134. [比利时] 波西凯：《陶行知教育思想对我的帮助》，载《金陵陶研》1994 年第 4 期。

135. [日] 阿部洋：《保尔·孟禄与中国的近代教育》，载《外国教育资料》1996 年第 1 期。

136. ［日］张国生：《中日两国近代教育思潮的考察——陶行知与柳田国男的比较分析》，载东京都立大学人文学部《人文学报》（年刊）270号，1996年3月。

137. ［韩］金玫志：《陶行知的生活教育学说》，载《中国史研究》，1998年。

138. ［日］中野光：《日本的生活教育历史及其现状——与陶行知的邂逅以及日本生活教育运动的轨迹》，载周洪宇等主编：《陶行知与中外文化教育》，人民教育出版社1999年版。

139. ［美］姚昀汜：《教育救国：陶行知的教育激进主义》，明尼苏达大学1999年教育学博士论文。

140. ［韩］金贵声：《陶行知：行是知之始，知是行之成》，载《教育开发》，2000年。

141. ［韩］金贵声：《陶行知生活教育论的思想背景》，载《教育哲学》，2001年。

142. ［加］唐纳德·E. 威尔莫特：《我所认识的陶行知教授（节选）》，载《生活教育》2006年第9期。

附录一　陶行知研究方法论

任何一门学科（或学问）都有它自己的方法论。所谓方法论，即关于方法的原则和理论。它与具体的研究方法不同，是研究工作的指导思想和根本方法。每个研究者都受一定的方法论指导。也许有些研究者在研究时并未明确意识到自己所采取的方法论，但由此而说他没有方法论的指导，则是荒唐可笑的。正确的方法论对于研究工作来说尤为重要。恩格斯说得好，没有正确的方法论作指导，“往往当正确的东西碰到鼻尖的时候还是没有得到它”①。陶行知研究也不例外。研究陶行知应当注重方法论研究，善于借鉴和吸收其他研究领域的研究理论和方法。只要研究方法有新的突破，也可使人物研究焕发出新的生机和活力。正确的方法论是什么？这就是马克思、恩格斯创立的唯物辩证法和唯物史观。离开了这个正确的方法论作指导，陶行知研究必然会走弯路。当然，有了正确的方法论，并不意味着研究者已稳操胜券，可以坐等收获。由于每个研究者的具体情况千差万别，他们所面临的问题又各不相同，因此，正确的方法论并不是必定成功的保证，仅仅是研究工作顺利开展的前提。

然而，从目前陶行知研究的现状来看，还不能说每位研究者已经很好地采用了正确的研究方法。如果我们不是回避问题而是正视现实，就应该承认，在研究过程中，不少研究者常常产生偏离甚至背离正确方法论的倾向，出现种种偏差与失误。这里面最为突出的，大概要算庸俗社会学方法论倾向，它已对陶行知研究产生了明显的消极影

① 恩格斯：《自然辩证法》，载《马克思恩格斯选集》第 4 卷，人民出版社 1995 年版，第 342 页。

响。如果再不解决这个问题，陶行知研究很可能走进一条死胡同。

庸俗社会学方法论在陶行知研究中究竟有何表现？依我浅见，似有如下数端。

一曰“分割研究”。时下不少研究者热衷于像切豆腐块似的对陶行知搞“分割研究”。你写陶行知论乡村教育，我就写陶行知论城市教育；张三论陶行知的美学思想，李四就论陶行知的艺术实践；A介绍陶行知在南京，B就介绍陶行知在北京；甲谈陶行知与小孩子，乙就论陶行知与老妈子。如此这般，不胜枚举。随便翻开有关刊物，那里面十有八九是这类大作，而且从标题形成、文章结构乃至语言风格，都大同小异，了无新意，仿佛是一个模子倒出来的。这类问题，有些颇有价值，应该而且必须作深入研究；有些则价值不大，没必要花偌大精力呕心沥血做文章；还有些文章连题目本身都无法成立，纯系迎合潮流的拼凑之作。像这样无限分割下去，陶行知研究将会有无穷无尽个题目以供“研究”！当然，我并不反对专题研究，只是不赞同那种人为的“分割研究”。在我看来，陶行知的学说是一个有其内在逻辑联系的有机整体。即使专题研究，也自应依循这种内在逻辑联系，通过整体来观照局部，又从局部来把握整体。只有这样的专题研究，才有真正的价值。这样的专题研究越多，陶行知研究才越深入，而那种人为的“分割研究”，只能把一个好端端的、严密完整的思想体系，弄得支离破碎！

二曰“注经疏义”。有些研究者虽然口口声声以马克思主义的立场、观点和方法来研究陶行知，但在实际上却把陶行知视为一贯正确、能够解答一切现实问题的“先知先觉”。他们对于陶行知的学说，犹如古代学者整理儒学经典，孜孜矻矻，专事注疏，不敢越雷池一步。名为学术研究，实为现代注经。在他们看来，陶行知的学说已尽善尽美，完全适合于当前的社会主义教育建设，人们只需很好地理解和运用它，就万事大吉了。他们认为，陶行知的学说没有什么局限性，可以直接用来指导今天的教育改革。其实，任何人和任何学说都有其局限性，陶行知也不例外。马克思早就指出：“人们自己创造自己的历史，但是他们并不是随心所欲地创造，并不是在他们自己选定的条件下创造，而是在直接碰到的、既定的、从过去承继下来的条件下创造。”① 这里所说的条件性就是局限性。陶行知生活的时代已与今天有天壤之别，历史条件也大不一样。对于陶行知的学说，我们应该区分三种情况：一要分清哪些是陶行知学说的基本原理，是普遍适用的；二要分清哪些原理和观点在当时当地是正确的，但在今天已不正确、不适用了；三要分清个别观点在当时看来就是有失偏颇和不确切的，或带有某些空想的因素。在运用陶行知的学说指导今天的教育改革时，应注意它的临界条件和适用范围。只有用陶行知的精神即科学的精神对待陶行知学说，才能在实践中坚持和发展陶行知的学说，永葆其理论的青春活力。

三曰“假设推理”。某些研究者总喜欢作各种假设推理，“如果……，一定……”便是最为常见的一种。比如，如果陶行知谢世不那么早，后来按中共领导人的设想当了新中国的教育部长，如果我们按他的教育主张办教育，我国的普及教育一定早就完成了，根本用不着为现有的数千万文盲或半文盲的扫盲问题而发愁。这种看法当然并非毫无根据。然而，历史毕竟是不能假设的。历史如能假设，那历史也就不是历史了，即使从逻辑学的角度来看，这种推理的结论也往往并不可靠。因为客观事物之间既有相似的一面，又有差异的一面，前者为这种推理提供了根据，而后者又对推理的可靠性起了限制作用。这就使推理的前提和结论没有必然的联系，结论是或然的。有可能这样，也有可能那样。如果认为“一定”这样，那就未免太绝对了。退一步讲，即或陶行知当了教育部长，他又能如何呢？我真怀疑，在新中国成立初年对电影《武训传》猛烈批判中，他这个曾经推崇过武训办学精神的人，能够不受牵连、逃脱厄运吗？纵然“批武”运动侥幸无事，在其后接踵而至的一个又一个政治运动中，他又如何能够顺利过关、安然无恙呢？谁能担保他在某一天不被送上政治斗争的祭坛？说实话，在阶级斗争高唱入云的年头里，陶行知的教育主张再好，也

---

① 《路易·波拿巴的雾月十八日》，载《马克思恩格斯全集》第 8 卷，人民出版社 2002 年版，第 121 页。

只能被束之高阁。这绝不是哪一个人的主张与能力的问题，而是当时那种政治路线的必然走向所使然。撇开了对这一段具体历史过程的考察，再好的假设推理都显得苍白无力。

四曰“添冠加冕”。一些好心的同志为了证明陶行知如何伟大，老爱把各种“桂冠”加在他的头上，似乎不这样做，就不足以证明陶行知的伟大。有的说他“在国内最早主张并招收女子入大学”，有的说他是“第一重视科学教育的人”，有的说他是我国的教育经济学、教育社会学、教育统计学这些新兴教育学科的“创始人”、“奠基者”，等等。应该承认，作为一个伟大的人民教育家，陶行知的改革精神和创造意识确实是他同一时代众多教育家所难比肩的。他在教育领域许多方面的革故鼎新，都开一时风气之先。对于他的这些劳绩，后人自应予以尊重和充分肯定。问题在于：有些改革的首倡者，并不是陶行知。就拿素为某些同志所津津乐道的陶行知首招女子入大学一事来说吧，远在陶行知所在的南京高师和蔡元培所在的北京大学相约试行男女同学之前，广州岭南大学和上海大同学院已经招收女生，实行男女同校。大同学院是1915年开始提倡男女同学的，而南高和北大五年之后才有此举。陶行知在其《为反对中学男女同学的进言》一文中，对此曾有明确说明：“其实大学男女同学，在中国早已试行。岭南大学、大同学院当国立大学未行男女同学之先，早已办过了，结果都很圆满。”① 不知是这些同志没读过这篇文章，还是有意视若不见？如果是前者的话，倒还情有可原。倘若是后者，这种心态就很值得研究了。在我看来，是则是，非则非。陶行知的伟人形象本来就已光彩照人，何必还要多此一举？难道不戴上这些“桂冠”，陶行知就不伟大了吗？

五曰“循环论证”。在陶行知研究中，我们时常看到这样一种现象：在研究过程中形成了一种循环论证，导致了研究工作的起点与研究结论的归宿之间的同义反复。试举一例，周恩来在1946年陶行知

---

① 《为反对中学男女同学的进言》，载华中师范学院教育科学研究所主编：《陶行知全集》第1卷，湖南教育出版社1984年版，第300页。

去世后给中共中央打电报时说："十年来，陶先生一直跟着毛泽东同志为代表的党的正确路线走，是一个无保留追随党的党外布尔什维克。"① 周恩来的这一段话，言简意赅，评价允当。但在陶行知政治思想分期的问题上，也只是一家之言。研究者完全可以通过自己的独立研究，或赞同这种观点，或提出与之不同的看法。可是情况并不是这样。有些同志看到中央领导已有结论，那就不必再去劳神了。于是乎，他们不是把精力放在深入探讨陶行知政治思想的具体发展过程上，而是专在这段话的"十年来"三个字上做文章。既然周恩来是说"十年来"，那么，陶行知的政治思想毫无疑问是从"十年前"（即1935年）起开始发生质变的，由一个民主主义者逐步成长为一个共产主义者。还有的同志思路更为奇特，既然中国共产党也是在"十年前"（1935年）的遵义会议上才结束了王明的"左"倾错误统治，确立了毛泽东在全党的领导地位，使党中央的路线转到马克思主义的正确轨道上来，那么陶行知从"十年前"开始一直跟着毛泽东为代表的党的正确路线走，完全合乎情理。如果在此之前就跟着当时的"左"倾错误路线走，那反倒糟了。言下之意，似乎陶行知颇有些先见之明。在这里，周恩来的这段话被他们作为研究工作的起点，开始了其论证过程，忙乎了半天，又回到了原先的起点上。其实，毛泽东、周恩来等人对陶行知的评价，基本上是一种结论性意见，没有作具体的论证。即使他们的结论是正确的，也并未穷尽对陶行知的认识，还有许多具体的研究工作需要去做。从他们对陶行知的论述中，我们仅仅了解和熟悉一些结论是不够的，更重要的是，应学习和掌握他们所持的马克思主义的立场、观点和方法，以改进现有的陶行知研究。

人们在对庸俗社会学方法论在陶行知研究中的种种表现有了初步认识之后，不禁会思索这样一个问题：为什么庸俗社会学方法论能在陶行知研究中如此作祟呢？这里面的情况比较复杂，不是三言两语说得清楚的。我想，是不是至少有以下四点。

首先，它与适合于庸俗社会学方法论产生和滋长的政治气候有

① 《人物》1980年第4辑。

关。一切从实际出发是马克思主义认识论的基本观点，但由于种种原因，主观主义和教条主义并未被彻底地扫地出门，在某些人的思想深层留有残余，犹如“百足之虫，死而不僵”，一遇到合适的政治气候，就很容易滋长和蔓延。

其次，它与整个陶行知研究的队伍素质有关。让我们来透视一下这支队伍的基本成分。(1) 陶行知的生前友好、历届门生和亲属。他们是这支队伍的核心力量，没有他们的组织与宣传，不会有今天如此规模的陶行知研究事业。(2) 中央和地方有关部门（主要是教育部门）的各级行政领导。他们是陶行知研究的坚强后盾，没有他们在政治上、经济上所给予的大力支持，陶行知研究难以顺利展开。(3) 各地陶行知研究会的成员。这一部分人数量最多，多为对陶行知怀有敬慕之情的普通教育工作者。他们是陶行知研究雄厚的群众基础。(4) 部分高等院校（主要是师范院校）、科研机构的理论工作者。他们人数虽少，但具有较好的理论水平和科研能力，是陶行知学说理论研究的实际承担者。由此可见，这支队伍与“鲁学”、“红学”的学者型队伍不太一样，来源不一，层次不同。这虽有其利于扩大声势、推广实验的一面，但也毋庸讳言，其中一部分同志的情感色彩较重、理论水平不高、知识结构陈旧、研究能力较弱，这为庸俗社会学方法论的盛行提供了易于生长的土壤。

又次，它与某些同志的研究态度不纯有关。有些同志从事陶行知研究，不是为了创造性地发展和运用陶行知的学说，以推动我国的教育改革，而是为了赶时髦，发文章，对陶行知抱着“生意眼”的实用主义态度。“形势”需要什么，就“研究”什么；哪类文章易发，就写什么。以这种态度从事陶行知研究，怎会不跌入庸俗社会学方法论的泥淖？

最后，也是极为重要的一点，它与我们这个古老民族的文化心理和学术传统有关。从远古时代起，人们开始形成了偶像崇拜的观念。进入封建社会之后，特别是自高度中央集权的秦汉时期始，一元的偶像（“圣人”）取代了原先多元的偶像。从此，谁被统治者钦定为“圣人”，谁就能享受独尊至上的地位和荣誉，并不断被神化，他的著作被奉为经典，具有权威性。人们在“圣人”面前，五体投地，心悦诚服。久而久之，积淀而成为“圣人崇拜”的民族文化心理。它体现在学术研究中，便是“唯经”、“唯上”、“述而不作”。以圣人的头脑代替自己的头脑，非圣人之言不敢言。即或有所作为，也要说是古有明训，拼命到经书中找依据。

上述若干分析，未必都很准确。其中，某些现象不仅仅是方法论问题，某些原因也不能完全归结到研究者身上。之所以提出这些看法，目的在于与大家共同总结经验教训，清除庸俗社会学方法论的影响，使陶行知研究得到健康发展。

陶行知研究是我国人物研究中的一个重要课题，具有不可忽视的理论意义和实践价值。自从 1927 年陶行知创办蜚声中外的南京晓庄学校和次年他的第一部重要论著《中国教育改造》出版之后，研究他的文章和著作就接连不断地见之于世。大半个世纪以来，特别是近三十年来，经过广大陶行知研究者的共同努力，陶行知研究在理论上和实验上都取得了蔚为可观的成绩，正逐渐发展成一门系统的专门学问——陶行知学。但是，我们也要清醒地看到，目前的陶行知研究并不尽如人意，在思想观念、思维方式、理论视野、研究领域、研究内容以及队伍素质等方面，尚存在着不少亟待解决的问题。其中，方法论问题尤为突出。从某种意义上说，不解决陶行知研究的方法论问题，陶行知研究很难指望有新的突破。因方法论问题事关陶行知研究的全局，需要广大陶行知研究者来共同研讨。

摒弃了庸俗社会学方法论之后，应该如何研究陶行知呢？这是我们必须回答的一个问题。为了开拓陶行知研究的广度和深度，当务之急是建立起陶行知研究的方法论体系。这个方法论体系是以唯物辩证法和唯物史观作指导的，由多角度、多层次、相互联系并互为补充的立体网络结构构成。大致说来，它由下面三个层次组成：（1）方法论，居最高层次；（2）具体方法，属中间层次；（3）研究程序，为最低层次。这三者相互独立又相互依存，相互渗透又相互制约，有机地构成一个方法论体系。方法论离不开具体方法和研究程序的运用，而具体方法和研究程序又有赖于方法论的指导。三者相辅相成，不可或缺。

先说第一层次。陶行知研究的方法论，即唯物辩证法和唯物史观，这是陶行知研究的指导思想和根本方法。这一方法论的基本观点是：（1）从事实出发，把问题放在一定的历史条件和社会环境中加以考察，对具体问题作具体分析；（2）全面地综合看待认识对象，把握和探讨事物的各个方面、各种联系的各个“中介”；（3）在事物的发生和发展过程中进行观察和研究；（4）把实践作为检验真理的唯一标准。概括而言，即历史的观点、全面的观点、发展的观点和实践的观点。这一方法论对具体方法和研究程序起指导、定向的作用。

次说第二个层次。陶行知研究的具体方法是不少的。我们应该注意的是，正确处理原有方法与新增方法之间的关系。文献分析方法和比较分析方法是我们过去常用的具体方法。这些具体方法迄今并未过时，仍然大有用武之地。运用得当，将对陶行知研究作出新的贡献。且以比较分析方法为例，以往我们对之理解和运用都有不少问题。就陶行知与中国教育家的比较而言，只重视了陶行知与王阳明、胡适的比较研究，却忽略了陶行知与孔子、墨子、颜元、蔡元培、蒋梦麟、郭秉文、黄炎培、梁漱溟、晏阳初、陈鹤琴等人的比较研究；就陶行知与外国教育家的比较而言，只重视了陶行知与杜威的比较研究，却忽略了陶行知与裴斯泰洛齐、孟禄、克伯屈等人的比较研究。如果今后我们注意运用比较分析方法，对此多作一点研究，一定可以加深我们对陶行知与中外文化关系的认识。

话又说回来，仅仅凭借原有方法研究陶行知，仍是远远不够的，我们还必须根据研究的需要，大胆地借鉴其他人文、社会科学的研究方法，如发生学分析方法、系统分析方法、结构分析方法、文化分析方法、心理分析方法等，以弥补原有方法之不足。比如，在研究陶行知生活教育理论发生过程时，不妨尝试一下发生学分析方法。发生学分析方法主张从多方面、多角度对研究对象的生长点进行动态的、实验的综合研究。据此，我们可从社会土壤、时代环境、文化背景和理论来源诸方面，对生活教育理论的生长点作动态的考察，以弄清其起源和发展的具体过程。又如，我们可以借鉴系统分析方法对生活教育理论作新的认识。这里所说的系统分析方法，是从系统观点出发，把对象放在系统的形式中，从系统与要素、要素与要素、系统与环境之间相互联系和相互作用的关系中，综合地考察对象、处理问题的一种方法。① 依据这一方法，我们可从以下五方面对生活教育理论展开分析。（1）以生活教育理论的整体性作为研究工作的基本出发点。（2）对构成生活教育理论的诸要素（或子系统）作具体分析。从现代系统论的观点来看，生活教育理论可被视为一个包括诸多要素（或子系统）的大系统。它由“生活即教育”（本体论）、“社会即学校”（领域论）和“教学做合一”（方法论）这三大要素（或子系统）构成。这三者各具其结构和功能。在这三者之下还有更多、更小的要素（或子系统）。（3）探讨生活教育理论（系统）与现代中国社会（环境）之间的关系，认识前者对后者的适应性。（4）弄清楚生活教育理论与中国传统教育以及与西方教育理论的关系，揭示其发展变化的趋势。（5）在对上述方面的具体分析的基础上，进行综合考察，达到对生活教育理论的总体把握。采用系统分析方法研究生活教育理论，有助于我们克服以往只重部分研究、忽视整体考察的倾向，摒弃“分割研究”的做法，使我们更好地从整体上把握生活教育理论的性质、特征、内容、结构和功能，认识其理论意义和实践价值。再如，既然生活教育理论是一种具有某种结构的理论系统，那么我们不妨用结构分析方法对之进行分析。结构方法有一个基本思想，即“关系在方法上要比因素占首要地位”，强调“关系”在系统中起决定作用。这一点提醒我们，在生活教育理论中，占首要地位的，并非“生活即教育”、“社会即学校”、“教学做合一”这三个单独存在的“因素”，而是这三者之间的“关系”。我们不能把三者孤立地分开来认识，而应将之有机地联系在一起，它才具有三者孤立分开时所没有的整体意义。这三大“因素”应如此，其他更小的“因素”，如具体教育思想（包括幼儿教育、师范教育、职业教育、社会教育等）和具体教育做法（包括小先生制、工学团等）也应如此。只有将它们放到生活教育理论的系

① 张卓民、康荣平编著：《系统方法》，辽宁人民出版社1987年版，第20页。

统中，考察它们与生活教育理论的“关系”，我们才能真正把握其各自的独特内涵和整体上的全新意义。此外，我们还可借鉴文化分析方法，从世界文化发展的总潮流、总趋势中，从中西文化大冲突、大融合中，考察陶行知身世和思想形成的社会土壤、时代环境和文化背景，弄清这些方面对他及其思想的影响，探讨陶行知及其思想中的文化心理内涵，揭示他的本质特征、精神内涵及其对于现代中国文化教育的深刻影响。过去我们极少从文化的角度去研究陶行知，主要是从政治的角度去分析陶行知。从这一角度分析陶行知是必要的，但又是不够的。长期以来，陶行知研究的基本“范式”是一种政治泛化的“范式”。其特点是：一是把政治参考系作为唯一的参考系，二是把政治标准作为评判教育的主要标准甚至是唯一的标准，三是以政治史的分期来代替教育史的分期。在这种“范式”的指导下，我们往往侧重从政治角度对陶行知道路作政治定性的分析，即说明陶行知从进化论者向阶级论者的转变，从非马克思主义者向马克思主义者的转变，从民主主义者向共产主义者的转变。这种分析是大致符合陶行知思想发展的实际的，但仅仅停留在政治分析，甚至以此代替文化分析，就容易出现一些问题。例如，把陶行知早期的思想判定为非马克思主义性质，就难以真正认识这个时期陶行知反封建的民主、科学思想的巨大意义。如果今后我们更加自觉地从文化的角度去认识、去思考，将陶行知研究的重心转移到陶行知的教育理论与实践上去，我们一定会有许多新收获。当然，像人格心理分析方法、符号学方法、解释学方法和接受学方法等其他学科的研究方法，也都可以根据需要，灵活地运用到陶行知研究中去，以开阔眼界，活跃思想，提高陶行知研究的水平。

最后谈第三个层次——陶行知研究的程序。这个问题表面上看起来没有什么，实际上却很重要。过去不少研究者因忽略了这一点而屡屡失足。陶行知研究的程序应如何才比较科学？我考虑是否可分这样三个步骤：首先是事实认识，其次是因果分析，最后为价值评价。所谓事实认识，即弄清陶行知教育理论与实践的基本历史事实，尽可能恢复其本来面目。它所要解决的，乃“是什么”的问题。所谓因果分析，即对陶行知教育理论与实践形成与发展的原因进行分析，它所要解决的，乃“为什么”的问题。所谓价值评价，即运用马克思主义的价值标准，对陶行知教育理论和实践在现代中国历史（特别是文化教育史）上的地位和作用，作出符合事实的评价。它所要解决的，乃“应如何（看）”的问题。上述三个步骤，既有区别也有联系，具有某种内在的逻辑顺序。离开了事实认识，我们无法作因果分析；而离开了这二者，我们又不能作出正确的价值评价。由此观之，这三个步骤实际上正是遵循了马克思主义唯物辩证法的认识论原理，由表象到本质，由具体到抽象，由低级到高级。结合陶行知研究的现状来看，至今我们不少同志因忽略了这一点而常常漏洞百出。这些同志由于尚未弄清楚陶行知教育理论和实践的基本事实及其因果关系，就轻率地对之作出价值评价，结果不是过分地抬高了陶行知，就是过分地贬低了陶行知。究其根源，除了方法论和具体方法上的失误之外，也与忽略了研究程序中的这三个步骤有关。

在过去的陶行知研究中，研究者主要是从政治和教育的角度去考察陶行知其人其说的。从这两个角度去分析陶行知其人其说是必要的，但又是不够的。说它是“必要的”，是因为这两者确实是陶行知一生活动的主要领域。缺少这两个角度的考察，陶行知一生活动的主要方面就无法反映出来。说它是“不够的”，是因为从这两个角度去认识陶行知，存在着一定的局限性，很难使人整个把握陶行知其人其说的全部历史内涵。只有从文化的角度，把陶行知作为近现代中国的一位文化巨人来认识，才有可能真正揭示出这一点。为此，我们可以也必须转换研究视角，从文化的角度来考察陶行知。这种研究视角的转换，将使陶行知及其学说的研究另辟蹊径，充满新的活力。

（原载《华中师范大学学报（哲学社会科学版）》1989年第2期）

附录二 陶行知生年新证

陶行知是近代中国历史上作出过卓越贡献的重要人物，弄清其生年问题是完全必要的。长期以来，关于陶行知的生年问题，学术界众说纷纭，莫衷一是。从笔者在工作中所接触到的资料来看，主要为以下两说。

一是陶行知生于 1891 年。这种说法最为常见，在过去各种有关著作、论文之中非常流行。近年来国内外出版的各种有关书籍，大都持此说法。诸如《辞海》（教育分册，上海辞书出版社 1980 年版）、《民国人物传》（中华书局 1978 年版）、《陶行知教育文选》（教育科学出版社 1981 年版）、《中国古今教育家》（上海教育出版社 1982 年版）等等，皆作如是说。全国政协、统战部、教育部还据此说于 1981 年 10 月 18 日在北京联合召开了纪念陶行知先生诞辰九十周年大会。

二是陶行知生于 1892 年。这种说法早在 1946 年 7 月 25 日陶行知逝世不久就已出现了。同年 8 月 12 日，为纪念陶行知先生，延安《解放日报》在当天的第四版上刊登了《陶行知先生生平事略》一文。该文开头便说“陶行知，一八九二年生于安徽省歙县”。文末“附记”还特声明：“本篇材料是陶先生留延的学生与友好共同提供的，由张宗麟同志执笔，如其中史实有遗漏或年月有出入处，请先生生前的亲族友好，来函补正。”但此说后来一般未被采用。不久前，又有同志重新提出了这一说法（见《陶行知生年质疑》，载《长江日报》1992 年 3 月 12 日第四版）。

我们因编辑《陶行知全集》，华中师范大学教育科学研究所的董宝良、夏德清、喻本伐和笔者一起又专程赴上海、南京、杭州等地的各大图书馆、档案馆、纪念馆里，搜集到大量有关陶行知的珍贵资料，其中就有不少属于首次发现的资料。这些新资料在涉及陶行知生平时，所记载的史实显然不同于上述两种说法。

陶行知于 1938 年 6 月在国外亲笔填写的一份 *Declaration of Non Immigrant Alien about to Depart for French Indochina*（《非移居侨民去法属印度支那的申述》），可以说是其中最具代表性的原始资料。1936 年 7 月，陶行知受全国抗日救国联合会的委派，以“国民外交使节”的身份，赴欧、美、亚、非等 26 个国家，宣传中国人民的抗日救国主张，揭露日本帝国主义的侵略罪行，争取海外侨胞和各国人民的同情与支持。前后历时约两年。1938 年 6 月，他在英国伦敦作短暂停留。在此期间，为了准备同年 9 月取道法属印度支那返回中国内地，他于 6 月 24 日去伦敦的法国领馆签署了这份申述。在这份申述的“生年、籍贯”一栏内，清楚地写着“I was born Nov. 10，1893，Anhwei China”。意为“我于 1893 年 11 月 10 日出生在中国安徽”。在“填写人、填写日期”一栏内，明确写着“Tao Heng-chih”“June，24，1938”。即“陶行知填写于 1938 年 6 月 24 日”。值得注意的是，这份申述是迄今为止人们所发现的有关陶行知生年最完整的一份原始资料。在以往所发现的各种有关资料中，从未有过对于陶行知出生日期具体的明确记载，大多为对其出生年代的粗略估计，至多不过记载了出生的月份。而这份申述，不仅明确记载了陶行知的出生年代和月份，还明确记载了出生的日期。这就使之显得更为可信，更为珍贵了。填写这类申述时，一般都要求本人亲自填写，填得不当或不全还须由本人重新填写，况且在这份申述的结尾处还有这样一段原文：“I solemnly swear that the foregoing statements are true to the best of my knowledge and belief.”意为：“我以自己的学识和信誉作保证，我严肃地宣誓，以上所述都是真实可靠的。”故这份材料的填写是庄严慎重的。因此，我们可以断定，这份申述不可能是让他人代填，而只可能是陶行知本人亲笔填写的。从真实性、完整性、可靠性诸方面来考察，这份原始资料都是令人信服的。该件现存于南京晓庄师范学校陶行知先生纪念馆。

说明陶行知生于 1893 年的，还有如下五份原始资料可资佐证。

陶行知1914年赴美留学的入境护照。1914年夏，陶行知在金陵大学提前一年学完文学系的所有课程，以全校总分第一名的优异成绩毕业于该校。在校长包文的赞助下，陶行知抱着“百扣柴门十扇开”的微渺希望，四方奔走，借贷筹资，终于凑足了赴美留学的旅费。是年秋，陶行知赴美深造。这份护照便是陶行知赴美留学的入境凭证，它由美国移民局签署，编号为“16928”。在这份护照上，除记载了陶行知的姓名、职业、籍贯等项内容外，还明确记载了陶行知的年龄为“21”岁。非常清楚，若按1914年陶行知为“21”岁计算，那么往前推算21年，就是他的出生年1893年。应该指出，陶行知填写这份护照时，年龄才20出头，他对自己的生年自然是记得很清楚的，不会随便弄错。所以，对于这份护照的可靠性，我们也理应该相信的。

《晓庄学校十九年毕业同学录》。这是民国二十六年三月二十七日（1937年3月27日）陶行知呈送国民党政府有关部门审批的一份人员名单。这份人员名单与陶行知呈请准予追认该校1930年毕业生毕业资格的报告附在一起。南京晓庄学校最早创办于1927年3月，1930年5月，南京晓庄学校师生在中国共产党地下组织的领导下，举行了游行示威，反对日本帝国主义把军舰驶入长江支持蒋介石打内战。不久，国民党政府当局借口学校里有共产党人活动，派兵包围并查封了学校，捕杀师生十余人，陶行知也因此而遭到第一次通缉，被迫流亡日本。基于此，南京晓庄学校1930年毕业生的毕业资格没有得到国民党政府有关部门的正式承认。直到后来局势有所缓和，南京晓庄学校被启封，对陶行知的通缉令也被取消，陶行知便呈文给国民党政府有关部门准予追认该校1930年毕业生的毕业资格。这份人员名单的起首，就是“指导员”一项。在其“姓名、生年、籍贯”一栏中，清楚地填写着“陶行知，男，37岁，安徽歙县”。若按民国十九年（1930年）陶行知为37岁计算，那么，往前推算37年便是他的出生年，由此我们也可得知他生于1893年。若考虑到中国人计算年龄时长期习惯于称虚岁，假定这时陶行知的实际年龄还不足37岁，那么，他的生年便还得向后推移，而不会是相距更远的1891年或1892年。这份材料现存中国第二历史档案馆。

《晓庄学校校董履历表》。这是民国二十七年十月（1938 年 10 月）张一麐、许世英等人呈报国民党政府高等教育司备查的一份校董名单。当时，陶行知刚从国外宣传中国人民的抗日救国主张回来，对培养抗日救国的高级人才极为重视。他与知名人士张一麐、许世英等人协商，计划办一所晓庄学院，以训练抗日救国高级人才。这个建议虽被国民党政府拒绝，但这份校董名单却有重要价值，它明确地填写着“陶行知，45 岁，安徽歙县”。若按照民国二十七年（1938 年）陶行知为 45 岁计算，往前推算 45 年，又是他的生年 1893 年。必须指出，晓庄学院创办一事，是陶行知率先发起的，董事会成员名单也是由他与张一麐、许世英等人商量后才确定下来的。可以说陶行知对这件事的前前后后无一不知、无一不晓。从这份校董名单的誊写笔迹和列名顺序来看，它很可能为陶行知亲自拟定，退一步来说，即使不是陶行知亲笔，也应是经他过目了的。该件现存于中国第二历史档案馆。

《生活教育社社员手册》和《生活教育社职员名册》。生活教育社是陶行知在抗日战争时期建立的一个进步的教育团体。自 20 年代末期起，陶行知就一直在提倡、宣传“生活教育”理论，并创办了半月刊《生活教育》。他还试图建立一个进步的教育团体来推动中国近代教育事业的改革。因形势愈趋险恶，屡未实现。直至抗日战争全面爆发后，日本帝国主义侵略者把战火烧遍了中国的半壁河山，民族危亡到了千钧一发的关头，为此他毅然决然地排除重重阻力，于 1938 年 12 月在广西桂林正式成立了生活教育社。他被推为该社的理事长。这两份表册就是生活教育社社员简历表。在这两份表册中社员简介一栏里均记载着“陶行知，男，四十五，安徽”，封皮上也都注明制表时间为民国二十八年一月十五日（1939 年 1 月 15 日）。按照这个时间往前推算 45 年，陶行知的生年就成了 1894 年。这个矛盾不难解决，若仔细加以分析，便会发现是由于填表日期与制表日期不一致造成的。因为生活教育社正式成立于 1938 年 12 月，而其筹建工作，早在陶行知于 11 月上旬到达桂林前就着手了。按常理说，该社社员的填表日期应在此时。当时，由于未到 11 月 10 日陶行知生日那天，故其填表的实足年龄仍只有 45 岁。可是，到正式制表时间又过了三两个月，具体的办事人员在将社员所填的简历汇集制成专门名册时，没有来得及再一个一个地去核对年龄，便按填表时所填的简历原封不动地汇集成册，故造成了填表日期与制表日期之间的误差，使陶行知生年由 1893 年便跳到了 1894 年。是不是还有另一种可能呢？即由于填表时陶行知刚满 46 岁不久，因事务繁忙，时间紧迫，故仍填为 45 岁，而不是 46 岁。但这后一种可能性是很小的。这两份表册均存于中国第二历史档案馆。

从事历史科学的研究工作，必须占有大量的、批判地审查过的、充分掌握了的历史资料，才可作出比较可靠的判断和结论。回忆录可作为重要的参考，但不能作为足够的证据。故对上述档案材料的甄别考核，我们认为陶行知的生年为 1893 年是可靠的。下面就在 1891 年说和 1892 年说之所以要商榷，谈一点看法。

1891 年说是过去最为流行的一种说法，即陶行知生于光绪十七年农历九月十六日（公元 1891 年 10 月 18 日）。这种说法的依据，是陶行知的亲朋故旧或受业弟子所写的回忆文字。他们在缺乏档案资料的情况下，基本上是运用推测的方法来判定陶行知的生年的。迄今为止，我们还没有发现这种说法的同志已掌握有可靠的档案材料。既然如此，为什么这种缺乏足够依据的说法能够流行数十年之久呢？我们认为，其原因在于，在当时的历史条件下，无法找到可靠的记载，对于亲友的说法也无法认真考证，故只能从其亲近的记忆，时间一久，自然而然地就成为一种成说。

1892 年说虽然是早已出现了的，但由于当时已说明证据不足，故未被一般所采用。近年，有的同志依据新发现的有关材料，重新提出了这一说法：陶行知生于光绪十八年农历九月十六日（公元 1892 年 11 月 5 日）。持这种说法主要有两条资料：一条是陶行知留学美国时于 1915 年在哥伦比亚大学师范学院填写的《攻读获取师范学院毕业文凭和更高级学位的申请》。该表上面注明陶行知生于 1892 年 11 月。这条档案资料是值得重视的，它与前述 1938 年的档案材料和 1914 年的出国护照等相矛盾，其原因是否因为陶行知 1914 年出国时，先在伊利诺伊大学学政治，后转入哥伦比亚大学学教育，有可能委托他人代办手续？故填写出生时间不准。因此，要按这份材料定其出生年月，不一定完全可靠。另一条资料是1918年10月南京高等师范学校所制的《职员姓名表》，表上填“陶行知，二十六岁，安徽歙县人”。这条资料的准确性和可靠性，似也经不起仔细推敲。因为填表时间往往与制表时间相距长短无法掌握，加之制表时间与他的满岁时间，往前推是11个月，即超出实足年龄11个月，是按实足年龄填的，还是按虚岁，不好肯定，往后推与实足年龄又差一个月，也难以定说，故完全按这两条资料定其出生年月，似可商榷。而前述陶行知于1938年6月在国外填写的入境申述书和1914年的出国护照等似不存在这些难于定夺的矛盾，故其准确性、可靠性比这两份资料大。也正因为如此，笔者有理由认为，陶行知的生年应是1893年11月10日（光绪十九年农历十月三日）。

最后顺便说明一下，这样说，并不是说只有笔者的看法才是完全正确的，可以成为定论了，而是由于依据有所不同，研究方法不尽一致，自然会有不同的看法。若以后发现新的有价值的材料，还可能会提出新的看法。

（原载《历史研究》1983年第2期、《华中师院学报（哲学社会科学版）》1983年第5期）

附录三　陶行知家世考略

陶行知的成长与发展，不仅与当时的社会背景、文化传统与时代特征有关，而且也与其家世渊源、家族传统与家教传统有密切关系。为此，笔者专门就陶行知的祖籍、迁居路线、始祖情况等作了考证，以便对其成长有一个立体的、全方位的了解。

一、关于陶行知的祖籍

对于陶行知的祖籍问题，在陶研工作者中过去有着意见分歧，一是“河南说”，二是“浙江说”。两说各持己见，各有所本，相争不下，得不出一致的意见。笔者认为，从新发现的两本《陶氏族谱》来看，相争的两说均有商榷的必要。

先谈“河南说”。持此说者认为，陶行知的祖籍在河南。明末李自成农民大起义后，明王朝派军队围剿，双方交战有年，社会秩序动荡不安，河南尤甚，陶氏祖上遂避乱至安徽歙县。查阅《陶氏族谱》有关记载，方知其说大谬不然。在老本封面中间，载有“浙江绍兴府会稽分支”数字。另外，在这册族谱的第十页上的“始祖明子公”一栏下，也载有这样一段文字：“父国宁公娶谢氏生二子长曰求良次子永仓系浙江绍兴府会稽县陶家堰”。又据族谱所载，“始祖明子公”由浙江绍兴迁往安徽歙县是在明朝中叶，当在明末李自成农民大起义之前，足证“河南说”不确。陶行知的祖籍原为“浙江绍兴府会稽县”，查有关地名辞典，可知会稽县为一旧县名。隋开皇九年（公元 589 年）分山阴县置。南宋时为绍兴府治所。1912 年与山阴县合并为绍兴县。1950 年曾析出设市，1962 年撤销并入。由此可见，陶行知的祖籍并非河南，而是浙江省绍兴县。浙江绍兴一带物华天宝，人杰地灵，自古便文人辈出，遐迩闻名。近现代史上著名人物周恩来、鲁迅、秋瑾、徐锡麟、陶成章等人都诞生在那里。

为什么陶行知祖籍河南说会行之于世？大概是持此说者误将陶氏祖上曾在河南为县吏与陶行知的祖籍在河南这两桩事情视为一体，混为一谈了。陶氏祖上虽曾在河南为县吏，但并不就意味着陶氏祖籍肯定无疑也在河南。祖上在河南为县吏与祖籍在河南这是两件不同性质的事情，焉能随意混淆之？在我国古代，离开自己的故乡，赴外地任职，这类事情是司空见惯的，不足为奇。所以，陶氏祖上在河南为县吏并不能等同于陶氏祖籍即在河南。陶行知的祖籍为河南的说法是缺乏足够的史料根据的，难以成立。

再谈“浙江说”。持此说者认为，陶行知的祖籍在浙江。于明万历年间，由浙江绍兴故地迁来黄潭源建立家园。就总体而言，此说虽有合理方面，但在祖籍故地、迁居时间、迁居路线等一些具体问题上，似有需要进一步探讨之处。这里，笔者先就陶行知的祖籍故地谈谈自己的看法，至于迁居时间、迁居路线等问题，本文后面将作专题论证，故此处暂且从略。

陶行知的祖籍在浙江绍兴，此说虽然可以肯定下来，但是，陶行知祖籍故地为何名？对此持浙江说者就讲得含含糊糊，不够明确了。可是，从笔者新发现的这两本《陶氏族谱》中，却得到了明确回答。在族谱第 10 页和第 24 页上，均载有“浙江绍兴府会稽县陶家堰”的字样。因此，说得准确一点，陶行知的祖籍故地是浙江省绍兴县陶家堰。

二、关于陶行知祖上的迁居时间和路线

陶行知祖上何时由浙迁皖？在陶研工作者中，有些学者认为是在“明万历年间”。“万历”为明神宗朱翊钧的年号，万历年间是指明神宗朱翊钧在位的四十八年期间，即 1573 年至 1620 年。按照这些学者的说法，陶行知祖上是在 1573 年至 1620 年这一段时期内由浙迁皖的。这种说法是否正确？从《陶氏族谱》的记载来看，也颇值推敲。

本文前面曾引用过族谱第 10 页上有关“始祖明子公”的一段史

料，就在这段文字后面，紧接着还有这样一句话："于大明正德五年分支始迁新安新桥"，这句话已将陶行知祖上的迁居时间交代得明明白白了。"正德"是明武帝朱厚照的年号，正德五年为明武帝朱厚照在位的第五年，即 1510 年。相较之下，正德五年比万历年间少则早半个世纪，多则早一个世纪。毋庸置疑，《陶氏族谱》有关陶行知祖上迁居时间的记载是足可征信的，而以往那种迁居于"明万历年间"的说法则是不足为凭的。倘以"明万历年间"的说法为准，势必将使陶行知祖上的迁居时间往后推迟半个世纪或一个世纪。试想，如此一来，岂不会产生早已由浙迁皖的陶行知祖上于半个或一个世纪后又由浙至皖来一次长途迁徙的奇事么？所以，陶行知祖上由浙入皖的迁居时间并非明万年间，而是明正德五年，即公元 1510 年。

上面指出了以往持浙江说者在陶行知祖籍故地、陶行知祖上的迁居时间两方面存在的问题。这里，再着重谈谈陶行知祖上的迁居路线。

陶行知祖上是如何由浙迁皖的？具体地说，陶行知祖上的迁居走的是怎样一条路线？是直接由浙江省绍兴县陶家堰迁往安徽歙县西乡黄潭源，抑或其间还经过了某个地方才到歙县西乡黄潭源？如果迁居不是直接而是间接地经过了某个地方，那么，这个地方又为何名？在这个问题上，过去人们或者说得不确，或者避而不谈，或者语焉不详。新发现的这两本《陶氏族谱》，对于澄清这个问题，提供了重要的史料依据。

在《陶氏族谱》中，有关陶氏祖上迁居情况的记载共三处。这些记载给我们了解陶氏祖上的迁居情况，描绘了一个大致轮廓。通过这些古老而真实的记载，人们不难想象出数百年前陶氏祖上在迁居途上那种跋山涉水、餐风饮露、流离转徙的历史情景。现将三处记载摘引如下：

1. "始祖明子公……系浙江绍兴府会稽县陶家堰于大明正德五年分支始迁新安新桥……"①

① 《陶氏族谱》，第 10 页。

2.“大明正德五年浙江绍兴府会稽县陶家堰分支迁居江南徽歙之西曰古溪后移下黄潭源。”①

3.“十一世舜廷公迁移黄潭源居住。”②

为弄清陶氏祖上的迁居路线，这里有必要对上述记载中的个别地名作些考证。“新安”一地何所指？查有关地名辞典，知“新安”一地主要有四说：一、郡名。晋太康元年（公元280年）改新都郡置。治所在始新（今淳安西）。辖境相当于今浙江淳安以西、安徽新安江流域、祁门及江西婺源等地，南朝梁一度缩小。隋开皇九年（公元589年）废。二、郡名。东魏兴和中置。治所在新安（今渑池东，隋移今新安）。辖境相当于今河南新安一带。隋开皇初废，义宁间复；唐初改为谷州。三、县名。在河南西北部、黄河南岸，陇海铁路横贯，西北端邻接山西省。秦置县（故址在渑池县，唐移今治）。四、郡名。隋大业三年（公元607年）改歙州置。治所在休宁（今县东万安）后移歙县。辖境相当于今安徽新安江流域、祁门及江西婺源等地。唐初仍改歙州。天宝时复置，乾元元年（公元758年），又改歙州。后世因以新安为徽州、歙州所辖地的别称。从上述三处有关记载来看，笔者认为，族谱记载的“新安”当是指这四说中的最后二说。族谱里第一处记载说陶氏祖上“分支始迁新安新桥”，而第二处记载也说陶氏祖上分支迁居“江南徽歙之西曰古溪”，这说明第一处记载里的“新安新桥”与第二处记载里的“江南徽歙之西曰古溪”两者都是指的同一件事，只不过说法不同而已。而族谱里“江南徽歙之西曰古溪”的记载又与地名辞典里的第四说，即通常作为古代徽州、歙州所辖地的别称的新安相互印证。由此可以断定：族谱里第一处记载的“新安”，就是地名辞典里所指的通常作为古代徽州、歙州所辖地的别称的新安，而不是指其他三处曾以“新安”为名的地方。换句话说，族谱里的“新安”既不是指今天的浙江某地，也不是指今河南某地，而是指今安徽某地。如以旧治所为代称（一般《中国古今地名对照表》之类的古今地名辞典便如此），那么，族谱里的“新安”既不是

①②《陶氏族谱》，第24、17页。

指晋代的始新（今浙江淳安西），也不是指东魏时的新安（今河南渑池东），更不是指秦代的新安（今河南渑池），而是指隋唐以后的休宁（今县东万安）之西。

又据族谱第三处有关记载，可知到第十一世舜廷公时，才由第一次迁居地再迁歙县西乡黄潭源。

由此可见，陶氏祖上并不是由浙江省绍兴县陶家堰直接迁往安徽歙县西乡黄潭源的，其间还经过了“新安新桥”（或称“江南徽歙之西曰古溪”处，大概在今安徽休宁县东万安之西），最后才在安徽歙县西乡黄潭源定居下来，繁衍后裔。这就是陶氏祖上的迁居路线。

三、关于陶行知的始祖

最早由浙迁皖的陶氏始祖是谁？由于种种原因，过去人们对此几乎毫无所知。这次新发现的两本《陶氏族谱》，虽有某些有关记载，但因抄本出于两人之手，撰（抄）写时间有先有后，故两册的记载略有不同。关于陶行知的始祖，老本的记载是“始祖明子公”，新本的记载则为“一世国宁公”。两种说法，互有歧异。究竟孰是孰非？仍然需要考证清楚。

从笔者新发现的这两本出自两人之手的《陶氏族谱》来看，老本撰（抄）写时间较早，封面完整，书写工细，记载较详；新本抄录时间较晚，封面欠完整，书写较潦草，记载过于简略（二世至八世俱未作交代，唯十四、十五、十六三世为新加内容，倒还较详细）。所以，笔者可以判定，老本为底本，新本为后抄本。新本是后代抄录者在老本的基础上，对之作了某些增删而成的。

人们或许会提出这样一个问题：为什么新本的记载是“一世国宁公”而非“始祖明子公”？我们认为，这很有可能是新本抄录者的改写所致。新本抄录者在抄录过程中，看见老本在记载“始祖明子公”的一栏内，还写有“父国宁公”等字，便觉得既然“始祖明子公”的父亲称谓已作交代为“国宁公”，那么，这“国宁公”理应放在“明子公”之前，以作为陶氏家族的始祖，遂将《陶氏族谱》上的“始祖明子公”改为“一世国宁公”。为什么要将“始祖”二字换成“一世”

二字？大概该抄录者觉得如仍沿用“始祖”二字加在“国宁公”之前，这样，老本与新本不易区别，同时，也难看出两本族谱之间的关系。其实，“始祖”与“一世”两者在意义上并无根本区别，只是在文字形式上表达不同而已。应该指出的是，这种改写是不太科学的。最早由浙迁皖的陶氏祖上与在浙江省绍兴县陶家堰祖籍故地居住的陶氏远祖毕竟是完全不同的两个概念。该谱里所说的“始祖”只是一个相对的概念，指的是最早由浙迁皖的陶氏家族中的那一个人，而不是指在此之前的在浙江省绍兴县陶家堰祖籍故地居住的某个陶氏远祖（不论他的名字是否知道）。故作为因最早由浙迁皖之事而在另修的《陶氏族谱》中确定为“始祖”的，不应该是新本所记的“国宁公”，而只能是老本所记的“明子公”。倘若不是这样，由浙迁皖的陶氏家族的世系记载，就会混乱不堪、茫无头绪。这也就失去了撰修谱牒（即一般相对性的族谱、家谱）的全部意义。

因此，笔者认为，关于陶行知的始祖，新本的有关记载是不够正确的，“国宁公”虽是“明子公”的父亲，但只能算作居住在浙江省绍兴县陶家堰祖籍故地而未参加由浙至皖长途迁徙的陶氏远祖，就像他的那些许许多多的先人一样。而作为由浙迁皖后修的《陶氏族谱》里的“始祖”，只能是数百年前率领家人长途跋涉、风餐露宿、为陶氏家族由浙迁皖作出了宝贵贡献的那一个人，即老本所记载的“明子公”。

四、关于陶行知父亲的名、字、号

在陶行知父亲的名、字、号问题上，陶研工作者过去有两种不同的说法：一种说法是，陶行知父亲名槐卿，号任潮；另一种说法是，任潮不是陶行知父亲的号，而是他的名。尤其是前说，流传多年，中外已经出版的有关书籍，几乎都作如是说。根据对两本《陶氏族谱》的研究，笔者认为，以上二说，均缺乏根据。正确的说法应是，陶行知父亲名长生，字位朝，号筱山（“笑山”）。

为什么这样说呢？笔者的理由有下面四条。

（一）两本《陶氏族谱》的原始记载证明了这一点。有关陶行知父亲的原始记载，族谱内共三处。

第一处是在第 41 页“十四世允禄公”一栏内谈到的。允禄公是陶行知的祖父，娶鲍氏、李氏。“鲍氏生三子长曰德生次曰厚生幼殇三曰盛生李氏生一子名长生继与允裕公”。这里的“李氏”是陶行知的亲祖母，她殁于同治十二年五月廿七日，陶行知祖父生前和她感情甚洽，去世后与她合葬于黄潭源。“长生”是陶行知父亲的名。

第二处是在第 43 页“十五世位朝”一栏内作了交代：“生于同治六年丁卯六月初四寅时娶绩北曹氏生于同治六年丁卯九月十一日时生一子名文濬生二女长名宝珠幼殇次名美珠”。这里的“曹氏”即指陶行知的母亲曹翠仂。而“位朝”就是指陶行知父亲，也就是第一处记载里李氏所生之子“长生”。陶行知父亲是他那一辈陶家诸子中最早出世者。又因其生于寅时，即次日三点至五点，出生时间很早。故又称“位朝”。“位朝”的“朝”字有“早”之意。它与第一处记载里的“名长生”，在意义上互相关合。可知“位朝”就是“长生”。

第三处是在第 45 页“位农公”一栏内提及：“位农公即允禄公鲍氏所生次子名厚生临殇之日位朝商工同奉父命日后无论何房子嗣多者着一子承嗣宗祧”。

从上述原始记载看来，我们至少可以明确这样两点：第一，过去关于陶行知父亲号“任潮”或名“任潮”的说法是完全不对的。族谱里只有“位朝”的记载而无“任潮”的记载，“任”字显然是“位”字的草写误识，“潮”字显然为“朝”字的同音误写，而“任潮”则显然系“位朝”的误传。族谱里的“位朝”有位列朝廷之意，同其诸弟“位商”、“位农”、“位工”等按顺序排列，正反映出陶家一门要培养出士、商、农、工各种人才的愿望，是证“位朝”为真，“任潮”为伪。第二，“位朝”不是陶行知父亲的名。既然族谱上已有“名长生”的明确记载，那么，“位朝”不可能再是陶行知父亲的名，只能是别的什么称谓。

（二）《陶氏族谱》的世系体例证明了这一点。从族谱世系体例来看，该谱“名”与“字”的区别还是比较明显的。除个别例外，一般各世谱主俱取其字而不取其号或名。各世谱主的名，凡是撰（抄）写者知道的，均在各世谱主栏内特别注明出来，以免后人混淆。例如，第13页“四世尚玄公”栏内，注明“即玄保”。查“玄保”在第11页“三世文弥公”栏内已有交代：文弥公系永良公第三子过继永仓公，娶程氏生三子，长子尚相，次子玄保三郎合葬岩镇。这里的“玄保”即是文弥公第二个儿子的名，“尚玄”为其字。同样，第16页“八世国璋公”栏下，也注明“初杨”。又查“初杨”在第15页“七世承运公”栏内也有交代：“承运公系应坤公长子娶吴氏生四子初杨初学初成初文。”这里的“初杨”便是承运公第一个儿子的名，“国璋”为其字。这种名与字的区别愈到族谱后面愈加明显。到第十三世、十四世，即陶行知的曾祖父、祖父辈时，这种区别简直可以说是泾渭分明、绝难混淆了。在有关第十三世各谱主的记载中，撰（抄）者均直接书出其名，使人一目了然。譬如，“兆基公”栏下注明“系士华公三子名祝”，“兆荣公”栏下注明“系士伟继子名喜财”，“兆泰公”栏下注明“系士顺公之子名冬祝”，“兆元公”栏下注明“系士焕公长子名春祝”，“兆禧公”栏下注明“系士焕公次子名喜”（注：第23页的“喜”字，在第33页“士焕公”栏内又记为“春禧”）。第十四世各谱主的记载也是如此。“允佩公”栏下注明“即兆基公之子名和”，“允恒公”栏下注明“即兆荣公之子名继昌”（注：第40页的“继昌”两字，在第36页“兆荣公”栏内又记为“继锠”），“允禄公”栏下注明“即兆元长子名福寿”，“允裕公”栏下注明“即兆元次子名双全”。由此可见，各世谱主的名，只要撰（抄）者了解的，俱已一一注出。族谱除个别例外，一般称各世谱主为“××公”者，均取其字，“××”便是该谱主的字。

正因族谱世系体例如此，作为第十五世谱主之一的“位朝”不是号或名，而只能是字。如果“位朝”是号，那将与整个族谱世系体例严重不符；如果“位朝”是名，那将与原有的“名长生”的记载发生冲突；如果“位朝”是别名，那首先一点就必须注明“别名位朝”或者“又名位朝”等字，而事实上并没有这种记载。退一步说，就算是别名，那以别名称先辈不仅有违于整个族谱世系体例，而且也显得大悖情理，不够尊敬。简言之，《陶氏族谱》世系体例说明："位朝"是陶行知父亲的字，而非他的号、名或别名。

（三）古人行文的惯例证明了这一点。在中国封建社会里，对先辈的称谓，有着很多讲究。一般来说，称先辈以字先行，不许直道其名。如称某先辈，须取其字而称"××公"，否则往往触犯许多忌讳，甚至被先辈斥为"大不敬"、"犯上之人"。

古人行文的这个惯例在当时的许多这类族谱、家谱里有着明显反映。我们现以元末明初著名的大文学家、《水浒传》作者施耐庵的研究资料《施氏家簿谱》作例，来看看这种惯例的表现。《施氏家簿谱》的基本内容也是世系，共十七世。为说明问题，现除第一世施彦端（施耐庵?）外，自二世起，略举数世，摘录如下：

第二世：讳让，字以谦。彦端公子。元配顾氏、陈氏。生文昱、文颢、文晔、文晊、文晖、文升、文鉴。

第三世：讳文昱，字景胧。以谦公长子。元配陆氏。生芸曙、芸士。

第四世：讳□□，字芸曙。景胧公子。元配季氏。生孟兰。

第五世：讳□□，字孟兰，芸曙公子，元配夏氏。生咏棋。

……

第十七世：讳□□，字真全。树生公长子。元配许氏。生恒远、僧满家。

非常明显，这里的各世谱主凡是知其名者，均已注明"讳××"。如第二世"讳让"，第三世"讳文昱"等。而"××公"中的"××"则皆为谱主的字。如"以谦公"中的"以谦"便是施让的字，"景胧公"中的"景胧"便是施文昱的字。《施氏家簿谱》的这种情况也说明《陶氏族谱》中"××公"的"××"便是谱主的字，"位朝"就是陶行知父亲的字。

（四）中国封建社会里男子取名的惯例，证明了这一点。在我国封建社会，从一般情况来看，男子取名存在着这样一个惯例：在男子出世后，他的长辈要为他取一个正式的学名；当他进入成年时，他的长辈又要为他取一个与学名在意义上有某种联系的表字，此外，他以后还往往为自己取一个或几个表明个人志趣的号。如中国古代大文学家、唐代著名诗人李白，字太白，号青莲居士。又如中国近代改良派领袖康有为，原名祖诒，字广厦，号长素，又号更生。他们的名、字、号在意义上是互相关联的。陶行知父亲的情况也不例外。据《陶氏族谱》所载，陶行知父亲这一辈共有兄弟四人，即“长生”、“德生”、“厚生”、“盛生”。这在第十五世谱主上分别记载为“位朝公”、“位商公”、“位农公”、“位工公”。如果以前者为名，后者为字，那完全符合中国封建社会男子取名的世俗习惯。陶行知父亲“生于同治六年丁卯六月初四日寅时”（《陶氏族谱》第43页），比“生于同治六年丁卯十二月廿四日时”《陶氏族谱》第44页）的同父异母兄弟德生要早出世半年，故名“长生”。“长生”一名与“位朝”一字在意义上有何联系？考“长生”者，其义有二：一为最早出世者，二为寿命久长者。又考“位朝”者，其义也有二：一是“朝”与“早”相通，不仅可释为“最早出世者”，也可释为第十五世“第一人”；二是“朝”有“官府的大堂”之义。《后汉书·刘宠传》：“山谷鄙生，未尝识郡朝。”“位朝”即日后仕运亨通，为官作相，这表明了陶氏先辈对后代的殷切期冀。十分清楚，“长生”一名与“位朝”一字在意义上不正是互相有所关合、有所对应吗？再谈二弟“厚生”与“位农”两者之间的关系。考“厚生”者，意为充裕人民的生活。《书·大禹谟》：“正德、利用、厚生惟和。”孔颖达疏：“厚生，谓薄征徭、轻赋税、不夺农时，令民生计温厚，衣食丰足。”又考“位农”者，即守农时，勤农作，以农养生之义。可知这两者在意义上有密切联系，相辅相成，互相关合。陶行知祖父将自己的四个儿子“长生”、“德生”、“厚生”、“盛生”分别取字为“位朝”、“位商”、“位农”、“位工”，其寓意便是：四子成人后，长子去为官，次子去经商，三子去务农，四子去做工，一房之中，官商农工，四者皆全，这最为鲜明不过地又反映了当时一个普通劳动者的希望和追求。

最后，简单地谈谈陶行知父亲的号。过去，在陶行知父亲号任潮说占统治地位的情况下，有些同志曾提出来这样一种说法：陶行知父亲的号应为“筱山”。在我们看来，如果结合陶家居住环境和“筱山”二字字义进行仔细分析，就可发现，这种说法并非毫无道理。陶家居住在安徽歙县西乡黄潭源村。该村位于新安江支流练江上源丰乐河畔。村前正对着景色宜人的屏风山。水秀山清，修竹茂林。远眺黄山，云蒸雾腾，奇峰怪岩，若隐若现。近处的秀美，远处的壮美，俱熔铸于一炉，构成一幅斑斓多彩、瑰丽无比的图景。取号“筱山”统摄此绝妙意境，可说是正合陶行知父亲之意。又考“筱”字要义为二：一、通“小”，常用于人名；二、同“篠”，“篠”者，小竹也。《书・禹贡》：“篠簜既敷。”孔颖达疏：“篠为小竹，簜为大竹。”杜少陵也有诗曰：“风含翠篠娟娟净，雨裛红蕖冉冉香。”（杜甫：《狂夫》）黄潭源四周，山峦起伏，翠竹万杆，微风轻拂，疏影摇曳。故“筱山”一号，实有所指。取此为号，不正是陶行知父亲志向和情趣的自然流露么？不正是与陶氏先辈师承陶渊明建“五柳堂”淡泊功名的处世精神一脉相承么？所以，笔者认为，陶行知父亲的号，不是“位朝”（当然也不会是“任潮”）而是“筱山”。这里需要说明一下，含有日后为官之意的“位朝”一字，原是陶行知父亲的先辈所起，但陶行知父亲本人却不以为然，他蔑视功名富贵，自号“筱山”。“筱山”有时又写成“笑山”，一是谐音，二有笑看山林之意。陶行知推行平民教育时，给他家办的读书处命名为“笑山平民读书处”，可能正是为了缅怀他的父亲，是证陶父号为“笑山”（即筱山）。

无可置疑，以往陶行知父亲号“任潮”或名“任潮”的种种说法均是完全错误的。符合历史真实的说法是：陶行知父亲名长生，字位朝，号筱山（或“笑山”）。

五、关于陶行知的字

陶行知原名陶文濬，后改名为陶知行、陶行知。陶行知更名的过程，陶行知本人和很多陶研学者作过不少的论述，读者过去也多少知道一些。但是，陶行知除了使用过这些正式用名外，是否还有自己的字？对这个问题，人们就不甚了解了。根据对两本《陶氏族谱》的分析，我们可以说，陶行知不仅有自己的名，还有自己的字。这个字就是“世昌”。

此说根据何在？下面，我们就此作些说明。据《陶氏族谱》所载，在第十五世里，陶行知父亲兄弟共有四人。即长生（字位朝）、德生（字位商）、厚生（字位农）、盛生（字位工）。关于这四人的婚配及后裔的情况是这样的：长子长生（即陶行知父亲）娶曹氏，生一子二女，即文濬、宝珠、美珠。次子德生娶黄氏，生一子一女，即文澄、素珠。三子厚生，幼殇。四子盛生，娶程氏，无子。可见，在第十六世内，共有二男（文濬、文澄）和三女（宝珠、美珠、素珠）。

又据族谱第 46 页和 47 页所载，第十六世的谱主仅有“世昌”、“世明”两位。

通过对上述记载的分析，我们可以初步作出两个判断。

第一，“世昌”、“世明”两位显然是指第十六世的男性后裔，而不是指同世的女性后裔。这是因为，旧时人们在修撰族谱、家谱时，一般对各世谱主只列男性，不列女性。对于女性，只在父辈一栏内简单地提及一下姓名，有的甚至连姓名也不作交代，只以“嫁××”等字代之。

第二，进一步说，“世昌”、“世明”显然是第十六世男性后裔的字。依照族谱世系体例，本谱各世谱主均取其字，而非取其号或名。这一点我们在本文前面已谈得很清楚了，此处毋庸赘述。所以，“世昌”、“世明”既不是号，也不是名，只能是字。又由于封建社会女子的各种地位极为卑微，一般女子都不曾由父辈给她起过一个与名在意义上有某种联系的表字。所以，“世昌”、“世明”不是女性后裔的字，只能是男性后裔的字。

上面排除了“世昌”、“世明”为女性后裔的表字的可能性，明确了“世昌”、“世明”是第十六世男性后裔的表字，具体地说，是陶文濬、陶文澄两人的表字。那么，在陶文濬、陶文澄这两人中，究竟谁是“世昌”、谁是“世明”呢？这依然需要进一步考证。

从中国封建社会男子取名惯例看来，我们认为，“世昌”应是陶文濬的字，“世明”应是陶文澄的字。前面已经指出，在我国封建社会，男子的名与字在意义上是有某种联系的。陶行知的原名与字之间的关系正是如此。考“文濬”者，“濬”字除有“疏通”、“掘取”二义外，还作“渊深”解。《诗·小雅·小弁》：“莫濬匪泉。”又考“世昌”者，“昌”字常作“兴盛、进步”讲。《荀子·礼论》：“江河以流，乃物以昌。”结合两者之义，这就是说只有文化雅深，博学多才，才能学问进步，事业兴盛。非常清楚，“文濬”与“世昌”之间是互相有所关合、有所照应的。再考“文澄”者，“澄”有“清亮、明净”之义。《淮南子·说山训》：“人莫鉴于沫雨，而鉴于澄水者，以其休止不荡也。”这里的“澄”就是作“清澈不流动”解。而“世明”者，“明”多指“洁净、明亮”。这两者之间在意义上的联系更为明显。如果上述分析不错的话，那么，陶行知的字为“世昌”，岂不是明明白白了吗？

或许有人会问，为什么以往中外各种有关出版物在介绍陶行知的情况时都没有关于陶行知的字的交代？之所以如此，这是由于：一方面当年陶行知本人在日常生活与人们交往和发表文章时，没有正式用过这个字，后因改名，字更无须使用。二是因限于种种条件，以前人们没有发现和掌握能够说明这个问题的有关资料。正因如此，过去各种中外有关出版物没有交代陶行知的字，并不能说明陶行知原来便没有字，只不过人们一时尚未知道罢了。

六、关于陶行知的兄弟姐妹

陶行知共有兄弟姐妹几人？他们的名字是什么？过去的各种中外有关出版物几乎众口一词道：陶行知共有兄弟姐妹四人：一个哥哥，一个姐姐，一个妹妹，再就是陶本人。哥哥姐姐名字不详，均因病夭折。妹妹名文渼。据现有材料看来，这种说法是不够准确的。

在族谱第 43 页“十五世位朝”一栏内，关于陶行知兄弟姐妹的记载是这样的：“……曹氏生于同治六年丁卯月十一日时生一子名文濬生二女长名宝珠幼殇次名美珠”。这条记载明确说明了三个问题：第一，陶行知有一因病夭折的哥哥的说法是错误的。陶行知只有一个姐姐和一个妹妹，并没有一个哥哥，他是家庭里唯一的男性后裔，姐姐因病夭折。故后来成人者，只有他和妹妹两人。倘若陶行知确有一因病夭折的哥哥的话，那谱里肯定会有明确记载，至少也应有所反映，就像他那因病夭折的姐姐一样，更何况他哥哥还是家庭里的第一个诞生的男性后裔呢！然而奇怪的是，族谱里竟然对此毫无片言只语，既没有提到陶行知上面除了一个姐姐外，还有一个哥哥，更没有提到他是“因病夭折”，还是死于他因。那么，这会不会因撰（抄）者不熟悉具体情况而未写陶行知这个“哥哥”呢？看来不会。从族谱的记载看来，新本的撰（抄）者对各家情况相当熟悉，对陶行知这一辈尤其是陶行知上辈的情况可说是了如指掌。各谱主名什么，字什么，生于何年，卒于何时，葬于何处，娶何氏为妻，生有几男几女，其名字为何，几乎无一不知，无一不晓。更值得注意的是，族谱在介绍陶行知祖父情况时，花了相当篇幅，占去了整整一面，记载甚为详尽，是整个族谱中介绍得最多的，如果不是极为熟悉陶行知家庭情况的人，是不能做到这样的。所以，这种因不熟悉具体情况而未写的可能性是应该排除的。那么，会不会是因撰（抄）者疏忽大意而漏写陶行知的这个“哥哥”呢？看来也不会，从族谱的记载来看，新本撰（抄）者是一个相当细心的人。即使初抄时有所遗漏，复核时均已补抄在族谱的天头和地脚处。如关于陶行知祖父母合葬的情况，初抄时没有写上去，后来就补抄在陶行知祖父一栏正文上方。何况陶行知的这个“哥哥”，作为一个家庭成员，是应在有关记载里正式出现的。如系抄漏，也会很容易地发现出来，补抄上去。可是撰（抄）者也没有这样做。所以，这种因疏忽大意而漏抄的可能性也是应该排除的。那么，还会不会是因陶行知的这个“哥哥”出生不久便去世，而撰（抄）者认为没有必要写进族谱里？看来更不会。陶行知的姐姐便是因病夭折，未长成人的。但她的情况在族谱里是有明确记载的，不仅交代了她的名“宝珠”，也指出她“幼殇”。倘若陶行知真有一个“因病夭折”的哥哥，无论如何他的情况也会有所说明的，至少会有“幼殇”二字的出现。所以，这种因出生不久便去世而认为无必要写明的可能性更是应该排除的。既然撰（抄）者并非有意或无意未写上陶行知这个“哥哥”的情况，那结论就只有一个，陶行知并没有一个因病夭折的哥哥。陶行知是家庭里唯一的男性后裔。第二，陶行知姐姐的名是可稽核的。这就是族谱上所记载的“宝珠”。这可能是幼名。因“宝珠”幼殇，其他无所稽考。第三，陶行知妹妹的名不止一个，而是两个。“文渼”是后来取的学名，因同其兄“文濬”排行，故名为“文渼”。幼年还曾叫做“美珠”。从族谱世系体例来看，以“珠”字为幼名，这是第十六世女性后裔的通例。比如，她的姐姐叫“宝珠”，堂姐妹叫“素珠”，就最为清楚不过地说明了这一点。

七、关于陶行知的世系

至陶行知这一世止，由浙迁皖的陶氏家族已繁衍了多少代？各代基本情况如何？陶行知又是陶氏家族中的多少代后裔？这些问题以前被视为陶行知研究中的悬案，一直没有人能作出明确说明。两本《陶氏族谱》的发现，显然有助于这些问题的解决。

为了使人们了解《陶氏族谱》世系的基本概况，明确上述问题，这里将族谱每世列举一人，抄录如下：

始祖：明子公。父国宁公。娶谢氏。生二子：长曰永良，次子永仓。

第二世：永良公。系明子公之长子。娶何氏，又张氏。生四子：文理、文瓒、文珎、文珠。

第三世：文理公。系永良公之长子。娶汪氏。未生育。

第四世：尚云公。系文瓒公之长子。

第五世：观护公。系尚玄公次子。娶□氏。生四子：应坤公、玖公、伍公、应乾公。

第六世：应坤公。系观护公长子。娶吴氏。生子名曰承运公、承武公。

第七世：承运公。系应坤公长子。娶吴氏。生四子：初阳、初学、初成、初文。

第八世：国璋公。即初阳。系承运公长子。娶汪氏。生子伯昭。

第九世：伯昭公。系国璋公之子。娶方氏。生二子：长曰为瑛，次曰为高。

第十世：为高公。系伯昭公之次子。娶胡、戴氏。生二子：长子幼亡，次子名曰舜廷。

第十一世：舜廷公。系为高公次子。娶渔梁叶氏。生四子：士华、士伟、士顺、士焕。一女出嫁虬村黄宅。

第十二世：士华公。系舜廷公长子。娶妻程氏。生四子：长曰富，幼殇；次曰发；三曰祝；四曰细，幼殇。

第十三世：兆发公。系士华公次子。未娶妻。

第十四世：允禄公。即兆元公之长子，名福寿。娶鲍氏、李氏。鲍氏生三子：长曰德生；次曰厚生，幼殇；三曰盛生。李氏生一子，名长生。

第十五世：位朝（即长生）。娶曹氏。生一子，名文濬。生二女：长名宝珠，幼殇；次名美珠。

第十六世：世昌（即文濬）。

《陶氏族谱》的发现，仿佛是一柄利剑，挑开了覆盖着陶氏家族世系的神秘纱幕。而上述世系概况的抄录，则使被陶研工作者多年视为悬案的这些问题的结论，清清楚楚地呈现在我们的面前。现在我们可以知道，在三百多年的漫长历史当中，如果将由浙迁皖的陶氏家族各世计算在内，自始祖“明子公”起到陶行知这一世止，陶氏家族共计十六世。如果把第二世永良公算作由浙迁皖的陶氏家族的第一辈后代的话，到陶行知这一世止，由浙迁皖的陶氏家族共繁衍了十五代人。陶行知就是这个家族第十五代男性后裔。

为了使人们知道陶氏家族全部世系的情况，笔者以图表的形式，将两本《陶氏族谱》中的世系概况画成《陶氏族谱世系表》，以供参阅。

陶氏族谱世系表

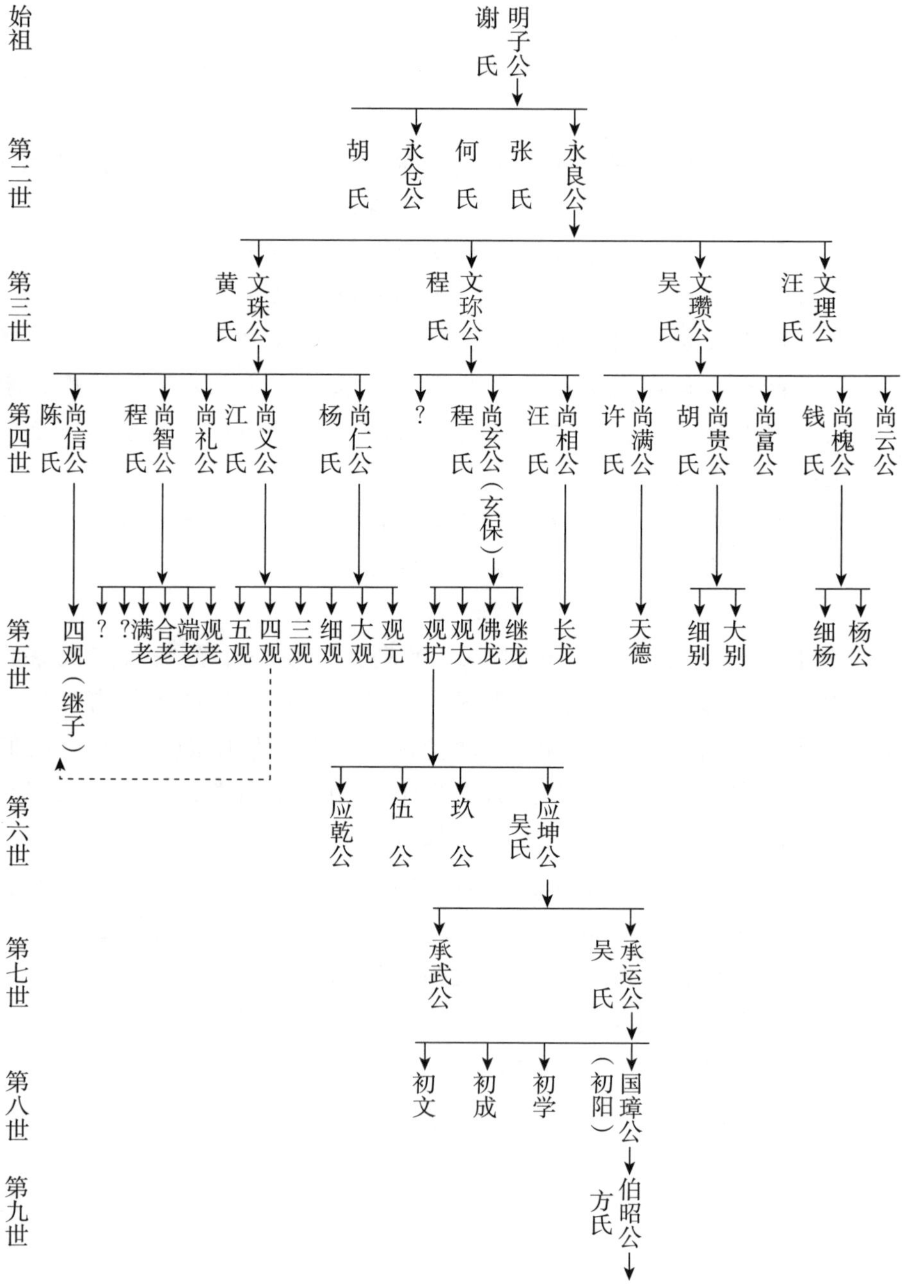
始祖
明子公 谢氏
第二世
永良公 张氏 何氏 永仓公 胡氏
第三世
文珠公 黄氏
文珎公 程氏
文瓒公 吴氏
文理公 汪氏
第四世
尚信公 陈氏
尚智公 程氏
尚礼公
尚义公 江氏
尚仁公 杨氏
?
尚玄公（玄保） 程氏
尚相公 汪氏
尚满公 许氏
尚贵公 胡氏
尚富公
尚槐公 钱氏
尚云公
第五世
四观（继子）
?
?
满老
合老
端老
观老
五观
四观
三观
细观
大观
观元
观护
观大
佛龙
继龙
长龙
天德
细别
大别
细杨
杨公
第六世
应乾公
伍公
玖公
应坤公 吴氏
第七世
承武公
承运公 吴氏
第八世
初文
初成
初学
国璋公（初阳）
第九世
伯昭公 方氏

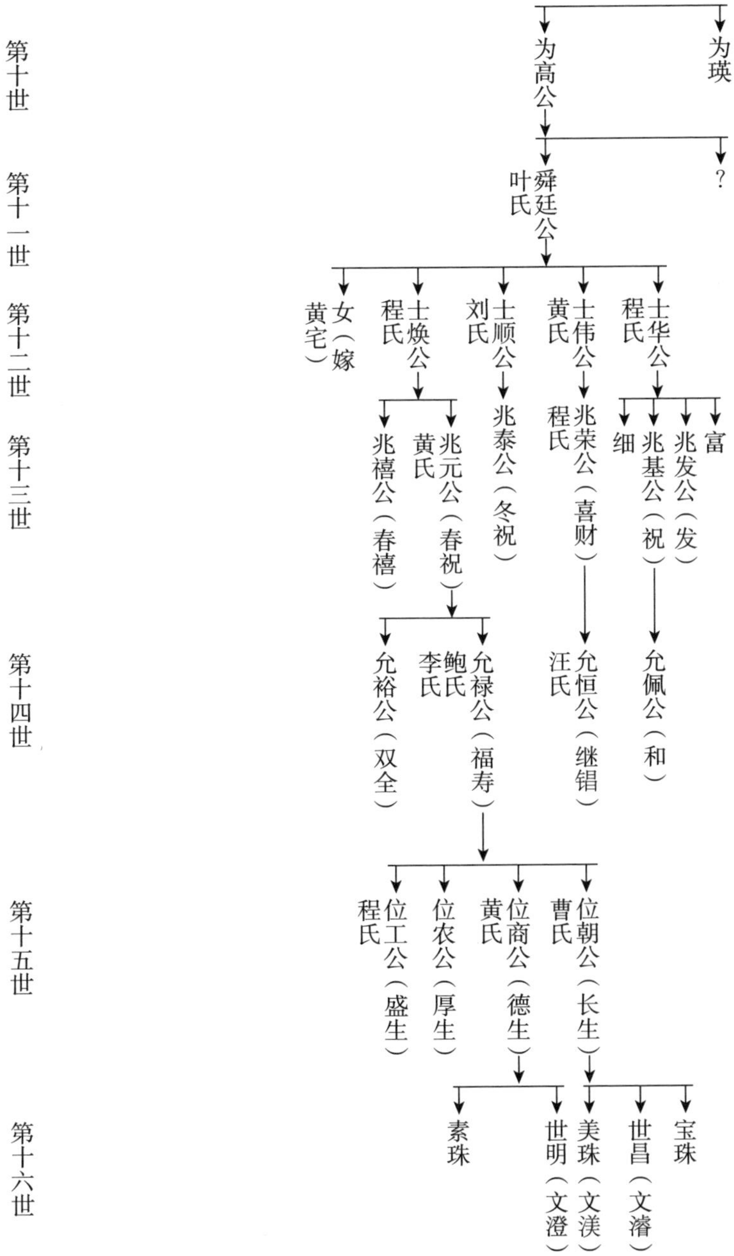

上述考证，凡八条，兹将八条之要义简括如下。

陶行知的祖籍故地系浙江省绍兴县陶家堰，他本人的籍贯为安徽歙县。陶行知的始祖，后人尊称为“明子公”。陶氏祖上由浙迁皖的时间，为明代皇帝朱厚照在位的第五年，即公元1510年。陶氏祖上最初由浙江省绍兴县陶家堰迁往新安新桥处（即徽歙之西古溪），到第十一世舜廷公时，才又迁至歙县西乡黄潭源。入皖后的陶氏家族自始祖“明子公”起，至陶行知这一世止，共十六世。陶行知父亲名长生，字位朝，号筱山（即“笑山”）。陶行知原名陶文濬，字世昌。他有一姊一妹，姊名宝珠，幼殇；妹名美珠，又名文渼。

陶行知是我国近现代一位伟大的人民教育家、杰出的民主战士和著名的大众诗人。陶行知的教育理论和教育实践，不仅对中国近现代教育产生了广泛而深远的影响，而且也赢得了国际友人的高度赞誉。要研究这位具有世界影响的历史人物，就必须将他的祖籍等若干基本问题搞清楚，否则就不能使研究工作得以继续深入下去，达到准确领会和发扬光大陶行知思想作风的目的。

（原载《教育研究与实验》1983年第1期）

附录四　陶行知早年史料

——1916 年 2 月 16 日陶行知致 J. E. 罗素函评介

与胡适这类名人的做法迥然不同，陶行知一生从未写过什么“自传”或“回忆录”，也少与人谈起自己的人生经历。这就在客观上给人们了解和研究他伟大的一生，特别是探讨他早年的生平和思想，增添了难度。令人高兴的是，不久前，在研究者的细心搜访下，一封陶行知 1916 年 2 月 16 日致美国哥伦比亚大学师范学院院长 J. E. 罗素（Rusell）的信函被发掘出来了。它的发现，填补了陶行知早年史料的空白，是近年来陶行知史料发掘中一个最重要的收获。

1914 年秋，毕业于南京金陵大学的陶行知（时名陶文濬），怀着向西方寻求救国真理的愿望，赴美就读于伊利诺伊大学，主修政治学。一年后，获文科硕士学位。接着，他又转入哥伦比亚大学师范学院，研究教育学，攻读博士学位。由于 1915 年 1 月他父亲去世，家庭的经济重担压在他的肩上，加上纽约的生活费用很高，在哥大学习半年后，他发现自己经济上难以维持继续深造，必须另想良策。遂经孟禄（Paul Monroe）教授介绍，向校方申请利文斯顿奖学金。

1916 年 2 月 11 日，哥大师院院长 J. E. 罗素致函于他，同意他的申请，并嘱他向利文斯顿奖学金捐赠人提交一份有关自己生活经历和今后打算的简要说明。于是，他就在 2 月 16 日写了这封回信。在这封信中，他简明扼要地叙述了自己的生活经历和今后打算，表明了矢志献身教育事业、改造中国落后面貌的信心和决心。这封信对于了解和研究他早年的生平和思想，具有极为重要的价值，是一份弥足珍贵的史料。笔者现将全信内容翻译如下：

致 J. E. 罗素的信

亲爱的罗素院长：

2 月 11 日大札敬悉，甚为高兴。信中嘱我向利文斯顿奖学金捐赠人提交一份有关本人生活经历和今后打算的简要说明，我很乐意写此材料。

我现年 22 岁，出生在与外界几乎完全隔绝的徽州。幼年从父亲以及别的教师那里接受中国式的启蒙教育，直到 14 岁才进了一所内地会在华开办的学校，就学于吉布斯先生（Mr. Gibbs）门下，他是当时一教授西学的老师。两年后该校因吉布斯先生回英国而停办，我只好怀着学医的念头冒险去了杭州。然而，由于进的那所学校对非基督徒学生有明显歧视，甚至反映在学习课程等问题上，三天之后我就退了学，失望地回到了徽州，专心于英语学习直至次年。接着，我考入了南京金陵大学。令人高兴的是金大对于基督徒学生和非基督学生均一视同仁。三年后，第一次革命爆发了。我回到徽州，任州议会的秘书，干了半年，又返校继续完成学业。在校方的信任和同学们的协助下，我开始编辑大学学报的中文版。在包文博士（Dr. Bowen）和亨克博士（Dr. Henke）的引导下，又深受詹克斯教授（Prof. Jenks）《基督教的社会意义》（即《耶稣生活与教导的政治和社会意义》一书——译者注）的影响，我于 1913 年成为一个基督徒。1914 年 6 月，即入金大的第五年末，我获得了第一个学位。在父母和友人的资助下，我赴美就读于伊利诺伊大学，在那里学习了一年。除了学到许多宝贵的知识，还获得一个副产品——文科硕士学位。在伊大的后半年期间，我担任学生俱乐部干事。

三年前，我就选择哥伦比亚大学作为自己在美国的最终目标，但此计划因经费不足暂搁下来。我的毕生志愿是通过教育而非武力来创建一个民主国家。在目睹了我们突然诞生的共和国的种种严重弊端之后，我坚信没有真正的公共教育就不可能有真正的共和国。去年夏天，在日内瓦湖举行的基督教青年会夏季会议上，我受到了极大的鼓舞。我毕生献身于教育行政的想法更为具体化了。遍览所有的大学，再次确认还是哥伦比亚大学师范学院对我最合适。但选择学校是一回事，有无足够财力入学又是一回事。由于我父亲1915年1月去世，整个家庭负担全都压在我的肩上，经济状况窘迫至极。幸亏在我决定进入哥大师范学院不久，我国政府便授予我部分奖学金，再加上其他资助，我才有足够的勇气起步。然而，纽约的生活费用比我预计的要贵得多。住了半年后，我便发觉囊中所有远不足以应付深造。因此，经孟禄博士（Dr. Monroe）惠意介绍，我得以申请利文斯顿奖学金，您慷慨地授予了我。在此，除了表示本人的衷心感谢外，我愿向您以及利文斯顿奖学金捐赠人保证，在斯特雷耶教授（Prof. Strayer）的指导下，经过两年多的深造，我回国后将与其他教育工作者合作，为我国人民建立一套有效的公共教育体制，使之紧步美国人民的后尘，保持和发展一种真正的民主制度，它将是唯一正义与自由的现实的理想国。

如果您能提供一些住在本市附近的捐赠人的姓名，以便我日后登门拜访，本人将极感兴趣。

谨致以良好的祝愿！

尊敬您的

陶文濬

1916年2月16日于哥伦比亚大学

哈特莱大楼1010号

值得注意的是，这封信虽然仅一千多字，但内容相当丰富，涉及陶行知早年生平和思想的若干关键问题，透露出不少与目前陶研界的流行说法完全不同的信息。下面，择其要者胪列分析如次。

一、陶行知的生年不是1891年

生年问题是任何一个人物研究都无法回避的问题。陶行知的生年，目前流行的说法是1891年10月18日。这种说法符合历史吗？近年来，随着有关史料的陆续发掘，一些研究者已对此提出怀疑。早在1982年，夏德清先生就在《长江日报》上发表不同意见。① 他根据陶行知1915年在哥伦比亚大学师范学院填写的《攻读获取师范学院毕业文凭和更高级学位的申请》等史料，认为陶行知的生年不是1891年10月18日，而是1892年11月。次年，笔者也依据陶行知1914年秋赴美留学的入境护照和1938年6月24日在英国伦敦法国大使馆签署的《非移居侨民去法属印度支那的申述》等史料，先后在《历史研究》、《华中师院学报（哲学社会科学版）》和《文教资料简报》等刊物上发表文章，提出陶行知的生年为1893年11月10日的看法。② 值得重视的是，这封信进一步证实了陶行知生年不是1891年。既然陶行知在1916年时说“我现年22岁”，那么，他的生年应为1894年。若考虑到此信作于1916年年初，他很可能刚满23岁不久，习惯上仍称22岁，那么，他的生年刚好是1893年。要之，不论是1894年还是1893年，都与1891年的传统说法相去甚远。可以断言，随着更多翔实史料的面世，1891年的旧说终将被更准确的说法所取代，这一天的到来不过是迟早的问题。

二、并非提前一年毕业于崇一学堂

崇一学堂是陶行知所进的第一所新式学校。该校隶属于基督教内地会，全称为“安徽省徽州府崇一私立中学堂”。校长由歙县耶稣堂牧师、英国人吉布斯（汉名唐进贤）兼任。陶行知在这所名为中学而实为高小的学校里学习了德行、修身、经学、国文、英文、中西历史、算学、代数、格致、地理、音乐和体操等课程，接受了中西混合式的近代教育，迈出了决定自己一生命运的关键一步。关于陶行知在崇一学堂的学习情况，各家年谱、年表是这样记载的：“在崇一学堂三年课程两年学完，提前一年毕业”（朱泽甫编著：《陶行知年谱》）；

① 夏德清：《陶行知生年质疑》（《长江日报》1982年3月12日）、《陶行知生于1892年的又一佐证》（《长江日报》1982年3月18日）。

② 周洪宇：《陶行知生年考》（《历史研究》1983年第2期）、《关于人民教育家陶行知的生年问题》（《华中师院学报（哲学社会科学版）》1983年第5期）、《陶行知的兄妹及生年问题新证》（南京师范学院《文教资料简报》，1983年，总第136期）。

“一九〇八年，学习成绩优异，提前一年毕业于崇一学堂”（江苏陶研会、晓庄师范陶研室合编：《陶行知文集·陶行知先生生平年表》和中央教科所教育理论研究室编《陶行知年谱稿》等）。此外，安徽陶研会、歙县陶研会的某些同志所写的《陶行知故乡调查纪实》、《陶行知先生童少年时代》和《陶行知的青少年时代》等文，也都持类似观点。各家尽管在文字表述上略有差异，但都一致认定陶行知因学习成绩优异而“提前一年毕业于崇一学堂”。事实却并非如此。信中说得很清楚：“两年后该校因吉布斯先生回英国而停办。”由此可知，1908年，崇一学堂因校长吉布斯回国而关门，陶行知与其他同学一道也因此而停学回家，决无所谓因学习成绩优异而“提前一年毕业于崇一学堂”之事。至于有些年谱和年表所谓的他不但提前一年而且是以“第一名的成绩”毕业于崇一学堂的说法，也就自然不能成立。

三、仅在广济医学堂呆了三天

停学回家的陶行知，目睹中国贫穷落后，科学不发达，庸医误人，又由于自己的姐姐幼年夭折，加上同窗学友章文美的影响，逐渐产生了医学救国的思想。于是，便在1908年春赴杭州投考教会所办的广济医学堂。关于他在广济医学堂的这段经历，一般认为，他“学习半年后，因不满医学堂歧视不信教学生，不愿俯首帖耳甘受洋人摆布，愤而退学”①。这种说法在时间上有一个不大不小的出入：即将仅呆了三天说成“学习半年后”才愤而退学。信里讲得非常明确：停学回家后，“我只好怀着学医的念头冒险去了杭州。然而，由于进的那所学校（即广济医学堂——笔者注）对非基督徒学生有明显歧视，甚至反映在学习课程等问题上，三天之后我就退了学”。

四、在金大求学期间曾回乡参加反清革命斗争

1909年秋至1914年夏，陶行知在汇文书院和金陵大学度过了他

① 安徽省陶行知教育思想研究会编：《陶行知一生》，湖南教育出版社1984年版，第27页。

一生中难以忘怀的青春岁月。他的世界观、人生观、价值观念、思维方式、行为规范、学业基础乃至初步的工作能力，就是在这一时期滋育形成的。关于这一时期他在政治上的表现，研究者普遍认为，在辛亥革命影响下，开始信仰孙中山的革命学说，主张民主共和，并组织爱国演说会，举办爱国捐，积极参加爱国、社会福利及学术研究活动（朱泽甫编著《陶行知年谱》等）。至于他是否还参加了其他什么激进的革命活动，人们就不甚了解了。引人注目的是，这封信首次向世人披露了他曾在辛亥革命爆发后回乡参加反清革命斗争的史实。他在信中是这样说的："我考入了南京金陵大学。……三年后，第一次革命爆发了。我回到徽州，任州议会的秘书。干了半年，又返校继续完成学业。"此处所谓的"第一次革命"，即1911年10月的辛亥革命武昌起义，它是相对于1913年爆发的孙中山反对袁世凯的"二次革命"而言的。也就是说，武昌起义一爆发，他就回乡参加了当地的反清革命斗争，担任州议会秘书一职达半年之久。事后才返校继续完成学业。这番话决非徒托空言，它有下面两则材料作佐证。一是休宁县教育界知名人士程管侯先生1954年亲笔写的《自传》。① 该传关于宣统三年"辛亥款"的记载为："1911年，卅一岁，宣统三年，辛亥，参加余德民、陶行知、汪章瑞、程则裴等在屯溪阳湖余家庄起义，清县知事先期出走，休宁富户地主代表汪觉生等拥夏慎大取得县政权，余德民失败走依黎宗岳。"发现这一自传的安徽省陶行知纪念馆、歙县陶研会的同志们，曾组织调查组，分赴休宁、屯溪、歙县各地调查。通过实地考察，走访老人、县地方志办公室、教育志编写组，在图书馆翻阅资料，逐一核对，确认程管侯先生所写全部属实。二是阳湖起义领导人余德民之子、祁门县退休干部余芳最近提供的一份材料。该材料说：余德民，生于1888年2月16日，为1905年乡试秀才。因见清政府丧权辱国、政治腐败，曾在屯溪现华山岭一带策划过一次"华山起义"。参加起义的有平民教育家陶知行（后改陶行知）先生，

① 叶椿遐、汪麦浪、殷松年、徐耀斌：《陶行知参加辛亥革命地方起义初证》，载《徽州实验区》1988年第1期。

有休宁县万安镇金慰农先生，有休宁蓝渡的余家榴先生，休宁县上溪口一带人士黄亚岗先生。当时曾在华山岭、屯溪老大桥、河滩一带与清军打了一仗，黄亚岗先生战死在沙滩。这里所说的“华山起义”即程管侯《自传》中的“阳湖起义”。当时，阳湖是指挥部所在地，战斗发生在华山岭，所以也称“华山起义”。至于信中所提到的“州议会”一事，安徽陶馆、歙县陶研会的同志曾专门走访了安徽省文史馆员程齐夔老先生。据程先生说，州议会地址在县城双钱坊，柳戟门宅对面，后改办为“华屏小学”，遗址即现歙县中学大会堂大门前。议长是本县名流黄家驹。因此，可以断定州议会是辛亥革命运动的产物，是当地名士自发成立的群众性代表组织，是县清政权至县国民政权正式建立这一过渡时期的群众议政执政机构。① 这些材料从一个侧面证明了陶行知这封信中所说的他曾在辛亥革命爆发回乡参加反清革命斗争一事是可信的。

陶行知早年参加反清革命斗争这一重要史实的发现，说明他一生始终坚持反帝反封建的民族民主革命斗争，最后成为毫无保留的、追随党的党外布尔什维克不是偶然的，有其深厚的思想基础和历史根源。

五、1913年成为一个基督徒

陶行知曾在教会学校求学多年（崇一学堂两年、汇文书院和金陵大学五年），在接受西方近代科学知识的同时，也饱受了宗教思想的熏陶。基督教文化对他一生的事业和思想产生了不可低估的影响。大凡与他有过接触的人，都明显地感觉到他身上具有一种耶稣式的人格气质，充满着对人类宽广深厚的无比挚爱，有着甘愿为穷苦民众的不幸而受苦受难的救世精神和勇于为自己的信仰和主义殉道的精神，以至诗人柯仲平在他去世后曾撰写一篇题为“活基督赞”的文章来悼念他。不仅如此，《圣经》的许多典故、词汇乃至深层思维，也在他的

---

① 余芳的证明和程齐夔的话均见叶、汪、殷、徐《陶行知参加辛亥革命地方起义再证》。载安徽省陶行知纪念馆、歙县陶研会：《陶行知纪念馆五岁》，1989年10月印。

论著里留下了明显的痕迹。这一切很容易使人把他与基督教联系起来，认为他可能信仰过基督教。但因过去一直未找到这方面的确凿证据，所以这只是人们的一种主观推测。现在有了这封信，推测就得到了证实。信上说："在包文博士和亨克博士的引导下，又深受詹克斯教授《基督教的社会意义》的影响，我于1913年成为一个基督徒。"可见，陶行知早年（至少在1917年他从美国留学归来以前）确实一度皈依过基督教。至于他是一个什么类型的基督徒，何时才放弃基督教信仰，以及他是如何对待基督教的，从中接纳了什么又排拒了什么等问题，因不在本文论述范围之内，此处就不作探讨了。

六、留学美国亦非完全自费

传统说法认为，陶行知早年留学美国，是完全依靠自费。例如，美籍华裔学者朱宕潜教授在他那篇颇有影响的博士论文《发展中国家的教育模式：陶行知1917—1946年在华的工作》中就这样写道："在哥伦比亚大学师范学院学习期间，陶行知通过在旅店和工厂里劳动、写文章、到文化组织讲演来维持生活。"其实，这种说法是不准确的。陶行知在美留学期间确实做过工，也写过文章，但他主要是靠中国政府和校方所提供的奖学金来维持生活和学业的。这一点可以从这封致罗素的函中看得很清楚。他虽然也做过工、写过文章，但那些毕竟是次要的。

当然，陶行知早年的这封信所澄清或解决的重要问题还有不少，限于篇幅，这里就不一一列举了。仅以上几点，就足以证明这封信具有极为重要的史料价值，有必要引起广大研究者的高度重视。

（原载《南京大学学报（哲学社会科学版专辑）》1991年第2期）

附录五　陶行知著译系年

1913 年（22 岁）

2 月　在《金陵光》第 4 卷第 1 期发表《〈金陵光〉出版之宣言》，并开始发表《一夫多妻之恶结果》，至 4 月第 4 卷第 3 期载完。

3 月　在《金陵光》第 4 卷第 2 期发表译作《中华民国之将来》。

4 月　在《金陵光》第 4 卷第 3 期发表《因循篇》、《导引新生之倡议》。

5 月　在《金陵光》第 4 卷第 4 期发表《为考试事敬告全国学子》。

10 月　从《金陵光》第 4 卷第 5 期开始发表译作《美国大统领罗斯福传》，至次年 4 月第 5 卷第 2 期载完。

11 月　在《金陵光》第 4 卷第 6 期开始发表《伪君子篇》，至 12 月第 4 卷第 7 期载完。

12 月　在《金陵光》第 4 卷第 7 期发表《杀机之天然淘汰》。

1914 年（23 岁）

1 月　在《金陵光》第 4 卷第 8 期发表《民国三年之希望》、《呜呼某校》。

3 月　在《金陵光》第 6 卷第 1 期发表《医德》。

10 月　在《金陵光》第 6 卷第 5 期开始发表大学毕业论文《共和精义》，至 11 月第 6 卷第 6 期载完。

1916 年（25 岁）

2 月 16 日　致函哥伦比亚大学师范学院院长罗素（《我的生活经历和今后打算》）。

1918 年（27 岁）

1 月 3 日　在《职业与教育》第 1 卷第 3 期发表《生利主义之职业教育》。

4 月　在《金陵光》第 9 卷第 4 期发表《试验主义之教育方法》。

5 月　应邀为安徽省立第一师范学校和省立第一女子师范学校师生演讲《师范生应有之观念》，记录稿载 1986 年《行知研究》第 2 期。

6 月　在《金陵光》第 4 卷第 5 期发表在南京高师教育研究会成立会上的演讲词《教育研究法》。

9 月 17 日　在南京高师演讲《智育大纲》，记录稿载同月 20 日《南京高等师范日刊》。

10 月 5 日　在《南京高等师范日刊》发表在南京高师教育研究会上的演讲词。

1919 年（28 岁）

2 月 14 日　在《时报·教育周刊·世界教育新思潮》第 1 号发表《教学合一》。

2 月　在《新教育》第 1 卷第 1 期发表《试验主义与新教育》。

3 月 10 日　在《时报·教育周刊·世界教育新思潮》第 3 号发表《美国活动教授之一段》。

3 月 12 日　致函胡适（《闻杜威到日本讲学》），收入中华书局 1979 年版《胡适往来书信选》。

3 月 24 日　在《时报·教育周刊·世界教育新思潮》第 5 号发表《道路与教育》。

3 月 31 日　在《时报·教育周刊·世界教育新思潮》第 6 号发表《介绍杜威先生的教育学说》。致函胡适（《杜威将来华讲学》），收入中华书局 1979 年版《胡适往来书信选》。

3 月　在《新教育》第 1 卷第 2 期发表《普露士教育之基本改革》。

4 月 14 日　在《时报·教育周刊·世界教育新思潮》第 8 号发表《试验教育的实施》。

4 月 21 日　在《时报·教育周刊·世界教育新思潮》第 9 号发表《第一流的教育家》。

7 月 22 日　在浙江第一师范学校毕业生讲习会上演讲《新教育》，记录稿载 9 月《教育潮》第 1 卷第 4 期。

9 月 20 日　与贵州实业教育团谈对教员和师范生的希望，记录稿载同月 22 日《时报·教育周刊·世界教育新思潮》第 31 号。

10 月　在《新教育》第 2 卷第 2 期发表《学生自治问题之研究》。

12 月 17 日　在南京高师校务会议上提出《规定女子旁听办法案》和《添设速记打字讲习科案》等，收入湖南教育出版社 1984 年版《陶行知全集》第 1 卷。

1920 年（29 岁）

4 月 21 日　在南京高师第十一次校务会议上报告《招收新生问题》，收入湖南教育出版社 1984 年版《陶行知全集》第 1 卷。

6 月 2 日　在南京高师第十四次校务会议上提出《南京高等师范学校招收特别生办法》，收入湖南教育出版社 1984 年版《陶行知全集》第 1 卷。

11 月 25 日　在南京高师教育研究会上谈《教育厅长之产出问题》，记录稿载次年 3 月《教育汇刊》第 2 卷第 1 集。

1921 年（30 岁）

2 月 28 日　致函胡适（《借材异地亦无不可》），收入中华书局 1979 年版《胡适往来书信选》。

3 月　在《教育汇刊》第 2 卷第 1 集发表《地方教育行政为一种专门事业》。

5 月 1 日　在《时事新报·学灯》发表译作《未来之中国》。

8 月　写《义务教育入手办法之商榷大纲》。

9 月 7 日　在江苏省教育会口译孟禄演讲《共和与教育》，记录稿载次年 4 月《新教育》第 4 卷第 4 期。

10 月 17 日　在南京教育界讨论会上口译孟禄演讲和答客问，记录稿载次年 3 月《教育汇刊》第 3 集。

10月21日　在苏州教育界同人宴会上口译孟禄演讲和答客问，记录稿载次年4月《新教育》第4卷第4期。

10月22日　在《时事新报·学灯》发表《师范教育之新趋势》。在江苏省立第一师范学校口译孟禄演讲《旧教育与新教育的差异》，记录稿载次年4月《新教育》第4卷第4期。

10月31日　在广州全国教育联合会上口译孟禄演讲《“德谟克拉西”的教育》，记录稿载1923年8月《中国教育一瞥录》。

11月23日　在浙江省教育会口译孟禄演讲《学理与应用》，记录稿载次年4月《新教育》第4卷第4期。

12月8日　在江苏省教育厅召开的《学制系统草案》讨论会上发言，记录稿收入湖南教育出版社1984年版《陶行知全集》第1卷。

12月21日　在有孟禄参加的中国教育问题讨论会上发表《关于师范教育的意见》，记录稿载次年4月《新教育》第4卷第4期。

12月23日　在孟禄与中国教育界同人饯别会上谈个人感想，记录稿载次年4月《新教育》第4卷第4期。

1922年（31岁）

1月18日、19日　在《时事新报·学灯》发表《活的教育》。

1月19日　致函《学灯》记者，并刊载于同月23日《时事新报·学灯》。

1月　在《新教育》第4卷第2期发表《我们对于新学制草案应持之态度》、《评学制草案标准》和《中国建设新学制的历史》。

1月　演讲《新学制与师范教育》，记录稿载3月《新教育》第4卷第3期。

2月15日　起草《筹划全国教育费委员会简章》，后在6月《新教育》第4卷第5期发表。

3月　在《新教育》第4卷第3期发表《对于参与国际教育运动的意见》和《女子教育在学制上占领地位之十五周纪念》。

7月7日　在《民国日报·觉悟》发表演讲词《教育者的机会与责任》。

7月　在中华教育改进社第一届年会上报告本社社务，报告载同年 10 月《新教育》第 5 卷第 3 期。

8 月 20 日　为中华教育改进社第一届年会报告号作序，载同年 10 月《新教育》第 5 卷第 3 期。

9 月　在《教育汇刊》第 4 集发表演讲词《办公原则》。

10 月 10 日　在《新南京》发表《南京教育谈》。

11 月 5 日　在《新南京》发表《市乡教育分治与南京教育》。

1923 年（32 岁）

1 月 15 日　在《民国日报》发表演讲词《教育与科学方法》。

1 月　与北京《导报》记者谈女子高等教育问题，记录稿载《新教育》第 6 卷第 1 期。

1 月　在《新教育》第 6 卷第 1 期发表《为反对中学男女同学的进言》。

3 月　在《中华教育界》第 12 卷第 8 期发表《为万国教育会议事敬告全国教育界同人》。

6 月　在《教育汇刊》第 5 集发表演讲词《教育部学制会议经过情形》。

上半年与朱其慧、晏阳初联名致函胡适（《关于编辑国民基础教育教科书的目标》），收入中华书局 1979 年版《胡适往来书信选》。

7 月　在商务印书馆《简报 16 · 第 2 卷》发表英文论著《中国教育之统计》（*Statistical Summaries of Chinese Education*）。

8 月 22 日　演讲《〈平民千字课〉编辑主旨》，记录稿载同年 10 月《新教育》第 7 卷第 2—3 期。

9 月 20 日　致函程仲沂（《学问之要素》），收入亚东图书馆 1929 年版《知行书信》。

10 月 3 日　致函朱其慧（《建议聘晏阳初为总干事》），收入亚东图书馆 1929 年版《知行书信》。

10 月 8 日致函陶宏、陶晓光（《连环教学法之发现》），致函胡适之夫人（《能使全家识字的连环教学法》），均收入亚东图书馆 1929 年版《知行书信》。

10 月 10 日　致函程仲沂（《作十万新民　寿六旬王母》），收入亚东图书馆 1929 年版《知行书信》。

10 月 22 日　在《申报·教育与人生》第 2 期发表《〈平民千字课〉编辑大意》。

10 月 30 日　致函金鸣岐（《平民教育下乡》），收入亚东图书馆 1929 年版《知行书信》。10 月 31 日致函胡自华（《女子平民教育》），收入亚东图书馆 1929 年版《知行书信》。

11 月 12 日　致函陶文渼（《创造一个四通八达的社会》），收入亚东图书馆 1929 年版《知行书信》。

11 月　由商务印书馆出版《平民千字课》（第 1—4 册）。

12 月 3 日　在《申报·教育与人生》第 8 期发表《平民读书处之试验》。

12 月 10 日　在《晨报》第 8 期发表《平民读书处组织大纲》。

12 月 23 日　在《中华教育改进社第二周年纪念会会刊》发表《社会改造之出发点》。

12 月　在《平民教育》第 71 期发表演讲词《长江流域平民教育运动之性质组织及方法》，在《教育汇刊》第 6 集发表《平民教育运动与国运》。

1924 年（33 岁）

1 月 3 日　致函朱经农（《请看〈三字经〉之流行》），收入亚东图书馆 1929 年版《知行书信》。

1 月 5 日　致函吴立邦（《预备钢头碰铁钉》），收入亚东图书馆 1929 年版《知行书信》。

1 月 16 日　致函温佩珊（《我们送的寿礼》），收入亚东图书馆 1929 年版《知行书信》。

1 月 20 日　致函汪镜人（《希望于县知事的》），致函朱其慧（《深入蒙古教育之梦》），均收入亚东图书馆 1929 年版《知行书信》。

2 月 8 日　致函卢绍刘（《希望您做一位三千万人的教育厅长》），收入亚东图书馆 1929 年版《知行书信》。

3 月 17 日　在《申报·教育与人生》第 22 期发表《五族共和与教育者之责任》。

3月25日 作诗《自勉并勉同志》，收入上海儿童书局1935年版《知行诗歌别集》。

3月 在《教育月刊》发表《全国平民教育之现状》和《徽州推行平民教育办法》。

4月21日 在《申报·教育与人生》第27期发表《论平民读书处之得失》。

7月 在中华教育改进社第三届年会上谈对《请求力谋收回教育权案》的修改意见，记录稿载《中华教育界》第14卷第1期。

7月 作《半周岁的燕子矶国民学校——一个用钱最少的活学校》，发表于8月4日《申报·教育与人生》第24期。

8月9日 在《申报·平民周刊》发表诗歌《村魂歌》。

8月11日 致函清华学校（《协商合办科学教员暑期研究会》），收入湖南教育出版社1985年版《陶行知全集》第5卷。

8月14日 致函姚文采（《师生共生活》），收入亚东图书馆1929年版《知行书信》。

10月 在《中华教育界》第14卷第4期发表《平民教育概论》。

12月8日 在《申报·教育与人生》第60期发表《南京安徽公学创学旨趣》。

本年 为程湘帆所作《小学课程概论》写序，收入四川教育出版社1989年版《陶行知佚文集》。

本年 作英文论著《中国》，收入纽约麦克米兰公司1925年版《哥伦比亚大学师范学院国际教育研究所教育年鉴》。

本年，作诗《每事问》、《问到底》，收入上海儿童书局1933年版《知行诗歌集》。

1925年（34岁）

2月7日 在《申报·平民周刊》发表《民国的政府》。

2月21日 在《申报·平民周刊》发表《主动的民意》。

5月 为陈鹤琴所作《语体文应用字汇》写序，收入商务印书馆1928年版《语体文应用字汇》。为中华教育改进社编《柏克赫司特女士与道尔顿制》写序，收入四川教育出版社1989年版《陶行知佚文集》。

6月　由商务印书馆出版英文论著《民国十三年中国教育状况》(*Education in China 1924*)。

8月　在中华教育改进社第四届年会上演讲，介绍柏克赫司特女士，记录稿载同年9月《新教育》第11卷第2期。

8月　在中华教育改进社第四届年会上演讲《中国教育政策之商榷》，演讲词载同年9月《新教育》第11卷第2期。

8月　在中华教育改进社第四届年会上提出《请组织国家教育政策委员会案》、《请发起并筹备中华女子教育促进会案》等，载同年9月《新教育》第11卷第2期。

9月　在《新教育》第11卷第2期发表《〈新教育评论〉创刊缘起》。

11月14日　致函吕镜楼（《小学理科》），收入亚东图书馆1929年版《知行书信》。

12月1日　在《民国日报》发表演讲词《学生的精神》。

12月4日　在《新教育评论》第1卷第1期发表《本刊之使命》。

12月11日　在《新教育评论》第1卷第2期发表书评《陈著之〈家庭教育〉——愿与天下父母共读之》和《女师大与女大问题之讨论》。

12月18日　在《新教育评论》第1卷第3期发表《驳特定学区议》。

12月25日　在《新教育评论》第1卷第4期发表《内蒙革命与教育》。

本年底　在南开中学演讲《学做一个人》，演讲词载次年2月28日《生活周刊》第1卷第19期。

1926年（35岁）

1月1日　在《新教育评论》第1卷第5期发表《四年前的这一周》。

1月8日　在《新教育评论》第1卷第6期发表《师范教育下乡

运动》。

1月　致函杨继宗（《教会学校与私立学校》），载《新教育评论》第1卷第9期。

2月5日　在《新教育评论》第1卷第10期发表《整个的校长》。

2月19日　致函徐正之（《如何引导学生努力求学》），载《新教育评论》第1卷第12期。

3月27日　致函丁文江、胡适等（《反对英国政府关于庚款处置办法》），收入中华书局1979年版《胡适往来书信选》。

4月16日　在《新教育评论》第1卷第20期发表《尊重公有财产》。

4月　致函邵振青（《女子大学与女子师范大学联合并存》），收入亚东图书馆1929年版《知行书信》。

9月16日　致函陈陶遗（《幼稚园应有之改革及进行方法》），载同年10月《新教育评论》第2卷第19期。

9月17日　致函陈陶遗（《农村急需设立幼稚园》），载同年10月《新教育评论》第2卷第19期。

9月20日　作《我之学校观》，发表于同年11月5日《微音》第27—28期合刊。

10月22日　在《新教育评论》第2卷第21期发表《天将明之师范学校——江宁县师范学校半日生活记》。

10月29日　在《新教育评论》第2卷第22期发表《创设乡村幼稚园宣言书》。

11月5日　在《新教育评论》第2卷第23期发表《南京中等学校训育研究会》。

11月7日　致函宋鼎（《惟有学校负社会，没有社会负学校》），收入亚东图书馆1929年版《知行书信》。

11月12日　在《新教育评论》第2卷第24期发表《幼稚园之新大陆——工厂与农村》。

11月21日　在中华教育改进社特约乡村教师研究会上演讲《我

们的信条》，演讲词载同年 12 月 10 日《新教育评论》第 3 卷第 2 期。

11 月 24 日　为《燕子矶小学》写序，收入 1928 年 10 月《燕子矶小学》。

11 月 26 日　在《新教育评论》第 2 卷第 26 期发表《无锡小学之新生命——开原乡立第一小学一日生活记》。

12 月 3 日　在《新教育评论》第 3 卷第 1 期发表《中国师范教育建设论》、《中华教育改进社改造全国乡村教育宣言书》。

12 月 14 日　致函凌冰（《山穷水尽》），收入亚东图书馆 1929 年版《知行书信》。

12 月 17 日　在《新教育评论》第 3 卷第 3 期发表《中华教育改进社设立试验乡村师范学校第一院简章草案》。

12 月 19 日　作《本校生长程序》，载《十年来之南京安徽中学》。

12 月 28 日　作《试验乡村师范学校答客问》，载次年 1 月《乡教丛讯》，并收入亚东图书馆 1928 年版《中国教育改造》。

12 月　作《中国乡村教育之根本改造》，收入亚东图书馆 1928 年版《中国教育改造》。

1927 年（36 岁）

1 月 3 日　在青年会演讲《中国乡村教育之根本改造》，记录稿载于同年 4 月《中华教育界》第 16 卷第 10 期。

2 月 3 日　致函石民佣、费锡胤等（《师范教育之彻底改革》），收入亚东图书馆 1929 年版《知行书信》。

2 月 9 日　致函潘一尘（《试就小学办师范》），收入亚东图书馆 1929 年版《知行书信》。

2 月 11 日　致函曹聚仁（《加入乡村教育运动》），载同月 16 日《乡教丛讯》第 1 卷第 4 期。

2 月 21 日　致函王琳（《为中国教育寻觅曙光》），载 3 月 1 日《乡教丛讯》第 1 卷第 5 期。

3 月 15 日　在试验乡村师范学校开学典礼上谈该校特点，记录稿载杨效春所著《晓庄一岁》。

4 月 2 日　致函晓庄师范全校同志（《晓庄学校之使命》），收入亚东图书馆 1929 年版《知行书信》。

5 月 6 日　在《新教育评论》第 3 卷第 23 期发表《北齐庙会期内之农民教育运动》。

5 月 15 日　致函晓庄师范全校同学（《实际生活是我们的指南针》），收入亚东图书馆 1929 年版《知行书信》。

7 月 19 日　在晓庄师范寅会上演讲《农夫的身手》，记录稿载 8 月 1 日《乡教丛讯》第 1 卷第 15 期。

8 月 14 日　为南京市教育局长和各校校长谈《晓庄试验乡村师范学校创校概况》，记录稿载 9 月 1 日《乡教丛讯》第 1 卷第 17 期。

8 月 15 日　在《乡教丛讯》第 1 卷第 16 期发表《如何教农民出头》。

9 月 1 日　在《乡教丛讯》第 1 卷第 17 期发表《平等与自由》。

9 月 27 日　在《教育季刊》第 3 卷第 3 期发表《中国乡村教育运动之一斑——中国代表送坎拿大世界教育会议报告之一》。

9 月　致函胡适（《拜金主义》），收入亚东图书馆 1929 年版《知行书信》。

10 月 26 日　演讲《政治家与政客》，演讲词载同年 11 月《乡教丛讯》第 1 卷第 21 期。

11 月 2 日　演讲《教学做合一》，演讲词收入亚东图书馆 1928 年版《中国教育改造》。

11 月 3 日　演讲《在劳力上劳心》，演讲词收入亚东图书馆 1928 年版《中国教育改造》。

11 月 5 日　演讲《以教人者教己》，演讲词收入亚东图书馆 1928 年版《中国教育改造》。

11 月 7 日　演讲《本校产生时的催生娘娘》，记录稿收入上海儿童书局 1934 年版《晓庄之一页》。

11 月 9 日　作诗《锄头舞歌》，收入上海儿童书局 1933 年版《知行诗歌集》。

1928年（37岁）

1月9日　写《艺友制师范教育答客问——关于南京六校招收艺友之解释》，发表于1月9日、11日《民国日报》。

3月15日　演讲《晓庄试验乡村师范的第一年》，演讲词载5月《教育研究》第4期。

约3月　作诗《风雨中开学》，收入上海儿童书局1935年版《知行诗歌别集》。

4月4日　为自编教育论文集《中国教育改造》写《自序》，该书由上海亚东图书馆于1928年4月出版。

4月　发表《从野人生活出发》、《生活工具主义之教育》、《答操震球之问》、《如何使幼稚教育普及》和《“伪知识”阶级》等，收入亚东图书馆1928年版《中国教育改造》。

5月中下旬　在第一次全国教育会议上提出《乡村小学、师范学校标准案》、《调查全国幼稚教育案》、《各省、各县、各市实验小学设立幼稚园案》、《推广乡村幼稚园案》、《各省开办试验幼稚师范案》、《设立教育研究所案》、《审查编辑幼稚园课程及教材案》、《小学目标案》、《减少校工以实现劳动教育案》、《改革乡村教育案》、《请大学院呈请国民政府，划出地方数处献与人类，俾抱有改造社会理想之学者，得以运用科学方法，实现极乐世界，俟试有结果，再行从事推广，以收大同之效案》等，收入上海商务印书馆同年8月版《全国教育会议报告》。

6月　作诗《劝友》，收入三联书店1981年版《行知诗歌集》。

8月1日　致函中国科学社（《重视生物学》），收入安徽人民出版社1981年版《行知书信选》。

8月15日　致函大学生（《介绍一件大事》），收入亚东图书馆1929年版《知行书信》。

8月18日　致函冯玉祥（《武八股》），收入亚东图书馆1929年版《知行书信》。

10月10日　演讲《今后中华民族的使命》，记录稿载11月30日《乡教丛讯》第2卷第22期。

1929 年（38 岁）

1 月　由上海亚东图书馆出版《知行书信》。

2 月　在《地方教育》第 1 期发表《地方教育与乡村改造》。

3 月 15 日　在《乡教丛讯》第 3 卷第 3 期发表《这一年》、《对于乡村教育及本校赞助人之总致谢》。

春　与前往江苏淮安创办新安小学的李友梅等人谈话，记录稿收入上海儿童书局 1933 年版《古庙活菩萨》。

4 月 28 日　为程本海著《在晓庄》写序，收入中华书局 1930 年版《在晓庄》。

4 月 30 日　在《乡教丛讯》第 3 卷第 6 期发表演讲词《定于一》。

5 月 15 日　在《乡教丛讯》第 3 卷第 7 期发表《哥伦布探得新大陆》。

7 月 30 日　在《乡教丛讯》第 3 卷第 12 期发表《行是知之始》。

10 月 28 日　在晓庄学校幼稚教育研究会上演讲《今日之幼稚园》，记录稿载次年 4 月 12 日《乡村教师》第 11 期。

11 月 10—11 日　在湘湖师范教学做讨论会上答客问，记录稿收入上海教育书店 1951 年版《教学做合一讨论集》。

11 月 15 日　在《乡教丛讯》第 3 卷第 19 期发表《和平门的村民大会——解决吃水问题的教学做》、《教学做合一测验》和《〈谈心集〉序》。

12 月 20 日　作诗《小庄晓》，收入上海儿童书局 1933 年版《知行诗歌集》。

12 月 22 日　作诗《乡下先生小影》，收入上海儿童书局 1933 年版《知行诗歌集》。

本年底　致函朱端琰（《谈教学做合一》），载 1929 年 3 月《教育汇刊》第 1 期。

1930 年（39 岁）

1 月 8 日　作诗《告书呆子》，收入上海儿童书局 1933 年版《知行诗歌集》。

2月1日　在《乡村教师》第1期发表《本刊宣言》、《生活即教育》、《社会即学校》和《晓庄学校民国十九年的计划大纲》。

3月15日　在《乡村教师》第7期发表《晓庄三岁敬告同志书》。

3月29日　在《乡村教师》第9期发表演讲词《生活即教育》和《为组织试验乡推行村治呈民政厅文》。

春　写《实施义务教育初步计划提要》，收入上海江东书局1930年版《第二次全国教育会议始末记》。

4月9日　写《护校宣言》，载5月17日《京报》。

7月　发表词条《教育改进》、《生活历》、《艺友制的教育》。

11月7日　作诗《一双手》，收入上海儿童书局1933年版《知行诗歌集》。

12月15日　作诗《贺胡适先生四十岁》，收入上海儿童书局1935年版《知行诗歌别集》。

本年作诗《改作黄金时代歌》，收入三联书店1981年版《行知诗歌集》。

1931年（40岁）

春　作诗《春天不是读书天》、《儿童工歌》、《敬赠师范生》、《诗的学校》和《糊涂的先生》等，收入上海儿童书局1933年版《知行诗歌集》。

4月7日　作诗《学生或学死》，收入上海儿童书局1935年版《知行诗歌别集》。

4月15日　在《师范生》第1期发表《师范生的第一变——变个孙悟空》。

4月18日　作诗《小孩不小歌》，收入上海儿童书局1933年版《知行诗歌集》。

5月1日　在《儿童生活》第1期发表《一只鸽子》。后改题为《白鸽》，由上海儿童书局作为《创作故事丛书》之一出版。

5月15日　在《师范生》第2期发表《师范生的第二变——变个小孩子》。

6月6日　作诗《教师节（一）（二）》，收入上海儿童书局1933年版《知行诗歌集》。

7月1日　在《儿童生活》第3期发表《乌鸦歌》，后改题为《乌鸦》，由上海儿童书局作为《创作故事丛书》之一出版。

7月　在《中华教育界》第19卷第3期发表《中华民族之出路与中国教育之出路》。

8月　在《中华教育界》第19卷第4期发表《教学做合一下之教科书》。

9月4日　在《申报·自由谈》发表《胡适捉鬼》。

9月21日　写《科学的生活》，10月10日在《生活》第6卷第2期发表。

9月25日　在《申报·自由说》发表《假好人》。

秋　作诗《三伐》，收入上海儿童书局1933年版《知行诗歌集》。

秋　致函问真、探真（《科学的孩子》），载同年11月8日《申报·自由谈》。

10月1日　在《申报·自由谈》发表《战时的功课》。

10月10日　在《申报·自由谈》发表《背起四个十字架》。

10月18日　在《申报·自由谈》发表《我的小怀抱》。

10月20日　在《申报·自由谈》发表《陶知行的颜色》。

10月30日　在《申报·自由谈》发表《工业文明》。

10月　由上海儿童书局出版《儿童的度量衡（上）（下）》、《空气的科学把戏（一）（二）》和《肥皂的把戏》，前列丛书均属《儿童科学书》。

11月4日　在《申报·自由谈》发表《笼统哥之统一》。

11月11日　在《申报·自由谈》发表《思想的母亲》。

11月12日　在《申报·自由谈》发表《莫轻看徒弟》。

11月26日　在《申报·自由谈》发表《新旧时代之学生》。

11月　作诗《死》、《活》，收入光华书店1948年版《行知诗歌选》。

12月11—12日　在《申报·自由谈》发表《一个教师与家长的

答复——出头处要自由》。

冬　作诗《儿子教学做之四个阶段》，收入上海儿童书局 1935 年版《知行诗歌别集》。作诗《手脑相长歌》，收入上海儿童书局 1933 年版《知行诗歌集》。

本年　致函一位青年小学教师（《如何可以不做一个时代落伍者》），收入安徽人民出版社 1981 年版《行知书信集》。

1932 年（41 岁）

1 月 1 日　在《申报·自由谈》发表《新年三问三答》。

1 月 8 日　在《申报·自由谈》发表《颠倒的逻辑》。

1 月 9—10 日　在《申报·自由谈》发表《从烧煤炉谈到教育》。

1 月 11 日　在《申报·自由谈》发表《主人教育》。

1 月 16 日　在《申报·自由谈》发表《创造中之中华民族》。

1 月 21—22 日　在《申报·自由谈》发表《是非》。

1 月 23—24 日　在《申报·自由谈》发表《儿子教学做之一课》。

3 月 22 日　致函庄泽宣（《关于科学教育》），载《教育研究》（中大）第 35 期。

3 月　发表《怎样做一个科学的孩子》，收入上海儿童书局版《儿童科学指导（一）》；发表《怎样选书》，收入《儿童科学指导（二）》。

4 月 17 日　致函教师、家长和小朋友（《〈儿童科学丛书〉的用法》），收入安徽人民出版社 1981 年版《行知书信集》。

4 月 25 日　致函伍朝枢（《贺先生抱开辟的精神出治琼崖》），载 1986 年《行知研究》第 3 期。

4 月　由《申报》馆出版杂文集《斋夫自由谈》。

5 月 13 日　在杭州师范学校演讲《儿童科学教育》，记录稿载 6 月 20 日杭州师范学校刊印的《师范教育学术讲座演讲集》（第一辑）。

5 月 21 日　在《申报》开始发表教育小说《古庙敲钟录》，8 月 15 日载完。次年 3 月又由上海儿童书局成书出版。

5 月 30 日　致函台和中（《以大自然为生物园》），收入安徽人民出版社1981年版《行知书信集》。

6月20日　在《消息》月刊发表《仍在不辍研究中的“活的教育”》。

6月24日　致函徐笃仁（《全民族五大训练》），载6月26日《时事新报》。

夏　写《乡村工学团试验初步计划说明书》，收入上海儿童书局1934年版《山海工学团》。

夏　作诗《活的教育》、《拉车的教员》、《拉车》、《士之小影》、《两位先生的对话》和《招生》等，收入上海儿童书局1933年版《知行诗歌集》。

8月30日　在上海沪江大学演讲《国难与教育》，收入上海儿童书局1933年版《晓庄批判》。

9月20日　在《消息》月刊发表《从教育上谋国难的出路》。

9月　发表为李楚材所著《破晓》所写的《序》，收入同年上海儿童书局版《破晓》。

10月　由上海儿童书局出版《教学做合一讨论集》。作诗《自动学校小影》，收入上海儿童书局1933年版《知行诗歌集》。

11月28日　在《教育周刊》第137期发表在暨南大学教育学系的演讲词《目前中国教育的两条路线——教劳心者劳力，教劳力者劳心》。

12月　与孙铭勋谈《幼稚园要重视科学的训练》，记录稿收入上海儿童书局1934年版《晓庄幼稚教育》。

冬　作诗《留级》，收入上海儿童书局1933年版《知行诗歌集》。

1933年（42岁）

1月16日　在《新社会》第4卷第2号发表演讲词《手脑相长》。

3月15日　作诗《新锄头舞歌》，收入上海儿童书局1933年版《知行诗歌集》。

3月　在《教育建设》第5辑发表在上海大夏大学的演讲词《创造的教育》。

4月2日　作诗《儿童节歌》，收入上海儿童书局1933年版《知行诗歌集》。

约4月　作诗《瞄准乡村向前冲》，收入湖南教育出版社1985年版《陶行知全集》第4卷。

7月　由上海儿童书局出版《知行诗歌集》。

9月16日　与山海少年工学团谈《为农人服务的方针和做学问的方法》，收入上海儿童书局1934年版《山海工学团》。

10月26日　与新安儿童旅行团谈《参观和演讲的方法》，记录稿收入上海儿童书局1935年版《我们的旅行记》。

10月　由上海儿童书局出版《幼稚教育论文集》。

11月　在《女青年月刊》上发表在基督教女青年会的演讲词《农工教育对于社会改造的重要》。

12月15日　致函承国英（《乡村教育要不会办教育的人办》），载次年4月16日《生活教育》第1卷第5期。

本年　由儿童科学通讯学校自刊函授教材《儿童天文学活页指导（一）（二）（三）》和《算学的把戏》。

1934年（43岁）

1月4日　致函潘一尘（《小孩子有不可思议的力量》），收入上海儿童书局同年12月版《一个南方的普及教育运动》。

1月20日　致函生活教育社全体同志（《各人对于劳苦大众干了什么事》），载4月1日《生活教育》第1卷第4期。

2月16日　在《生活教育》第1卷第1期发表《生活教育》、《普及什么教育》和《小先生》。

3月1日　在《生活教育》第1卷第2期发表《从穷人教育想到穷国教育》、《从救水想到小孩的力量》、《怎样培养普及教育的人才》和《创立山海工学团的呈文》等。

3月16日　在《生活教育》第1卷第3期发表《从守财奴想到守知奴》。作诗《小先生歌》，收入大孚出版公司1947年版《行知诗歌集》。

4月1日　在《生活教育》第1卷第4期发表《怎样指导小先

生》。

4月4日　在山海工学团庆祝儿童节大会上演讲《普及教育与学武训》，收入上海儿童书局1934年版《山海工学团》。

4月16日　在《生活教育》第1卷第5期发表《从今年的儿童节到明年的儿童节》。

4月　由商务印书馆出版《儿童节歌曲集》（陶行知词，赵元任曲）。

5月1日　在《生活教育》第1卷第6期发表《从学军到工学军》。

5月6日　与山海工学团全体工师及艺友谈《怎样达到工以养生》，记录稿载7月16日《生活教育》第1卷第11期。

5月16日　在《生活教育》第1卷第7期发表《暑期普及教育运动》。作诗《教师歌——献给儿童教育社同人》，收入大孚出版公司1947年版《行知诗歌集》。

6月1日　在《生活教育》第1卷第8期发表《杀人的会考与创造的考成》。

6月16日　在《生活教育》第1卷第9期发表《文言白话又一战》。

7月1日　在《生活教育》第1卷第10期发表《大众语文运动之路》。

7月16日　在《生活教育》第1卷第11期发表《行知行》。

8月1日　在《生活教育》第1卷第12期发表《小先生解》、《四十万人民是参考书吗》和《评〈分部教科书〉》。

8月20日　致函汪达之（《你们走的是创造之路》），收入上海儿童书局1935年版《生活的书》。

9月1日　在《生活教育》第1卷第14期发表《女子教育总解决》。

10月　在《新生》第1卷第36期发表《教育的新生》。发表《大众的力量伟大》和《普及教育运动小史》等，收入同年上海儿童书局版《普及教育》。

11月10日　在《读书生活》第1卷第1期发表《读书与用书》。

11月15日　在山海工学团星期总集会讨论会上谈《传统教育与生活教育有什么区别》，载12月1日《生活教育》第1卷第20期。

11月16日　在《生活教育》第1卷第19期发表《怎样指导小朋友明白时事》。

11月23日　为新安儿童旅行团编著的《我们的旅行记》写序，收入上海儿童书局1935年版《我们的旅行记》。

12月1日　在《生活教育》第1卷第20期发表在宝山县民众教育馆主办的民众教育服务人员训练班开学典礼上演讲词《小先生与民众教育》。

12月16日　在《生活教育》第1卷第21期发表《答复子钵先生之批评》。

12月24日　在安徽大学演讲《普及教育》，演讲词载《安大周刊》第176期。

本年　作诗《兴学的乞丐》，收入本年12月山东临清私立武训小学编印的《武训诞辰九七周年纪念册》。

1935年（44岁）

1月1日　在《生活教育》第1卷第22期发表《不费钱的课本》和《拉夫教育》。

1月16日　在《生活教育》第1卷第23期发表《谈文字符号》和《谈调查学龄儿童》等。

2月1日　在《生活教育》第1卷第24期发表《胡适的普及教育理论》、《从孔德成的教育说到孔子的故乡与祖国》和《一来一去》等。

2月12—26日　在上海《晨报·普及教育周刊》连载演讲词《普及教育》。

3月1日　在《生活教育》第2卷第1期发表《乡村小学比赛表》、《中国普及教育方案商讨》和《私塾改造会组织大纲草案》等。

同日　在《生活教育》第2卷第1期开始发表《攻破普及教育之难关》，4月1日载完。

3 月 4 日　致函山海儿童社会（《新的旅行法》），载 5 月 1 日《生活教育》第 2 卷第 5 期。

3 月 8 日　在汉口市立第三小学演讲《怎样做小先生》，收入 1935 年 4 月汉口市立第三小学编《汉口市三小小先生》（第一集）。

4 月 1 日　作诗《凤阳花鼓改作》，收入大孚出版公司 1947 年版《行知诗歌集》。

4 月 16 日　在《生活教育》第 2 卷第 4 期发表《五千万匹马力的普及教育机器》。

4 月　由上海商务印书馆出版普及教育识字课本《老少通千字课》（第 1—4 册）。

约 4 月　作诗《儿童节献歌（之一）（之二）》，收入大孚出版公司 1947 年版《行知诗歌集》，《儿童节献歌（之三）（之四）》收入上海儿童书局 1936 年版《知行诗歌三集》。作诗《儿童节献词》，收入上海儿童书局 1936 年版《知行诗歌三集》。

5 月 1 日　在《生活教育》第 2 卷第 5 期发表《文化细胞》。

5 月 16 日　在《生活教育》第 2 卷第 6 期《文化网》和《强迫教育新义》。

6 月 1 日　在《生活教育》第 2 卷第 7 期发表《对于上海市普及初步教育之意见》、《儿戏与儿教》。

6 月 16 日　在《生活教育》第 2 卷第 8 期发表《通不通》。

7 月 1 日　在《生活教育》第 2 卷第 9 期发表《从跑狗场谈到教育》。

7 月 16 日　在《生活教育》第 2 卷第 10 期发表《读〈实施义务教育暂行办法大纲〉有感》。

7 月 25 日　在《读书生活》第 2 卷第 6 期发表《大众读书谈》。

8 月 1 日　在《生活教育》第 2 卷第 11 期发表《普及教育之组织与方法》和《再论普及教育之组织与方法》。

8 月 16 日　在《生活教育》第 2 卷第 12 期发表《新文字创造之商榷》。

9 月 4 日　作诗《佘儿岗儿童自动小学三周纪念》，收入大孚出版公司1947年版《行知诗歌集》。

约10月　作诗《新文字歌（一）（二）》，收入上海儿童书局1936年版《知行诗歌三集》。

11月1日　在《生活教育》第2卷第17期发表《新诗路线》等。

11月11日　在《晨报·普教周刊》发表《普及教育与店员》。

11月16日　在《生活教育》第2卷第18期发表《怎样写大众文》、《再谈怎样写大众文》。

11月19日　在《晨报·普教周刊》发表《家庭妇女与普及教育》。

11月　由上海生活书店出版专著《怎样做小先生》。

12月1日　在《生活教育》第2卷第19期发表《大众画报——一个需要，一个建议》和《流通图书馆与普及教育》等。

12月23日　在《大众生活》第1卷第2期发表《四个先生——教人写大众文，不取学费》。

12月　由上海儿童书局出版《知行诗歌别集》。

本年　由上海儿童书局出版论文集《普及教育续编》。

1936年（45岁）

1月1日　在《生活教育》第2卷第21期发表《连环的矛盾》和《十月运动与五四运动》。

1月16日　在《生活教育》第2卷第22期发表《白话文与大众文》和《上海文化界救国会国难教育方案》。

2月1日　在《生活教育》第2卷第23期发表《战斗》。

2月10日　致函冯玉祥（《对士兵实施国难教育》），收入安徽人民出版社1981年版《行知书信集》。

2月16日　在《生活教育》第2卷第24期发表《民族解放大学校》。

3月1日　在《生活教育》第3卷第1期发表《国难教育方案之特质》。

3月16日　在《生活教育》第3卷第2期发表《生活教育之特

质》。

3 月 25 日　作诗《儿童节献歌》，收入大孚出版公司 1947 年版《行知诗歌集》。

4 月 1 日　在《生活教育》第 3 卷第 3 期发表《儿童节对全国教师谈话》。

4 月 4 日　在《永生周刊》第 1 卷第 5 期发表《谈谈儿童节》。

4 月 16 日　在《生活教育》第 3 卷第 4 期发表《教育逃走》和《新文字和国语罗马字——答复黎锦熙先生》。

4 月 30 日　在广州中山大学大礼堂演讲《怎样才能粉碎日本的大陆政策》，演讲词载 5 月 1 日《中山大学日报》。

5 月 1 日　在广州中山大学大礼堂演讲《大众教育问题》，演讲词载 5 月 8 日《民国日报·教育周刊》。在《生活教育》第 3 卷第 5 期发表《我们对于执行新文字的意见》等。在上海英文版半月刊《中国之声》第 1 卷第 4 期发表英文论著《中国的新文字》（*China's New Language*）。

5 月 10 日　在《大众教育》创刊号发表《大众教育与民族解放运动》和《我们的态度》。

5 月 16 日　在《生活教育》第 3 卷第 6 期发表《叶诚一先生的教育主张》等。对南宁市中学生演讲《中国的出路》，演讲词载 5 月 29 日、30 日《民国日报》。

5 月 19 日　致函芝冈（《新文字为推进大众文化之最有效的工具》），载 5 月 22 日南宁《民国日报》。

5 月 22 日　在南宁《民国日报》发表《我和女工们讲的话》。

5 月 30 日　在《救亡情报》发表《国难教育问题——答香港〈工商日报〉记者问》。

6 月 1 日　在《生活教育》第 3 卷第 7 期发表《新大学》。

6 月 14 日　在《生活日报》星期增刊第 1 卷第 2 期发表《文化解放》。

6 月 16 日　在《生活教育》第 3 卷第 8 期发表《民族解放与大众解放》等。

6月21日　在《生活日报》星期增刊第1卷第3期发表《民众运动》。

6月22日　在《生活日报》发表《抵抗论》。

6月28日　在《生活日报》星期增刊第1卷第4期发表《从大众歌曲讲到民众歌咏团》。

6月　由上海儿童书局出版论文集《普及教育之编》，发表《普及教育之歧路》、《民族解放中小先生之使命》、《答复庶谦先生》、《普及民族自救的教育》、《沪郊各县初步普及教育办法草案》和《普及什么教育——普及教育的四种精神》等。

7月1日　在《生活教育》第3卷第9期发表《争取时间》和《和民族解放运动配合的中等教育——和一位大规模的省立中学校长的谈话》。

7月5日　在《生活日报》星期增刊第1卷第5期发表《树下谈话记——怎样才可以做一个前进的青年》。

7月11日　在《生活日报》发表与该报记者的谈话记录《南京若与红军携手，救亡实力大有可观》。

7月16日　在星洲青年励志社演讲《新中国与新教育》，演讲词载8月16日《生活教育》第3卷第12期。在《生活教育》第3卷第10期发表《苏联宪法草案中之公民权》。

7月27日　在《民国日报》发表《第二次“新文字讨论会”演辞》。

7月　作诗《团结御侮文件》，收入大孚出版公司1947年版《行知诗歌集》。

8月1日　在《生活教育》第3卷第11期发表《我对于联合战线的认识》。

8月　由上海大众文化社出版论文集《中国大众教育问题》。

9月12日　在巴黎华侨各界欢迎会上演讲《联合奋起，抗日救亡》，记录稿载同月巴黎《救国时报》。

9月21日　作诗《赞〈救国时报〉》，载10月8日《救国时报》第60期。

10 月 5 日　作诗《跟青年学》，收入大孚出版公司 1947 年版《行知诗歌集》。

10 月 30 日　作诗《马克思墓》，收入大孚出版公司 1947 年版《行知诗歌集》。

10 月　发表《儿童的世界》，收入同月上海生活书店版《今日之儿童》。作诗《中国人》，收入三联书店 1981 年版《行知诗歌集》。

11 月 22 日　在全欧华侨抗日救国大会上演讲《〈团结御侮的几个基本条件与最低要求〉之再度说明》，载 11 月 29 日《救亡情报》。

本年　由上海儿童书局出版《知行诗歌三集》。

1937 年（46 岁）

4 月 14 日　在加拿大温哥华演讲《中国的抗战是不自由就受奴役的斗争》，英文记录稿载同月加拿大《太阳报》（*Sun*）。

6 月　在《消息》月刊第 10 卷第 6 期发表《对于中国学生运动之认识与希望——祝全国学联成立周年纪念并述我个人》。

12 月 24 日　作诗《战场即学校——写第八路军对日军之宣传教育》，收入大孚出版公司 1947 年版《行知诗歌集》。

1938 年（47 岁）

1 月 4 日　致函吴树琴（《十二个字的理论》），收入安徽人民出版社 1981 年版《行知书信集》。

1 月 5 日　致函戴伯韬、刘季平（《把战场变作学堂》），载同年 1 月《战时教育》第 1 卷第 12 期。

5 月 9 日　作诗《笔伐平时教育》，收入大孚出版公司 1947 年版《行知诗歌集》。

5 月 12 日　作诗《〈先锋〉八周年（一）》，收入大孚出版公司 1947 年版《行知诗歌集》。

夏　作诗《衣联歌初稿》，收入大孚出版公司 1947 年版《行知诗歌集》。

7 月 27 日　用英文致函甘地（Gandhi）、泰戈尔（Tagore）等，收入湖南教育出版社 1985 年版《陶行知全集》第 5 卷。

9 月 1 日　在香港各界欢迎会上演讲《国际形势与中国抗战》，

载 9 月 7 日香港《救亡日报》。

9 月 9 日　完成英文论著《中国的大众教育运动》(*The People's: Education Movement in China*)。该文系应甘地约请而作。最初分几次载 10 月 29 日、11 月 5 日和 11 月 9 日印度《民族旗帜》(*HARIJAN*)。1945 年 8 月，由生活教育社自刊成单行本。

10 月 15 日　作诗《鲁迅先生逝世二周年纪念》，收入大孚出版公司 1947 年版《行知诗歌集》。

10 月 24 日　作诗《〈鲁迅全集〉出版祝》，收入大孚出版公司 1947 年版《行知诗歌集》。

10 月 28 日　在国民参政会一届二次会议上提出《推进普及教育以增加抗战力量而树立建国基础案》，收入湖南教育出版社 1985 年版《陶行知全集》第 3 卷。

11 月 5 日　在《新华日报》发表与该报记者谈话记录《谈战时民众教育》。在重庆保育院演讲《小朋友是民族未来的巨子》，演讲词载 11 月 6 日、7 日重庆《新华日报》。

12 月 25 日　在《战时教育》第 3 卷第 9 期发表《一个建议——桂林山洞教育》。

12 月　在香港应东江华侨回乡服务团训练班的邀请演讲《回乡去怎样工作》，记录稿载次年 1 月 13 日《东江》创刊号。

本年　作英文论著《中国》(*China*)，收入《1938 年哥伦比亚大学国际师范学院教育年鉴》。

1939 年（48 岁）

1 月 2 日　作诗《生活教育小影》、《战时民众教育》，收入大孚出版公司 1947 年版《行知诗歌集》。

1 月 10 日　在《战时教育》第 3 卷第 10 期发表《生活教育目前的任务》。

1 月 14 日　在香港《立报》发表《说书》。

1 月 25 日　在《战时教育》第 3 卷第 11 期发表《推行生活教育之又一方式》。

2 月 10 日　在《战时教育》第 3 卷第 12 期发表《桂林战时民众

教育工作人员须知》。

3 月 10 日　在《战时教育》第 4 卷第 2 期发表《评加强教育党化》。

3 月 14 日　致函宋美龄（《育才学校创办旨意》），收入湖南教育出版社 1985 年版《陶行知全集》第 5 卷。

3 月 15 日　在《生活教育十二周年纪念刊》上发表在香港中华业余学校的演讲词《全面抗战与全面教育》。写《告生活教育社同志书——为生活教育运动十二周年纪念而作》，载同月 25 日《战时教育》第 4 卷第 3 期。

3 月 24 日　作诗《儿童节歌（一）（二）（三）》，收入大孚出版公司 1947 年版《行知诗歌集》。

4 月 10 日　在《战时教育》第 4 卷第 4 期发表《评〈第三届全国教育会议宣言〉》。

5 月 30 日　致函邓哲熙（《生活教育的目的》），收入安徽人民出版社 1981 年版《行知书信集》。

6 月　写《育才学校教育纲要草案》，收入 1943 年 6 月延安新教育会编《行知教育论文选集》。

7 月 20 日　演讲《育才学校创办旨趣》，载次年 8 月 1 日《战时教育》第 6 卷第 1 期。

7 月　写《讨论生活教育的提纲》，原件存晓庄师范。

9 月 9 日　致函陶晓光、陶城（《青年至少要学好一种外国语》），收入安徽人民出版社 1981 年版《行知书信集》。

9 月 10 日　在《新华日报》发表《精诚团结是民族存亡的关头》。

11 月 16 日　写《宪政运动与国民教育》，载同年 12 月 10 日《战时教育》第 5 卷第 4 期。

11 月 25 日　在《战时教育》第 5 卷第 4 期发表《填鸭教育》。

11 月 27 日　致函吴羽白（《学问与革命是一件事》），载同年 12 月 25 日《战时教育》第 5 卷第 4 期。

12 月 25 日　在《战时教育》第 5 卷第 4 期发表《我的民众教育

观》。

12月　写《我们的校徽》，载12月25日《战时教育》第5卷第4期，收入新北京出版社1951年版《育才学校》。写致一位朋友函（《谈生活教育》），载次年1月10日《战时教育》第5卷第5期。

1940年（49岁）

1月10日　在《战时教育》第5卷第5期发表《谈未来的东亚新秩序》。

1月11日　在《新华日报》发表《〈新华日报〉二周纪念》一诗。

1月25日　在《战时教育》第5卷第6期发表《游击区教育》。

2月10日　在《战时教育》第5卷第7期发表在重庆保育院院长会议上的演讲词《儿童保育问题》。

3月10日　在《战时教育》第5卷第9期发表《小学教师之烦恼》。

3月25日　在《战时教育》第5卷第10期发表《生活教育运动十三周年纪念告同志》。

4月9日　与《新华日报》记者谈话《抗战必须坚持团结停止磨擦》，记录稿载次日重庆《新华日报》。

4月25日　在《战时教育》第5卷第12期发表《结婚歌——调寄村魂歌》一诗。

7月7日　致函业勤（《儿童教育的任务》），收入湖南教育出版社1985年版《陶行知全集》第5卷。

8月10日　致函潘畏三（《我们不是企图取消学校教育》），收入安徽人民出版社1981年版《行知书信集》。

10月29日　致函皎然（《教育要起推动作用》），收入湖南教育出版社1985年版《陶行知全集》第5卷。

12月10日　在《战时教育》第6卷第2期发表《谈海外回国青年之教育》。

1941年（50岁）

1月10日　在《战时教育》第6卷第3期发表《清水沙盘——

献给全国的小朋友》。

1月25日　致函陶晓光（《追求真理做真人》），收入湖南教育出版社1985年版《陶行知全集》第5卷。

6月1日　在《战时教育》第6卷第4、5合期发表《新武训》。

6月底　写《育才二周岁前夜》，载《战时教育》第6卷第6、7、8合期。

7月23日　致函陶晓光（《在集体创造上学习创造》），收入安徽人民出版社1981年版《行知书信集》。

9月26日　作诗《荷叶舞歌》，收入大孚出版公司1947年版《行知诗歌集》。

10月　在国民参政会二届二次会上提出《化除青年烦闷发挥青年精神以保全民族元气而增加抗战建国力量案》等案。

1942年（51岁）

1月11日　作诗《〈新华日报〉四周纪念》，收入三联书店1981年版《行知诗歌集》。

1月19日　作诗《把自由还给我们》，收入大孚出版公司1947年版《行知诗歌集》。

3月15日　在生活教育社十五周年纪念会上演讲，记录稿载次日重庆《新华日报》。

春　作诗《自嘲》，收入湖南教育出版社1985年版《陶行知全集》第4卷。

7月7日　致函赵冕（《培养人才幼苗的六字诀和十字诀》），收入安徽人民出版社1981年版《行知书信集》。

7月20日　在育才学校三周年纪念晚会上演讲《每天四问》，收入教育书店1951年版《育才学校》。作诗《育才三周年祭同志文》，收入大孚出版公司1947年版《行知诗歌集》。

8月18日　写《写在〈植物小世界〉创刊号之后》，收入教育书店1951年版《育才学校》。

10月16日　在重庆育才学校晚间音乐会上演讲《把"创造之神"迎接回来了》，记录稿收入教育书店1951年版《教育创造风》。

11月7日　在《新华日报》发表《向斯大林格勒战士致敬》和《苏联革命二十五周年纪念献词》二诗。

11月28日　作诗《长青不老歌》，收入三联书店1981年版《行知诗歌集》。

12月4日　演讲《育才十字诀》，收入教育书店1951年版《育才学校》。

12月24日　作诗《育才戏剧组共勉》，收入大孚出版公司1947年版《行知诗歌集》。

1943年（52岁）

1月11日　作诗《贺〈新华〉五周年》，收入大孚出版公司1947年版《行知诗歌集》。

2月11日　致函陶宏（《人生最大的目的还是博爱》），收入安徽人民出版社1981年版《行知书信集》。

9月25日　作诗《百侯中学复校十周年纪念》，收入大孚出版公司1947年版《行知诗歌集》。

秋　写《学习外国文》，收入湖南教育出版社1985年版《陶行知全集》第3卷。

10月13日　写《创造宣言》，收入重庆时代印刷出版社1944年版《育才学校手册》。

11月28日　作诗《育才学校校歌》，收入大孚出版公司1947年版《行知诗歌集》。

12月　致函育才之友（《关于育才学校的创办》），收入湖南教育出版社1985年版《陶行知全集》第5卷。

本年作诗《创造年献诗》，收入湖南教育出版社1985年版《陶行知全集》第4卷。写《怎样培养十六常能》，收入湖南教育出版社1985年版《陶行知全集》第3卷。

1944年（53岁）

1月　发表《育才三方针》、《育才十二要》、《育才卫生教育二十九事》、《育才学校之礼节与公约》、《育才学校创造年计划大纲》、《育才学校创造奖金办法》、《育才二十三常能》和《育才学校节略》等，收入同月时代印刷出版社版《育才学校手册》。

6月25日　在《新华日报》发表关于民主与教育的若干看法。

6月　写《从五周年看五十周年》，收入教育书店1951年版《育才学校》。

7月　写《〈武训先生画传〉再版跋》，收入湖南教育出版社1985年版《陶行知全集》第3卷。

约8月　作诗《追思韬奋先生》、《邹韬奋先生挽歌（一）》，收入大孚出版公司1947年版《行知诗歌集》。

9月18日　作诗《邹韬奋先生挽歌（二）》，收入大孚出版公司1947年版《行知诗歌集》。

9月25日　作诗《武训先生画赞》，收入大孚出版公司1947年版《行知诗歌集》。

10月8日　作诗《民主到那里去（一）（二）（三）》，收入大孚出版公司1947年版《行知诗歌集》。

10月10日　作诗《歌唱现代》、《民主》、《政治的盘尼西林》、《言论自由》和《民主第一》等，收入大孚出版公司1947年版《行知诗歌集》。

10月13日　致函育才全体同志（《召开校务会议》），收入新北京出版社1950年版《陶行知四周年祭》。

12月5日　在育才学校武训诞辰纪念会上谈《武训精神》，记录稿载次日《新华日报》。

12月16日　在重庆《大公报》发表《创造的儿童教育》，在《时事新报》发表《敲碎儿童的地狱，创造儿童的乐园》。

12月25日　作诗《迎接民主年》，收入大孚出版公司1947年版《行知诗歌集》。

1945年（54岁）

1月　写《创造的社会教育论纲》，原件存晓庄师范。

4月4日　在重庆《新华日报》发表《民主的儿童节》。

4月9日　在《新华日报》发表与该报记者的谈话，希望郭沫若筹办民主研究院。

4 月 22 日　写《假如我重新做一个小孩》，收入湖南教育出版社 1985 年版《陶行知全集》第 4 卷。

5 月　在《战时教育》第 9 卷第 2 期发表《实施民主教育的提纲》。

9 月 18 日　由生活教育社刊行《全民教育》(*Education for All*)，《育才学校英文手册》(*Yu Tsai School for Talented Refugee Children*)，《中国大众教育运动》(*The People's Education Movement in China*)。发表《育才学校的创办》，收入《育才学校英文手册》。

10 月 6 日　在《民主星期刊》第 2 期发表译作《学习怎样运用自由》。作诗《四万万五千万人的大公司，四万万五千万人做老板》，收入大孚出版公司 1947 年版《行知诗歌集》。

10 月 8 日　作诗《胜利带来了一切》，收入大孚出版公司 1947 年版《行知诗歌集》。

10 月 10 日　由生活教育社刊行论文集《普及现代生活教育之路及其方案》。

10 月 27 日　完成诗作《民之所好三首》，收入大孚出版公司 1947 年版《行知诗歌集》。

10 月　作诗《立刻停止内战》，收入大孚出版公司 1947 年版《行知诗歌集》。

11 月 1 日　在《民主教育》创刊号发表《民主》和《民主教育》。

11 月 6 日　致函杜威(《论中美两国关系》)，收入安徽人民出版社 1981 年版《行知书信集》。

12 月 1 日　在《民主教育》第 2 期发表《民主教育之普及》。在《民主》第 10 期发表《把武训先生解放出来——为武训先生诞辰一百零七周年纪念而写》。作诗《莫吞原子弹》，收入大孚出版公司 1947 年版《行知诗歌集》。

12 月 7 日　作诗《昆明因反内战被杀于再先生及荀极中、潘琰、李鲁连同学千古》，收入大孚出版公司 1947 年版《行知诗歌集》。

12 月 20 日　作诗《赠勉功先生》，收入湖南教育出版社 1985 年版《陶行知全集》第4卷。

12月22日 作诗《政治协商会议之路》，收入大孚出版公司1947年版《行知诗歌集》。

12月23日 在《自由导报》发表《抗战时代之乡下先生》。

约12月 作诗《中国救国会祭昆明反内战被害师生哀词》、《民主进行曲》，收入大孚出版公司1947年版《行知诗歌集》。

1946年（55岁）

1月1日 作诗《新年的希望》，收入大孚出版公司1947年版《行知诗歌集》。

1月2日 作诗《社会大学颂》，收入大孚出版公司1947年版《行知诗歌集》。

1月5日 作诗《向民主小姐求爱》，收入大孚出版公司1947年版《行知诗歌集》。

1月11日 作诗《敬赠政治协商会议代表》和《新闻大学——贺〈新华日报〉八周岁》，收入大孚出版公司1947年版《行知诗歌集》。

1月28日 在《新华日报》发表《"一二八"十四周年纪念》一诗。

1月 在《民主教育》第3期发表《大众的艺术》。写《社会大学运动》，收入上海生活书店1947年版《陶行知教育论文选辑》。

2月2日 作诗《大闹沧白堂有感》，收入大孚出版公司1947年版《行知诗歌集》。

3月15日 在《民主》第27期发表与该杂志记者的谈话《谈社会大学》。

3月22日 在《民主》第24期发表《领导者再教育》。

4月1日 在《民主教育》第6期发表《值得我们学习的一件事》。

4月4日 作诗《儿童节儿歌》、《儿童节大人歌》和《饯行歌——送别党化教育》，收入大孚出版公司1947年版《行知诗歌集》。

4月25日　在《教师生活》第10期发表《自我再教育》一诗。

4月　写《小学教师与民主运动》，收入上海生活书店1947年版《行知教育论文选辑》。

5月16日　在《教师生活》第13期发表《跟人民和小孩学习》。

5月23日　在《教师生活》第14期发表对教师们所作的系列讲话第一讲《第一件大事》。

5月30日　在《教师生活》第15期发表系列讲话第二讲《谈接收主权》。

6月6日　在《教师生活》第16期发表系列讲话第三讲《教师自动进修》。

6月13日　在《教师生活》第17期发表系列讲话第四讲《谈扫除文盲》。

6月14日　与柳湜谈教育问题，收入湖南教育出版社1984年版《纪念陶行知》。

6月19日　作诗《春风文艺社题词》，收入大孚出版公司1947年版《行知诗歌集》。

6月　在《民主》第39期发表《怎样可以得到和平》。作诗《诗人节祝词》，收入大孚出版公司1947年版《行知诗歌集》。

约六月　与上海日文《改造日报》记者小野三郎谈自己的教育生涯，记录稿收入1946年《陶行知先生纪念集》。

7月7日　作诗《赠女工夜校毕业典礼》，载同年《妇女》杂志。

7月16日　致函育才同学会上海分会全体同学（《为民主斗争前仆后继》），收入湖南教育出版社1985年版《陶行知全集》第5卷。致函育才学校全体师生（《最后一封信》），收入教育书店1951年版《育才学校》。

7月18日　作诗《追思李公朴先生》，收入大孚出版公司1947年版《行知诗歌集》。

7月21日　作《祭邹韬奋先生文》，收入大孚出版公司1947年版《行知诗歌集》。

8月2日　在上海《文汇报》发表《“走向殖民地”》。

参考文献

一、资料类

1. 陶行知编：《平民千字课》（第1—4册），商务印书馆1923年版。

2. 舒新城编：《近代中国教育史料》，中华书局1933年版。

3. 胡适著：《胡适留学日记》，商务印书馆1947年版。

4. 陶行知著：《中国教育改造》，安徽人民出版社1981年影印版。

5. 江苏省陶行知教育思想研究会、南京晓庄师范陶行知研究室合编：《陶行知文集》，江苏人民出版社1981年版。

6. 中央教育科学研究所编：《陶行知教育文选》，教育科学出版社1981年版。

7. 葛懋春等编辑：《胡适哲学思想资料选》（上、下册），华东师范大学出版社1981年版。

8. 赵祥麟、王承绪编译：《杜威教育论著选》，华东师范大学出版社1981年版。

9. 四川省纪念陶行知先生诞生九十周年大会筹备组编：《陶行知纪念文集》，四川人民出版社1982年版。

10. 中央教育科学研究所教育理论研究室编：《陶行知年谱稿》，教育科学出版社1982年版。

11. 高平叔编：《蔡元培全集》第5卷，中华书局1984年版。

12. 昆明社会大学教育处主编：《社会大学1946—1985纪念》，北门出版社1984年版。

13. 华中师范学院教育科学研究所主编：《陶行知全集》（第1—6卷），湖南教育出版社1984—1985年版。

14. 朱泽甫编著：《陶行知年谱》，安徽教育出版社 1985 年版。

15. 中国社会科学院近代史研究所中华民国史研究室编：《胡适的日记》（上、下册），中华书局 1985 年版。

16. 吴一葆编：《陶行知诗歌选》，上海教育出版社 1985 年版。

17. 胡晓风等编：《生活教育文选》，四川教育出版社 1988 年版。

18. 南京大学高教研究所编：《金陵大学建校 100 周年纪念册》，南京大学出版社 1988 年版。

19. 南京大学高教研究所编：《金陵大学史料集》，南京大学出版社 1989 年版。

20. 上海陶行知研究会等编：《陶行知佚文集》，四川教育出版 1989 年版。

21. 陕西省陶行知研究会编：《陶行知论乡村教育改造》，陕西师范大学出版社 1989 年版。

22. 李楚材编：《陶行知和儿童文学》，少年儿童出版社 1990 年版。

23. 董宝良主编，喻本伐、周洪宇选编：《陶行知教育论著选》，人民教育出版社 1991 年版。

24. 顾明远主编：《教育大辞典》第 10 册，上海教育出版社 1991 年版。

25. 江苏省陶行知研究会等编：《陶行知日志》，江苏教育出版社 1991 年版。

26. 璩鑫圭、唐良炎编：《中国近代教育史资料汇编·学制演变》，上海教育出版社 1991 年版。

27. 中国第二历史档案馆编：《中华民国史档案资料汇编》第 3 辑，江苏古籍出版社 1991 年版。

28. 中国陶行知研究会组编：《陶行知全集》（第 1—10 卷），四川教育出版社 1991 年版。

29. 华中师范大学教育科学研究所主编：《陶行知全集》（第 7、8 卷），湖南教育出版社 1992 年版。

30. 胡晓风主编：《工学团史料》，四川教育出版社 1992 年版。

31. 朱有瓛主编：《中国近代学制史料》第 3 辑，华东师范大学出版社 1992 年版。

32. 中国第二历史档案馆编：《中华民国史档案资料汇编》第 5 辑，江苏古籍出版社 1994 年版。

33. 梁吉生著：《张伯苓教育思想研究》，辽宁教育出版社 1994 年版。

34. 沈卫威编：《胡适日记》，山西教育出版社 1997 年版。

35. 蒋廷黻著：《蒋廷黻回忆录》，岳麓书社 2003 年版。

36. 单纯编：《冯友兰自述》，河南人民出版社 2005 年版。

37. 胡适口述，唐德刚整理、翻译：《胡适口述自传》，安徽教育出版社 2005 年版。

38. 蒋梦麟著：《西潮与新潮——蒋梦麟回忆录》，东方出版社 2006 年版。

39. 杨亮功著：《早期三十年的教学生活·五四》，黄山书社 2008 年版。

二、专著类

1. 梁漱溟著：《东西文化及其哲学》，上海商务印书馆 1922 年版。

2. 舒新城著：《近代中国留学史》，中华书局 1933 年版。

3. 潘开沛著：《陶行知教育思想的批判》，大众书店 1952 年版。

4. 安徽省陶行知教育思想研究会编：《陶行知一生》，湖南教育出版社 1984 年版。

5. 江苏省陶行知教育思想研究会编：《纪念陶行知》，湖南教育出版社 1984 年版。

6. 王桧林主编：《中国现代史》，北京师范大学出版社 1985 年版。

7. 李泽厚著：《中国现代思想史论》，人民出版社 1985 年版。

8. 徐大文、刘大康著：《陶行知》，江苏古籍出版社 1985 年版。

9. 辛元、谢放编：《陶行知与晓庄师范》，江苏教育出版社 1986 年版。

10. 北京陶行知教育思想研究会编：《陶行知研究》，湖南教育出版社 1987 年版。

11. 方与严著：《生活教育简述》，江苏省陶行知研究会 1987 年编印。

12. 毛礼锐、沈灌群主编：《中国教育通史》，山东教育出版社 1988 年版。

13. 许宗元著：《陶行知》，人民出版社 1988 年版。

14. 《中国现代教育家传》编委会编：《中国现代教育家传》，湖南教育出版社 1988 年版。

15. 叶上雄主编：《生活教育十讲》，四川教育出版社 1989 年版。

16. 胡国枢著：《生活教育理论——陶行知教育思想研究》，浙江教育出版社 1991 年版。

17. 陆维特著：《陶行知研究论文集》，福建教育出版社 1991 年版。

18. 汤翠英、吴梦进编著：《陶行知与当代中国名人》，南京大学出版社 1991 年版。

19 袁振国、张癸编著：《伟大的人民教育家——陶行知》，江苏教育出版社 1991 年版。

20. 童富勇、胡国枢著：《陶行知传》，教育科学出版社 1991 年版。

21. 章开沅、林蔚主编：《中西文化与教会大学》，湖北教育出版社 1991 年版。

22. 周洪宇编：《陶行知研究在海外》，人民教育出版社 1991 年版。

23. 章开沅、唐文权著：《平凡的神圣——陶行知》，湖北教育出版社 1992 年版。

24. 董宝良主编，周洪宇副主编：《陶行知教育学说》，湖北教育出版社 1993 年版。

25. 王炳照、阎国华主编：《中国教育思想通史》，湖南教育出版社 1994 年版。

26. 张劲夫著：《思陶集》，华夏出版社 1994 年版。

27. 田正平著：《留学生与中国教育近代化》，广东教育出版社 1996 年版。

28. 吴刚著：《接受认识论引论》，北京大学出版社 1996 年版。

29. 章开沅主编：《文化传播与教会大学》，湖北教育出版社 1996 年版。

30. 程焕文著：《中国图书馆学教育之父：沈祖荣评传》，台湾学生书局 1997 年版。

31. 董宝良、周洪宇主编：《中国近现代教育思潮与流派》，人民教育出版社 1998 年版。

32. 梁启超著：《中国历史研究法》，上海古籍出版社 1998 年版。

33. 余子侠著：《山乡社会走出的人民教育家——陶行知》，湖北教育出版社 1999 年版。

34. 周洪宇、余子侠、熊贤君主编：《陶行知与中外文化教育》，人民教育出版社 1999 年版。

35. 李国钧、王炳照主编：《中国教育制度通史》，山东教育出版社 2000 年版。

36. 熊明安、周洪宇主编：《中国近现代教育实验史》，山东教育出版社 2001 年版。

37. 元青著：《杜威与中国》，人民出版社 2001 年版。

38. 周毅、金成林编著：《创造奇葩：陶行知的弟子们》，四川教育出版社 2001 年版。

39. 吴式颖、任钟印主编：《外国教育思想通史》，湖南教育出版社 2002 年版。

40. 何兆武、陈启能著：《当代西方史学理论》，上海社会科学出版社 2003 年版。

41. 苗春德主编：《中国近代乡村教育史》，人民教育出版社 2003 年版。

42. 张广智著：《西方史学史》，复旦大学出版社 2003 年版。

43. 王一心著：《劳谦君子陶行知》，南京师范大学出版社 2004 年版。

44. 金林祥主编：《二十世纪陶行知研究》，上海教育出版社 2005 年版。

45. 徐明聪著：《陶行知与现代名人》，合肥工业大学出版社 2006 年版。

46. 徐志辉、卢爱萍主编：《吴树琴与陶行知》，江苏人民出版社 2006 年版。

47. 邝忠炽、徐仲林主编：《陶行知与育才学校》，西南师范大学出版社 2006 年版。

48. 李刚著：《历史与范型：陶行知研究的知识社会学考察》，东北师范大学出版社 2006 年版。

49. 袁晞著：《陶行知：捧着心来　不带草去》，大象出版社 2007 年版。

50. 陶行知与中国现代化课题组著：《陶行知与中国现代化》，四川教育出版社 2008 年版。

51. 金林祥、胡国枢、屠棠主编：《当代中国陶行知教育思想实验研究》，浙江工商大学出版社 2008 年版。

52. 胡国枢著：《中华本土教育家陶行知》，杭州出版社 2009 年版。

53. 金林祥、胡国枢主编：《陶行知词典》，上海百家出版社 2009 年版。

54. 王一心著：《最后的圣人——陶行知》，团结出版社 2010 年版。

55. 周毅、向明著：《陶行知传》，四川教育出版社 2010 年版。

56. 周洪宇著：《开拓与创建——陶行知与中国现代文化》，山东教育出版社 2010 年版。

57. 周洪宇著：《陶行知画传》，山东教育出版社 2011 年版。

58. 周洪宇著：《人民之子陶行知》，湖北人民出版社 2011 年版。

59. 周洪宇著:《陶行知生活教育学说》,湖北教育出版社 2011 年版。

60. 周洪宇著:《陶行知生活教育导读》(教师读本),福建教育出版社 2013 年版。

61. [美] 杜威著,傅统先译:《经验与自然》,商务印书馆 1966 年版。

62. [美] 朱宕潜著:《新兴国家的教育型:陶行知在中国的工作(1917—1946)》,台湾高昌印刷公司 1966 年版。

63. [英] 爱德华·霍列特·卡尔著,吴柱存译:《历史是什么》,商务印书馆 1981 年版。

64. [日] 斎藤秋男著:《陶行知生活教育理论的形成》,明治图书出版公司 1983 年版。

65. [德] H. R. 姚斯、[美] R. C. 霍拉勃著,周宁、金元浦译:《接受美学与接受理论》,辽宁人民出版社 1987 年版。

66. [英] 杰弗里·巴勒克拉夫著,杨豫译:《当代史学主要趋势》,上海译文出版社 1987 年版。

67. [法] 安多旺·莱昂著,樊慧英、张斌贤译:《当代教育史》,光明日报出版社 1989 年版。

68. [加] 许美德等著,朱维铮等译:《中外比较教育史》,上海人民出版社 1990 年版。

69. [英] 柯林武德著,何兆武、张文杰译:《历史的观念》,商务印书馆 1997 年版。

70. [美] 费正清著,张理京译:《美国与中国》,世界知识出版社 2002 年版。

三、报刊类

1.《申报》,1872 年创刊。

2.《东方杂志》,1904 年创刊。

3.《教育杂志》,1909 年创刊。

4.《中华教育界》,1912 年创刊。

5.《新青年》,1915 年创刊。

6.《教育与职业》,1917 年创刊。

7.《新教育》,1919 年创刊。

8.《少年中国》，1920 年创刊。
9.《平民》，1924 年创刊。
10.《新教育评论》，1925 年创刊。
11.《乡教丛讯》，1927 年创刊。
12.《中央日报》，1928 年创刊。
13.《生活教育》，1934 年创刊。
14.《大众教育》，1935 年创刊。
15.《中国青年》，1939 年创刊。
16.《行知研究》，1980 年创刊。